JN402971

World Book 125

Virginia Woolf
MRS DALLOWAY/TO THE LIGHTHOUSE
댈러웨이 부인/등대로
버지니아 울프/박지은 옮김

동서문화사

미자하: 동성애 미동물

댈러웨이 부인/등대로
차례

댈러웨이 부인
댈러웨이 부인 … 11

등대로
제1부 창 … 199
제2부 세월이 흐르다 … 309
제3부 등대 … 326

울프의 생애와 작품 … 383
버지니아 울프 연보 … 501

댈러웨이 부인

Mrs Dalloway

댈러웨이 부인

꽃을 자신이 직접 사겠다고 댈러웨이 부인은 말했다.

루시는 루시대로 해야 할 일이 있잖은가. 문들은 돌쩌귀로부터 떼어내야 했고 럼플메이어에서는 일꾼들이 오기로 되어 있었다. 그리고 이 얼마나 멋진 아침인가. 바닷가에서 뛰노는 아이들에게 불어오는 아침 바람처럼 성성하지 않는가, 클래리사 댈러웨이 부인은 생각했다.

어쩌면! 밖이 이렇게도 좋담! 지금도 들리지만, 삐걱하는 돌쩌귀 소리와 더불어 프랑스식 창문을 활짝 밀어젖히고 부어톤으로 뛰쳐나갈 때면, 으레 그렇게 느껴졌던 것이다. 이른 아침 공기는 얼마나 신선하고 얼마나 고요하던지, 물론 지금보다 더욱 조용하지 않았던가. 넘실거리는 물결 같은, 입 맞추는 물결 같은 아침의 대기는 싸늘하고 예리하면서도(열여덟 소녀시절의 그녀에게는) 엄숙하게만 느껴지지 않았던가. 열려 있는 창가에 그렇게 서 있노라면, 무슨 무서운 일이라도 일어날 것만 같이 여겨지지 않았던가. 안개가 서서히 걷혀 드러나는 수목들이며 꽃들이며, 하늘을 오르내리며 날고 있는 까마귀 떼를 바라보며 서 있을 때, 피터 월쉬가 이렇게 말했다. "채소밭에서 사색 중인가요?"—아니면—"꽃양배추보다는 인간이 더 좋지 않습니까?"—이 말이었던가? 이건 그녀가 어느날 아침식사를 할 무렵 테라스에 나와 있을 때, 틀림없이 그분—피터 월쉬가 그녀에게 한 말이었다. 그런데 이분으로 말하자면, 편지의 내용이 하도 지루해져서 6월인지 7월인지는 잊었지만, 머지않아 인도에서 돌아온다는 소식이었다. 이제는 오직 그분이 한 말만 그녀에게 돌이켜 생각날 뿐이었다. 그분의 눈과 그분의 주머니칼, 그분의 미소와 그분의 심술, 그리고 이밖의 오만가지 일들은 깨끗이 잊었는데도 참으로 기묘하게도! —꽃양배추에 대한 그런 몇 마디를 기억하다니.

댈러웨이 부인은 보도의 가장자리 돌에 몸을 약간 긴장시키고 서서, 더트놀회사 소속 짐마차가 지나가기를 기다리고 있었다. 그녀가 매력적인 여자라고 스크로우프 퍼비스는 생각했다(웨스트민스터에 사는 이웃이라, 그녀와는 안면이 있었다). 저 부인에게는 어딘지 모르게 새와도 같은, 푸른빛을 띤 경쾌하고도 명랑한 어치새와도 같은 점이 있구나, 하긴 나이는 50이 넘은데다가 병을 앓고 난 뒤부터는 흰 머리가 부쩍 늘기는 했지만 말이다. 이때 그녀는 그를 거들떠보지도 않고, 다만 꼿꼿이 거기에 서서, 길을 건너가려고 기다리고 있었다.

웨스트민스터에서 여태 살고 있으면서—이곳에서 몇 해나 살아왔을까? 아마 20년도 더 될 텐데—이곳에서는 거리 한복판에서나, 밤중에 잠을 깼을 때조차도 언제나 독특한 고요함, 아니 장엄함을 느끼게 마련이라고 클래리사는 확신했다. 그리고 빅벤(영국국회의사당 하원 시계탑의 큰 시계)이 치기 직전에는 뭐라 형용하기 어려운 침묵이, 일종의 불안감이 감돌고 있다고 그녀는 확신하고 있었다(이건 그녀가 인플루엔자를 앓고 난 뒤로 심장이 허약해진 탓이라고 사람들이 말할지도 모르지만). 저봐! 지금 치기 시작하잖는가. 처음엔 예령(豫鈴)이 음악적으로 울려오고, 다음엔 돌이킬 수 없는 시간을 알려주잖는가. 그 납소리의 여운이 대기 중에 녹아 내렸다. 인간이란 참으로 바보들이로구나, 그녀는 빅토리아 가를 질러가면서 생각했다. 대체 무엇 때문에 인생을 그렇게 사랑하고, 또 인생을 그렇게 바라보고, 인생을 자기 주위에 쌓아올리고 또 허물어뜨리고, 한 순간도 쉴 새 없이 새로이 창조하려는 것인지, 대체 누가 아느냐 말이다. 말할 나위 없이 지저분한 여자들, 또는 정말 실의에 빠져 문간 층층대에 쪼그리고 앉아 있는 불쌍한 인생들(이들의 몰락을 축하하여 축배를 들자꾸나!), 이런 인생들 역시 우리가 인생을 사랑하듯 똑같이 인생을 사랑하고 있잖는가. 그러니까 의회에서 만든 법령을 가지고는 그런 사람들을 어떻게 할 도리가 없는 모양이라고 그녀는 생각했다. 글쎄, 사람들의 눈 속에, 활개치며 요란스럽게 터벅터벅 걸어가는 사람들의 걸음걸이 속에, 또는 뒤끓는 아우성 속에, 또는 마차며 자동차, 버스며 짐차, 비틀거리다 발을 질질 끌면서 걸어가는 샌드위치맨 속에, 또는 악대나 손풍금 속에, 환성이며 종소리며 머리 위로 지나가는 비행기의 묘한 고음의 폭음 속에, 이러한 것들 속에 그녀가 사랑하는 것이 있었다. 인생이, 런던이, 6월의 이 순간이 말이다.

6월 중순이었다. 이제 전쟁도 끝났다. 귀한 아들이 전사했기 때문에 대대로 물려온 저택을 이제는 사촌에게 빼앗기게 되었다고, 어젯밤 대사관에서 한탄하던 폭스크로프트 부인이나, 또는 귀여운 아들 존이 전사했다는 전보를 손에 받아쥔 채 바자회를 열었다던 벡스버러 부인 같은 이들은 예외지만, 아무튼 전쟁은 끝났다. 고맙게도 끝났다. 그리고 6월이다. 이제 국왕과 왕비도 버킹엄궁전에 있다. 아직 이른 아침인데 사방에서는 말 채찍소리며 달리는 말굽소리, 크리켓의 타봉소리 등등이 로즈 경기장과 애스커트 경마장에서도, 레닐러 경마장에서도, 그리고 그밖의 여기저기서 들려온다. 이 모든 것들은 검푸른 아침 공기의 보드라운 망사 속에 싸여 있는 것만 같았다. 날이 밝아옴에 따라 이 망사는 실올이 풀려 잔디밭이나 크리켓 경기장에서 뛰노는 망아지들의 모습이 선명해졌다. 개중에는 앞발로 지면을 차고 뛰어오르는 망아지도 보였고, 달려가는 청년들이며, 속이 비치는 엷은 모슬린 옷을 입고 깔깔대고 웃는 처녀들도 보였다. 이 처녀들은 간밤에 밤새 춤을 추고도, 보기 흉할 만큼 털이 많은 개를 데리고 나와 산책을 하고 있었다. 또한 총명한 노과부들은 지금 이렇게 이른 아침에 무슨 볼일이 있는지 차를 타고 급히 지나갔다. 그리고 상점 주인들은 진열장 앞에서 인조보석이며 다이아몬드, 미국인 구미에 맞는 18세기식의 아름다운 청록색 브로치를 매만지고 있었다(하지만 돈을 아껴야지. 딸애 엘리자베스에게 함부로 이런 물건을 사주어서는 안 되지, 댈러웨이 부인은 속으로 생각했다). 그녀의 조상은 한때 조지 왕실의 정신(廷臣)이었고, 그녀도 그런 환경에서 자란 탓인지, 사교라면 맥을 못 출 정도로 좋아했다. 이날 밤만 하더라도 집안을 휘황찬란하게 꾸며놓고 파티를 연 것이다. 그건 그렇고 세인트 제임스 공원에 들어서니 웬일인지 묘하게 조용했는데, 안개가 끼어 있고 고요했으며, 오리 떼는 행복한 듯 유유히 헤엄치고 있었고, 펠리컨들은 아장아장 걸어다니고 있었다. 그리고 또 정부 청사를 등지고서 왕실의 문장(紋章)이 새겨진 공문서함을 격에 맞게 받들고 걸어나오는 사람이 있었다. 이분이 누구더라, 바로 휴 위트브레드가 아닌가. 그녀의 옛 친구 휴—그녀가 존경하는 휴가 아닌가!

"안녕하시오, 클래리사!" 휴는 허물없는 말투로 말했다. 이들 두 사람은 어렸을 때부터 잘 아는 사이였다. "그래 어딜 가십니까?"

"전 이렇게 런던의 거리를 걸어다니는 게 좋아서요." 댈러웨이 부인이 대답했다. "글쎄, 시골을 산책하기보다는 이쪽이 더 재미가 있으니 말예요."

그들은 딱하게도 의사를 만나러 상경했다는 것이다. 딴 사람들은 그림을

보거나 오페라를 감상하러 상경하잖는가. 또는 딸들을 선보이려고 상경하는
데 위트브레드 내외는 '의사를 만나러' 상경했다잖는가. 지금까지 클래리사
는 몇 번이나 사립병원으로 이블린 위트브레드를 문병간 일이 있었다. 이블
린이 또 아픈가요? 네, 좀 몸이 불편해서요. 휴는 대답하면서 늠름하고도
남성적인, 그리고 말쑥하게 차린 몸매가 어딘지 불편스럽게 표정지었다(사
실 이분은 궁정에서 일 좀 본다고 그러는지, 언제나 옷차림이 좀 지나치잖는
가). 하여간 자기 아내는 정신질환인데 뭐 염려할 것까지는 없다는 것이다.
그리고 클래리사와는 잘 아는 사이니까, 더 설명하지 않아도 이만하면 짐작
하잖겠냐는 것이다. 아아, 물론 그녀는 잘 알 수 있었다. 얼마나 딱한 일인
가. 그녀는 이분에 대하여 누이와 같은 심정을 느끼면서도 묘하게 모자에 신
경이 쓰였다. 이른 아침에는 어울리지 않는 모자라서 그럴까? 글쎄, 휴는
모자를 번쩍 들고 인사하며 황황히 지나가면서, 언제나와 다름없이 그녀더
러 열여덟 정도밖에 안 보이는 소녀같다고 다짐했으니 말이다. 그리고 그는
자기 아내의 간청도 있고 해서 이날 밤의 클래리사네 파티에는 기필코 참석
하겠다고 했는데, 집의 아이들을 데리고 궁정의 파티에 다녀와야 하기 때문
에 좀 늦을지도 모른다는 것이었다. 그런데 그녀는 휴 앞에서는 언제나 자기
가 보잘것없게 느껴졌다. 마치 여학생같이 느껴졌다. 그렇지만 어려서부터
사귀어와서 그런지 그녀는 그분에게 정이 들었다. 사실 휴는 그다운 좋은 점
을 가지고 있잖는가, 그녀는 생각했다. 하긴 남편 리처드는 휴 때문에 노발
대발한 적이 있으며, 피터 월쉬는 그녀가 휴를 좋아한다고 해서 아직까지도
그녀를 용서할 수 없다고 하지만 말이다.

   그녀는 부어톤 시절의 장면을 하나하나 기억할 수 있었다. 그때 피터는 노
발대발했다. 물론 휴는 어느 모로 보아도 파티의 상대는 못되는 위인이지만,
그렇다고 피터가 말하듯이 휴가 결코 무기력한 위인도, 등신 같은 위인도 아
니잖는가. 휴는 노모가 사냥가는 것을 그만두고 자기를 베스 온천에 데려다
달라고 했을 때도, 두말없이 그렇게 하잖았던가. 그분은 정말 이기심이 없는
분이잖는가. 피터는 휴를 평하기를, 그는 감정도 두뇌도 없고, 다만 영국신
사의 예법과 교양밖에 가진 게 없다고 했지만, 그것이야말로 오히려 장점이
거나 단점이다. 휴는 견딜 수 없이 속물일 때도 있지만 오늘 같은 아침에 같
이 산책하기엔 아주 좋은 상대가 아닌가.

6월은 수목들의 모든 잎새들을 싹트게 했다. 핌리코의 빈민 구역의 어머니들은 어린것들에게 젖을 물리고 있었다. 함대는 해군성으로 통신을 보내고 있었다. 알링톤과 피카딜리의 거리는 공원 안에 적당한 바람을 일으켜 클래리사가 좋아하는 성스러운 생기의 흐름을 따라 세차게, 아름답게, 잎새들을 펄럭이게 하고 있는 듯싶었다. 춤을 춘다, 말을 탄다, 이것저것 다 그녀가 좋아하는 일들이었다.

그녀는 피터와 수백 년은 헤어져 있었던 것 같았다. 그녀는 그에게 편지를 쓴 적도 없었다. 한편 피터의 편지는 무미건조한 것이기만 했다. 그런데 문득 이런 생각이 들었다. 글쎄, 그분이 여기 함께 있다면 뭐라고 하실까.

아무튼 어떤 날, 또는 어떤 장면이 피터의 추억을 그녀의 뇌리에 박혀, 옛날의 쓰라림은 자취도 없이 고요히 돌이켜 생각나곤 하잖는가. 이것이 곧 사람을 사랑한 보람인지도 모르잖는가. 이런 추억은 오늘같이 맑은 아침 세인트 제임스 공원 같은 데서 곧잘 되살아났다—정말 되살아났다. 그러나 피터는 날이 아무리 맑아도, 초목이나 분홍옷을 입은 소녀들이 아무리 아름다워도 아무것도 거들떠보지 않았잖는가. 잘 보라고 일러주면, 안경을 쓰고 다시 둘러보곤 했겠다. 그분의 관심은 세계의 정세 정도이었겠다. 바그너의 음악이나 포프의 시(詩), 철두철미한 사람들의 성격이나 또는 나의 정신적 결점에만 흥미를 가졌었겠다. 참 끔찍이도 날 나무랐지! 무던히 말다툼도 했겠다! 피터는 나더러 영국 수상과 결혼하여, 계단 꼭대기에 서서 손님을 맞아들일 거라고 했다. 그분은 날 완전무결한 영부인이라고 칭했다(이 일 때문에 나는 침실에서 운 일도 있잖는가). 그리고 날더러 영락없이 영부인이 될 자질을 가지고 있다고 말했다.

그녀는 세인트 제임스 공원 한복판에 서서 지금도 이렇게 언쟁을 벌이고 있는 자기 자신을 의식했고, 아직도 자기가 옳았다고, 피터와 결혼하지 않은 것이 옳았다고 주장했다. 결혼생활을 하자면, 매일매일 한집에 같이 사는 두 사람 사이에 어느 정도 자유와 독립이 있어야 하니 말이다. 리처드는 아내에게 그것을 허락해주었고, 그녀 또한 남편에게 그것을 허락하고 있지 않은가 (예를 들면, 남편은 오늘 아침에 어딜 갔지? 글쎄, 무슨 위원회라나 간 모양이지만, 나는 물어보지도 않았잖은가 말이다). 그러나 피터라면 오만 가지를 의논해야만 할 것 아닌가. 그는 무슨 일이고 일일이 알아야만 할 것 아

댈러웨이 부인 15

닌가. 이래서야 어떻게 참을 수 있겠는가. 그런데 그때 조그만 정원의 분수 옆에서 그 일이 벌어졌을 때는 결국 그이와는 헤어져야만 했다. 헤어지지 않았다면 그들은 파멸하고 둘 다 몰락하고 말았으리라 확신했다. 그 뒤 몇 해를 두고 그녀는 가슴속에 꽂힌 화살 같은 슬픔과 고민을 그대로 안고 지내왔지만 말이다. 그런데 또, 어느날 음악회에서 누구한테선가 피터가 인도로 가는 도중 배 안에서 만난 어떤 여자와 결혼했다는 얘기를 전해 들었을 때, 그녀는 얼마나 무서운 충격을 느꼈던가! 이와 같은 모든 일들은 절대로 잊혀지지 않을 것 아닌가. 피터는 나를 냉정하고 무정한 새침데기라고 불렀다. 그가 자기를 얼마나 사랑했는지 그녀로서도 알 길이 없었다. 그러나 인도에서 살고 있는 여자들은 알 수 있을지도 모르잖는가—저 어리석고, 예쁘장한 천박한 여자들은. 그녀는 그를 측은하게 생각해봤지만 허사였다. 그는 퍽 행복하다는 편지를 보내오잖는가—아주 행복하다고는 하지만 그는 우리가 이야기해온 일은 하나도 이룩하지 않았잖는가. 결국 그의 온 생애는 실패의 인생이잖는가. 이렇게 생각하니 그녀는 더욱 화가 치밀었다.

마침내 그녀는 공원 입구까지 걸어나왔다. 그녀는 잠시 걸음을 멈춰 서서 피카딜리 가를 지나는 버스들을 바라보았다.

이제 그녀는 세상의 누구와도 이렇다 저렇다 시비를 걸 생각은 없었다. 그녀는 지금 자신이 아주 젊게 느껴지면서도 한편으로는 말할 수 없이 나이먹은 듯한 기분이기도 했다. 칼날같이 온갖 것을 썰고 있는 듯도 싶은가 하면, 한편으로는 바깥에 서서 그저 방관하고 있는 기분이기도 했다. 지나가는 택시를 물끄러미 바라보고 있노라니, 그녀 자신은 밖으로 떠밀려나가 저 멀리 바다 위에 외롭게 떠 있는 느낌이 쉴 새 없이 들었다. 그녀는 항상 하루라도 그날을 순탄하게 산다는 것이 지극히 위험한 일같이 느껴졌다. 자기가 남들보다 영리하다든가, 월등히 재주가 있다든가 해서 그런 것은 아니었다. 독일 태생의 가정교사 다니엘 양한테 얻은 몇 가지의 지식에 의거하여 오늘날까지 대체 어떻게 지내온 것인지, 스스로도 알 수 없었다. 그녀는 아는 것이 아무것도 없었다. 외국어도 역사도. 요새는 잠자리에서 회상록 따위나 읽을까, 이밖에는 읽는 것이라곤 별로 없었다. 그런데도 이것, 이 모든 것들이 그녀에게 절대적인 매력이 있었다. 글쎄, 지나가는 택시들까지. 이제는 피터에 관해서도 아무말 않기로 하자. 아니, 자기 자신에 관해서도 아무말 않기로 하자. 이것이 나요, 저것이 내가 아닌가, 그녀는 생각했다.

유일한 재주라곤, 본능적으로 사람을 알아보는 일이라고, 그녀는 걸어가면서 생각했다. 자기가 누구와 한 방에 있게 되면, 자기는 고양이처럼 등을 곤두세우지 않으면 으르렁댈 것 아닌가. 언젠가 데븐셔의 집과 베스에 있는 집, 도자기로 된 앵무새가 있는 집들에 불이 환히 켜져 있는 것을 본 일도 생각났다. 그리고 또한 실비아, 프레드, 샐리 시튼이니—등등 수많은 사람들의 얼굴도 생각났다. 또한 밤을 새우며 춤을 추던 일이며, 시장으로 덜거덩덜거덩 지나가던 마차하며, 공원을 가로질러 차를 몰고 집으로 돌아가던 일들도 생각났다. 한 번은 은전 한 잎을 서펀타인 연못(런던의 하이드 공원에 있는 뱀 모양의 연못)에 내던진 일도 있었다. 그러나 추억이란 누구에게나 있는 일이 아닌가. 자기가 사랑하는 것은 여기, 지금 자기 앞에 있는 이것, 택시를 타고 앉아 있는 저 뚱뚱한 귀부인이 아닌가. 그렇다면 일은 아무래도 상관 없잖겠는가, 그녀는 본드 가(街) 쪽을 향해 걸어가면서 자문했다. 언젠가는 자기도 필연코 죽어 없어진다는 것, 이런 것이 과연 무슨 문제가 되겠느냐 말이다. 이 모든 것들은 자기가 없어도 이대로 움직여나갈 것 아닌가. 그렇다고 자기가 화를 내야 옳단 말인가. 아니, 죽음은 만사의 종말이라고 생각해버리면 차라리 마음편할 노릇이 아니겠는가? 그러나 아무튼 런던의 거리 이곳저곳에서 일어나는 사물이 번성하고 쇠락하는 흐름 속에서, 자기도 피터도 각자의 생을 영위해나가고 있잖는가. 사실 그녀는 고향에 있는 수목들의 일부분이요, 저기 저렇게도 보기 흉하게 늘어서 있는 가옥들의 일부분이요, 또한 생전 보지도 못한 사람들의 일부분이라고 생각했다. 그녀는 자기가 잘 알고 지내는 사람들 사이에 펼쳐져 있는 안개같이만 여겨졌다. 나뭇가지들이 안개를 떠받치고 있는 광경을 목격한 일도 있지만, 그 사람들이 그와 같이 자기를 떠받치고 있는 것이라고 그녀는 생각했다. 그러나 이렇게 해서 자기의 생명, 글쎄 자기 자신은 줄곧 멀리 멀리 퍼져가기 마련이 아니겠는가. 그러나 지금 해처즈 서점의 진열장 안을 들여다보면서 그녀는 대체 무엇을 꿈꾸고 있는 것일까? 대체 무엇을 알아내려는 것일까? 펼쳐진 책에서 다음과 같은 구절을 읽으며, 전원의 하얀 새벽 광경이라도 그려보겠단 말인가.

이제는 두려워 마라.

뜨거운 햇볕도, 혹한의 눈보라도.

오랫동안 세상에서 경험을 쌓아가느라면, 남녀간에 누구를 막론하고 마음속에 눈물의 샘이 자라나기 마련이다. 눈물과 슬픔, 용기와 인내, 더할 나위 없이 곧은 마음과 금욕적인 태도를 갖게 한다. 예를 들면, 그녀가 가장 존경하는 저 벡스버러 부인, 바자회를 연 이 부인의 경우를 생각해봐도 그렇잖는가.

진열장에는 조록스의 《유흥과 주연》, 《아첨하는 식객》, 애스퀴드 씨의 《회상록》, 《나이지리아에서의 대수렵》 등이 펼쳐져 있었다. 상당히 많은 책들이 있었으나 병원에 입원한 이블린에게 갖다줄 만한 책은 한 권도 없었다. 이블린을 즐겁게 해 줄 만한, 그리고 자기가 병실에 들어설 때, 눈을 의심할 정도로 여윈 그 자그마한 여자를 순간이나마 생기가 돌게 해줄 만한 책은 한 권도 없었다. 둘이서 이전처럼 여자들의 병에 관한 얘기를 끝없이 조잘대기 시작하기에 앞서, 이블린을 즐겁게 해줄 만한 책은 말이다. 자기가 들어서자마자 사람들이 자기를 반겨주길 얼마나 바라고 있는가, 클래리사는 생각하면서 발걸음을 돌려 본드 가로 향했다. 그런데 지금 그녀는 귀찮기만 했다. 글쎄, 무슨 일을 할 때 굳이 이유를 붙이려 드는 것은 실없는 일인 것만 같으니 말이다. 오히려 자기는 리처드와 같은 사람이 되었으면 싶었다. 무슨 일을 하든 그것 자체가 재미있어한다는 리처드와 같은 사람이. 그런데 자기는 어떤가, 그녀는 길을 건너려고 기다리면서 생각해 보았다. 글쎄, 자기는 무슨 일을 하자면 단순히 그 일 자체 때문에 하는 게 아니라, 남이 이렇게 또는 저렇게 생각하도록 만들기 위하여 따져서 일을 하잖는가. 이것이 전혀 어리석은 짓임을 그녀도 잘 알고 있었다(이제 막 교통순경이 손을 들었다). 아무도 그런 수작에 단 한 순간일지라도 속지 않기 때문이다. 아, 지난 인생을 다시 한 번 되살아보았으면! 그리고 내 얼굴이 달리 생겨보았으면! 그녀는 차도로 발을 내밀면서 생각했다.

무엇보다도 먼저 그녀는 벡스버러 부인처럼 검은 피부에 잔 주름이 있는 가죽같이 보드라운 살결에 예쁘장한 눈을 가진 이 부인처럼 침착하고 당당했으면 싶었다. 몸집도 크고, 남자처럼 정치에도 관심이 있고, 시골에 별장을 갖고 있고, 아주 위엄 있고, 진실했으면 싶었다. 그런데 자기는 어떤가. 몸집은 콩대같이 가느다랗고 얼굴은 기묘할 정도로 작고 새부리 같은 코를 하고 있잖는가. 하기야 몸 맵시가 나고, 손발은 곱고, 비용을 적게 들이는데 옷차림이 멋진 것도 사실이긴 하지만. 그러나 자기의 육체, 그 모든 기능을 가진 이 육체는 아무것도 아닌 것—전혀 아무것도 아닌 것 같이만 여겨졌다 (이때 그녀는 발걸음을 멈춰 네덜란드인 화가의 그림을 보았다). 그녀는 이상스러운 생각이 들었다. 글쎄, 자기는 이제 보이지도 않고 남의 눈에 띄지도 않으며 알아주는 사람도 없잖는가. 그리고 이제는 결혼할 수도 없고 아이를 가질 수도 없잖는가. 오직 있는 것이라곤 사람들의 무리를 따라 이렇게 본드 가를 걸어나가고 있는 놀랍고도 엄숙한 행진뿐이 아닌가. 이것이 바로 댈러웨이 부인 아닌가. 이제는 클래리사가 아닌 리처드 댈러웨이 부인이 있을 뿐 아닌가.

본드 가는 그녀의 마음을 사로잡았다. 사교계의 이른 아침의 본드 가 점포 앞에는 깃발들이 펄럭였고, 양쪽에는 상점들이 늘어서 있으며, 요란하지도, 화려하지도 않았다. 그리고 그녀의 아버지가 50년을 두고 옷을 맞춰 입어온 양복점에는 두루마리의 천이 놓여 있었다. 보석상점에는 진주들이 진열되어 있었고, 생선가게에는 얼음덩이 위에 연어가 놓여 있었다.

"결국 그것뿐이야." 그녀는 생선가게를 바라보면서 혼잣말을 했다. "글쎄, 결국 그것뿐이라니까." 그녀는 되뇌이면서, 전쟁 전에는 이 집에서면 최고급 장갑을 살 수 있었던 장갑집 진열장 앞에서 잠시 발걸음을 멈췄다. 이때 늙은 윌리엄 아저씨가 노상 이런 말을 하던 것이 생각났다. 글쎄, 귀부인은 구두와 장갑으로 알아볼 수 있다고 하던 말. 이 아저씨는 전쟁이 한창이던 어느날 아침 침상에서 몸을 젖히더니, "실컷 살았어" 하고는 운명하고 말았다. 그런데 장갑과 구두, 이 두 가지 중에서 그녀는 장갑을 더 좋아하지만, 딸애 엘리자베스는 그런 물건들엔 조금도 관심이 없었다.

글쎄, 조금도 없잖는가, 이렇게 생각하면서 그녀는 파티를 열 때면 으레 꽃을 사가곤 하던 단골 꽃집을 향해 본드 가를 걸어올라갔다. 엘리자베스는 사실 무엇보다도 개를 좋아했다. 오늘 아침만 해도 온 집안이 개의 피부약 냄새로 진동했다. 하지만 저 광신자 미스 킬먼보다는 하찮은 그 개 그리즐 쪽이 더 나을는지도 모르잖는가. 글쎄, 갑갑하게 침실에 갇혀 기도서를 펴놓고 앉아 있는 것보다는 차라리 디스템퍼(강아지가 잘 걸리는 전염병, 개홍역)나 개 피부약이나 이 밖의 다른 온갖 일들이 더 나을는지도 모르잖는가! 아니 뭐든지 그것보다는 나을 것이라고, 클래리사는 우기고 싶었다. 그러나 리처드 말마따나, 그런 일은 다 어린 소녀들이 한 번은 거쳐야 하는 하나의 단계에 불과한 것이 아닐까. 글쎄, 딸애가 그녀와 사랑에 빠진 것은 아닐까. 하지만 어째서 하필이면 미스 킬먼일까? 미스 킬먼은 사실 여태껏 천대받아왔지. 그러니 그 점을 생각해줘야 하잖겠는가. 미스 킬먼은 능력도 있고, 정말로 역사에도 소질을 가졌다고 리처드는 말했었지. 아무튼 미스 킬먼과 딸애는 떨어질 수 없는 사이였다. 더구나 딸애 엘리자베스는 성찬식에도 참석하잖는가. 그리고 그애는 옷이 어떻건, 점심에 초대한 손님 대접이건, 그런 일에는 조금도 관심이 없거든. 종교적인 도취감이 인간을 아주 무감각하게 만들고(무슨 주의자라는 것도 역시 그러하지만), 또 인간의 감정을 둔하게 만든다는 것은 나 자신도 경험한 바가 아닌가. 글쎄 미스 킬먼은 러시아 사람을 위해서는 물불도 가리지 않으며, 오스트리아 사람들을 위해서는 끼니도 굶는다. 그러나 개인적으로 대하면 도저히 견딜 수가 없는데, 그녀는 초록빛 레인코트를 입고서 그토록 무감각하거든. 땀을 흘려가면서도 일 년 열두 달하고 한날을 한결같이 코트만 입고 있다. 한 방에 같이 있어 보면 5분도 못되어서 그 자신은 우월하고 이편은 열등하다는 인식을 주고야 말거든. 나는 이렇게 가난하답니다. 댁은 아주 부유하시군요. 나는 침대로 깔 방석도, 아니 아무것도 없이 빈민굴에서 살고 있답니다. 이런 식으로. 말하자면 그 여자의 마음은 빈민굴에 늘어붙은 설움으로 녹이 슬어 있는 격이지 뭐야. 전쟁 중에 학교에서 쫓겨났다고 하는데—불쌍하고도 한 많은 불행한 여자이지 뭐야! 물론 나로서는 이 여자 자체가 밉다는 것은 아니고, 다만 그 사고방식이 마음에 안 들뿐이지. 그런데 그런 사고방식이 쌓이고 쌓여서 마침내는 마치 킬먼 자체와는 판이한 것이 되어버리고, 이것이 한밤중에 혼자서 몸부림쳐야 하는 일종의 유령이 돼버리잖았는가. 그런데 이 유령은 우리를 걸터타고 앉아서, 거의 생피까지 빨아 먹다시피 하는 지배자요, 폭군이잖는가. 주사위를 한 번 더 던져서, 백(白)이 아닌 흑(黑)이 나온다면 나도 미스 킬먼을 좋아하게 될지도 모를 것 아닌가! 하지만 이 세상에서는 아니었다. 절대로!

그런데 이놈의 흉한 괴물이 마음속에 꿈틀거리기 시작하여 그녀를 초조하게 만들고 있었다! 나뭇잎 우거진 깊숙한 숲과도 같은 그녀의 영혼 속에서 나뭇가지가 우지끈 부러지는 소리가 들려오고, 이 괴물의 발굽에 마구 짓밟힌 듯한 기분이었다. 완전한 만족이나 완전한 안전은 바랄 수도 없는 모양이었다. 글쎄, 이 괴물이 어느 틈에 일어설지 모르니 말이다. 더구나 이 증오심이란 괴물은 그녀가 앓고 난 뒤로, 감정을 끊어뜨고 척추를 해치는 힘까지 생겨, 그녀의 육체마저 괴롭혔다. 심미감(審美感), 우정과 건강, 또는 사랑받고 가정을 즐기는 온갖 기쁨을 뒤흔들어 떨게 하고 결국 꺾어버렸다. 마치 정말로 괴물이 뿌리에서부터 파헤치는 듯싶었다. 만족이라는 갑옷도 결국 이기심 아닌가, 곧 이와 같은 증오심이 아닌가!

쳇 어리석어! 그녀는 속으로 외치면서, 멀베리 꽃집의 스윙 도어를 밀고 안으로 들어섰다.

그녀는 경쾌하게, 키가 큰 몸을 아주 꼿꼿이 세우며 걸어 들어갔다. 그러자, 단추처럼 동그스름하게 생긴 미스 핌이 인사하며 맞이했다. 미스 핌의 두 손은, 꽃과 함께 찬물 속에 잠겨 있었는지 언제 보아도 새빨갛다.

여러 가지 꽃들이 있었다. 비연초·스위트피·라일락 다발, 그리고 카네이션 등등. 장미며 붓꽃도 있었다. 아, 그러네—클래리사는 미스 핌과 서서 이야기하면서 흙냄새를 풍기는 화원의 향기로운 냄새를 들이마셨다. 전에 부인의 신세를 진 일이 있는 미스 핌은 부인을 친절한 분이라고 생각하고 있었다. 벌써 오래전 일이긴 하지만, 아무튼 매우 친절한 분이었다. 친절한 부인인데, 올해는 늙어보였다. 붓꽃이며 장미, 한들거리는 라일락 송이들 속에 묻혀, 눈을 지그시 감고서 고개를 요리조리 갸웃거리며 그녀는 소란한 거리를 거쳐온 뒤에, 감미로운 향기와 더할 나위 없는 서늘함을 들이마시고 있었다. 이윽고 클래리사가 눈을 떴다. 장미는 어쩌나 싱싱하게 보이던지 세탁소에서 갓 찾아와서 버드나무 상자에 넣어놓은 레이스 달린 깨끗한 리넨(linen) 같았다. 진한 진홍빛 카네이션은 단정하게 고개를 쳐들고 있었고, 여러 화병에 꽂혀 있는 스위트피는 연한 자줏빛깔, 백설 같은 흰 색, 하늘빛 등등 가지각색이었다—마치 여름날 낙조(落照) 때 머슬린 옷을 입은 처녀들이 검푸른 하늘을 등지고, 스위트피며 장미를 꺾으러 오는 모습 같았다. 비연초며 카네이션, 토란꽃들이 만발해 있었다. 이 모든 꽃들—장미·카네이션·붓꽃·라일락 등등이 피는 시간은 6시와 7시 사이였다. 이 시각에 백색·자색·빨강·주황 등 가지각색의 꽃들은 안개 자욱한 화단에서, 살며시 청아하게 저절로 타오르는 듯 피어난다. 헬리오트로프꽃 위를, 또는 큰달맞이꽃

위를 뱅뱅 돌며 나는 회색빛 도는 하얀 나방을 그녀가 무척 좋아도 했지!

그녀는 미스 핌과 더불어 항아리에서 항아리로 발걸음을 옮겨가며 꽃을 고르기 시작하면서, 쳇, 어리석게시리 하고 속으로 중얼거렸다. 이 아름다움, 이 향기, 이 빛깔들, 그리고 자기를 좋아하고 따르는 미스 핌, 이런 것들이 물결처럼 살며시 살며시 흘러들어와, 저 증오심이라는 괴물을 그녀 자신의 안에서부터 죄다 휩쓸어내는 듯싶었다. 아니, 이 물결을 타고 자기는 더 위로 솟구쳐 올라가는 듯싶었다. 이때—아! 바깥에서 한 방의 총소리!

"어마, 저 자동차 좀 보세요." 미스 핌은 창가로 가서 내다보고는, 양손에 스위트피를 잔뜩 들고 돌아오면서 사죄하는 듯이 생긋 웃었다. 마치 자동차도 자동차 바퀴도 다 자기 탓이기라도 한 것처럼.

댈러웨이 부인을 놀라게 하고, 미스 핌을 창가로 달려가게 하여 변명까지 하게 한 그 맹렬한 폭발소리는 멀베리 꽃집 창문 바로 맞은편 인도 가장자리에 정차한 자동차에서 났다. 행인들은 물론 발걸음을 멈추고 서서 눈이 휘둥그레졌다. 비둘기 빛깔 쿠션에 몸을 기댄 어느 지위 높은 양반의 얼굴이 얼핏 사람들 눈에 띄었다. 그러나 한 남자의 손이 곧 블라인드를 내렸다. 이제는 비둘기 빛깔의 네모진 차창밖에는 아무것도 보이지 않았다.

그러나 소문은 이내 곧 사방으로 퍼지기 시작하여 본드 가 중심으로부터 이쪽 옥스퍼드 가에 이르는 한편, 저쪽 애트킨슨 향수 판매점까지 퍼졌다. 이렇게 눈에 띄지도 않고 소리도 없이, 구름인 양 날쌔게 언덕 너머로 장막이 드리우듯 퍼져나가선, 느닷없이 시커멓게 소리없이 끼어드는 구름처럼 조금 전까지도 몹시 혼란 속에 빠져 있던 사람들의 얼굴을 뒤덮어놓고 말더니, 이제 신비스러운 날개가 그들의 얼굴을 씻어갔다. 그들은 위엄있는 이름을 들었던 것이다. 그들의 경건한 정신은 눈가림을 당하고, 입은 딱 벌린 채서 있었다. 그러나 아까 보인 얼굴이 누구의 얼굴인지는 아무도 몰랐다. 황태자의 얼굴? 황후의 얼굴? 아니면 수상의 얼굴일까? 대체 누구의 얼굴일까? 아는 사람은 아무도 없었다.

팔뚝에 납관(鉛管)을 둘둘 말고 선 에드가 J. 워트키스는 큰 소리로, 물론 장난조로 소리질렀다. "수상나리의 차지 뭐요!"

셉티머스 워렌 스미스는 그냥 지나치기 힘들던 차에 그 말을 들었다.

셉티머스 워렌 스미스는 30세나 됐을까, 창백한 얼굴에 매부리코를 하고 있었는데, 갈색 구두에 낡아빠진 코트를 걸치고 있었다. 그의 엷은 갈색 눈에는 불안의 빛이 감돌고 있어 전혀 모르는 낯선 사람들까지도 불안스럽게 만들었다. 세계는 마침내 채찍을 쳐든 것이다. 이 채찍은 대체 어디로 떨어질 것인가?

모든 것이 정지되어 갔다. 자동차 엔진 소리는 불규칙하게 온몸을 구석구석 두드리는 맥박 소리같이 들렸다. 자동차는 멀베리 꽃집의 진열장 바로 앞에 서 있었기 때문에 햇볕은 유난히 따가왔다. 버스 꼭대기 칸에 타고 있던 늙은 부인네들은 검은 양산을 펴들었다. 이윽고 여기선 초록 양산이, 저기선 빨간 양산이, 여기저기서 작은 소리를 내며 펴졌다. 댈러웨이 부인은 스위트 피를 한아름 안고 창가로 와서, 다소 홍조된 얼굴을 찌푸리며 뭔가 하고 밖을 내다보았다. 모두들 그 자동차를 바라보고 있었다. 셉티머스도 바라보고 있었다. 자전거를 타고 가던 소년들은 얼른 뛰어내렸다. 차들이 밀렸다. 그러나 그 자동차는 블라인드를 내린 채, 그대로 서 있었다. 그런데 저 블라인드 위에 나무 같은 무슨 기묘한 무늬가 있다고 셉티머스는 속으로 생각했다. 그런데 모든 것이 눈앞에서 하나의 중심으로 서서히 끌려들어오는 이 광경이 그는 무서워졌다. 뭔가 무서운 것이 거의 표면에까지 나타나, 이제 곧 확 타오를 것만 같았다. 천지가 요동하며 흔들려서 느닷없이 불바다가 될 것만 같았다. 그는 자기가 길을 막고 있다고 생각했다. 사람들이 저렇게 이쪽을 바라보며 손가락질하고 있잖는가. 어떤 한 목적을 위해서 자기는 지금 이렇게 차도 위에 뿌리박고 육중하게 서 있는 것이 아닌가? 그런데 대체 무슨 목적일까?

"여보, 우리 가요." 그의 아내가 말했다. 몸집이 작고, 버들잎 모양의 뾰족한 얼굴에 눈만 커다란 그녀는 이탈리아 태생이었다.

그러나 루크레치아 자신도 이 자동차와 블라인드 위 저 나무 같은 무늬를 보지 않을 수 없었다. 저 안에 여왕이 타고 계실까—여왕께서 뭘 사러 나오셨나, 그녀는 생각했다.

운전수는 무엇인가를 열고, 무엇인가 돌려보고, 그리고 무엇인가를 닫고 하더니, 다시 운전대로 올라 앉았다.

"어서 가요." 루크레치아가 다시 재촉했다.

그러나 남편은—이 내외는 약 4, 5년 전에 결혼한 사이인데—깜짝놀란 듯 펄쩍뛰며, "알았어!" 하고 성난 듯이 말했다. 마치 아내가 무슨 훼방이라도 한 듯이.

남들이 보겠구먼, 남들이 눈치채겠구먼, 그녀는 자동차에 눈이 팔린 군중을 바라보면서 속으로 생각했다. 영국인들, 자식들, 말이며 부럽게 여겨지는 의복 등등을 구비하고 있는 영국인들, 이제는 한낱 '군중'에 불과하잖는가. 셉티머스가 "자살해버리겠다"고 말한 때문이 아닌가. 참 끔찍스런 말이지. 남들이 그 말을 들었으면 어찌하나, 그녀는 군중을 바라보았다. 사람 살려요, 사람! 이렇게 그녀는 푸줏간집 아들이건 아낙네건 붙들고 소리지르고 싶었다. 사람 살려요! 지난 가을만 하더라도 그녀와 남편은 지금의 이 외투를 함께 두르고 강가의 둑 위에 서 있었다. 그때 그녀는 묵묵히 신문만 들여다보고 있던 남편으로부터 신문을 잡아채고는 어떤 노인이 빤히 보고 있는데도 깔깔대며 웃었다. 그러나 사람은 실패를 감추려고 한다. 그녀는 남편을 어디 공원 같은 데로 데려가야만 했다.

"자, 이제 건너가요." 그녀는 재촉했다.

남편의 팔은 아무 감각도 없었지만, 그녀는 자기가 남편의 팔에 권리가 있다고 생각했다. 순진하고 충동적이며, 겨우 24살밖에 안되는 그녀는 영국에 친지 하나 없는데도, 남편을 따라 고국 이탈리아를 버리고 이곳으로 건너왔던 것이다. 이러한 자기에게 남편은 한쪽의 뼈다귀밖에 아닌 그의 팔을 내밀어줄 것이라고 그녀는 생각했다.

자동차는 블라인드를 내리고 일종의 수수께끼를 안은 채 피카딜리 쪽을 향해, 여전히 사람들의 주시 속에 달려갔다. 여왕인지, 황태자인지, 수상인지는 아무도 알지 못했지만, 길 양쪽에 그대로 늘어서 있는 사람들의 얼굴에 다같이 깊은 숭배의 표정을 불러일으키면서. 그분의 얼굴을 잠깐이라도 얼핏 훔쳐본 사람은 오직 세 사람밖에 없었다. 이제는 성별조차도 논의의 대상이 되었다. 그러나 그 안에 지체높은 사람이 앉아 있었다는 것만은 의심할 여지가 없었다. 그런데 이 지체높은 양반은 사람 눈을 피하여 본드 가를 지나가버린 것이다. 군중들이 손만 내밀면 닿을 만한 거리에서. 이 군중들은 처음이자 마지막으로 영국의 국왕과 국가의 영구한 상징과 말이라도 건넬 수 있을 위치에 놓여 있었는지도 모를 일이다. 사실은 후일 시간의 파편들을 골라내는 고고학자들에게나 알려지게 될는지 모른다. 글쎄, 런던의 거리가 한껏 잡초가 자란 길이 되고, 또 이 수요일 아침 보도를 분주하게 왕래하는 이 사람들이 죄다 흙 속에 파묻혀, 몇 개의 결혼반지와 충치 대신 해넣은 무수한 금니와 뒤섞인 뼈다귀가 되어버릴 때가 되면 말이다. 그때가 되면 자동차 안의 얼굴이 과연 누구의 얼굴이었는지 알지도 모른다.

아마 여왕이실 거야, 댈러웨이 부인은 멀베리 꽃집에서 꽃을 들고 나오면서 속으로 생각했다. 자동차가 블라인드를 내린 채 걸어가듯이 서서히 지나가고 있는 동안, 그녀는 햇볕이 쏟아져 비쳐드는 이 꽃집 앞에서 무척 위엄 있는 표정을 하고 잠시 서 있었다. 여왕께서 어떤 병원을 찾아가시는 것 아니면, 어떤 바자회 개회식장에 가시는 것이라고 클래리사는 생각했다.

낮의 이 시간 치고는 보기 드문 혼잡이었다. 로즈나 애스컷이나 헐링햄이나 도대체 무슨 일인가? 그녀는 생각했다. 그도 그럴 것이 길이 막혔으니 말이다. 영국의 중산계급들이 짐이나 우산을 들고, 이런 날씨에 모피까지 두르고 버스 찻간에 비스듬히 앉아들 있는 품이 어찌나 우스꽝스럽게 보이든지 어디다 비할 수도 없을 정도라고 속으로 생각했다. 여왕까지도 지체되고 있었다. 여왕이 지나갈 수가 없었던 것이다. 클래리사는 브루크 가 이쪽에서 길이 막힌 채 그냥 서 있었다. 차를 사이에 두고 존 벅허스트 경과 늙은 판사는 반대편 보도에 있었다(그런데 이 존 경은 수년 동안 엄격한 판결을 내린다고 알려진 분으로 옷차림이 화려한 여자들을 좋아했다). 이때 운전수가 몸을 약간 비스듬히 기대며 교통순경에게 뭐라고 얘기하며, 뭔가를 내보였다. 그러자 순경은 경례를 붙이고 나서, 팔을 번쩍 들고 고갯짓을 해가며 버스를 한쪽으로 비키게 했다. 이제 자동차는 그 사이를 빠져나갔다. 천천히 소리없이 제 갈 길로 굴러 나갔다.

클래리사는 이렇게 추측했다. 물론 알고 있었다. 그녀는 무엇인가 희고 마력을 지닌 둥근 물건, 어떤 이름이 새겨져 있는 원판(圓板)을 운전수가 손에 쥔 것을 보았다—여왕의 이름일까, 황태자의 이름일까, 아니면 수상의 이름일까? —차는 광채를 발산하면서 길을 태우듯이 지나가고 있었다(이때 클래리사는 차가 점점 작아져 마침내 사라져 버리는 것을 지켜보고 있었다). 그런데 그 이름은 오늘밤 버킹엄궁전 파티에서 휘황찬란하게 빛날 것 아닌가. 샹들리에며 번쩍거리는 별들, 떡갈나무 잎을 단 떡 벌어진 가슴팍

댈러웨이 부인 25

들, 휴 위트브레드나 그의 모든 동료들, 영국의 신사들이 모인 가운데서. 그리고 클래리사도 파티를 열기로 되어 있는 것이다. 그녀는 다소 허리를 쭉 펴봤다. 오늘 저녁 파티에 손님들을 맞아들일 때는 계단 맨꼭대기에서 이런 자세로 서봐야겠다고 생각하면서.

자동차는 지나가버렸으나, 미세한 파문은 아직도 남아서 본드 가 양쪽에 늘어선 장갑 가게들이며 모자 가게들이며 양복점 사이로 번져가고 있었다. 30초 동안 모든 사람의 머리는 같은 방향—창 쪽을 향하고 있었다. 장갑 한 켤레를 고르려고—팔꿈치까지 닿는 것으로 할까, 더 긴 것으로 할까. 빛깔은 레몬색이 어떨까, 혹은 연한 회색이 어떨까? —부인네들은 망설이며 서 있었다. 그런데 차가 지나가버렸다는 말이 떨어지자 곧 어떤 변화가 일어났다. 그 하나하나는 어찌나 미미하든지, 중국에서 일어난 지진까지도 전할 수 있다는 계기(計器)를 가지고도 그 진동을 기록할 수는 없었지만, 전체로는 어마어마한 것이 되어 대중에게 미치는 영향은 굉장했다. 모든 모자 가게와 양복점에서 낯선 사람들이 서로 얼굴을 마주보며, 전사자며 국기며 제국(帝國)을 마음속에 그려보았으니 말이다. 뒷골목 어느 주점에서는 이 일로 인하여 어떤 식민지 사람이 현 왕실 윈저 가문을 모독했다는 시비가 일어나 술잔이 부서지는 일대 소동까지 벌어졌다. 이 소문은 또 묘하게도 결혼식 때 사용할 순백 리본이 달린 흰 속옷을 사고 있던 소녀들의 귀에까지 들어갔다. 아까 지나간 그 자동차가 일으킨 표면적인 동요가 가라앉으면서 사람들 마음속 깊은 곳에 무엇인가를 건드려놓은 것이다.

그 자동차는 피카딜리 가를 가로질러 세인트 제임스 가로 돌아섰다. 키가 큰 남자들, 건강하게 생긴 남자들, 연미복에 흰 셔츠를 매끈하게 차려입고 머리를 뒤로 빗어 넘긴 남자들, 이들은 무슨 영문인지 알 수 없다는 듯이 코트 자락 밑에 뒷짐을 지고 튀어나온 창가에 서서 내다보고들 있었다. 지금 고귀한 양반이 지나가고 있다는 것을 이들은 직감적으로 알았다. 불멸의 존재가 발산하는 하얀 광채가 이들을 엄습했다. 그것이 클래리사 댈러웨이를 엄습한 것처럼. 곧 이들은 허리를 펴고, 뒷짐 진 손을 풀었다. 이제는 조상들을 본받아 군주를 섬기기 위해서는, 필요하다면 대포 아가리 속으로라도 당장에 뛰어들 자세였다. 조상들의 흰 흉상(胸像)과 〈태틀러〉 잡지 몇 권과 탄산수 병들이 널려 있는 채 뒤쪽에 놓여 있는 작은 탁자들까지도 이를 실증하는 듯싶으며, 물결치는 밀밭과 영국의 대저택들을 나타내는 것 같았다. 또는 회랑의 벽에 부딪친 단 하나의 가냘픈 소리가 전 사원의 위력으로 쩡쩡 울려 퍼지듯이, 그 자동차의 미약한 바퀴소리는 크게 되울리는 것만 같았다. 숄을 두르고 꽃을 든 채 보도에 서 있던 몰 프래트는 그 귀한 청년의 건강을 축복하여 (황태자가 틀림없다고 생각하고 있었으니까) 맥주 한 잔 값이라도—장미 한 다발이라도—세인트 제임스 가에 던지고 싶었다. 가난이야 어찌 되든 간에 하는 마음과 들뜬 생각이 들어서 말이다. 그러나 순경이 자기를 지켜보는 바람에 아일랜드 태생의 이 늙은 부인의 충성은 풀이 죽고 말았다. 세인트 제임스 궁전의 보초가 경례를 했다. 알렉산드라 왕비의 호위관도 경례를 했다.

한편 버킹엄궁전 철문 앞에는 작은 무리가 모여들었다. 예외없이 가난한 이 군중들은 우두커니, 그러나 믿음을 가지고 기다리며 국기가 펄럭이는 궁전을 바라보고 있었다. 그리고 석대 위에 솟은 듯 서 있는 빅토리아 여왕의 동상을 바라보며, 층층이 흘러내리는 물과 제라늄 꽃밭에 감탄하고 있었다. 또한 이들은 맬 가(街)를 구경삼아 드라이브하는 평민들의 맨처음 자동차에 대하여 공연히 흠모의 정을 일으키고 있었다. 그리고 잇달아 차들이 지나가는 동안 이제는 흠모의 정을 낭비하지 말아야겠다고 스스로 정신들을 차리고 있었다. 그러는 동안에도 소문은 그들의 혈관을 부풀리고, 갖가지 생각에 다리의 신경이 떨리고 있었다. 왕족이 이쪽을 바라보고 계시다, 여왕께서 고개를 숙이신다, 황태자가 경례를 하신다 등등의 갖가지 생각에 말이다. 신의 은총으로 역대 국왕들이 누린 궁중의 생활, 시종 무관들의 깊이 무릎 굽혀 인사하는 모습, 여왕께서 전에 갖고 계셨다는 인형의 집, 영국인과 결혼한 메리 공주, 황태자, 이들에 대한 생각은 그칠 줄을 몰랐다—그런데, 아 황태자! 황태자는 조부와 에드워드 7세를 닮았다고들 하는데, 몸집이 조부보다는 훨씬 더 날씬했다. 황태자는 세인트 제임스 궁전에서 살고 계시다. 그러나 어머니께 아침문안 오실지도 모른다.

새러 블레츨리는 아이를 팔에 안고 그렇게 말했다. 그리고 핌리코에 있는 자기 집 난롯가에서 하던 버릇대로 발을 움직이면서도, 그녀의 눈은 줄곧 맬 가를 지켜보고 있었다. 한편 에밀리 코츠는 궁정의 유리창들을 바라보면서, 그 안에 있을 수없이 많은 시녀들, 수없이 많은 침실들을 마음속에 그려보고

댈러웨이 부인 27

있었다. 테리어 개를 데리고 있던 나이 든 신사며, 직업이 없는 남자들까지 모여들어서, 군중의 무리는 점점 더 커져만 갔다. 올바니의 아파트에서 살고 있는 작달막한 보울리 씨는 생명의 깊은 원천을 밀폐해버린 사람이었지만, 이러한 일이 생길 때면 갑자기 당치않게 감상이 넘쳐흘러, 그 생명의 밀봉이 터질 수도 있었다. 여왕이 지나가는 것을 구경하려고 지켜 서 있는 이 가난한 여자들, 귀여운 아이들, 고아들, 과부들, 전쟁—쯧쯧—그의 두 눈에는 정말 눈물까지 고였다. 맬 가의 앙상한 가로수 사이로 따뜻하게 산들거리고 있는 미풍은 영웅들의 동상을 스쳐, 보울리 씨의 가슴속 깊이 영국인으로서의 감격의 깃발을 휘날리게 했다. 차가 맬 가로 접어들자 그는 모자를 벗어 들었고, 이제 차가 앞으로 다가오자 그 모자를 치켜들었다. 그는 핌리코에 살고 있는 가난한 아낙네들이 자기에게 바싹 다가드는 것도 모르고, 차렷자세를 하고 서 있었다. 차가 접근해 오고 있었다.

별안간 코츠 부인은 하늘을 올려다보았다. 비행기의 폭음이 불길하게 군중들 귀에 들려왔다. 비행기는 가로수들 위로 날아오고 있었는데, 흰 연기를 뒤로 내뿜으면서 빙글빙글 돌며 선회하더니 무엇인가 글씨를 쓰고 있잖은가! 글쎄, 공중에다 글씨를 쓰고 있잖은가! 모두들 올려다보았다.

비행기는 급강하를 한 다음 똑바로 날아올라 원을 그리고, 또는 전속력으로 날아가다간 급강하하였다. 그리고 다음엔 다시 날아오르는데, 그럴때마다 가는 곳마다 흰 연기가 굵직이 엉킨 줄기가 그 꼬리로부터 뿜어나와, 꾸불꾸불 굽이져 하늘에 글씨를 그려놓고 있었다. 근데 무슨 글자지? C? E? 아니면 L자일까? 이것들은 잠깐 머물러 있었을 뿐 바로 흩어져서 공중에 녹아 버리듯이 지워졌다. 그리고 비행기는 다시 멀리 날아가 하늘 속 새로운 곳에 또다시 글씨를 쓰기 시작했다. K, E, Y자 등을.

"Blaxo." 코츠 부인은 하늘을 올려다보면서 긴장 속에 겁에 질린 음성으로 소리질렀다. 흰 강보에 싸여 엄마 팔에 안겨 있는 어린애도 반듯이 누워서 똑바로 하늘을 쳐다보고 있었다.

"kreemo." 블레츨리 부인도 몽유병자처럼 중얼거렸다. 아직도 모자를 손에 들고 차렷자세를 취하고 있는 보울리 씨도 똑바로 위를 보고 있었다. 맬 가의 사람들은 모두들 일어선 채 하늘을 올려다보고 있었다. 이들이 이렇게 하늘을 올려다보고 있을 사이에 온 천지는 완전히 조용해지고, 하늘에는 갈매기 떼가 날아가고 있었다. 한 마리가 앞장을 서고, 다른 것들은 그 뒤를 따랐다. 그런데 이와 같은 극도의 정적과 평화 속에서, 이와 같은 창백함과 순수함 속에서, 종이 열한 번 울렸고, 그 여운이 날아가는 갈매기 사이로 사라져갔다.

비행기는 멋대로 선회하면서 매진하고 급강하했다. 날쌔게, 자유자재로 얼음판을 미끄럼타듯이—아니면 춤이라도 추듯이.

"이번엔 E자야." 블레츨리 부인이 말했다.

"과자 광고로군." 보울리 씨가 중얼거렸다(이때 차는 철문 안으로 들어갔으나, 그것을 보는 사람은 아무도 없었다). 이제 비행기는 연기를 내뿜지 않고 멀리멀리 날아가고 있었으며, 연기는 흩어져 희고 넓은 구름장 주위로 모여들어가고 있었다.

이제 비행기는 사라지고 말았다. 구름 저편으로. 이제는 아무런 소리도 들리지 않는다. E, G, 혹은 L자 등 글자가 녹아붙은 구름은 유유히 이동하고 있었다. 절대 비밀인 중대한 사명을 띠고 런던의 서쪽에서 동쪽으로 가야만 한다는 듯이. 사실 그렇기도 했다—가장 중대한 사명을 띠고 있었다. 이때 별안간, 기차가 터널 밖으로 뛰쳐나오듯이, 비행기가 다시 구름 밖으로 튀어나왔다. 비행기 폭음소리는 맬 가에 있는 모든 사람들 귀에 울렸다. 그린 공원에, 피카딜리에, 리전트 가에, 리전트 공원에 있는 모든 사람들 귀에도 울렸다. 굽이치는 연기 줄기를 꼬리 뒤에 달고서 비행기는 낙하했다 상승했다 하면서, 한자 한자 글자를 그려내고 있었다—그러나 대체 무슨 글자일까?

루크레치아 워렌 스미스는 리전트 공원의 넓은 보도가에 놓여 있는 벤치에 남편과 나란히 앉아서 하늘을 올려다보고 있었다.

"저것 좀 봐요, 셉티머스!" 그녀가 소리질렀다. 홈스 의사선생은 그녀더러 남편이 그 자신 이외의 다른 일에 관심을 갖도록 해주라고 일러주었던 것이다(글쎄 별다른 병이 있는 게 아니라, 다만 건강이 다소 좋지 못할 뿐인 것이니까).

음, 비행기가 이쪽으로 신호를 보내고 있구면, 셉티머스는 하늘을 바라보며 생각했다. 신호는 실제 말은 아니었다. 그러니 읽을 수는 없다. 하지만 이 아름다움, 이 정묘한 아름다움만으로도 신호임은 분명했다. 하늘에서 시들어 녹아드는 연기의 글자를 바라보며, 그의 눈에는 눈물이 고였다. 그 글자들은 무한한 자비와 친절한 웃음 속에 상상하지도 못할 아름다움을 하나씩 하나씩 나타내보이며, 그저 보고만 있으면 미를, 더욱 많은 미를 그냥 제공해 주겠다는 의지를 전하고 있는 것만 같았다. 이제 눈물이 그의 볼에 흘러내리고 있었다.

사탕과자의 광고예요, 사탕과자 광고를 하고 있는 중이에요, 애 보는 어떤 계집아이가 루크레치아에게 일러주었다. 이들은 다같이 글자들을 더듬기 시작했다. ⋯⋯t⋯⋯o⋯⋯f⋯⋯

'K⋯⋯R⋯⋯'이라고 애 보는 계집아이가 말했다. 셉티머스는 이 계집아이가 바로 자기 귓전에서 '케이, 아알' 하고 읽어내리는 소리를 들었다. 깊고도, 보드랍고, 풍금소리같이 풍요한 음성으로. 그러나 한편 이 음성에 있는 메뚜기소리 같은 깔끄러움이 그의 등줄기를 감미롭게 쓸어주고, 그의 뇌수 속에 일련의 음파를 보내주고 있었다. 그런데 이 음파는 흔들려서 부서지고 말았다. 이것은 실로 굉장한 발견이었다—어떤 특정한 기압조건하에서(글쎄, 인간은 과학적이어야 하니 말이다. 무엇보다도 과학적이어야 하니 말이다), 인간의 음성이 수목들에 생명을 불어넣어줄 수 있으니 말이다! 다행히도 루크레치아가 손으로 남편의 무릎을 굉장한 압력으로 짓눌렀기 때문에 그는 꼼짝달싹도 하지 못했다. 지금 느티나무들은 위아래로 흔들리고 있고, 그 잎새들도 경쾌하게 위아래로 흔들리고 있으며, 빛깔들은 나무 잎새들이 움푹 물결치며 움직일 때마다 푸른빛에서 초록빛으로 끊임없이 진해졌다 엷어졌다 하고 있었다. 말머리에 장식된 술장식이나 귀부인네 모자에 달린 새털처럼, 수목과 그 잎새들은 무척이나 자랑스럽게, 무척이나 강하게 위아래로 흔들리고 있었다. 그런데 이와 같은 광경이 주는 흥분에 못이겨 그는 미쳐버릴 지경이었다. 눈을 감아야지, 아무것도 보지 말아야지, 그는 생각했다.

그러나 그것들이 손짓을 했다. 잎새들은 살아 있었다. 나무들은 살아 있었다. 잎새들은 수백만의 섬유를 통하여 지금 벤치에 앉아 있는 그와 연결되어 자기의 육체를 아래위로 부채질하고 있는 것만 같았다. 나뭇가지가 늘어졌을 때 그도 또한 똑같이 늘어졌다. 불규칙하게 내뿜고 있는 분수들 위에서, 참새들이 푸드득거리면서 오르내리며 날고 있는 것도 이 구도(構圖)의 일부였다. 흰색과 푸른색 바탕에 거무스름한 가지로 줄이 진 도형. 소리는 이와 같은 도형과 잘 어울릴 것 아닌가. 또한 음과 음 사이의 공간은 음 자체에 못지않게 의미가 있을 것 아닌가, 그는 생각했다. 어린애가 울음을 터뜨렸다. 이때 또 멀리서 기적이 울려댔다. 이것들은 모두 하나의 새로운 종교의 탄생을 의미하고 있었다.

"셉티머스!" 루크레치아가 말했다. 남편은 깜짝 놀란 듯이 보였다. 주위 사람들도 알아챘다.

"나 저 분수까지 걸어갔다 올게요." 아내는 말했다.

그녀는 더 이상 견딜 수가 없었던 것이다. 홈스 의사선생 같으면 아무것도 아니라고 말할지도 모른다. 그녀는 남편이 차라리 죽어버렸으면 싶었다! 이제 이렇게 그의 곁에 앉아 있을 수 없었다. 남편은 가만히 바라보고 있지만 아내를 보고 있는 것이 아니니 말이다. 그녀는 모든 것이 무서워졌다. 하늘도, 나무도, 놀고 있는 아이들도, 끌려가는 짐마차도, 울리는 기적소리도, 모두 다 허물어져가는 것만 같았다. 아무튼 모든 것이 죄다 무섭기만 했다. 그러나 이이가 자살은 하지 않겠지, 그녀는 생각했다. 더구나 그런 말을 누구한테도 말할 수 없는 일이었다. "셉티머스는 너무 과로를 한 거예요."— 고작 이 정도의 말을 어머니에게나 할 수 있을 뿐이었다. 사랑한다는 것은 사람을 고독하게 하는 것이라고 그녀는 생각했다. 그녀는 아무에게도 말할 수 없었다. 이제 남편에게조차도 말할 수 없었다. 돌아다보니, 초라한 코트를 입은 남편은 혼자 웅크리고 앉아서 앞을 멍하니 바라보고 있었다. 대장부가 자살하겠다고 말하는 것은 비겁한 짓이다. 하지만 남편은 전쟁에도 참가해 용감히 싸웠다. 그러나 이제는 이미 이전의 셉티머스가 아니었다. 그녀는 레이스의 깃을 달고 있었다. 그리고 새 모자를 쓰고 있었다. 그러나 남편은 거들떠보지도 않았다. 남편은 그녀가 없어도 행복한 모양이다. 그녀는 남편 없이는 무슨 일이 있어도 행복할 수 없는데! 무슨 일이 있어도! 남편은 이 기적이었다. 아니, 남자란 다 그렇다. 사실 그는 병이 아니다. 그녀는 눈앞에 손가락을 펴보았다. 자, 봐라! 결혼반지가 헐렁할 정도로 말라 있었다. 고통 받는 사람은 그녀 혼자뿐이었다. 그래도 하소연할 사람조차 없다.

이탈리아는 멀고 멀다. 언니들이 앉아서 모자를 만드는 하얀 집과 방, 저녁이면 산보를 나와서 깔깔대는 사람들로 번잡한 이 거리 저 거리, 그것은 생기 없는 이곳 사람들과는 딴판이었다. 바퀴 달린 의자에 웅크리고 앉아 항아리 속에 꽂은 몇 송이 보기 흉한 꽃이나 들여다보고 있는 이곳 사람들과는.

"글쎄, 밀라노의 화단을 한 번 가보시라니까요." 그녀는 말했다. 그러나 대체 이게 누구에게 한 말일까?

주위에는 아무도 없었다. 그녀의 말은 사라져버렸다. 이렇게 불꽃도 사라지게 마련이다. 그 불똥은 밤하늘로 스쳐올라 부서지고 암흑으로 뒤덮여 집들과 탑들의 윤곽 위에 쏟아진다. 그리고 황량한 언덕을 희미하게 비쳐내곤 이내 꺼져버린다. 그러나 비록 이것들이 사라져버려도, 밤은 그 불똥에 가득차 있다. 색을 잃고 창마다 닫혀 있어도 불똥들은 거기에 보다 더 묵직하게 존재하며, 환한 대낮도 비춰내지 못하는 것을 드러내준다—저 암흑 속에 엉켜 있고, 암흑 속에 뭉쳐 있는 여러 가지 일들의 고뇌와 불안을. 새벽의 빛이 가져다주는 위안도 빼앗긴 채 벽을 희게 또는 부옇게 물들이고, 유리창 하나하나를 비쳐내고 들판의 안개를 걷어내고, 또는 평화스럽게 풀을 뜯고 있는 적갈색 소들을 비춰주는 새벽이 오면, 모든 것은 다시 또 눈앞에 나타나 존재하게 마련인 것이다. 아, 외롭다! 그녀는 리전트 공원 분수 곁에 서서(인도인과 그의 십자가를 바라보면서) 소리질렀다. 모든 경계선이 사라지는 깊은 밤처럼, 아마 이 나라도 고대(古代)의 모습으로 변한 것이 아닐까. 글쎄, 고대 로마인들이 이 나라에 상륙했을 때, 모호한 채로, 산들은 이름도 없고, 강물은 어딘지 모르는 곳으로 굽이쳐 흘러가던 시절의 이 나라의 모습처럼—루크레치아의 마음속 암흑도 그와 같았다. 이때 별안간 한 암초가 발밑에서 솟아나와, 그 위에 딛고 서게 되기라도 한 것처럼 그녀는 이렇게 말했다. 나는 그이의 아내가 아닌가. 수년 전에 밀라노에서 결혼한 그이의 아내. 그러니 절대로, 나는 절대로 그이가 미쳤다고 말하지 않는다. 그리고 돌아다보니, 이제 암초는 무너졌다. 밑으로 밑으로 그녀도 떨어져 들어갔다. 남편이 없어졌다. 그이는 위협조의 말대로 자살을 하려고 가버렸을까. 짐차 밑에 뛰어들려고! 그러나 아니다, 그는 거기 있었다. 아직도 벤치에 혼자 앉아 그 초라한 코트 차림으로 다리를 꼬고서, 멍하니 바라보며 중얼중얼 뭐라 말했다.

사람은 나무를 잘라서는 안된다. 거기에는 신이 존재한다(그는 이와 같은 신의 계시를 봉투 뒷면에 기록했다). 세계를 변경시켜라. 증오로 살인하는 사람은 아무도 없다. 그것을 알려라(그는 이것도 기록했다). 이렇게 말하면서 그는 기다렸다. 귀를 기울이고 있었다. 맞은편 난간에 앉아 있는 참새가 셉티머스, 셉티머스 하고 너덧 번 지저귀고 나더니, 이번에는 목청을 빼고서 생생하고도 드높은 그리스 말로, 범죄는 없다고 조잘대기 시작했다. 그러자 또 한 마리가 사자(死者)만이 건너는 강 저편 생명의 목장에 서 있는 나무로부터 날아와서 둘은 함께 드높이 길게 빼면서 그리스 말로, 죽음은 없다고 지저귀고 있었다.

여기 내 손이 있고 사자(死者)가 있다. 그리고 흰 물건들이 맞은편 난간 뒤에 모여들고 있다. 그러나 그는 감히 볼 용기가 없다. 에번스가 저기 난간 뒤에 있다!

"뭐라고요?" 루크레치아가 불쑥 말하면서 남편 곁에 앉았다.

또 방해구나! 늘 방해만 하는구나, 그는 속으로 생각했다.

사람들로부터 멀리—사람들이 없는 곳으로 떠나야 한다고, 그는(벌떡 일어서면서) 말했다. 글쎄, 바로 저기 저 너머로 가야 한다는 것이다. 그곳에는 나무 그늘 밑에 의자들이 놓여 있고, 공원의 쪽 뻗친 경사면이 녹색의 기다란 양탄자를 깔아놓은 듯 펼쳐 있으며, 그 위에는 파란 천장처럼 하늘과 핑크빛 연기가 감돌고 있었다. 그리고 멀리 연기가 자욱히 끼어 있는 성벽과 올망졸망 잇달아 늘어서 있는 집들이 있었고, 거리의 잡음은 원을 그리며 울려 퍼졌으며, 오른쪽에는 황갈색 짐승들이 동물원 울타리 너머로 목을 길게 빼고서, 으르렁대며 포효하고 있었다. 거기 나무 그늘에 그들은 앉아 있었다.

"저것 좀 보세요." 그녀는 크리켓용 말뚝을 들고 가는 한 패의 소년들을 가리키면서, 애원하듯이 말했다. 한 아이는 음악당에서 어릿광대처럼 발을 질질 끌고 가다가, 한쪽 발꿈치로 한 번 뺑 돌고 나서 다시 발을 질질 끌며 걸어가고 있었다.

"저것 좀 보세요." 그녀는 또 애원하듯이 말했다. 홈스 의사선생이 그녀에게 이르기를, 남편으로 하여금 현실적 사물을 보도록 해주라고 했기 때문이었다. 음악당에 가게 하거나, 크리켓을 하게 하도록 말이다. 글쎄, 홈스 의사선생이 이렇게 말하잖던가. 크리켓은 매우 좋은 운동이지요, 아주 좋은 야외 운동이지요, 주인어른껜 아주 알맞는 운동이지요, 라고.

"저것 좀 보시라니까요." 그녀는 되풀이했다.

보라! 형태 없는 무엇이 셉티머스에게 명령했다. 이 음성은, 인류의 가장 위대한 존재요, 최근에 삶으로부터 죽음으로 옮겨간 셉티머스와 지금 얘기를 하고 있었다. 나는 사회를 혁신하기 위해서 나타난 군주다, 나는 이불처럼, 또는 햇볕에만 녹는 백설의 담요처럼, 영원히 소모되는 일 없이 영원히 고뇌를 참아가면서 가로놓여 있다. 나는 속죄양이요, 영원한 수난자다, 그러나 나는 이것을 원치는 않는다고 그는 신음했다. 그는 한 손을 내저으며 그 영원한 수난, 그 영원한 고독을 내쫓는 시늉을 했다.

"좀 보시라니까요." 그녀는 다시 애원하듯 말했다. 남편이 이렇게 바깥에서 혼자서 지껄여대기라도 해서는 안되니 말이다.

"좀 보시라니까요, 네." 그녀는 또 애원했다. 그러나 대체 무엇을 보라는 말인가? 몇 마리의 양들밖에 없다.

리전트 공원 지하철역으로 가는 길을 좀 가르쳐 달라고 메이지 존슨이 물었다. 그녀는 겨우 이틀 전에 에딘버러에서 상경했다는 것이다.

"이쪽이 아니라 저쪽 길로 가세요!" 루크레치아는 이 여자가 남편을 볼까 무서워서, 내쫓듯이 손짓을 하며 흥분한 소리로 일러주었다.

둘 다 이상하다고 메이지 존슨은 생각했다. 하나부터 열까지 말이다. 그녀는 레든홀 가(街)에 있는 숙부네 회사에 취직하기 위해 런던에 처음으로 상경하여, 이날 아침 리전트 공원을 마침 산책 중이었다. 의자에 앉아 있는 이 부부는 그녀를 어리둥절하게 했다. 젊은 아내는 외국인 같으며 남편은 이상한 데가 있어보였다. 그래서 자기가 아주 노년이 되어서도 잊지 않을 것만 같았다. 수많은 추억 가운데 50년 전 어느 맑은 여름 아침, 리전트 공원을 산책하던 일이 꺼림칙하게 되살아 날 것만 같았다. 그녀는 지금 겨우 19살밖에 안 된데다가 엊그제 런던에 도착했으니 말이다. 그런데 참 이상했다. 이 부부에게 길을 물었더니, 아내는 깜짝 놀라서 손을 휘저었고, 남편은 정말 정상이 아닌 모양이었다. 싸웠을지도 모른다. 영원히 헤어지려고 하려는지도. 분명 무슨 일이 있었던 모양이었다. 이제보니 저 모든 사람들(그녀는 지금 넓은 보도로 돌아왔는데), 돌로 둘러싸인 못, 만발한 꽃들, 늙은 노인네들, 대부분 바퀴 달린 의자에 앉아 있는 병자들—에딘버러에서 이곳에 와 보니 모든 것이 이상스럽게만 보였다. 메이지 존슨은 조용히 걸음을 옮기거나 멍하니 둘러보면서 산들바람에 나부끼는 무리들과 합세했다. 다람쥐는 나뭇가지에 올라앉아 몸치장을 하고 있고, 분수같이 오르내리는 참새는 빵 부스러기를 주우러 어지럽게 날고, 개들은 난간에서 서로 뒹굴며 장난치고 있었다. 이때 따뜻한 바람이 이것들 위를 조용히 스쳐갔다. 그러자 이것들은 물끄러미 바라보는데, 어딘지 모르게 익살맞고 의젓한 눈초리에, 인간들은 생기를 얻잖는가—이때 메이지 존슨은 오! 하며 소리를 지르지 않고서는 견딜 수 없는 충격을 느꼈다(글쎄, 의자에 앉아 있던 그 젊은 남자가 그녀를 깜짝 놀라게 해놓았으니 말이다. 분명 무슨 일이 있구나 싶었다).

무서워! 무서워! 메이지 존슨은 소리지르고 싶었다(그녀는 집을 버리고 뛰쳐나오지 않았는가. 런던에 가면 무슨 일이 있을지도 모른다는 식구들의 경고에도 불구하고).

왜 자기는 집을 나왔을까? 그녀는 철 난간의 둥근 마디를 쥐어비틀면서 소리질렀다.

저 애는 아직 인생을 모른다고 뎀스터 부인은 생각했다(그녀는 다람쥐들에게 주려고 빵 부스러기를 모아 종종 이 리전트 공원에 와서 점심을 먹곤 했다). 몸이 좀 뚱뚱하고 살이 좀 늘었어도, 욕심을 적당하게 갖는 게 좋은 거라고 뎀스터 부인은 생각했다. 아들 퍼시는 술을 마시지만 아들이 있는 게 더 낫다고 생각했다. 부인은 여태껏 고생을 하고 살아왔다. 그래서 이런 젊은 처녀를 보면 실소를 금할 수가 없었다. 너는 그만하면 예쁘니까 결혼을 하게 될 거야, 뎀스터 부인은 생각했다. 결혼을 해봐, 그러면 알게 될 테니, 또 부인은 생각했다. 요리며 또 이런저런 일들이며, 남자란 제각기 버릇이 있기 마련이거든. 글쎄, 그런 일들을 미리 알 수만 있었더라면, 내가 과연 이런 길을 택했을까, 뎀스터 부인은 생각했다. 그래서 부인은 메이지 존슨에게 한 마디 속삭여주고만 싶었다. 그리고 또한 그녀 자신의 축 늘어지고 주름살 잡힌 얼굴에 연민의 키스를 받고만 싶었다. 글쎄, 고생스러웠던 인생 때문에 그렇다고, 뎀스터 부인은 생각했다. 글쎄, 그녀가 무엇을 바치지 않았단 말인가? 그녀는 그 장밋빛과도 같은 살결도, 날씬한 몸맵시도, 아니 발까지도 모두 바치지 않았던가(이때 부인은 보기 싫게 매듭진 두 발을 스커트 밑으로 숨겼다).

장밋빛 살결이라, 부인은 속으로 빈정거렸다. 애, 다 쓸데없는 거란다. 먹고, 마시고, 같이 자고, 그리고 좋은 날도 있으면 궂은 날도 있게 마련이다. 인생이란 장밋빛 살결 같은 건 문제도 아니란 말이야. 더구나, 정말이지, 이 캐리 뎀스터는 켄티쉬 타운에 사는 어떤 여자와도 운명을 바꾸고 싶진 않았

댈러웨이 부인 35

단 말이야! 이렇게 부인은 생각했다. 그러나 그녀는 애원했다, 동정을. 장밋빛 살결을 잃어버린 데 대한 동정을. 부인은 마음속으로 동정을 애원했다. 히아신스 화단 곁에 서 있는 메이지 존슨에게.

아, 비행기다! 그런데 뎀스터 부인은 줄곧 외국여행을 하고자 갈망하지 않았던가? 부인에게는 전도사인 조카가 하나 있었다. 비행기가 비상하여 쏜살같이 날아갔다. 부인은 마게이트 해수욕장에 가면 육지가 보이지 않을 정도로 늘 바다 속으로 멀리 들어가곤 했다. 그녀는 물을 무서워하는 여자들이 딱 질색이었다. 비행기는 다시 급강하하며 내려왔다. 그녀는 심장이 튀어나올 정도로 놀랐다. 비행기는 다시 상공으로 올라갔다. 저 비행기에는 잘생긴 젊은이가 타고 있겠지, 뎀스터 부인은 속으로 확신했다. 그런데 비행기가 다시 멀리멀리 날아갔다. 빠르게 사라져가면서, 비행기는 멀리멀리 쏜살같이 날아갔다. 그리니치와 모든 선박들의 돛대 위를 날아 넘고, 회색 교회며 세인트 폴 사원, 그밖의 것들이 있는 작은 섬 위를 날아, 마침내 런던 교외에 펼쳐진 들과 검푸른 숲 상공을 날고 있었다. 이 숲에는 용감한 개똥지빠귀들이 대담하게 뛰어다니면서, 재빠르게 달팽이를 쪼아 한 번, 두 번, 또는 세 번씩이나 돌 위에 내동댕이쳤다.

비행기는 멀리멀리 날아가서 지금은 한 개의 반짝이는 점으로밖에 보이지 않았다. 하나의 동경(憧憬)이요, 하나의 집중이요, 또한 인간 영혼의 상징이 아니겠는가(하고 벤틀리 씨는 그리니치의 자기 정원에서 잔디를 기운차게 깎으며 생각했다). 혹은 내 결심의 상징이 아닌가, 벤틀리 씨는 삼나무 주위의 잔디를 깎으면서 생각했다. 글쎄, 이것은 사상이며, 아인슈타인이며, 사색이며, 수확이며, 멘델의 법칙이며 등등의 수단에 의하여 자기의 육체 밖으로, 자기의 집 너머로 탈출해 나가려는 자신의 결의의 상징이라고 그는 생각했다—비행기는 멀리 날아가버렸다.

그러는 동안, 기분이 좋지 않아 보이는 정체 모를 한 남자가, 가죽가방을 들고 세인트 폴 사원의 계단 위에 서서, 머뭇머뭇하고 있었다. 사원 안에는 그윽한 향기와 극진한 환대와 그리고 또 그 위에 깃발들이 펄럭이는 수많은 무덤이 있을 것 아닌가. 깃발들은 전쟁에서의 승리의 상징이 아니라, 지금 자기를 발붙일 곳 없게 만든 저 진리 탐구라는 고약스런 정신적 승리의 상징이라고 그는 생각했다. 뿐만 아니라, 이 사원이 동료를 제공하여 또한 자기를 이곳 사회의 일원으로 초청해준다고 그는 생각했다. 위대한 사람들도 이곳 사회에 속해 있고, 순교자들도 이곳 사회를 위해서 목숨을 바치지 않았는가. 어째서 나는 들어가지 않는가? 이렇게 생각하면서 그는 팸플릿이 가득 들어 있는 가죽가방을 제단 앞에 내려놓았다. 그런데 제단의 십자가는 추구나 탐구, 또는 어휘의 장난 등을 가지고는 도저히 다다를 수 없는 피안(彼岸)으로 승화되어, 육체를 해탈하고 완전히 정신화한 그 무엇이라고 그는 생각했다—그러니 어째서 안 들어간담? 그는 생각하면서 망설이고 있었다. 그가 이러는 동안, 비행기는 러드게이트 광장 상공으로 날아가버렸다.

이상할 정도로 조용했다. 거리에서 일어나는 소리밖에는 아무런 소리도 없었다. 비행기는 조종사도 없이 제멋대로 날고 있는 듯싶었다. 이제 곡선을 그리며 날아오르는가 하면 또 곧장 날아올라가고 있었다. 황홀 속에, 또는 순수한 기쁨 속에 솟아올라가는 그 무엇과도 같이. 그리고 꼬리로부터는 하얀 연기가 뿜겨나와, T, O, F자 등을 그려놓고 있었다.

"모두 뭘 보고 있지?" 클래리사 댈러웨이는 문을 열어 준 하녀 루시에게 물었다.

현관의 홀은 지하실의 납골당처럼 싸늘했다. 댈러웨이 부인은 한 손으로 두 눈을 가리고 하늘을 올려다보았다. 하녀가 문을 닫았을 때 부인은 루시의 스커트 스치는 소리를 들었다. 그러자 부인은 속세를 버린 수녀, 낯익은 베일과 옛 신앙으로 돌아가려는 의욕에 싸인 수녀 같은 충동을 느꼈다. 부엌에서는 요리사가 휘파람을 불고 있었다. 타자기 치는 소리도 들렸다. 그녀는 이것이 자기의 생활이라고 생각하고, 홀에 놓여 있는 테이블 위를 굽어보면서, 이러한 권위 앞에 머리를 숙였다. 자기가 축복을 받고 정화되는 듯한 기분이었다. 그녀는 전화 메모가 적혀 있는 쪽지를 테이블에서 집어들며 이러한 순간이 인생이란 나무에 피어난 꽃봉오리요, 암흑 속에 피어난 꽃송이라고, 그녀는 속으로 생각했다(마치 어떤 아름다운 장미가 그녀 자신의 눈만을 위해서 피어 있기라도 한 것처럼). 사실 그녀는 한순간도 신을 믿어본 일이 없었다. 그러나 그녀는 그 쪽지를 집어들면서 또 이렇게 생각했다. 글쎄, 나는 일상생활에서 하인들에게, 아니 개나 카나리아에게까지, 그리고 무엇보다도 남편 리처드에게 보답을 해야 하지 않겠는가. 글쎄, 리처드는 모든 것의 근원이거든—명랑한 소리며 푸른빛이며, 그리고 또 언제나 휘파람을 부는 워커 부인—그런데 그녀는 아일랜드 출신이라 진종일 휘파람만 불고 있거든—글쎄, 이와 같은 행복한 순간순간을 몰래 모아두었다가 보답을 해야만 하겠다고, 그녀는 그 쪽지를 집어들면서 생각했다. 이때 루시는 곁에 서서 이 쪽지를 설명하려고 했다.

"저, 마님."

클래리사는 전화 메모를 읽었다. '브루턴 부인께서 댈러웨이 씨와 오늘 점심을 같이 하실 수 있으신지 문의해왔음.'

"그래서 저, 주인어른께서는 점심은 밖에서 하시겠다고 마님께 여쭈라고 제게 말씀하셨어요."

"이거야 원!" 하고 클래리사가 말했다.

루시는 부인이 자기에게 이 말을 하는 범위 안에서 부인의 낙담을 나누어 가질 수 있었다(그러나 부인의 고통스런 마음까지 나누어 가질 수는 없는 일이었다). 루시는 자기와 부인 사이에 무엇인가 통하는 것을 느끼고, 이것을 눈치챘다. 그리고 상류계급의 사랑이 이러한 것인지, 자기 자신의 장래를 조용히 생각해보았다. 루시는 댈러웨이 부인의 양산이 마치 한 전쟁터에서 명예스럽게 의무를 다한 여신이 건넨 성스러운 무기나 되는 것처럼 받아들여 우산대에 꽂아놓았다.

"이제 잊지 마." 클래리사는 말했다. 글쎄, 이제는 햇볕도 두려워할 것 없잖은가 말이다. 브루턴 부인이 남편 리처드만, 아내인 자기를 빼놓고 점심에 초대한데 대한 충격이, 그녀가 지금 서 있는 이 순간을 뒤흔들어놓았으니 말이다. 강 위에 떠 있는 한 포기 풀이 저어가는 노의 충격을 느끼고 뒤흔들리는 것같이 말이다. 이와 같이 그녀는 충격을 받고 떨었다.

그녀와의 회식은 다시없이 재미있다고 하는 밀리슨트 브루턴이 클래리사를 초대하지 않은 것이다. 어떤 비열한 질투심도 자기를 남편 리처드와 떼어놓을 수는 없는 일이다. 내가 두려운 것은 시간 자체이다. 마치 브루턴 부인의 얼굴 위에서 생명이 쇠퇴하는 모습을 읽어낼 수 있듯이 그 얼굴이 무감각한 돌에 새겨진 시계판이기라도 한 듯이 이제는 그녀 자신도 해마다 깎여들어가고 있으며, 또한 얼마 남지 않은 수명은, 젊었을 때처럼 생존의 빛과 맛과 억양을 넓히거나 또는 흡수하는 기풍을 발휘하지 못함을 그녀는 알고 있었다. 그 무렵 그녀는 방에 들어서면 온 방 안을 환하게 하지 않았던가. 그리고 방 문턱에 잠시 망설이고 있을 때면, 일종의 미묘한 긴박감을 느끼곤 하지 않았던가. 그것은 마치 바닷물이 밑에서 어두워졌다간 다시 밝아지고, 또는 파도가 부서질 듯하다가도 살며시 수면에서 갈라지며, 진주알이 숨겨진 해초를 굴리고 감추고 또는 감싸고 하는 동안, 잠수부가 잠시 망설일 때의 그런 긴박감이 아니었던가.

클래리사는 쪽지를 테이블 위에 놓았다. 그리고 난간을 한 손으로 짚고서 천천히 계단을 올라가기 시작했다. 지금 그녀는 자기의 얼굴이며 음성을 이 친구 저 친구들이 반영시켜주는 파티 석상을 빠져나와 문을 닫고 밖으로 나가서 홀로 서 있을 때의 기분이었다. 그것은 무서운 밤을 마주하고 서 있는 한 사람의 모습이었다. 아니, 정확하게는 이 현실의 6월 아침을 마주보고 서 있는 한 사람의 모습이었다. 어떤 사람은 자기의 이와 같은 모습을 보드랍게 피어나는 장미꽃잎같이 여기고 있는 것을 그녀는 알고 있었다. 계단의 열려 있는 창가에 서서, 그녀는 그와 같은 생각들에 잠겨 있었다. 이 창문의 블라인드가 바람에 펄럭이고 밖에서는 개들이 짖어대고 있었다. 그녀는 자신이 별안간 쭈글쭈글 늙어 오그라드는 것만 같았다. 그런데 문 바깥, 창 바깥으로부터, 그리고 지금의 노쇠한 자기 육체와 뇌수로부터 하루의 고달픔과 화려함과 꽃다움 따위가 계단의 이 창문을 통하여 들어오는 것같이 느껴졌다. 그녀의 오찬회가 말할 수 없이 재미있다고 하는 브루턴 부인이, 그녀를 초대에서 빼놓았기 때문에 말이다.

은퇴하는 수녀나 혹은 탑을 염탐하는 소년같이 클래리사는 계단을 올라가다가 창 곁에 멈춰서고 다시 또 걸어올라가 마침내 욕실에 이르렀다. 욕실에는 푸른 빛깔의 리놀륨이 깔려 있었고, 수도꼭지에서는 물방울이 똑똑 떨어지고 있었다. 이곳에는 생명의 핵심이 감도는 듯한 공허감이 있었다. 이곳 지붕 밑 방에는. 여자들은 값진 의상을 벗어야 한다. 대낮에 값진 의상을 벗어야 한다고 생각하면서 그녀는 핀을 뽑아 바늘겨레에 꽂은 다음, 깃털 달린 노란 모자를 침대에 벗어 내려놓았다. 침대 위의 홑이불은 깨끗하고 이쪽 끝에서 저쪽 끝까지 하나의 넓은 흰색 띠같이 팽팽하게 덮여 있었다. 자기의 이 침대는 점점 더 좁아져 가고 있는 것처럼 생각됐다. 양초가 절반쯤 타다 남아 있었다. 간밤에 마보트 남작의 《회상록》을 읽다 둔 것이다. 간밤에 밤

댈러웨이 부인 39

이 깊도록 모스크바로부터의 퇴각에 관한 부분을 읽었던 것이다. 자기는 하원(下院)에서 늦게까지 회의가 계속될 것이니, 앓고 난 당신은 푹 잠을 자고 있으라고 남편이 그녀더러 이르지 않았던가. 사실 그녀는 모스크바로부터의 퇴각에 관한 얘기를 읽기 좋아했다. 남편도 그것을 알고 있었다. 그래서 그녀는 지붕 밑 방을 쓰게 된 것이고, 침대도 이렇게 좁았다. 잠이 잘 오지 않아서 책을 들고 거기 누워 있으면, 아이 때부터 홑이불처럼 그녀를 휘감고 놓지 않았던 처녀성을 그녀는 잊어버릴 수가 없었다.

예뻤던 소녀시절의 한 순간이 갑자기 닥쳐왔다. 예를 들면 클래브던의 숲속을 흐르는 강 주위에서 자기의 마음을 차디차게 오므라뜨리고서, 그이의 사랑을 거부했을 때처럼 말이다. 콘스탄티노플에서도, 그리고 또 그 후에도 여러 번 그런 순간들이 있었다. 자기가 무엇이 부족한지 그녀는 스스로 잘 알고 있었다. 그것은 아름다움도 지성도 아니다. 그것은 스며드는 그 무엇, 표면을 깨뜨리고 남녀간의 또는 여자끼리의 냉정한 접촉을 완화시켜주는 따뜻한 그 무엇, 이것이 그녀에게 부족했다. 이런 사실을 그녀 자신도 어렴풋이 인식하고 있었다. 어디서 왔는지 알 수도 없는 주저, 아니(언제나 현명한) 자연이 베풀어준 듯 싶은 이 망설임을 그는 야속하게 생각했다. 그러나 때로는 소녀가 아닌 성숙한 여성의 매력, 어떤 어려운 일이나 잘못을 저지른 어리석은 일들을 자기에게 종종 고백해오는 매력, 이런 여성의 매력에 대해서는 그녀도 굴하지 않을 수가 없었다. 동정심에서 그러는지, 또는 그들의 아름다움 때문인지, 그렇지 않으면 자기 자신이 나이를 먹어서 그러는지, 또는 어떤 우연—희미한 향기나 또는 이웃에서 들려오는 바이올린 소리나(사실 소리는 어떤 순간에는 기묘한 힘을 발휘하기 마련이다)—이런 우연으로 인해선지 그 까닭은 잘 알 수 없지만, 아무튼 그녀는 남성이나 매한가지로 느낄 수 있는 경우가 틀림없이 있었다. 한순간이지만 그걸로 충분하다. 그것은 느닷없이 찾아오는 계시였다. 참으려고 해도 굴할 수밖에 없이 얼굴에 번지고 마는 홍조(紅潮)와도 같은 계시였다. 이 홍조는 구석구석까지 퍼지고 몸은 바르르 떨리며, 또 놀라운 의미와 황홀감의 압력으로 세계가 부풀어올라 점점 가까이 다가옴을 느끼게 하는 계시였다. 그리고 이와 같은 세계가 가까이 다가와선, 엷은 껍질을 터뜨리고 용솟음쳐 쏟아져 나오면서, 터진 자리와 상처를 놀라운 위안으로 채워줌을 느끼게 하는 그러한 계시였다. 그런데 그러한 순간에 그녀는 하나의 광채를 보았던 것이다. 산화철(酸化鐵) 가루 속에서 타고 있는 성냥불을, 이제 거의 드러나다시피 한 내적 의미를 보았던 것이다. 그러나 가까운 것은 멀어지고 딱딱한 것은 부드러워지게 마련이다. 이제는 끝장이 나 있었다—그와 같은 순간들은. 그런데 그와 같은 순간들과는(여자들의 경우도 또한 마찬가지이지만) 침대나 마보트 남작이나 타다 남은 양초 등은 좋은 대조가 된다고, 그녀는 생각하면서 모자를 침대에 내려놓았던 것이다. 잠을 이루지 못하고 누워 있느라니, 마루에서 삐걱하는 소리가 나잖았던가. 그리고 불이 켜져 있던 집 안이 별안간 컴컴해지지 않았던가. 그러자 남편 리처드가 아주 살며시 여는 방문 손잡이의 딸가닥 소리를 그녀는 고개만 들면 들을 수가 있을 듯 여겨지지 않았던가. 남편은 구두를 벗은 채 위층으로 살며시 올라오곤 했다. 어떤 때는 더운 물병을 곧잘 떨어뜨리고는 '제기랄!' 하는 것이었다. 그럴 때마다 그녀는 얼마나 우스운지 몰랐다.

그런데 이 사랑이라는 문제는, 여자와 사랑한다는 문제는 어떤가(하고 그녀는 웃옷을 벗으며 생각해보았다). 예를 들면 옛날 자기와 샐리 시튼과의 사이에 가졌던 관계를 생각해보자. 결국 그것은 사랑이 아니었던가?

그때 샐리는 마룻바닥에 앉아 있었다. 그것이 샐리에 관한 클래리사의 첫 인상이었다. 샐리는 마룻바닥에 무릎을 팔로 안고 앉아서 담배를 피우고 있었다. 어디였더라? 매닝네 집에서였나, 킨로크 존스네 집에서였나? (어디였는지 확실히 돌이켜 생각해낼 수는 없지만) 아무튼 어떤 파티에서였다. 어쨌든 클래리사는 같이 서 있던 남자에게 "저이가 누구에요?" 하고 물었던 일을 지금도 생생하게 떠올릴 수 있다. 그렇게 물었더니, 그 남자는 샐리라고 하면서 샐리의 부모는 사이가 좋지 않다는 말까지 얘기해주었던 것이다(이 말을 듣고 클래리사는 얼마나 크게 충격을 입었던가—글쎄, 사람의 부모가 싸워야 하다니 이게 웬 말인가!). 그날 저녁 클래리사는 줄곧 샐리로부터 눈을 뗄 수가 없었다. 자기가 가장 경탄할 만큼 뛰어난 미인이었으니 말이다. 검고 커다란 눈에, 자기로서는 갖고 있지 못했기 때문에 늘 부럽게만 여겨오던 그 어떤 특질—글쎄, 제멋대로 하는 일종의 대담성, 무슨 말이든, 무슨 일이든 하고 싶은 대로 할 것만 같은 그러한 특질을 샐리는 지니고 있었으니 말이다. 이와 같은 특질은 영국여성들에게서보다는 외국 여성들에

댈러웨이 부인 41

게서 흔히 찾아볼 수 있는 특질인 것이다. 샐리는 자기 혈관 속에 프랑스인의 피가 섞여 있다고 버릇처럼 말하면서, 어떤 조상은 마리 앙투아네트 왕비를 섬기다가 단두대의 이슬로 사라지고, 루비 반지 하나를 남겨놓았다는 얘기도 했다. 아마 그해 여름이었지, 샐리가 부어톤의 집으로 묵으러 온 것은? 어느날 저녁을 먹고 난 뒤에 뜻밖에도 샐리가 돈 한푼도 없이 걸어들어오지 않았던가. 가엾게도 헬레나 고모는 그때 어찌나 놀랐던지 샐리를 결코 용서하지 않았다. 그녀는 집에서 대단한 싸움을 벌였다고 하면서, 그날 밤 한푼도 가진 것이 없어서 부어톤으로 오기 위해―브로치 하나를 저당잡혔다는 것이었다. 샐리는 홧김에 그만 집을 나온 것이었다. 둘이서 그날 밤새도록 애기하잖았던가. 부어톤에서의 생활이 얼마나 안락한 생활인지를 처음으로 자기에게 느끼게 해준 사람이 바로 샐리가 아니었던가. 그때 자기는 섹스나 사회문제에 관해서 아무것도 몰랐다. 클래리사는 그때까지 어떤 노인이 들판에 쓰러져 있는 것을 언젠가 본 경험밖에 없었으니 말이다. 그리고 암소가 송아지를 난 직후의 광경을 언젠가 본 경험밖에 없었으니 말이다. 그러나 샐리와 둘이서 어떤 일을 토론하는 것을, 헬레나 고모는 싫어했다(그래서 샐리가 클래리사에게 사회주의적 시인인 윌리엄 모리스의 저서를 줄 경우에는, 갈색 종이에 싸서 건네야만 했다). 그들 둘은 지붕 밑 그녀의 침실에 같이 앉아서 몇 시간이고 인생을 논하고 세계를 개혁할 방법을 논했다. 그리고 둘이서 또 사유재산을 폐지시킬 단체를 만들 생각으로 실제로 여러 번 진정서까지 작성해본 일도 있다. 그것들을 발송까지 하지는 않았지만. 이런 생각들은 물론 다 샐리가 낸 것이었으나, 얼마 뒤에는 클래리사 자신도 샐리에 못지않게 열중하게 되어 아침식사 전에 플라톤의 철학서를 읽거나 모리스의 저서를 읽고, 또는 셸리의 시를 읽곤 했던 것이다.

샐리의 정열은 놀라울 지경이었다. 그녀의 재주와 개성도. 예를 들면 꽃을 꽂는 재주가 그러했다. 부어톤의 집에서는 늘 테이블 위에 화병들이 볼품없이 놓여 있었다. 샐리는 밖에 나가서 접시꽃·달리아 등―여러 종류의 꽃들이 한데 꽂힌 적은 여태껏 한 번도 없었는데―꽃들을 따다가 모가지를 잘라 물을 담는 항아리에 둥둥 띄워놓곤 했다. 그 효과는 참으로 기가 막힐 정도였다―해가 질 무렵 저녁을 먹으러 들어와보면(물론 헬레나 고모는 꽃을 그렇게 다루는 것을 언짢게 생각하였지만). 또 샐리는 목욕실에 스펀지를 갖고 가는 것을 잊었을 때는, 복도를 벌거벗은 채 뛰어가기도 했다. 그럴 때 사나운 늙은 하녀 엘렌 애트킨스는 "남자어른들이 보시면 어떡해?" 하며 투덜거리면서 돌아다녔다. 정말 샐리는 사람들을 깜짝 놀라게 했다. 샐리가 단정치 못하다고 아버지는 평했다.

이렇게 돌이켜보니, 이상한 것은 샐리에 대한 자기 감정이 순수하고 성실했다는 것이다. 그것은 남성에 대한 감정과는 달랐다. 그것은 완전히 이해타산을 떠난 감정일 뿐만 아니라, 그것은 오직 여자들 사이에서만, 이제 다 성숙한 여자들 사이에서만 존재할 수 있는 성질의 감정이었다. 그것은 상대방을 보호해주는 감정이었다. 또한 마침내는 헤어지고 말 것이라는 어떤 예감이기도 했다(글쎄, 결혼은 늘 일대 재난이라고 그들은 말했으니 말이다). 여기에서 기사도 정신이 생겼고, 이 감정은 샐리보다는 오히려 클래리사 자신이 더욱 강했다. 그 시절 샐리는 아주 말괄량이었으니 말이다. 샐리는 아주 바보 같은 일을 남에게 호언장담했다. 테라스의 난간 위를 자전거로 도는일도 있었다. 담배도 피웠다. 바보 같았다. 그러나 그녀의 매력도 압도적이었다, 적어도 클래리사에겐. 그래서 클래리사 자신은 지붕 밑 침실에서 더운물병을 손에 든 채 이렇게 소리지르던 일도 있었다. "샐리가 이 지붕 밑에 있어…… 이 지붕 밑에 있어!" 하고.

그런데 지금 그런 말들이 클래리사 자신에게는 아무 의미도 없다. 옛날의 그러한 감정은 그림자도 비치지 않았다. 그러나 흥분하여 온몸에 소름이 끼치는 일종의 황홀감에 도취되어 머리를 빗던 일을 돌이켜 생각해낼 수 있었다(이제 그녀는 머리핀을 빼서 화장대에 놓고 머리를 매만지기 시작하니 옛날의 감각이 되살아나기 시작하는 것이었다). 그리고 까마귀 떼들이 보랏빛 저녁놀 속에서 난무하던 일하며 옷치장을 하던 일, 층계를 내려가던 일, 또는 "차라리 지금 죽는다면, 더없이 행복하잖겠는가" 하며 현관을 건너가면서 느끼던 일 등등을 돌이켜 생각해낼 수 있었다. 그런데 이것이 그 당시의 그녀의 심정이었다—이것은 오셀로의 심정이랄까, 셰익스피어가 오셀로의 심정을 그렇게 표현하려고 했듯이, 그녀 자신도 확실히 그렇게 강렬히 느꼈던 것이다. 이 모든 것은 새하얀 옷을 입고 만찬장의 식탁으로 샐리 시튼을 만나러 가는 데에서 일어난 심정이었다!

그때 샐리는 분홍빛 비단옷을 입고 있었다—그럴 수가 있었을까? 아무튼

댈러웨이 부인 43

그녀는 무슨 새나, 둥실둥실 떠가다가 잠시 가시나무에 걸려 있는 풍선같이 보였으니 말이다. 그러나 사랑에 빠져 있을 때는(과연 이것이 사랑이 아니고 무엇이겠는가?) 남들의 태연스런 무관심보다 더 이상스럽게 보이는 일이 없다. 헬레나 고모는 저녁식사 뒤 밖으로 산책을 나가고, 아버지는 신문을 읽고 있었다. 그때 피터 월쉬도 같이 있었을 것이다. 노처녀 미스 커밍스도, 조세프 브라이트코프도 확실이 거기 같이 있었다. 이 불쌍한 노인 조세프는 여름철이면 언제나 찾아와 있었으니 말이다. 이 노인은 몇 주일이고 묵고 앉아서 클래리사와 같이 독일어 책을 읽는 체했으나, 사실은 피아노를 치거나 마음속으로 브람스의 노래를 부르고 있었다.

이 모든 것들은 샐리를 위한 한낱 배경에 지나지 않는 것만 같았다. 그녀는 난롯가에 서서 하는 말마다 귀엽게만 들리는 그 아름다운 음성으로, 아버지와 이야기를 하곤 했다. 그는 자신도 모르게 샐리에게 매력을 느끼기 시작했다(그는 샐리에게 빌려준 책이 테라스에서 흠뻑 젖어 있는 것을 발견한 일을 영영 잊지 못했다). 그때 난데없이 샐리가 말했다. "이렇게 좋은 날씨에 집 안에 있어야 하다니!" 그래서 모두 테라스로 나가서 이리저리 산책했다. 피터 월쉬와 조세프 브라이트코프는 줄곧 바그너의 음악에 대해서 얘기를 나누었고 클래리사 자신과 샐리는 좀 뒤처진 곳에 있었다. 이때 바로 클래리사에게는 전 생애를 통하여 가장 행복한 순간이 왔다. 꽃이 꽂혀 있는 돌항아리 곁을 지나는 그 순간에. 이때 샐리는 걸음을 멈추고 서서, 꽃을 하나 따가지고, 클래리사 입술에 입맞추어주었다. 이때 클래리사는 온 천지가 뒤집히는 것만 같았다! 다른 사람들은 모두 사라지고 거기에는 클래리사 자신과 샐리만 있는 것 같았다. 단단히 포장을 한 선물을 받았으나 뜯어보지는 말고 잘 간수하고만 있으라는 부탁을 받은 것만 같은 느낌이었다—다이아몬드나 귀중한 보물이 든 선물 꾸러미를 샐리와 둘이서(이리저리 왔다 갔다 하면서) 걸으면서 열어보았다고나 할까. 아니, 그 광채가 저절로 포장을 뚫고 나왔다고나 할까. 이때 클래리사는 계시를, 종교적인 황홀감을 느끼는 것만 같았다! —이때 두 사람은 조세프와 피터와 마주쳤다.

"별 구경을 하시나요?" 피터가 물었다.

이 말에 클래리사는 캄캄한 암흑 속에서 암벽에 얼굴을 부딪친 것 같았다. 참으로 커다란 충격이었어!

클래리사 자신 때문에 그렇게 놀란 것은 아니었다. 샐리가 얼마나 가슴 아픈 푸대접을 받고 있는가를 생각하여 놀랐던 것이다. 피터의 적의와 질투, 그리고 둘 사이를 떼어놓으려는 그의 결심을 클래리사는 알았기 때문에 놀랐던 것이다. 번갯불이 번쩍이는 순간 천지가 환히 나타나 보이듯, 클래리사는 순간적으로 그것을 알아차렸다. 그러나 용감하게도 샐리는 태도를 굽히지 않았다(이때처럼 클래리사가 샐리를 숭배한 적은 없었다!) 이때 클래리사는 깔깔 웃어대면서 조세프 노인에게 별들의 이름을 가르쳐달라고 했다. 이 노인은 신이 나서 열심히 가르쳐주었다. 그녀는 거기 선 채 귀를 기울이고, 별들의 이름을 듣고 있었다.

"아, 무서워!" 그때 클래리사는 속으로 생각했다. 마치 무엇인가 방해를 하여, 그녀의 행복한 순간을 망쳐놓을 것같이 미리부터 예측하고 있었던 것 같았다.

그러나 클래리사는 그 뒤에도 피터 월쉬에게 얼마나 많은 영향을 받았는지 모른다. 그런데 피터를 회상할 때마다 웬일인지 으레 그와 다투던 일이 생각났다. 아마도 피터의 좋은 의견을 너무나 많이 기대했기 때문에 그런지도 모른다. 정말 많은 단어를 배웠다. '감성적'이라든가, '문화적'이라든가 하는 단어들은 그녀의 일상생활 속에 되살아나고 있었다. 마치 피터가 그녀를 보호라도 하고 있는 것처럼. 이 책은 감성적이라느니, 인생의 태도가 감상적이라느니 하는 등등 말이다. 그녀 자신이 지난날을 회상하는 것도 아마 '감상적'일 것이다. 만약 피터가 돌아온다면 그는 과연 어떻게 생각할까.

나보고 늙었다고 할까? 그렇다고 말할까? 아니면 그가 늙었다고 속으로 생각하고 있는 것을 눈치로 알게 될까? 클래리사는 생각했다. 사실 그녀는 늙었다. 앓고 난 뒤에는 백발이 더 성성해졌으니 말이다.

브로치를 탁자 위에 내려놓으면서 클래리사는 별안간 경련을 느꼈다. 마치 조용히 명상에 잠겨 있을 때 얼음같이 차디찬 갈고리가 느닷없이 몸에 푹 꽂히기라도 한 것처럼 말이다. 그녀는 아직은 완전히 늙은 것은 아니었다. 막 쉰두 살에 접어들었을 뿐이다. 이 해가 다 가자면 아직도 많은 날들이 고스란히 남아 있다. 6월도, 7월도, 8월도! 여러 달이 아직 고스란히 남아 있다. 이렇게 생각하며 클래리사는(화장대로 가면서) 인생의 찰나를 붙잡으려는 듯이 순간의 핵심 속으로 뛰어들어가 이 순간을 꿰뚫었다. 거기 6월 아침

댈러웨이 부인 45

의 이 순간은 지난 모든 다른 아침이 쌓이고 쌓인 압력을 지니고 있는 것만 같았다. 거울과 화장대, 늘어선 화장품 병들을 새삼스럽게 바라보았다. 그리고(거울을 들여다보며) 그녀는 자기의 모든 과거를 하나의 초점으로 집중시키면서 이날 저녁 파티를 열기로 한 자신의 아름다운 분홍빛 얼굴을 비쳐보았다. 클래리사 댈러웨이, 그녀 자신의 얼굴을.

얼마나 수없이 들여다본 자신의 얼굴이던가. 그것은 언제나 한결같이 좀 뾰로통하게 보이는 얼굴이었다! 거울을 들여다보면서 그녀는 입을 꼭 오므렸다. 얼굴이 뾰로통하게 보이게 하기 위해서였다. 이것이 그녀 자신의 얼굴이었다—못마땅하고, 화살같이 뾰족하고, 선명한 얼굴. 본연의 얼굴이 되려고 애써 얼굴의 모든 부분을 통일시켜보면 그런 얼굴이 되었다. 그것이 자기 자신과 얼마나 다르고 얼마나 모순된 것이며, 또한 순전히 남에게 보이기 위해서만 꾸민 얼굴인지는, 그녀 자신만이 알고 있었다. 이와 같은 하나의 중심, 하나의 다이아몬드랄까. 응접실에 앉아서 모임을 만드는 한 여인은, 불행한 사람들에게는 확실히 하나의 광명일 것이요, 고독한 사람들이 찾아드는 안식의 보금자리인지도 몰랐다. 그녀는 젊은이들을 도왔고 그들은 그녀에게 감사했다. 그리고 그녀는 언제나 한결같은 태도를 취하려고 애쓰며 다른 면들—결점·질투심·허영·시기심 같은 것들은 조금도 나타내지 않으려고 애썼다. 예를 들면 브루턴 부인이 자기를 점심에 초대하지 않았다 하여 품는 이런 감정은 아주 비열한 감정이라고, 그녀는 마지막으로 머리를 빗으면서 생각했다. 자, 그런데 옷은 어디 있지?

그녀의 야회복은 벽장에 걸려 있었다. 클래리사는 보드라운 드레스 안에 손을 집어 넣어, 초록색 옷을 살며시 꺼내 창가로 들고 갔다. 이 옷은 찢겨 있었다. 누가 치맛자락을 밟았던 일이 생각났다. 그때 대사관 만찬회 석상에서 허리통이 뜯어지던 일이 지금도 느껴지는 것만 같았다. 불빛 아래에서 이 초록색은 빛나보이지만, 지금같이 햇볕에서는 흐려보인다. 이걸 고치자. 하녀들은 할 일이 너무나 많아. 오늘밤엔 이 옷을 입어야겠어. 비단 실과 가위, 그리고 또 뭐지? 그래, 골무를 갖고 응접실로 내려가자. 편지도 써야 하고, 준비가 대강 되었는지도 살펴야 하니까. 이렇게 그녀는 생각했다.

층계를 내려가던 그녀는 층계참에 서서, 그 다이아몬드 같은 얼굴을 긴장시키면서 이상하다고 생각했다. 한 사람의 주부가 집에서 일어나는 순간순간의 변화나 분위기를 일일이 다 알고 있다는 것은 이상하다고 생각했다. 계단의 나선을 따라 미미한 소리들이 멀리서 들려왔다. 마루를 닦는 소리, 탕탕 치는 소리, 문을 두드리는 소리, 정문이 열리는 소리, 지하실에서 말을 전하는 소리, 쟁반 위의 은그릇이 맞부딪치는 소리, 파티를 위해서 반짝반짝하게 닦은 은그릇이 부딪쳐 맑게 울리는 소리들이다. 그런데 이것들은 다 파티를 위해서였다.

(그때 쟁반을 들고 응접실로 들어온 루시는, 커다란 촛대들을 벽난로 선반 위에 옮겨놓았다. 은상자는 가운데로 옮기고, 수정으로 만든 돌고래상은 시계 쪽으로 돌려놓았다. 손님들이 들어오면, 이 근처에 설 것 아닌가. 그리고 루시 자신도 흉내낼 수 있는 저 점잔빼는 말투로 얘기할 것 아닌가. 신사숙녀들이 말이다. 물론 이집 마님이 가장 아름답다—은그릇의 마님, 리넨의 마님, 도자기의 마님이랄까. 이렇게 루시는 생각했다. 그런데 햇빛, 은그릇, 돌쩌귀에서 떼어낸 문짝들, 럼플메이어에서 온 일꾼들은 루시에게 무엇인가 완성되어가는 느낌을 주었다. 종이 베는 칼을 자개 박은 테이블 위에 내려놓은 루시는 거울을 보면서, 이것 봐, 이것 봐! 하고 그녀가 처음 고용되었던 케이터럼 빵집의 옛 동료들에게 지껄이듯 떠들어댔다. 난 메리 공주님을 섬기는 엔젤러 양이야. 그때 마침 댈러웨이 부인이 들어왔다.)

"애, 루시야. 은그릇이 참 보기 좋구나!" 부인이 말했다.

"그런데." 부인은 수정으로 만든 돌고래상을 돌려 똑바로 세워놓으면서, "어제저녁 연극은 재미있었니?" 하고 물었다. "아, 네, 끝나기 전에 다들 돌아와야 했어요!" 루시는 대답했다. "10시까지는 집에 돌아와야 한다고 해서요. 그래서 끝이 어떻게 됐는지를 알 수 없어요" 하고 루시는 말했다. "그것 참 안됐구나." 부인은 말했다(나에게 부탁했더라면, 늦게까지 있어도 좋았을 것 아닌가). "그것 참 딱하게 됐구나." 말하며 부인은 소파 한가운데 놓여 있는 보기 흉한 헌 쿠션을 집어 들어 그것을 루시의 팔에 안겨주고, 그녀의 등을 다소 힘을 주어 밀면서 소리질렀다.

"이것 좀 가져가! 이걸 워커 부인께 갖다주고 내가 못마땅해한다고 그래, 어서!" 부인이 외쳤다.

그러자 루시는 그 쿠션을 든 채 응접실 문 앞에 멈춰서서, 다소 얼굴을 붉힌 채 몹시 수줍어하면서 물었다. 마님, 옷을 제가 꿰매드릴까요?

하지만 그 일이 아니더라도 너는 해야 할 일이 얼마든지 있지 않느냐고 댈러웨이 부인은 거절했다.

"그러나 고맙구나, 루시, 참 고맙구나." 댈러웨이 부인은 말했다. 고맙다, 고맙다, 하고 잇달아 말했다(드레스와 비단실과 가위를 무릎 위에 놓고 소파에 앉으면서). 고맙다, 고맙다, 하고 그녀는 계속 하인 모두에게 말했다. 이렇게 알뜰히 너그럽고 친절하게 돕겠다는 그들에게 감사해하며. 하인들은 그녀를 좋아했다. 그런데 이 옷은 어디가 찢겼더라? 바늘에 실을 꿰야지. 이 옷은 가장 마음에 드는 옷이었다. 양재사 샐리 파커가 마지막으로 만들어 준 옷이었다. 그런데 이 양재사는 은퇴하여 지금은 이일링에 살고 있었다. 자기가 시간만 있다면(그러나 그럴 시간은 영영 없을 것 같지만) 그녀를 이일링으로 찾아가봤으면 하고 클래리사는 생각했다. 샐리 파커는 성격이 좀 괴짜지만 참다운 예술가라고 생각했다. 그녀의 사고방식은 좀 남다른 데가 있지만, 제품은 조금도 이상한 데가 없었다. 해트필드에도, 버킹엄궁전에도 입고 갈 수 있다. 사실 클래리사는 이 양재사가 만든 옷을 입고 해트필드나 버킹엄궁전에 갔다.

클래리사에게 이제 고요함이 내려왔다. 평온한 만족감이 내려왔다. 바늘로 비단결을 매끈하게 꿰매가다 잠시 멈추고서 초록색 주름을 잡고, 아주 가볍게 허리띠에 달 때의 평온한 만족감이 내려왔다. 이렇게 여름날의 물결들은 모여들었다가 다시 넘치고 흩어졌다. 이와 같이 모였다가 흩어지고, 온세계는 "이것 뿐인가" 하고 더욱더 장엄하게 말하고 있는 듯싶었다. 마침내 바닷가 태양 아래 누워 있는 육체 안의 마음까지도, 이것뿐이냐고 말하는 듯싶었다. 이제는 두려워하지 말라고 마음은 말한다. 더 이상 두려워하지 말라고, 마음은 근심을 어떤 바다에 내맡기면서 말하지 않는가. 그런데 이 바다는 모든 비애를 대신 탄식하며, 갱신하여 다시 시작하고, 또는 모으고, 흩어지게 하지 않는가. 그런데 육체만은 날아가는 벌 소리를 듣고 있지 않은가. 파도가 부서진다. 개가 짖는다. 멀리서 개가 짖는다. 또 짖는다.

"어, 현관 초인종 소리가!" 클래리사는 바늘손을 멈추면서 소리질렀다. 그녀는 바싹 정신을 차리고 귀를 기울였다.

"댈러웨이 부인은 나를 만나주실 거요." 중년의 남자 음성이 현관에서 들려왔다. "암, 나를 만나 주시구말구." 같은 소리가 또 들려왔다. 그는 루시

48 댈러웨이 부인

를 가만히 옆으로 밀치고, 날쌔게 층계를 뛰어올라오면서 이렇게 중얼거렸다. "아무렴, 물론이지. 나를 만나주시고말고. 인도에서 5년이나 있다 돌아왔는데, 클래리사는 나를 만나줄 거야."

"대체 누가, 무슨 일일까?" 클래리사는 계단에서 나는 발소리를 들으며 궁금하게 여겼다(하필이면 파티를 여는 날 오전 11시에 찾아오다니 무례한 일이라고 생각하면서). 이제 문 손잡이를 돌리는 소리가 들렸다. 그녀는 비밀을 감추듯이 처녀가 정조를 보호하는 심정으로 옷을 감추었다. 이제 문의 놋쇠 손잡이가 움직였다. 그리고 문이 열리고 누가 들어섰다—잠시 그녀는 들어온 사람의 이름을 기억할 수가 없었다. 그를 이렇게 뜻밖에 보게 된 것이 하도 기쁘고 수줍어서 그녀는 어리둥절했다. 피터 월쉬가 이렇게 뜻밖에 아침에 찾아오다니! (그녀는 그의 편지를 아직 받아보지 못했던 것이다)

"그래 어떠시오?" 피터는 분명히 떨리는 음성으로 말했다. 그리고 클래리사의 두 손을 잡고 입을 맞추었다. 이 여자도 많이 늙었구나, 피터는 앉으면서 생각했다. 그러나 이 일에 관해서는 언급하지 말아야겠다고 생각했다. 사실 클래리사는 많이 늙었으니 말이다. 그녀가 자기를 보고 있다고 생각하니, 그는 갑자기 얼떨떨해졌다. 상대방의 두 손에 입까지 맞추었지만 말이다. 갑자기 그는 손을 호주머니에 넣어서 큼지막한 주머니칼을 꺼내 칼날을 절반쯤 열어보이고 있었다.

여전하구나, 클래리사는 생각했다. 옛날과 다름없는 묘한 표정, 옛날과 다름없는 체크 무늬 양복, 얼굴은 다소 일그러지고, 더 여위고, 좀 생기가 덜해보이지만, 그래도 예전처럼 퍽 건강해보이잖는가.

"이렇게 다시 만나니 정말 얼마나 기쁜지 모르겠어요!" 그녀는 소리쳤다. 주머니칼을 꺼내들다니 참 그답다고, 그녀는 생각했다.

피터는 어젯밤에야 도착했다는 것이다. 그런데 곧 시골로 내려가야겠다며, 다들 별일 없는지, 모두 안녕한지, 리처드는? 엘리자베스는? 하고 안부를 물었다.

"근데 이것들은 대체 뭐예요?" 그는 주머니칼로 비스듬히 그녀의 초록색 옷을 가리키면서 물었다.

그의 옷맵시는 매우 좋다고, 클래리사는 생각했다. 하지만 이분은 언제나 나에게 비판적이라고 생각했다.

지금도 역시 그녀는 옷을 꿰매고 있구나, 언제나 마찬가지로 옷을 고치고 있구나, 피터는 생각했다. 내가 인도에 가 있는 동안에도 이 여자는 줄곧 이렇게 앉아 있었나 보구나. 아니, 옷도 꿰매고, 놀러 다니고, 파티 나들이를 하고, 혹은 하원(下院)으로 달려갔다 돌아오고 하잖았겠는가. 이렇게 그는 생각하면서, 점점 초조하고 점점 불안해졌다. 어떤 여자들에게는 이 세상에서 결혼생활보다 더 해로운 것은 없을 것 같다고 그는 생각했으니 말이다. 정치도 그렇지. 그 훌륭한 리처드 같은 보수당 남편을 갖는다는 것도 그렇고, 암, 다 그렇구 말구, 그는 생각하면서 주머니칼을 짤각 하고 닫아버렸다.

"리처드는 잘 있어요. 그이는 분과위원회에 갔어요." 클래리사가 말했다.

그리고 그녀는 가위를 벌리면서 이렇게 말했다. 지금 옷을 고치고 있는 중인데 마자 해도 괜찮겠지요, 오늘 저녁 파티가 있어 그래요.

"참, 파티에 당신을 초대하지 않았군요, 피터 씨." 그녀가 말했다.

그런데 그녀가 이렇게 다정스레 피터 씨라고 불러 주는 것은 듣기에 반가웠다. 사실 모든 것이 한없이 반가웠다─은그릇, 의자들, 모든 것이 한없이 반가웠다!

왜 자기는 초대하지 않았느냐고 피터는 물었다.

그야 물론, 클래리사는 생각했다. 그야 물론, 피터는 매력적인 분이지! 이만저만 매력있는 게 아니지! 결혼하지 않기로 결심한 것은─근데 어째서 그렇게 결심했을까? ─그 무덥던 여름에!

"오늘 아침 당신이 오신 것은 정말 뜻밖이에요!" 그녀는 두 손을 자신의 옷 위에 포개 얹으면서 큰 소리로 말했다.

"기억나세요, 부어톤 시절 블라인드가 바람에 어떻게 펄럭이곤 했는지?" 그녀는 물었다.

"그랬지요." 피터가 대답했다. 그리고 그는 클래리사의 아버지와 단둘이 아주 거북하게 아침식사를 하던 일을 떠올렸다. 그런데 그 노인은 이미 죽었다. 그는 조의를 표하는 편지 한 장도 클래리사에게 쓰지 않았다. 패리 노인, 투덜거리고 무릎이 약했던 저스틴 패리 노인, 클래리사의 아버지는 피터와는 사이가 영 좋지 못했다.

"지금 생각하면, 당신 부친과 좀더 잘 지냈으면 좋았을 걸 그랬어요." 피터가 말했다.

"하지만 아버지는, 제 친구 누구도 좋아하지 않으셨는걸요." 클래리사는 말했다. 그러고는 피터가 자기와 결혼하고 싶어했던 일을 이렇게 생각나게 해준 자기의 혀를 깨물어버리고 싶었다.

하기야 그랬지, 피터는 생각했다. 그 일 때문에 가슴이 터질 것만 같았다. 그때 그는 테라스에서 바라보는 저녁 하늘에 무섭도록 아름답게 빛을 내면서 떠오르던 달처럼 가슴속에서 용솟음치는 슬픔에 압도당했다. 그때처럼 비참한 심정은 그 뒤로는 다시 없었다고 그는 생각했다. 피터는 클래리사 곁으로 조금 다가앉았다. 그때 테라스에 앉아 있을 때처럼. 그러고는 한 손을 내밀어서 올렸다가 도로 떨어뜨렸다. 그때의 그 달이 지금 그들 머리 위에 있다고 착각하며. 그녀 또한 달빛 아래 테라스에 그와 같이 앉아 있는 것만 같은 기분이었다.

"하버트가 지금은 그 집에 있어요. 요새 저도 그곳에 가는 일이 없지요." 클래리사가 말했다.

달빛 비추는 테라스에서 이쪽은 벌써 싫증이 나서 창피해지기 시작하는데, 상대방은 묵묵히 잠자코 슬픈 표정으로 달만 바라보고 앉아서 말도 하려들지 않는다. 이쪽은 발을 움직여보기도 하고, 헛기침도 해보기도 하고, 테이블 다리의 소용돌이 무늬 조각도 바라보고, 잎도 만져보며, 차마 말은 하지 못하고 있을 때와 똑같은—그런 느낌을 지금 피터는 느끼게 되었다. 그런데 대체 무엇 때문에 이렇게 과거를 회상하는 것일까? 대체 무엇 때문에 또다시 자기에게 그런 생각을 하게 할까? 이미 벌써 지독하게 자기에게 고통을 안긴 이 여자가 어째서 또 나를 이렇게 괴롭힐까? 대체 어째서람? 피터는 생각했다.

"호숫가 일이 기억나세요?" 클래리사는 새침한 음성으로 말했다. '호수'라고 말할 때 그녀는 감정이 북받쳐 가슴이 메이고, 목이 막히고, 입술이 바르르 떨렸다. 클래리사는 지금 부모님들 사이에 서서 오리들에게 빵을 던져주는 아이와 같은 기분인 동시에, 그 호숫가에 서 있는 부모님에게 걸어가는 성숙한 여자 같은 기분이기도 했다. 클래리사는 인생을 두 팔 안에 꼭 안고서, 부모님 앞으로 다가가면 갈수록, 그것은 팔 안에서 점점 커져서 마침내는 인생 전체, 완전한 인생이 되어가는 것만 같았다. 그리고 이것을 부모님 앞에 내려놓고서 말하고 싶었다. "이것이 제가 혼자 만든 인생이에요! 이것

댈러웨이 부인 51

이!" 아니, 대체 혼자서 무엇을 이루었단 말인가? 대체 무엇을? 오늘 아침 피터와 같이 이렇게 앉아 바느질을 하고 있으면서, 이렇게 그녀는 생각했다.

클래리사는 피터 월쉬를 마주보았다. 그녀의 시선은 그러한 지난날과 그 시절의 감정을 거쳐서, 드디어 자신없이 그에게 멈추었다. 그리고 눈물어린 눈초리로 한참동안 물끄러미 피터를 바라보고 있다가 다시 시선을 돌렸다. 마치 가지에 앉았던 새가 날아서 달아나버리듯이. 클래리사는 아무 꾸밈없이 눈물을 닦았다.

"네." 피터는 말했다. 그는 의식의 표면에 나타나면 상처를 입히고 말 것 같은 그 무엇을 그녀가 끌어내기라도 한 듯싶었다. 그래서 피터는 소리지르고 싶었다. 그만! 그만! 그는 아직 늙지 않았고, 인생은 아직 끝나지 않았으니 말이다, 절대로. 이제 겨우 50세를 넘었을 뿐이다. 피터는 이 말을 그녀에게 할 것인가, 말 것인가, 마음속으로 궁리했다. 이 일을 죄다 속시원하게 말해버리고 싶었다. 그러나 이 여자는 너무도 냉담하다. 이 여자는 지금 가위를 앞에 두고 바느질을 하고 있다. 데이지는 클래리사와 비교하면 평범해 보인다. 그런데 그녀는 나를 낙오자라고 생각할 것이다. 사실 이들의 눈으로 보면, 댈러웨이 부부의 눈으로 보면 틀림없이 그럴 것이다. 나는 낙오자가 틀림없다. 이 모든 것에 비한다면, 자개 박은 테이블, 금은이 장식된 페이퍼 나이프, 돌고래상과 촛대들, 의자의 커버며 값진 골동품인 영국 담채 판화(淡彩版畵) 등등에 비하면 나는 낙오자이고말고! 잘난 체하는 인생 전체가 이제는 싫어졌어. 리처드의 소행도 못마땅하거든. 클래리사가 하는 일은 싫지 않지만—리처드와 결혼한 일만 빼면(이때 루시가 은그릇을, 더 많은 은그릇을 들고 방으로 들어왔다. 루시가 은그릇을 내려놓으려고 허리를 굽히는 것을 보고, 피터는 매력적이고 날씬하고 우아하다고 생각했다). 그런데 클래리사는 지금까지 줄곧 이렇게 지내왔을 테지—그런데 피터는 이때 별안간 모든 것이 그 자신의 몸으로부터 발산되어 나오는 듯싶었다. 여행·승마·싸움·모험·브리지 파티·연애 사건, 그리고 일, 일, 일! 그는 태연히 주머니칼을 꺼냈다. 이 오래된 뿔로 만든 손잡이가 달린 주머니칼은 클래리사가 단언할 수 있지만, 지난 30년 동안 지녀온 물건이었다. 피터는 주먹을 꽉 쥐었다.

참, 이상한 습관이기도 하지, 클래리사는 생각했다. 저렇게 늘 칼을 갖고 장난을 하거든. 그래서 노상 남들은 이이를 보잘것없는 속이 빈 인간, 어리석은 수다쟁이라고 생각하지 뭐야. 하지만 나도 그렇지, 하고 생각했다. 클래리사는 바늘을 집어들면서 호위병이 잠든 사이에 무방비상태에 놓이게 된 여왕처럼 도움을 청하고 싶었다. 사실 피터의 방문에 클래리사는 무척 놀랐다. 지나가던 사람이 멋대로 다가와서 가시덤불 그늘에 누워 있는 여왕을 엿보았을 때처럼, 그녀는 자기가 하고 있는 일에 구원을 청하고 싶었다. 그녀가 즐기는 것들, 남편, 엘리자베스, 그리고 결국 그녀 자신, 이제 피터에게는 낯선 사람이 되어버리다시피 한 그녀 자신, 이런 모든 것이 그녀에게 와서 적을 물리쳐주기를 바라고 싶어졌다.

"그래서 당신에겐 무슨 일이 있었나요?" 클래리사는 말했다.

전투가 시작되기 전에 말은 땅을 박차고 머리를 쳐든다. 말의 옆구리는 광채가 번뜩이고 목덜미는 곡선을 그린다. 이렇게 피터 월쉬와 클래리사는 파란색 소파에 나란히 앉아서 서로 맞섰다. 피터의 군병들은 그의 육체 안에서 안달하며 웅성거렸다. 그는 말하자면 사방팔방에서 온갖 종류의 힘들을 죄다 동원했다. 칭찬, 옥스퍼드에서의 생활, 클래리사로서는 전혀 아무것도 모르는 자기의 결혼생활, 여자를 사랑한 일, 그리고 자기의 할일을 다 했다는 자부심 등등을 그는 죄다 동원시켰다.

"별의별 일이 다 있었습니다!" 그는 소리질렀다. 그리고 지금 백방으로 쳐들어가고 있는, 그가 동원시킨 군세의 힘에 쫓겨, 이제는 다시 보지 못할 사람들의 어깨 너머로 공중을 날아서, 그에게 공포심과 동시에 극도의 통쾌감을 주었다. 그는 두 손을 이마로 들어올렸다.

클래리사는 꼿꼿이 앉은 채 숨소리를 죽였다.

"나는 지금 사랑하고 있습니다." 그는 말했다. 그러나 이것은 클래리사에게 한 말이 아니라, 암흑 속에 높이 떠받쳐 있는 어떤 사람, 그래서 그 사람을 만질 수 없거니와, 다만 그 사람을 위해 암흑 속 잔디밭에 화환을 내려놓을 수밖에 없는 그 어떤 사람에게 하는 말이었다.

"사랑하고 있습니다." 그는 또다시 말했다. 다소 무미건조하게 클래리사 댈러웨이에게 말했다. "인도의 어떤 여자를 사랑하고 있습니다." 이제 그는 화환을 내려놓았다. 클래리사, 당신 멋대로 해보라고.

"사랑요!" 클래리사는 말했다. 원, 피터가 그 나이에 조그마한 나비넥타

댈러웨이 부인 53

이를 매고 사랑이라는 괴물한테 집어먹히다니! 목덜미에는 살도 없고 손이 불그레한 피터가. 나보다는 6개월이나 더 위인데! 하고 생각하면서 그녀는 언뜻 자신을 살펴보았다. 그러나 역시 이이는 사랑을 하고 있구나, 클래리사는 마음속으로 느꼈다. 이이는 과연 사랑하고 있구나, 클래리사는 느꼈다.

그러나 불요불굴의 이기심, 인간에게는 아무 목표도 없음을 알면서도 그래도 여전히 앞으로 앞으로 하고 외치는 이 불요불굴의 이기심이 클래리사의 양 볼을 붉게 물들여 그녀는 훨씬 젊어보였다. 몹시 홍조된 얼굴과 빛나는 눈으로 옷을 무릎 위에 얹어놓고 앉아 초록색 비단실 끝을 바늘구멍에 꿰면서 바르르 떨고 있었다. 그런데 이이가 사랑에 빠졌다! 나를 사랑하는 건 아냐. 물론 더 젊은 처녀일 테지.

"상대는 어떤 분인가요?" 클래리사가 물었다.

이제 그 조각상은 높은 대(臺)로부터 끌어내려져, 이들 두 사람 사이에 놓여져야 했다.

"유부녀입니다, 불행히도." 피터는 말했다. "인도주둔군의 어떤 소령 부인입니다."

그는 이렇게 우습게 이 소령부인을 클래리사 앞에 피력하면서 묘하게 비꼬는 듯이 감미롭게 씩 웃었다.

(역시 이이는 사랑을 하고 있구나, 클래리사는 생각했다.)

"그녀는." 피터는 아주 조리있게 말을 이었다. "어린애가 둘 있습니다. 아들과 딸. 지금 이혼문제에 관해 변호사와 상의하려고 돌아온 것입니다."

자, 이제 다 말했어! 클래리사, 멋대로 생각해! 이게 다니까! 피터는 생각했다. 그런데 클래리사 눈앞에 털어놓고 보니, 인도주둔군 소령의 아내(그의 데이지)와 그 두 아이들은 시시각각으로 점점 더 아름답게 보여지는 것만 같았다. 그가 접시 위의 회색빛 동그란 알갱이 조각 장식에 빛을 비쳐주자, 상쾌한 바닷바람 같은 두 사람 사이의 짜릿한 친밀감 속에서, 그들의 미묘한 친밀감 속에서 아름다운 나무가 자라는 듯싶었다(그런데, 어떤 의미에서는 클래리사만큼 자기를 이해해주는 사람은 없다고, 피터는 생각했다).

클래리사가 피터를 부추겨 유혹한 것이다. 인도주둔군 소령의 아내라는 여자의 형상을, 주머니칼을 세 번 놀려서 깎아 만들어내면서. 그런데 이 무슨 낭비인가! 이 무슨 어리석은 짓인가! 피터는 평생 이렇게 줄곧 속아왔지 않은가. 처음엔 옥스퍼드 대학에서 쫓겨나고, 다음엔 인도행 뱃간에서 만난 여자와 결혼하고, 이제는 인도주둔군 어떤 소령 부인이라니. 내가 이이의 구혼을 거절한 건 참 잘한 일이었지! 그런데 또 이이는 사랑에 빠져 있다니. 나의 옛친구, 나의 친애하는 피터가 사랑에 빠져 있다니.

"그래서 이제 어떻게 하실 참이세요?" 클래리사가 물었다. 그야 링컨 변호사협회에 있는 후퍼 씨와 그레이틀리 씨, 이 두 변호사들이 잘 처리해주겠지요, 하고 피터는 대답했다. 그리고 이제 그는 주머니칼로 정말 손톱을 다듬기 시작했다.

제발 저 칼을 좀 치워줬으면! 클래리사는 억제할 수 없는 초조감에서 속으로 소리질렀다. 이런 그의 실없는 당돌함이 결점이었다. 누구나 느끼는 온갖 일들을 그만은 전혀 알아채지 못했다. 이것이 언제나 그녀를 괴롭혔다. 정말 그 나이에 얼마나 어리석은 짓이냐 말이다!

자기는 다 알고 있다고 피터는 생각했다. 누구를 상대로 대항해 맞서야 할지를 자기는 다 알고 있다고, 그는 손가락으로 칼날을 만지면서 생각했다. 클래리사와 댈러웨이, 그리고 그밖의 모든 인간들이 나의 상대이다. 하지만 클래리사에게는 보여줄 테다, 그는 생각했다. 이때 그 자신도 놀랍게, 갑자기 어떤 억제할 수 없는 힘에 밀려 공중으로 내팽개쳐져서, 그는 눈물을 쏟고 말았다. 그는 흐느꼈다. 조금도 창피한 줄 모르고 소파에 앉아서 울었다. 눈물은 양 볼을 타고 줄줄 흘러내리고 있었다.

클래리사는 그대로 몸을 구부려 피터의 손을 잡아서 그를 끌어당겨 키스를 했다. 열대지방의 질풍에 나부끼는 팸퍼스(남미 원산인 포아풀과의 다년생 풀. 은백색의 이삭이 아름다워 관상용으로 재배됨) 풀잎처럼 가슴속에서 은빛 새털같이 설레는 동요를 억제할 겨를도 없이, 그의 뺨이 자기의 얼굴에 맞닿는 것을 느꼈다. 이 동요가 차차 가라앉자, 그녀는 그의 손을 꼭 쥔 채 한 손으로 그의 무릎을 토닥거리면서, 몸을 뒤로 기댔다. 그랬더니 아주 몸이 편해지고 마음이 가벼워졌다. 그리고 불현듯 이런 생각이 들었다. 내가 만약 이이와 결혼했더라면, 온종일 이와 같은 행복감을 가질 수 있었을 것을!

이제 그녀에게는 모든 것이 끝나버린 것이었다. 홑이불이 팽팽하게 깔려 있고, 침대는 좁디좁았다. 그런데 햇볕을 쬐며 산딸기를 따고 있는 사람들을 뒤로 하고, 그녀 자신만은 외롭게 탑에 올라가버린 것이 아닌가. 문은 닫혔

댈러웨이 부인 55

고, 떨어진 벽토와 새들의 흩어진 보금자리 사이에서 내다볼 때 바깥 풍경은 한없이 먼 것만 같았고, 온갖 소리들은 미미하고도 싸늘하게 들려올 뿐이다 (예전에 갔었던 리이드 언덕 위에서도 그러했지). 리처드, 리처드! 그녀는 소리질렀다. 한밤중 잠결에 깜짝 놀라 눈을 뜨고 암흑 속에 손을 내밀며 도움을 구하는 사람같이. 남편은 브루턴 부인과 점심을 같이하는 중이지, 하는 생각이 다시 머릿속에 떠올랐다. 리처드는 나를 떠났어, 나는 영영 혼자야. 그녀는 무릎 위에 양손을 포개 얹으면서 마음속으로 생각했다.

피터 월쉬는 일어나 창가로 갔다. 그러고는 이 편에 등을 지고 서서 무늬진 큼직한 비단손수건을 이리저리 털고 있었다. 당당하고도 무감정한, 그러나 외로운 모습이었다. 손을 움직일 때마다 그의 얇다란 어깨뼈가 조금씩 옷을 들먹이고 있었다. 그는 세게 코를 풀었다. 자기도 함께 데려가 달라고, 클래리사는 외치고 싶은 충동을 느꼈다. 그가 당장에 먼 여행을 떠나기나 하는 것처럼. 그러나 다음 순간 대단히 재미있고 감동적인 연극의 5막이 다 끝나버린 것만 같았다. 연극 속에서 지금까지 살아오다가, 방금 뛰쳐나온 것만 같았다. 연극 속에서 피터와 같이 살았고, 이제는 모든 것이 끝나버린 듯싶었다.

그러니 이제는 움직여야 한다. 외투·장갑·오페라글라스 따위를 챙겨 극장에서 일어나 거리로 나오려는 여자처럼, 그녀는 소파에서 일어나서 피터 곁으로 다가갔다.

이상한 일이지만 그녀가 패물을 달랑거리는 소리와 비단옷 스치는 소리를 내면서 방을 가로질러 왔을 때, 아직도 저 힘을, 피터 자신은 싫어하는데도 그 여름 하늘의 달을 부어톤의 테라스 위로 떠오르게 하던 그 힘을, 이 여자는 여전히 지니고 있으니 말이다.

"말해봐요." 피터는 그녀의 양 어깨를 잡으며 말했다. "그래 행복하시오, 클래리사? 리처드는……."

이때 방문이 열렸다.

"우리 딸 엘리자베스예요." 클래리사는 감정을 넣어, 어쩌면 좀 신파조로 말했다.

"안녕하세요." 엘리자베스가 다가왔다.

빅벤이 30분을 알리는 소리가 세 사람 사이에 울리기 시작했다. 마치 힘

56 댈러웨이 부인

이 세고 늠름한 청년이 아무 관심 없이, 그리고 사정없이 아령을 휘두르는 것처럼 말이다.

"안녕, 엘리자베스!" 피터는 손수건을 호주머니에 넣고 엘리자베스 곁으로 성큼성큼 걸어가며 큰 소리로 말했다. "그럼, 안녕히, 클래리사." 그는 그녀를 돌아다보지도 않고 얼른 방에서 나갔다. 그러고는 계단을 달려 내려가 현관 문을 열었다.

"피터! 피터!" 클래리사는 소리지르면서 층계참까지 뒤쫓아 내려왔다. "파티가 있어요! 오늘 저녁 파티를 잊지 마세요!" 클래리사가 외쳤다. 바깥에서 나는 소음 때문에 그녀는 이렇게 음성을 높이지 않으면 안되었던 것이다. 피터가 문을 닫고 나갈 때, "오늘 저녁 파티를 잊지 마세요!" 하고 그녀가 외친 음성은 거리의 소음과 시계치는 소리에 눌려서, 희미하고 약하게 멀리 퍼졌다.

오늘 저녁 파티를 잊지 말라고, 오늘 저녁 파티를 잊지 말라고. 피터 월쉬는 한길로 내려서면서, 반 시간을 알리는 빅벤 시계 소리의 단조로운 흐름에 맞추어 율동적으로 혼자서 중얼거렸다(시계치는 소리가 둔한 원을 그리며 공중에 번져갔다). 아, 이놈의 파티, 클래리사의 파티! 그는 생각했다. 대체 무엇 때문에 이 여자는 그런 파티를 여는 것일까? 그렇다고 그녀를 탓하거나, 또는 연미복 단춧구멍에 카네이션을 꽂고 지금 이쪽으로 걸어오는 등신 같은 남자를 탓하는 것도 아니었다. 자기처럼 사랑을 할 수 있는 사람은 세상에서 오직 자기 한 사람밖에 없잖은가. 이 빅토리아 가(街)의 저 자동차 공장 유리창에 행운의 사나이, 자기 자신이 반사되어 보인다. 그의 뒤에는 인도 전부가 가로놓여 있다. 평야와 산, 콜레라 전염병, 아일랜드 두 배만한 지역에 퍼져 있는 콜레라 전염병이, 그리고 자기가 단독으로 내린 결정 등이 가로놓여 있었다. 피터 월쉬 뒤에. 생전 처음으로 사랑에 빠졌는데 클래리사는 모질어졌다고 그는 생각했다. 게다가 그녀는 좀 감상적인 것 같구먼. 근데 휘발유를 얼마 가지면 몇 마일이나 달릴까? 그는 커다란 자동차들을 바라보면서 그 성능을 생각해보았다. 그는 기계를 만지는데 좀 소질이 있었다. 그가 살던 지방에서 쟁기를 새로 고안해낸 일도 있었고, 영국에서 외바퀴 수레를 몇 대나 주문한 일도 있었지만, 노동자들이 쓰려고 하지는 않았

댈러웨이 부인 57

다. 그러나 이런 모든 일들을 클래리사는 전혀 모르고 있었다.

그녀가 "우리 딸 엘리자베스예요!" 하던 그 말투도 못마땅했다. 어째서 그냥 "엘리자베스예요." 하지 못하느냐 말이다. 그건 진실하지 못하다. 엘리자베스도 그런 말투가 못마땅할 것이다(크게 울리던 시계 소리의 마지막 여운이 아직도 주위 공기를 진동시키고 있었다. 반이다. 아직 이르다. 아직 11시 30분밖에 되지 않았다). 그는 젊은 사람들을 이해할 수 있다. 젊은 사람들이 마음에 들기 때문이다. 클래리사는 항상 어딘지 모르게 냉정하다. 그녀는 처녀시절에도 어딘지 수줍어하는 버릇이 있더니, 중년이 되니까 습관이 되고 말았다. 그럼 다 된 거야, 다 된 거야. 그는 두꺼운 창유리를 좀 쓸쓸한 표정으로 들여다보면서 생각했다. 당치 않은 시간에 그가 찾아간 것이 그녀를 괴롭게 한 것이 아닐까, 하고도 생각해보았다. 갑자기 바보처럼 울음을 터뜨리고, 감정에 못이겨 이전처럼, 꼭 이전처럼 그녀에게 모든 것을 다 털어놓은 것이, 이제 생각하니 말할 수 없이 부끄러웠다.

구름이 해를 가릴 때 런던은 잠시 침묵에 잠긴다. 이 때는 사람의 마음도 침묵에 잠기고 긴장이 풀린다. 시간은 돛대 위에서 펄럭인다. 사람들은 걸음을 멈추고 그 자리에 선다. 관습이라는 딱딱한 해골만이 인간의 모습을 떠받든다. 아무것도 없는 곳이랄까, 피터 월쉬는 혼자 중얼거렸다. 그는 지금 속이 텅 비고 마음이 공허한 것만 같았다. 클래리사가 나를 거절했다, 그는 생각하며 그 자리에 서 있었다.

이때, 아, 하고 성 마가리트 교회의 종이 울렸다. 시간이 되자 응접실로 들어가서 벌써들 와 있는 손님들을 맞는 안주인처럼. 나는 늦지 않았어. 지금이 꼭 11시 반이야, 하고 말하는 것만 같았다. 그야 옳은 말이긴 하지만, 그녀의 목소리는 개성을 뚜렷하게 드러내기를 망설이는 안주인의 음성만 같았다. 과거를 슬퍼하는 마음과 현재에 대한 근심에 억제되어 있던 그 소리는 지금 11시 반이라고 말하고 있다. 성 마가리트 교회의 종소리는 마음속 깊숙이 미끄러져 들어와서, 한 점씩 칠 때마다 한 점 한 점 파묻혀버린다. 마음속 이야기를 털어놓고 흩어져버리고 싶어하며, 기쁨에 몸을 떨며 안주하고 싶어하는 무슨 생물처럼. 꼭 클래리사처럼, 이렇게 피터 월쉬의 생각은 그칠 줄을 몰랐다. 시간이 되자 흰 옷을 몸에 휘감고 아래층으로 내려오는 클래리사처럼, 아니, 이 종소리는 바로 클래리사 그녀라고 그는 생각했다.

58 댈러웨이 부인

깊은 감정과 더불어 극히 선명하게, 그러면서도 어리둥절하게 그녀의 추억이 그의 머릿속에 떠올랐다. 이 추억은 여러 해 전 그들이 친밀한 순간을 즐기면서 앉아 있었을 때, 이 종소리가 방 안으로 들어왔다가, 꿀을 지닌 벌처럼 이편에서 저편으로 옮겨가면서 그 순간을 싣고 떠나버린 듯싶은 추억이었다. 그런데 대체 어느 방이었나? 어떤 순간이었나? 그리고 어떤 시계가 쳤을 때, 왜 나는 그렇게 깊은 행복감에 잠겼을까? 하고 피터는 생각했다. 그러자 마침 성 마가리트 교회의 종소리가 사라져가는 것을 들으면서, 클래리사가 앓았다고 하던데, 이 종소리도 피로하고 괴로워하는 것 같다고 생각했다. 그녀의 심장이 나빴다는 기억이 언뜻 났다. 그러니까 갑작스럽게 크게 울려댄 마지막 종소리는 중년시절에 느닷없이 기습해오는 죽음을 고하는 조종소리 같기도 했다. 그리고 그는 클래리사가 서 있던 응접실 그 자리에서 그녀가 쓰러지는 듯 착각했다. 아니다! 아니다! 그는 소리질렀다. 그녀는 죽지 않았어! 나는 늙지 않았어! 소리지르면서 그는 화이트홀의 거리를 걸어 올라갔다. 자기의 미래가 힘차게 끝없이 눈앞에 전개되는 듯이 느끼면서.

나는 아직 늙지 않았어. 굳어버리거나, 조금도 시들지 않았어. 남들이야 나를 보고 뭐라고 하든—댈러웨이 부부나 위트브레드 부부, 친구들이 뭐라고 말하든—내 알게 뭐냐(하긴 더러 취직자리를 구할 때 리처드에게 정말 신세를 져야 할 경우도 있겠지만). 그는 성큼성큼 걸으면서 눈을 똑바로 뜨고, 케임브리지 공작 동상을 노려보았다. 옥스퍼드 대학에서 쫓겨났었지. 그건 사실이다. 그는 사회주의자였으며, 어떤 의미에서는 낙오자였다. 이것 또한 사실이다. 그러나 문명의 장래는 그러한 청년들 수중에 놓여 있다. 30년 전의 자신과 같이 추상적인 원리를 사랑하는 청년의 수중에. 런던에서 히말라야의 산 꼭대기까지, 도처에서 책들을 주문해서 과학을 읽고, 철학을 읽는 그런 청년들 수중에 미래는 놓여 있다고 그는 생각했다.

숲 속에서 잎새들이 바스락거리는 소리가 뒤에서 들린 듯했다. 이 소리와 함께 뚜벅뚜벅 규칙적인 발자국소리가 들려왔다. 이 발자국소리는 그를 쫓아오면서 북소리에 맞추듯이 그의 생각을 저절로 이 발자국소리에 맞추게 하면서 화이트홀 거리를 올라오고 있었다. 제복을 입고 총을 멘 청년들이, 똑바로 앞을 보며 행진해오고 있었다. 팔을 딱딱하게 하고 행진하는 이들의 얼굴에는 동상대(銅像臺) 주위에 의무·감사·충성·애국 등을 찬양하여 새긴 비문의 글자 같은 표정을 하고 있었다.

피터 월쉬는 이들과 발을 맞추기 시작하면서 그럴듯한 훈련이라고 생각했다. 그러나 이들은 다부진 체격은 아니었다. 대부분은 16세 정도로 내일이면 쌀독이나 비누 상자 뒤에 서서 점원 노릇을 해야 할 신세들만 같이 보였다. 지금 이들은 관능적인 향락도, 매일매일의 일거리도 다 잊어버리고 핀스베리의 거리에서 무명의 무덤으로 꽃다발을 들고 갈 때의 엄숙한 표정만을 짓고 있었다. 이들은 충성을 맹세하였던 것이다. 통행인들도 경의를 표하고 차들도 정지했다.

보조를 맞출 수가 없는데, 피터 월쉬는 이들이 화이트홀 거리를 올라가는 것을 보면서 생각했다. 한결같은 보폭으로 그를 지나치고 모든 사람을 지나쳐서 행진해갔다. 마치 하나의 의지력이 수많은 다리와 팔들을 기계같이 움직이는 것만 같았다. 복잡하고 말 많은 인생이 기념비와 화환 밑에 파묻히고, 훈련으로 눈만 뜬 채 굳어버린 시체로 바뀐 듯싶었다. 경의를 표해야지, 웃어 버릴 수도 있겠지만 경의를 표해야지, 저기 행진하고 있는 그들에게. 피터 월쉬는 보도 가에 서서 생각했다. 넬슨, 고든, 해브로크 등의 늠름한 동상들도, 위대한 군인들의 위풍당당한 검은 초상들도 모두 앞을 바라보며 버티고 서 있었다. 마치 이 동상들도 다같이 체념을 해버린 듯싶었다(그런데 피터 월쉬는 자기도 위대한 체념을 해냈다고 느꼈다). 마침내 동상들은 유혹의 밑바닥에서 허덕여본 끝에 그렇게 대리석 같은 시선으로 응시하게 돼버린 듯싶었다. 그러나 피터 월쉬 자신은 조금도 그렇게 응시하고 싶지는 않았다. 남들이 그렇게 할 때는 경의를 표할 수 있을지라도. 그는 저 청년들의 행동에 경의를 표할 수도 있었다. 그들은 아직 육체의 번민이나 내가 지금까지 겪어온 일 같은 것은 하나도 모를 것 아닌가. 지금 행진하여 스트랜드 가 쪽으로 사라져가는 저 청년들은 모른다, 그는 길을 건너 고든 동상 밑에 서서 생각했다. 그는 소년시절에 고든을 숭배했다. 한쪽 다리를 들고 팔짱을 끼고 서 있는 고든을, 불쌍한 이 고든을 말이다.

자기가 런던에 온 것을 아는 사람은 클래리사 외에는 아무도 없었기 때문에, 이제 여행이 끝나 육지에 와 있으면서도 그는 여전히 섬에 있는 듯싶었다. 자기는 아직도 살아서, 아무도 모르게 11시 반에 트라팔가 광장에 혼자서 있다는 묘한 감정이 그를 사로잡았다. 이게 뭘까? 나는 지금 어디 있는

가? 어째서 사람들은 그런 짓들을 할까? 그는 생각해 보았다. 이혼문제 따위도 이제는 다 허황한 일만 같았다. 이제 그의 마음은 늪처럼 납작해지고 세 개의 위대한 감정의 덩어리가 그 위로 굴러가는 것만 같았다. 이해심과 박애심, 그리고 끝으로 미묘한 기쁨이라는 이 세 개의 감정 말이다. 그런데 이 미묘한 기쁨은 이해심과 박애심의 산물로 억제할 수 없을 것만 같았다. 마치 자기 머릿속에서 어떤 손이 끝을 당기자 덧문이 열렸으나, 자기는 여전히 아랑곳없이 마음만 내키면 걸어나가 볼 수도 있는 끝없는 거리의 입구에 그냥 서 있는 기분이었다. 이처럼 젊게 느껴본 것은 몇해 만에 처음이었다.

나는 빠져나왔어! 이제 완전히 자유다! 우연히 관습이 허물어지면 마음은 지키는 사람없는 불길처럼 공손히 허리를 굽히고, 바닥으로부터 무너지기 마련이다. 이렇게 젊어진 기분은 정말 몇 해만이다. 그는 지금 이제까지의 자기로부터(물론 겨우 한두 시간 동안이겠지만) 빠져 나와, 어린애가 문밖으로 뛰어나가면서 빈 방에 대고 손짓하고 있는 늙은 유모를 보고 있는 기분이었다. 그런데 그는 트라팔가 광장을 건너 헤이마켓 쪽으로 걸어가는 여자를 보면서 참 매력적이라 생각했다. 지금 한 젊은 여자가 고든의 동상 곁을 지나가면서 한 겹 한 겹씩 베일을 벗어버리고, 마침내 자기가 늘 마음속에 그려온 이상의 여인으로 변해가고 있다. 젊으나 의젓하고, 명랑하나 신중하고, 검은 머리이면서도 매력적인 여자 말이다.

그는 허리를 펴고 살그머니 주머니칼을 만지작거리면서 여자 뒤를 밟기 시작했다. 그를 흥분시킨 이 여자는 이쪽으로 등을 지면서도 여전히 그와 그녀를 맺는 한 줄기의 빛을 그에게 던지며, 그의 자태를 선명하게 비쳐내는 성싶었다. 오가는 자동차의 소음도 양손을 동그랗게 만들어 그의 이름, 피터가 아니라 자기만이 공상하여 부르는 그의 이름을 속삭이는 듯싶었다. "당신." 여자가 말했다. 그녀는 '당신'이라는 이 한 마디를 흰 장갑을 낀 손과 어깨로 말했다. 이 여자는 콕스퍼 가(街)의 텐트 시계점 앞을 지났을 때, 바람에 나부끼는 얄팍한 외투 자락으로 에워싸주는 듯한 상냥함과 서글픈 정을 드러냈다. 두 팔을 벌리고 피곤한 자를 안아줄 것처럼.

그러나 그녀는 독신이다. 아주 젊다고 피터는 생각했다. 트라팔가 광장을 건널 때 본 가슴의 빨간 카네이션이 또다시 눈앞에 불타는 듯하여 여자의 입술을 붉게 보이게 했다. 여자는 길가에 서서 기다리고 있었다. 이 여자에겐

댈러웨이 부인 61

위엄이 있었다. 클래리사처럼 세속적이지 않고 클래리사처럼 부자도 아니다. 근데 이 여자는 지체가 높을까? 걷기 시작한 여자를 보면서, 기지가 있고, 우스운 소리도 곧잘 하겠구나, 하고 그는 생각했다(남을 멋대로 상상해 보는 것도, 가다가 탈선을 해보는 것도 재미있는 일이 아니냐 말이다). 새침하게 응하는 재치, 날쌔고도 소란스럽지 않은 기지가 있겠는걸, 하고 그는 생각했다.

여자가 발을 옮겨 길을 건너갔다. 피터는 뒤를 따라갔다. 그는 이 여자를 당황하게 할 생각은 추호도 없었다. 그러나 그녀가 발걸음을 멈추면 "아이스크림이나 함께 하실까요?" 하고 말을 걸어보자. 그러면 여자도 선뜻, "네, 그러죠." 대답할지도 모른다.

거리에 들어서자 사람들이 피터와 여자 사이로 들어와서 그의 눈을 방해하여 여자의 모습을 지워버리고 말았다. 피터는 그대로 쫓아갔다. 여자의 표정이 달라졌다. 빰이 빨개지고 눈에 냉소가 떠올랐다. 그는 무모한 모험가였다. 날쌔고 대담하고, 정말로(어젯밤에 겨우 인도에서 이곳에 도착했으니까) 로맨틱한 해적 같은 놈이 아닌가. 상점 진열장에 널려 있는 노란 잠옷이나, 담뱃대, 낚싯대나 그런 물건 따위에는 관심이 없어. 점잔을 빼는 것도, 파티에 가는 것도, 아래에 흰 선이 둘러진 조끼를 입은 멋쟁이 노인들도 모두 다 귀찮다. 그는 해적이니까. 여자는 계속 앞으로 걸어가고 있었다. 피카딜리를 건너, 리전트 가를 따라 그의 앞에서 가고 있다. 이 여자의 외투와 장갑과 어깨 모양은 상점들 진열장에 걸려 있는 장식품과 레이스, 보아산(產) 모피들과 어울려서 화려하고 변덕스런 분위기를 만들어내고 있다. 그리고 밤의 불빛이 울타리 너머 껌껌한 바깥으로 새어나오듯이 이 분위기는 밖으로 스며나와, 보도에서 차츰 사라졌다.

여자는 즐거운 표정으로 웃으면서 옥스퍼드 가(街)와 그레이트 포틀랜드 가를 건너서 샛길로 접어들었다. 그런데, 자, 이제 마지막 순간이 다가왔다. 그녀는 이제 발걸음을 멈추고 핸드백을 열며, 이쪽을 힐끔 바라본다. 그러나 피터를 보는 것이 아니라, 그저 작별의 눈초리였다. 모든 것을 송두리째, 당당하게, 영영 집어치워버리겠다는 눈초리였다. 이제 열쇠를 구멍에 꽂는다. 문을 열고 사라졌다! 이때, 오늘 저녁 파티를 잊지 마세요, 파티를 잊지 마세요, 하던 클래리사의 음성이 그의 귀에 노래하듯 울린다. 그런데 여자가

62 댈러웨이 부인

들어간 집은 납작한 빨간 집이다. 거기에는 어딘지 모르게 꼴사나운 꽃바구니가 매달려 있었다. 그러나 이제 다 끝났다.

아무튼 난 즐거웠어, 재밌었어, 그는 허옇게 시든 제라늄 꽃바구니가 흔들리는 것을 쳐다보면서 생각했다. 이젠 내 즐거움은 산산히 부서졌어. 그야한 절반은 조작된 일인 줄 나도 알지. 이 여자를 쫓아온 일도 꾸며낸 거야. 남들이 인생의 태반을 공상으로 지어내듯이 그렇게 꾸며낸 거라 생각했다. 나 자신도 꾸며내고, 그 여자도 꾸며내고, 아기자기한 재미도 꾸며내고, 그보다 더한 것도 꾸며내거든. 이상한 일이지만 어쩔 수 없는 사실이야. 이런 맛은 아무도 모를걸—그러나 이제는 산산히 부서졌어.

그는 발길을 돌려, 길을 따라 올라갔다. 링컨변호사협회의 후퍼 씨와 그레이틀리 씨를 만날 시간이 될 때까지 어디 앉아 있을 자리를 찾아야겠다고 생각하면서. 어디로 갈까? 아무래도 좋다. 그럼 이 길을 따라 리전트 공원 쪽으로 가볼까? 보도에 내딛고 있는 그의 구두가 "아무래도 좋다" 하고 소리를 냈다. 시간이 아직 이르니까, 너무 이르니까 말이다.

찬란한 아침이었다. 건강한 심장의 고동소리처럼 생명이 거리로 뻗어가고 있었다. 이 생명은 머뭇머뭇하지도, 망설이지도 않았다. 정확하게 시간 맞춰 휘몰아 내달려오던 자동차는 정각에 소리없이 문 앞에서 정지했다. 비단 양말을 신고, 모자에 깃털 장식을 단 여자 하나가 날씬하게 내려섰다. 그러나 피터는(실컷 재미를 맛본 끝이라서) 이렇다 할 매력을 느끼지는 못했다. 훌륭한 집사들, 황갈색의 중국산 개, 흑백 바둑판 무늬의 양탄자가 깔리고 흰 발이 나부끼는 현관을 열린 문 틈으로 바라보며 좋은 취미라 생각했다. 런던·사교계절·문명 등, 말하자면 이런 것들이 제각기 특징을 살려서 이룩해 놓은 성과가 아닌가. 3대를 거쳐서 인도대륙의 행정을 보아온 인도체류 영국인의 상류계급에 속하는 피터지만(그러나 자기는 인도나 제국이나 군대 같은 것을 싫어하면서도 이런 감정에 빠지는 것은 그가 생각해봐도 참 이상한 일이었다), 어떤 때는 그런 종류의 문명이(설사 이런 문명이라도) 자기의 개인적 소유물처럼 소중하게 여겨지는 경우가 있었다. 영국 가정들, 집사들, 개들, 생활이 안정된 여자들 등을 자랑스러워하는 경우 말이다. 어처구니없는 일이면서도 한편 사실 같기도 했다. 의사나 사업가나 유능한 여자들이 또박또박 시간에 맞추어, 부지런히 씩씩하게 일하고 있는 것이다. 근데

댈러웨이 부인 63

이들은 우리가 일생을 내맡겨도 좋을 훌륭한 친구들이며, 세상 살아가는 데 든든한 길동무들이 아닌가. 이것저것 심심찮은 광경이 아닌가. 어디 그늘에 앉아서 담배나 피워볼까.

리전트 공원이다. 그래, 어렸을 때 그는 이 리전트 공원을 걸어다닌 일이 있었다. 이상하게 어렸을 때의 생각이 되살아났다. 클래리사와 만난 이후라 그런지도 모른다. 여자란 남자보다 늘 과거에 집착하여 살기 마련이니까. 그런데 여자는 장소에 집착한다. 그리고 자기 아버지에게도. 여자는 아버지를 늘 자랑삼는다. 부어톤은 좋은 곳이다. 아주 좋은 곳이었지만, 난 그 영감하고는 사귀질 못했다. 어느날 밤은 그 영감과 크게 싸웠다. 이러니저러니 하고 언쟁을 한 것이다. 그러나 무엇에 관해서였는지 기억이 나지 않는다. 아마 정치문제였을 것이다.

그래, 그는 이 리전트 공원을 잘 기억하고 있었다. 길게 뻗은 길, 그리고 왼편으로 돌아서면 풍선을 파는 조그마한 집이 있었고, 아니 이 근처엔 비문이 새겨진 시시한 동상도 있었다. 그는 빈자리를 찾아봤다. (그는 지금 좀 졸려서)몇 시냐고 시간을 묻는 사람한테 방해받고 싶지 않았다. 그런데 어떤 회색옷을 입은 중년 유모가 유모차에서 잠든 아기를 데리고 앉아 있었다. 저기가 제일 좋겠다, 유모가 앉아 있는 저쪽 끝에 가서 앉자.

엘리자베스는 묘한 표정의 아가씨였다. 그는 방 안에 들어온 그녀가 어머니 곁에 섰을 때 별안간 생각했다. 많이 컸구나. 아주 어른이 됐다. 그리 예쁘진 않아도, 매력적인 편이다. 아직 열여덟은 못되겠지만 엄마하곤 마음이 안 맞을 것 같았다. "우리 딸 엘리자베스." 그런 말투보다 "엘리자베스"라고만 했으면 좋았을 것을. 흔히 어머니들의 버릇으로, 있지도 않은 것을 있는 척하는 수작일 것이다. 클래리사는 자신의 매력을 지나치게 믿고 있었다. 너무나 지나치게 말이야.

여송연의 진하고 상쾌한 연기가 시원하게 그의 목구멍 속으로 빨려 내려갔다. 그는 연기를 뿜어 동그라미를 만들었다. 이 동그라미는 잠시 동안 공중에 떠 있었다. 파리하게 동그랗게. 그는 오늘밤엔 엘리자베스와 조용히 이야기를 해봐야겠다고 생각했다. 그런데 담배 연기의 동그라미가 모래시계처럼 무너지기 시작하여 희미하게 사라져갔다. 기묘한 모양이었다. 별안간 그는 눈을 딱 감고 한 손을 크게 들어올려 묵직한 여송연 꽁초를 내던졌다. 이

64 댈러웨이 부인

제 커다란 빗자루가 그의 마음속을 쓸어낸 듯한 기분이었다. 아니, 이 빗자루는 흔들리는 가지도, 아이들 목소리도, 발을 끄는 소리도, 지나가는 사람들 소리도, 웅성대는 거리의 소음도, 높아졌다 낮아졌다 하는 거리의 소요도 다 쓸어갔다. 이제 아래로 아래로 그는 꺼져내려갔다. 새털같이 보드라운 잠속으로 가라앉았다. 그리고 아주 잠에 폭 싸이고 말았다.

피터 월쉬가 햇볕이 따가운 옆자리에서 코를 골기 시작했을 때, 회색 옷을 입은 유모는 뜨개질을 다시 시작했다. 피로를 모르는 듯, 조용히 손을 놀리는 그녀는 잠든 사람의 권리를 지켜주는 보호자 같았다. 또는 하늘과 나뭇가지들이 어울려서 만들어낸 어둑어둑한 박명을 틈타서 나타난 유령인 듯싶었다. 외로운 나그네, 오솔길을 헤매고, 풀고사리 숲을 잡아헤치고 무성한 솔송나무를 짓밟는 피터는 꿈결 속에 문득 눈을 들어, 한길 저쪽 끝에서 거인의 모습을 보았다.

아마도 열렬한 무신론자인 나그네는 이따금 비상한 환희의 순간에 부딪치곤 했다. 우리의 외부에는 마음의 상태만 존재하고 있다고 그는 생각했다. 위로와 위안을 갈망하는 마음, 구원을 갈망하는 비참한 마음의 난쟁이들, 나약하고 추하고 비겁한 남녀들, 이들의 외부에 존재하는 무엇을 갈망하는 마음, 이것만이 존재한다고 그는 생각했다. 혹 어떤 여자를 마음속에서 생각할 수 있다면 그런 의미에서 그녀는 존재한다. 길을 걸어가면서 하늘이며 나뭇가지들을 쳐다보며, 그는 이것들을 언뜻 여자로 생각해본다. 그렇게 보니까 이것들이 제법 위엄있게 보여 놀라웠다. 미풍에 검게 나부끼는 이파리들의 모습은, 마치 연민과 이해와 용서를 위풍당당하게 베풀어주는 여인 같은 풍치였다. 그러다가도 갑자기 나무들은 몸을 높이 치켜들어, 경건하던 모습을 뒤엎고 요망스런 교태를 부리기도 했다.

그와 같은 환상들은 이 외로운 나그네 앞에 어른거리며, 열매를 가득 실은 풍요의 뿔을 그 앞에 갖다놓고, 혹은 푸른 파도를 타고 달아나는 바다의 마녀처럼 귓전에 속삭였다. 혹은 장미꽃 다발처럼 얼굴에 부딪치고, 혹은 어부들이 넘나드는 물결 밑으로부터 끌어내려고 애를 쓰는 익사자의 창백한 얼굴처럼 물 위로 둥실 떠오르곤 했다.

이런 환상들은 끊임없이 떠올라 현실과 나란히 걷기도 하고, 현실 앞에 얼

굴을 불쑥 내밀기도 했다. 그리고 때로는 이 외로운 나그네를 압도하여, 현
실적 감각이나 귀환하려는 의욕을 그로부터 빼앗아버리고, 대신 죽음이라는
평화를 주었다. 마치 살겠다는 이 열병은 극히 단순한 현상인 것처럼(이렇
게 그는 숲 속 오솔길을 거닐면서 생각했다). 그러니까 인생의 무수한 현상
들도 뭉쳐서 하나가 되어버리는 것 아닌가(그런데 나는 어지간히 나이를 먹
었지, 50이 넘었으니 말이다). 이 환상, 하늘과 나뭇가지들로 만들어진 이
환상도 험한 바다에서 일어난 것이다. 물결로부터 하나의 형상이 빨려 올라
가면서, 그 거대한 손아귀에서 연민과 이해와 용서의 소낙비를 내리듯이. 이
제 나는 불이 켜진 내 방으로, 내 거실로 돌아가지 않겠다. 읽던 책도 다 읽
지 않고, 담뱃대도 털어내지 않고, 상을 치우라고 터너 부인을 부르지도 않
겠다. 그보다는 똑바로 저 거인에게 걸어가겠다. 그럼 저 거인은 고개를 들
어 그의 바람결에 나를 실어 다른 것들과 함께 무(無)의 나라로 보내줄 것
이 아닌가.

　외로운 나그네는 이러한 환상을 본다. 그리고 곧 숲 바깥으로 나왔다. 거
기에는 중년을 넘은 여자가, 아마 그이가 돌아오기를 기다리기 위해서인지,
두 손을 눈 위에 대고 흰 앞치마를 펄럭이면서, 문으로 나오고 있었다. 그녀
는 (아들을 찾겠다는 집념으로) 사막을 헤매며 실종된 아들을 찾는 것 같았
다. 죽은 기사(騎士)를 찾고 있는 듯 보였다. 또는 전쟁에서 아들을 잃은 어
머니의 모습 같기도 했다. 그래서 이 외로운 나그네는 아낙네들이 일어선 채
뜨개질을 하고, 남자들이 마당에서 흙을 파고 있는 마을을 걸어내려가면서
저물어가는 황혼이 어쩐지 불길하게만 느껴졌다. 사람들도 꼼짝달싹하지 않
았다. 무슨 엄숙한 운명, 올 것을 일찌감치 알고 태연히 기다리고 있는 운명
이 이제 곧 휘몰아쳐서 그들을 완전히 전멸시켜버릴 것만 같았다.

　방 안의 일상 용구들 가운데 찬장과 탁자, 제라늄 화분이 놓인 창턱 같은
것들이, 식탁보를 걷으려고 몸을 굽히는 안주인의 윤곽이 갑자기 불빛에 부
드러워지면서 매력적으로 바뀌었다. 이것을 덥석 안고 싶어하는 사람의 충
동을 제지하는 것은, 오직 차디찬 인간사회의 접촉을 기억하는 마음뿐이다.
안주인은 오렌지 잼을 집어서 찬장 속에 넣었다.

　"오늘 저녁엔 더 할 일이 없습니까, 손님?"

　그러나 이 외로운 나그네는 대체 누구에게 대답해야 할 것인가?

나이 든 유모는 리전트 공원에서 잠든 아기를 앞에 놓고 여전히 뜨개질을 했다. 그리고 피터 월쉬는 코를 골고 있었다.

그는 느닷없이 잠에서 깨 "영혼의 죽음"이라고 혼잣말로 중얼거렸다.

"제기랄!" 피터는 큰 소리로 혼자 중얼거리고, 기지개를 켜며 눈을 떴다. "영혼의 죽음." 그 말은 어떤 장면, 어떤 방, 꿈속의 어떤 과거와 관련이 있었다. 이제 그것이 차차 분명해졌다. 그 장면, 그 방, 꿈속의 그 과거가.

1890년대 초반 그해 여름 부어톤에서의 일이었다. 그 무렵 그는 클래리사를 열렬히 사랑하고 있었다. 그때, 많은 사람들이 모여서 차를 들고 난 뒤에 테이블 주위에 둘러앉아, 웃으며 이야기를 나누고 있었다. 방에는 노란 불빛이 비치고 담배연기가 자욱했다. 사람들은 하녀와 결혼한 어떤 남자에 대해 이야기하고 있었다. 그 남자는 이웃 마을의 지주였지만 지금 이름은 기억나지 않는다. 남자는 자기집 하녀와 결혼하고, 아내를 인사시키려고 부어톤으로 데리고 왔다. 그런데 그때 그 행차가 대단했다는 것이다. 여자가 '앵무새'같이 지나치게 차려입은 품이 꼴불견이더라고 클래리사는 말했다. 그리고 말문이 한 번 터지면 얘기를 그칠 줄을 모르더라는 것이었다. 클래리사는 그 말투를 흉내냈다. 그런데 그때 누군가가 말했다―샐리 시튼이었지, 아마― 그들이 결혼하기 전에 여자가 애를 뱄다는 것도 짐작할 수 있지 뭐냐고(그 시절만 해도 남녀가 같이 모인 자리에서 그런 말을 하는 것은 대담한 짓이었다). 얼굴이 새빨개지고, 눈썹을 찌푸린 클래리사의 모습이 지금도 눈에 선하다. "아이, 다시는 그런 여자와는 말을 하지 않겠어!" 그녀가 말했다. 그런데 테이블에 둘러앉았던 사람들은 모두 이 말에 동요한 듯싶었다. 그런 말은 참으로 거북스런 말이었다.

클래리사가 그런 일에 구애한다 해서 피터는 책망하지 않았다. 그 시절 그녀같이 곱게 자란 처녀는 아무것도 모르니 말이다. 그러나 그녀의 태도에는 화가 났다. 비겁하고, 몰인정하고, 거만하고, 얌전빼는 그런 태도 말이다. 그래서 그는 지금 "영혼의 죽음"이라고, 그런 경우에 적합한 말을 찾아내, 그전처럼 본능적으로 외쳤다. 영혼의 죽음이라고.

그때 모두가 다 동요했다. 클래리사가 말할 때, 모두 고개를 숙이고 표정이 달라져서 일어서려는 것 같았다. 샐리 시튼은 장난을 하다 들킨 어린애처럼 고개를 푹 숙이고 얼굴이 뻘개져서, 무슨 말을 하고는 싶지만 겁이 나는 듯한 모습도 지금 기억이 났다. 클래리사는 사람들을 깜짝 놀라게 했다(샐리는 클래리사와 아주 친해서 늘 그 집에 와 있었다. 클래리사와 전혀 닮지 않았지만 미인으로 머리칼은 검고 아주 매력적이었다. 게다가 대담하다고 소문까지 나 있었다. 피터가 여송연을 주면 그것을 자기 침대에 가서 피우곤 했다. 누구하고 약혼을 했다는 말도 있었고, 집안식구들과 싸웠다는 말도 있었다. 패리 노인은 샐리와 피터를 다 같이 미워했는데, 이것이 그 두 사람을 아주 친하게 만들었다). 그런데 그때 클래리사는 좌중의 모든 사람들 때문에 화가 났다는 태도로 일어서서는 무슨 핑계를 대고 혼자 나가버렸다. 그녀가 방문을 열었을 때, 양을 지키는 커다란 털북숭이개가 들어왔다. 그녀는 이 개를 덥석 껴안고 미친 듯이 쓰다듬었다. 마치 피터더러 보라고 하는 짓만 같았다. "아까 그 여자에 대해서 제가 너무 심한 말을 했다고 생각하시지요? 하지만 보세요, 제가 얼마나 동정심이 많은지. 자, 보세요, 저는 우리 로브를 이렇게 귀여워하잖아요?" 틀림없이 자기를 겨냥한 것임을 그도 알고 있었다.

둘 사이에는 말하지 않고도 통할 수 있는 이런 묘한 힘이 언제나 있었다. 클래리사는 피터가 책망하는 것을 금방 알아차렸다. 그리고 그녀는 반드시 자기방어를 하는 어떤 행동을 취했다. 이렇게 개를 가지고 수다를 떨듯이 말이다. 그러나 그것에 속을 피터는 아니었다. 그는 언제나 그녀의 속셈을 빤히 알고 있었으니 말이다. 물론 그는 무슨 말을 하는 것도 아니었고, 그저 우두커니 앉아 있을 뿐이었지만. 둘 사이의 시비는 종종 이렇게 시작되곤 했다.

그때 그녀는 방문을 닫아버렸다. 그래서 당장 피터는 극도로 우울해졌다. 그런데, 다 헛된 짓만 같았다―이렇게 사랑을 하고, 싸우고, 화해하고 하는 짓들이. 그래서 그는 혼자 밖으로 나가서 말을 살펴보면서 헛간이나 마구간 사이를 걸어 다녔다(그 집은 아주 초라한 집이었고, 패리 집안은 결코 부유하지 않았다. 그래도 이 집은 마부들, 머슴아이들을 두고 있었다―클래리사는 승마를 좋아했으니까―그리고 늙은 마차꾼도 한 사람 두고 있었다. 그의 이름이 뭐였더라? 그리고 무디 할머니던가, 구디 할머니던가 하는 늙은 유모도 있었다. 그런데 이 유모 할머니의 조그마한 방에 간 일이 있었는데 사진들과 새장들이 가득 놓여 있었다).

그런데 그날 저녁은 정말 끔찍했다! 피터는 점점 우울해졌다. 단지 그 일

뿐만 아니라 모든 일에 대해서. 그래서 그는 그녀를 만날 기력도 없었다. 그녀에게 뭐라고 자초지종을 해명할 기력도, 마음속을 털어놓고 얘기할 그런 기력도 없었다. 주위에는 늘 사람들이 있고—한편 그녀는 아무 일도 없었던 것처럼 태연한 태도였다. 그것은 정말 괘씸하기 짝이 없었다—쌀쌀하고, 딱딱하고, 마음속에 깊이 뿌리박혀 있어서, 오늘 아침같이 얘기할 때도 새삼 느꼈다. 그녀는 진정 요지부동한 구석이 있었다. 하지만 과거에 그는 분명 그녀를 사랑하고 있었다. 그녀는 남의 신경에 바이올린 같은 묘한 힘을 갖고 있었다. 남의 신경을 바이올린의 현같이 만들어버리는 묘한 힘이 있었다, 정말로.

그날 저녁 파티에 그는 자기 존재를 느끼게 만들려는 좀 바보 같은 생각에서 좀 늦게 참석하여, 미스 패리—패리 씨의 누이인 헬레나 숙모—이 노처녀 곁에 앉았다. 그녀가 이날 저녁 만찬을 주재하는 모양이었다. 그녀는 흰 캐시미어 숄을 두르고 창을 등지고 앉아 있었다. 아주 무서운 노부인이지만 진귀한 꽃들을 찾아다주었다고 해서, 피터에게는 친절했다. 그녀는 식물학에 조예가 깊었는데, 두꺼운 장화를 신고, 어깨에는 검은 양철제 채집통을 메고 돌아다니곤 했다. 그런데 그는 이 노부인 곁에 앉았으나 아무 할 말이 없었다. 모든 것이 자기 앞을 지나 줄달음쳐 달아나는 성싶었다. 그는 거기 앉아서 잠자코 먹기만 했다. 그런데 식사가 절반쯤 진행되었을 때야 비로소 그는 얼굴을 들고 클래리사를 바라보았다. 그때 그녀는 자기 오른편에 앉아 있는 젊은 남자와 얘기하고 있었다. 이것을 보고 피터는 육감으로 깨달았다. 그리고 혼자 이렇게 중얼거렸다. "클래리사는 이 남자와 결혼할 모양이구나." 그때 그는 청년의 이름조차 알지 못했지만.

그날 오후, 물론 바로 그날 오후의 일이었다. 댈러웨이가 집을 찾아오고, 클래리사가 그를 위컴이라고 소개한 것은. 이것이 모든 일의 발단이었다. 누군가가 댈러웨이를 이 집으로 데려왔던 것이다. 그런데 클래리사는 그의 이름을 잘못 알고 사람들에게 위컴이라고 소개하고 다녔다. 마침내 그는 시정했다. "제 이름은 댈러웨이입니다!" 이것이 리처드 댈러웨이에 대한 피터의 첫 인상이다. 거동이 좀 어색한 이 미남 청년은 접의자에 앉아서, "제 이름은 댈러웨이입니다!" 하고 연발하고 있었다. 샐리는 이 기회를 노칠새라, 그 뒤부터는 "제 이름은 댈러웨이입니다!" 하고 그를 놀려댔다.

그 시절 피터는 여러 가지 육감에 사로잡혀 있었다. 그 중에서도 이 육감

—클래리사가 댈러웨이와 결혼하리라는 이 육감으로 눈앞이 캄캄해졌다. 순간 세상이 무너지는 것 같았다. 댈러웨이를 대하는 그녀의 태도에는 일종의 —뭐라고 표현해야 좋을까? —일종의 부드러움이 있었다. 어머니가 아들에 대한 태도, 상냥한 어떤 태도, 어딘지 그러한 태도였다. 그때 그들 두 사람은 정치문제를 이야기하고 있었다. 피터는 그날 저녁 내내 식탁에서 그들의 이야기를 들으려고 애를 썼다.

저녁식사가 끝난 뒤에 그는 응접실에서 미스 패리 노부인 곁에 서 있었던 기억이 났다. 클래리사는 정말 안주인인 양 아주 그럴싸한 태도로 들어와서 피터에게 누구를 소개하려고 했다. 그때 그녀는 피터와는 생전 처음 만난 사람 같은 말투였다. 그래서 피터는 대단히 화가 났다. 그래도 그는 그러한 클래리사에게 오히려 감탄했다. "아주 완벽한 안주인이네." 피터가 말하니까, 클래리사는 몸을 움찔했다. 이 말은 그녀더러 그렇게 하라고 한 말이었던 것이다. 클래리사가 댈러웨이와 같이 있는 것을 본 뒤로는 피터는 어떻게 해서든지 클래리사를 가슴 아프게 해주고 싶었다. 이래서 클래리사는 피터를 떠났다. 클래리사와 댈러웨이가 둘이서 공모하여, 등 뒤에서 자기를 조롱하며 소곤거리고 있는 것처럼 피터에게는 느껴졌다. 피터는 나무를 깎아 만든 조각같이 미스 패리의 의자 곁에 서서 야생초에 대해 이야기하고 있었다. 그렇게 지독하게 괴로웠던 일은 생전, 생전 처음이었다! 그때 피터는 미스 패리의 얘기를 듣는 척하는 것조차도 분명 잊고 있었다. 피터가 바싹 정신을 차리고 보니, 미스 패리가 화가 나서 어쩔 줄을 모르고, 튀어나올 것 같은 눈초리로 그를 노려보고 있었다. 피터는 자기가 지금 지옥을 헤매고 있기 때문에 그런 얘기를 듣고 있을 수 없다고 하마터면 외칠 뻔했다. 그때 사람들이 방에서 나가기 시작했다. 외투를 가져와야 한다느니, 물 위는 춥다느니 하는 소리가 피터의 귀에 들려왔다. 달밤에 호수로 뱃놀이를 갈 계획인 모양이었다. 이것도 샐리의 미치광이 같은 제안이었다. 그녀가 달을 이러쿵저러쿵 묘사하는 말도 들렸다. 이윽고 모두 나가버리자 피터는 완전히 혼자 남게 되었다.

"같이 안 나가보겠수?" 헬레나 고모가 물었다. 딱한 노부인 같으니라구! 헬레나는 그의 마음을 알아차린 모양이었다. 돌아다보니, 클래리사가 되돌아와 있었다. 피터를 데리러 온 것이었다. 그녀의 관용, 그녀의 친절에 그는 가슴이 뭉클해졌다.

"어서 가세요, 다들 기다리고 있어요." 클래리사가 말했다.

피터는 일생을 통하여 그렇게 행복하다고 느껴본 것은 이때가 처음이었다! 말없이 화해를 하고 호숫가로 걸어 내려갔다. 그때 20분 동안은 그에게 완전히 행복한 시간이었다. 클래리사의 목소리, 그리고 그 웃음소리, 그녀의 드레스(희고 붉은 빛의 하늘하늘한 무슨 옷감이었는데) 그리고 그녀의 쾌활함과 모험심. 그녀는 사람을 죄다 배에서 내리게 하여, 섬을 탐험하고, 혹은 암탉을 쫓아다니고, 혹은 웃고, 혹은 노래 불렀다. 이러는 사이에 댈러웨이가 클래리사에게 홀딱 반해버리고, 그녀 또한 댈러웨이에게 반한 것을 피터는 충분히 눈치챘다. 그러나 그런 것쯤 아무렇지도 않게 느껴졌다. 아무 일도 아닌 것 같았다. 피터와 클래리사는 땅바닥에 앉아서 이야기를 했다. 조금도 애쓰지 않아도 둘의 마음은 통했다. 그러곤 다음 순간 만사는 끝나버렸다. 일행이 다시 배에 올라탈 때 피터는 이렇게 혼자 힘없이 중얼거렸다. "이 여자는 저 남자와 결혼할 모양이구나." 조금도 화나지 않은 마음으로. 댈러웨이가 클래리사와 결혼하리라, 이것은 명백한 사실이었다.

돌아갈 때는 댈러웨이가 노를 저었다. 그는 아무말도 하지 않았다. 그러나 그가 일어나서, 20마일이나 되는 숲 속 길로 해서 자기 집으로 돌아가려고 자전거에 올라타, 비틀비틀 내려가며 손을 흔들면서 사라지는 것을 사람들이 지켜볼 때, 피터는 본능적으로 깊이, 그리고 강렬하게 모든 것을 선명하게 의식했다. 그날 밤 일어난 일, 로맨스, 클래리사 등을. 댈러웨이는 과연 클래리사를 소유할 만한 자격이 있었다.

그런데 피터 자신은 어떤가. 어리석은 사람이었다. 클래리사에 대한 그의 요구는(지금 생각하니 알 수 있지만) 참 어리석은 요구였다. 불가능한 요구를 했으니 말이다. 피터는 그녀와 지독히 시비를 가렸다. 그가 조금만 덜 어리석게 굴었더라면, 클래리사는 그를 받아들였을지도 모른다. 샐리는 그렇게 생각했다. 그해 여름 그녀는 그에게 긴 편지를 여러 번 써서 보냈다. 클래리사와 둘이서 피터의 이야기를 했던 것이며, 또 그녀가 그를 칭찬했더니, 클래리사가 울음을 터뜨리더라는 내용이었다. 그해 여름엔 참 이상한 일들만 있었다—편지·말다툼·전보—그리고 아침 일찍 부어톤에 찾아가서 하인들이 일어날 때까지 서성거리던 일, 아침 식탁에서 패리 노인과 단둘이 마주

앉아 당혹스럽던 일, 무섭기는 해도 친절한 헬레나 숙모, 샐리가 같이 이야기하자고 그를 채소밭으로 끌고 가던 일, 클래리사가 두통으로 누워 있던 일 등등, 이상한 일들만 있었다.

그런데 마지막 장면, 전 생애에서 무엇보다 중대한 일이었다고 생각되는 그 무서운 장면(좀 과장된 표현일지 모르나 지금도 그는 그렇게 생각하고 있다)이, 아주 무더운 어느날 오후 3시에 벌어졌다. 사소한 일이 그 발단이었다. 점심을 먹으면서 샐리가 댈러웨이 얘기를 하다가, "제 이름은 댈러웨이입니다"라고 했다. 이 말에 클래리사가 그녀 식으로 갑자기 긴장하여 얼굴을 붉히고 쏘아붙였다. "그런 시시한 농담은 실컷 들었어." 이것뿐이었다. 그러나 이 말이 피터에게는 이렇게만 여겨졌다. "당신하고는 재미만 보자는 거고, 리처드 댈러웨이하고는 마음이 통해요." 피터는 정말 그렇게 해석했다. 그는 며칠밤을 잠들지 못하고, 혼자 이렇게 중얼거렸다. 가부간 일의 끝장을 내야겠다고. 그래서 샐리 편에 편지를 써보내서, 3시에 분수 가에서 좀 만나자고 했다. 편지 끝에다, "중대한 일이 있습니다"라고 적어놓았다.

분수는 외딴 작은 숲 속 관목에 둘러싸여 있었다. 클래리사는 약속한 시간보다 빨리 나타났다. 두 사람은 분수를 끼고 마주 서 있었다. (고장 난) 분수 구멍에서는 물방울이 줄곧 뚝뚝 떨어지고 있었다. 주위 환경이 그들의 마음에 꼭 어울렸다! 예를 들면 생생한 초록빛 이끼가 그러했다.

클래리사는 움직이지 않았다. "사실대로 말해봐요, 사실대로." 피터는 계속해서 추궁했다. 그는 머리가 터질 것만 같았다. 클래리사는 위축되어 굳어버린 것같이 꿈쩍하지 않았다. "사실대로 말해봐요." 그는 되풀이했다. 그때 〈타임스〉지를 손에 든 브라이트코프 노인이 느닷없이 머리를 불쑥 내밀고, 두 사람을 응시하다 입을 딱 벌린 채 가버렸다. 둘 다 움직이지 않았다. "사실대로 말해봐요." 그는 또 추궁했다. 그는 무언지 딱딱한 물건을 맷돌질하고 있는 기분이었다. 그녀는 까닥도 하지 않았다. 허리를 쫙 편 그녀는 마치 쇠나 부싯돌만 같았다. "소용없어요, 소용없어요. 이제 다 끝났어요." 그녀가 말했을 때는—몇 시간 동안(그렇게 길게 여겨졌는데), 두 볼에 눈물을 흘려가며 그가 말한 끝에—그는 그녀한테 뺨을 한 대 얻어맞은 것만 같았다. 그녀는 돌아서서, 그를 두고 가버렸다.

"클래리사!" 그는 외쳤다. "클래리사!" 그러나 그녀는 결코 돌아보지 않았다. 이제 끝났다. 그날 밤 그는 떠났다. 그 뒤 한 번도 그녀를 만난 일이 없었다.

이렇게 과거를 회상하니, 참 무서운 일이라고 피터는 소리질렀다. 무서운 일, 무서운 일!

그래도 햇볕은 뜨겁고, 그래도 사람들은 극복하고 살아가고 있으며, 그래도 인생은 날마다 지나가고 있잖는가. 여전히, 그는 생각했다. 피터는 하품을 하며 주위를 두리번거리기 시작했다. 리전트 공원은 다람쥐 이외에는 그가 어렸을 때와 별로 달라진 게 없었다. 이때 꼬마 엘리스 미첼이 동생과 함께 저희들의 방 벽난로 선반 위에 모아놓은 조약돌 더미에 보태겠다고, 이제껏 주운 돌을 한 웅큼 유모 무릎팍에다 쏟아놓고 나서, 다시 깡충깡충 뛰어가다가 어떤 부인의 다리에 부딪쳤다. 이 광경을 보고 피터 월쉬는 자신도 모르게 낄낄 웃었다.

그러나 루크레치아 워렌 스미스는 혼자 중얼거리고 있었다. 이럴 수가 있담. 어째서 나만 고생해야 하나? 이렇게 따지면서 그녀는 넓은 길을 건너 내려오면서 이제 더 이상 참지 못하겠다고 속으로 생각했다. 이젠 그 옛날의 셉티머스가 아닌 셉티머스가 벤치에 혼자 앉아, 지독한 소리, 끔찍한 소리, 혹독한 소리를 혼자서 지껄이고 죽은 사람과 이야기를 나누는 것을 내버려두고서, 지금 이 젊은 아내는 이와 같이 속으로 생각하고 있다. 이때 엘리스가 그녀와 부딪쳐서 넘어지며 울기 시작한 것이다.

이것은 차라리 위안이 되었다. 그녀는 아이를 일으켜서 옷을 털고, 키스를 해주었다.

생각해보면 그녀로서는 잘못한 일이라고는 아무것도 없었다. 그녀는 셉티머스를 사랑했고, 여태껏 행복했다. 고국에는 아름다운 집도 있다. 지금도 언니들은 그 집에서 모자를 만들면서 살고 있다. 그런데 왜 자기만 이렇게 고생을 해야 하는 걸까?

아이는 곧장 유모에게 달려갔다. 유모는 아이를 꾸짖고 달래며, 뜨개질을 내려놓고 아이를 안아주었다. 그리고 그 곁에 앉아 있던 친절해보이는 남자가 아이를 달래려고 회중시계를 꺼내 뚜껑을 찰칵 열어 보여주었다. 이 광경을 보고 있던 루크레치아는 속으로 이렇게 생각했다. 그런데 나는 왜 이렇게

댈러웨이 부인 73

모진 바람에 시달려야 할까? 무엇 때문에 밀라노에 그냥 남아 있지 못했을
까? 어째서 이렇게 욕을 봐야 하나? 어째서?

넓은 길, 유모, 회색 옷의 남자, 유모차가 눈물어린 그녀의 눈앞에 어른거
렸다. 이렇게 쓰라린 고문에 뒤흔들리는 것이 자기의 운명인가 싶었다. 그렇
지만 어째서? 자기는 얇은 잎새 그늘에 숨어서 잎이 흔들릴 때마다 햇빛에
눈이 부시고 마른 나뭇가지가 뚝 부러질 때마다 깜짝 놀라는 새처럼 여겨졌
다. 그리고 비바람에 시달리고 거대한 수목들과 무한한 세계의 구름들에 둘
러싸여 고문당하고 있는 것만 같았다. 그런데 어째서 이렇게 고통받아야 하
나? 어째서?

그녀는 눈살을 찌푸리고 발을 동동 굴렀다. 남편을 데리고 정신병원 의사
윌리엄 브래드쇼 경(卿)에게 갈 시간이 거의 다 된 것이다. 그러니 이제 남
편 셉티머스 있는 곳으로 돌아가봐야 했다. 남편에게 일러주러 돌아가야 했
다. 나무 아래 푸른 벤치에 앉아 있는 남편에게 돌아가야만 했다. 그는 그곳
에 앉아서 혼자 중얼거리거나, 또는 죽은 친구 에반스를 상대로 지껄이고 있
을 것이다. 그녀도 에반스를 언젠가 한 번 상점에서 본 일이 있다. 에반스는
조용하고 참한 사람 같았다. 셉티머스의 둘도 없는 친구였다. 그런데 그는
전쟁에서 전사했다. 그러나 이런 일은 누구에게나 있게 마련이다. 전쟁에서
친구를 잃지 않은 사람은 없으니까. 그리고 결혼하면 무엇인가를 희생해야
한다. 그녀 자신은 고향을 버리고 오지 않았는가. 고향을 떠나, 이곳 무서운
도시로 살러 오지 않았는가. 그런데 셉티머스는 끔찍한 일만 생각하고 있는
것이다. 그녀 자신도 마음만 먹으면 얼마든지 생각할 수 있는 무서운 일들
을. 남편은 점점 더 이상해졌다. 침실 벽 뒤에서 누가 얘기하고 있다고 말했
다. 집주인 필머 부인은 남편을 이상하게 보았다. 남편은 또한 환상이 눈에
보이는 모양이었다—풀고사리 숲 속에서 어떤 늙은 여자의 머리를 보았다는
것이다. 그래도 그는 마음만 내키면 행복한 기분이 될 수도 있었다. 둘이 버
스로 햄프턴 코트 유원지에 갔을 때는 참으로 재미있었다. 그곳에는 온통 빨
갛고 노란 자잘한 꽃들이 잔디밭에 만발해 있었다. 남편은 꽃들이 둥둥 떠
있는 램프 같다고 말하면서 여러 가지 얘기를 중얼거리며 껄껄 웃었다. 이윽
고 둘이서 강가에 서 있을 때, 남편은 느닷없이 자살하자고 말했다. 그때 강
물을 들여다보고 있던 남편의 눈은, 기차나 버스가 지나갈 때와 같은 표정이

었다. 무엇엔가에 매혹당한 듯만 싶은 표정이었다. 남편이 어디로 가버릴 것만 같아서 그녀는 그의 팔을 꼭 붙들고 있었다. 그러나 집으로 돌아올 때 남편은 아주 침착해졌다. 완전히 이성을 회복하고 있었다. 자살을 한다는 문제로 그는 아내와 시비를 벌이곤 했다. 그는 또한 인간이란 얼마나 사악한가를 설명하곤 했다. 그리고 사람들이 길을 지나갈 때 거짓말을 하는 것을 알 수 있다는 것이었다. 아무튼 그들의 뱃속을 자기는 다 알고 있다고 그는 말했다. 자기는 모든 것을 다 알고 있다고, 아무튼 자기는 세상의 숨겨진 의미를 다 알고 있다고, 남편은 말했다.

집에 도착했을 때 남편은 걷지도 못할 만큼 지쳐 있었다. 그는 소파에 드러눕더니 '불 속에 떨어진다!' 하고 소리지르면서, 아내더러 손을 붙잡아달라고 했다. 그리고 어떤 얼굴들이 벽에서 그를 비웃고 무서운 욕을 퍼붓는다고 했다. 발 쪽의 출입문 근처에서 자기를 손가락질하고 있는 손도 보인다고 외쳤다. 그들 부부밖에 아무도 없는데도 남편은 누군가에게 큰 소리로 이야기하며 대답하고, 웃었다. 그러면서 대단히 흥분하여 자기가 한 말을 아내더러 기록해두라고 했다. 그것은 죽음에 대한 얘기, 미스 이사벨 폴에 관한 얘기들로 전혀 무의미한 것이었다. 이렇게 지난날을 회상하니, 그녀는 이제 견딜 수가 없었다. 이제 그만 남편 곁으로 돌아가야겠다고 생각했다.

그녀는 남편 곁으로 가까이 왔다. 그는 하늘을 노려보며 손을 맞쥐고 중얼거리고 있었다. 그래도 홈스 의사선생은 남편에게 이상이 없다고 하였는데 그렇다면 어쩐 일일까? 곁에 앉으니까 남편은 깜짝 놀라며 얼굴을 찌푸리고 비켜 앉는다. 그러면서 내 손을 가리키고 내 손을 붙들고 무서운 것을 보는 것처럼 구는데 대체 어쩐 일일까?

그녀가 결혼반지를 빼버리고 있어서 그러는 것일까? "제 손가락이 무척 말랐어요. 반지는 빼서 지갑에 넣어두었어요." 그녀가 남편에게 말했다.

셉티머스는 아내의 손을 놓았다. 그리고 이제 우리들의 결혼생활은 끝났다고, 그는 고민과 안도를 동시에 느끼면서 생각했다. 나를 결박하고 있던 줄은 끊어졌다. 나는 둥둥 떠가고 있다. 이제는 자유의 몸이다. 인류의 주인 나 셉티머스를 석방하자는 판결대로 이제는 자유의 몸이 되었다. 나만(아내는 결혼반지를 내버렸으니까, 그리고 그녀는 그를 버렸으니까), 나, 셉티머스 혼자만, 대중에 앞서 진리를 듣기 위해서, 그리고 배우기 위해서 부름을

댈러웨이 부인 75

받았다. 문명의 노력을 다한 뒤에—그리스인, 로마인, 셰익스피어, 다윈, 그리고 나 자신의 노력을 다한 뒤에, 그 얻은 지식을 받아야 한다. 그는 여기까지 생각해오다가 "누구에게?" 큰 소리로 물었다. 그러자 "수상에게." 그의 머리 위에서 웅성거리는 목소리가 대답했다. 그럼 이 극비의 사실을 내각에 보고해야 한다. 첫째, 수목들이 살아 있다는 것, 둘째, 범죄가 없다는 것, 셋째, 사랑, 우주적인 사랑은, 하고 중얼거리다 숨을 헐떡이며, 떨면서 다음과 같은 심오한 진리를 모색해냈다. 이 진리는 극히 심오하고, 극히 난잡하기 때문에 말로 표현하기에는 엄청 힘이 들지만, 그러나 세계는 이 진리로 인하여 영구히 완전히 변한다. 이런 진리를 그는 모색해냈다.

범죄는 없다. 그리고 사랑뿐이다. 이 말을 그는 되풀이 말하면서 종이와 연필을 찾으려고 주머니를 더듬거렸다. 이때 스카이 테리어견(犬) 한 마리가 그의 바지 가랑이 밑으로 들어와서 냄새를 맡는 바람에, 그는 공포에 떨었다. 게다가 사람으로 변해가고 있구나! 이런 일을 보고만 있을 수는 없다! 개가 사람으로 변하는 꼴을 본다는 것은 무섭고 끔찍한 일이다! 그러나 개는 곧 달아나버렸다.

하늘은 신성하게도 자비롭고, 한없이 인자하구나. 나를 아껴주시며, 나를 용서해주시는구나. 그러나 과학적으로는 이것을 어떻게 해석해야 좋을까? (인간은 무엇보다도 과학적이니 말이다) 왜 나는 육체를 투시해볼 수도 있고, 개가 사람으로 변할 미래도 예측할 수 있을까? 아마 진화라는 이유 때문에 예민해진 두뇌에 열파가 작용해서 그러는 모양이다. 과학적으로 말하면 육체는 이 세상을 떠나면 녹아 없어지기 마련이다. 내 육체도 녹아버리고 신경섬유들만 남는다. 그리고 남아 있는 이 신경섬유는 베일처럼 바위 위에 펼쳐져 있다.

그는 의자에 기대앉아 있었다. 지쳤으나 기력을 쥐어짜냈다. 이렇게 그는 휴식을 취하면서 다시 인류를 해석할 때까지 노력과 고뇌를 다하며 기다리고 있었다. 나는 세계의 등에 드높이 올라 누워 있다. 대지가 밑에서 진동한다. 붉은 꽃이 내 육체에서 나타나 그 뻣뻣한 꽃잎들이 머리 곁에서 살랑거리고 있다. 음악이 여기 높은 곳 바위에 부딪쳐서 요란스럽게 소리를 내기 시작한다. 저 아래 거리의 자동차 경적소리라고, 그는 중얼거렸다. 그런데 이곳에서는 그 경적소리가 대포소리처럼 이 바위에서 저 바위로 부딪혀 갈라지고 합쳐지면서 쭉 곧은 기둥처럼 솟아오르는구나(음악을 눈으로 볼 수 있다는 것을 이제야 알았는데). 그리고 기둥이 된 이 소리는 노래가 되어 지금 목동의 피리가락에 휘말려 들어가고 있구나(늙은이가 선술집 앞에 서서 한푼어치 피리를 불고 있다고, 그는 중얼거렸다). 근데 이 소리는 가만히 서 있는 목동의 피리에서 흘러나와서 저 아래 지나가는 차들이 내려다보이는 이곳 높은 곳까지 구슬프게 들려온다. 목동의 만가(輓歌)는 자동차 소리가 요란한 거리에서 들려온다. 이제 소년은 눈이 쌓인 곳으로 물러간다. 주위에는 장미꽃들이 있는데 꽃잎이 두터운 이 진한 빨간 장미꽃들은 내 침실 벽에서 자란 장미라는 것을 알았다. 이제 음악소리는 멎었다. 아까 그 늙은이가 돈 한푼을 얻은 다음, 다른 선술집으로 건너간 모양이다.

하지만 나 자신은 그대로 이 바위 위에 남아 있구나, 물에 빠진 뱃사공이 바위 위에 올라가서 우두커니 앉아 있는 것처럼 나는 뱃전 밖으로 몸을 내밀다가 떨어진 거라고, 셉티머스는 생각했다. 바닷속에 풍덩 빠진 것이다. 일단 죽었는데 다시 살아났다. 하지만 이제는 좀 쉽게 해달라고 그는 애원했다(그는 또 혼잣말을 하고 있다. 싫다, 그만해!). 그런데 잠이 깨기 전에는 묘하게 조화되어 들려오던 새 지저귀는 소리와 차바퀴 덜거덕거리는 소리가 점점 커져, 그를 꿈의 세계로부터 현실의 기슭으로 끌어오는 것 같더니, 이제 그는 현실세계로 가까워짐에 따라, 햇볕이 점점 뜨거워지고, 사람들의 말소리는 점점 시끄러워져서, 무슨 가공할 일이 이내 벌어질 것만 같이 느껴졌다.

눈만 뜨면 그만이다. 하지만 눈꺼풀이 무겁다. 불안이라는 중압감이······ 이렇게 생각하며 그는 살며시 눈을 떠보았다. 눈앞에 리전트 공원이 보였다. 발 밑에는 기다란 햇살이 어른거렸다. 수목들은 힘차게 내흔들리고 있었다. 너를 환영한다고, 세상은 말하고 있는 성싶었다. 아름다움이여, 우리는 너를 받아들이고 창조한다고, 세상은 말하는 듯했다. 그것을 (과학적으로) 증명이라도 하는 듯이, 집이나 난간, 울타리 너머로 목을 내밀고 있는 영양(羚羊)이나, 무엇을 봐도 어디서나 아름다움이 당장 솟아오른다. 거센 바람 속에서 바르르 떠는 잎새를 지켜보는 것도 말할 수 없이 기뻤다. 하늘에서는 제비들이 우로 좌로, 위로 아래로, 재주를 부리며 날고 있다. 그러나 고무줄에 붙들어 매어 있는 것처럼, 일정한 범위를 절대로 벗어나지 않았다. 파리들이 오르내리며 날고 있다. 햇살은 이 잎 저 잎을 희롱하듯이 번갈아 비추면서, 다정스럽게 보드라운 금빛으로 빛나고 있다. 그리고 이따금 무슨 종소리 같은 소리가(자동차의 경적일지도 모른다) 풀줄기 위에서 신성하게 울려나오고 있다—이 모든 것들, 조용하고, 지당하고, 평범한 이 모든 것들이 합쳐져서 만들어진 것이 곧 진리 아닌가. 아름다움, 이것이 곧 진리다. 이 아름다움은 곳곳에 널려 있다.

"시간이 됐어요." 루크레치아가 말했다.

이 '시간'이라는 말은 껍질이 터지고, 그 풍성한 알맹이를 셉티머스에게 쏟아부었다. 이제 그의 입술에서는 겉껍데기처럼, 또는 들에서 벤 풀처럼 딱딱하고 하얀 불멸의 말이 저절로 굴러나와 날아가서 시간의 송가(頌歌) 형태로 한 줄로 늘어섰다. 시간에 부치는 불멸의 송가 형태로. 그는 노래를 불렀다. 에번스가 나무 뒤에서 응답했다. 죽은 사람은 데살리에 있다고 에번스가 난초밭 속에서 응답의 노래를 불렀다. 사람들은 전쟁이 끝날 때까지 거기서 기다리고 있었는데, 죽은 사람들은, 이제 에번스 자신은 이제……

"제발 이리 오지 마!" 셉티머스가 소리질렀다. 그는 죽은 사람을 볼 수가 없었다.

그러나 나뭇가지들이 부러졌다. 회색 옷을 입은 한 남자가 이쪽으로 걸어오고 있다. 에번스다! 그런데 흙 한 점도 묻지 않고 상처도 없었다. 변하지도 않았다. 이를 온 세계에 알려야겠다고, 셉티머스는 한 손을 쳐들며 소리질렀다(회색 옷을 입은 시체가 가까이 다가오고 있다). 그가 이렇게 한 손을 쳐들고 앉아 있는 모습은 어떤 거인의 모습만 같았다. 사막에서 머리를 두 팔 안에 파묻고 볼에는 절망의 주름살이 파인 채, 오랫동안 혼자 앉아서 인류의 운명을 슬퍼하는 거대한 상, 이제 그는 사막의 저 끝으로부터 비쳐나오는 한 줄기 광명이 차츰 커져가면서 비추는 시커먼 동상의 모습만 같았다(이제 셉티머스는 의자에서 반쯤 일어섰다). 수많은 사람들이 내 뒤에 고개를 숙이고 엎드려 있는 동안 인류의 위대한 애도자(哀悼者)인 나는 한 순간 만면에 광명을 받고—

"하지만 난 참 속상해요, 여보." 루크레치아는 남편을 주저앉히려고 애를 쓰면서 말했다.

수백만의 사람들이 비탄에 잠겼다. 오랜 세월 사람들은 그렇게 슬퍼했다. 잠시 뒤에 나는 돌아서서, 잠시 뒤에 그들에게 말해줘야겠어, 이 구원, 이 기쁨, 이 계시를—

"시간이 됐어요, 셉티머스. 몇 시지요?" 루크레치아가 되풀이했다.

이이는 혼자서 중얼거리고, 왠지 떨고 있다. 저기 저 남자가 눈치채겠네. 가만히 이쪽을 보고 있었다.

"시간을 가르쳐주마." 셉티머스는 말했다. 회색 옷을 입은 시체에게 졸리운 듯 신비스러운 웃음을 천천히 지어보이면서. 이렇게 그가 앉을 때 15분을 알리는 종소리가 났다—12시 15분 전이다.

이건 젊은 탓이라고, 피터 월쉬는 이들 앞을 지나가면서 생각했다. 글쎄, 굉장한 말다툼을 했나보군—여자는 딱하게도 아주 비참한 표정을 하고 있군—아직 아침인데. 근데 무슨 일로 싸웠을까? 저 코트를 입은 젊은이가 대체 무슨 말을 했기에 여자는 그렇게 절박한 표정일까? 무슨 끔찍한 처지에 빠졌기에, 이렇게 맑은 아침나절에 둘 다 저렇게 비참한 표정을 하고 있을까? 5년 만에 영국에 돌아와보니, 아무튼 처음 며칠 말인데, 온갖 것이 처음 보는 것처럼 보이는데, 이것 참 재미나는군. 나무그늘에서 다투고 있는 연인들이며, 공원에서 볼 수 있는 가정생활의 이모저모며. 런던이 이렇게 재미나게 보이는 것은 처음이었다. 이 조용한 원경(遠景), 이 풍요함, 이 푸른 초목, 인도에 있다 와보니 알 수 있는 이것이야말로 바로 문명이라고 생각하면서 그는 잔디밭을 한가로이 가로질러 걸어가고 있었다.

그런데 그가 받은 인상(印象)에 대하여 이처럼 감수성이 예민한 것은 틀림없이 그의 결점이었다. 그 나이에도 아직 소년이나 소녀처럼 기분이 변하니 말이다. 그는 이렇다 할 이유도 없이, 기분이 좋아졌다 나빠졌다 했다. 예쁜 얼굴을 보면 기분이 좋아지고, 지저분한 여자를 보면 당장 우울해졌다. 인도에 있다 돌아와보니 만나는 여자면 누구한테나 반할 것 같았다. 어떤 여자라도 매력있게 보였다. 지지리 초라하게 옷을 입은 여자라도 5년 전보다는 확실히 나아보였다. 유행이 이처럼 어울려보인 것도 처음이었다. 길고 검은 외투는 날씬해보이고 품위가 있어 보였다. 그리고 확실히 보편화된 모양으로 화장하는 습관도 달라져 있었다. 여자마다, 아주 점잖은 여성까지도 온실에서 피어난 장미꽃같이 화장했다. 칼로 베어낸 것같이 새빨간 입술하며, 먹으로 동그랗게 그린 눈썹하며, 기교와 솜씨를 부린 흔적이 곳곳에 널려 있다. 확실히 무슨 변화가 있었던 모양이다. 청년들은 무엇을 생각하고 있을

댈러웨이 부인　79

까? 피터는 마음속으로 궁금했다.

1918년부터 1923년까지—이 5년간은 꽤 중요한 시기가 아니었을까 하고 그는 생각했다. 사람들은 달라보였다. 신문들도 달라진 것 같았다. 예를 들면 어떤 이름 있는 주간지에 화장실 이야기를 버젓이 쓰고 있는 남자가 있지 않은가. 이런 일은 10년 전 같으면 도저히 있을 수 없는 일이었다—이름 있는 주간지에 화장실 이야기를 버젓이 쓴다는 것은 말이다. 그리고 사람들 앞에서 새 립스틱이나 퍼프를 버젓이 꺼내 화장을 하는 법도 없었다. 인도에서 돌아오는 배에도 젊은 남녀들이 굉장히 많이 타고 있었는데 아주 허물없이 지내고 있었다. 특히 기억에 남는 베티와 버티. 늙은 어머니는 앉아서 뜨개질을 하며, 태연자약하게 보고만 있었다. 여자는 아무 앞에서나 콧등에 분을 바르곤 했다. 이들은 약혼한 사이도 아니라는데, 그저 시간을 즐기고 있었다. 그러니까 서로 마음의 상처라는 것도 있을 수 없었다. 베티라는 그 처녀는 쇠못처럼 속은 단단하지만 마음씨는 아주 참한 여자였다. 서른 살쯤 되면 착한 아내가 되어 있을 것이다. 결혼시기가 되면 그녀도 결혼을 할 테니까. 어떤 부자와 결혼하여 맨체스터 근교의 커다란 저택에서 살게 될 것이다.

근데 누가 그랬더라? 그는 넓은 보도를 돌아서면서, 혼자 자문해 보았다. 부자와 결혼하여 맨체스터 근교의 커다란 저택에서 살고 있는 여자가 누구더라? 그에게 최근에 파란색 수국꽃에 관해서 기다란 정열적인 편지를 써 보내온 사람이 있었다. 파란색 수국꽃을 보니 내 생각이며 옛날 생각이 난다고 써 보내온—그래 샐리 시튼! 샐리 시튼이었어—부자와 결혼해 맨체스터 근교의 저택에서 살리라고는 꿈에도 생각하지 않았던 대담한 말괄량이 로맨틱한 샐리!

그러나 옛날 친구들, 클래리사의 친구들 중에서는—위트브레드, 킨더슬리, 커밍엄, 킨로크 조운스 등등—샐리가 아마 최고일 거야. 샐리는 사물을 정당하게 이해하려고 했으니 말이다. 특히 휴 위트브레드—저 훌륭하다는 휴를 간파했거든—는 클래리사를 비롯하여 누구나가 그의 발 밑에 엎드려 있었을 무렵에 말이야.

"위트브레드라니요? 누구 말이세요? 석탄장수, 알뜰한 장사꾼 말이죠?" 그녀가 하던 말이 지금도 그의 귀에 쟁쟁했다.

샐리는 무슨 까닭이었는지 휴를 싫어했다. 그녀는 휴라는 사람이 체면 외에는 아무것도 생각하지 않는 사람이라면서, 공작으로 태어났어야 했을 거라고 했다. 그랬더라면 공주와 결혼했을 것 아니냐고 그녀는 말했다. 피터가 여태껏 만난 사람들 가운데서 물론 휴는 영국 귀족계급에 대하여, 누구보다도 극도의, 천부의, 그리고 숭고한 존경심을 가장 많이 갖고 있었다. 클래리사마저도 이 점만은 인정하지 않을 수 없었다. 그러면서도 그에게는 어딘지 아주 좋은 점이 있고, 조금도 이기심이 없어서 노모를 위해 사냥하러 가는 것을 중지했다는 둥—숙모의 생신 날짜도 꼬박꼬박 기억하는 사람이라는 둥, 이렇게 클래리사는 휴를 칭찬했다.

정당히 평하자면 샐리도 그런 점을 다 인식하고 있었다. 지금 피터 자신이 절대로 잊지 않는 일은 어느 일요일 아침 부어톤에서 벌어진(케케묵은 화제인) 여성의 권리 문제에 대한 토론이었다. 그때 샐리는 벌컥 성을 내며, 휴더러 당신은 영국 중류계급의 가장 못된 점만을 대표하고 있다고 쏘아붙였다. 그리고 '피카딜리의 불쌍한 여인'들의 신세 같은 것도 당신 같은 사람들의 책임이 아니냐고 대들었다. 완전무결한 신사 휴, 원! —그때 그는 어쩔 줄을 몰라 했겠다! 그는 부러 그런 거라고, 나중에 그녀는 평했다(샐리와 피터는 채소밭에서 만나서 의견을 교환하곤 했었다). "휴는 아무것도 읽지 않고 아무것도 생각하지 않고, 아무것도 느끼지 않는 사람이에요." 그를 평하던 그녀의 음성, 그녀 자신도 의식하지 못하리만큼 쟁쟁한 음성이 지금 그의 귀에 들리는 것 같았다. 마구간의 사동들도 휴보다는 생기가 있으며, 그는 사립학교 출신의 아주 전형적인 인물이라고 그녀는 평했다. 영국밖에는 그런 인간을 만들어낼 수 없다고도 했다. 무엇 때문인지는 몰라도 그녀는 정말 휴에게 악의를 품고 있었다. 무언지 휴에 대해서 앙심을 품고 있었다. 무언지—그 점은 피터 자신도 잊었지만—흡연실에서, 휴가 샐리를 모욕했나—입을 맞췄겠지, 아마? 이건 믿어지지 않는 말이다! 물론 휴를 비난하는 말을 믿을 사람은 아무도 없을 것 아닌가? 흡연실에서 샐리에게 키스를 했다는 말을 누가 믿겠는가! 상대가 공주나 영부인 같은 여자라면 몰라도, 돈한푼 없고, 아버지나 어머니는 몬테카를로에서 도박이나 하는 뜨내기 샐리에게 대체 누가 그러겠느냐 말이다. 피터 자신이 아는 사람들 중에서 휴보다 더한 속물도 없었다—그렇게 아양을 부리고—그러나 아첨을 떤다는 말은 아니다. 그러기에는 그는 너무나 꼼꼼한 위인이었다. 오히려 고급 하인이 더

댈러웨이 부인 81

좋은 표현이랄까—가방을 들고 뒤따라다니는 작자, 전보나 치러 보내기엔 믿음직한 작자, 여편네 없이는 꼼짝도 못하는 작자들 같은. 그런데 그는 감투를 얻어쓰고—귀족의 딸 이블린과 결혼하고 궁정에서 말단 벼슬을 얻어 국왕의 술 곳간 관리하고, 국왕의 구두 장식을 닦아 광을 내고, 레이스가 달린 무릎까지 오는 궁중복을 입고 다녔다. 이 얼마나 하찮은 인생인가! 궁전에서 말단 벼슬아치 노릇을 하다니!

귀족의 딸 이블린과 결혼한 휴가 어디 이 근처에 살고 있지, 하고 피터는 생각했다(공원을 내려다보고 서 있는 호화스러운 저택들을 바라보면서). 피터는 그들이 살았던 이곳 어떤 집에서 점심을 먹은 일이 있다. 휴의 모든 소유품이 그렇듯 다른 집에서 보기 힘든 물건들이 그 집에는 있었다. 리넨을 넣어두는 장 같은 물건 말이다. 그런 것을 보고 좋다고 한참 칭찬해야 하다니, 참—리넨을 넣어두는 장이며 베갯잇, 낡은 참나무가구며 그림, 휴가 헐값으로 주워모은 물건들을. 그런데 휴의 아내는 곧잘 실수를 했다. 그녀는 몸집이 큰 남자면 무턱대고 숭배하는, 생쥐같이 생긴 보잘것없는 여자였다. 거의 무시해도 좋을 여자였다. 그런데 이 여자가 가끔 엉뚱한 소리—기발한 말을 했다. 아마 옛날 거만한 사교술의 유물인지도 몰랐다. 난로에 때는 석탄 냄새가 심해서 방 공기가 탁해지느니 어쩌느니 하면서. 이같은 그들 내외는 이 근처 어디서 살고 있는 것이다. 리넨을 넣어두는 장이며 옛날 명화, 진짜 레이스가 달린 베갯잇 따위를 사용해가면서 1년에 5천 또는 1만 파운드 정도의 수입으로 살고 있는 것이다. 그러나 피터는 휴보다 두 살이나 더 먹었으면서 구직을 하러 다니는 신세가 아닌가.

나이 쉰셋에 그런 친구들에게 부탁을 하러 다니지 않으면 안 되는 신세가 아닌가. 어느 비서 자리에 추천해 달라느니, 어린애들에게 라틴어를 가르치는 보조 교사 자리라도 구해달라느니 하면서. 관청에서 고관나리가 자신을 턱으로 부려먹는 자리라도 1년에 5백 파운드만 받아도 괜찮다고 하면서. 데이지와 결혼하면 연금이 있더라도, 그보다 적어서는 못살 것이니 말이다. 위트브레드 같으면 그런 일을 구해줄 수 있을 것이다. 댈러웨이도 그렇고, 댈러웨이한테는 무슨 부탁이고 할 수 있다. 그 친구는 아주 호인이니까. 머리도 좀 둔하고 좀 답답하긴 하지만. 그래도 정말로 좋은 사람이다. 무슨 일이건 할 적에는 요령 있게 현실적으로 해치운다. 조금이라도 독창적이거나, 재치가 번뜩이거나 하는 것은 아니지만, 그저 자기 나름으로 말할 수 없이 좋은 데가 있는 친구이다. 그는 마땅히 시골 지주가 됐어야 할 사람인데, 정치에 발을 잘못 디뎠다. 야외에서 말이나 사냥개를 다룰 때면 솜씨가 아주 좋았다. 예를 들면 클래리사의 털북숭이 큰 개가 덫에 걸려서 발목 하나가 절반쯤 부러져 나갔을 때만 해도, 그 친구는 얼마나 솜씨 있게 다루었던가. 그때 클래리사는 기절을 하는 바람에 댈러웨이가 일을 다 처리했다. 붕대를 감아주고 부목을 대주고, 그녀 보고는 정신을 차리라고 하면서. 그녀가 이 친구를 좋아하는 것도 이 때문이다―이런 것이 그녀로서는 필요했던 모양이다. "자, 정신차려 봐. 이것 좀 쥐어보고. 저것도 좀 쥐어보고." 이렇게 줄곧 댈러웨이는 사람에게 대하듯이 개에게 말을 걸었다.

그건 그렇고 클래리사는 시에 관한 그런 말을 어떻게 삼킬 수 있었을까? 어쩌자고 댈러웨이가 셰익스피어에 관해서 그런 말을 하게 내버려뒀을까? 리처드 댈러웨이는 심각한 표정으로 엄숙히 일어나, 점잖은 사람은 셰익스피어의 소네트를 읽는 게 아니라고 말하지 않았던가. 그것은 남의 문 열쇠 구멍을 들여다보는 것과 같을 뿐 아니라(소네트에 나오는 인간관계를 자기는 상상할 수 없으니까), 점잖은 사람이라면 자기 아내가 죽은 전처의 동생과 사귀지 못하게 해야 한다는 것이다. 참 기가 막혀! 그저 그런 때는 설탕에 졸인 감편도(甘扁桃)나 던져줘야 했다. 그때가 마침 식사 때였지. 근데 클래리사는 그런 말을 곧이곧대로 다 삼켰다. 리처드는 그렇게 솔직하고 주관이 서 있다면서. 그런 독창적인 남자는 없다고 생각했는지도 모른다.

그런데 이것이 인연이 되어 샐리와 피터가 친해지지 않았는가. 그녀와 둘이서 산책하곤 하던 정원이 하나 있었는데, 장미꽃 덤불과 키가 큰 꽃양배추가 있었다. 지금 그는 샐리가 장미꽃을 꺾던 일, 걷다가 걸음을 멈추고 달빛에 양배추잎이 아름답다고 감탄하던 일들이 기억났다(여러 해 동안 생각도 안 한 일이 이렇게 생생하게 기억이 난다는 것이 참 기묘한 일이었다). 그때 그녀는 물론 반 농담으로, 클래리사를 데리고 달아나라고 했겠다. 그리고 휴나 댈러웨이 같은 부류의 사람들, 클래리사의 영혼을 질식시켜 세속적인 면을 조장해 한낱 주부로 만들어버릴 그런, 이른바 '완전한 신사'들로부터 그녀를 구하라고 했다(샐리는 그 당시 시를 많이 쓰고 있었다). 그러나 클래리사도 잘한 점은 잘했다고 해줘야 한다. 그녀는 아무튼 휴하고는 결혼할 마

댈러웨이 부인 83

음이 없었다. 클래리사는 그녀 자신이 원하는 것이 무엇인지 아주 확실히 알고 있었다. 감정적인 것 같아도 그것은 표면 뿐이었다. 속은 아주 영리한 여자였다. 예를 들면 샐리보다는 월등히 사람을 잘 판단하는 안목이 있었고, 게다가 아주 여자다웠다. 저 특수한 천부의 소질이랄까, 여자만이 타고난 소질, 어디서든지 자기 자신만의 세계를 만들어내는 소질, 그런 소질을 그녀는 갖고 있었다. 피터는 자신도 종종 본 일이 있다시피 클래리사가 방에 들어와서, 많은 사람들에 둘러싸여 문 앞에 서 있기만 해도, 사람들은 그녀를 의식하지 않을 수 없었다. 특별히 눈에 띈다거나 예쁘다거나, 특별히 아름답다거나 또는 이렇다 할 재치있는 말을 한다거나 그런 것도 아닌데, 사람들은 거기에 서 있는 그녀를 의식하지 않을 수 없었다.

아니, 아니, 달라! 나는 이미 클래리사를 사랑하지는 않는다! 그저 오늘 아침 가위와 비단실로 파티 준비를 하고 있는 그녀를 보니까, 공연히 그녀 생각이 머리를 떠나지 않아서 그러는 것 같았다. 기차간에서 졸고 있는 사람이 기대고 귀찮게 굴듯이, 그녀의 추억이 몇 번이나 되살아온 것뿐이었다. 물론 사랑과는 다르다. 단지 그녀를 생각하고, 비판하고, 30년 만에 그녀를 다시 설명해보려는 것뿐이었다. 그녀에 관해서 뚜렷하게 말할 수 있는 것은, 클래리사가 세속적이라는 점이었다. 지위나 상류사회나 출세 같은 문제에 너무 관심이 많은 여자였다—어느 의미에서는 사실이라고, 그녀 자신도 인정했다(이편에서 수고만 아끼지 않으면 언제든지 고백시킬 수 있었다. 솔직한 여자니까). 지저분한 여자들, 시대에 뒤떨어진 사람들, 피터 자신과 같은 낙오자가 싫다고 그녀는 말하곤 했다. 손을 호주머니에 집어넣고 빈둥거리는 권리는 아무에게도 없다는 것이었다. 사람은 무엇인가를 해야만 한다는 것이다, 무엇이든지. 그녀의 응접실에서 만난 명사들, 공작부인들, 머리가 허옇게 센 늙은 백작부인들, 그런 위인들이 피터에게는 한푼의 가치도 없는 것과 다를 바 없이 전혀 인연이 없이 여겨졌지만, 그녀에게는 그들이 현실적인 존재로 보이는 모양이었다. 벡스버러 부인은 언제나 자세가 곧다고 그녀는 언젠가 말한 적이 있었다(이 점은 클래리사 자신도 마찬가지이다. 그녀는 편히 앉는다거나 그런 일은 절대로 없었다. 정말 화살처럼 꼿꼿했다. 사실 좀 지나치게 경직되어 있었다). 그녀가 나이를 먹을수록 더욱 존경하게 되는 일종의 용기를 그런 부인들은 갖고 있다고 클래리사는 말했다. 이런 것

84 댈러웨이 부인

들은 물론 댈러웨이의 영향이 크다. 공공심(公共心), 대영제국, 관세 개정, 지배계급의 정신 같은 것이 흔히 그렇듯이, 이런 생각도 남편에게 본받아서 그녀의 마음속에서 성장하여 몸에 배었다. 남편보다는 갑절이나 재주가 있으면서, 사물을 남편의 눈으로밖에 보지 못하다니—결혼생활이 가져다준 하나의 비극이 아닌가. 독립된 지성을 가졌지만, 언제나 리처드의 말을 인용해야만 하다니—리처드가 아침에 〈모닝 포스트〉지를 읽고 생각한 것을 남들은 알 수도 없을 거라는 듯이! 예를 들면 파티 같은 것도, 다 남편을 생각해서 연다는 것이다(정당히 말해서 리처드는 노포크에서 농사나 지었으면 더 행복했을 것이다). 그녀는 자기네집 응접실을 일종의 회합 장소로 만들고 있잖은가. 그런면에서는 그녀는 아주 천재다. 그녀가 순진한 청년을 데리고 뒤틀어도 보고, 뒤집어도 보고, 깨우쳐도 주고, 사회에서의 자기 자리도 마련해주는 것을 몇 번이나 본 일이 있었다. 그래서 둔해빠진 인간들이 수없이 그녀 주변에 우글거렸다. 그러나 이외의 괴짜들도 그녀 주변에 나타났다. 어떤 때는 화가가, 어떤 때는 작가 등, 그런 분위기에서는 보기 드문 인간들도 나타났다. 그런데 이런 일 배후에는 누구를 찾아간다, 명함을 두고 온다, 남에게 친절을 베푼다, 꽃다발을 들고 뛰어다닌다, 선물을 한다는 수고가 숨어 있기 마련이었다. 누군가가 프랑스에 간다—공기베개를 사주어야지—이런 일 때문에 그녀의 정력은 소모되어 간다. 이런 여자들이 줄곧 계속해야 하는 끝도 없는 그 모든 교제관계 때문에 말이다. 그러나 그녀는 타고난 본능으로 성실하게 그런 일을 처리해가고 있었다.

피터가 아는 사람 가운데서는, 이상스럽게도 클래리사 같은 회의주의자도 없었다(그런데 이것은 피터 자신이 클래리사라는 위인을 설명하려고 조작해낸 이론인지도 모르지만, 어떤 면에서는 속이 빤히 들여다보이는 것 같으면서도 다른 면에서는 도저히 파악할 수 없는 것이 클래리사라는 인물이었다). 인간은 누구나 침몰하는 배에 붙들어 매인 운명들이며(그녀는 소녀시절에 헉슬리와 틴들을 애독했는데, 이들은 항해에 관한 비유를 잘 썼다), 인생이란 부질없는 농담이니까, 하여튼 우리의 할 일이나 하고 보자는 사고방식에서 그랬는지도 모른다. 같은 운명에 처한 죄수들의 고통을 조금이라도 덜어주자는 것인지도 모르고(이것이 헉슬리식이었다), 이 인생의 감옥을 꽃과 공기베개로라도 장식해서, 되도록이면 멋있게 살아보자는 것인지도 모른다. 신이라고 하는 놈들도 멋대로 못한다—기회만 있으면 인간의 생명을 해치고, 방해하고, 망치려고 기회를 노리는 신들도, 한결같이 숙녀답게 점잖게만 살아간다면, 꼼짝할 수 없다는 것이 클래리사의 생각이었다. 실비아가 죽은 뒤에 곧 이렇게 심경의 변화를 가져왔다—저 무서운 사건이 일어난 뒤에 곧. 형제자매 중에서도 가장 출중할 뿐 아니라, 이제 막 피어나려는 소녀가, 눈앞에서 쓰러지는 나무에 깔려 죽는 것을 보고서는(모두 저스틴 패리의 실수, 그의 부주의 때문이었다), 비관적이 되는 것도 당연할 것이다. 그녀도 후년에 와서는 그렇게까지는 생각하지 않았는지도 몰랐다. 아무튼 신은 없다고 생각했다. 누구의 잘못도 아니었다. 이러한 사고방식에서 그녀는 선을 위한 선을 하겠다는, 소위 무신론자의 종교를 만들어냈다.

물론 클래리사는 인생을 한없이 즐겼다. 즐기는 것이 그녀의 천성이었다(물론 그녀에게도 절제라는 것은 있었다. 사실 여러 해를 겪어 본 피터 자신도, 클래리사라는 사람을 윤곽밖에는 알지 못한다고 느꼈다). 아무튼 그녀에게는 냉소적인 데가 없었다. 선량한 부인들에게 흔히 따라다니는 저 불쾌한 도덕관이라는 것도 전혀 볼 수 없었다. 그녀는 무엇이든지 실제로 즐겼다. 하이드파크를 같이 거닐 때는 튤립 꽃밭을 보거나 유모차에 탄 어린애를 보고, 또는 즉흥적으로 한 토막의 조그만 이야기를 지어내며 즐겼다(그녀 같으면 지금 저기 있는 저 연인들도 불행하다고 생각하며, 말을 걸어볼 것이 거의 틀림없으리라). 그녀는 정말 절묘한 희극적 감각이 있었다. 그런데 그걸 발휘하려면 반드시 사람들이 있어야만 했다. 그러니까 당연한 결과로서, 점심이니 저녁이니 끊임없이 파티를 열어 시간을 허비하고, 쓸데없는 얘기를 하고, 또는 마음에도 없는 말을 해가면서까지 마음의 칼날을 무디게 만들고 분별심을 잃어가고 있다. 식탁 머리에 앉아서 댈러웨이에게 이용가치가 있을 만한 늙은이의 비위를 애써서 맞추지 않나—온 유럽에서도 가장 멍청한 작자들을 댈러웨이네는 친구로 사귀고 있었으니 말이다—그런가 하면 엘리자베스가 들어오면 모든 것은 딸을 위해서 양보되어야 할 판이었다. 피터가 마지막으로 찾아갔을 때, 중학생인 엘리자베스는 수줍어서 말을 잘 못했다. 눈이 동그랗고 안색이 창백하며, 어머니를 닮은 데라고는 하나도 없는, 조용하고 표정도 없는 소녀였다. 그녀는 모든 것을 그저 그런가 보다 생각해서 그러는지, 어머니가 떠드는 얘기를 잠자코 듣고 나서 4살 먹은 아이처럼 물었다. "가도 돼?" 엘리자베스가 나가자, 클래리사는 댈러웨이에게서 느끼는 것과 같은 기쁨과 자랑이 뒤섞인 표정으로 하키를 하러 가는 거라고 설명했다. 이제 엘리자베스도 '사교계'에 나갈 것 아닌가. 그리고 제 어머니 친구인 나를 답답한 늙은이라고 생각하여 비웃을지도 모른다. 그래도 그만이다. 늙는다는 보람은—하고 피터 월쉬는 모자를 벗어든 채 리전트 공원을 나서면서 생각했다. 그 보람은 단순히 이것이다. 열정은 여전히 강하게 유지한 채, 그러나 인생에 더없는 향취를 보태주는 힘을 마침내 얻는다는 데 있잖은가! —과거의 경험을 파악하여, 불빛에 천천히 돌려가며 비춰볼 수 있는 힘을.

이건 끔찍한 고백이군(그는 모자를 다시 썼다). 글쎄, 나이 53살이 된 지금 나는 친구가 별로 필요치 않다. 인생 자체, 인생의 순간 순간, 인생의 한 방울 한 방울, 여기, 이 순간, 리전트 공원에서 햇볕을 쬐고 있는 지금, 그것만으로 충분했다. 오히려 과분하다. 이제 이런 힘을 얻고 보니, 인생의 맛을 실컷 다 맛보자면, 쾌락의 토막토막과 생이 갖는 모든 의미를 다 끌어내자면 평생이 걸려도 모자랄 것 아닌가. 이제 맛볼 수 있는 쾌락도, 인생의 의미도 이전보다는 훨씬 실속 있고 그만큼 더 보편화되었다. 클래리사 때문에 겪은 고민 같은 고민은 다시는 있을 수 없다. 때로는 몇 시간이 돼도(이런 말을 엿듣는 사람이 없기를 바라지만!), 몇 시간 혹은 며칠이 돼도 데이지 생각을 전혀 안 하지 않았다.

그러면 그 당시의 비참함이며 고민, 극도의 열정을 오늘날까지 얻지 못한 내가 데이지를 사랑한다고 말할 수 있을까? 아니, 이건 전혀 다른 문제로 그때보다는 훨씬 즐겁다. 이것은 물론 데이지가 나를 사랑하고 있기 때문이다. 그래서 배가 떠날 때 유난히 마음 놓이는 것 같았고, 무엇보다도 혼자 있고 싶었으며, 데이지가 선실에서 이것저것—담배니, 수첩이니, 선실용 담요니 찾아다주며 마음 쓰는 것이 도리어 귀찮았던 것 아닌가. 솔직히 말한다면 누구나 다 이렇게 말할 것이다. 나이 50이 지나면 친구 따위 없는 편이 낫다. 여자들에게 예쁘다고 말하고 싶지도 않다. 50대 남자가 솔직히 실토한다면, 다 이렇게 말할 거라고 피터 월쉬는 생각했다.

그런데 이 뜻밖에 북받치는 감정—오늘 아침 울음을 터뜨린 일, 이것은 또 웬일이었을까? 클래리사는 나를 어떻게 생각했을까? 그녀는 나를 바보같이 생각했으리라. 그러나 이것도 처음 있는 일은 아니다. 마음속 깊이 잠재하고 있던 질투심―인간의 다른 모든 열정들보다 더 질긴 질투심이었다. 피터 월쉬는 팔을 쭉 뻗어 주머니칼을 쥐면서 생각했다.

데이지는 요새 오드 중령과 만나고 있다고 전번 편지에 써 보냈다. 일부러 하는 소리다. 다 안다. 나더러 질투심을 느끼라고 하는 소리다. 뭐라고 쓰면 나를 속상하게 해줄 수 있을까 하면서, 이맛살을 찌푸리고 편지를 쓰는 데이지가 눈에 선하다. 그런 줄 뻔히 알면서도, 화가 난다! 일부러 영국까지 변호사를 만나러 온 것은 데이지와 결혼하려는 것이 아니라 그녀가 딴 남자와 결혼하지 못하게 하려는 것이다. 그 사실을 생각하니 괴롭다. 클래리사가 옷인지 뭔지에 열중하여 냉담할 정도로 차분하게 앉아 있는 것을 봤을 때도 이 일이 언뜻 생각났다. 그렇게 냉정하게 대해주지 않았어도 내가 그렇게는 되지 않았을 것이다. 결국 나를 코를 훌쩍이며 찔찔 우는 바보 같은 늙은이로 만들어 버렸다. 그렇지만 여자는 열정이 뭔지 모른다고 피터는 주머니칼을 닫으면서 생각했다. 남자에게 있어서 열정이 가진 의미를 모른다. 클래리사는 고드름같이 차가웠다. 그녀는 내 곁의 소파에 앉아서 손을 내밀고 내 볼에 키스를 해주고……. 이때 그는 십자로에 나와 있었다.

어떤 소리가 그의 공상을 중단시켰다. 희미하게 떨리는 소리, 거품처럼 반향도 없고 활력도 없고 밑도 끝도 없이 떠오르는 소리, 약하지만 날카로운, 모든 인간적인 의미는 조금도 없는 소리가 울렸다.

이이 엄 파 엄 소오
푸우 쉬이 투우 이임 우우……

연령도 성(性)도 분간할 수 없는 소리, 지하에서 솟아나오는 태곳적 샘소리, 이 소리는 바로 건너편 리전트 공원 지하철역에 떨고 서 있는 키가 큰 어떤 거지가 내는 소리였다. 그것은 굴뚝 같은, 녹슨 펌프 같은, 또는 바람에 잎이 다 떨어진 채 나뭇가지가 흔들리는 나무 같았다.

이이 엄 파 엄 소오
푸우 쉬이 투우 이임 우우

이렇게 노래하는 나무같이 영구히 미풍에 삐걱거리며 신음하는 모습이었다.

모든 시절을 통해서—길에 풀이 무성하던 시절, 흙탕이었던 시절, 상아를 가진 맘모스의 시절, 조용히 해가 떠오르던 시절에도 이 누더기를 걸친 노파는—치마를 두르고 있으니까—구걸하려고 오른손을 내밀고, 왼손으로는 옆구리를 움켜쥐고 서서 사랑의 노래를 부르고 있었다—백만 년을 이어 내려온 사랑에 대해, 노파는 노래했다. 승리를 거두고 마는 사랑이여, 백만 년전 그 옛날 지금은 가고 없는 그대와 나는 5월에 함께 거닐었나니, 하고 노파는 읊었다. 그러나 빨간 과꽃같이 타오르며, 여름날같이 기나긴 세월이 지나가는 동안 그대는 저승으로 떠나갔노라. 크나큰 낫을 가진 죽음의 신은 거대한 산들을 무너뜨렸나니, 백발이 성성한 이 머리를 땅에 누이면서 차디찬 재로 변할 그때, 신이여, 낙조의 마지막 해님이 어루만지는 언덕 위 내 무덤에 자줏빛 들꽃 한 다발 고이 던져주시옵소서. 그때는 우주의 야외극은 막을 내릴 것이니.

맞은편 리전트 공원 지하철역에서 이런 옛 노래가 흘러나오는 지금도 대지는 여전히 푸르고 꽃이 만발해 있는 것같이 보였다. 그렇게 누추한 입, 나무뿌리와 잡초가 얽힌 진흙 땅에 파인 구멍 같은 입에서 흘러나오면서도, 거품처럼 부글부글 끓어오르는 이 옛 노래는 무한한 세월의 마디진 나무뿌리를 뚫고, 해골과 배까지 스며들고, 잔물결을 내며 아스팔트와 메릴리본 거리를 따라서, 유스턴까지 기름지게 하면서 축축한 흔적을 남겨놓았다.

이 녹슨 펌프 같은 노파, 한 손은 동전을 달라고 내밀고, 다른 손으로 옆구리를 움켜쥔 이 누더기 옷을 걸친 노파는 여전히 그 옛날 원시시대의 어느 5월에 애인과 거닐던 일을 추억하면서, 몇천만 년을 거기에 서 있을 것이다. 지금은 바다가 되어버린 곳을 어느 5월에 거닐던 일을 추억하면서. 누구와 거닐었는지는 문제가 아니었다—남자였다. 그렇다, 그녀를 사랑해준 남자였다. 그러나 세월의 흐름은 옛날의 5월 밝은 햇살을 흐려놓았다. 아름답던 꽃잎도 지금은 하얗게 시들어 있었다. "그때의 정다운 눈으로 내 마음속까지 깊이 들여다보아주오." 노래하면서 애걸할 때(지금도 분명히 애걸하고 있지만), 그때의 노파의 눈은 보이지 않았다. 이제는 갈색 눈, 검은 수염, 햇빛에 그을은 얼굴도 보이지 않았고, 어른거리는 모습, 그림자 같은 모습만 보였다. 이 그림자에 대고 여전히 생생한 새 같은 소리로, "그대 손을 이리 주

댈러웨이 부인 89

오, 살며시 쥐어보리다" 하고 이 노파는 조잘댔다(피터 월쉬는 택시에 올라타면서 이 불쌍한 노파에게 은전 한 닢을 주지 않을 수 없었다). "남이 본들 무슨 상관이겠소?" 노파는 노래했다. 그리고 옆구리를 움켜쥔 채 받은 은전을 호주머니에 넣으면서 빙그레 웃었다. 무슨 일인가 하고 들여다보는 사람들의 눈초리도 사라진 것 같았다. 지나가는 남녀노소도—거리는 바삐 지나가는 중류계급 사람들로 혼잡했다—모두가 낙엽처럼 발밑에 깔리고. 그 노래의 영원한 샘에 흠뻑 젖어 옥토(沃土)로 화한 것처럼 보이는 모양이었다.

　　이이 엄 파 엄 소오
　　푸우 쉬이 투우 이임 우우

　정말이지, 불쌍한 늙은이! 루크레치아는 길을 건너려고 기다리며 서서 말했다.
　불쌍하고 가련한 할머니!
　저 할머니는 비오는 밤이면 어떻게 지내나? 자기 아버지나, 옛날 잘 살던 시절에 알았던 사람이 우연히 지나가다가 저렇게 몰락해서 서 있는 것을 보면 어떡할까? 그리고 밤에는 어디서 잘까?
　명랑할 만큼 상쾌하게, 끊임없는 노래의 실가닥은 오두막집 굴뚝에서 나는 연기처럼 공중으로 굽이쳐 올라가고 있다. 깨끗한 너도밤나무들 사이를 구불구불 휘감아 올라가서, 꼭대기 이파리 사이로 파란 솔같이 새어나오는 연기처럼. "누가 본들. 무슨 상관이 있겠소?"
　몇 주일을 두고 어찌나 마음이 상하든지 루크레치아는 일어나는 일마다 무슨 특별한 의미가 있는 것처럼 생각하게끔 되었다. 거리를 오가는 행인이 선량하고 친절해보이면 붙들고, "저는 불행해요" 하고 하소연하고 싶을 때가 있었다. "누가 본들 무슨 상관이겠소?" 하고 노래부르는 노파를 보니, 모든 일이 다 잘 되어갈 것 같은 확신이 별안간 생겼다. 이들 부부는 지금 윌리엄 브래드쇼 경을 만나러 가는 길이었다. 브래드쇼는 이름의 어감이 좋으니까 셉티머스를 곧 고칠 수 있을 것이라고 그녀는 생각했다. 양조장의 마차가 지나가고 있다. 회색말의 꼬리에는 빳빳하게 일어선 털이 있었다. 신문 벽보도 붙어 있었다. 자기가 불행하다는 생각은 어리석고도 어리석은 착각인 듯싶었다.

이제 셉티머스 워렌 스미스와 그의 아내는 길을 건너갔다. 남의 주의를 끌 만한 점이 이 두 사람에게는 조금도 없었다. 세상에서 가장 중대한 계시를 마음에 품고 있는 청년, 그보다도 세상에서 가장 행복하면서도 가장 비참한 인간이 여기 하나 있다는 것을 행인들이 의식할 만한 것은 아무것도 없었다. 남들보다는 다소 느리게 걷고 있었는지 모른다. 셉티머스가 다소 망설이고 발을 무겁게 질질 끌었는지는 모른다. 그러나 그를, 몇 해 만에 처음 어느날 이 시간에 웨스트엔드에 나와 본 사무원이라고 생각한다면, 이렇게 하늘을 쳐다보고 이것저것 두리번거리는 것도 매우 자연스러운 일이었다. 그는 마치 포틀랜드 가(街)라는 텅빈 어떤 방에 들어서기라도 한 듯이 두리번거렸다. 베 주머니에 싸인 샹들리에가 천장에 매달려 있는 방에서 빈 집을 지키는 가정부가 기다란 발 한 모퉁이를 들어, 먼지가 뽀얀 기다란 햇살을 임자 없는 괴상한 안락의자에 비쳐들게 하면서, 이 집은 이렇게 굉장하다고 손님들게 설명할 때처럼, 셉티머스는 참으로 굉장하기는 하지만 한편으로 이상하다고 생각하고 있었다.

겉보기에 셉티머스는 사무원 같았다. 좀 나은 축의 사무원 같았다. 갈색 구두를 신고 있다. 손에는 교육받은 사람다운 섬세한 느낌이 있었다. 옆모습도 마찬가지였다―코가 크고 이지적이며 예민해보이는 선명한 옆모습이었다. 그러나 입술은 아주 딴판으로 벌어져 있었다. 눈은 (흔히 그렇듯이) 보통으로 담갈색의 큼직한 눈이었다. 그래서 그는 전체적으로 이도 저도 아닌 뭔지 모를 어중간한 인상이었다. 나중에는 펄리 근처에 집을 장만하여 자가용 승용차라도 가지게 될지 모르지만, 그렇지 못하면 평생 뒷골목 아파트살이를 면치 못할지도 모를 그런 인상이었다. 학교교육 절반, 독학 절반으로, 유명한 작가에게 편지로 자문을 구해가며 공립도서관에서 책을 빌려 하루의 일이 끝난 저녁에 독서를 하는 그런 인상이었다.

다른 경험이라고는 남들이 침실이나 사무실에서, 혹은 들판이나 런던의 거리를 거닐면서 혼자 겪는 고독의 경험을 셉티머스도 갖고 있었다. 그는 아주 어렸을 때 어머니 때문에 가출을 한 일이 있다. 어머니가 거짓말을 했기 때문이었다. 그가 15번이나 손을 씻지 않고 간식을 먹으러 나와 혼났기 때문이었다. 또한 스트라우드에서는 장래 시인이 될 수 없다고 생각되었기 때문이었다. 그래서 어린 누이동생에게만 비밀을 말하고, 바보 같은 쪽지를 남겨놓고서 런던으로 와버렸다. 위인들이 써놓은 그런 쪽지, 그들의 노력의 전기가 유명해지면 세상 사람들이 읽게 되는 그런 쪽지를 남겨놓고.

런던은 스미스라는 이름을 가진 청년을 이미 몇 백만 명이나 집어삼켰다. 남들보다 뛰어나다고 생각하여 부모가 붙여준 셉티머스라는 특이한 이름도 런던은 전혀 알아주지 않았다. 유스턴 가(街)에서 하숙생활을 하고 여러 가지 경험을 하면서, 혈색이 좋고 순진한 둥근 얼굴은 2년 동안 마르고 찌푸리고 적의에 가득 찬 얼굴로 변하도록 했다. 관찰력이 대단히 예리한 친구라도, 예를 들어 원예가가 아침에 온실 문을 열었을 때, 가꾸어 온 화초에 한 송이 꽃이 간밤에 피어난 것을 보고 하는 말 이상은 하지 못할 것이다—꽃이 피었구나. 허영·야심·이상주의·정열·고독·용기·나태 등등의 흔해빠진 종자에서 꽃이 피었구나, 하는 말밖에는. 이런 것들이 모두 뒤섞여(유스턴 가의 하숙방에서) 그를 내성적으로 만들고, 말을 더듬게 하고, 자기 향상에 마음쓰게 하고, 또한 워털루 가의 야학에서 셰익스피어 강의를 하는 미스 이사벨 폴에게 연모의 정을 갖게 했다.

당신은 좀 시인 키츠를 닮지 않았나요? 미스 폴이 물었다. 그녀는 어떻게 하면 《안토니와 클레오파트라》나 이밖의 셰익스피어 작품의 감상력을 그에게 길러줄 수 있을까 하고 생각한 끝에, 책을 여러 권 빌려주고 짤막한 편지도 썼다. 이래서 일생에 한 번밖에 일어날 수 없는 불길을 이 청년의 마음속에 지폈다. 금빛 불꽃, 욕정의 열기도 없고 무한히 비현실적이며, 공기 같은 금빛 불꽃은 미스 폴과 《안토니와 클레오파트라》, 그리고 워털루 가의 야간학교를 향해 셉티머스의 가슴속에서 타오르고 있었다. 그는 그녀를 아름답다고 생각했고 그녀가 흠잡을 곳 없이 총명하다고 믿었다. 그녀의 꿈도 꾸고, 몇 편 시를 써서 바친 일도 있었다. 미스 폴은 그 시의 주제를 무시하고, 빨간 잉크로 고쳐주기까지 했다. 어느 여름날 저녁, 셉티머스는 그녀가 초록색 옷을 입고 광장을 산책하는 것을 보았다. 셉티머스는 뭘 썼다간 찢어버리고, 새벽 3시경에 걸작품을 완성해놓고 거리에 나와 뛰어다니기도 한다. 또 교회에도 가고, 하루는 종일 굶고 다음 날은 술을 마시고, 셰익스피어, 다윈, 〈문화사〉, 버너드 쇼 등을 탐독한다. 이러는 걸 밤 이맘때 문을 열고 들어와 본 원예가가 있다면, 아마, 꽃이 피었군, 하고 말했을 것이다.

무슨 일이 있다는 것을 브루어 씨는 알고 있었다. 그는 경매업·부동산 중개업을 겸한 시블리 앤드 애로스미스 회사의 지배인이었는데, 그는 무슨 일이 있다고 생각했다. 브루어 씨는 젊은 사원들에게 아버지 같았고 셉티머스의 능력을 매우 높이 평가했으며, 이 청년이 10년이나 15년 뒤에는 성공하여 천장에 창이 있는 깊숙한 방에서 결재함에 둘러싸여, 가죽 안락의자에 앉게 되리라고 예언했다. "몸만 건강하다면." 브루어 씨는 부언했다. 이것이 위험한 점이었다—그가 약해 보였던 것이다. 그래서 브루어 씨는 그에게 축구를 권하고, 저녁식사에도 청하고, 월급을 올려주라고 추천도 해주었다. 이때 브루어 씨의 여러 예상을 뒤집어엎고, 사내의 유능한 청년들을 빼앗아간 사건이 일어났다. 마침내는 유럽대전의 손길이 음흉하게 뻗어나와서, 머스웰 힐에 있는 브루어 씨 집의 케레스 여신 석고상을 박살냈고, 제라늄 화단에 폭탄 구멍을 냈고, 요리사를 미치게 만들었다.

셉티머스는 누구보다도 먼저 자원입대한 의용병이었다. 오직 셰익스피어의 작품과 초록색 드레스를 입고 광장을 산책하는 미스 이사벨 폴의 영국이라는 나라를 구하기 위하여 프랑스로 건너갔다. 축구를 권한 브루어 씨가 원했던 변화가 전선 참호에서 당장 나타났다. 그는 용기를 드러냈고 그래서 진급했던 것이다. 에번스라는 상관의 주목을, 아니 애정을 받았다. 둘의 사이는 난롯가 양탄자 위에서 까불고 뒹구는 개에 비할 만했다. 한 마리가 종이 뭉치를 가지고 놀면서 으르렁거리며 쥐어뜯기도 하고, 이따금 늙은 개의 귀를 깨무는 시늉도 한다. 다른 한 마리는 졸면서 드러누워 불빛에 눈을 껌벅이며 한쪽 앞발목을 쳐들고, 기분좋게 뒹굴며 으르렁거린다. 이처럼 에번스와 셉티머스는 항상 같이 지냈고, 같이 나누고 같이 싸우고, 같이 다투곤 했다. 그러나 에번스가(그를 한 번 본 일이 있는 루크레치아는 그가 '조용한 사람'이라고 생각했다. 에번스는 붉은 머리의 건장한 남자였으나 여자 앞에서는 말이 없었다) 휴전 직전에 에번스가 이탈리아에서 전사했을 때, 셉티머스는 전혀 아무 감정도 나타내지 않았고, 우정이 끝난 것을 인식하지도 못했을 뿐 아니라, 별로 느끼는 것 없이 아주 태연할 수 있는 자기를 다행으로 여겼다. 전쟁이 그를 이렇게 만들어 놓은 것이다. 전쟁은 엄숙했다. 그는 우정, 유럽대전, 죽음 따위의 온갖 경험을 하고 승진도 했다. 자기는 30세도 안 되었으니까 살아남을 운명일 거라고 판단했다. 이 점은 그의 판단이 옳았

댈러웨이 부인 93

다. 마지막 포탄들은 그에게서 빗나갔다. 그는 포탄이 터지는 것을 아무런 감정 없이 바라보았다. 평화가 찾아왔을 때, 그는 군의 지시로 어떤 여관 주인의 집에서 지내고 있었다. 뜰에는 화분들이, 마당에는 작은 테이블이 놓여 있는 집이었다. 이 집 딸들은 모자를 만들고 있었다. 어느날 저녁때 아무것도 느낄 수 없다는 공포에 사로잡힌 셉티머스는 이 집의 막내딸 루크레치아와 약혼을 하게 되었다.

이제는 전쟁도 끝나서 휴전조약이 성립되었고, 전사자도 묻혔다. 그런데 그는 갑자기 닥쳐오는 불안감에 사로잡히곤 했다. 특히 저녁때면 심해졌다. 아무것도 느끼지 못한다는 불안감이었다. 이탈리아 처녀들이 앉아서 모자를 만들고 있는 방문을 열면, 그 처녀들이 보였다. 말소리도 들렸다. 처녀들은 접시에 담긴 색색 구슬을 앞에 놓고 앉아서 철사를 문지르고, 풀을 빳빳하게 먹인 모자판을 이리저리 돌리고 있었다. 탁자 위에는 새털, 금은 장식, 비단 헝겊, 리본 따위가 온통 널려 있었고, 가위가 탁자 위에서 시끄럽게 소리를 내고 있었다. 그러나 뭔가 심상치 않았다. 그는 아무것도 느낄 수 없었다. 그래도 시끄러운 가위소리, 웃어대는 처녀들, 만들어진 모자, 이것들이 그를 보호해주었다. 이것들로 그는 안전했으며, 또한 이곳이 피난처이기도 했다. 그러나 거기에 밤새껏 앉아 있을 순 없었다. 그는 새벽녘에 종종 잠을 깨곤 했다. 그런 때는 침대가 꺼져들어가고, 몸뚱이도 꺼져들어가는 것 같았다. 아, 그런 때는 가위와 램프와 풀먹인 모자판이 얼마나 그리웠던가! 이래서 그는 자매 중에서 명랑하고 까부는 막내딸 루크레치아에게 구혼을 했다. 그 때 그녀는 예술가의 손가락 같은 예쁘장한 손가락을 펴보이면서 말했다. "이 속에 모든 것이 모두 들어 있어요." 비단 헝겊이건, 새털이건, 무엇이건 그 손가락만 대면 살아나는 것 같았다.

"가장 중요한 건 모자예요." 둘이서 산책할 때면 루크레치아는 늘 말했다. 그리고 지나가는 모자를 하나하나 자세히 보았다. 외투도, 옷도, 여자들의 몸가짐도 자세히 보았다. 루크레치아는 보기 흉한 옷차림, 지나친 옷차림을 비난했다. 혹독하게 비난하는 것이 아니라, 참을 수 없다는 듯이 손을 흔들었다. 속이려는 의도는 아니지만 누가 보아도 싸구려인 그림을 내보였을 때, 화가가 거절할 때와 같은 손짓을 했다. 관대하면서도 항상 비판적인 루크레치아는 하찮은 소재의 감을 살려서 근사하게 입고 다니는 여점원들을 반겼다.

94 댈러웨이 부인

또는 수피 목도리에 긴 옷을 입고 보석을 지닌 프랑스 귀부인이 마차에서 내리는 것을 보면, 열렬한 전문가다운 식견으로 덮어 놓고 칭찬을 했다.

"아이 예뻐!" 그녀는 중얼거리며, 셉티머스더러 보라고 꾹꾹 찌르곤 했다. 그러나 예쁘다는 물건은 셉티머스에게는 판유리 뒤에 있는 것처럼 희미했다. 입맛도(루크레치아는 아이스크림이나 초콜릿 같은 단것을 좋아했다) 전혀 없었다. 그는 잔을 작은 대리석 탁자 위에 내려놓고, 밖에 있는 사람들을 내다보았다. 사람들은 행복해 보였다. 길 한가운데 모여서 고함을 지르고, 웃고, 또는 아무것도 아닌 일로 싸우고 있었다. 그러나 셉티머스는 맛을 볼 수도 없었고 느낄 수도 없었다. 카페에서 탁자들과 조잘대는 종업원들 사이에 앉아 있으니, 그 무서운 불안감이 엄습해왔다—아무것도 느낄 수 없다는 불안감. 그는 생각할 수가 있었고 책을 읽을 수도 있었다. 단테 같은 것도 아주 쉽게 읽을 수 있었다("셉티머스, 제발 그 책 좀 내려놓으세요." 루크레치아는《신곡(神曲)》의 지옥편을 가만히 덮어버렸다). 그는 계산서도 더해볼 수 있었다. 머리는 아무렇지 않았다. 그렇다면 그가 느낄 수 없다는 것, 이것은 필연코 세상 탓이었다.

"영국인들은 참 말이 없어요." 루크레치아는 말했다. 그녀는 영국인의 그런 면이 좋다고 했다. 그녀는 영국인들을 존경하니까, 런던에 가서 영국의 말이며, 재단사 솜씨의 신사복을 보고 싶다고 했다. 영국으로 시집을 가서 소호에서 살았던 아주머니가, 굉장한 가게들이 있다고 얘기하던 일도 기억이 난다고 했다.

어쩌면 세상 자체에 의미가 없을지도 모른다. 셉티머스는 아내와 함께 뉴헤이번을 떠날 때, 기차간 유리창으로 영국 땅을 바라보면서 생각했다.

회사에서는 그를 상당히 중요한 직책에 승진시켜 주었다. 여러 훈장을 받은 그를 자랑삼았다. "자네는 자네 의무를 다하였네, 이젠 우리가—" 하고 브루어 씨는 말문을 열었으나 감정에 벅차서 말을 끝낼 수 없었다. 셉티머스 부부는 토트넘 코트 교외에 훌륭한 방을 얻어서 살았다.

이곳에서 그는 다시 셰익스피어를 펴봤다. 문장에 도취했던 소년시절의 환희도—《안토니와 클레오파트라》를 읽어보았으나—완전히 시들어버렸다. 셰익스피어는 인간을 증오했다—옷을 입는 일, 아이를 낳는 일, 색욕 등의 추잡함 등을 증오했다—이제 셰익스피어는 셉티머스의 눈에 그렇게 비쳤다.

한 세대가 다음 세대로 전하는 비밀의 암호는 혐오와 증오와 절망이라고 생각되었다. 단테도 그러했다. 아이스킬로스(번역판을 읽었는데)도 마찬가지였다. 루크레치아는 탁자 앞에 앉아서 모자에 장식을 달고 있었다. 필머 부인의 친구를 위해 기한을 정해놓고 하는 일이었다. 그녀의 창백하고 신비스러운 모습이 마치 물속에 잠겨 있는 백합 같다고 그는 생각했다.

"영국인들은 참 진실해요." 루크레치아는 셉티머스의 목에 매달려 볼을 비벼대면서 말하곤 했다.

남녀간의 사랑을 셰익스피어는 불쾌한 것으로 여겼다. 목적의식이 없는 성교는 불쾌한 일이었다. 그래도 루크레치아는 아기를 가져야겠다고 했다. 우리는 결혼한 지 5년이나 되었으니까.

둘은 같이 런던탑으로 갔다. 빅토리아 앤드 앨버트 박물관에도 갔다. 국왕이 의회의 개원식을 거행하는 것도 군중 속에 섞여 구경했다. 가게들도 구경했다—모자점, 양복점, 진열장에 가죽 핸드백을 진열해놓은 가게 등을 루크레치아는 발을 멈추고 뚫어지게 바라보았다. 그래도 꼭 아들을 하나 낳아야겠다고 생각하면서.

그녀는 셉티머스를 닮은 아들이 꼭 하나 있어야겠다고 말했다. 하지만 아무도 당신 같을 수는 없을 거예요. 누구도 그렇게 조용하고 진실하고, 재주가 있을 수는 없을 거예요. 내가 셰익스피어를 좀 읽어봐도 괜찮을까요? 셰익스피어는 어려운 작가인가요? 그녀는 물었다.

그러나 이같은 세상에 애를 낳을 수는 없다. 고통을 연장시킬 수도 없거니와 꾸준한 감정이 없고 다만 변덕과 허영에 차서 이리 쏠리고 저리 쏠리는 인간이라는 음탕한 동물의 종족을 늘릴 수도 없다.

새가 풀밭에서 깡충 뛰어, 푸드덕 나는 것을 손가락 하나 꼼짝 못하고 지켜보고 있는 사람처럼, 셉티머스는 아내가 가위질을 하며 판을 만들고 있는 모습을 지켜보았다. 그런데 인간은(루크레치아가 이걸 무시해도 상관없다) 순간적인 쾌락을 증가시키는 데 필요한 것 이외에는 친절도, 신앙도, 자비도 없다는 것은 사실이다. 인간은 떼를 지어 사냥한다. 사막을 뒤지고 요란스럽게 울부짖으며 황야 속으로 사라진다. 낙오자는 내버려둔다. 찌푸린 상은 그대로 굳어버린다. 회사의 브루어 씨를 생각해봐라. 왁스를 칠한 수염에 산호 넥타이 핀에, 흰 조끼를 입고 아주 기분이 좋은 것 같지만—속은 차고 끈적

끈적하다. 그의 제라늄 화단은 전쟁통에 파괴되었고 요리사는 미쳐버렸다. 또 아멜리아 뭐라고 하는 여자는 정각 5시만 되면 꼬박꼬박 찻잔을 가져다 주지만—곁눈질하며 남을 비웃는 음탕한 계집이다. 그리고 톰이니 버티니 하는 빳빳이 풀먹인 와이셔츠를 입고 다니는 작자들도 악덕의 비지땀 방울을 뚝뚝 떨어뜨리고 있다. 그가 그들의 나체 꼴을 공책에 그려놓은 줄도 모르고. 거리에서는 마차가 그 곁을 요란스럽게 지나간다. 인간의 야수성은 벽보에 역력히 드러나 있다! 광산에서 생매장된 사람들, 산 채로 타죽은 여자들, 대중의 구경거리로 전시된 광인들의 불쌍한 행렬(구경꾼들은 큰 소리로 웃는다). 그런데 이들은 두리번거리고 고개짓을 하며, 또는 싱글벙글 웃으면서 토트넘 코트 가에서 그의 곁을 지나가고 있구나. 제각기 한편으로는 미안하고 한편으로는 자랑스럽다는 듯, 절망적인 비탄을 지니고 있는 것 같구나. 근데 그도 미쳐가는 걸까?

차를 마실 때 루크레치아는 필머 부인의 딸이 임신했다는 이야기를 남편에게 했다. 루크레치아는 늙어서 자식도 없다는 것은 견딜 수 없는 노릇이었다. 그녀는 몹시 외로웠다. 대단히 비참한 기분이었다. 결혼 후 그녀는 처음으로 울었다. 셉티머스에게는 아내의 흐느끼는 소리가 멀리서 나는 것처럼 들렸다. 분명히 들었고, 똑똑히 알아들을 수 있었다. 그것은 쿵쿵 울리는 피스톤 소리와도 같았다. 그러나 그는 아무것도 느낄 수 없었다.

아내는 울고 있지만 그는 아무것도 느낄 수 없었다. 가슴이 미어질 듯, 소리없이 절망에 빠져 이렇게 아내가 흐느낄 적마다, 그는 지옥으로 한 발짝 또 내려가는 것 같았다.

마침내 셉티머스는 신파적인 몸짓으로 두 손 안에 머리를 파묻고 말았다. 이 몸짓은 진심이 아님을 자각하고 기계적으로 한 짓이었다. 이제 그는 굴복하고 말았다. 누가 와서 도와줘야 했다. 사람들을 부르러 보내야겠다. 그는 패배한 것이다.

무엇으로도 그를 깨울 수는 없었다. 루크레치아는 그를 자리에 눕혔다. 의사를 부르러 보냈다—필머 부인이 아는 홈스 의사였다. 그는 진찰을 했다. 아무 이상도 없다고 홈스 의사는 말했다. 아, 다행이다! 참 친절하셔! 참 고마운 분이셔! 루크레치아는 생각했다. 홈스 의사는 기분이 저렇게 나빠지면 음악 홀에 간다고 말했다. 하루쯤 쉬고 집사람과 골프를 칩니다. 잠자리

댈러웨이 부인 97

에 들 때 물 한 컵에다 브로마이드 정제를 두 알 넣어서 복용해보시죠. 블룸 즈버리 근처의 이런 구식 집들은 벽을 아주 좋은 널빤지로 댄 게 많은데, 하며 홈스 의사는 벽을 톡톡 쳤다. 집주인들은 어리석게 도배를 하지요. 요 며칠 전에 베드퍼드 광장에서 사는 누구네를 왕진 갔더니—

이러니 변명의 여지가 없다. 아무 이상도 없다니 말이다. 인간 본성이 내게 사형을 선고한 죄목밖에는, 내가 아무것도 느낄 수 없다는 것밖에는 아무 탈도 없다. 에번스가 전사할 때 나는 아무렇지도 않았다. 그게 최악이었다. 하지만 이밖의 모든 죄악들도 새벽에 눈을 뜨면 자신의 타락을 의식하고 엎드려 있는 내 육체를 향해, 침대 난간 너머로 고개를 쳐들고서 손가락질하고 빈정대고 비웃고 하잖는가. 사랑하지도 않으면서 결혼한 그는 아내를 속이고 농락하고, 미스 이사벨 폴을 모욕한 죄목으로 악덕의 얼룩과 표적이 찍힌 나를 보면, 길을 지나가는 여자들이 몸서리칠 것이다. 이런 몹쓸 놈에게는 인간성이 사형을 선고하거든.

홈스 의사가 재차 왔다. 몸집은 크고 혈색도 좋고 잘생긴 그는, 구두를 털고 거울을 들여다보면서 아무렇지 않게 말했다—머리가 아프고, 잠이 안 오고, 불안하고 꿈을 많이 꾸고—이런 일은 다 신경과민이지 아무것도 아니라고 말했다. 내 체중이 160파운드에서 반 파운드만 줄어도 아침식사 때 집사람 보고 오트밀 죽을 한 그릇 더 달라고 하리라(루크레치아는 오트밀 죽을 만드는 법을 이제 배워야겠다고 생각했다). 건강은 대체로 조절할 수 있습니다. 관심을 외부로 돌려 무슨 취미를 가져보시죠. 홈스 의사는 셰익스피어를—《안토니와 클레오파트라》를 펴보더니 셰익스피어를 옆으로 밀어버렸다. 대단한 취미군요, 그가 말했다. 내가 이렇게 건강이 좋은 것도(나도 런던의 누구 못지않게 일을 하고 있지만) 환자를 본 뒤에는 싹 잊어버리고 낡은 가구를 만지는 탓이 아닐까요? 실례지만 부인이 꽂으신 빗 참 예쁘군요! 하고 홈스 의사는 말했다.

이놈의 바보 같은 녀석이 다시 왔을 때 셉티머스는 만나지 않겠다고 했다. 그래요? 홈스 의사가 점잖게 웃었다. 그는 매력있는 이 자그마한 부인을 실제로 약간 떠밀고 그녀의 남편의 병실로 들어가야만 했다.

"그래 겁이 나셨군." 그는 점잖게 말하며 환자 곁에 앉았다. "당신은 부인께 자살하겠다고 하셨다지요. 부인은 젊은 분인데, 외국분이시죠? 당신이 그런 말을 하면 영국 남편에 대하여 이상한 관념을 갖게 되지 않을까요? 남편은 아내에 대해서 의무라는 것이 있지 않을까요? 침대에 누워 있지만 말고, 무슨 일을 해보는 것이 좋지 않겠소? 나는 40년의 경험이 있으니까 내 말을 믿어도 좋을 것이오—당신은 아무렇지도 않소. 다음에 왔을 때는 일어나서 참한 부인이 걱정하지 않도록 해드리시오."

결국, 인간 본성이 내게 덤벼든다. 홈스라는 콧구멍이 빤한 지긋지긋한 짐승 같은 인간 본성이 내게 덤벼든다. 홈스 의사는 아주 규칙적으로 매일 찾아왔다. 한 번만 헛디디면 인간 본성은 덤벼든다(셉티머스는 이렇게 엽서 뒤에 썼다). 유일한 길은 홈스 몰래 도망치는 길이다. 이탈리아로—어디로라도, 홈스의 손이 닿지 않는 곳으로 말이다.

그러나 루크레치아는 남편을 이해할 수 없었다. 홈스 의사선생은 참 좋으신 분이에요. 당신에게 참 열심이세요. 우리를 도와주고 싶어서 그러신데요. 아이들이 넷인데, 제게 차 마시러 오라고 하시던데요, 그녀는 셉티머스에게 말했다.

이제 나는 버림받았구나. 온 세상이 고함치고 있구나. 자살해라. 우리를 위해서 자살하라고. 그렇지만 내가 왜 그들을 위해서 자살을 해야 하나? 음식도 맛있고 햇볕도 따뜻한데, 자살을 어떻게 한담? 보기 싫게 피바다가 되게 식칼로 하나? 가스 선을 빼나? 그는 너무나 기력이 없었다. 손도 들어올릴 수 없을 지경이었다. 더구나 이처럼 고독하고 버림받고 보니, 죽어가는 사람이 고독하듯 마음의 여유랄까 숭고한 절연감이 들고, 미련이 남은 자는 도저히 알지 못할 자유를 느꼈다. 물론 홈스가 이겼다. 콧구멍이 빨간 짐승이 이겼다. 그러나 이 세상의 벼랑 끝에서 헤매고 있는 이 마지막 유물에는 홈스도 손을 대지 못할걸. 물에 빠진 선원처럼 이 세상의 바닷가에 누워서 인간들이 살고 있는 지역을 바라보고 있는 이 버림받은 사람에겐 손을 대지 못할걸, 셉티머스는 생각했다.

그 순간이었다(루크레치아는 뭘 사러 나갔다). 위대한 계시가 찾아왔다. 휘장 뒤에서 사람 소리가 났다. 에번스가 말하고 있었다. 죽은 자가 찾아온 것이다.

"에번스, 에번스!" 셉티머스는 소리질렀다.

스미스 씨가 혼자서 큰 소리로 중얼거리고 있다고, 하녀 아이 애그니스가

댈러웨이 부인 99

부엌에 있는 필머 부인에게 외쳤다. 쟁반을 들고 들어가니까, "에번스, 에번스!" 하며 소리지르지 않겠어요. 깜짝 놀랐어요, 정말이에요. 그래서 지금 막 뛰어내려온 길이에요, 애그니스는 말했다.

이때 루크레치아가 꽃을 들고 들어왔다. 그리고 방을 가로질러 걸어가서 그 장미꽃을 병에 꽂았다. 해가 곧장 장미를 비추었다. 그녀는 깔깔대면서 방안을 돌아다녔다.

거리에 있는 불쌍한 사람한테서 장미를 안 사줄 수 없었어요, 그녀는 말했다. 그런데 다 시들어가는군요, 그녀는 장미꽃을 가지런히 손질하면서 말했다.

밖에 누가 있다. 에번스일 테지. 루크레치아가 시들어간다고 하는 장미는 에번스가 그리스에서 꺾어온 꽃이지. 그런데 신과의 소통은 건전하다. 소통은 행복이다. 소통은, 하고 셉티머스는 중얼거렸다.

"뭐라구요, 셉티머스?" 루크레치아는 겁에 질려 물었다. 남편이 혼자 중얼거리고 있었기 때문이었다.

그녀는 애그니스를 시켜서 홈스 의사를 불러 오게 했다. 이이가 미쳤구나, 나를 거의 알아보지도 못하니, 하고 그녀는 말했다.

"이 짐승아! 이 짐승아!" 인간 본성, 즉 실제로는 홈스 의사가 방으로 들어오는 것을 보고 셉티머스는 고함을 쳤다.

"도대체 이게 다 무슨 일입니까?" 홈스 의사는 다시없이 친절하게 말했다. "부질없는 소리로 부인을 놀라게 하다니요?" 하지만 잠이 들 약을 드리죠. 댁에서 돈이 있다면(홈스 의사는 빈정대는 눈으로 방 안을 둘러보았다). 꼭 할리 가(街)의 정신병원에 가보시게 하겠는데, 나를 믿지 못한다면 말입니다. 그리 친절하지 않은 표정으로 홈스 의사가 말했다.

이제 12시 정각이었다. 빅벤이 12시를 알렸다. 이 종소리는 런던의 북부 일대에 퍼져간다. 이 시계 치는 소리는 다른 시계 소리와 섞여 엷은 에테르같이 구름과 연기 속에 녹아서 저 멀리 갈매기들 속으로 사라져 갔다. 마침 종이 12시를 쳤을 때, 클래리사 댈러웨이가 초록색 옷을 침대에 내려놓고, 워렌 스미스 부부는 할리 가를 걸어내려가고 있었다. 12시는 스미스 내외가 의사와 만나기로 한 시각이었다. 아마 저기 회색 자동차가 문간에 서 있는 곳이 윌리엄 브래드쇼 경의 집인가 보다고 루크레치아는 생각했다(둔중한 시계의 종소리는 원을 그리며 공중에 사라져가고 있다).

바로 그랬다. 그것은 윌리엄 브래드쇼 경의 자동차였다. 나지막하고 튼튼한 이 회색 자동차의 패널에는 보기좋게 이니셜이 선명하게 새겨져 있었다. 차 임자는 정신의 구제자, 과학의 사제(司祭)이기 때문에 화려한 문장은 어울리지 않는다는 듯이 자동차의 수수한 회색 빛깔에 맞추어 회색 모피와 은빛 담요가 차 안에 쌓여 있었다. 부인이 차 안에서 기다릴 때 춥지 않게 하기 위해서였다. 윌리엄 경은 어떤 때는 60마일 이상이나 되는 시골에 돈 많은 환자를 왕진하러 갔다. 이런 환자들은 윌리엄 경이 적당히 청구하는 비싼 치료비를 낼 수 있었다. 그런 때 부인은 담요로 무릎을 덮고 한 시간 혹은 그 이상 차 안에서 기다렸다. 기다리는 동안 그녀는 어떤 때는 환자 생각도 하지만, 어떤 때는 시시각각 높아져가는 황금의 벽을 상상했다. 이것은 터무니없는 것도 아니었다. 그들 부부 사이에, 그리고 온갖 변동과 근심 걱정 사이에(그녀는 이런 것들을 용감하게 참아왔다. 이 부부도 무척 노력을 해왔다) 높아져가는 황금의 벽을 상상할 때 부인은 향기로운 바람만이 불고 있는 고요한 바다에 가만히 누워 있는 것 같은 기분이었다. 남들의 존경과 칭찬과 선망을 받는, 별로 부족한 것이 없는 처지였다. 몸이 뚱뚱한 것이 좀 유감스러웠지만. 동업 의사들을 목요일 저녁마다 초대하는 파티며 이따금 열어야 하는 자선회, 왕족에 문안드리는 이런 일들 때문에 시간이 거의 없었다. 남편은 나날이 바빠가고, 아들은 이튼 학교에서 잘 지내고 있었다. 딸도 있었으면 싶었다. 그러나 그것 아니라도 부인은 여러 방면에 취미가 많았다. 아동복지문제, 간질병자의 후원문제, 그리고 사진에 취미가 많았다. 그래서 건설 중인 교회나 허물어져가는 교회를 보면, 남편을 기다리는 동안에 문지기를 매수하여, 열쇠를 얻어서 내부의 사진을 찍었다. 전문가들의 솜씨나 거의 다름없는 사진들이었다.

윌리엄 경도 이제는 늙었다. 그는 한평생 열심히 일해왔고 지금의 지위도 오로지 실력으로 얻었다(그는 상점 주인의 아들로 태어났던 것이다). 그는 자기 직업을 사랑하고 무슨 의식 때면 당당한 풍채로 말도 잘했다. 이 모든 것이 그가 기사의 작위를 받기 전까지는 그로 하여금 우울한 표정, 피곤한 표정을 지니게 했다(환자는 끊임없이 모여들고, 인술(仁術)의 책임과 특권은 힘든 일이었다). 그런데 이 지친 표정은 백발과 더불어 그의 특이한 풍채를 더욱 빛나게 했으며, 따라서 명성을 얻게 되었다(신경병을 다루는 데는 평판이 가장 중요한 것이다). 즉 그는 훌륭한 기술이 있어 진단이 거의 정확할 뿐만 아니라, 동정심 있고, 능숙하고, 인간의 영혼을 이해하고 있다는 명성을 얻었다. 그들 부부(워렌 스미스라는 부부였는데)가 방 안에 들어서는 순간 경은 벌써 짐작이 갔다. 남자를 보자 경은 당장 확신할 수 있었다. 아주 위중한 환자였다. 완전히 쇠약한 환자였다. 육체적으로나 정신적으로나 아주 쇠약해서 모든 증세가 진행 중에 있었다. 경은 2, 3분 만에 이것을 알아냈다(조심스럽게 중얼거리면서 질문에 대한 답변을 카드에 적어 넣는 동안).

"홈스 선생이 얼마나 오래 봐주셨지요?"

"6주간입니다."

"브로마이드 정을 복용하라고 했다고요? 아무 이상도 없다고 하셨어요? 아, 그래요."(이놈의 개업의(開業醫))들이! 윌리엄 경은 생각했다. 개업의들의 실수를 바로잡는데 내 시간을 반을 허비해야 한다. 어떤 자는 전혀 손을 댈 수 없는 경우도 있다)

"전쟁에서 큰 무훈을 세웠다고요?"

환자는 "전쟁이라구요?" 하고 의심스러운 듯이 반복했다.

이 환자는 말에 상징적인 뜻을 결부시키고 있군. 카드에 기록해둘 만한 중대한 증세로군.

"전쟁이라구요?" 환자가 물었다. 유럽대전—초등학교 애들이 화약을 가지고 장난을 하는 그것 말인가? 내가 무훈을 세웠다고? 다 잊어버려서 모르겠는걸. 전쟁에서 나는 실패했는데.

"네, 아주 훌륭한 공을 세웠어요. 그래서 진급했어요." 루크레치아가 의사에게 확신시켰다.

"회사에서도 아주 신임이 두텁다구요?" 윌리엄 경은 중얼거렸다. 브루어 씨가 아주 친절하게 써 보낸 편지를 힐끔 바라보면서. "그래서 아무 근심도 없나요, 경제적인 문제라든가? 아무것도?"

그는 무시무시한 죄를 저질러서 인간 본성한테 사형언도를 받았다.

"나는…… 나는." 그는 말하기 시작했다. "죄를 범했습니다……."

"남편은 어떤 잘못도 한 일이 없어요." 루크레치아가 의사에게 보증했다. 스미스 씨는 여기서 좀 기다려주실까요, 옆방에 가서 부인과 좀 할 얘기가 있습니다. 윌리엄 경은 말했다. 주인어른은 몹시 중환이십니다, 자살하겠다고 하지 않던가요?

네, 그랬어요, 그녀는 울음을 터트렸다. 하지만 그럴 생각은 아닌가 봐요, 그녀가 말했다. 물론 그렇죠, 다만 휴양의 문제입니다, 윌리엄 경은 말했다. 휴양, 휴양, 휴양, 침대에서 오래 쉬어야 합니다. 주인어른을 아주 잘 봐드릴 수 있는 좋은 요양소가 시골에 있습니다. 그럼 저와 떨어져 있게 되나요? 그녀는 물었다. 불행히도 그렇습니다. 아플 때는 환자가 가장 사랑하는 사람이 오히려 해가 됩니다. 그렇지만 그이가 미친 것은 아니지요? 윌리엄 경은 '미쳤다'는 말은 절대로 쓰지 않았다. 그는 그것을 정신의 균형을 잃었다고 표현했다. 그러나 그이는 의사를 좋아하지 않아요. 요양소에 가지 않으려고 할 거예요. 윌리엄 경은 요령있게 친절히 환자의 상태를 설명해주었다. 이분은 자살하겠다고 위협했지요. 그러면 딴 도리가 없습니다. 그것은 원칙 문제거든요. 시골에 가면 아름다운 요양소에 누워 있는 것뿐입니다. 간호사들은 친절합니다. 내가 매주 한 번씩 왕진가지요. 그럼, 부인께서 더 물어볼 말씀이 없으시다면―그는 환자를 재촉하는 일이 없었다―주인어른께 가봅시다. 그녀는 더 물어볼 말이 없었다―윌리엄 경한테는.

그래서 두 사람은 인류 중에서 가장 숭고한 자에게 돌아왔다. 판사 앞에 선 죄인, 언덕에 몸을 내던진 희생자, 도망자, 물에 빠진 선원, 불멸의 송가를 쓰는 시인, 생에서 죽음으로 간 신, 셉티머스 워렌 스미스에게 돌아왔다. 그는 천장 창 밑에 있는 안락의자에 앉아서 궁중 옷차림을 한 브래드쇼 부인의 사진을 응시하면서 미의 계시를 중얼거리고 있었다.

"우리는 얘기를 좀 하고 왔습니다." 윌리엄 경이 말했다.

"선생님 말씀이 당신 병이 몹시 중하시데요." 루크레치아는 큰 소리로 말했다.

"당신이 요양소에 가도록 조처하고 있었지요." 윌리엄 경이 말했다.

"홈스네 요양소 말이오?" 셉티머스가 비웃었다.

이 친구 인상이 나쁜데, 윌리엄 경은 생각했다. 아버지가 상인인 윌리엄 경으로서는, 자연스럽게 집안과 옷차림을 존중하였으므로 초라한 모양을 보면 화가 났다. 더 깊이 따지자면, 독서할 여가가 없는 그로서는 진찰실에 찾아와서 능력을 다해 항상 긴장 속에 일을 하는 의사를 교양이 없다고 넌지시

댈러웨이 부인 103

말하는 문화인에 대해서 깊은 원한이 있었다.

"내 요양소요, 워렌 스미스 씨." 윌리엄 경이 말했다. "그곳에 가면 휴양하는 법을 가르쳐 드리지요."

그리고 한 마디 더 할 말이 있다고 했다.

워렌 스미스 씨가 회복되면 부인을 놀라게 할 그런 사람은 전혀 아니라는 것을 확신한다고 말했다. 그렇지만 자살하겠다고 했는걸요, 루크레치아가 말했다.

"누구나 심히 우울할 때가 있습니다." 윌리엄 경이 말했다.

한 번만 헛디디면, 셉티머스는 속으로 되풀이 생각하고 있었다. 인간 본성이 덤벼든다. 홈스와 브래드쇼가 덤벼든다. 그자들은 사막을 약탈한다. 그리고 고함을 지르며 황야로 사라진다. 그자들은 고문기구들을 사용한다. 인간 본성은 무자비하다.

"이따금 발작을 일으키는가요?" 윌리엄 경이 분홍색 카드에 연필을 대고 물었다.

당신과는 관계없소, 셉티머스는 말했다.

"자기 혼자만을 위해서 사는 사람은 아무도 없습니다." 윌리엄 경은 궁중 옷차림을 한 아내 사진을 힐끗 바라보면서 말했다.

"그리고 당신은 장래가 밝습니다." 윌리엄 경은 말했다. 브루어 씨의 편지가 탁자 위에 놓여 있었다. "장래가 아주 유망합니다."

그런데 만약 고백한다면, 다 말해버린다면, 홈스나 브래드쇼는 그를 놓아줄 것인가.

"나는…… 나는." 셉티머스는 말을 더듬었다.

그런데 내가 저지른 죄가 무엇이었던가? 그는 기억이 나지 않았다.

"네?" 윌리엄 경은 그의 용기를 북돋아 주었다(그런데 시간이 퍽 지체되었는데).

사랑, 나무들, 죄악은 없다—근데 내가 하고자 한 말이 뭐였지?

그러나 그는 생각이 나지 않았다.

"나는…… 나는." 셉티머스는 말을 더듬었다.

"되도록 자신에 대한 생각을 하지 마세요." 윌리엄 경은 친절하게 말했다. 정말 이 환자는 돌아다녀서는 안되겠는데, 그는 생각했다.

104 댈러웨이 부인

더 물어보고 싶은 것이 있으시오? 내가 무슨 절차든 다 취해놓겠습니다. 그리고 오늘 저녁 5시와 6시 사이에 부인께 연락해 드리리다, 하고 윌리엄 경은 루크레치아에게 나직이 말했다.

"모든 것을 내게 맡기십시오." 경은 두 사람과 작별했다.

이런 고통은 생전 처음이야! 도움을 구하려다 도리어 버림을 받았어! 이 의사는 우리를 실망시켰어! 윌리엄 브래드쇼 경은 좋은 사람이 아닌가 봐, 루크레치아는 생각했다.

저 자동차만 유지할래도 비용이 상당할걸, 셉티머스는 거리에 나왔을 때 말했다.

루크레치아는 남편 팔에 매달렸다. 그들 부부는 버림받은 것만 같았다.

하지만 이 이상 뭘 더 바란담? 그녀는 생각했다.

윌리엄 경은 환자를 45분 동안 보았다. 결국 우리가 전혀 알지 못하는 것, 신경조직이니 인간의 뇌수니 하는 것을 다루는 이 정밀한 과학을 하면서 의사가 균형감각을 잃는다면, 의사로서는 실패가 아니겠는가. 인간은 건강해야 한다. 건강은 즉 균형이다. 그래서 어떤 사람이 방으로 들어와서 그리스도임을 자칭하고(흔히 있는 망상인데), 대개 그러하듯이 전할 말이 있다면서(종종 그러하지만), 자살을 하겠다고 위협하면 균형을 불러일으키게 하고 침대에서 안정을 취하라고 이른다. 고독 속의 침묵과 안정, 친지들이나 책을 멀리 하는 안정, 서신왕래도 하지 않는 안정, 6개월 정도 이렇게 안정을 취하고 나면, 입원할 때 104파운드였던 환자는 160파운드로 체중이 불어 나오게 된다.

윌리엄 경의 여신인 신성한 균형은, 윌리엄 경이 병원에서 환자를 보러 돌아다니고, 낚시질하며 연어를 낚고, 할리 가에 있는 저택에서 부인과 같이 아들 하나를 낳는 동안에 습득된 이치였다. 브래드쇼 부인도 연어 낚시질을 하고, 전문가의 솜씨와 거의 구별할 수 없을 만한 사진도 찍었다. 균형을 숭상하기 때문에 윌리엄 경 자신이 번영했을 뿐 아니라, 영국까지도 번영하게 했다. 영국의 광인들을 격리시키고, 그들의 생식을 금하고, 절망을 벌하고, 부적격자들이 그들 사상을 전파시키지 못하게 했다. 이렇게 하여 이들에게도 마침내는 윌리엄 경의 균형의 정신을 나누어 갖게 했다—환자가 남자일 경우는 윌리엄 경의 정신을, 여자일 경우는 부인의 정신을 나누어 갖게 했다

댈러웨이 부인 105

(부인은 수를 놓고, 뜨개질도 하고, 1주일에 나흘 밤은 아들과 집에서 지냈다). 그래서 동료 의사들은 그를 존경했고, 아랫사람들은 그를 두려워했을 뿐 아니라, 환자들의 친구나 친척들도 세상의 종말이나 신의 강림을 예언하는 이 남자 그리스도나 여자 그리스도들에게 휴양 속에서 우유를 섭취하도록 강권한 윌리엄 경에 대하여 말할 수 없는 감사를 느꼈다. 윌리엄 경은 그런 종류의 환자들을 다루어 온 30년 간의 경험에서, 이것은 광기, 이것은 상식이라고 틀림없이 판단할 수 있는 직감, 균형감각을 가졌기 때문이다.

그런데 이 균형에는 별로 웃지도 않는 무시무시한 여동생이 하나 있다. 이 여신은 지금 현재도 분주하다—인도의 찌는 사막, 혹은 아프리카의 진흙과 늪 속, 런던의 지저분한 교외, 말하자면 풍토나 악마가 인간을 유혹하여 진정한 신앙으로부터 이탈시키려는 곳에서는 어디에서나—사원을 파괴하고, 우상을 쳐부수고, 그 대신 자기의 엄격한 면모를 내세우려고 지금도 분주하다. 이 여신은 이름을 개종으로 하고, 약자의 의지를 밥으로 삼고, 자기 욕망을 억지로 떠맡겨서 대중의 얼굴에 자신의 영상이 찍힌 것을 보고 좋아한다. 그녀는 하이드 공원 입구의 나무통 위에 올라서서 연설도 한다. 청렴을 빙자하는 흰 옷을 감고, 동포애를 가장하면서 잘못을 뉘우치고 깨달은 것처럼 공장이나 의회를 돌아다닌다. 사람을 도와주기도 하나, 권력을 탐낸다. 이견을 갖거나 불만을 가진 자는 용서없이 제거해버린다. 그러나 위를 우러러보고 여신의 눈으로부터 발하는 광명을 온순히 받아들이는 자에게는 축복을 준다. 이 여신도(루크레치아 워렌 스미스는 눈치를 챘는데), 윌리엄 경의 마음속에 대개는 그럴듯한 위장 밑에 숨어서 살고 있었다. 사랑이니, 의무니, 자기희생이니 하는 존엄한 명칭 아래 경은 열심히 일을 하고—기금을 모으고 개혁운동을 보급시키고, 공공기관을 설립하는데 애를 쓰고 있잖느냐 말이다! 그렇게 까다로운 여신은 벽돌보다는 생피를 더 좋아하고, 인간의 의지를 아주 교활하게 밥으로 삼고 있다. 예를 들면, 브래드쇼 부인이 그렇다. 15년 전에 부인은 이미 굴복했었다. 이것을 정확하게 지적해낼 수 있는 것은 아니다. 부부 사이에 무슨 시비나 논쟁도 없었다. 다만 부인의 의지가 차차 가라앉아서, 남편의 의지 속에 틀어박혀 꼼짝도 못하는 것뿐이다. 부인의 미소는 상냥하고 이내 곧 남편에게 순종했다. 10명이나 15명 정도의 동료 의사들을 할리 가의 자택에 초대했을 때도, 8, 9종의 요리를 차리는 부인의 만찬은 빈틈없고 세련되었다. 다만 밤이 깊어감에 따라 다소 지루해져서, 아니 아마 불안해져서, 안면신경이 바르르 경련을 일으키고, 손발이 실수를 하고, 어쩔 줄 몰라 하는 눈치가 보이는 것은, 이렇게 믿기는 참 고통스러운 일이긴 하지만 불쌍하게도 부인이 자기를 속이고 있음을 나타내는 것이었다. 옛날 한때는 그녀도 마음놓고 연어를 낚으러 갈 수 있었다. 그러나 지금은, 남편의 눈 속에 번득이는 지배욕과 권세욕을 섬기는데 바빠서 몸을 꼬아 비틀고, 살을 깎듯 아양을 떨고, 뒷걸음질치며 눈치를 봐야 했다. 그리고 무엇 때문에 만찬의 흥이 깨지는지, 무엇 때문에 머리 위를 내리누르듯 우울해지는지 그녀는 이유를 정확히 알지 못했다(전문적인 화제 때문인지, 혹은 브래드쇼 부인의 말마따나 평생을 자신을 위해서보다 환자를 위해서 사는 위대한 의사들의 피로 때문인지는 알 수 없으나). 아무튼 부인의 만찬은 재미가 없었다. 그래서 10시가 되면 손님들은 환희마저 느끼듯이 할리 가의 바깥 공기를 들이켰다. 그러나 그의 환자들은 이런 해방을 바랄 수가 없었다.

벽에 그림이 걸려 있고, 비싼 가구가 놓여 있는 회색 방의 천장 채광창 밑에서 환자들은 자기들의 죄가 얼마나 중한지를 새삼스럽게 깨달았다. 안락의자에 모여앉아서 환자들은 윌리엄 경이 그들을 위해서 한다는 기묘한 팔운동을 지켜보고 있었다. 경은 팔을 쭉 내밀었다가 재빨리 다시 허리로 가져갔다. 이것은 (환자가 고집을 부린다면) 그 자신은 운동을 자의로 할 수 있지만, 너희들은 할 수 없음을 환자들에게 증명해보이기 위해서였다. 그러자 마음이 약한 환자는 쓰러져 울며 순종했다. 어떤 환자는 정체를 모르는 심한 광기로 날뛰어 윌리엄 경을 면전에 대고 빌어먹을 사기꾼이라고 욕하고, 한 걸음 더 나아가서는 무례하게도 인생 자체를 의심하기도 했다. 왜 사느냐? 그들은 따졌다. 윌리엄 경은 인생은 좋으니까, 하고 대답했다. 브래드쇼 부인의 타조 털 달린 궁중복을 입은 사진도, 연수입이 1만 2천 파운드인 것도 사실이었다. 그러나 환자들은 자기들에게 인생은 아무런 혜택도 없다고 항의했다. 경도 그건 그렇다고 수긍했다. 그리고 이들은 균형감각이 부족하다고 그는 생각했다. 그러나 결국 신은 없지 않느냐는 질문에 그저 어깨만 으쓱해보였다. 결국 살고 죽는 것은 우리 자신의 문제라고요? 그것은 틀렸어요. 나는 서레이에 사는 친구가 하나 있는데, 그곳에서 균형의 정신을 가르치고 있지요. 이것이 좀처럼 습득할 수 없는 어려운 기술이라는 것은 나도 솔직히 인정하고 있소. 그곳에서는 가족간의 애정·명예·용기·빛나는 생애 같은 것도 가르치고 있소. 이 모든 것을 나는 있는 힘을 다해 저지하고 있소. 여러분이 순종하지 않을 경우에는 경찰과 사회의 힘을 빌릴 수밖에 없다고, 경은 매우 조용하게 말했다. 이렇게 해서 서레이의 요양소에서도, 나쁜 혈통에서 오는 반사회적 충동들을 제어하고 있소. 이렇게 말하고 있을 때, 반대를 짓밟고 사람들 마음속 깊은 곳에 지울 수 없을 자기의 영상을 찍으려고 갈망하는 그 여신이, 숨어 있던 곳에서 살그머니 나와 왕좌에 올라앉았다. 그러자 벌거벗고 무방비한, 지치고 친구도 없는 환자들은 윌리엄 경의 의지의 인상을 새겨 들었다. 경은 느닷없이 습격하여 삼켜버렸다. 즉 이렇게 해서 환자를 가두어버렸다. 이와 같은 결단과 인간애의 결합 때문에 환자의 친척들은 윌리엄 경을 대단히 흠모했다.

그러나 루크레치아 워렌 스미스는 할리 가를 걸어 내려가면서, 그분이 참 싫다고 마음속으로 소리쳤다.

시간을 조각내고, 찢어발기고, 가르고, 다시 또 나누고 하는 할리 가의 시계들은, 6월의 하루를 토막토막 썸어가면서, 복종을 권하고 권위를 시인하고 균형감각의 지고한 우월성을 일제히 지적하고 있었다. 이렇게 차츰 줄어드는 시간의 토막을 옥스퍼드 가의 어떤 상점에 걸려 있는 시계가 다정하고 친절하게 알려주었다. 리그비 앤드 라운드 상점이 무료로 시간을 알려주는 것이 무척 기쁘다는 듯이 시계는 1시 반을 알리고 있었다.

위를 쳐다보면, 상점 이름의 낱낱 글자가 하나하나의 시간을 나타내는 것 같았다. 리그비 앤드 라운드 상점이 그리니치의 표준시간을 알려주는 것을 사람들은 무의식 중에 감사하고 있었다. 이 감사의 마음은 (휴 위트브레드는 이 상점의 진열장 앞에서 서성거리면서 곰곰이 생각하고 있었다) 나중에 자연히 리그비 앤드 라운드 상점에서 양말이나 구두를 사는 형식으로 나타난다고 그는 생각했다. 이렇게 생각하는 것이 그의 습성이었으나 더 이상 깊이 생각하지 않았다. 그는 표면만을 스쳐보았다. 사어(死語)·현대어, 콘스탄티노플이나 파리 및 로마 등지에서의 생활·기마·사냥·테니스 등등도 한때 경험해보았다. 짓궂은 친구들은 휴가 비단 양말을 신고, 무릎까지만 내려오는 바지를 입고, 버킹엄궁전에서 무엇인지 알 수 없는 것을 지키고 있다고 주장했다. 그러나 그는 대단히 효율적으로 임무를 다해 왔다. 그는 55년이나 영국 상류사회에서 그럭저럭 지내왔다. 역대 수상들도 알고 있다. 그는 정이 두텁다고 알려졌다. 그는 사실 시대의 큰 운동에는 참여하지 않았고, 큰 벼슬자리를 얻지 못했지만, 사소한 개혁의 한두 가지는 그의 공으로 이루어졌다. 공중시설의 개선도 그 하나요, 또 하나는 노포크에 있는 올빼미의 보호책이었다. 하녀들도 휴에게 감사할 만한 이유가 있었다. 기금을 구한다, 보호다, 보존이다, 쓰레기를 치우자, 연기를 적게 내게 하자, 공원에서의 풍기문란도 바로잡자고 사회에 호소하면서, 〈타임스〉지에 써보낸 편지 끝에 적힌 그의 이름은 사람들의 존경을 받았다.

잠시 걸음을 멈추고(30분을 알리는 시계 소리가 사라질 때) 양말과 구두를 비판적으로 거만하게 바라보는 그의 모습 또한 당당했다. 그의 태도는 흠 잡힐 데 없이 건실해서, 마치 어떤 높은 곳에서 이 세상을 내려다보는 사람 같았다. 옷차림도 그의 지체에 어울렸다. 그는 역량과 부와 건강이 수반되는 여러 가지 의무를 다했고, 과히 필요하지 않을 때도 사소한 예법이나 구식 규범을 꼼꼼히 지켰다. 이래서 그의 예의범절에는 어떠한 특징이 있었고, 배울 만한 것, 남의 기억에 남을 만한 것들이 있었다. 예를 들면 그가 20년간이나 알아온 브루턴 부인과 점심을 같이 할 때는 카네이션 꽃다발을 두 손으로 들어다 부인께 바쳤고, 부인의 비서 미스 브러쉬에게 남아프리카에 있는 그녀의 동생 안부를 반드시 물었다. 미스 브러쉬는 여성적인 매력이라곤 조금도 없는 여자인데, 어쩐 일인지 휴의 안부에 화를 내면서 말했다. "고맙습니다. 남아프리카에서 잘 있어요." 그러나 사실 그녀의 동생은 5, 6년 전부터 포츠머드에서 가난하게 살고 있었다.

브루턴 부인은 휴와 동시에 들어온 리처드 댈러웨이를 더 좋아했다. 이 두 사람은 현관 앞에서 마주친 것이다.

물론 브루턴 부인은 리처드 댈러웨이를 더 좋아했다. 그가 훨씬 더 인물이 훌륭했다. 그러나 부인은 자기가 친하게 지내는 휴를 사람들이 흠잡는 것은 싫었다. 부인은 휴의 친절을 결코 잊을 수가 없었다. 휴는 정말 놀랄 만큼 친절했다. 어떤 경우였는지 잊었지만. 그래도 정말 친절했다. 아무튼 한 사람과 다른 사람 사이의 차이는 그리 대수롭지 않으니까, 클래리사 댈러웨이 같이 남을 욕하고 칭찬하는 건 무의미하다—클래리사는 남을 욕하고 칭찬하기도 하지만, 62살만 돼보면 그런 짓은 아무 의미도 없어질 것이다. 부인은 휴의 카네이션 선물을 모나게 웃으며 받았다. 인제 더 오실 분은 없다고 부인은 말했다. 딱한 처지에 놓이게 되어 조력을 구하려고, 구실을 만들어서 초대한 것이었다.

"그럼, 우선 식사를 하실까요." 부인이 말했다.

그래서 앞치마를 두르고 흰 모자를 쓴 처녀들이, 소리없이 사뿐사뿐 문 사이로 드나들기 시작했다. 이 처녀들은 필요해서 부리는 하녀들이 아니라, 메이페어의 부인네들이 1시 반부터 2시 사이에 여는 오찬회에서 필요한 신비스러움과 위대함을 보이는 기술의 조력자들이었다. 주인이 한 번 손짓하면, 그들의 왕래는 딱 멈춘다. 그러면 손님들은 앞에 놓인 음식을 보고 대뜸 심한 착각을 일으킨다—이건 돈을 내지 않아도 괜찮을까 하는 착각을. 테이블에는 유리잔, 은그릇, 접시 받침, 빨간 과일무늬 접시 등이 저절로 놓여지고, 갈색 크림의 엷은 막이 가자미 머리 위를 덮고 있다. 요리냄비 안에는 영계 토막들이 둥둥 떠 있으며, 집안 일과는 관계없이 난롯불이 빨갛게 타고 있다. 포도주와 커피를 마실 때(이것도 돈을 안 낸다), 손님들의 사색에 잠긴 눈앞에는 즐거운 환상이 나타난다. 고요히 명상에 잠긴 그들의 눈앞에. 이제 이들 눈에는 인생이 음악적으로 신비스럽게 비쳤다. 또한 이들 눈은 브루턴 부인이 접시 곁에 내려 놓은 빨갛고 아름다운 카네이션을 다정하게 바라보고 있다(브루턴 부인의 동작은 언제나 모진 데가 있었다). 휴 위트브레드는 온 우주가 평화스럽고 동시에 자기 위치도 확고부동함을 느끼면서, 포크를 멈추고 이렇게 말했다.

"카네이션을 부인의 레이스에 달면 예쁘게 보이지 않을까요?"

미스 브러쉬는 휴 위트브레드가 부인께 이렇게 허물없이 구는 것이 몹시 못마땅했다. 그리고 휴를 버릇없는 사람이라고 생각했다. 미스 브러쉬의 그러한 태도에 브루턴 부인은 웃지 않을 수 없었다.

브루턴 부인은 카네이션을 다소 투박하게 손에 들었다. 그것은 부인 뒤에 걸린 사진에서 족자를 들고 있는 장군의 손과 너무나 흡사한 손이었다. 그녀는 황홀한 표정을 한 채 그대로 움직이지 않았다. 부인은 이 장군의 증손녀일까, 고손녀일까? 어느 쪽일까? 리처드 댈러웨이는 생각했다. 로데릭 경, 마일스 경, 탤보트 경—아 그렇지, 탤보트 경이지. 이 집안에서는 묘하게 딸들이 조상을 많이 닮는다지. 부인도 용기병(龍騎兵)의 장군이 됐더라면 좋았을 텐데. 그럼, 나도 기꺼이 그 밑에서 일을 했을 것 아닌가. 리처드는 이 부인에게 최대의 경의를 품고 있었다. 그는 명문의 풍채가 훌륭한 부인들에 대해서는 낭만적인 생각을 지니고 있어서 장난삼아 자기가 아는 성급한 청년들을 부인의 오찬회에 데려오고 싶었다. 부인 같은 유형의 여성을 상냥한 사교 애호가로 만들 수 있다는 듯이! 리처드는 부인의 고향을 알고 있고 부인의 친척들도 알고 있었다. 그곳에는 지금도 포도송이가 잘 매달리는 포도넝쿨이 있다. 시인 리처드 라브레스였는지 혹은 로버트 헤리크였는지—부인은 결코 시는 한 구절도 읽지 않는 사람이지만 아무튼 얘기는 그렇다는 것인데—이 두 시인 중 어느 한쪽이 그 포도넝쿨 밑에 앉은 일이 있다고 한다. 내가 골치를 앓고 있는 문제를 이분들 앞에 내놓는 건 좀더 있다 하는 것이 좋겠지(여론에 호소해보자는 문제이지만 만약 호소한다면 어떠한 말로 하느냐 하는 따위의 문제 말이다). 이분들이 커피를 다 마실 때까지 기다리는 것이 좋을 거라고 브루턴 부인은 속으로 생각했다. 그래서 다시 카네이션을 접시 옆에다 내려놓았다.

"클래리사는 안녕하세요?" 부인이 느닷없이 물었다.

클래리사는 브루턴 부인이 자기를 좋아하지 않는다고 늘 말했다. 사실 브루턴 부인은 사람보다는 정치에 더 관심이 있다느니, 말씨도 남자 같다느니, 요즘 회고록 같은 데서 언급되기 시작한 1880년대의 어느 악명 높은 음모사건에 한몫 끼었다는 소문이었다. 사실 부인의 응접실 뒤에 깊숙한 골방이 있고, 그곳에는 테이블이 하나 있었다. 이 테이블 위쪽에는 타계한 탤보트 무어 장군의 사진이 걸려 있었다. 장군은 브루턴 부인 앞에서(1880년대의 어느날 저녁) 부인에게 아마 조언을 받아가면서, 어느 역사적인 사건에 영국 군대의 진격을 명령하는 전문(電文)을 썼으리라(부인은 그 펜을 지금도 간직하고 있고 그 당시의 이야기도 했다). 그러니까 부인이 "클래리사는 안녕하세요?" 허물없이 물어올 때, 남편들은 그들의 해외 근무에 방해가 되고 유행성 감기가 낫도록 의회의 회기 중에라도 해변가로 데려가야 하는 그런 아내들에게, 브루턴 부인이 과연 어느 정도 관심이 있는지 남편들로서는 내심 의심스러웠을 뿐만 아니라, 아내들에게 부인의 관심을 납득시키기도 어려웠다. 그런데도 "클래리사는 안녕하세요?" 하는 부인의 안부는 호의를 가진 친구의 말없는 신호임을 여자들은 잘 알고 있었다. 이런 말은(아마 여태껏 대

댈러웨이 부인 111

여섯 번에 불과했지만), 여자들끼리의 우정을 피차가 인식하고 있음을 의미했다. 이 인식은 남성들의 오찬회 아래로 흐르는, 별로 만나는 일 없는 브루턴 부인과 댈러웨이 부인을 연결시켜주었으며, 서로가 만나면 무관심하거나 적대적인 듯이 보이는 표면 밑에서 하나의 기묘한 연결감을 가져다주었다.

"오늘 아침 공원에서 클래리사를 만났습니다." 휴 위트브레드는 냄비 속에 나이프와 포크를 집어넣으면서 말했다. 런던에 상경하기만 하면, 당장 모든 사람과 만나게 되는 자기를 좀 자랑하고 싶어서 한 말이었다. 어지간히 욕심쟁이군. 이런 욕심쟁이는 처음 봤어, 밀리 브러쉬는 생각했다. 그녀는 흔들리지 않는 공정한 눈으로 남성들을 관찰했다. 동성인 여자들에 대해서는 영원히 변함없는 애정을 느끼고 있었다. 그녀의 몸맵시는 마디마디가 굵고 칼로 깎아낸 것처럼 모가 나서 여자다운 매력이라고는 전혀 없었다.

"누가 런던에 와 있는지 아세요?" 브루턴 부인은 갑자기 생각난 듯이 말했다. "우리가 잘 아는 피터 월쉬랍니다."

모두 빙그레 웃었다. 피터 월쉬! 댈러웨이 씨는 정말 반가워한다고 밀리 브러쉬는 생각했다. 근데 위트브레드 씨는 닭고기 생각만 하고 있다.

피터 월쉬! 브루턴 부인과 휴 위트브레드, 그리고 리처드 댈러웨이, 이 세 사람은 모두 같은 일을 회상하고 있었다─피터가 열렬한 사랑에 빠졌다가 거절당하고 인도로 건너갔으나 실패하고 모든 일을 망쳐버렸다는 것을. 리처드 댈러웨이는 이 옛날 친구를 대단히 좋아했다. 밀리 브러쉬는 이것을 알아보았다. 그녀는 리처드의 갈색 눈 속 깊은 곳을 보았다. 리처드가 주춤하고 생각에 잠긴 것을 그녀는 알아보았다. 댈러웨이 씨는 언제나 이 여자의 관심을 끌었다. 지금도 그러했다. 이분은 무엇을 생각하고 있을까? 그녀는 궁금했다.

피터 월쉬는 클래리사를 사랑했다. 오찬이 끝나는 길로 곧 돌아가서 클래리사를 만나야지. 그리고 내가 그녀를 사랑한다는 것을 자세히 말해줘야지. 그래 말해줘야지, 리처드는 생각했다.

밀리 브러쉬는 댈러웨이의 이러한 침묵에 한때 반할 뻔한 일이 있었다. 댈러웨이 씨는 언제나 믿음직하고 점잖으셔, 그녀는 생각했다. 이제 나이 40이 된 그녀는 브루턴 부인이 고갯짓만 하거나, 갑자기 머리를 좀 돌리기만 해도 부인의 눈치를 곧 알아차렸다. 인생이 속이지 못할 초연한 정신, 깨끗한 영

112 댈러웨이 부인

혼의 사색에 아무리 깊이 잠겨 있었을 경우라도, 인생은 그녀에게 털끝 만한 가치도 주지 않았기 때문에, 글쎄 고수머리도, 미소도, 아름다운 입술이나 뺨도, 코도, 이밖의 아무것도 주지 않았기 때문이다. 브루턴 부인의 고갯짓으로 알아차린 밀리 브러쉬는 퍼킨스에게 커피를 얼른 가져오라고 일렀다.

"그래요, 피터 월쉬가 돌아왔어요." 브루턴 부인이 말했다. 세 사람은 다같이 일종의 우월감을 느꼈다. 자기들이 버젓이 살고 있는 고국땅에 피터는 난파당한 패자로 돌아왔다고 생각하면서. 하지만 그를 도와줄 수는 없지, 성격상 결함이 있으니, 세 사람은 생각했다. 피터의 이름을 이러이러한 분에게 소개해두는 것도 좋겠다고, 휴 위트브레드가 말했다. 하지만 정부 고관들에게, '소생의 친구 피터 월쉬 운운'하는 편지를 쓸 생각에, 휴는 서글프고도 거만하게 얼굴을 찌푸렸다. 그렇지만 신통치는 못할 거야—영구적인 자리는 없으리라, 성격이 그렇다 보니, 그는 생각했다.

"어떤 여자와 문제가 있다나 봐요." 브루턴 부인이 말했다. 그들은 역시 그것이 원인일 것이라고 이미 짐작하고 있었다.

"하지만, 자세한 얘기는 피터 자신한테 들어보기로 하죠." 브루턴 부인은 화제를 돌리려고 애쓰며 말했다.

(커피가 들어오는 것이 매우 더디었다.)

"주소는요?" 휴 위트브레드가 중얼거리듯 물었다. 그러자 밤낮으로 브루턴 부인을 둘러싸고 있는 봉사(奉仕)의 회색빛 밀물 위에 잔물결이 일었다. 이 밀물은 모여서 재앙을 막아주고 고운 비단으로 부인을 에워싸주는 밀물이었다. 그리고 이 밀물은 또한 충격을 막고 장애를 감소시켜주는 고운 그물이 되어 브루크 가의 이 집을 둘러싸고 있었다. 매일매일의 일이 이 그물에 걸리면, 부인이 집에서 30년이나 지내온 동안 머리가 허옇게 센 퍼킨스가 당장에 정확히 그 일들을 처리해나갔다. 지금도 퍼킨스는 주소를 받아 적어 위트브레드 씨에게 건네주었다. 휴는 지갑을 꺼내, 눈썹을 치켜뜨면서 중요한 서류 속에 그 쪽지를 넣고 나서, 아내 이블린에게 말하여 피터를 점심에 초대하도록 하겠다고 말했다.

(하인들은 위트브레드 씨가 말을 끝맺을 때까지 커피를 들여오는 것을 삼가고 있었다.)

휴가 꽤 꾸물거린다고 브루턴 부인은 생각했다. 이 분이 살찌기 시작했네.

리처드는 항상 아주 보기 좋은 체격을 유지하고 있는데, 그녀는 생각했다. 부인은 점점 초조해졌다. 이 쓸데없는 하찮은 일(피터 월쉬에 관한 일)을 치워버리고, 자기의 관심을 끌고 있는 문제에 대해서 부인의 전심전력은 부정할 수 없이 적극적으로 쏠리고 있었다. 관심 뿐만 아니라, 부인의 정신의 지주를 이루고 있는 신경조직과, 그것 없이는 밀리슨트 브루턴일 수 없는 본질적인 요소가 모두 다 이 문제에 사로잡혀 있었다. 이 문제는 즉 좋은 집안에서 태어난 자녀를 캐나다로 이주시켜 장래 향상할 수 있는 좋은 전망을 가지고 활동하게 하자는 계획이었다. 부인은 그 효과를 과장했다. 아마 균형 감각을 잃었을 것이다. 다른 사람들은 이민을 신통한 구제책이나 숭고한 착상으로는 보지 않았다. 그들은(휴나 혹은 리처드, 혹은 충성스런 미스 브러쉬나) 그것을 갇혀 있는 이기주의의 해방책이라고는 생각하지 않았다. 그러나 늠름하고, 영양 좋고, 가문 좋고, 아주 충동적이며, 감정이 솔직하고, 별로 내성적이 아닌 이 부인은(그러니까 너그럽고 소박한 성격이다—어째서 사람은 누구나가 너그럽고 소박할 수 없을까? 부인은 생각했다), 젊은 시절이 지나면 마음속이 울적하기 마련인 지금같은 감정을 무엇엔가에 쏟아야만 했다—그것은 이민이라도 좋고, 여성해방운동이라도 좋았다. 아무튼 무엇이든 부인의 영혼의 본질이 나날이 그 주위에 분비하는 대상이 되는 문제는, 절반은 거울이었고 절반은 보석인 오색빛이 찬란한 물체가 되어버렸다. 그것을 남들이 비웃을까 봐서 조심스럽게 숨겼지만, 때로는 자랑삼아 내보이기도 했다. 요컨대 이민문제는 대체로 브루턴 부인 자신의 문제가 되어 있었다.

그러나 부인은 편지를 써야만 했다. 그런데 〈타임스〉지에 기고하는 편지를 쓰는 것은 미스 브러쉬에게도 늘 말했다시피, 남아프리카 원정군을 편성하는 일보다도 더 힘드는 일이었다(대전 중에 부인은 남아프리카 원정군을 편성한 일이 있었다). 아침에 펜을 들고 써보고, 찢고, 다시 시작하는 등, 평소에 느껴본 적 없는 여자가 된 비애를 느꼈다. 그래서 〈타임스〉지에 편지를 기고한 적이 있는 휴 위트브레드를—이것은 아무도 의심할 사람이 없었다—서슴지 않고 생각해보았다.

부인과는 전혀 성격이 다르고, 언어를 마음대로 구사하며 편집자의 마음에 드는 글을 쓸 수 있는 사람은 단순히 욕심이라고만 볼 수 없는 어떤 정열을 가지고 있었다. 우주의 법칙에 신비하게 동화할 수 있는 남자의 능력, 여자는 도저히 가질 수 없는 그런 능력을 존경하기 때문에, 브루턴 부인은 남성에 대한 혹평을 종종 삼갔다. 남성은 표현할 줄 알고 남이 하는 말을 알아들었다. 그래서 리처드가 그녀에게 조언을 해주고 휴가 편지를 써준다면, 보증할 수 있음을 부인은 확신했다. 그래서 부인은 휴에게 스플레 요리를 대접하고 병석에 있는 이블린을 문병하고, 이 두 남자가 담배 피우기를 기다려서 이렇게 말을 꺼냈다.

"밀리, 종이 좀 갖다주겠수?"

그러자 밀리 브러쉬는 나갔다 돌아와서 종이를 테이블 위에 놓았다. 휴는 만년필을 꺼냈다. 은빛 만년필, 20년이나 사용해온 것이라고 그는 뚜껑을 틀면서 말했다. 아직도 멀쩡했다. 만년필 제조업자들에게 보였더니 조금도 닳을 이유가 없다고 하더라는 것이다. 이것은 어느 정도 휴의 공이기도 하고 이 만년필로 써낸 의견의 명예이기도 하다(하고 댈러웨이는 생각했다). 휴는 편지지 여백에 동그라미를 그리고서 그 아래에 대문자로 조심스럽게 써내려가기 시작했다. 그러자 브루턴 부인이 갈피 못 잡던 내용의 의미가 통하며 조리가 서 갔다. 〈타임스〉지의 편집자도 이만하면 칭찬할 것 아닌가, 생각하면서 브루턴 부인은 놀라운 변화를 지켜보고 있었다. 휴는 동작이 더디었다. 그리고 집요했다. 리처드는 딱 잘라서 쓰라고 말했다. 휴는 사람들의 감정을 존중해서 좀 수정하자고 제의했다. 리처드가 웃으니까 휴는 "이건 좀 고려해봐야 돼." 잘라 말하면서 쓴 글을 읽어내려갔다. "그러니까, 우리는 시기가 무르익었다고 생각한다…… 나날이 늘어가는 과잉인구의 청년층을…… 우리가 조상들에게 입은……." 그것은 모두 다 인기를 얻으려는 허식에 지나지 않는다, 물론 해로운 일은 아니지만, 리처드는 생각했다. 휴는 조끼에 떨어진 담뱃재를 털면서 논리정연하게 고매한 의견을 쓰고, 쓴 것을 다시 요약했다. 이래서 마침내 완성된 편지의 초고를 그가 읽어내려갈 때 브루턴 부인은 확실히 걸작이라고 생각했다. 내 의견이 이렇게 훌륭하게 들릴 수도 있을까? 부인은 생각했다.

휴는 편집자가 이것을 실어줄지 보장할 수는 없으나 오찬회에서 어떤 편집자를 만나면 부탁해보겠다고 말했다.

좀처럼 호의를 나타내보이지 않는 브루턴 부인은 휴가 가져온 카네이션을 옷에 달고 두 손을 내밀며 휴를 불렀다. "우리 수상!" 이 두 사람이 없었더라도 그녀가 이렇게 했을까? 이들은 일어섰다. 리처드 댈러웨이는 평소처럼 장군의 초상화가 걸려 있는 곳으로 걸어가서 바라보았다. 그는 여가가 생기면 브루턴 부인 가문의 역사를 써볼 요량이었기 때문이다.

밀리슨트 브루턴은 여간 집안 자랑을 하는 게 아니었다. 그래도 급할 건 없지요, 급할 건 없어요. 부인은 초상화를 보면서 말했다. 이것은 군인, 행정가, 제독할 것 없이 자기 집안 사람들은 그들의 의무를 다하는 행동적 인간임을 의미했다. 리처드, 당신의 첫째 의무는 조국에 대한 것 아닌가요. 근데 저 얼굴은 너무 잘생겼지요, 부인은 말했다. 전기를 쓰기 위한 모든 자료가 올드믹스턴에 준비돼 있어요, 그 때가 언제 오더라도 말이에요. 이건 노동당의 집권을 의미했는데, 그땐 보수당인 리처드는 한가할 것이니까 말이다. "아, 인도 소식 좀 들었으면!" 부인은 소리질렀다.

그들은 현관에 서서, 공작석(孔雀石) 테이블의 우묵한 곳에 놓아둔 노란 장갑을 집어들었다. 휴가 못 쓰는 극장표인지를 무엇인지를 내주면서 쓸데 없이 아첨을 하는 바람에, 이것을 마음속으로부터 증오하는 미스 브러쉬의 얼굴이 벽돌처럼 빨개졌다. 그리고 리처드는 모자를 집어 들고 브루턴 부인을 향하여 이렇게 말했다.

"오늘 저녁 저희 집 파티에 오시지요?" 이 말에 브루턴 부인은 편지건 때문에 산산히 부서졌던 위엄을 되찾았다. "봐요. 클래리사는 참 기력이 좋아요. 나는 파티가 겁이 난답니다. 하긴 나야 점점 늙어가니까요." 부인은 문간에 서서 넌지시 말했다. 아름답고 꼿꼿한 모습이었다. 그러는 동안 부인의 등 뒤에서는 당견(唐犬)이 기지개를 켰고, 미스 브러쉬는 문서를 두 손에 한아름 들고 안으로 사라졌다.

브루턴 부인은 육중한 걸음으로 위풍당당하게 2층 자기 방으로 올라가 한 팔을 뻗은 자세로 소파에 누웠다. 부인은 한숨을 내쉬고서 코를 골았다. 그러나 잠이 든 것은 아니었다. 다만 따사로운 6월 햇볕 속에서 벌이나 노랑나비들이 주위를 뱅뱅 날고 있는 들판에 나와 있는 느낌이었다. 이럴 때면 부인의 마음은 어린 시절 동생 모티머와 톰을 데리고 애마 패티를 타고서 시내를 뛰어 넘어 다녔던 데본셔의 들을 추억했다. 개들도 있었고 생쥐들도 있었지. 아버지와 어머니는 나무그늘 잔디밭에 앉아서 내온 찻잔으로 차를 드셨고, 화단에는 달리아며 접시꽃, 팸퍼스초들이 한창이었다. 우리 장난꾸러기들은 늘 장난칠 궁리를 했다! 무슨 나쁜 짓을 하다가 옷을 죄다 망쳐, 들키지 않으려고 덤불 속으로 해서 살금살금 집으로 돌아온 일도 있었다. 유모 할머니가 옷이 무슨 꼴이냐고 야단을 치곤 했지!

맙소사, 부인은 생각해냈다—오늘은 수요일, 여기는 브루크 가(街)가 아닌가. 친절하고 착한 리처드 댈러웨이와 휴 위트브레드는 이 뜨거운 날, 지금 이렇게 여기까지 들려오는 소음의 거리로 걸어나갔구나. 내게는 권력이 있잖은가, 지위도 수입도. 나는 줄곧 시대의 첨단에서 살아왔다. 내게는 좋은 친구들이 있고, 요즘의 가장 유능하다는 인사들도 알고 있다. 속삭이는 듯한 런던의 소음은 이곳까지 들려왔다. 소파 등받이에 얹은 부인의 손은 조상들이 쥐어봤을지도 모를 관장(官杖)을 상상 속에서 움켜쥐었다. 이렇게 쥐고 있으니 졸리고 노곤한 가운데, 캐나다로 떠나는 이민단을 지휘하고 있는 것 같은 기분이었다. 그리고 또한 런던 거리를 걷고 있는 아까 그 두 사람, 이들의 영토랄까, 양탄자 넓이 만한 메이페어를 가로질러 걷고 있는 그들을 지휘하고 있는 것도 같았다.

이 두 사람은 눈에 보이지 않는 가느다란 실로 부인과 연결된 채 점점 멀어져갔다(부인과 같이 점심을 먹었으니까 말이다). 실은 두 사람이 런던의 거리를 걸어나감에 따라, 길게 늘어져서 점점 가늘어져갔다. 점심을 같이 한 뒤에 친구와 부인의 몸을 묶어놓을 것만 같은 이 실은(부인은 방에서 졸고 있을 때), 시간을 알리거나 예배시간을 알리는 종소리와 더불어 희미해져갔다. 거미줄 한 올이 빗방울에 젖어 그 무게로 축 늘어지는 것처럼 부인은 잠이 들었다.

그런데 밀리슨트 브루턴이 소파에 누워서 연결된 실을 툭 끊고 이제 마구 코를 골기 시작한 순간, 리처드 댈러웨이와 휴 위트브레드는 콘디트 가(街)의 모퉁이에 서서 망설이고 있었다. 양쪽에서 불어온 바람이 길모퉁이에서 마주쳤다. 두 사람은 상점 진열장을 들여다보았다. 그런데 무엇을 사고 싶다거나 얘기를 하고 싶어서가 아니라, 길모퉁이에서 마주치는 바람과 육체의 조수(潮水)가 느끼는 일종의 피곤감, 그리고 회오리바람 속에서 맞부딪치는 오전과 오후의 두 개의 힘, 이것들과 작별하고 두 사람은 걸음을 멈추었다. 신문의 전단이 공중에 떴다. 처음에는 연처럼 세차게 날아올라가더니, 주춤하고 스르륵 내려와서 펄럭거렸다. 어떤 부인의 베일처럼 걸려 있었다. 상점

댈러웨이 부인 117

의 노란 발이 바르르 떨렸다. 오전에는 급히 달리던 차의 속도가 떨어졌고, 마차는 한가해진 거리를 덜렁거리며 아무렇게나 지나가고 있었다. 리처드 댈러웨이는 거의 무의식 중에 노포크를 생각하고 있었다. 따사로운 미풍이 꽃잎을 날리며 물결이 일고, 꽃이 핀 풀밭을 스쳐가는 광경하며, 건초 일꾼들이 오전의 피로를 낮잠으로 풀어보려고 울타리 밑에 앉아서 초록 풀잎들로 된 포장을 헤치고, 또는 바람에 떠는 카우 파슬리의 동그란 꽃을 제치고 여름날의 변함없이 빛나는 푸른 하늘을 바라보는 모습이 기억났다.

리처드는 손잡이가 두 개 달린 제임스 1세 시대의 은 주전자를 바라보고 있었고, 휴 위트브레드가 감식가처럼 의젓이 스페인 목걸이를 찬탄하면서, 아내가 좋아할지 모르니까 값을 물어보려고 생각하고 있다는 것도 다 알면서 잠자코 있었다. 그는 생각하는 것도 움직이는 것도 싫었다. 인생이 이런 난파선의 조각을 토해낸 것이다. 진열장에는 가지각색의 인조 보석들이 가득 들어 있었다. 리처드는 다가오는 노년의 무기력함과 노년의 강직함을 의식하면서 꼿꼿이 서서 우두커니 들여다보고 있다. 이블린 위트브레드는 아마도 이 스페인 목걸이를 사고 싶어하리라. 그럴 것만 같았다. 그는 하품이 나왔다. 휴는 상점 안으로 들어갔다.

"내 짐작이 맞았지!" 리처드는 따라들어가며 말했다.

웬일인지 리처드는 휴와 함께 목걸이를 사러 가고 싶지가 않았다. 그러나 육체 안에서는 조수가 흐르고, 오전은 오후와 마주쳤다. 깊고 깊은 바다에 뜬 앙상한 조각배처럼 브루턴 부인의 증조부의 모습과 그분의 회상록, 북아메리카 원정군 문제 등이 떠내려가다가 가라앉아버렸다. 밀리슨트 브루턴 역시 가라앉았다. 이 문제가 어떻게 되든 리처드는 상관없었다. 그 편지를 편집자가 채택하건 말건 그는 상관없었다. 목걸이는 휴의 미끈한 손가락 사이에 축 늘어졌다. 휴가 목걸이를 꼭 사야만 한다면 아무 여자에게나—거리의 아무 여자에게나 주어버리려무나, 리처드는 생각했다. 이런 시시한 생각이 리처드의 마음을 마구 때렸다—이블린을 위해서 목걸이를 산다는 이런 시시한 인생이. 리처드는 아들이 있다면 일을 하라고 타일렀을 것이다. 그러나 그에게는 엘리자베스가 있었다. 그는 엘리자베스를 무척 사랑했다.

"듀보네트 씨를 좀 뵈었으면 좋겠는데요." 휴는 간결하고 익숙한 말씨로 말했다. 이 듀보네트는 위트브레드 부인의 목둘레 치수를 알고 있을 뿐 아니라, 더욱 기묘하게도 그녀의 스페인 패물에 대한 취미까지도 알고 있으며, 그녀가 그런 종류의 보석을 어느 정도 소장하고 있는가도(휴 자신도 기억이 나지 않았다) 알고 있었다. 이런 것들이 모두 리처드에게는 아주 이상하게 보였다. 그는 2, 3년 전에 준 팔찌 하나 외에는 클래리사에게 선물한 일이 없기 때문이었다. 그런데 그 팔찌 선물도 성공은 아니었다. 그녀는 한 번도 그 팔찌를 차지 않았다. 아내가 한 번도 그것을 하지 않는 것을 생각하면 리처드는 고통스러웠다. 한 올의 거미줄이 이리저리 흔들리다가 마침내 어떤 이파리 끝에 달라붙듯이 리처드의 마음은 무감각 상태를 벗어나서 아내 클래리사에게로 쏠렸다. 피터 월쉬가 그렇게도 열렬히 사랑했던 아내 클래리사에게로. 아까 오찬회 때도 아내의 모습이 문득 머리에 떠올랐다. 그때 자기자신과 클래리사의 생각이, 그들의 생활이 머리에 떠올랐다. 그는 보석들이 담긴 쟁반을 끌어다가 브로치며 반지를 집어들어 물어보았다. "이건 얼마지요?" 그러나 자기의 취향에는 자신이 없었다. 그래도 자기 집 응접실 문을 열고 들어설 때 클래리사에게 줄 선물로 내밀 것을 하나 사가지고 가고 싶었다. 그런데 뭐가 좋을까? 그는 생각했다. 한편 휴는 또 입을 열려고 했다. 그는 말로 표현할 수도 없이 위엄을 부리고 있었다. 35년간이나 이 상점과 거래를 해온 지금 패물에 관한 견식이 없는 나이 어린 점원이 아무거나 떠맡기려는 것이 못마땅한 모양이었다. 듀보네트는 때마침 외출하고 없었다. 휴는 그러면 아무것도 사지 않겠다고 했다. 그 말에 젊은 점원은 얼굴을 붉히고 공손히 머리를 숙였다. 사실 휴의 말은 다 합당하였다. 그러나 리처드는 자신 같으면 죽어도 그런 말을 할 수 없으리라! 상인들은 왜 이렇게도 지독히 무례한 태도를 용납하는지 알 수 없었다. 휴는 어쩔 수 없는 얼간이가 되어가고 있구나, 그는 생각했다. 이런 인간하고는 한 시간 이상을 같이 지낼 수 없었다. 이래서 리처드는 작별인사로 모자를 흔들어보이고, 콘디트가의 모퉁이에서 돌아섰다. 그는 자기와 클래리사를 연결해주는 거미줄을 더듬어 갈 것을 간절히 정말 간절히 바라면서, 웨스트민스터에 있는 아내에게 곧장 돌아가야겠다고 생각하면서 모퉁이를 돌아섰다.

그러나 가지고 들어갈 게 뭐라도 있었으면 싶었다. 꽃으로 할까? 그래 꽃이 좋겠군. 나는 귀금속은 알아볼 줄 모르니까. 오늘 저녁 파티는 하나의 행사인 모양이니까 축복하는 의미에서 장미며 난초꽃을 한 아름 사가지고 가

자. 오찬회 때 피터 월쉬 얘기가 나왔을 때 느낀 기분, 그런 기분을 아내와 둘이서 얘기해본 적은 여태껏 없지 않은가. 흰 장미와 빨간 장미를(얇은 종이에 싸인 큰 다발인데) 한데 모아 쥐면서, 아주 큰 잘못이라고 리처드는 생각했다. 사람은 그런 말을 입에 담지 못할 때가 오거든, 부끄러워서 입에 담지 못할 때가 있지, 그는 거슬러 받은 6펜스짜리 잔돈을 두어 닢 호주머니에 넣으며 생각했다. 그리고 커다란 꽃다발을 안고서 웨스트민스터 쪽으로 향했다. 이 꽃을 내밀고(아내가 뭐라 생각하건) 말해야겠다. "나는 당신을 사랑하오." 왜 못해? 전쟁, 그리고 땅에 묻혀 벌써 사람들 뇌리에서 사라져가는 수천 명의 유망한 청년들을 생각하면 이것은 기적이 아닌가. 정말 기적이다. 나는 클래리사에게 사랑한다고 이제 비로소 말하기 위해 여기 런던 거리를 걸어가고 있잖은가, 그는 생각했다. 그런 말을 여태껏 하지 못한 것은 한편으로는 게으른 탓도 있고 한편으로는 부끄러워서였다. 그런데 클래리사를—그녀를 생각하기는 쉽지 않았다. 오찬회 때처럼 그녀의 모습이나 둘 사이의 생활이 선명하게 떠오른 경우 말고는. 리처드는 교차로에서 걸음을 멈추고, 참 기적이라고 되풀이 생각했다—그는 산으로 들로 사냥을 가고 세간의 부패를 모르는 소박한 성격으로, 또한 끈기있고 고집이 세며, 하원에서는 약자들을 옹호하는 투사로서 본능적으로 행동했다. 여전히 소박함을 유지하고 있을 뿐 아니라 한편 점점 말수가 적어지고 무뚝뚝해져갔다—그래도 이것은 기적이라고 또 생각했다. 내가 클래리사와 결혼한 것도 하나의 기적이고 나의 일생도—기적이거든, 그는 생각하며 길을 건너가는 것을 망설이고 있었다. 그러나 대여섯 살 된 꼬마아이들이 피카딜리의 대로를 저희들끼리 건너가는 것을 보고 리처드는 피가 끓어오르듯 화가 났다. 경찰은 당장 교통의 흐름을 정지시켜야 할 것 아닌가. 그는 런던의 경찰에 관해서는 전혀 지나친 환상을 갖고 있지는 않다. 사실 그는 지금 경관들의 불법행위에 관한 증거를 수집하고 있는 중이다. 길가에 노점을 내는 것을 금지당하고 있는 과일장수들이나 매춘부들도 실은 그들 잘못은 아니다. 젊은 남자들의 잘못도 아니다. 다만 우리의 잘못된 사회조직과 기타 문제들에 결함이 있는 것이다, 리처드는 이런 일들을 생각했다. 아내에게 사랑한다는 말을 하려고 공원을 가로질러 걸어가고 있을 때, 그의 머리가 허옇고 완고하고 화사하고 말끔해 보이는 모습은 남의 눈에도 그런 생각을 하고 있는 것처럼 비쳤을 것이다.

120 댈러웨이 부인

방에 들어가면 그렇게 말해줘야겠다. 느끼는 것을 전혀 말하지 않는다는 것은 유감천만이 아닌가, 그는 생각했다. 그린 파크를 가로질러 가면서 그는 나무그늘에 누워 있는 가난한 가족들을 즐거운 눈으로 관찰했다. 애들이 발길질을 하면서 젖을 빨고 있군. 종이 봉지들이 여기저기 흩어져 있군. 제복차림의 뚱뚱보 공원지기들은 저런 휴지들을 쉽게 치울 수 있을 텐데 내버려두고 있군(공원에서 노는 사람들이 줍기 싫어한다면 말이다). 그는 모든 공원과 모든 광장은 여름철에는 아동들을 위해서 개방되어야 한다는 의견이었다(공원의 풀밭은 마치 노란 불빛이 밑에서 비추고 있기라도 하는 양 웨스트민스터의 가난한 어머니들과 기어다니는 애들을 환히 비쳐내고는 다시 그늘이 졌다). 저기 저 팔을 베고 누워 있는 가난한 부랑자 같은 저 여자를 어떻게 하면 좋담? (그녀는 모든 굴레를 벗어나서 지면에 몸을 내던지고, 호기심에 찬 눈으로 관찰하고, 대담하게 생각하며, 입술을 벌리고 익살맞은 얼굴로, 어째서, 왜라는 문제를 생각하고 있는 것 같았다) 에라, 나도 모르겠다. 리처드 댈러웨이는 꽃을 총대같이 들고 그 여자 곁으로 다가갔다. 생각에 몰두한 채 그는 그녀 옆을 지나갔다. 그래도 두 사람 사이에 불꽃이 튈 사이는 있었다. 여자는 그를 보고 웃었다. 그 또한 기분 좋게 싱긋이 웃었다. 여자 부랑자 문제를 마음속으로 생각하면서. 물론 두 사람은 피차 얘기를 걸어볼 생각은 전혀 없었다. 그러나 클래리사에게는 사랑한다고 말해줄 생각이다. 전에 그는 피터 월쉬를 질투한 일이 있었다. 피터와 클래리사를 둘 다 시기한 일이 있었다. 그녀는 자신이 피터 월쉬와 결혼하지 않기를 잘했다고 종종 말하곤 했지만. 그녀를 잘 안다면 그 말은 확실히 옳은 말이었다. 그녀는 의지할 것이 필요했다. 그녀는 약하지 않았지만 의지할 것이 필요했다.

(흰 옷을 입고 관중 앞에 서 있는 연로한 명가수 같은) 버킹엄궁전의 독특한 위엄은 아무도 부인할 수 없다고 리처드는 생각했다. 수백만의 국민들이(약간의 군중들은 국왕께서 차를 타고 나가시는 것을 구경하려고 문앞에 모여 있는데) 하나의 상징으로 생각하고 있는 것을 어리석은 생각이라도 무시할 수 없는 노릇이었다. 어린애가 상자를 가지고 쌓아올려도 저보다는 잘 만들 것 아닌가. 그는 빅토리아 여왕 기념탑을(여왕이 뿔테 안경을 쓰고 켄징턴을 마차로 지나가던 일이 생각난다) 바라보면서 생각했다. 탑의 흰 받침대와 여왕의 자애를 찬양하는 높다란 상도 보였다. 그러나 그는 고대 주트

댈러웨이 부인 121

족 추장이었던 호사의 후예에게 통치를 받았으면 싶었다. 그는 대대의 계승이 좋았다. 과거의 전통을 이어받는다는 것이 좋았다. 지금 자기가 살고 있는 이 시대는 위대한 시대라 생각되었다. 사실 그의 인생은 하나의 기적이었다. 그것을 잘못 알아서는 안 된다. 인생의 한창 때에, 내가 클래리사에게 사랑한다는 말을 하려고 웨스트민스터에 있는 집을 향해 지금 걸어가고 있다. 행복이란 바로 이런 것이라고 그는 생각했다.

행복이란 이런 것이다, 웨스트민스터의 딘스 야드로 들어서면서 그는 말했다. 빅벤이 울리기 시작했다. 처음에는 예령의 음악 소리, 다음에는 불귀의 시간을 알렸다. 그는 오찬회 때문에 한 나절을 다 허비했다고 생각하면서 자기 집 현관으로 가까이 갔다.

빅벤의 종소리는 클래리사의 응접실로도 넘쳐 흘러들어갔다. 지금 그녀는 응접실 책상 곁에 앉아서 이것 저것 무척 마음을 쓰고 있었다. 오늘 저녁 파티에 엘리 헨더슨을 초대하지 않은 것은 분명한 사실이었다. 일부러 그렇게 정한 일이었다. 그런데 마셤 부인한테 편지가 왔다. "그녀를 초청하도록 내가 당신께 청해보겠다는 말을 엘리에게 했어요. 그녀는 파티에 너무나도 참석하고 싶어해요." 이런 내용의 편지였다.

하지만 런던의 미련한 여자들을 왜 죄다 우리집 파티에 초대해야 한담? 마셤 부인이 참견할 일인가? 근데 엘리자베스는 아까부터 도리스 킬먼하고 방에 틀어박혀 있군. 이렇게 불쾌한 일이 또 어디 있을까? 이런 시간에 그런 여자와 기도를 드리고 있다니, 클래리사는 생각했다. 종소리가 우울하게 물결쳐 들어와 방 안에 넘쳤다. 물결은 물러갔다가 몰려들어 다시 한 번 부서졌다. 이때 클래리사는 문에서 누가 조바심하며 무엇을 더듬는 듯한, 무엇을 긁는 듯한 소리를 들었다. 누굴까, 이런 시간에? 어머, 3시야! 큰일났네! 벌써 3시야! 내리누르듯 위엄있게 시계가 3시를 쳤다. 다른 소리들은 잔잔했다. 그런데 문 손잡이가 살며시 돌아가며 리처드가 들어오지 않는가! 어머, 깜짝이야! 리처드가 들어오네, 꽃을 들고. 나는 예전에 콘스탄티노플에서 이이를 거절한 일이 있었지. 그리고 브루턴 부인은 무척 재미있다고 하는 그녀의 오찬회에 나를 오늘 초대하지 않았다. 이이가 꽃을 내민다—장미다! 빨간 장미, 흰 장미(그러나 리처드는 당신을 사랑한다는 말을 도저히 할 수 없었다).

아이 예뻐, 클래리사는 꽃을 받으면서 말했다. 그녀는 알아주었다, 그가 말하지 않아도 알아주었다, 그가 사랑하는 클래리사는. 그녀는 꽃을 벽난로 선반 위에 놓인 꽃병에 꽂아놓고서 참 예쁘다고 말했다. 그리고 파티는 재미있었느냐고 물었다. 그런데 브루턴 부인은 내 안부를 묻던가요? 피터 월쉬가 돌아왔어요. 마셤 부인한테선 편지가 오고요. 엘리 헨더슨을 초대해야 할까요? 저 킬먼이란 여자가 2층에 와 있어요.

"자, 우리 한 5분만 여기 앉아 있습시다." 리처드가 말했다.

방은 텅 비어 보였다. 의자들이 모두 벽 쪽으로 밀어져 있었다. 대체 여기서 무엇을 하였을까? 아, 참, 파티 때문이지. 아니, 나도 파티 건을 잊지 않고 있었어, 그는 생각했다. 그리고 피터 월쉬가 돌아왔다는 소식을 얘기했다. 네, 알아요, 여기도 왔었어요. 이혼을 할 작정이래요. 인도에 있는 어떤 부인을 사랑하고 있대요. 그는 여전해요. 난 여기서 옷을 고치면서…….

"부어톤을 생각하고 있었어요." 클래리사가 말했다.

"오찬회에 휴도 왔더군." 리처드가 말했다. 저도 만났어요! 그녀는 말했다. 그런데 그는 도저히 참지 못할 사람이거든. 이블린의 목걸이를 사려고 하더군. 전보다 살이 더 쪘던데. 어쩔 수 없는 바보 같은 작자야, 리처드가 말했다.

"저, 피터와 결혼할 뻔했다는 생각이 났죠." 그녀는 작은 보타이를 맨 피터가 그녀 앞에 앉아서 주머니칼을 폈다 닫았다 하던 것을 회상하면서 말했다. "그전하고 꼭 같네요, 글쎄."

오찬회에서도 피터 얘기가 나왔었다고 리처드는 말했다(그러나 그는 지금 아내에게 사랑한다는 말을 할 수가 없었다. 그는 아내의 손목을 쥐었다. 이것이야말로 행복이라고 생각하면서). 밀리슨트 브루턴 부인을 위하여 휴와 같이 〈타임스〉지에 보낼 편지를 썼소. 휴가 할 수 있는 일은 고작해야 그런 정도니까.

"그런데 우리가 친애하는 미스 킬먼은?" 그가 물었다. 클래리사는 장미가 아주 예쁘다고 생각했다. 처음에는 한다발이었던 것이 지금은 하나씩 풀어져 있었다.

"킬먼은 우리의 점심이 끝나자마자 왔어요." 클래리사가 말했다. "엘리자베스 얼굴이 빨개졌어요. 둘이서 방에 틀어박혀서 기도를 하고 있는가 봐

댈러웨이 부인 123

요.”

맙소사! 마땅치 않은데. 하지만 내버려두면 이런 일들은 저절로 끝나버리 겠지만, 리처드는 생각했다.

“비옷에 우산을 들고요.” 클래리사가 말했다.

리처드는 아직도 “당신을 사랑해”라고 말하지 않았다. 그 대신 아내의 손을 쥐고 있었다. 행복이란 이거야, 바로 이거야, 그는 생각했다.

“하지만 우리집 파티에 런던의 시시한 여자들을 죄다 초청해야 할 까닭이 어디 있어요?” 클래리사가 말했다. “마셤 부인이 전에 자기 파티에 어디 내 손님을 다 초대했었나요?”

“원, 엘리 헨더슨두.” 리처드는 말했다. 클래리사가 자기 파티에 대해서 왜 이렇게까지 신경을 쓰는지 참 이상하다고 그는 생각했다.

그러나 리처드는 방이 달라보이는 것을 인식하지 못하는 모양이었다. 그 렇지만…… 무슨 말을 꺼내려는 모양인데, 그녀는 생각했다.

파티 때문에 걱정하는 것이라면 파티를 열지 않도록 권해야겠어. 아내는 피터와 결혼했더라면 좋았을 것이라고 생각하고 있나? 이제 나는 가봐야지.

가봐야겠어, 그는 일어나면서 말했다. 그러나 그는 마치 무슨 말을 하려는 듯 잠시 망설였다. 대체 무슨 일일까? 이이가 왜 이럴까? 장미까지 사오고, 그녀는 생각했다.

“무슨 위원회인가요?” 클래리사는 남편이 문을 열었을 때 물었다.

“아르메니아 사람들 문제야.” 리처드가 말했다. “아, 알바니아 사람들이라 고 하던가.”

사람에게는 어떤 위엄이 있기 마련이다. 어떤 고독이 있기 마련이다. 남편 과 아내 사이에도 간격이 있고 그것을 존중해야 한다고 클래리사는 남편이 문을 여는 것을 지켜보면서 생각했다. 왜냐하면 나 자신이 이것을 버리고 싶 지도 않고, 남편에게서 그의 의사에 거역해서 그것을 빼앗을 수도 없기 때문 이다. 그렇지 않으면 자기의 독립심이나 자존심을 잃게 마련이다. 결국 그럴 만한 가치도 없다.

리처드는 베개와 이불을 들고 돌아왔다.

“점심 먹은 뒤에 한 시간쯤 푹 쉬도록 해.” 그는 아내에게 일러두고 나가 버렸다.

참, 이이두! 의사한테 한 번 그런 말을 들었다고 점심 뒤에는 한 시간쯤 푹 쉬어야 한다고 끝내 말하시는군. 의사의 말을 곧이곧대로 듣는 것도 그이답지. 이것도 일부는 이이의 훌륭한 순진성 때문이지 뭐야. 이 순진성은 아무도 따를 수 없지. 그래서 내가 피터와 한담이나 하며 시간을 보내고 있을 때도 그이는 자기 할 일을 할 수 있었던 거야. 그이는 이제 벌써 하원까지 절반은 갔겠구먼, 아르메니아인지 알바니아인지 하는 사람들 문제 때문에. 나는 그이가 사다준 장미를 보며 이 소파에 있으라고 놔두고. 남들은 클래리사 댈러웨이가 응석을 부린다고 할 테지. 나는 아르메니아 사람들 문제보다 이 장미가 훨씬 더 좋거든. 고국에서 쫓겨나 불구가 되고 추위에 떨며 잔인성과 부정의 희생양이 된 민족(리처드가 몇 번이고 이런 말을 하는 것을 들었지만)—그런 말을 들어도 나는 알바니아 사람들에게는 아무것도 느껴지지 않거든. 아르메니아 사람이랬나? 그러나 장미는 참 좋거든(이게 아르메니아 사람들에게 도움이 안 될까?)—장미는 잘라서 병에 꽂아도 보기 좋은 꽃이거든. 근데 리처드는 이제 벌써 하원에 도착했겠군. 나의 어려운 문제들은 다 잊어버리고, 지금쯤은 위원회에 들어갔을 거야. 아냐, 유감이지만 그렇지 않아. 엘리 헨더슨을 초대해서 안 될 까닭은 없다고 했어. 물론 그의 의견대로 해야지. 베개를 갖다주었으니 드러누워야겠어…… 하지만…… 하지만…… 왜 별안간 아무 이유도 알 수 없이 이렇게 기분이 우울해질까?

풀밭에 떨어뜨린 진주나 다이아몬드를 조심스레 풀잎을 이리저리 헤치며 찾다가 마침내 풀뿌리 근처에서 찾아낸 사람처럼. 클래리사는 이런 일 저런 일들을 생각해나갔다. 아냐, 리처드는 머리가 2류급밖에 못되니까 절대로 각료까지 오르지는 못할 거라고 샐리 시튼이 말해서가 아니야(샐리의 그 말이 지금 기억난 것이다). 아냐, 그런 건 아무래도 괜찮아. 엘리자베스나 도리스 킬먼 때문도 아니야. 사실은 사실이니까. 아마도 어떤 감정 문제, 아침나절에 느낀 무슨 불쾌한 감정 때문인 것 같아. 피터가 뭐라고 한 말과 내가 침실에서 모자를 벗었을 때의 우울한 표정이 관련된 문제인가 보다. 그리고 리처드가 한 말도 더해져서. 근데 그이는 뭐랬더라? 장미를 사다줬지. 아, 내 파티 때문이야! 그래! 내 파티 때문이야! 리처드도 피터도 내 파티에 관해서 부당하게 비판했고 부당하게 비웃었기 때문이야. 이제 알았어! 그것 때문이야! 그녀는 생각했다.

그럼 나는 나 자신을 어떻게 변명하지? 이제 무엇 때문인지 알아내어 마음이 아주 시원해졌다. 둘 다, 아니 적어도 피터는 이렇게 생각하고 있을 거야. 내가 뽐내기 좋아하고, 유명한 인사들에게 둘러싸이기 좋아하고, 명성을 탐내곤 한다고. 글쎄, 괜히 상류인인 체 한단 말이지. 피터가 그렇게 생각하려면 하라지. 내 심장에 좋지 못한 것을 알면서도 그런 자극을 좋아하는 건 어리석다고 리처드는 단순히 생각하겠지. 어린애 같다는 거야. 하지만 둘 다 전혀 잘못 알고 있는걸. 내가 사랑하는 것은 오직 인생이니까, 클래리사는 생각했다.

"그러기에 내가 이러는 거야." 그녀는 마침내 큰 소리로 인생에 대하여 말했다.

사회와 격리되어 모든 것으로부터 벗어나서 이렇게 소파에 누워 있으니, 여태껏 명백히 존재한다고 느껴진 인생이 형체가 있는 물건처럼 느껴졌다. 이와 같은 인생은 햇빛이 내리쬐는 거리에서 들리는 소리를 옷처럼 휘감고, 뜨거운 입김을 내쉬면서 소곤거리며 발을 불어제치고 있는 듯이 느껴졌다. 하지만 피터가, "예, 예, 그런데 댁의 파티는─댁의 파티의 의미가 무엇이죠?" 묻는다면 이렇게 대답할 수밖에(이것을 누가 이해해주리라고는 생각되지 않지만). 글쎄, 파티라는 것은 하나의 의식이라고. 그야 막연하기 짝이 없는 말이지. 인생이란 온통 넓은 바다에서의 항해라고 말한 사람은 피터가 아니고 누구였지? 항상 사랑에 빠지는 피터, 항상 당치않은 여자와 연애하고 있는 피터가 아니고 누구냐 말이야? 당신의 사랑은 대체 무엇이냐고, 그분한테 물어볼까. 대답은 뻔하다. 사랑은 세상에서 가장 중요한 것, 여자는 도저히 이해하지 못하는 것이라고 대답할 것 아닌가. 그래도 상관없어. 그렇다면 또 어떤 남자가 나를, 내 인생관을 이해할 수 있겠는가? 피터나 리처드가 아무 이유도 없이 파티를 연다는 것은 상상도 못할 일이 아닌가.

그러나 다른 사람들이 뭐라 하든, 내 마음속 깊숙이 파들어가 보면(근데, 다른 사람들의 판단은 어쩌면 그렇게도 피상적이고 단편적일까!) 이 인생이라는 것은 대체 무엇일까? 아, 참, 이상하구면. 사우스 켄징턴에는 이러저러한 사람이 있고, 또 누구는 베이스워터에 있고, 또 누구는 글쎄, 메이페어에 있다고 하자. 그러면 나는 항상 그들의 존재를 의식하게 되는데, 이것은 하나의 낭비요, 유감스런 일같이만 생각되거든. 그래서 이 사람들을 한곳에 모을 수만 있다면, 하고 생각하기 때문에 파티를 하는 것이지 뭐야. 그래서 하나의 의식이라는 거지. 글쎄, 결합해서 새로운 것을 창조하려는, 하지만 누구를 위해서지?

아마 의식을 위한 의식인지도 모르지. 아무튼 이것은 나의 천성이요, 나는 이밖에는 할 것이 아무것도 없는 사람이 아닌가. 사색도 할 줄 모르고 글도 쓸 줄 모르며, 피아노도 칠 줄 몰랐다. 아르메니아 사람과 터키 사람을 혼동하고 불편한 것을 싫어하며, 남들이 나를 좋아하지 않는 것을 견디지 못하는 위인이 아닌가. 그런가 하면 한없이 실없는 소리를 지껄이기도 하고. 그리고 오늘날까지도 적도(赤道)가 뭐냐고 물어온다면 모를 정도니까.

하지만 수요일, 목요일, 금요일, 토요일! 하루가 지나면 또 하루가 이어졌다. 아침엔 눈을 뜨며 일어나고, 하늘을 쳐다보고, 공원을 산책하는 것, 휴 위트브레드를 만난 일, 갑자기 피터가 찾아온 일, 그리고 저 장미꽃들, 이런 것들만으로 충분하지 않는가. 이런 것들이 지난 뒤에 죽음이 온다는 것이 믿어지지 않는다! ─언젠가는 끝나리라는 것을 차마 믿기 어렵! 내가 인생을 얼마나 사랑하는지를 아는 사람은 세상에 아무도 없다. 얼마나 순간순간을 사랑하는지……, 클래리사는 생각했다.

방문이 열렸다. 엘리자베스는 어머니가 쉬고 있는 것을 알고 아주 조용히 들어왔다. 그리고 조금도 움직이지 않고 서 있었다. 약 백 년 전에 노포크 해안에 어떤 몽고인이 표류해서(힐버리 부인의 말마따나) 댈러웨이 가문 여자들과 피가 섞였는지 모를 일이었다. 글쎄, 댈러웨이 집안 사람들은 대체로 금발 머리에 푸른 눈이 많은데, 반면에 엘리자베스는 머리칼이 까맣고 창백한 얼굴에, 중국인 같은 눈매를 하고 있었다. 그리고 동양적인 신비스러움을 지니고 있으며, 얌전하고 사려 깊고 조용했다. 어릴 때는 아주 익살스러운데도 있었으나 17세가 된 지금은 왜 이렇게 심각해져버렸는지, 클래리사는 전혀 까닭을 알 수 없었다. 엘리자베스는 윤기 나는 잎새에 폭 싸여서 봉오리가 이제 막 붉어지려고 하는 히아신스처럼 햇빛을 쐬지 못한 히아신스 같기도 했다.

엘리자베스는 꼼짝 않고 서서 어머니를 바라보았다. 방문은 열려 있고 문 밖에 미스 킬먼이 서 있다는 것을 클래리사도 알고 있었다. 비옷을 입은 미스 킬먼은 우리 모녀가 하는 말에 귀를 기울일 게 분명하다.

댈러웨이 부인 127

사실 미스 킬먼은 층계참에 서 있고, 비옷도 입고 있었다. 그러나 여기에는 나름의 이유가 있었다. 첫째 값이 싸고, 둘째 이미 나이 40살이 넘어서 남의 비위를 고려하지 않아도 좋았기 때문이다. 더구나 그녀는 가난했다. 창피할 만큼 가난했다. 그렇지만 않았다면 댈러웨이 가(家)의 사람들같이 친절을 베풀기 좋아하는 부자에게서 일자리를 얻지도 않았을 것이다. 공정히 말해서 댈러웨이 씨는 나에게 친절했지만 부인은 그렇지 않았다. 그저 은혜를 베풀어주겠다는 태도 뿐이었다. 부인은 모든 계급 중에서 가장 몹쓸 계급의 출신이지―돈이나 교양이란 겉만 핥아본 계급이지. 이런 인간들은 곳곳에 값비싼 물건들을 놓아두고 있지. 그림이나 양탄자, 수많은 하인들 말이다. 댈러웨이 부부가 내게 해주는 일은 무엇이든 다 당연히 받아야 할 권리가 있다고, 미스 킬먼은 생각했다.

나는 속아만 왔다. 정말 이 말은 과장이 아니다. 왜냐하면 여자는 반드시 어떤 행복을 누릴 권리가 있으니 말이다. 그런데 나는 못생기고 가난해서, 한 번도 행복을 누린 적이 없지 않은가. 미스 돌비의 학교에서 행복할 수 있는 기회가 겨우 올 듯하더니 전쟁이 일어나버렸다. 나는 거짓말이라곤 전혀 할 줄 몰랐다. 글쎄, 미스 돌비는 독일인에 관해 나와 같은 생각을 가진 사람들과 같이 지내는 것이 행복할 거라고, 내게 사표를 쓰게 했다. 우리 집안이 독일계로 18세기에는 성도 독일식 철자로 '킬먼'이라고 썼다. 그렇지만 남동생은 영국을 위해서 전사했다. 내가 독일 사람들을 죄다 악당이라고 하지 않았다고 해서 사람들은 나를 내쫓았지―독일에는 친구들밖에 없고 인생의 제일 행복한 시절을 독일에서 지냈다고 말이다! 그런데 아무튼 그녀는 역사를 알고 있다. 그땐 닥치는 대로 일을 해야만 했다. 그래서 퀘이커 교도 사람들과 일하고 있을 때 댈러웨이 씨를 만나게 되었지. 그분은 자기 딸에게 역사를 가르치게 해주었어(이것은 참 관대한 처사였지). 이밖에 나는 또 문화강습 같은 것에 나가고 있었지. 그때 나는 신의 계시를 체득했지(이 말을 할 때 그녀는 반드시 고개를 숙였다). 이 신의 계시를 본 것은 벌써 2년 3개월 전 일이다. 이제 그녀는 클래리사 댈러웨이 같은 여자들이 부럽지 않았다, 오히려 동정할 뿐이다.

미스 킬먼은 푹신한 양탄자 위에 서서 토시를 끼고 있는 어린 소녀의 낡은 판화를 바라보면서, 그런 여자를 가슴속으로부터 불쌍히 여기고 경멸했다.

이렇게 온갖 사치를 다한 생활을 하면서 앞으로 더 향상되리라는 희망이 어떻게 있을 수 있겠는가? '소파에 누워 계세요' 대신—엘리자베스는 말했다. "어머니는 쉬고 계신 중이에요."—댈러웨이 부인을 비롯한 모든 귀부인들은 공장에 가서 일을 하거나 계산대 뒤에서 일을 해야 마땅했다.

쓰라림으로 애타는 마음으로, 2년 3개월 전에 미스 킬먼은 어떤 교회로 들어갔다. 거기서 그녀는 에드워드 위티커 목사의 설교와 성가대 소년들의 찬송가를 들었다. 그때 엄숙한 광명이 강림하는 것을 보았다. 음악 때문인지 노래 때문인지는 몰랐다(저녁에 고독할 때 그녀는 바이올린에서 위안을 얻은 일이 있었다. 그러나 바이올린 소리는 차마 들을 수가 없었다. 음감이 없기 때문이었다). 그녀의 마음속에서 끓어올라 용솟음치던 그 뜨겁고 산란한 감정은 앉아 있는 동안 가라앉았다. 그녀는 소리를 내면서 통곡을 했다. 그러고 나서 켄징턴에 있는 자택으로 위티커 목사를 만나러 갔던 것이다. 그리고 하느님의 인도하심이라고 그는 말했다. 그리고 주께서 그녀에게 갈 길을 보여주신 것이라고 했다. 그래서 지금은 결심하고, 괴로움이 마음속에 끓어오를 때나 댈러웨이 부인에 대한 증오와 세상에 대한 원한이 끓어오를 때마다 반드시 하나됨을 생각했다. 그리고 위티커 목사를 생각하게 되었다. 그러면 격분한 노기에 뒤이어 평온이 오고 감미로운 향기가 그녀의 혈관을 채웠다. 그녀는 입술을 벌린 채 방수 비옷을 입고 층계참에 꿋꿋이 서 있었다. 그런데 이때 마침 딸과 같이 나오는 댈러웨이 부인을 그녀는 기분이 나쁠 정도로 침착하게 노려보았다.

엘리자베스는 장갑을 잊었다고 말했다. 미스 킬먼과 어머니가 서로 미워하기 때문에 한 말이었다. 그녀는 두 사람이 한자리에 있는 것을 차마 볼 수 없었다. 그래서 그녀는 장갑을 찾으러 이층으로 뛰어올라갔다.

그러나 미스 킬먼은 댈러웨이 부인을 증오하지는 않았다. 크고 회색빛이 도는 푸른 눈을 클래리사에게 돌려 그 자그마한 분홍빛 얼굴과 가냘픈 몸집, 그리고 산뜻한 외양을 관찰하면서 미스 킬먼은 생각했다. 바보! 멍청이! 이 여자는 슬픔도 기도도 모른다. 인생을 그저 헛되이 보내고 있다! 그녀 안에서 이 여자를 이겨보자는 욕망, 가면을 벗겨보자는 욕망이 억제할 수 없이 솟아났다. 이 여자를 쓰러뜨릴 수만 있다면 속이 시원해질 것만 같았다. 그러나 그 육체가 아니라, 이 여자의 영혼과 그 영혼 속에 있는 냉소적인 태도를 굴복시키고 싶었다. 자기의 우월성을 알게 해주고 싶었다. 클래리사를 울리고 못살게 굴고 망신시키고 무릎을 꿇려, 댁의 말이 옳습니다, 실토하게 할 수만 있다면 얼마나 마음이 후련하겠는가. 미스 킬먼은 생각했으나 그것은 그녀의 뜻대로 되는 일이 아니라 하느님께 맡겨야만 했다. 그것은 종교적인 승리라야만 했다. 그래서 킬먼은 뚫어지게 쏘아보았다.

클래리사는 정말 충격을 받았다. 이런 것이 기독교인일까—이런 여자가! 이 여자는 내 딸을 빼앗아갔다! 그녀는 눈에는 보이지 않는 초자연의 존재와 통한다니! 뚱뚱하고 밉고 평범하고, 친절함이나 우아함도 없는 주제에 인생의 의미를 안다고!

"엘리자베스를 백화점에 데리고 가겠다고요?" 댈러웨이 부인이 물었다.

미스 킬먼은 그렇다고 대답했다. 두 사람은 마주 서 있었다. 미스 킬먼은 상냥하게 대하지 않을 작정이었다. 그녀는 언제나 자신의 밥벌이는 해왔지 않았는가. 현대사에 대한 지식도 철저하고, 정당하다고 믿는 일에 대해서는 하찮은 수입에서 상당한 돈도 내잖았는가. 그런데 이 여자는 아무 일도 하지 않는다. 믿는 것도 없다. 단지 딸을 키웠을 뿐이다—그러나 이때 엘리자베스가 돌아왔다. 숨을 좀 가쁘게 쉬면서, 예쁜 처녀 엘리자베스가.

그래 둘이서 백화점에 가는구나, 클래리사는 생각했다. 그런데 눈앞에 서 있는 미스 킬먼을 보고 있으니, 기묘하게도(미스 킬먼은 지금 선사시대의 괴물같이 원시적인 전쟁에 출정하려고 갑옷을 입고 있는 것처럼 묵묵히 늠름하게 서 있다) 그녀에 대한 생각이 시시각각으로 위축되고, 증오심도(이념에 대한 증오이지 사람에 대한 증오는 아닌데) 붕괴되고, 자신의 악의도 사라지는 성싶으며, 키까지 작아지면서 자기가 진심으로 도와주고 싶다고 생각했던 예전의 미스 킬먼이 되어가는 것만 같았다.

괴물이 이렇게 위축되는 것을 보고 클래리사는 웃었다. 잘 다녀와요, 인사하며 웃었다.

미스 킬먼과 엘리자베스는 나란히 아래층으로 사라졌다.

돌발적인 충격과 이 여자가 딸을 자기에게서 빼앗아간다는 생각에서 오는 격렬한 고통에서, 클래리사는 계단 난간 너머로 내려다보면서 소리질렀다. "파티를 잊지 말아라! 오늘 저녁 우리집에서 열리는 파티를!"

그러나 엘리자베스는 이미 현관 문을 열고 있었고, 밖에는 화물차가 하나

130 댈러웨이 부인

지나가고 있었다. 엘리자베스는 대답하지 않았다.

사랑과 종교! 온몸이 얼얼한 가운데 클래리사는 응접실로 돌아가면서 생각했다. 사랑이니, 종교니, 다 싫어! 지금 눈앞에 미스 킬먼의 육체가 없고 보니, 그녀의 생각이 자기를 짓누르는 것만 같았다. 세상에 이처럼 잔인한 일도 다 있을까, 클래리사는 생각했다. 방수 비옷을 입고 층계참에 서서 거북스럽게 투덜거리고 거만하고 위선적이고, 남의 말을 엿듣고 시기하고, 한없이 잔인하고 뻔뻔스런 것 같으니. 사랑과 종교만큼 잔인한 것은 없다. 내가 언제 남을 전향시키려고 한 적이 있단 말인가? 누구든지 자기의 본연대로 있어주기를 바라는 것뿐 아닌가? 클래리사는 맞은편 집 노부인이 층계를 올라가는 것을 창 밖으로 지켜보고 있었다. 할머니, 당신이 층계를 올라가고 싶으면 올라가고 멈추고 싶으면 멈추세요. 내가 종종 본 일이지만 침실까지 올라가서 커튼을 걷고 다시 앞으로 가세요. 그렇게 하고 싶다면. 웬일인지 그녀는 저 할머니에게 존경심을 느꼈다—누군가 자기를 보고 있는 줄은 조금도 모르고 창밖을 내다보고 있는 저 할머니에게. 저런 분에게는 무엇인가 엄숙한 데가 있거든—그러나 사랑과 종교는 그것을 파괴한다. 글쎄, 그것이 무엇이든 영혼의 비밀을. 불길한 미스 킬먼은 이것을 파괴하려고 하거든. 하지만 저기 노부인의 저런 광경을 보면 울고만 싶어진다.

사랑 또한 파괴자이다. 아름다운 것, 진실한 것이 다 사랑 때문에 없어진다. 예를 들면 피터 월쉬의 경우를 생각해보자. 그분은 매력 있고 재주있고, 무슨 일에 대해서나 주관이 서 있는 사람이다. 포프나 에디슨에 관해서 알고 싶다거나, 그저 부질없는 얘기를 하고 싶다거나, 또는 인간이란 어떤 존재인지를 알고 싶다거나, 이러이러한 것은 무슨 뜻인지 알고 싶을 때는 누구보다도 피터에게 물어보면 되잖는가. 그녀를 여러 가지로 도와준 사람도 피터였다. 책을 빌려준 것도 피터였고. 그렇지만 그분이 좋아하는 여자들을 좀 보자—야비하고 하찮고, 평범한 여자들이 아닌가. 사랑에 사로잡힌 피터를 생각해보라—그분이 몇 해 만에 나를 만나러 와서 무슨 얘기를 하더냐 말이다? 끔찍스런 열정이지! 클래리사는 생각했다. 타락한 열정이지! 클래리사는 빅토리아 가의 육해군 백화점으로 걸어가고 있을 미스 킬먼과 엘리자베스를 떠올렸다.

빅벤이 30분을 쳤다.

댈러웨이 부인 131

참 기묘하고 이상하군. 저 할머니가(그들은 여러 해를 이웃으로 살아왔는데), 저 종소리, 저 한 줄기 소리에 정을 붙이고나 있는 듯이 창가에서 멀어져가는 모습이란 참 가슴을 치는 데가 있다. 종소리는 엄청나게 크지만, 저 할머니와는 무슨 관계가 있는 것도 같다. 종의 여운은 아래로 아래로 내려와서는, 일상생활의 한 가운데로 스며들어 마침내 현재의 순간을 엄숙하게 만든다. 저 할머니는 저 소리 때문에 움직여서 가야만 하거든, 클래리사는 생각했다. 그러나 어디로? 이때 클래리사의 눈은 돌아서서 사라져가는 노부인의 뒷모습을 좇고 있었다. 노부인의 흰 모자가 침실 뒤에서 움직이고 있는 것이 아직도 보였다. 노부인은 방 저쪽 끝에서 여전히 움직이고 있었다. 무엇 때문에 신조(信條)며 기도며 비웃 등이 필요할까? 저기 저런 것이야말고 기적이고 신비스런 일인데, 클래리사는 생각했다. 글쎄 옷장에서 화장대로 가는 저 노마님이야말로 말이다. 아직도 보인다. 미스 킬먼은 자기가 해결했다고 말할지 모르는 오묘한 신비. 하지만 피터는 도대체 해결이라는 것이 무엇인지 조금도 모른다고 생각하지만, 이 오묘한 신비는 이렇게 간단한 것이 아닌가. 글쎄 여기 방이 하나 있고, 저기 또 방이 하나 있다는 그것 아닌가. 종교나 혹은 사랑이 이걸 해결한단 말인가?

사랑—이때 언제나 빅벤보다 2분 늦게 치는 또 하나의 시계소리가 방 안으로 들어왔다. 앞치마에 갖은 자질구레한 일들을 담뿍 담은 여자처럼 천천히 들어왔다. 빅벤은 당당한 위엄이 있으니까, 엄숙히 공정히 판단을 내리는 것이 극히 마땅하지만, 그녀는 그밖의 자질구레한 일을 다—마셤 부인, 엘리 헨더슨, 얼음을 담는 유리그릇 등—챙겨야 한다고, 그 소리는 말하고 있는 것 같다. 바닷물에 팽팽하게 떠 있는 금 조각 같은 이 엄숙한 종소리가 지나간 자국을 따라 갖가지 자질구레한 일들은 넘치고, 물소리를 내면서 춤을 추듯 몰려들었다. 마셤 부인, 엘리 헨더슨, 얼음을 담는 유리그릇 등이. 이제 곧 전화를 걸어야 했다.

이 뒤늦은 시계소리는 빅벤의 소리가 지나간 자국을 따라 요란스럽게 울렸다. 앞치마에 잡동사니를 담뿍 담아가지고 들어온 것이다. 몰려드는 자동차, 포악을 부리는 짐차, 멀리 밀려가는 수많은 우락부락한 남자들과 호화로운 옷을 입은 여자들, 회사와 병원들의 원형 지붕과 첨탑, 이런 것들에 부딪쳐서, 이 앞치마에 담뿍 담은 자질구레한 일들의 마지막 유물인 시계소리의 여운은 산산이 부서져 버렸다. "그것은 육체의 욕망이다." 잠시 길거리에 멈추어 서서 중얼거리는 미스 킬먼의 육체에도, 그것은 부딪쳐서 지친 파도의 물거품처럼 흩어져버렸다.

내가 제어해야 할 것은 육체의 욕망이다. 클래리사 댈러웨이는 나를 모욕했다. 그건 예상한 대로이다. 그러나 나는 이기지 못했다. 육체의 욕망을 제어할 수가 없었다. 못생기고 어색하다고 해서, 클래리사 댈러웨이는 나를 비웃었고 육체적인 욕망을 되살아나게 했다. 클래리사 곁에서는 나의 이런 꼴이 의식되니 말이다. 나는 또한 그 여자 같은 말솜씨도 없다. 하지만 어째서 그녀를 닮고 싶어하는 걸까? 어째서. 나는 마음속으로부터 그 여자를 경멸하고 있는데. 그 여자는 진실하지 않다. 선량하지도 않다. 그 여자의 생활은 허영과 허위로 이루어져 있지 않은가. 하지만 도리스 킬먼은 그만 압도당했다. 사실 아까 킬먼은 클래리사가 자기를 보고 비웃었을 때, 그만 울음이 터질 뻔했다. "그것은 육체의 욕망 때문이다, 육체의 욕망이다." 그녀는 중얼거리고 있었다(혼자 소리내어 말하는 것이 그녀의 버릇이었다). 빅토리아가를 걸어가면서 미스 킬먼은 이 심란하고 고통스러운 감정을 억제하려고 애썼다. 신에게 기도를 했다. 얼굴이 못생긴 것은 어쩔 도리 없는 일 아닌가. 좋은 옷을 사 입을 여유도 없었다. 클래리사 댈러웨이는 나를 비웃었다—그렇지만 우편함에 도달할 때까지는 다른 일에 마음을 집중시켜보자. 아무튼 나는 엘리자베스를 내것으로 만들지 않았는가. 아냐, 다른 일을 생각하자. 러시아를 생각하자, 우편함에 도달할 때까지.

시골은 참 좋을 거야, 미스 킬먼은 말했다. 세상이 자기를 얕보고 비웃고 무시하는데 대한 맹렬한 분노와, 사람들이 거들떠보지도 않는 자기의 추한 육체적 번민을, 그녀는 위티커 씨 말대로 억제하려고 노력했다. 머리를 어떤 모양으로 매만져도 그녀의 이마는 여전히 달걀처럼 빤들빤들하고 하얗다. 어떤 옷을 입어봐도 맞지 않으니 어떤 옷을 사거나 매일반이었다. 여자가 이렇다는 것은 이성과 접촉하는 기회가 전혀 없음을 의미했다. 누구에게도 지상의 사랑을 받지 못하고 있음을 의미했다. 엘리자베스만은 예외이지만. 아무튼 요즘에 와서는 오직 먹기 위해서 살고 있는 것처럼 여겨졌다. 오직 먹는 맛에, 저녁과 차, 밤에 사용하는 따뜻한 물병 때문에 사는 것만 싶었다. 그래도 싸워 승리해야 하고 신에 대한 신앙을 가져야 한다. 위티커 씨는 내가 하나의 목적을 가지고 태어났다고 했다. 그렇지만 내 괴로움을 알아주는 사람은 아무도 없다! 위티커 씨는 십자가를 가리키면서 신은 아신다고 하셨다. 하지만 다른 여자들, 클래리사 댈러웨이 같은 여자들은 아무렇지도 않은데, 어째서 나만 고통받아야 하는 것인가? 위티커 씨는 진리가 고통을 통해서만 얻어질 수 있는 것이라고 하셨지만.

이제 그녀는 우편함을 지나쳐버렸다. 고통을 통해 얻어질 수 있는 진리와 육체에 대해서 위티커 씨가 한 말을 그녀가 중얼거리고 있는 사이에, 엘리자베스는 육해군 백화점의 시원스런 갈색 담배 판매부로 들어갔다. "육체의 욕망." 미스 킬먼은 중얼거렸다.

어느 매장으로 갈까요? 엘리자베스가 미스 킬먼의 생각을 중단시켰다.

"페티코트 매장." 미스 킬먼은 무뚝뚝하게 말하고 승강기 쪽으로 걸음을 옮겼다.

두 사람은 위로 올라갔다. 엘리자베스는 미스 킬먼을 이리저리 끌고 다녔다. 그녀는 멍하니 있는 킬먼을, 커다란 아기나 무거운 군함인 양 끌고 다녔다. 페티코트 매장에는 가지각색의 페티코트가 있었다. 갈색, 우아한 것, 줄무늬, 빈약한 것, 튼튼한 것, 화사한 것 등등이 있었다. 킬먼은 멍하니 엄숙한 표정으로 페티코트를 고르고 있었다. 점원은 이 여자가 미치지 않았나 생각했다.

엘리자베스는 점원이 물건을 포장하고 있는 동안 미스 킬먼이 무엇을 생각하고 있을까, 좀 마음이 궁금했다. 차를 마셔야지, 미스 킬먼은 정신을 차리고 마음을 가다듬으면서 말했다. 그들은 차를 마셨다.

엘리자베스는 미스 킬먼이 혹시 시장하지 않은가 생각했다. 그만큼 먹는 태도가 독특했다. 정신없이 먹으면서 킬먼은 옆 테이블의 사탕바른 케이크를 몇 번이나 건너다보고 있었다. 어떤 부인과 함께 앉아 있는 어린애가 그 케이크를 집어들었을 때, 미스 킬먼은 저것을 먹고 싶었을까? 엘리자베스는 생각했다. 그래, 미스 킬먼은 저게 먹고 싶은 모양이야. 저 케이크가 먹고 싶었던 거야—저 분홍빛 케이크. 먹는 기쁨이 그녀에게 남아 있는 거의 유일한 기쁨이었다. 그런데 이것조차 좌절되어야 하다니!

무슨 일이 있으면 의지할 수 있도록, 사람은 행복한 때에 여유를 남겨두어야 해요. 킬먼은 엘리자베스에게 말한 적이 있었다. 그런데 자신은 타이어가

134 댈러웨이 부인

없는 차바퀴처럼(그녀는 이런 비유를 좋아했다) 돌멩이를 밟는 것처럼 충격을 받았다. —공부가 끝난 뒤에 그냥 앉아 있으면 킬먼은 이런 말을 하곤 했다. 화요일 아침 공부가 끝난 뒤 그녀가 '학생 가방'이라고 부르는 책가방을 들고 난롯가에 서서 그런 말을 했다. 그리고 또 전쟁 이야기도 했다. 결국 영국인이 반드시 옳다고만 생각하지 않는 사람들도 있어요. 책도 여러 가지 있어요. 회합도 여러 가지 있고, 여러 가지 다른 관점도 있기 마련이에요. 엘리자베스, 나와 같이 어떤 분의(아주 기묘하게 생긴 노인이지만) 강연을 들으러 안 가겠어? 이래서 미스 킬먼은 켄징턴의 어떤 교회로 자기를 데려가서 그곳 목사와 같이 차를 마신 일이 있었다. 미스 킬먼은 자기에게 책도 빌려주었다. 그리고 젊은 세대의 여성들 앞에는 법률, 의학, 정치 등의 모든 직업의 기회가 열려 있다고, 미스 킬먼은 말했다. 그런데 그녀 자신의 생애는 완전히 망쳐지고 말았는데 이것이 그녀 자신의 탓일까? 천만에, 그럴 리가 있겠냐고 엘리자베스는 말했다.

그런데 그때 어머니가 부르러 왔다. 부어톤에서 바구니를 보내왔는데 미스 킬먼, 꽃 좀 나눠드릴까요. 미스 킬먼을 대할 때의 어머니는 언제나 몹시 친절했지만, 미스 킬먼은 받은 꽃을 한데 뭉쳐버리고선 고맙다는 말조차 하지 않았다. 미스 킬먼에게 흥미로운 일은 어머니에게는 흥미가 없었다. 그래서 두 분이 같이 있으면 아주 거북해했다. 게다가 미스 킬먼은 화가 나면 아주 보기 흉한 얼굴이 되고 말았다. 그러나 킬먼은 재주가 있었다. 엘리자베스 자신은 가난한 사람들에 대해서 생각해본 적이 단 한 번도 없었다. 집에서 부족한 것 없이 생활하고 있었고—어머니는 매일 아침을 침대에서 들었다. 루시가 날라다 드렸다. 어머니는 또 늙은 부인네들을 좋아했다. 공작부인과 귀족 집안에서 자라난 분들을 좋아했다. 그렇지만 미스 킬먼은(공부가 끝난 뒤 어느 화요일 아침) 말했다. "우리 할아버지는 켄징턴에서 유화구점(油畵具店)을 운영했어요." 미스 킬먼은 엘리자베스 자신이 아는 그 어떤 여자와도 전혀 다른 사람이었다. 킬먼은 엘리자베스가 아주 열등감을 느끼게 만들었다.

미스 킬먼은 차를 한 잔 더 들었다. 엘리자베스는 동양적인 용모에, 알 수 없는 신비성을 지닌 채 꼿꼿이 앉아 있었다. 아뇨, 저는 아무것도 먹고 싶지 않아요, 하면서 엘리자베스는 장갑을 찾았다—자기의 흰 장갑을. 장갑은 테이블 밑에 떨어져 있었다. 아이, 그래도 가지 말아요! 미스 킬먼은 말했다. 미스 킬먼은 이렇게 예쁘고 젊고 사랑스러운 엘리자베스를 보내고 싶지가 않았다. 자기가 진정으로 사랑하는 이 소녀를 보낼 수 없었다. 미스 킬먼은 커다란 손을 테이블 위에서 폈다 쥐었다 하고 있었다.

하지만 그냥 간다는 것은 좀 노골적인지도 모르겠어, 정말은 가고 싶지만, 엘리자베스는 생각했다.

그러나 미스 킬먼이 말했다. "나는 아직 다 먹지도 않았는데."

그렇다면 물론 엘리자베스는 기다려야 했다. 그러나 이곳은 좀 탁했다.

"오늘 저녁 파티에 가겠어요?" 미스 킬먼이 물었다. 엘리자베스는 어머니 요청도 있으니 참석해야 될 것 같다고 대답했다. 파티에 정신을 팔려서는 안 된다고 말하면서 미스 킬먼은 초콜릿 에클레어의 마지막 남은 조각 두 인치를 손가락으로 잡았다.

자기는 파티를 별로 좋아하지 않는다고 엘리자베스는 말했다. 미스 킬먼은 입을 열고 턱을 약간 앞으로 내밀고서 초콜릿 에클레어의 마지막 조각을 집어 삼켰다. 그리고 손가락을 닦고 나서 남은 찻물로 찻잔을 가시는 듯이 들이켰다.

이제 미스 킬먼은 몸이 금세 산산조각이 날 것만 같은 기분이었다. 고통이 너무나도 심했다. 엘리자베스를 꼭 붙들 수만 있다면, 꼭 안을 수만 있다면, 영원히 완전히 자기 것으로 만들고 나서 죽을 수만 있다면, 더 이상 한이 없겠다고 킬먼은 생각했다. 그러나 지금 여기 이렇게 앉아서는 아무 할 말도 떠오르지 않는데, 엘리자베스가 내게 등을 돌리는 것을 봐야 하다니. 이 애마저 나를 싫어하게 되다니—이건 너무하다. 참을 수 없다. 이렇게 생각하며 킬먼의 뭉뚝한 손가락들은 안쪽으로 구부러졌다.

"난 절대로 파티에 안 나가요." 미스 킬먼은 엘리자베스를 붙들고 있으려 했다. "초대해 주는 사람도 없지만."—이 말을 하면서 그녀는 자기를 파멸 시키는 것이 바로 이런 이기주의임을 알았다. 위티커 씨는 그러지 말라고 경고했으나 그녀는 어쩔 수 없었다. 그녀는 지독하게 고생을 해온 것이다. "초대해 줄 리 없어요." 미스 킬먼은 말했다. "나는 못생겼고 쾌활하지 못해요." 이것도 어리석다는 것을 그녀도 알고 있었다. 그렇지만 저기 지나가는 사람들이—포장지에 싼 물건을 들고 가며 나를 멸시하는 저들이—내게 이런 말을 하도록 만든 거야. 그래도 나는 도리스 킬먼이다. 나는 학위도 가졌다. 나는 이 세상에서 자주성(自主性)이 있는 여자이다. 현대사에 관한 내 지식은 훌륭하고도 남음이 있다, 미스 킬먼은 생각했다.

"나는 자신을 불쌍하게 생각하지는 않아요." 미스 킬먼은 말했다. "내가 불쌍히 생각하는 사람은—당신 어머니예요." 그녀는 말하고 싶었으나 그런 말을 엘리자베스에게 할 수는 없다고 다시 생각하고 말했다. "나는 다른 사람들을 훨씬 더 불쌍하게 생각해요."

영문도 모르고 문간까지 끌려왔으나 어서 달아나고 싶어서 못견디는 말 못하는 짐승처럼, 엘리자베스 댈러웨이는 묵묵히 앉아 있었다. 미스 킬먼은 무슨 말을 더 하려는 걸까? 생각하면서.

"나를 잊지는 말아줘요." 도리스 킬먼이 말했다. 목소리가 떨렸다. 말 못하는 짐승이 들판 저편 끝까지 겁에 질려 달아나듯이.

그 커다란 손을 폈다 쥐었다 하며 있었다.

엘리자베스는 고개를 돌렸다. 급사가 왔다. 돈은 카운터에서 내시지요, 하고 엘리자베스는 걸어나갔다. 킬먼은 엘리자베스가 실내에서 저쪽으로 걸어가고 있을 때, 자기 육체 속에서 모든 내장이 쥐어짜지는 듯싶었다. 엘리자베스는 몸을 한 번 곱게 이쪽으로 돌리고 아주 공손히 고개를 숙이고 나서 나가버렸다.

저 애는 가버렸구나. 미스 킬먼은 대리석 테이블에 앉아 에클레어에 둘러싸인 채, 한 번 두 번, 그리고 세 번, 고통스런 충격을 느꼈다. 이제는 가버렸어. 댈러웨이 부인이 이겼어. 엘리자베스는 가버렸어. 아름다움이 사라졌어. 젊음이 떠나버렸어.

이렇게 그녀는 앉아 있다가 마침내 일어서서 작은 테이블 사이에서 이리저리 부딪치고 몸을 좌우로 비틀거리면서 걸어나왔다. 누가 그녀의 페티코트를 들고 쫓아나왔다. 그녀는 길을 잘못 들어 인도 여행용으로 특별히 만든 트렁크들 사이에 갇혀버렸다. 다음에는 출산용품 세트와 아기 내복들 사이로 걸어 들어갔다. 세상의 온갖 일용품, 소모품, 내구품(耐久品), 햄, 약, 꽃, 문방구, 이런 상품들 사이에서 별의별 냄새가 다 풍겨나왔다. 달콤한 냄새가 나는가 하면, 신내가 나는 그 속을 그녀는 비틀비틀 걸어갔다. 모자를 비스듬히 쓰고 새빨개진 얼굴로 비틀거리는 자신의 전신이 거울에 비쳤다.

댈러웨이 부인 137

이제 겨우 그녀는 거리로 나왔다.

웨스트민스터 사원의 탑이 눈앞에 우뚝 서 있었다. 그곳은 신의 거처인 것이다. 교통이 폭주하는 시내 한복판에 이 신의 거처가 있는 것이다. 그녀는 포장지에 싼 물건을 들고, 또 하나의 성소인 사원을 향해 완고한 걸음을 내디뎠다. 그녀는 이 사원으로 숨을 곳을 찾아들어가서 얼굴 앞에 텐트 모양으로 손을 맞대고 역시 숨을 곳을 찾아들어온 사람들 곁에 앉았다. 가지각색의 참배인들은, 사회적 지위나 남녀의 구별조차도 없는 듯이 손을 맞대고 앉아 기도하고 있었다. 그러나 일단 그 손을 떼면 당장에 신앙이 독실한 중산층의 영국 남녀가 되어버렸다. 그 중에는 사원에 보관되어 있는 역대 국왕들의 밀랍 인형을 보려고 부리나케 나가는 사람도 있었다.

그러나 미스 킬먼은 그대로 얼굴 앞에 손을 텐트 모양처럼 맞대고 있었다. 혼자 남게 되면 또 다른 사람이 들어왔다. 새로운 참배인이 거리에서 들어와서, 안에서 이리저리 돌아다니는 사람들과 자리를 바꾸었다. 그래도 여전히—사람들이 사방을 두리번거리며, 무명의 전사자들 무덤 앞을 서서히 지나가고 있어도, 여전히 눈을 손으로 가린 채 이 겹겹이 덮인 어둠 속에서—사원 안에는 거의 빛이 없다시피 하기 때문에—허영, 욕망, 물질 등을 초월하여 증오와 사랑으로부터 벗어나려고 애를 쓰고 있었다. 그녀의 손이 꼼지락거렸다. 그녀는 몸부림치는 성싶었다. 그러나 다른 사람들에게 신은 접근하기 쉬운 존재요, 신에게 가는 길도 평탄했다. 재무부를 은퇴한 프레처 씨나, 유명한 왕실 고문변호사의 미망인 고럼 부인은 유유히 신에게 다가가서 기도를 올렸고 뒤로 몸을 제치고서 음악을(풍금소리가 상쾌하게 울리고 있었는데) 즐겼다. 그리고 줄 한쪽 끝에 가서 기도를 올리고 또 올리면서, 저승의 문턱에 서 있는 킬먼을 보고 같은 경지를 헤매는 동료 영혼이라고 여겨 동정을 보냈다. 비물질적인 자료로 만들어진 영혼, 킬먼이라는 여자가 아니라 하나의 영혼이라고 생각했다.

그러나 플레처 씨는 이제 나가야 했다. 그런데 미스 킬먼 앞을 지나야만 했다. 그는 자기가 티끌 하나 없이 깨끗하기 때문에 이 불쌍한 여인의 지저분한 모양에 낯을 찌푸리지 않을 수 없었다. 이 여자의 머리는 흩어져 내려오고 포장지에 싼 물건은 땅바닥에 내동댕이쳐져 있었다. 이 여자는 좀처럼 그가 지나가게 비켜주지 않았다. 그러나 그가 주위를 두리번거리며 흰 대리

138 댈러웨이 부인

석 석상, 회색 유리, 가득 들어선 위인들의 무덤을 보고 있는 동안(그는 이 사원이 아주 자랑스러웠다) 이따금 무릎 꿇는 자리를 옮겨가며 앉아 있는 그녀의 건장하고 큰 몸집과 늠름한 모습은 인상적이었다(킬먼은 신에게 다가가는 방법도 이렇게 거칠었다—그녀의 욕망도 그렇게 거칠었다). 이 인상은 댈러웨이 부인이나(부인은 이날 종일 킬먼 생각을 버릴 수 없었다) 에드워드 위티커, 엘리자베스가 받은 인상과 같은 깊은 인상이었다.

한편 엘리자베스는 빅토리아 가에서 버스를 기다리고 있었다. 외출은 참 좋거든, 아직은 집으로 돌아가지 않아도 괜찮을 거라고 그녀는 생각했다. 바깥공기를 쐬면 참으로 기분이 상쾌했다. 그래서 버스를 타고 싶었다. 그러나 엘리자베스가 멋진 차림으로 서 있으려니까—이미 시작되었다—사람들은 그녀를 포플러 나무, 새벽, 섬광, 히아신스, 새끼사슴, 흐르는 물, 꽃밭에 피어 있는 백합 같은 것에 비유하기 시작했다. 이러기에 인생이 그녀에게는 짐이 되기 시작했다. 그녀는 혼자 집에 가서 하고 싶은 일이나 하며 지내는 편이 훨씬 더 좋겠는데, 사람들은 그녀를 백합에 비유했고 또 파티에도 나가야만 했다. 개를 데리고 아버지와 둘이서 시골서 지내는 것에 비하면 런던은 정말로 무미건조하기만 하다.

버스가 휙 달려왔다. 그러고는 멈췄다가 떠났다—빨간색과 노란색의 니스 칠로 번쩍번쩍하는 호화스런 버스의 대열. 하지만 어떤 버스를 타야 한담, 아무거나 괜찮을 테지. 하지만 물론 저렇게 남을 떠밀고 타지는 않을 테야, 그녀는 수동적으로 생각했다. 그녀가 부족한 것은 표정이지만 눈은 아름다웠다. 중국인같이 동양적이었다. 어머니 말마따나 어깨가 예쁘고 자세가 날씬해서, 언제 보아도 매력적이었다. 그녀는 절대로 흥분하는 성격은 아니지만 요즈음 특히 저녁에 무슨 일에 흥미를 가질 때는 아름답게 보일 뿐 아니라, 매우 당당하고 침착해보였다. 도대체 이 여자는 무엇을 생각하고 있을까? 모든 남자는 누구나 그녀에게 반해버려서 엘리자베스는 정말 귀찮았다. 또 시작이군. 그녀의 어머니는 그런 기색—사람들이 칭찬하기 시작하는 기색을 알아볼 수 있었다. 엘리자베스가 남의 찬사에 도무지 무관심한 것이—예를 들면 옷에 관해서도—때로는 클래리사도 염려가 되었다. 하지만 강아지나 모르모트가 디스템퍼 병에 걸렸다고 떠드는 것이 오히려 나을지도 몰랐다. 이것이 그녀의 매력인지도 몰랐다. 근데 미스 킬먼과의 이상한 우정은

댈러웨이 부인 139

어떻게 하면 좋담. 클래리사는 새벽 3시쯤 잠을 이루지 못하여 마보트 남작의 회상록을 읽다가 이렇게 생각했다. 근데 그건 이 애가 애정을 가지고 있다는 증거일지도 모른다.

느닷없이 엘리자베스는 앞으로 걸어나가 누구보다도 먼저 당당하게 버스에 올라탔다. 그녀는 이층에 자리를 잡았다. 이 성급한 동물—해적선이랄까—은 움직이기 시작하더니 쏜살같이 달려갔다. 그녀는 넘어지지 않으려고 손잡이를 붙잡고 있어야 했다. 해적선 같은 이 버스는 우악스럽게, 무자비하게 사정없이 내달렸다. 위태위태하게 앞지르고 대담하게 승객들을 잡아챘다. 또는 무시하고 지나치고 뱀장어처럼 꿈틀거리면서 거침없이 전속력으로 화이트홀 쪽으로 내달렸다. 그런데 이때 엘리자베스가 불쌍한 킬먼 생각을 한 번이라도 생각했을까? 자기를 질투의 감정 없이 사랑해주는 킬먼을. 들판의 사슴같이, 또는 언덕을 비추는 달같이 여겨주는 킬먼을? 그녀는 자유롭게 된 것이 기쁘기만 했다. 신선한 공기가 무척이나 향기로웠다. 육해군 백화점 안은 아주 숨이 막힐 것 같았다. 그런데 지금은 화이트홀을 향해 말을 타고 달리는 듯한 기분이었다. 버스가 흔들릴 적마다 갈색 코트에 싸인 아름다운 그녀의 육체는, 기수(騎手)처럼 또는 뱃머리에 달린 조각상처럼 뛰놀았다. 산들바람이 경쾌하게 그녀의 머리칼을 흩날렸다. 열기 때문에 그녀의 볼은 회칠을 한 나무같이 창백해 보였다. 그녀의 아름다운 눈은 누구의 눈과도 마주치지 않고, 앞을 응시하고만 있었다. 무표정하게 빛나는 눈은 조각상처럼 믿기지 않을 정도로 순수하게 앞을 응시했다.

미스 킬먼이 몹시 사귀기 까다로운 것은 언제나 자기가 괴롭다는 이야기만 하기 때문이야. 과연 그래야만 옳을까? 매일같이 위원회에 나가서 몇 시간씩 보내는 것이 가난한 사람들에게 도움이 된다면, 우리 아버지도 그런 일쯤은 하고 계시잖는가(런던으로 이사온 뒤로는 좀처럼 아버지를 볼 수가 없는데)—만약 그런 것이 미스 킬먼이 말하는 기독교인이라면 말이다. 하지만 말로 표현하기는 힘이 든다. 그런데, 아, 좀더 멀리 나가봤으면. 1페니만 더 내면 스트랜드까지 갈 수 있다고? 자, 여기 1페니 있습니다. 스트랜드까지 가봐야지.

나는 병자들이 좋아. 미스 킬먼은 모든 직업이 우리 세대의 여자들에게 열려 있다고 하잖던가. 그러니까 나도 의사가 될지도 모른다. 농부가 될 수도

140 댈러웨이 부인

있을 거야, 가축은 병이 잘 나니까. 1천 에이커의 땅을 경작하면, 사람들을 많이 부려야 할 거야. 그럼 그들의 집을 찾아가 보리라. 이것이 서머싯 회관이군. 아무튼 나는 아주 훌륭한 농부가 될 수도 있을 거야—미스 킬먼의 말 때문에 이렇게 생각하게 되었지만, 웬일인지 저기 저 서머싯 회관을 보고 생각한 것만 같군. 저 커다란 회색 건물은 화려하고도 장중해보여. 부지런히 일을 하고 있는 사람들의 인상도 좋군. 이 교회는 스트랜드 가의 인파에 맞서고 있는 회색 색종이 같군. 이 근처는 웨스트민스터하고는 아주 색다르다고 생각했다. 그녀는 챈서리 레인에 버스가 도착하자 버스에서 내렸다. 이 근처는 사람들도 아주 진실하고 근면해 보인다. 아무튼 나는 직업을 가져야겠다. 의사건 농부건 되고 싶다. 필요하다면 의회에 들어갈 테야. 이런 생각도 모두 이 스트랜드 거리 때문이다.

허다한 볼일로 바삐 돌아다니는 사람들의 발길, 돌을 하나하나 날라다 기초를 쌓는 손들, 쓸데없는 잡담이 아니고(여자를 포플러에 비하는 것—이런 얘기는 물론 재미는 있겠지만 참 부질없는 일이 아닌가), 글쎄 선박과 사업, 법률과 행정이니 하는 일들을 생각하고, 아주 장엄하게(그녀는 지금 사원에 와 있다), 그리고 쾌활하게(강물은 흐르고 있다), 또한 경건하게(이곳에는 교회가 있다), 항상 일에 몰두하는 사람들은 어머니가 뭐라고 말씀하시건, 농부나 의사가 되고자 하는 나의 결심을 굳게 해준다. 하지만 나는 원체 게으르거든.

이런 소리는 일절 하지 않는 편이 좋을 거야. 부질없는 소리로밖에 들리지 않을 테니까. 혼자 있으면 종종 이런 생각이 나는 모양이지—건축가의 이름도 없는 빌딩이나 상가에서 돌아오는 사람들은 켄징턴의 일개 목사나 또는 미스 킬먼이 빌려준 그 어떤 책보다, 마음속 모랫바닥에서 졸면서 거북하게 수줍어하며 누워 있는 무엇인가를 훨씬 더 강력히 흔들어 깨워줄 뿐 아니라, 아이가 두 팔을 쭉 뻗듯이 그 무엇으로 하여금 표면을 깨뜨리는 힘을 부여해주거든. 아마 그것은 이런 것인지도 모르겠어. 한숨이나 뻗은 팔, 또는 충동이나 계시 같은 것 등은 인상만을 영원히 남겨놓을 뿐, 다시 밑바닥에 있는 모랫바닥으로 가라앉아 버리는 것인지도 몰라. 이제 집으로 돌아가 봐야겠어. 파티에 나갈 옷으로 바꿔입어야지. 그런데 지금 몇 시쯤 됐을까? 시계가 어디 있지?

댈러웨이 부인 141

엘리자베스는 플리트 가를 쭉 훑어보았다. 그녀는 세인트 폴 사원 쪽으로 조금 걸어갔다. 마치 밤중에 촛불을 들고 남의 집에 들어가서, 발끝으로 살금살금 걸어다니다가 주인이 침실 문을 와락 열며 왜 왔느냐고 물을까 봐 겁이 나듯이. 또한 남의 집에서는 침실 문인지 거실 문인지, 또는 광으로 통하는 문인지 알 수 없는 문이 열려 있어도 차마 들어가지는 못하듯이. 그녀도 이상한 샛길이나 호기심에 끌리는 골목길로 들어서려고 하지 않았다. 댈러웨이가(家) 사람들 누구도 매일 스트랜드를 지나가는 사람은 없으니까, 이를테면 그녀는 선구자였다. 길을 잃어도 모험을 재미로 여기고 아무런 의심조차 하지 않는 어린애와 같은 기분이었다.

여러 가지 점에서 클래리사는 엘리자베스가 아주 미숙하고 아직 인형과 낡아빠진 슬리퍼 같은 것에 애착하는 어린애라고 생각했다. 그런데 오히려 이것이 그 애의 매력이었다. 물론 댈러웨이 집안은 사회봉사의 전통이 있었다. 수녀원 원장, 대학의 여자 기숙사 사감, 여학교 교장, 또 부인들 사회에서 상당한 지위를 가진 이도 있다—그 어느 것도 별로 대수로운 것은 아니었지만. 이제 엘리자베스는 세인트 폴 사원 쪽으로 조금 더 가까이 걸어갔다. 이 소요 속에 깃든 자매 같은, 또는 어머니나 형제 같은 정다움이 그녀는 마음에 들었다. 그것이 좋아보였다. 소음은 몹시 요란스러웠다. 느닷없이 나팔소리가(실업자들의 데모 행진이다) 요란하게 울려 퍼졌다. 군악소리였다. 행진이라도 하고 있는 것 같은 소리였다. 이런 환경 속에서도 죽어가는 사람이 있다면—글쎄 어떤 여자가 마지막 숨을 내쉬고, 간병인이 누구이든 간에 죽음이라는 가장 위엄 있는 행위가 지금 이루어지고 있는 방 창문을 열고 플리트 가를 내다본다면, 이 요란한 소리, 군악소리는 위로하는 듯, 또는 무정하고 우렁차게 귓전에 울렸을 것이다.

이 소리에는 의식이 없었다. 이 소리에는 인간의 미래나 운명의 의식도 없었다. 그러기에 죽어가는 사람 얼굴에 나타나는 의식의 마지막 전율을 눈이 몽롱해질 때까지 지켜보는 사람에게는 위로가 될 수도 있는 것이다. 인간의 건망증은 상처를 주며, 인간의 망은(忘恩)은 마음을 부식시킨다. 그러나 1년 내내 끊임없이 뒤끓는 이 소리는 맹세건 짐차건 생명이건 무엇이나 잡히는 대로 모조리 휘몰아간다. 이 행렬은 이런 것들을 모두 몸에 휘감고, 마치 빙하의 무자비한 흐름 속의 얼음덩이가 뼈다귀건 푸른 잎이건 떡갈나무건,

142 댈러웨이 부인

모두 떠내려보내듯이 휘몰아 가는 것만 같았다.

그러나 시간이 생각보다 너무 많이 지나 있었다. 이렇게 혼자 다니는 것을 어머니가 좋아하지 않을 거라고 생각한 엘리자베스는 스트랜트 가로 다시 발길을 돌렸다.

휘몰아치는 바람이(더운데도 바람이 꽤 불었다) 얇고 검은 망사가 되어 태양 너머로 스트랜트 가로 불어 왔다. 사람들의 얼굴이 침침해지고, 버스도 갑자기 광채를 잃었다. 구름은 거대한 빙산처럼 솟아올라, 도끼로 깨면 단단한 얼음조각이라도 떨어져 나올 것만 같았다. 넓적한 황금빛 구름의 비스듬한 경사면은 잔디 깔린 천국의 화원만 같고, 언뜻 보기에 하늘에 계신 제신(諸神)들의 회합을 위해서 지어진 안식처 같기도 했다. 구름들은 끊임없이 움직이고 있었다. 구름 사이로 암호가 오고갔다. 미리 정해진 계획대로 실현되고 있는 양 산 같은 구름 하나가 줄어드는가 하면, 불변의 위치를 고수하던 거대한 피라미드 모양의 구름덩이가 중앙으로 이동해서, 엄숙히 구름 떼를 이끌고 새로운 정박지를 향하여 움직이기도 했다. 낱낱이 그 자리에 굳어버리고, 완전한 합의 아래 정지하고 있는 듯싶은 눈결처럼, 흰 빛 또는 황금빛으로 불타는 구름의 표면만큼 신성하고도 자유롭고 민감한 것은 또 없을 것이다. 구름은 자유자재로 변하고, 사라지고, 장엄한 구름덩어리로 흩어지고 하는 것이 순간에 가능했다. 엄숙하게 고정되고 층층이 쌓여, 강하고 단단한 듯 보이는 구름은, 때로는 대지에 빛을 밝히는가 하면 때로는 그림자를 던져주었다.

조용히 그리고 당당히 엘리자베스는 웨스트민스터행 버스에 올라탔다.

빛과 그림자는 벽돌을 회색으로 만들고, 바나나를 찬란한 노란색으로 비추었다. 또 스트랜드 가를 잿빛으로, 다시 버스를 노랗게 꾸미면서, 거실 소파에 누워 있는 셉티머스 워렌 스미스에게는 마치 왔다 갔다 하면서 손짓하는 신호처럼 보였다. 그는 엷은 금빛이 생물같이 놀라운 감수성으로 장미꽃 위에, 또 벽지 위에 아롱지는 것을 우두커니 바라보았다. 밖에서는 나무가 대기의 심연 속에 그물을 치듯이 잎을 펼치고 있었다. 물결 소리가 방에서도 들리고, 새 소리가 그 물결 사이로 들려오는 듯싶었다. 모든 요정들이 그의 머리 위에 보석을 퍼부었다. 그의 손은 거기 소파 위에 놓여 있었다. 그의 손은 헤엄쳐 물에 떠오를 때 물 위에 떠 있듯이 소파 위에 놓여 있었다. 먼

댈러웨이 부인 143

해안에서 개가 짖었다. 멀리서 짖고 있었다. 이제는 두려워하지 말라고 육체 안의 마음이 말했다. 이제는 두려워하지 말라고.

이제 그는 두렵지 않았다. 순간 순간 벽에 보드랍게 아롱지는 저 금빛 무늬 같은 암시로, 자연의 여신은 자기 의사를 표현하려는 것이다—저기, 저기, 저기에—자연의 여신은 새털 장식을 휘날리고, 머리칼을 흐트러뜨리며, 망토자락을 이리저리 흩날리면서 아름답게, 언제나 아름답게 가까이 다가와서, 동그랗게 모은 두 손 사이로 자연의 여신의 참뜻인, 이제는 두려워하지 말라는 셰익스피어의 말을 속삭여주는 듯싶었다.

루크레치아는 테이블 앞에 앉아 모자를 뜨면서 남편을 지켜보고 있었다. 남편은 웃고 있었다. 이제 저이는 기분이 좋은가 보다. 하지만 저이가 웃는 것을 차마 보고 있을 수가 없다. 이것은 결혼생활이 아니야, 남편도 아니야. 저렇게 이상하게 깜짝 놀라고 깔깔 웃는가 하면, 몇 시간을 잠자코 앉아 있고, 또는 내게 달려들어서 무엇을 받아 적으라고 하는 것이 어디 남편이냐 말이다. 테이블 서랍에는 그렇게 해서 적어놓은 것이 잔뜩 있잖은가. 셰익스피어, 위대한 발견, 죽음은 없다 등등에 관해서 적은 것들 말이다. 그는 요새 갑자기 흥분을 해서는(그런데 홈스 의사나 브래드쇼 경이나 두 분 모두 흥분하는 것이 제일 나쁘다고 하셨다) 글쎄, 손을 휘저으면서 자기가 진리를 알고 있다고 소리쳤다. 자기는 모든 것을 다 알고 있다던가! 전사한 친구 에번스가 찾아왔다고도 말했다. 에번스가 휘장 뒤에서 노래를 한다나. 저이 하는 말을 나는 받아써야 하거든. 어떤 때는 참 아름다운 말도 있지만, 어떤 때는 아주 횡설수설이다. 그런데 저이는 말하다가 마음이 변하여 도중에 그쳐버리거든. 무슨 말을 하려다가도 새로운 말이 들린다면서 손을 들고 귀를 기울이거든.

하지만 그녀에게는 아무 소리도 들리지 않았다.

한번은 방을 청소하러 오는 소녀가 그런 종이쪽지 하나를 읽어보더니만 웃음을 터뜨린 것을 본 적이 있어. 정말 그땐 불쌍했어. 이 일 때문에 셉티머스는 인간의 잔인성에 그만 울부짖고 만 거야—글쎄, 왜 서로 갈기갈기 찢어 뜯는거냐고. 이이는 "홈스가 달려든다"면서, 홈스 의사에 관한 공상을 하거든. 홈스가 죽을 먹는다, 홈스가 셰익스피어를 읽는다—그런데 혼자 낄낄 웃다가도 화를 낸다. 아마 홈스 의사가 무슨 끔찍한 것으로 생각되는 모양이야. 이이는 홈스 의사를 "인간 본성"이라고 칭하고 있어. 그리고 여러 가지 환상들이 보이는 모양이야. 늘 자기가 물에 빠져 있다는 소리를 하거든. 또 자기는 절벽 위에 누워 있고, 머리 위로 갈매기가 낄낄 울면서 지나간다고 하였지. 소파 가장자리에서 바다를 내려다보는 시늉도 하였어. 또 음악도 들리나 봐. 실은 예인(藝人)의 풍금소리거나 길가에서 나는 고함소리인데. 그런데도 "좋구먼!" 하며 볼에 눈물을 줄줄 흘리면서 앉아 있거든. 전쟁에 나가서 용감히 싸운 셉티머스 같은 사내가 우는 것은 가슴이 아파서 차마 보고 있을 수가 없거든. 또는 조용히 누워서 귀를 기울이고 있다가도, 느닷없이 소리를 지르거든. "떨어진다, 난 불 속으로 떨어져." 그래서 나는 정말 불이 어디 있나 하고 돌아다보게 되고 말어. 그만큼 이이의 표정은 절실하거든. 그렇지만 사실은 아무것도 없는 거야. 방에는 우리뿐이고 그것은 꿈이라고 달래서 진정시키지만, 어떤 때는 나도 겁이 나거든. 이렇게 생각하며 루크레치아는 앉아서 바느질을 하며 한숨을 내쉬었다.

그녀의 한숨은 숲 바깥을 스쳐가는 저녁바람처럼 보드랍고 매력적이었다. 이제 그녀는 가위를 내려놓고 몸을 돌려 테이블 위에서 무엇을 집기도 했다. 몸을 이리저리 움직이고 자그마하게 똑딱똑딱하는 소리, 툭툭 치는 소리를 내며 그녀가 앉아서 바느질을 하고 있는 테이블 위에서는 무엇인가 만들어지고 있었다. 그런데 그녀의 윤곽, 검은 옷을 입은 작은 몸짓, 얼굴, 손, 실패를 줍고 비단 헝겊을 찾으면서(그녀는 물건을 잘 잃어버리는 버릇이 있었다.) 테이블 쪽으로 몸을 움직이는 모습 등등을 셉티머스는 속눈썹 사이로 흐릿하게 볼 수가 있었다. 그녀는 지금 필머 부인의 출가한 딸에게 줄 모자를 만들고 있는 중이었다. 그 딸 이름이—그는 잊어버렸다.

"필머 부인의 출가한 따님 이름이 뭐지?" 그는 물었다.

"피터스 부인이에요." 루크레치아가 대답했다. 그녀는 모자를 들어 올리면서 좀 작은 것 같다고 말했다. 피터스 부인은 크거든요. 저는 그 여자를 그리 좋아하지 않지만 필머 부인이 우리에게 친절하니까—오늘 아침에도 포도주를 주셨거든요—사례의 표시를 하고 싶어서 그러는 것이겠죠. 그런데 요전날 저녁엔 방에 들어와보니 피터스 부인이 축음기를 틀고 있잖겠어요. 우리가 나가고 없는 줄 알고 루크레치아가 말했다.

"정말이야? 그 여자가 축음기를 틀고 있었어?" 그는 물었다. 그래요, 그

댈러웨이 부인 145

때 당신에게 말했잖아요. 피터스 부인이 축음기를 틀고 있는 것을 보았다고 그녀는 말했다.

셉티머스는 조심조심 눈을 뜨고 축음기가 정말 거기 있는지 살피기 시작했다. 하지만 실제의 물건—실제의 물건은 원체 자극이 세거든. 조심해야겠다, 미치지 않도록, 그는 생각하며, 선반 위에 있는 패션 잡지를 바라보고 난 다음, 초록색 나팔이 달린 축음기로 천천히 시선을 옮겼다. 이보다 더 엄연한 사실은 있을 수 없었다. 그래도 용기를 가다듬고 그는 찬장을 바라보았다. 그리고 바나나가 담긴 접시며 빅토리아 여왕과 그 부군(夫君) 전하의 판화, 장미가 꽂힌 화병이 놓여 있는 벽난로 선반을 쳐다보았다. 그것들은 하나도 움직이지 않았다. 모두 정지하고 있었고 또한 모두 실재하는 물건들이었다.

"그 여자는 입이 험해요." 루크레치아가 말했다.

"남편은 뭘하나?" 셉티머스가 물었다.

"저어." 루크레치아는 기억을 더듬었다. 필머 부인이 딸의 남편은 무슨 회사 외무원이기 때문에 늘 여행을 다닌다고 한 말이 생각났다. "남편은 지금은 헐에 있대요." 그녀가 대답했다.

"지금은!" 이것은 이탈리아 특유의 말투이다. 바로 루크레치아 자신이 한 말이다. 셉티머스는 아내의 얼굴이 조금만 보이도록 눈을 가렸다. 처음에는 턱, 다음에는 코, 그 다음에는 이마가 보이도록. 얼굴이 일그러지지나 않았는지, 끔찍한 흉터가 있지나 않았는지 해서였다. 그렇지만 괜찮았다. 아내는 자연스럽게 앉아서 바느질을 하고 있었다. 바느질을 하고 있는 여자는 원래 저렇게 입술을 오므려 침착하고 우울해보였다. 그러나 조금도 무서운 점은 없었다. 셉티머스는 두 번 세 번 아내의 얼굴이며 손을 다시 보고 나서 스스로에게 납득시켰다. 대낮에 아내가 앉아서 바느질을 하고 있는 것이 두렵고 무섭단 말이냐? 피터스 부인은 입이 험하고 남편은 헐에 있단 말이지. 근데 어째서 격노하고 예언을 해야 하나? 매를 맞고 도망칠 게 어디 있나? 구름을 보고 떨며 흐느낄 것 없잖은가? 루크레치아는 옷 앞섶에 핀을 꽂고 앉아 있고, 피터스 씨는 헐에 가 있다는데, 무엇 때문에 진리를 찾고 메시지를 전해야 하나? 이제는 기적도, 계시도, 고민도, 고독도 바닷속 깊이 떨어져, 불꽃 속에서 다 타버리고 없잖았는가, 셉티머스는 생각했다. 그리고 지금 루크레치아가 피터스 부인의 밀짚모자에 장식을 달고 있는 것을 지켜보고 있는 동안에도 담요의 꽃무늬가 그에게는 죽은 사람을 위한 정성으로 보였다.

"피터스 부인에게는 너무 작아요." 셉티머스가 말했다.

며칠 만에 처음으로 남편은 옛날같이 말한 것이었다! 그럼요, 너무 작아요. 하지만 피터스 부인이 이걸 좋다고 했어요, 루크레치아가 말했다.

그는 아내의 손에서 모자를 받아 들었다. 그리고 풍금쟁이가 끌고 다니는 원숭이의 모자 같다고 말했다.

이 말이 루크레치아에게는 참으로 반가웠다! 이렇게 둘이서 부부답게 몰래 남의 일을 웃어본 일은 몇 주일 만에 처음이었다. 필머 부인이건 피터스 부인이건, 아니 그 누구건 이곳에 들어와보면 이들이 왜 웃는지 이해하지 못할 것 아닌가.

"이거 보세요." 아내는 모자 한쪽에다 장미꽃을 핀으로 꽂았다. 이렇게 행복한 일이 그녀에게는 생전 처음이었다!

하지만 그것이 더 우습다고 셉티머스가 말했다. 그런데 그 여자가 그걸 쓰면 품평회에 나온 돼지같이 보일 거야! (셉티머스처럼 나를 웃기는 사람은 아무도 없다고 아내는 생각했다).

당신 바느질 상자에는 무엇이 들어 있지? 셉티머스가 물었다. 리본, 구슬, 솔, 조화가 들어 있다고 대답하면서 아내는 테이블 위에다 그것들을 쏟아놓았다. 남편은 여러 가지 이상한 색깔들을 한데 모으기 시작했다—비록 손재주도 없고 보자기도 쌀 줄 모르는 사람이지만, 이이는 제법 안목이 높아서 예쁘게 잘 맞추거든. 어떤 때는 아주 근사한 걸 만들어내거든, 그녀는 생각했다.

"예쁜 모자를 만들어줄게!" 셉티머스는 중얼거리면서 이것저것 집어 들었다. 루크레치아는 남편 옆에 무릎을 꿇고 앉아서 어깨 너머로 들여다보았다. 자, 이제 다 됐어—디자인 말이야. 이것 좀 함께 꿰매줘. 그런데 아주 조심해서 내가 한 대로 붙여야 해, 그는 말했다.

루크레치아는 그것을 꿰맸다. 아내가 바느질을 할 때는 화로 위에서 주전자가 끓는 것 같은 소리를 낸다고 그는 생각했다. 부글부글 바글바글 소리를 내면서 줄곧 분주하게 조그맣고 뾰족한 손끝으로 헝겊을 잡고 세차게 바늘을 꾹 찌르면, 바늘은 똑바로 반짝이면서 들어간다. 햇볕이 술 장식과 벽지

댈러웨이 부인 147

위에 들었다 나갔다 하겠지만 좀 기다려보자. 셉티머스는 소파 저쪽 끝으로 발을 뻗고, 뻗은 발의 줄무늬 양말을 바라보면서 생각했다. 따뜻한 자리, 이 조용한 공기에 싸인 안락한 자리에서 기다려보자. 저녁때 숲 가장자리로 가면, 땅이 파이거나 수목이 적당히 우거져서(우리는 무엇보다도 과학적이라야 하거든. 과학적이라야) 따스한 기운이 감돌고, 공기는 새의 날개처럼 볼을 스치는 경우가 더러 있다.

"자, 됐어요." 루크레치아는 피터스 부인의 모자를 손끝으로 뱅뱅 돌리며 말했다. "당장은 이걸로 됐어요. 나중에⋯⋯." 아내의 말은 꼭 잠그지 않은 수도꼭지에서 똑똑 떨어지는 물방울처럼 흘러서 사라졌다. 참, 굉장한 물건이었다. 그가 이렇게 뽐낼 수 있을 만큼 잘된 것을 만든 것은 처음이었다. 피터스 부인의 모자는 정말 튼튼하고 실질적인 물건이었다.

"어디 좀 봐." 그가 말했다.

그래, 나는 이 모자를 볼 때마다 행복할 거야. 이걸 만들 때 저이는 정신이 바로 돌아왔고 웃었으니까. 그리고 우리끼리 단둘만 있었으니까. 나는 이 모자를 언제까지나 좋아할 거야, 루크레치아는 생각했다.

셉티머스는 아내에게 모자 좀 써보라고 말했다.

"하지만 참 이상하게 보일 거예요!" 아내는 외치며 거울로 뛰어가서 이리저리 비춰보았다. 이때 문을 똑똑 두드리는 소리가 들렸다. 루크레치아는 얼른 모자를 벗었다. 윌리엄 브래드쇼 경일까? 오라고 사람을 보냈을까, 벌써? 루크레치아는 생각했다.

아니었다! 조그만 소녀가 신문을 가져온 것이다.

그저 일상 있는 일이 일어난 것이다―두 사람의 생활에 매일같이 일어나는 일이다. 이 소녀는 문 앞에서 엄지손가락을 빨고 있었다. 루크레치아는 이 아이 옆에 무릎을 꿇고서 귀여워하며 키스를 해주었다. 그리고 테이블 서랍에서 과자봉지를 꺼냈다. 루크레치아는 언제나 이랬다. 먼저 이렇게, 다음에 저렇게, 하나씩 순서를 밟아서 했다. 글쎄, 루크레치아는 아이와 둘이서 춤을 추듯 깡충깡충 뛰면서 방 안을 돌았다. 셉티머스는 신문을 집어들었다. 서리주(州) 팀이 전부 아웃되었다. 그는 읽었다. 열파 내습(熱波來襲). 루크레치아도 서리주 팀이 전부 아웃, 열파 내습, 하고 되풀이했다. 열파 내습이라는 말이 필머 부인의 손녀딸과 하고 있는 놀이의 일부분인 것처럼, 그들

148 댈러웨이 부인

은 같이 웃으며 노래하면서 놀았다. 셉티머스는 몹시 피곤했다. 마음이 흐뭇
했다. 졸음이 왔다. 그래서 그는 눈을 감았다. 하지만 그의 눈에 아무것도
보이지 않고, 노는 소리도 멀어지고 이상하게만 들렸다. 무엇을 찾으려다 찾
지 못하고 점점 멀어져가는 사람들의 말소리같이 들려왔다. 이제 그는 또 망
각에 빠진 것이다!

그는 놀라 일어났다. 눈에 뭐가 보이는가? 찬창 위에 놓인 바나나 접시.
방에는 아무도 없었다(루크레치아는 아이를 엄마에게 데려다주러 나가고 없
었다. 이제 잘 시간이 됐으니까). 그렇다, 영원한 고독, 이것은 내가 밀라노
의 그 방으로 들어가서 여자들이 모자판을 가위로 오리는 것을 보았을 당시,
이미 내게 내려진 숙명이 아닌가, 영원한 고독은 말이다.

찬장과 바나나와 나는 고독하다. 이 쓸쓸한 고지(高地)에 몸을 펴고 노출
된 나는 고독하다. 그러나 이곳이 산꼭대기는 아니다. 바위 꼭대기도 아니
다. 이곳은 필머 부인의 거실 소파 위이다. 죽은 자들의 환상이나 얼굴, 음
성 그건 다 어디로 가버렸을까? 눈앞에는 검은색 갈대와 푸른 제비가 그려
진 칸막이가 있구나. 한때는 산이 보이던 곳에, 얼굴이 보이던 곳에, 아름다
움이 보이던 곳에 지금은 칸막이가 놓여 있다.

"에번스!" 그는 외쳤다. 아무 대답도 없었다. 생쥐가 운다. 아니, 커튼이
스치는 소리일까. 이번엔 죽은 자의 목소리이다. 칸막이, 석탄 그릇, 찬장이
다 그대로 있다. 그럼 칸막이, 석탄 그릇, 찬장과 맞서보자⋯⋯. 그러나 이
때 루크레치아가 조잘거리면서 방으로 뛰어들어왔다.

편지가 왔대요. 모두 계획이 틀어졌어요. 필머 부인은 결국 브라이튼에 못
가게 됐나 봐요. 윌리엄스 부인에게 알릴 시간도 없고. 참 야단났어요. 이때
모자가 루크레치아의 눈에 띄었다. ⋯⋯그래 ⋯⋯저 모자를 조금 더 이렇게
⋯⋯ 하고 생각하는 동안, 그녀의 음성은 만족스러운 억양 속에 사라졌다.

"제기랄!" 루크레치아는 외쳤다(이렇게 욕하는 것이 셉티머스 부부간의
농담이 되어 있었다). 바늘이 부러진 것이다. 모자, 아이, 브라이튼, 바늘,
이렇게 하나하나 그녀는 쌓아올렸다. 처음엔 이것을, 다음은 저것을! 하나
하나 생각을 쌓아올렸다, 바느질을 하면서.

루크레치아는 조화 장미꽃을 떼어버리면 모자가 더 나아보일지 그에게 물
어보고 싶었다. 그래서 그녀는 소파 끝에 앉았다.

우리는 지금 정말 행복하다고, 루크레치아는 모자를 내려놓으면서 별안간 말했다. 이제는 남편에게 무슨 말이고 할 수 있을 것 같았다. 무슨 말이든 생각나는 대로 말할 수 있을 것 같았다. 셉티머스가 영국인 친구들과 카페에 들어왔을 때 루크레치아가 받은 첫인상도 그러했다. 이이는 그때 들어와서 좀 수줍은 듯이 사방을 둘러보았고 모자를 걸었는데 떨어졌다. 그래, 기억이 난다. 영국 사람인 줄은 금방 알았다. 언니가 늘 찬미하던 몸집이 큰 영국인 의 타입은 아니었지만. 이 사람은 늘 호리호리하니까. 하지만 혈색은 싱싱하 고 맑았다. 키는 크고, 눈은 빛나고, 좀 꾸부정하게 앉은 모습이, 그에게 늘 말해 왔지만 어쩐지 젊은 매를 연상시켰다. 이 사람과 처음 만난 날 저녁, 도미노게임을 하고 있는 자리에 이 사람이 들어왔다―젊은 매처럼. 하지만 내게는 늘 친절하게 대해 주었다. 이 사람이 행패를 부리거나 술에 취한 일 은 한 번도 본 적이 없었다. 다만 이번의 무서운 전쟁 때문에 이따끔 괴로워 하는 일이 있었을 뿐이다. 그렇지만 내가 들어가면 그런 생각은 다 잊어버리 는 것 같았다. 나는 무슨 말이나, 세상의 어떤 일이나, 하는 일의 소소한 근 심이나, 떠오르는 것을 무엇이나 다 이 사람에게 이야기했다. 그러면 이 사 람은 곧 알아주었다. 한 식구도 그럴 수는 없었을 거야. 이 사람은 나보다 나이도 많고 머리도 좋거든―참 진실한 사람이야. 내가 영어로 동화도 제대 로 읽지 못할 때 셰익스피어를 읽어보라고 했겠다! ―나보다 경험도 많아서 나를 도와주었지. 나도 이 사람을 도와줄 수 있었고!

하지만 이 모자는 어떡하나. 그리고(시간은 늦어져 가는데) 윌리엄 브래 드쇼 경은 어떻게 하고.

루크레치아는 두 손을 머리에 얹은 채 이 모자가 좋은지 어떤지를 남편이 말해주기를 기다리고 있었다. 이렇게 앉아 있는 그녀의 모습에서 셉티머스 는 이 가지 저 가지로 건너다니면서 편안한 가지를 잡으려고 하는 새와 같은 심정을 아내에게서 느낄 수 있었다. 아내가 긴장을 풀고 자연스럽게 앉아 있 는 모습에서 그는 아내의 기분을 알 수 있었다. 그가 말을 하면 아내는 금방 생긋 웃을 것 같았다. 발톱으로 가지를 든든히 쥐고 앉아 있는 새처럼.

그러나 그는 브래드쇼 경의 말이 떠올랐다. "병중에 정든 사람과 같이 있 으면 좋지 않습니다." 그분은 또한 안정하는 법을 배워야 한다고 했다. 우리 부부가 별거를 해야 한다고 했다.

150 댈러웨이 부인

"해야 한다고, 해야 한다고, 어째서 해야 하는가?" 브래드쇼가 내게 무슨 권한이 있단 말인가? "대체 내게 해야 한다고 말할 무슨 권한이 있단 말인가?" 그는 물었다.

"당신이 자살하겠다고 하니까 그런 거예요." 루크레치아가 대답했다(다행히도 그녀는 셉티머스에게 무슨 말이고 할 수 있었다).

호, 내가 그들의 손아귀에 쥐어 있단 말이구나! 홈스와 브래드쇼가 내게 덤벼드니! 코가 빨간 짐승 같은 것이 비밀의 장소란 장소엔 코를 들이대는구나! 과연 해야 한단 말인가! 셉티머스는 생각했다. 그는 자기의 서류, 자기가 쓴 것은 어디 있느냐고 물었다.

루크레치아는 남편의 서류, 남편이 쓴 것들, 그녀가 남편을 위해서 쓴 것들을 내놓았다. 그것들을 소파에다 내동댕이쳤다. 두 사람은 같이 그 뭉치를 바라보았다. 도표, 도안, 무기 대신 작대기를 휘두르고 있는 작은 남녀, 등에 날개가—날개지 아마? —돋아 있는 남녀, 그리고 1실링 은전이나 6펜스짜리 동전을 대고 그린 여러 개의 원—태양과 별, 등산가들이 함께 몸뚱이를 밧줄로 동여매고 기어오르는 나이프나 포크 모양의 톱니 같은 절벽, 작은 얼굴들이 물결 같은 것 사이에서 웃고 있는 바다의 그림, 그리고 세계지도 등등이었다. 태워버려! 그는 소리질렀다. 이번에는 그가 쓴 글들이었다. 철쭉 덤불 그늘에서 노래하는 죽은 자들, 시간에의 송가(頌歌), 셰익스피어와의 대화, 에번스, 에번스, 에번스—죽음의 나라에서 보내온 메시지 등등이었다. 나무를 베지 마라, 수상에게 말하라는 메시지, 우주적인 사랑, 세상의 참뜻 등의 시(詩)들이었다. 태워버려! 그는 외쳤다.

그러나 루크레치아는 손으로 서류들을 눌렀다. 그 중에는 아주 아름다운 것들이 있다고 생각했기 때문이다. 비단 조각으로(봉투가 없으니까) 이것들을 묶어놓아야지, 그녀는 생각했다.

사람들이 당신을 데려 가더라도 나는 따라가겠어요, 루크레치아는 말했다. 우리 의사를 무시하고 우리를 떼어놓을 수는 없잖아요.

루크레치아는 거의 보지도 않은 채 서류의 가장자리를 가지런히하여 그 뭉치를 묶었다. 그런데 셉티머스는 자기 곁에 바싹 앉아 있는 아내가 꽃잎에 온통 싸여 있는 것 같다고 생각했다.

아내는 꽃 피는 나무이다. 아내는 아무도 두려워할 필요 없는 성소에 도착해, 엄숙한 얼굴로 나뭇가지 사이에서 내다보고 있다. 홈스나 브래드쇼를 두려워하지 않고서. 이것은 최후의, 그리고 최대의 기적이며 승리가 아닌가. 홈스와 브래드쇼라는 짐을 지고 비틀거리면서 무서운 층계를 올라가고 있는 아내의 모습이 보였다. 저 사람들은 체중이 160파운드 아래로 내려간 일이 없다. 내 아내를 궁정에 배알하러 보내고, 1년에 1만 파운드의 수입을 올리며, 균형감각을 논하는 자들이다. 의견은 제각기 다르다(홈스는 이렇다 하면 브래드쇼는 저렇다고 하니 말이다). 그래도 둘 다 재판관이다. 저 사람들은 환상과 찬장을 혼동하며 아무것도 명확히 보지 못하면서 남을 지배하고 벌을 주는 자들이다. 이 사람들에게 루크레치아는 승리한 것이다.

"자, 다 묶었어요. 이제 아무도 손대지 못해요. 어디에다 치워놓아야지." 루크레치아가 말했다.

그리고 나서 루크레치아는 아무도 자기들을 떼어놓지 못한다고 말했다. 그리고 남편 곁에 앉아서 그를 매니 까마귀니 하고 불렀다. 그런데 이런 것들은 심술꾸러기라서 곡식을 망치는 것이 당신과 똑같다고 말했다. 하지만 아무도 우리를 떼어놓진 못해요, 루크레치아가 말했다.

이윽고 그녀는 짐을 꾸리러 침실로 갔다. 그러나 이때 아래층에서 말소리가 났다. 그래서 홈스 의사가 부르러 왔나 보다 하고 루크레치아는 그를 올라오지 못하게 하려고 뛰어내려갔다.

아내가 층계에서 홈스와 이야기하는 소리가 셉티머스에게 들려왔다.

"부인, 나는 친구로서 온 것이요." 홈스는 말하였다.

"안돼요, 남편을 만나게 할 수는 없어요." 아내의 말이었다.

아내가 암탉처럼 날개를 펴고 길을 가로막고 있는 모습이 셉티머스의 눈에 선했다. 그러나 홈스는 고집을 부렸다.

"부인, 제발……." 홈스는 루크레치아를 한쪽으로 밀어냈다(그는 건장한 사나이였다).

홈스가 올라오고 있구나. 홈스가 나를 붙잡겠구나. 천만에, 홈스나 브래드쇼 따위한테 붙잡힐 게 뭐냐, 생각하며 셉티머스는 비틀비틀 일어나서 한 발로 깡충깡충 뛰면서, 칼 손잡이에 '빵'이라고 새겨진 필머 부인의 깨끗한 빵칼을 상상해보았다. 아, 그렇지만 그 칼을 못쓰게 만들어선 안되지. 가스는? 하지만 지금은 시간이 없다. 홈스가 오고 있잖은가. 면도날이 어디 있

152 댈러웨이 부인

는 것도 같은데. 루크레치아가 늘 그랬듯이, 종이에 싸서 어딘가에 간수해 두었다. 남은 것은 유리창밖에 없다. 블룸즈버리 하숙집의 커다란 창문, 이 유리창을 열고 뛰어내리는 것은 귀찮고, 성가시고, 신파 같은 방법이다. 보통 세상사람들은 그런 것을 비극이라 하겠지만, 나나 루크레치아에게는 어울리지 않는다(루크레치아는 내 편이니까 말이다). 홈스나 브래드쇼는 이런 일을 좋아한다(이때 그는 창문턱에 걸터앉았다). 하지만 맨 마지막까지 어디 좀 기다려보자. 나는 죽고 싶지 않다, 인생은 즐겁지 않은가. 태양은 쨍쨍하다. 그런데 오직 인간만이? 이때 맞은편 집 계단을 내려오던 어떤 노인이 발을 멈추고 그를 멍하니 바라보았다. 이제 홈스는 문까지 왔다. "옛다, 봐라!" 셉티머스는 소리치며 아래 필머 부인네 집 철책이 있는 아래로 냅다 몸을 던졌다.

"저런 겁쟁이!" 홈스 의사는 문을 홱 열어 제치면서 소리를 질렀다. 루크레치아는 창문 곁으로 뛰어갔다. 그녀는 눈으로 보았고 깨달았다. 홈스 의사와 필머 부인은 서로 부딪쳤다. 필머 부인은 앞치마 자락을 펄럭이면서 침실에 있는 루크레치아의 눈을 가려주었다. 사람들이 한참 계단을 오르내렸다. 홈스 의사가 들어왔다—그는 백지장같이 창백한 얼굴로 와들와들 온몸을 떨면서 손에는 컵을 들고 있었다. 그는 루크레치아에게 정신을 차리고 뭘 좀 마셔야 한다고 말했다(무엇인지 달콤한 물이었다). 주인께선 많이 다쳐서 의식을 회복하기 어렵겠습니다. 보지 마십시오. 될 수 있는 대로 기운을 내시오. 검시(檢屍)에 입회하셔야 하니까요. 젊은 분이 안됐군요. 누가 이럴 줄 알았어야죠! 돌발적인 충동이라서 아무도 나무랄 수 없습니다(다음엔 필머 부인에게 말했다). 그가 대체 왜 이런 짓을 했는지 알 수가 없구려, 홈스 의사는 말했다.

달콤한 물을 마시니 루크레치아는 기다란 창문을 열고 어떤 정원을 내려가는 기분이었다. 하지만 여기가 어딜까? 시계가 친다—1시, 2시, 3시, 이 소리는 어쩌면 이렇게 뚜렷할까. 주위의 쿵쿵하는 소리, 소곤거리는 소리들에 대면 꼭 셉티머스같이 또렷하다. 그녀는 졸음이 왔다. 그러나 시계는 뒤이어 쳤다, 4시, 5시, 6시. 앞치마 자락을 펄럭이고 있는 필머 부인은(시체를 이리로 들여오지는 않겠죠?) 그 정원의 일부같이 보였다. 깃발 같기도 했다. 루크레치아는 베니스에서 고모네 집에 갔을 때 돛대 위에 휘날리는 깃발을 본 일이 있었다. 전사한 사람들에게 경의를 표하는 깃발이었다. 셉티머스는 전쟁에서 무사히 돌아왔다. 루크레치아의 추억은 대부분 즐거운 추억들이었다.

나는 모자를 쓰고 옥수수밭 사이를 뛰어갔지—그게 어디였을까? —언덕을 향하여, 어딘지 바다 가까이였다. 배가, 갈매기나 나비들이 있었거든. 우리는 절벽 위에 앉아 있었다. 런던에서도 이들은 거기 앉아 있는 기분이었다. 내리는 비, 속삭이는 말, 마른 옥수수밭에서 부는 바람, 바다의 정다운 물결 등등의 소리는 침실문을 통하여 거의 꿈결같이 들려왔다. 이제 물결소리는 오목 패인 조개껍데기 안에서 반향하는 듯, 또는 속삭이는 듯 그녀의 귀에 울려오고 자신은 무덤 위에 뿌려진 꽃잎처럼 바닷가에 누워 있는 것만 같았다.

"그이는 죽었어요." 루크레치아는 말했다. 성실하게 보이는 푸른 눈으로 방문을 보면서 자기를 지키고 있는 초라한 늙은 마님을 향하여 미소를 지었다(사람들이 그이를 이리로 데리고 오지는 않겠지요? 그녀는 물었다). 원, 별소리를, 그럴 리가 있겠어요, 필머 부인이 말했다. 아냐, 설마! 지금 시체를 들고 나가는데 그녀에게 알려주지 않아도 괜찮을까? 부부는 한몸인데, 필머 부인은 생각했다. 하지만 의사의 말대로 해야지.

"잠을 자게 하세요." 홈스 의사는 루크레치아의 맥을 짚어 보면서 말했다. 루크레치아는 창을 등지고 앉아 있는 큰 몸집의 검은 윤곽을 보고 있었다. 그리고 홈스 의사임을 알아보았다.

문명의 위대한 승리라고 피터 월쉬는 생각했다. 구급차의 요란한 사이렌 소리를 들으면서, 이것도 또한 문명의 승리 중 하나라고 그는 생각했다. 민첩하고 솜씨 있게, 구급차는 어떤 불우한 자를 당장에 친절하게 싣고 병원으로 달려가고 있었다. 머리에 타박상을 입었거나 병으로 쓰러진 사람이겠지. 우리도 언제 같은 경우를 당할지 모르지만, 교차로에서 아까 차에 친 사람이겠지. 이것이 문명이다. 동양에서 갓 돌아온 나로서는 이런 일이 눈에 띈다—런던의 능률, 조직, 상호협조의 정신 등이—짐수레도 자동차도 다 자진해서 비켜서고 구급차를 지나가게 한다. 좀 병적이라고 할까, 아니 오히려 감동적이라고 할까, 희생자를 안에 싣고 달리는 구급차에게 보내는 저 경의는—그런데 집으로 바삐 돌아가는 남자들은 구급차가 지나가는 것을 보고 당장에 아내를 연상하렷다. 또는 의사와 간호원이 따라가는 들것 위에 누워 있는 것이 하마터면 자기 자신들일 수도 있었을 것이라고 상상하렷다…… 아, 그러나 의사나 시체를 생각하면 생각이 이상해지고 감상적이 된다. 눈에 보이는 인상에 대한 짜릿한 쾌감이나 일종의 욕망이, 그런 생각을 더 이상 하지 말라고 경고한다―그것은 예술에도 치명적이며 우정에도 치명적이라고. 과연 그렇다. 하지만 이건 고독의 특권이라고 피터 월쉬는 생각했다. 이때 구급차는 길 모퉁이를 돌아섰다. 그 경쾌하고도 요란한 사이렌은 이제 옆골목에서 들려오고, 차가 토트넘 코트 거리로 멀어져가면서도 계속 들려오고 있었다. 혼자 있으면 제멋대로 할 수 있다. 만약 남이 안 보면 울 수도 있다. 인도에 체류하는 영국인 사회에서 실패한 것은 이 감수성이 원인이었겠지만―글쎄, 너무 감정이 예민한 점이랄까. 울어야 할 때 울지 않고 웃어야 할 때 웃지 않으니 말이다. 근데 지금 나는―하고 피터는 우체통 옆에서 생각했다. 눈물 속에 무너질 것 같은 기분이다. 이유는 모른다. 아마 어떤 아름다움에 감동해서인지 모르겠다. 클래리사를 찾아가본 일로 시작된 오늘 하루의 무게가 더위와 맹렬한 날씨로 더욱 무거워지고, 잇단 인상의 한 방울 한 방울이 깊고 컴컴한, 그리고 아무도 알지 못하는 지하실 바닥에 괴어서 나를 피곤하게 했기 때문인지도 모르겠다. 인생에는 완전하고도 침범할 수 없는 비밀이 있기 때문에, 나는 인생을 구불구불한 골목길이나 샛길이 잔뜩 있는 미지의 놀라운 정원같이 느끼게 되었다. 사실 이런 순간은 숨이 막힐 것 같았다. 지금 대영박물관 맞은편 우체통 옆에 서 있는 내게 찾아온 이 순간, 여러 가지 사물들이 하나가 되는 이 순간, 구급차, 삶과 죽음, 이것들이 하나로 모이는 이 순간, 나는 정말 숨이 막힐 것만 같다. 그는 이러한 감정의 격류에 휩쓸려 높디높은 지붕 위로 빨려 올라가고, 육체만 남아서 하얀 조개껍데기가 흩어진 해안처럼 무참한 꼴을 하고 있는 것만 같았다. 인도에 체류하는 영국인 사회에서 이런 예민한 점이 그의 파멸의 원인인 것이다.

한번은 클래리사와 같이 어디선가 버스 이층 칸에 탄 일이 있었다. 그녀는 적어도 외관상으로는 쉽게 마음이 변하는 성미여서, 절망에 잠겨 있다가도 금세 기분이 좋아지곤 했다. 그 시절 그녀는 감수성이 넘쳐 흐르고, 같이 지내기에 다시없이 좋은 벗이었다. 클래리사는 버스 윗칸에 앉아서 기묘한 정경이며 이름들, 사람들을 곧잘 찾아냈다. 그들은 같이 곧잘 런던 거리를 쏘

댈러웨이 부인 155

다니며, 캘리도너 거리 뒷골목 시장에서 찾아낸 물건들을 주머니에 잔뜩 넣어가지고 돌아온 일도 있었다―그 시절 클래리사는 이론가였다―둘이서 이론 더미를 털어놓고, 젊은이들의 버릇인 듯 따지곤 했다. 이 수많은 이론은 그들의 불만을 설명하기 위한 것이었다―남들을 이해하지 못하고, 남들이 자기들을 이해해주지 않는다는 불만. 어떻게 하면 서로를 알 수가 있느냐는 것이었다. 사람은 매일 만나다가도 반년이고 1년이고 만나지 않는다. 자기 외의 사람을 우리는 얼마나 모르고 지내고 있느냐 말이다. 여기서 불만을 느끼지 않을 수 없었다. 그 점에서 둘은 의견이 같았다. 그러나 클래리사는 샤프츠베리 가를 달리고 있는 버스에 앉아서 자기가 모든 곳에 있는 듯 느껴진다고 했다. "여기, 여기, 여기가 아니라, 모든 곳에 있는 것만 같아요." 그녀는 좌석 등받이를 두드리면서 말했다. 샤프츠베리 가를 지나면서 손을 흔들고, 나는 모든 것이에요. 그러니까 나를 알려면, 또 누구를 알려면, 우리를 완성시킨 사람들이나 장소까지도 알아야 해요, 하고 말했다. 그녀는 이 말을 건네보지도 않은 사람들, 거리를 거니는 여자들, 계산대 뒤에 앉아 있는 남자들―심지어는 나무나 창고 같은 것까지도 묘하게 친근감이 느껴졌다. 이래서 결국 이런 생각과 죽음의 공포가 한덩어리가 되어 선험적(先驗的) 이론을 갖게 되었다. 이래서(그녀의 회의주의에도 불구하고) 외부에서 볼 수 있는 우리의 일부인 육체는, 눈에 보이지 않는 부분과 비교하면 일시적인 것에 지나지 않는다는 점을 그녀는 믿게 되었고, 그렇게 믿는다고 말하게 되었다. 그리고 우리의 눈에 보이지 않는 부분은 널리 퍼지고 육체가 죽은 뒤에도 남아서, 어떤 형태로든 이 사람 저 사람에게 부속되어 어떤 곳에서 방황할지도 모른다고 클래리사는 말했던 것이다. 아마―아마 그럴지도 모른다.

거의 30년이라는 오랜 세월의 우정을 돌아보면 클래리사의 이론이 이처럼 내게 깊은 영향을 주고 있잖은가. 나는 여행도 하고 또 여러 번 방해받았기 때문에(오늘 아침만 해도 내가 그녀와 이야기를 시작하려고 하는데, 망아지 같이 다리가 길고 예쁜 엘리자베스가 소리없이 들어오지 않았던가) 둘이 실제로 만난 것은 시간적으로는 대단히 짧았고, 또 그런 만남이 중단되거나 고통스러운 경우도 많았지만, 내 인생에 미친 영향은 헤아릴 수 없을 정도로 크다. 그런데 이것은 신비한 일이다. 둘이서 만나는 것, 그것은 한 알의 날카롭고 뾰족하고 불쾌한 씨앗을 받는 것 같달까―만나는 것은 가끔 무섭게 고통스럽잖았던가. 그렇지 않을 때도 있었지만, 그렇다가도 서로 떨어져 있는 동안에 그 씨앗은 엉뚱한 곳에서 꽃으로 피어나 향기를 풍기고, 몇 해 동안 잊고 있던 꽃을 다시 만져보고 맛보고 사방을 둘러보며 모든 것을 다시 느끼고 이해하게 해주지 않았던가. 이렇게 클래리사는 그의 기억 속에 살고 있다. 선박 안에서나 히말라야의 산중에서나 묘한 것들이 동기가 되어, 이런 기억을 되살아나게 하거든(관대하고 열광적인 바보 샐리 시튼은, 이래서 파란 수국을 볼 때면 내 생각을 하는 모양이야). 아무튼 내가 아는 사람 중에서 클래리사만큼 내게 영향을 준 사람은 없다. 쌀쌀맞고 새침하고, 나를 비난하는 듯한 그녀의 모습은 원치도 않는데 언제나 이렇게 기억에 떠오른다. 어떤 때는 그녀의 모습이 황홀하고 낭만적이며, 어떤 들이나 영국의 추수기를 연상시킨다. 런던보다 시골에서의 모습이 가장 자주 기억에 생생하다. 부어톤 시절의 장면 하나하나가…….

이제 그는 호텔에 도착했다. 그는 빨간색 의자와 소파가 잔뜩 놓여 있고, 뾰족한 잎들이 시들어가는 식물들이 늘어선 홀을 지나갔다. 그는 못에 걸린 방문 열쇠를 집었다. 젊은 여자 사무원이 그에게 편지 몇 통을 내주었다. 그는 위층으로 올라갔다. 그가 클래리사와 가장 자주 만난 것은 그해 늦은 여름 부어톤에서였다. 그때 그는 남들처럼 1주일 또는 2주일씩 머물렀다. 먼저 기억나는 것은, 어떤 산꼭대기에서 클래리사가 외투를 휘날리면서, 손으로 머리를 움켜쥐고, 손가락으로 가리키면서 우리보고 외치던 일이지─저 아래 세번강이 보인다면서. 또 어떤 숲 속에서 아주 서툰 솜씨로 주전자에 물을 끓이던 일도 생각난다. 그때 연기가 무릎을 굽히듯이 내려와서 얼굴을 덮어씌우던 일, 어떤 오두막 집 할머니에게 물 좀 달라고 했더니 그 할머니가 그들이 떠나는 것을 문까지 나와서 지켜보던 일, 남들은 마차를 탔지만 우리는 늘 걸어다니던 일 등이 생각난다. 클래리사는 마차 타는 것을 싫어했다. 그때 기르던 개 말고는 동물도 싫어했다. 우리는 몇 마일을 걸어다녔다. 클래리사는 방향을 확인하려고 이따금 발을 멈추고서, 나를 이끌고 들을 건너 집으로 돌아오곤 했다. 그러는 사이에도 우리는 토론을 하고, 시를 논하고, 인간을 논하고, 정치를 논했다(그녀는 그 당시 급진적 사상을 가지고 있었지). 그때는 눈에 보이는 것이라곤 전혀 없었다. 다만 가끔 클래리사가 서서 경치나 수목들을 보고 감탄하여 그에게 좀 보라고 하는 것 이외에는. 그

댈러웨이 부인 157

리고 다시 걷기 시작하여, 고모에게 드릴 꽃을 든 그녀가 앞서서, 그루터기만 남아 있는 밭을 지나갔다. 그녀는 몸이 허약한데도 피로한 줄 모르고 걸었다. 그들은 황혼이 될 무렵에야 겨우 부어톤으로 돌아왔다. 저녁식사를 마치고 나서 브라이트코프 노인이 피아노 뚜껑을 열고 나오지도 않는 목소리로 노래를 하면, 우리는 안락의자에 깊숙이 앉아서 웃음을 참느라고 혼이 났었지. 하지만 반드시 웃음은 터지고 말았지. 아무것도 아닌 일로 웃고, 또 웃고, 또 웃지 않았던가. 브라이트코프 노인은 그것을 못본 척했다. 그리고 아침에는 할미새처럼 집 앞에서 뛰놀고……

아, 이건 클래리사한테서 온 편지이다! 이 파란 봉투, 또 그녀의 필적이다. 어디 읽어보자. 또 고통스러운 만남! 그녀의 편지를 읽는 것은 지독하게 힘이 든다. "만나뵙고 반가웠던 말씀을 꼭 전해 드리고 싶어요." 편지는 이 말 뿐이었다.

그러나 피터는 마음이 설렜다. 그리고 괴로웠다. 이런 글을 보내오지 않으면 싶었다. 이렇게 한참 생각에 잠겨 있는데, 누가 옆구리를 쿡 찌르는 것만 같았다. 어째서 나를 가만히 놔두지 못할까? 뭐니뭐니 해도 그녀는 댈러웨이와 결혼하여 여러 해 동안 아주 행복하게 살아오지 않았는가.

호텔이란 곳은 원래 위안을 얻을 데가 못된다. 오히려 그 반대이다. 지금까지 수많은 사람들이 저기 저 못에다 모자를 걸었지. 이렇게 생각해보면 저 파리도 남의 콧잔등에 앉았다 날아온 것일 테지. 처음엔 깨끗하다는 인상을 받았지만, 따지고 보면 깨끗하기는커녕 텅 비고 쓸쓸하다. 이럴 수밖에 없을 테지. 깐깐한 하녀 감독이 새벽에 냄새를 맡고 이리저리 들여다보면서, 추위에 코가 파래진 하녀들에게 청소를 시키거든. 이 감독은 다음에 들어올 손님을 깨끗한 접시에 담아서 들여갈 고기덩이로 생각하는 모양이야. 잠을 잘 침대가 하나, 앉을 안락의자가 하나, 양치질과 면도를 하기 위한 유리잔 하나, 거울 하나가 있다. 책과 편지와 잠옷 등이 개성 없는 말털로 만든 의자 위에 널브러져 있는 모양은 너절하고 당찮게 보인다. 이런 것이 눈에 띄는 것도 클래리사의 편지 때문이지. "만나뵙고 반가웠던 말씀을 꼭 전해 드리고 싶어요!"라니. 그는 편지를 접어서 밀어놓았다. 무슨 일이 있어도 다시는 읽지 않을 생각이었다!

이 편지가 6시 전에 내게 닿도록 하기 위해서 클래리사는 내가 떠나자마자 곧 그 자리에서 썼을 테지. 우표를 붙여, 사람을 시켜 우체통에 넣게 했을 테지. 사람들 말마따나 그게 그녀답거든. 내가 찾아가서 놀랐을 거야. 여러 가지 느낀 바도 많았겠지. 내 손에 키스할 때는 순간 후회도 하고, 나를 원망도 하고(안색을 보니까), 옛날 내가 한 말이 기억났을지도 모른다—자기가 나와 결혼했다면 얼마나 달라졌을까. 그러나 지금은 요모양이다. 이미 중년이 되고 이렇다 할 아무것도 없잖는가, 이렇게 생각했을지도 모른다. 그러나 그 굽힐 줄 모르는 끈기로 기어이 그런 생각을 죄다 눌러버렸을 테지. 그녀는 보기 드물게 질기고 인내심 강하고, 장애를 극복해 나가는 생명력이 있거든. 그래, 그러다가 내가 방을 나오니까, 곧 그 반동이 일어난 거지. 내게 몹시 미안한 생각이 들고, 어떻게 하면 나를 기쁘게 해줄 수 있을까 하고 생각했을 거야(언제나 한 가지만은 제외하고 말이다). 볼에 눈물을 흘리면서 책상으로 달려가 내 마음을 이끄는 저 한 줄을 단숨에 쓰는 모습이 눈에 선하다…… "뵙고 반가웠다!" 정말 반갑기는 했을 거다.

피터 월쉬는 구두끈을 풀었다.

하지만 성공은 하지 못했을걸, 우리가 결혼을 했더라면 말이다. 결국 결혼하지 않은 것이 훨씬 더 당연하잖았는가.

이상한 일이지만 이것 또한 사실이었다. 많은 사람들은 이렇게 생각했다. 글쎄, 품행이 단정하고, 보통의 직책에도 틀림이 없고, 사람이 좋지만 남들 눈에는 좀 까다롭고 뻐기는 피터 월쉬—그런 그가 머리가 허옇게 센 요즈음에 와서, 만족한 듯이 침착한 표정이라는 것은 이상한 일이라고 많은 사람들은 생각했다. 그가 여자들에게 매력적인 것은 이것 때문이었다. 지나치게 남성적이 아닌 점을 좋아하기 마련이다. 그에게는, 아니 그의 배후에는 어딘지 남다른 점이 있었다. 책을 좋아해서 그런지도 모르겠다. 남의 집에 가도 반드시 책상에서 책을 집어들었다(그는 지금 구두끈을 마룻바닥에 질질 끌면서 책을 읽고 있다). 내가 점잖아서 그런지도 모르겠다. 이 사실은 담뱃재를 털 때나 여자들을 대하는 태도에서 드러난다. 글쎄, 아주 철없는 여자도 나를 마음대로 다룰 수 있으니까 재미도 있을 것이고, 또는 아주 우습기도 할 게다. 하지만 그건 여자 쪽이 위험을 감수해야 하거든. 글쎄, 나는 다루기 쉽고 쾌활하고 점잖아서 상대하기에는 매력적일지 모르지만, 그건 정도의 문제이다. 여자가 무슨 말을 하면—안되지 안돼—하면 내겐 속이 환히 들

댈러웨이 부인 159

여다보여. 나는 그런 말을 참을 수가 없으니까 안되는 거야. 그렇지만 남자들끼리 있을 때는 고함도 치고, 농담에 옆구리를 움켜쥐고 온몸을 뒤흔들면서 웃을 수도 있어. 인도에 있을 때는 요리에 관해서는 이래 봬도 으뜸가는 감식가였지. 나는 대장부란 말이다. 그러나 남들이 존경해 마지않는 그런 남자는 아니거든—다행이야. 예를 들면 시먼스 소령과는 다르다. 전혀 다르다고 데이지도 생각하거든. 아이가 둘이나 있으면서도 그녀는 나와 자기 남편 시먼스를 비교했다.

피터는 구두를 벗었다. 주머니의 것을 털어놓았다. 베란다에서 찍은 데이지의 사진이 주머니칼과 함께 쏟아져 나왔다. 흰 옷을 입은 데이지는 폭스테리어를 무릎에 안고 있었다. 아주 매력적이었다. 거무스름한 피부. 그가 본 중에서는 가장 나은 모습이었다. 따지고보면 이 여자와의 관계가 클래리사와의 관계보다도 훨씬 더 자연스러웠다. 시끄러운 일도 거북한 일도 없었다. 까다롭지도 않고 애를 쓰지도 않았다. 모두가 원만했다. 베란다에 앉은 거무스름한 피부의 이 절세미인은(지금도 그 소리가 들리는 것만 같았다) 선언했다. 물론이에요, 물론 당신께 모든 것을 바치겠어요! 당신이 원하는 것 모두! 하고 외쳤다(데이지는 전혀 분별력이 없는 여자였다). 그녀는 그렇게 외치면서 남이야 보건 말건 자신에게 달려오잖았던가. 그녀는 이제 겨우 24살이었다. 그런데 어린애가 둘이었다.

자, 그러니! 그러니, 자, 내 나이에 이런 지경에 빠졌다. 밤에 잠을 이루지 못할 때 그는 이 일로 몹시 머리가 무거워졌다. 우리가 결혼을 하면? 그는 상관없지만 그 여자는? 친절하고 말수 적은 버지스 부인에게 상의했더니, 변호사를 만난다는 명목으로 영국으로 건너가면, 데이지는 다시 생각하고, 이 문제가 그들에게 가져올 결과도 생각해볼 여유도 생길 것이라고 했다. 버지스 부인은 그 여자의 환경이 문제라고 했다. 사회와도 인연을 끊어야 하고 자식도 포기해야 한다는 거야. 그래서 끝내는 과거를 가진 과부가 되어 교회 근처에서, 아니 장소를 말할 것 없이 어디서나 아무렇게나 살게 될 거라고(얼굴에 분칠한 여자들이 어떻게 되는지 아시지요, 버지스 부인은 말했다). 그러나 그는 그런 말을 우습게 여겼다. 그는 아직 죽을 생각은 없었다. 아무튼 이 일은 데이지 스스로 결정해야 하잖겠는가. 그녀 자신이 판단을 내릴 일이다. 그는 양말 바람으로 방 안을 서성거리며 파티용 와이셔츠의 주름을 펴면서 생각했다. 클래리사의 파티에 나가든지 극장에 가든지, 또는 여기 앉아서 옥스퍼드 시절의 친구가 썼다는 재미있는 책을 읽든지 해야겠다. 만일 은퇴하면 그때 하고 싶은 일은 책을 쓰는 일이다. 옥스퍼드에 가서 보들리 도서관에서 책을 샅샅이 들춰보고 싶구나. 거무스름한 피부의 절세미인 데이지가 테라스 끝까지 달려와도 소용없지. 손을 흔들어봐도 소용없고, 남이 뭐라건 아랑곳하지 않는다고 해봐도 소용없어. 나는 지금 이렇게 있거든. 그녀가 세상에서 제일가는 사나이, 완전무결한 신사, 매력적이고 품위있는 남자는(그녀는 내 나이를 전혀 상관치 않는데), 지금 이렇게 블룸즈버리의 호텔 방을 서성거리며, 수염을 깎고 세수를 하고 있거든. 면도칼을 놓고 물그릇을 집었다 내려놓으면서, 보들리 도서관을 뒤져 흥미있는 한두 가지 조그만 문제에 관해서 진리를 탐구할 생각을 계속했다. 그리고 나는 누구하고나 한담을 나누고, 점심시간 같은 것도 점점 무시하게 되고, 남과의 약속도 잊어버리게 됐으면 좋겠어. 이제는 데이지가 키스를 해달래도, 싸움을 걸어와도, 선뜻 응하지 않겠다(그야 진심으로 그녀를 사랑하고는 있지만)—글쎄, 버지스 부인 말대로 그 여자가 나를 잊어버린다면, 또는 우리가 처음 만난 1922년 8월에 존재했던 나만을 기억해준다면 더욱 행복할 수 있으리라. 마치 황혼의 십자로에 서 있는 내 모습이, 이륜마차가 빨리 달려갈수록 점점 작아지고 마침내는 사라지는 것을 바라보면서, 뒷좌석에 꽁꽁 묶인 그녀는 헛되이 팔을 뻗어 자기는 무슨 일이고, 정말 무슨 일이고 하겠다고 외치는 것 같았다…….

남들이 무슨 생각을 하는지 나는 영 알 수가 없다. 생각을 집중시키기가 점점 어려워진다. 일신상의 일에 골몰해서 머리가 복잡하다. 우울한가 하면 금방 쾌활해진다. 여자들에게 의지하고 싶고, 정신이 멍하고, 마음이 어둡고(수염을 깎으면서 그는 생각했다), 클래리사가 우리 살 집쯤 구해주고, 데이지에게 친절히 대해주고, 사교계에 소개해줄 수 없는지 알 수 없거든. 그렇게만 해준다면—그렇다면 나는 어떻게 하지? 그저 빙빙 맴돌다가(이때 그는 열쇠와 서류를 분류하는 중이었다) 쏜살같이 내려와서 먹이를 잡아먹는 야생동물처럼 혼자, 말하자면 고독을 즐기겠다. 하지만 나만큼 남에게 의지하고 사는 사람도 없다(그는 조끼단추를 채웠다). 이것이 내가 실패한 원인이거든. 글쎄, 남자들만의 사회를 버리지도 못하고, 고급 장교들과 사귀고,

댈러웨이 부인 161

골프를 좋아하고, 브릿지게임을 좋아하거든. 그리고 뭣보다 여성과의 사교를 좋아한다. 미묘한 사교관계랄지 여성들이 사랑에 있어 성실하고, 대담하고, 훌륭한 것이랄지, 그런 것이 좋거든. 물론 그런 사랑에는 단점도 있지만, 내게는 (거무스름한 피부의 절세미인 사진이 봉투 위에 놓여 있다) 훌륭하기만 하고 인생의 절정에서 피어난 화려한 꽃같이 여겨지거든. 그러면서도 나는 늘 앞뒤를 고려하기 때문에(클래리사는 내 기억을 영원히 빼앗고 말았는데) 단호한 행동을 취하지 못하거든. 그래서 말없는 사랑은 이내 싫증내고 나는 사랑에 변화를 찾게 되거든. 데이지가 딴 남자를 사랑한다면, 나는 노발대발 정말 미칠 듯이 화가 날 거야! 나는 질투가 심하니까. 천성이 어쩔 수 없이 질투가 심하니 말이다. 이래서 욕만 보거든! 그런데 내 칼은 어디 있지? 시계는? 도장은? 지갑은? 다시 읽어보진 않겠지만 생각해보기에는 나쁘지 않은 클래리사의 편지는? 그리고 데이지의 사진은? 그럼 저녁을 먹으러 가자.

사람들은 식사를 하고 있었다.

화분들이 둘러 있는 작은 테이블에는 정장을 한 사람도 있고, 하지 않은 사람도 있었다. 숄이나 핸드백을 곁에 놓고 태연한 척하고 있었다. 이렇게 여러 가지 요리가 나오는 만찬에 익숙치 못한 탓이었다. 그러나 그들은 자신만만하게 보였다. 이 만찬에 돈을 낼 수 있기 때문이다. 또한 피로해보이기도 했다. 종일 런던에서 물건을 사러, 또는 구경을 하러 다녔기 때문이리라. 이들은 호기심을 감추려고 하지도 않았다. 뿔테 안경을 쓴 말쑥한 신사가 들어오자 일제히 돌아다보았다. 이들은 친절해보였다. 기차 시간표를 빌려준다든가, 필요한 정보를 가르쳐준다든가 하는 사소한 친절을 기꺼이 베풀어줄 것 같았다. 그리고 이들의 마음속에는 약동하는 하나의 욕망이 의식 밑에 잠재하여, 자신들을 끌어당기는 욕망이 존재하고 있었다. 이들은 은밀히 곁눈질하고, 거북하게 이야기를 멈추고 있다가 갑자기 가족들끼리 이야기에 골몰했다. 이런 사람들이 앉아서 저녁식사를 하고 있을 때, 피터 월쉬가 들어와서 커튼 옆의 테이블에 앉았다.

그가 무슨 말을 한 것은 아니었다. 혼자 왔기 때문에 이야기하려면 웨이터밖에 없으니 말이다. 그런데도 그가 사람들의 존경을 산 것은 그가 메뉴를 훑어보고 특정한 포도주를 손으로 가리키며, 테이블로 다가앉아서 허둥대지 않고 정중하게 먹기 시작한 그의 태도 때문이었다. "배(梨)를 주시오." 식사를 하고 나서 그가 말했을 때, 이때까지 마음속에 갇혀 있던 존경심은 모리스 일가가 앉아 있는 테이블에서 확 타올랐다. 월쉬 씨가 왜 나지막하지만 명확하게, 정당한 권리를 옹호하는 훈련주의자 같은 태도로 말한 것인지, 찰스 모리스 청년도, 찰스 노인도, 넬레인 양도, 모리스 부인도 알 수는 없었다. 그러나 그가 혼자 테이블에 앉아서 배를 달라고 했을 때, 모리스 가의 사람들은 이 신사의 어떤 합법적 요구에 대하여 자기들의 지지를 보내며, 자기들도 곧 응낙할 수 있는 어떤 사상의 옹호자인 듯싶었다. 그래서 이들의 공명하는 눈은 이 신사의 눈과 마주쳤고 몇 마디 말을 주고받게 되었다.

대단한 것은 아니었다—그저 런던에 사람이 많다는 이야기, 런던이 지난 30년 동안 변했다는 이야기, 모리스 씨는 리버풀이 더 좋다, 모리스 부인이 웨스트민스터의 꽃 전시회에 갔었다는 이야기, 모리스 일가가 황태자를 만난 이야기 등이었다. 그렇지만 이만한 가족은 아무데서도 보기 드물다. 절대로 없지. 피터 월쉬는 생각했다. 가족 사이의 친밀함도 흠잡을 데 없고 상류 계급이 어떻건 관심도 없이 좋을 대로 살아가고 있다. 엘레인은 가사를 배우는 중이고, 아들은 리드 대학에서 장학금으로 공부하고, 부인은(피터와 같은 나이였다) 집에 애들이 셋 더 있다고 했다. 자동차가 두 대나 있으면서 모리스 씨는 지금도 일요일에는 구두를 손수 수선했다. 참 훌륭하거든, 피터 월쉬는 손에 술잔을 든 채, 붉은 말털로 덮인 의자와 재떨이 사이에서 몸을 앞뒤로 흔들면서 생각했다. 모리스 가의 사람들이 자기에게 호감을 가져서 기분이 좋았다. 사실 그들은 "배를 주시오." 말한 사나이에게 호감을 갖고 있다는 걸 피터는 느꼈다.

클래리사의 파티에 가보자(모리스 가의 사람들은 다시 만나자고 약속하고 가버렸다). 이제 클래리사의 파티에 가보자. 보수당의 바보들이 인도에서 무슨 짓들을 하고 있는지, 리처드에게 묻고 싶으니까. 연극은 어떤 것이 상연중일까? 그리고 음악…… 그리고 또 실없는 남의 소문은.

이것이 우리 영혼의 참다운 모습이라고, 그는 생각했다. 우리 자신이 이런 것이다. 물고기처럼 깊은 바다에 살고, 커다란 해초의 줄기 사이를 누비고 몽롱한 그 속을 헤매며 햇볕이 아롱지는 곳을 지나 앞으로 앞으로 나아가서, 어둡고 싸늘한 깊은 신비 속으로 들어가며, 이윽고 별안간 표면으로 떠올라 바

댈러웨이 부인 163

람에 주름지는 잔물결을 타고 논다. 말하자면 영혼은 남의 소문을 이야기하는 동안 손질을 하고 닦고, 활기를 돋우는 적극적인 욕구를 갖고 있다. 정부는 인도에 대해서—리처드 댈러웨이는 알겠지만—어떤 대책을 갖고 있을까?

아주 무더운 밤이었다. 신문팔이 소년들은 열파 내습이라고 빨간 글자로 커다랗게 쓴 전단을 돌리고 있고, 호텔 현관에는 버드나무 의자를 내다놓고 신사들이 한가히 술을 마시며 담배를 피우면서 앉아 있다. 피터 월쉬도 거기에 가 앉았다. 하루가, 런던의 하루가 이제 막 시작되려고 한다는 생각이 들었다. 프린트 무늬의 가정복과 흰 앞치마를 벗고 푸른 드레스로 갈아입은, 진주로 치장하는 여인처럼 낮의 양상은, 모직물을 벗어버리고 망사옷으로 갈아입고, 저녁으로 변해가고 있다. 속옷을 마룻바닥에 벗어던진 여인이 내쉬는 그런 가쁜 한숨을 내쉬면서 이 하루는 먼지와 열기와 색채를 벗어던졌다. 교통은 뜸해지고 화물차 대신 승용차가 경적을 울리면서 질주했다. 그리고 광장의 우거진 잎사귀 사이에는 여기저기 찬란한 전등불이 켜졌다. 나는 물러가겠다고 저녁은 말하는 듯싶었다. 호텔의 우뚝 솟은 지붕과, 울뚝불뚝한 윤곽의 나지막한 상가 위로 희미하게 사라져가는 황혼은, 나는 사라져간다, 나는 물러간다, 하고 말하는 듯했다. 그러나 런던은 이 말을 못 들은 것처럼 총검을 하늘로 향해 추켜올려 황혼의 날개를 자르고, 거리의 향연에 강제로 참가시키려는 성싶었다.

피터가 마지막으로 영국을 다녀간 이후로 윌레트 씨의 '서머타임'이라는 일대혁신이 일어났다. 이렇게 연장된 긴 저녁은 피터로서는 새로운 경험이었다. 이것은 고무적이었다. 젊은이들은 서류함을 들고 자유롭게 된 것이 기뻐서, 또 이 유명한 거리를 걷는 것이 말을 하지 않아도 자랑스러워서, 걷고 있을 때 일종의 기쁨이 그들 얼굴을 물들였다. 그야 값싼 허울만 좋은 기쁨인지는 몰라도, 어쩔 줄 모르는 기쁨의 빛이 있었다. 그들의 옷도 멋있었다. 분홍빛 양말에 예쁜 구두를 신고 있었다. 두 시간쯤 영화나 보려는 모양이었다. 노란색이 도는 푸른 저녁빛이 그들을 선명하고 세련된 모습으로 비춰내고, 광장의 나뭇잎 위에도 납같이 창백한 빛을 던지고 있었다—나무들은 바닷물에 잠겨 있는 듯 보였다—물속에 잠긴 도시의 무성한 나무들 같았다. 피터는 이 아름다움에 경탄했다. 또한 용기를 자극받은 것도 같았다. 인도에서 돌아온 영국인들은 정당한 권리인 양 오리엔탈 클럽에 앉아서(피터는 이

164 댈러웨이 부인

런 사람들을 얼마든지 안다) 세상이 멸망한다는 비관적인 결론을 내리고 있었다. 하지만 나는 여전히 젊다, 청년들이 즐기는 서머타임을 부러워하지 않는다. 어떤 소녀의 말이나 어떤 하녀의 웃음소리를 들어도—손으로 만져볼 수는 없는 무형의 말이나 웃음소리를 들어도—그가 젊었을 때는 도저히 움직일 수 없으리라고 생각했던 피라미드 같은 사회조직에 변화가 오고 있음을 느끼게 된다. 이 변화는 사람들을 위에서 짓누르고 있다. 억누르고 있다. 특히 여자들을 내리눌렀다. 클래리사의 고모 헬레나 부인이 저녁식사 후 등불 밑에 앉아서 꽃잎을 회색 압지에 끼워 리트레의 사전으로 꾹 누른 것처럼 말이다. 그녀는 돌아가셨다. 이 부인이 한쪽 시력을 잃었다는 소식을 클래리사에게서 전해 들은 적이 있었다. 그때는 그것이 참으로 어울리는 일이라고 느꼈다—자연의 걸작 중 하나라고—늙은 패리 부인이 유리 눈알을 낀다는 것이. 이 할머니는 가지를 움켜쥐고 앉은 채 서리를 맞아죽은 새처럼 죽었으리라. 그녀는 다른 세대의 사람이었다. 그래도 원체 인격이 원만하고 완벽한 분이어서 언제나 수평선 위 하얀 돌섬처럼 우뚝 솟아 있었지. 이 험난하고 기나긴 인생 행로에서 과거의 어떤 단계를 비추는 등대같이. 이 한없는(그는 이때 호주머니에서 동전을 꺼내 신문을 사서, 서리와 요크셔의 크리켓 시합 기사를 읽었다. 이렇게 동전을 내미는 일도 몇백 번째인지 모른다. 서리 팀이 또 아웃이다), 이 한없는 인생을 비추는 등대랄까. 크리켓은 단순한 게임이 아니다. 크리켓은 중요하다. 크리켓의 기사는 읽지 않을 수 없다. 그는 먼저 특보기사의 득점표를 보았다. 다음엔 얼마나 날이 더운가를, 그 다음에는 살인사건을 읽었다. 수백만 번이나 되풀이해서 사람들은 경험을 쌓아가거든. 사람들은 되풀이하면 신선한 맛은 없어진다고 말하겠지만. 이렇게 과거를 풍부하게 하고 경험을 쌓아가면서, 한두 사람에게 관심을 두고 젊은이들에게 부족한 힘을, 적당히 끝맺을 줄 알고 하고 싶은 일을 하며, 남의 말에 개의치 않고 별 큰 기대도 없이 매일매일을 보낼 수 있는 힘을 얻게 되기 마련이다. 여기서 그는 신문을 테이블 위에 놓고 문 쪽으로 갔다. 그렇지만 이것은(이때 그는 두리번거리며 모자와 외투를 찾았다) 내게는 해당이 안 된다. 적어도 오늘 밤 내게는 해당이 안 된다. 글쎄, 이 나이에 어떤 경험을 얻을 거라 확신하면서, 지금 나는 파티에 가보려고 하니 말이다. 그런데 대체 무슨 경험이냐?

아무튼 아름다움이라는 경험은 얻겠지. 그것은 눈이 보는 조잡한 아름다움도 아니며, 순수하고 단순한 아름다움도 아니다―그것은 러셀 광장으로 통하는 베드퍼드 거리의 아름다움이다. 그것은 물론 곧고 속이 텅빈 아름다움이라야 한다. 복도와 같은 균형의 아름다움이요, 또한 불이 환히 켜져 있는 창, 피아노, 축음기의 아름다운 소리이기도 하다. 그것은 눈에는 보이지 않는 향락의 분위기이다. 열려 있는 창문, 커튼이 없는 창문으로 테이블을 에워싼 한 무리의 사람들, 젊은 사람들이 천천히 춤을 추는 모습이 보일 때 밖으로 새어나오는 환희의 분위기이다. 그것은 남녀가 환담을 나누고, 하녀가 멍청히 밖을 내다보고 있을 때(일이 끝났을 때, 하녀들 입에서 나오는 말은 참 이상하거든), 윗 선반에 널어놓은 양말들, 앵무새 한 마리, 서너 개의 화초들로 만들어내는 분위기이다. 매력있고, 신비하고, 한없이 풍요로운 인생이 아닌가. 택시가 질주하여 날쌔게 커브를 도는 저 넓은 광장에서, 남녀가 쌍쌍이 거닐고 있구나. 장난치고, 포옹하며, 우거진 수목 밑으로 꾸부정히 들어가는 정경은 참으로 감동적이다. 남들이 말없이 자기 일에 골몰하고 있기 때문에, 사람들은 조심조심 가만히 지나간다. 지금 진행 중인 무슨 신성한 예식을 방해하면 불경한 짓이라도 되는 듯이. 재미있다. 자 그럼, 저 번쩍번쩍 빛나는 햇빛 속으로 나가볼까.

그의 가벼운 외투가 바람에 나부꼈다. 그의 걸음은 말로 표현하기 어려운 독특한 걸음걸이였다. 몸은 다소 앞으로 구부정하고, 뒷짐을 지고, 눈은 여전히 매를 닮아 반짝이면서, 그는 가볍게 걷고 있었다. 웨스트민스터를 향해 런던 거리를 구경하면서 걸었다.

근데 오늘 저녁은 사람들이 다 밖에서 식사를 하나? 저 집에서는 머리에 보랏빛 타조 깃털을 세 개 꽂고, 쇠장식이 달린 구두를 신은 귀부인이, 하인이 열고 서 있는 문에서 큰 걸음으로 걸어나오고 있군. 또 문이 열리고, 밝은 꽃무늬가 있는 숄을 미라처럼 두른 귀부인들이 나오는군. 개중에는 모자를 안 쓴 부인들도 있군. 작은 앞뜰에 회벽칠한 기둥이 서 있는 저 고급 주택에서는 날씬한 옷차림에 머리에 빗을 꽂은 부인네들이(아이들 방에 뛰어올라갔다가) 나오고들 있군. 남자들은 외투를 펄럭이면서 기다리고 있고, 자동차는 시동을 걸고 있군. 모두 외출을 하는구나. 이렇게 문이 열리고, 사람들이 층계를 내려오고, 자동차가 떠나고 하는 것이 마치 런던 전체가 물결에 흔들리며 강가에 매어놓은 작은 보트에 타고 떠나는 것만 같았다. 마치 온 시내가 사육제에 가려고 보트를 타고 떠내려가는 것만 같았다. 화이트홀 일대는 스케이트 장처럼 은빛으로 빛나고, 거미같이 보이는 사람들은 은반 위를 미끄러져 가는 것만 같았다. 아크 등불에 몰려드는 하루살이들 같았다. 하도 더워서 사람들은 여기저기 모여 이야기를 하고 있었다. 이곳 웨스트민스터 구에는 아마 은퇴한 판사인 듯한 어떤 노인이 흰옷을 입고 문간에 주저 앉아 있었다. 아마 인도에서 근무하던 관리인지도 몰랐다.

그리고 여기에는 술에 취한 여자들의 싸움판이 벌어지고 있었다. 또 저기 에는 순경이 혼자 서 있을 뿐, 안개에 싸인 집들이 몽롱하게 보였다. 높다란 집, 원형 지붕의 집, 교회당, 국회의사당 등이 보이고, 강에 떠 있는 기선으로부터 기적소리가 들려오고, 우렁우렁 울리는 고함소리가 안개 속에서 들려왔다. 그런데 여기는 클래리사의 집으로 통하는 거리가 아닌가. 여기는 그녀의 거리이다. 택시들이 급히 달려와서 길 모퉁이를 돌았다. 마치 다리의 기둥을 맴도는 물결처럼, 한데 모여서 뺑 돌아가는 택시들은 피터에게 그녀의 파티, 클래리사의 파티로 가는 사람들을 싣고 가는 듯 여겨졌다.

이제 그는 눈에 비치는 인상들의 싸늘한 흐름을 걷잡을 수가 없었다. 마치 눈은 하나의 잔처럼 시각적인 인상들은 거기에 넘치고, 그 나머지는 의식에 붙어 있지도 못하고 잔 밖으로 흘러넘치는 것만 같았다. 이제 두뇌의 작용을 일으켜 깨워야겠다. 이 집, 전등불이 켜지고 문이 열려 있는 이 집에 들어설 때 몸을 가다듬어야겠다. 자동차들이 서고 화려한 여인들이 내리고 있구나. 영혼의 인내력을 북돋아야겠다고 생각하며 피터는 주머니칼의 커다란 칼날을 폈다.

루시는 응접실로 곧장 뛰어내려와서 의자의 커버를 평평히 하고 의자를 똑바로 놓고 잠시 숨을 돌렸다. 누구든지 들어와 아름다운 은그릇과 벽난로용의 놋쇠 기구, 새 의자 커버와 노란 커튼을 보면, 참 깨끗하다, 어쩌면 이렇게 길이 잘 들고 손질이 잘 돼 있을까 생각하리라. 그녀는 하나하나 평가해보았다. 이때 웅성거리는 소리가 들려왔다. 손님들이 벌써 식사를 마치고 올라오는 모양이었다. 루시는 이제 어서 가봐야 했다!

수상이 오신대, 애그니스가 말했다. 그녀는 유리잔을 가득 담은 쟁반을 들

댈러웨이 부인 167

고 들어오면서, 식당에서 손님들이 그렇게 말을 하더라는 것이다. 괜찮아, 조금도 상관없어. 수상이 하나쯤 더 오더라도! 저녁 이 시간에 워커 부인으로서는 아무래도 상관없었다. 지금 그녀는 접시·스튜 냄비·체·팬·닭고기 젤리·아이스크림 기계·딱딱한 빵 껍질·레몬·뚜껑 달린 수프 그릇·푸딩 접시 등, 이런 것들 속에 파묻혀 있었다. 설거지 대에서 연방 씻어내도 여전히 그릇들은 부엌 식탁 위에, 또 의자 위에 넘쳐서 그녀의 머리 위에 쌓이는 것 같았다. 화롯불은 활활 소리내며 타고 있고 전등불은 눈이 부신데, 저녁상을 또 봐야 했다. 그러니 수상이 한 명쯤 더 와도 자기에게는 조금도 다름이 없다고, 워커 부인은 생각했다.

부인들은 벌써 위층으로 올라갔다고 루시가 말했다. 부인들은 한 사람씩 올라가고 있었고 댈러웨이 부인은 맨 뒤에 걸어가면서 언제나 부엌에 무슨 말을 전했다. 예를 들면 오늘 밤에는 "워커 부인께 고맙다고 전해줘요"가 전갈이었다. 내일 아침이면 요리의 성적을 살펴볼 것 아닌가—수프니 연어니. 연어가 이번에도 설익은 것을 워커 부인도 알고 있었다. 언제나 푸딩이 걱정이 돼서 연어를 제니에게 맡겼기 때문이다. 그래서 연어는 언제나 설익었다. 하지만 루시 말에 의하면, 금발에 은빛 머리장식을 한 부인이 이 앙트레(생선과 고기 요리의 중간에 나오는 요리)가 정말 집에서 요리한 것이냐고 물어보더란다. 하여간 이 연어가 걱정이거든, 워커 부인은 접시를 뱅글뱅글 돌리고 화로의 조절기를 눌렀다 뺐다 하면서 생각했다. 식당에서는 '와' 하고 웃음소리가 터져나왔다. 누가 이야기하는 소리도 들렸다. 또 웃음소리가 났다. 부인들이 올라간 뒤에 신사들이 재미를 보고 있는 것이다. 토케이 포도주를 주세요, 루시가 달려와서 말했다. 댈러웨이 씨가 궁전의 술창고에서 가져온, 국왕이 하사하신 토케이를 가져오라고 한 것이었다.

이 말이 온 부엌에 퍼졌다. 어깨 너머로 루시는 엘리자베스 아가씨가 참 예쁘다고 보고했다. 분홍빛 드레스에 아버지한테 받은 목걸이를 걸고 있는 아가씨가, 볼수록 예뻐서 눈을 뗄 수 없었다고 했다. 제니는 아가씨의 폭스테리어를 잊지 말아야겠다고 생각했다. 이 개가 손님을 문 일이 있어서 방에 가둬놓았는데, 무엇을 먹고 싶어할지도 모른다고 엘리자베스가 말했기 때문이다. 그러나 제니는 손님들이 있는 2층으로 가려고 하지 않았다. 현관에는 벌써 차가 와 있었다! 초인종 소리가 났다. 그런데 남자들은 아직도 식당에

168 댈러웨이 부인

서 토케이를 마시고 있잖은가!

손님들이 2층으로 올라가고 있었다. 먼저 도착한 손님들이었다. 잇달아 올 테니까 문을 열어놔야겠다고 파킨슨 부인은 생각했다(파킨슨 부인은 파티 때면 고용되는 여자였다). 홀은 부인네들이 복도로 이어진 방에서 외투를 벗을 동안 기다리는 남자 손님으로 가득 차겠지(신사분들은 윤이 나는 머리를 빗으면서 기다렸다). 바넷 부인, 늙은 엘린 바넷이 부인들 옷을 벗겨드리고 있었다. 그녀는 이 집에서 40년이나 살았고 지금은 여름마다 부인 손님의 시중을 들었다. 그녀는 지금은 어머니가 되어 있는 부인들의 소녀시절을 알고 있었기 때문에, 여전히 겸손하게 부인들과 악수도 했다. "네, 마님." 공손히 말하면서 익살도 곧잘 부리고, 젊은 아씨들을 눈여겨보다가 가슴 속옷을 거북해하는 러브조이 부인의 옷을 솜씨있게 고쳐주기도 했다. 러브조이 부인과 딸 앨리스는 바넷 부인을 오랫동안 알아 왔기 때문에 머리솔이니 빗 같은 것을 빌려쓰는 특전을 가질 수 있었다. "30년 입지요, 마님." 바넷은 덧붙였다. 옛날 그들도 부어톤에 있던 시절엔 젊은 여자들은 루즈를 쓰지 않았다고, 러브조이 부인이 말했다. 아가씨는 루즈를 쓸 필요가 없다고 말하면서, 바넷 부인은 앨리스를 귀여운 듯이 바라보았다. 외투를 맡아두는 방에 앉아 털외투를 두드려도 보고, 스페인식 숄의 주름을 만져도 보면서 화장대를 깨끗이 치우는 바넷 부인은 모피나 수놓은 숄과 상관없이, 어떤 부인이 훌륭한 분인지를 알아볼 수가 있었다. 좋은 할머니라고, 러브조이 부인은 계단을 올라가면서 말했다. 클래리사의 유모였다고 하면서.

"러브조이 부인과 러브조이 양이에요." 러브조이 부인은 몸을 바로 펴고 윌킨스(파티 때면 고용되는)에게 알렸다. 윌킨스가 허리를 굽혔다가 쭉 펴는 태도는 감탄할 만했다. 그는 뛰어난 매너로 허리를 굽혔다가 쭉 펴며 아주 공정한 음성으로 고했다. "러브조이 부인과 러브조이 양…… 존 니덤 경과 동 부인…… 웰드 양…… 윌쉬 씨." 그의 태도는 정말 훌륭했다. 그의 가정생활도 흠잡을 데가 없었다. 다만 입술이 푸르스름하고 수염을 깨끗이 깎은 이 남자가 자식들 때문에 고통을 받고 있다고는 생각할 수 없는 일이었다.

"아, 어서 오세요!" 클래리사가 말했다. 누구에게나 하는 말이었다. 아, 어서 오세요! 이럴 때 그녀는 가장 멋없지—말만 번지르르하고 진심은 없다. 온 게 큰 잘못이었어. 집에서 책이나 읽었으면 좋았을걸, 피터 윌쉬는

생각했다. 음악홀이나 갈 걸 그랬다. 집에 있을걸. 아는 사람이 아무도 없었
기 때문이다.

아이 참, 파티가 잘 안되겠는데. 완전히 실패가 봐. 클래리사는 뼈저리게
느꼈다. 버킹엄궁전 가든 파티에 갔다가 아내가 감기에 걸려 오늘 저녁에는
오지 못한다고 렉섬 경이 하는 말을 들으면서, 클래리사는 피터가 구석에서
그녀를 비판하는 듯 서 있는 것을 곁눈으로 슬쩍 보았다. 왜, 나는 이런 일
을 할까? 어째서 호화로운 첨탑을 탐내고 이렇게 고통에 불타지? 아무튼 날
태워버려라! 타서 재가 돼라! 어쨌거나 이보다는 나을 것 아니겠는가! 엘
리 헨더슨처럼 점점 약해져서 꺼져버리느니 활활 타는 횃불을 휘두르고 땅
에 내던져버리는 게 낫지 않겠는가. 피터 월쉬가 와서 구석에 서 있을 뿐인
데 난 이 지경이니 참으로 이상하다. 피터는 나 자신을 돌이켜보게 하거든.
과장시켜서, 어리석은 일이지. 그렇다면 저이가 왜 왔을까? 어째서 저이는
언제나 내게서 가져가기만 하고 주지는 않을까? 어째서 자기의 하찮은 견해
를 버리지 못할까? 저기, 그가 저쪽으로 가네. 말 좀 걸어봐야지. 그러나
기회가 있을까. 인생은 이런 거라고 생각하면서 클래리사는 굴욕을 느끼고
체념했다. ─근데 렉섬 경은 부인이 가든 파티에서 모피 옷을 입지 않으려고
했다고, "부인들은 다 똑같아요"라나─렉섬 부인은 적어도 75살은 되었다!
이 노부부가 서로를 위하는 것이 클래리사는 참으로 부러웠다. 렉섬 경이 마
음에 들었다. 그녀는 이 파티를 중요하다고 생각하는데, 잘못되어 가는 것
같고 재미도 없을까 봐 클래리사는 심히 불안스러웠다. 손님들이 할일 없이
돌아다니고, 엘리 헨더슨처럼 구석에서만 몰려서서 똑바로 서려고도 않는
것보다는, 차라리 폭발을 하거나 무서운 일이 일어나거나 하는 편이 나을 것
만 같았다.

극락조들이 전면에 그려져 있는 노란빛 커튼이 바람에 조용히 날렸다. 새
한 마리가 방으로 날아들었다가 나가버리는 것처럼(창문이 열려 있기 때문
이었다). 어디서 바람이 들어오나? 엘리 헨더슨은 의아했다. 그녀는 추위를
몹시 탔다. 하지만 내일 재채기를 하고 드러눕는대도 상관없었다. 그저 어깨
를 다 드러내놓은 여자들이 걱정스러워서 그러는 거지. 부어톤에서 목사를
지내신 늙은 아버지, 병석에 누워 계신 아버지가 다른 사람들을 배려하도록
가르치셔서 내가 이러는 거야. 아버지는 이제 고인이 되셨지만. 엘리 헨더슨

170 댈러웨이 부인

은 한번도 감기 들어서 폐가 나빠진 적은 없었다. 그녀가 염려하는 것은 어깨를 드러낸 아가씨들이었다. 그녀 자신은 평생 머리숱이 적고 옆모습이 해쓱하고 혹 불면 날아갈 것 같은 여자였다. 하긴 50세를 넘긴 지금은 무엇인가 온화한 빛이 내부에서 비쳐나오기 시작했지만, 오랫동안 자기희생으로 정화된 그 고상한 빛도 차차 흐려져갔다. 없는 살림에 체면을 차리는 마음의 고통과 연수입이 3백 파운드밖에 안 되는 데서 오는 공포나 무력한 상황 때문에(이 여자는 한푼도 벌지 못했다). 그녀는 점점 소심해지고 해가 갈수록 이렇게 옷을 잘 입고 사람들과 만날 자격이 없어졌다. 이 사람들이야 사교계 절이면 저녁마다 시중드는 아이에게 오늘은 이러저러한 옷을 입겠노라고 말만하면 되겠지만, 엘리 헨더슨은 조마조마한 마음으로 뛰어나가서 값싼 조화를 대여섯 개 사오고, 낡고 검은 옷에 숄을 걸쳐야 했다. 그것도 클래리사의 파티 초대장이 시간이 임박해서 왔기 때문이었다. 과히 기분 좋은 일은 아니었다. 올해에는 클래리사가 자기를 초대할 예정이 아니었던 모양이라고 그녀는 생각했다.

사실 클래리사가 그녀를 초대할 까닭도 없었다. 그저 전부터 서로 알았다 뿐이지, 그밖에는 정말로 아무 이유도 없었다. 사실 클래리사와는 사촌간이었다. 그러나 클래리사가 여기저기서 인기를 얻어 두 사람의 거리가 멀어진 것도 무리는 아니었다. 파티에 나간다는 건 엘리에게는 큰일이었다. 예쁜 옷을 보는 것도 좋았다. 저기 머리를 멋지게 하고 분홍 드레스를 입은 게 이젠 성숙한 엘리자베스가 아닌가? 하지만 열일곱 살을 넘지는 않을 텐데 정말 예쁘구나. 그런데 요즘은 처음 사교계에 나오는 아가씨들이 옛날처럼 흰 옷을 입지 않는 모양이지(다 잘 봐두었다가 딸 이디스에게 얘기해줘야겠어). 몸에 착 붙은 플레어가 안 달린 옷을 입고 복사뼈가 드러날 만큼 짧은 스커트를 입었군. 그다지 어울리지 않는다고 그녀는 생각했다.

엘리 헨더슨은 시력이 약해서 목을 앞으로 길게 뽑았다. 이야기할 상대가 없는 것이 마음에 걸리지도 않았다(아는 이라곤 하나도 없었다). 사람들을 보는 것만으로도 재미있었다. 아마 정치가들인 듯싶은데, 리처드 댈러웨이의 친구들인 모양이었다. 그런데 리처드는 이 불쌍한 부인을 밤새 혼자 있게 내버려둘 수는 없었다.

"아, 엘리, 그래 어떻게 지내요?" 리처드는 친절하게 말을 걸었다. 엘리 헨더슨은 긴장되어 얼굴을 붉히며, 자신에게 말을 걸어주니 고맙다고 생각했다. 추위보다는 더위를 못견디는 사람들이 더 많은가 봐요, 그녀가 말했다.

"네, 그렇지요." 리처드가 말했다. "네."

그러나 더 할 말은 없었다.

"이봐, 리처드." 누가 그의 팔꿈치를 잡았다. 야, 피터, 이거 피터 월쉬 아닌가. 참 반갑네—정말 반갑네! 자넨 조금도 안 변했군. 두 사람은 서로 어깨를 툭툭 치면서 방을 가로질러 저쪽으로 가버렸다. 오랜만에 만난 모양이라고, 엘리 헨더슨은 그들의 뒷모습을 바라보면서 생각했다. 이 남자는 분명 낯이 익은 얼굴이었다. 키가 크고 중년이며, 눈이 잘생긴 것이. 머리가 검고 안경을 썼는데 존 버로스를 닮았다. 이디스라면 누군지 알 것 같았다.

극락조가 그려진 커튼이 또 한 번 펄럭였다. 클래리사는 랠프 라이언이 커튼을 손으로 젖히며 이야기를 계속하는 것을 보았다. 그래, 결국 실패는 아닌가 보다! 이제는 제대로 되겠어—이 파티가. 이제 막 시작이다. 겨우 시작하는 판이다. 그러나 어떻게 될지 아직은 모르지. 좀더 여기 서 있어야겠어. 손님들이 몰려오는 것 같으니.

개러드 대령 부부…… 휴 위트브레드 씨…… 보울리 씨…… 힐버리 부인 …… 메리 매덕스 부인…… 퀸 씨…… 월킨스가 단조로운 억양으로 고했다. 클래리사는 들어오는 손님마다 누구하고나 대여섯 마디씩 말을 주고받았다. 그리고 손님들은 방으로 들어갔다. 손님들은 랠프 라이언이 커튼을 손으로 젖힌 뒤로 지루함이 없어지고 생기를 띄게 된 방으로 들어갔다.

그러나 클래리사로서는 너무도 힘에 겨운 일이었다. 그녀 자신은 파티를 즐길 경황도 없었다. 거기에 서서 자기가 아니라 개성이 없는 인간 노릇을 하고 있는 셈이었다. 이런 일은 누구나 할 수 있었지만 이 개성 없는 존재를 클래리사는 적이 찬양하지 않을 수 없었다. 아무튼 자기가 이런 일을 만들어 냈고, 이것은 하나의 획기적인 일이며 자기가 하나의 위치를 차지하게 된 것이 획기적이라고 생각했다. 묘하게도 자기의 외모 같은 것은 안중에도 없고 오직 층계 꼭대기에 박은 기둥 같은 기분이었다. 파티를 열 때마다 클래리사는 자기가 자기 아닌 어떤 다른 존재로 되어버린 것 같은 기분이었다. 그리고 사람들도 다 보통 때와는 다른 인간이 되어가는 것이 보였다. 그것은 옷차림이 다르기 때문이기도 하고 일상생활의 습관을 벗어났기 때문이며, 또

한 주위 환경 때문이기도 하다고 클래리사는 생각했다. 다른 자리에서 할 수 없는 말이나 하기 어려운 말도 여기서는 할 수 있었고, 이야기를 더 깊이 파고들어갈 수도 있었다. 그러나 클래리사 자신은 그럴 수 없었다. 아무튼 아직은 그럴 수 없었다.

"아, 어서 오세요." 클래리사가 말했다. 다정한 해리 경이시다! 이분은 누구하고나 안면이 있으시지, 그녀는 생각했다.

기묘한 것은 손님이 하나하나 뒤를 이어 층계를 올라올 때 느끼는 기분이었다. 마운트 부인과 셀리어, 허버트 에인스티, 데이커스 부인—아, 그리고 브루턴 부인도—

"이렇게 와주셔서 정말 고맙습니다!" 클래리사가 말했다. 진심이었다. 거기 서서 잇달아 들어오는 손님들의 기척을 느끼는 것은 묘한 기분이었다. 어떤 분은 나이가 많고 또 어떤 분은…….

이름이 로세터 부인이라고? 대체 로세터 부인이 누굴까?

"클래리사!" 이 목소리! 샐리 시튼이다! 샐리 시튼! 오래간만이다! 옛 모습을 겨우 어렴풋이 알아볼 수 있는 샐리! 옛날에는 저렇지 않았지, 내가 뜨거운 물 주전자를 쥐고 떨던 시절의 샐리는. 샐리가 이 집에 오다니, 이 집에! 옛날과는 아주 달라졌어!

서로 말이 엉키고 서로 당황하여 웃고 있는 동안에 두서없는 말이 튀어나왔다—런던을 지나는 길이었는데, 파티가 있다는 얘기를 클레어러 헤이든한테 들었어. 만나기에 이렇게 좋은 기회가 또 있어야지! 그래서 그냥 들어온 거야—초대장도 없이…….

이제는 뜨거운 물 주전자도 태연히 내려놓을 수 있을 것 같았다. 샐리는 그전 같은 생기는 없었다. 그래도 이렇게 다시 만나니 참 의외였다. 샐리는 나이가 들어 옛날같이 예쁘지는 않았지만 그래도 퍽 행복해보였다. 두 여인은 응접실 문 옆에서 키스했다. 처음에는 이쪽 볼에, 다음에는 다른쪽 볼에. 이윽고 클래리사는 샐리의 손을 잡고 돌아섰다. 방에는 손님들이 가득 차 있었다. 웅성대는 이야기 소리가 났고, 촛대가 보였다. 커튼은 펄럭거리고 있다. 리처드가 사다준 장미도 보였다.

"나는 다 큰 아들이 다섯이나 돼." 샐리가 말했다.

그녀는 아주 이기적이라서 자기 일만 언제나 제일 먼저 배려해주기를 이

댈러웨이 부인　173

렇게 기탄없이 바라는 것이다. 클래리사는 샐리에게 아직도 그 버릇이 남아 있는 것이 기뻤다. "믿을 수가 없어!" 클래리사는 외쳤다. 과거를 추억하는 반가움으로 온몸에 생기가 돌았다.

그러나 아, 월킨스한테 가봐야 했다. 월킨스는 사람들에게도 알려주고, 안 주인이 경솔함이 없도록 해야 한다는 듯이 위엄있는 목소리로 어떤 이름을 불렀다.

"수상이다." 피터 월쉬가 말했다.

수상이라니? 정말일까? 엘리 헨더슨은 깜짝 놀랐다. 이것은 이디스에게 말할 좋은 이야깃거리가 되겠네? 그녀는 생각했다.

수상을 보고 비웃을 수는 없는 일이었다. 그러나 그는 별다르게 보이지는 않았다. 가게 계산대 뒤에 세워놓고 비스킷을 팔게 해도 될 것 같았다—금줄로 온통 장식을 한 옷을 입고. 그러나 공평하게 말해서 처음에는 클래리사와 나란히, 이윽고 리처드의 뒤를 따라서, 인사하고 다니는 태도는 대단히 좋았다. 그는 명사인 양 보이려고 애를 쓰고 있었다. 가만히 보고 있자니 재미있었다. 그러나 아무도 그를 쳐다보지 않았다. 모두들 여전히 이야기를 계속하고 있었지만 수상이 옆을 지나가는 것을 분명히 알았다. 아니, 골수까지 뼈저리게 느끼고 있는 것이 분명히 나타났다. 자기들의 대표이자 영국 상류 사회의 상징이 지나간다는 것을. 나이 많고 매우 세련된 브루턴 부인은 레이스 옷차림의 당당한 풍채로 가만히 그 곁으로 다가갔다. 그리고는 둘이서 어떤 작은 방으로 들어갔다. 순간 사람들은 그 안의 기척을 밖에 지켜서서 엿보았다. 그리고 좌중에는 공공연히 어떤 흥분과 동요가 일어났다. 수상이야!

아이구 맙소사, 이 잘난 척하는 영국인들! 피터 월쉬는 구석에 서서 생각했다. 금줄을 단 옷을 입고 경의를 표하는 것이 다 부럽단 말인가! 저기! 저런, 바로 휴 위트브레드이다. 귀빈이 들어간 방 근처를 얼씬거리고 있잖은가. 살이 찌고 머리도 허옇게 센 휴!

저 사람들은 언제 봐도 바쁜 얼굴을 하고 있다고 피터는 생각했다. 글쎄, 특권을 가지고 있을지는 몰라도 비밀을 좋아하는 사람이거든. 한사코 비밀을 지키지만, 다음날 아침이면 궁중의 위병 입에서 새어 나와 한 토막의 신문 기삿거리밖에 되지 않거든. 지껄이는 소리도 빼는 것도 그런 식이거든. 그런 일에 골몰하고, 사립학교 출신이 이런 타입의 사람들과 사귀는 것을 영광으로 아는 무리들의 존경과 애정을 받고 즐기는 동안 머리는 세고 저렇게 늙어버린 거야. 휴에 관해서는 이런 생각을 반드시 하게 마련이거든. 이것이 저 친구의 생활방식이니 말이다. 수천 마일 떨어진 바다 건너에서 〈타임스〉지에서 읽은 저 친구의 편지들은 그런 식이었거든. 돌원숭이 지껄거리는 소리나 노동자들이 여편네 패는 소리를 들을망정 그런 너절한 소리를 듣지 않게 된 걸 나는 신에게 감사해야 했어. 어떤 대학에서 온 황색 피부의 한 청년이 저자 앞에서 알랑거리고 있군. 휴는 이 청년을 도와주고 지도해주고 처세술을 가르쳐주겠지. 저 사람은 남에게 친절을 베풀기를 몹시 좋아하거든. 늙은 부인들이 곤경에 빠지면 배려해주고 위로를 해주거든. 부인네들이 나이들어 세상에서 버림받았다고 생각하고 있을 것 같으면, 휴는 달려가서 한 시간 동안이나 지난 이야기를 하고, 또 사소한 회고담을 나누며, 댁에서 만든 케이크는 맛이 좋다고 칭찬도 하거든. 물론 휴는 생각만 있으면 언제고 공작부인 댁의 케이크도 먹을 수 있겠지. 보아하니 이 사람은 그런 재미를 보면서 상당한 시간을 보내는 모양이거든. 전지전능하시고 자비로우신 신께서는 저 사람을 용서할 수도 있겠지만, 이 피터 월쉬는 자비심이 없어. 세상에는 악당도 많겠지만 기찻간에서 소녀의 머리통을 쳐부수고 교수형을 당한 놈도 전체적으로 볼 때는 휴 위트브레드라는 인간과 그의 친절보다는 그 해독의 영향이 적지 않겠는가! 저 꼴을 좀 보게. 수상과 브루턴 부인이 나오니까, 발끝으로 서서 춤이라도 추듯 쫓아가 오른발을 꿇고, 지나가려는 브루턴 부인에게 절을 하는군. 저 부인과 말을 할 수 있다는 것, 사적으로 말할 수 있는 특권을 가졌다는 것을 여보란 듯이 과시하고 있잖은가. 브루턴 부인이 멈춰 서네. 그 점잖은 머리를 끄덕이고 있네. 아마 무슨 일로 휴가 조그만 봉사를 해준 것을 감사하고 있는가 보군. 이 부인에게는 사소한 일들을 도와주는 정부 관리들, 아첨꾼들이 있거든. 그런 자들에게 사례하는 뜻으로 부인은 오찬에 초대하거든. 이 부인은 18세기 이래의 명문 출신이잖은가. 그만하면 됐지.

지금 클래리사는 수상의 뒤를 따라 반백의 머리에 위엄을 띄우고, 의기양양하게 광채를 풍기며 방 안으로 걸어갔다. 그녀는 귀걸이를 하고 은빛나는 초록색의 인어 같은 옷을 입고 있었다. 물결 위로 넘실거리며 치렁치렁한 머리를 땋은 그녀는 여전히 그 천부의 재질을 갖고 있었다. 자기의 존재를 엄

댈러웨이 부인 175

연히 인식하며, 지나가면서도 전체의 분위기를 당장에 알아보는 재능이 있었다. 클래리사는 돌아서다가 어떤 여자 옷에 스카프가 걸려서 그것을 풀면서 웃었다. 물에 뜬 인어와 같이 아주 천연스럽고 우아한 웃음이었다. 그러나 역시 나이가 들어 보였다. 인어일지라도, 해맑은 날이 저물 때면 물결 너머로 지는 해를 거울을 통해 비쳐보는 일도 있을 것이다. 그러나 한 줄기의 우아함이 아직도 그녀에게서 엿보였다. 냉혹한 점도, 무표정하게 빼는 점도, 이제는 무르익어서 보이지 않았다. 잘난 척하려고 애를 쓰는(아니 맘껏 뽐내 봐라) 금줄 옷을 입은 사람에게 작별인사를 할 때, 클래리사는 형언하기 어려운 위엄과 절묘한 온정을 풍기고 있었다. 인생의 변두리 끝까지 왔으니 이제는 온 세계의 복리를 기원하면서 물러가야겠다고 하는 듯이. 피터는 클래리사를 바라보면서 이렇게 생각했다(그러나 그녀를 사랑하고 있는 것은 아니었다).

사실 수상이 와주신 것은 고마웠다. 수상과 함께 방 안을 나오면서 샐리나 피터가 있는 앞에서, 또 리처드가 만족하고 남들이 부러워하는 가운데 클래리사는 잠시 그 순간에 도취되었다. 심장의 온 신경이 팽창하고 바르르 떨면서도 원형을 유지한 채 있는 그런 도취감이었다. 그렇다, 하지만 결국 이런 기쁨은 좋고 온몸이 얼얼하고 쑤시는 듯한 느낌을 갖게 하지만, 이런 겉치레나 성공에는(예를 들면 저기 저 피터도 나를 굉장하다고 생각하고 있겠지만) 반드시 어떤 허무감이 따르기 마련이다. 사람들도 그것을 알아볼 거야. 이 기쁨은 팔을 내밀면 닿을 듯하면서도 마음속까지 파고들어오지는 못하거든. 내가 나이가 들어서 그런지는 모르지만, 예전처럼 이것으로 만족하지 못하겠어. 수상이 계단을 내려가는 것을 지금 이렇게 바라보고 있으려니까, 조슈어 레널스 경이 그렸던 털 토시를 끼고 있는 소녀의 초상화 금빛 테두리에서 별안간 킬먼의 모습이 튀어오르네, 원수 같은 킬먼의 모습이. 이 감정은 만족스러웠고 실감도 주었다. 아, 미워라―과격한 위선자, 더러운 여자 같으니. 무서운 힘으로 엘리자베스를 유혹한 여자, 살그머니 기어들어와 그 애의 마음을 훔치고 더럽히려는 여자(리처드는 쓸데없는 소리라고 할 테지만. 나는 그녀를 미워한다, 그리고 또 사랑한다. 내가 원하는 것은 원수이다. 친구가 아니다―필요한 것은 듀런트 부인이나 클레러도 아니고, 윌리엄 브래드쇼 경 부부나 투룰로크 양이나, 지금 저기 계단을 올라오고 있는 엘리너

176 댈러웨이 부인

깁슨도 아니다. 내게 볼일이 있거든 여기까지 찾아오라지. 나는 지금 파티가 더 소중하니까!

친한 해리 경도 와 있었다.

"아이, 해리 경!" 클래리사는 세련된 이 노인 앞으로 다가갔다. 이분은 세인트 존스 우드에 있는 영국 미술원 중 어떤 두 화가의 작품을 합친 것보다도 더 많은 졸작들을 그려낸 화가였다(이분은 언제나 해질 무렵에 물가에 서서 물을 마시고 있는 소나, 그렇지 않으면 독특한 모양으로 한쪽 앞 발목을 들고 뿔을 치켜든 소를 그려서, '이방인의 접근'을 나타내는 것이 보통이었다―이분의 모든 활동은 만찬에 나가거나 경마에 가거나, 모두 이 해질녘 물가에 서서 물을 마시는 소를 토대로 하고 있었다).

"뭐가 그렇게 우스우세요?" 클래리사는 물었다. 윌리 티트콤과 해리 경과 허버트 에인스티 셋이서 웃고 있었다. 그러나 말해줄 수는 없었다. 해리 경은 클래리사 댈러웨이에게 그런 이야기를 할 수는 없었다(그는 클래리사를 좋아하고, 이런 타입의 여자로서는 완벽한 부인이라고 생각하여, 그녀의 초상화를 그리겠다고까지 말했지만). 아무튼 음악홀 무대에서 일어난 이야기를 해줄 수는 없는 일이었다. 그는 이날의 파티를 가지고 클래리사를 놀렸다. 브랜디가 없어서 섭섭하다고 했다. 그리고 손님들이 다 자기보다는 수준이 높다고 말했다. 그러나 그는 클래리사를 좋아하고 존경했다. 그렇다고 상류계급의 점잖은 교양을 지닌 클래리사 댈러웨이에게 자기 무릎 위에 앉으라고 할 수는 없는 노릇이었다. 그런데 이때 떠다니는 도깨비불이나 떠도는 인광 같은 힐버리 노부인이 와서 웃고 있는 그에게(어떤 공작과 어떤 부인의 이야기를 하며 웃고 있었는데) 두 손을 내밀었다. 이 노부인은 방 한구석에서 이 웃음소리를 들었을 때, 아침 일찍 깨어 차를 가져오라고 하녀를 부르고 싶지 않을 때 같은 불안, 글쎄 인간은 반드시 죽는다는 불안, 그런 자기의 불안이 엄습해오는 듯 생각되었던 것이다.

"우리에겐 얘기 못하시겠대요." 클래리사가 말했다.

"아, 클래리사!" 노부인은 말했다. "당신은 오늘 저녁 내가 처음 댁에 갔을 때, 회색 모자를 쓰고 정원을 거니는 어머님과 똑같아 보이시는군요."

이 말에 정말 클래리사 눈에는 눈물이 글썽했다. 정원을 거니는 어머니! 그렇지만, 아, 그녀는 저기로 가봐야 했다.

댈러웨이 부인 177

밀튼 강좌를 맡고 있는 브라이얼리 교수가 꼬마 짐 허튼과 이야기하고 있었다(그는 이런 파티에서도 넥타이나 조끼를 제대로 입지 못하고, 머리를 매끈히 빗을 줄도 모른다). 떨어져 있어도 그들이 말다툼하고 있다는 것을 클래리사는 알 수 있었다. 브라이얼리 교수는 아주 묘한 인물이었다. 자기와 허튼 같은 저속한 문인 사이에 모든 학위와 명예와 교수의 지위라는 차이가 있는데도, 자기의 괴이한 성격, 글쎄 그의 박식과 수줍음, 따뜻한 맛이 없는 냉정한 매력, 속물근성과 뒤섞인 순진함 등등으로 된 그의 괴이한 성격에 불리한 분위기에는 무척 눈치가 빨랐다. 그는 여자의 헝클어진 머리칼이나 청년의 장화를 보고, 잘난 체하는 하층계급 인간들, 반역자, 날뛰는 청년들, 자칭 천재 등등을 연상하게 되면, 마치 의식적으로 그러는 것 같이 달달 떨었다. 그리고 고개를 번쩍 들고, 흥! 코웃음치고—중용의 덕이 필요하다고, 밀튼을 감상하려면 고전에 대해 다소 교양이 있어야 한다고 넌지시 주장했다. 브라이얼리 교수는(클래리사는 알아챘는데) 짐 허튼과(검은 양말은 세탁소에 가 있기 때문에 빨간 양말을 신고 있는데) 밀튼에 관해서 의견이 맞지 않았다. 그래서 클래리사가 개입했다.

그녀는 바하가 좋다고 말했다. 허튼도 그렇다는 것이다. 이것이 그녀와 허튼을 맺는 계기가 되었다. 아주 졸작 시인인 허튼은 예술에 관심을 갖는 상류 부인들 중에서는 댈러웨이 부인이 최고라고 평소 생각했다. 부인이 엄격한 것은 이상할 정도였다. 음악에 대한 태도도 부인은 순전히 비개성적이었다. 꽤 아는 척도 하는 편이었다. 그렇지만 보기에 참으로 매력적이었다! 그녀가 초대한 교수들만 아니면 이 집은 참으로 재미있을 것 아닌가. 클래리사는 허튼을 잡아채어 구석방 피아노 앞에 앉히고 싶었다. 그는 피아노를 뛰어나게 잘쳤다.

"시끄러운 소리!" 그녀가 말했다. "정말 시끄럽군!"

"파티가 성공했다는 증거입니다!" 교수는 점잖게 고갯짓을 하면서 슬그머니 저쪽으로 가버렸다.

"저분은 밀튼에 대해서는 무엇이든지 다 아세요." 클래리사가 말했다.

"그래요?" 허튼이 말했다. 그는 함스테드로 돌아가면 가는 곳마다 이 교수를 흉내낼 생각이었다. 밀튼 교수, 중용지덕을 논하는 교수, 살그머니 걸어간 교수의 흉내를.

그런데 클래리사는 저기 저 두 분, 게이튼 경과 낸시 블로와 이야기를 좀 해야겠다고 말했다.

그들이 눈에 띄게 이 파티의 소음을 더해주고 있기 때문은 아니었다. (보다시피) 이들 두 사람은 노란 커튼 앞에 나란히 서서 별로 이야기를 하고 있는 것 같지도 않았다. 이들은 곧 어디로 갈 모양이었다. 둘이 함께. 그저 서로 보고만 있을 뿐이었다. 이것으로 충분했다. 그들은 아주 깨끗하고 건강해 보였다. 여자는 살구꽃 빛의 화장을 하고 있었고, 남자는 풍채가 말끔하며 그를 노리는 어떤 총알이나 어떤 타격에도 끄덕없는 새의 눈매를 하고 있었다. 또한 그는 크리켓을 하면 치는 것이나 뛰는 것이나 확실했다. 그리고 고삐를 쥐면 말의 입이 그의 동작에 호응할 정도로 능숙했다. 고향의 교회 묘지에는 조상의 기념비가 있고, 집안의 문장(紋章)이 그려진 깃발도 걸려 있다는 명예로운 가문의 출신이기도 했다. 그는 또한 해야 할 여러 가지 의무가 있었다. 소작인들을 관리하고 어머니와 여동생을 부양하면서 로즈의 크리켓 경기장에서 종일 시간을 보내야 했다. 두 사람의 화제는 이런 것들이었다—크리켓, 사촌들, 영화 등등—이때 댈러웨이 부인이 다가왔다. 게이튼 경은 그녀가 참 좋다고 했다. 블로 양도 그랬다. 그녀의 태도가 참으로 매력적이라고 했다.

"정말 잘 오셨어요!" 클래리사는 말했다. 그녀는 귀족들을 좋아했다. 젊은 사람도 좋았다. 파리의 최고 양재사가 만든 값비싼 옷을 입고 여기 서 있는 낸시에게 그 파란 주름은 마치 허리에서 저절로 퍼져 있는 듯이 꼭 맞았다.

"무도회도 하려고 했어요." 클래리사가 말했다.

이렇게 말한 것은 이 두 젊은이가 이야기를 할 줄 모르기 때문이었다. 아니, 사실 이야기할 필요가 있을까? 큰 소리로 외치고 포옹하고 몸을 좌우로 흔들고, 새벽에 일어나서 말에게 설탕을 먹이고, 예쁜 개의 콧등에 입을 맞추며 귀여워해주고, 몸이 얼얼하게 옷자락을 바람에 날리며 쏘다니다 뛰어들어 헤엄을 치면 되는데. 그러나 영어의 굉장한 자원, 감정을 전달해주는 이 언어의 힘도(저맘때는 클래리사와 피터는 밤새 토론을 하지 않았던가) 결국 이 두 남녀에게는 소용이 없었다. 이들은 미숙해서 이미 굳어버린 것 아닌가. 자기네 소작인들에게는 무한히 좋은 사람이겠지만, 그러나 개인으로서는 지루할지도 몰랐다.

"참 유감이에요! 무도회도 하려고 했는데." 클래리사는 말했다. 그러나 무도회는 방마다 사람들이 꽉 차 있어서 형편이 닿지 않았다.

헬레나 고모가 숄을 두르고 나타났다. 아, 이제 저쪽으로 가봐야 했다— 게이튼 경과 낸시 블로를 놔두고, 노(老)고모 패리 마님이 나타난 것이다.

미스 헬레나 패리는 죽지 않았다, 아직도 살아 있었다. 지금은 80이 넘었다. 이 노마님은 지팡이를 짚고 계단을 가만가만히 올라왔다. 이제 의자에 앉았다(리처드가 앉혀드린 것이다). 클래리사는 1870년대의 버마를 아는 사람을 다 고모 앞에 소개했다. 피터는 어디 갔을까? 고모님과 피터는 참 사이가 좋았는데, 그녀는 생각했다. 인도 이야기가 나오면, 아니 실론 이야기만 나와도 이 노마님의 눈은(한쪽 눈은 유리 눈이지만) 차츰 빛이 짙어지고, 푸른빛을 발산하며 바라보았다. 인간이 아니라—총독이나 장군, 폭도에 관한 그리운 추억도 자랑스러운 환상도 아니었다. 그녀가 보는 것은 난초와, 1860년대 쓸쓸한 산등성이로 노동자 등에 업혀서 가던 자신의 모습이었다. 그런가 하면 이전에 수채화로 그린 적이 있는 난초를(난생처음 보는 굉장한 꽃들이었는데) 뿌리째 뽑으려고 내려선 자신의 모습이었다. 이 노마님은 난초나, 1860년대의 인도를 여행하던 자기의 모습을 명상하고 있을 때, 전쟁이 일어나서 문전에 폭탄이 떨어졌다고 누가 일러주어도 성을 낼 정도로 꿋꿋한 영국 여인이었다—피터가 왔다.

"이리 오셔서 헬레나 고모님께 버마 얘기 좀 해주세요." 클래리사가 말했다.

그런데 피터는 오늘 저녁 이때까지 클래리사와는 아직 한 마디도 나누지 못했다!

"우린 나중에 얘기하지요." 클래리사는, 흰 숄을 두르고 지팡이를 쥔 헬레나 고모 앞으로 피터를 안내했다.

"피터 월쉬예요." 클래리사가 말했다.

아무런 반응도 없었다.

클래리사가 그녀를 초대했다. 파티는 따분하고 시끄럽지만 클래리사는 고모님을 불러냈다. 클래리사가 초대해서 이 노마님이 나온 것이다. 런던서 살다니 딱하지—리처드와 클래리사 말이야. 클래리사의 건강만 생각한다면 시골서 사는 것이 훨씬 좋을 텐데. 그렇지만 클래리사는 항상 사교계를 좋아해서, 노마님이 말했다.

"이분은 버마에 계시다 오셨어요." 클래리사가 말했다.

아, 이 노마님은 버마의 난초에 관해 자기가 저술한 책자를 찰스 다윈이 평한 말을 회상하지 않을 수 없었다.

(이때 클래리사는 부루턴 부인과 이야기를 좀 해야겠다고 생각했다.)

물론 버마의 난초에 관한 자기의 책은 지금은 잊혀져가고 있지만, 1870년 이전에는 3판까지 나왔다고, 노마님은 피터에게 말했다. 그녀는 이제 피터를 알아보았다. 부어톤에 와 있던 일도 기억이 났다(피터 월쉬는 클래리사가 보트를 타러 가자고 했던 날 밤에, 한 마디 말도 없이 이 노부인을 응접실에 놔두고 간 일이 생각났다).

"리처드는 댁의 오찬회가 참 즐거웠다더군요." 클래리사가 브루턴 부인에게 말했다.

"리처드 씨가 많이 도와주셨죠." 브루턴 부인은 대답했다. "내가 편지 쓰는 것도 도와주셨어요. 참 건강은 어떠세요?"

"네, 아주 좋아요." 클래리사는 말했다(브루턴 부인은 정치가의 아내가 아픈 것을 아주 싫어했다).

"저기 피터가 와 있군요!" 브루턴 부인이 말했다(부인은 클래리사에게 할 말이 영 생각나지 않아서였다. 그녀를 좋아하고는 있지만 말이다. 클래리사는 좋은 점도 무척 많았지만, 두 사람 사이에는 공통점이 전혀 없었다―자기와 클래리사 사이에는. 리처드가 좀 덜 예쁜 여자라도 일을 도움받을 수 있는 여자와 결혼했더라면 나았을지도 모른다고 브루턴 부인은 생각했다. 내각으로 들어갈 기회를 놓쳤으니 말이다).

"피터 월쉬군요!" 브루턴 부인은 이 재미있는 이단자와 악수를 나누며 말했다. 마땅히 이름이 날 만큼 재능이 있으면서도 실패한 남자이다(늘 여자와 문제를 일으키니까). 그리고 참 미스 패리 마님도 나오셨군. 참 훌륭하신 노마님이시지! 브루턴 부인은 생각했다.

브루턴 부인은 검은 복장을 한 척탄병(擲彈兵)의 유령같이 미스 패리 노부인의 의자 곁에 서서, 피터 월쉬를 오찬회에 초대했다. 부인의 태도는 다정했으나 인도의 식물이나 동물들에 관해서는 전혀 기억이 없었기 때문에 세세한 이야기는 나누지 않았다. 물론 인도에 가본 일이 있어요. 그때는 세 명의 총독 저택에서 묵었어요. 인도의 행정관 중 몇몇은 참 훌륭하다고 생각

댈러웨이 부인 181

되지만, 그러나 비극이지 뭐예요—인도의 사정은! 수상과도 지금 막 얘기했는데요, 브루턴 부인은(숄을 두르고 있는 미스 패리 마님은 수상이 브루턴 부인에게 했다는 말에는 전혀 관심이 없었다) 현지에서 방금 돌아온 피터 월쉬의 의견을 듣고 싶어했다. 샘슨 경에게 소개해 드리지요. 정부의 어리석은 정책을 생각하면, 정말 밤에 잠도 안 와요. 나도 군인의 딸이니까요. 이제는 다 늙어서 별일도 못하지만 내 모든 것들, 집, 하인, 친구 밀리 브러쉬도 기억하세요?—도움이 된다면 언제든지 바칠 각오가 되어 있어요, 브루턴 부인이 말했다. 그녀는 비록 영국에 관해서는 이야기하지 않았지만, 이 영국이라는 섬, 사랑하는 조국이 자기의 피 속에 녹아 흐르고 있음을 느꼈다(셰익스피어를 읽지는 않았지만). 가령 투구를 쓰고 화살을 쏘고 군대를 이끌고 적진으로 쳐들어갈 여자가 있다면, 또 불굴의 정의감으로 야만족을 다스리다가 무참한 죽음을 당하여 방패에 덮여서 고향의 묘지에 묻히거나, 어떤 태고의 산 언덕에 푸른 풀이 우거진 무덤을 만들 여자가 있다면, 그녀야말로 바로 이 밀리슨트 브루턴이었다. 여자이기 때문에 제한을 받고, 논리적 능력이 부족하다손 치더라도(그러나 〈타임스〉지에 편지를 쓸 수도 있었다) 그녀는 밤낮 대영제국을 염두에 두고 있었다. 그리고 조국을 상징하는 여신상을 흠모함으로써, 곧은 자세와 단호한 태도를 습득하게 되었다. 이렇기 때문에 죽은 뒤에라도 그녀의 영혼은 땅을 떠나 영국 국기가 더 이상 휘날리지 않는 지역을 헤매리라고는 생각할 수 없었다. 죽은 혼령들 속에 끼어서 영국인이기를 그만두다니—아니 아니, 절대로 그럴 수는 없었다!

저건 브루턴 부인일까? (그전에 알던). 저건 머리가 허예진 피터 월쉬? 하고 로제터 부인은(옛날의 샐리 시튼) 속으로 생각했다. 그리고 저건 확실히 늙은 미스 패리였다—내가 부어톤에 머물 때 화를 잘 내던 아주머니 말이다. 그때 발가벗고 복도를 뛰어다니다가, 이 미스 패리에게 불려간 일은 도저히 잊을 수 없다! 그런데 클래리사! 아, 클래리사다! 샐리는 그녀의 팔을 잡았다.

클래리사는 그들 곁에 와 섰다.

"하지만 지금 여기 있을 수는 없어요. 이따 올게요. 좀 기다리세요." 클래리사는 피터와 샐리를 보면서 말했다. 손님들이 다 갈 때까지 기다리라는 뜻이었다.

"이따 올게요." 그녀는 손을 맞잡고 있는 옛 친구 샐리와 피터를 바라보면서 말했다. 샐리는 분명 옛날이 떠올라서인지 웃고 있었다.

그러나 샐리의 목소리에는 옛날같이 황홀감을 주는 윤택한 맛은 없었다. 눈에도 예전의 광채는 없었다. 옛날 잎담배를 피우며 발가벗고 스폰지를 가지러 복도로 뛰어나가다가 신사들이 보면 어떻게 하려고 그러느냐고, 앨렌 애트킨스한테 문책받던 시절과 같은 광채는 없었다. 그래도 그 시절 샐리에게는 다들 너그러웠다. 밤에 배가 고프다고 식품 저장고에서 닭고기를 훔쳐 오고 침실에서 잎담배를 피우며 귀중한 책을 나룻배에 놔두고 내린 적도 있었다. 그래도 누구나 샐리를 좋아했다(아마 아버지만은 예외였지만). 그것은 그녀의 따뜻함, 그녀의 생명력 때문이었다—샐리는 그림도 그리고 글도 썼으니 말이다. 마을의 할머니들은 지금도 잊지 않고 '빨간 옷을 입고 활발해 보이던 친구'의 안부를 물었다. 샐리는 그 많은 사람 중에서 휴 위트브레드를 비난했었다(옛 친구 휴는 지금 저기서 포르투갈 대사와 이야기하고 있다). 샐리가 여자도 선거권을 가져야 한다고 하니까, 휴가 벌주려고 흡연실에서 그녀에게 키스를 하더라고 하면서, 저속한 남자들이나 그런 짓을 한다고 비난했었다. 그래서 가족 기도회 때 휴를 규탄하려고 하는 샐리를 달래야 했던 일이 지금 클래리사는 생각났다—대담하고, 무모하고, 모든 일의 중심이 되어서 사건을 일으키기를 좋아하는 신파적인 성격이라서, 그만한 일은 하고도 남을 것 같았기 때문이었다. 그래서 그 당시 늘 클래리사는 염려했다. 때아닌 죽음이나 수난을 당하여, 끔찍한 비극적 종말을 보게 되지나 않을까 하고. 그런데 도리어 샐리는 전혀 예상 외로 결혼을 하잖았는가. 그것도 뜻밖에 맨체스터에 방직공장을 가지고 있다는 대머리가 벗겨진 남자와. 게다가 아들이 다섯이나 있다니!

샐리와 피터가 같이 앉아 있군. 얘기를 하면서—낯익은 장면이다—둘이 이야기하고 있는 것은. 지난날을 화제로 삼고 있겠지. 이 두 사람과 나는(리처드보다 더) 과거를 공유하고 있잖은가. 그 정원, 그 수목들, 브람스의 노래를 부르던 조세프 브라이트코프 노인, 그 응접실의 벽지, 돗자리의 냄새 따위 말이다. 샐리는 항상 이것들의 일부요, 피터도 그렇거든, 클래리사는 생각했다. 그러나 그만 가봐야 했다. 싫어하는 브래드쇼 부인이 들어오고 있으니 말이다. 브래드쇼 부인에게 가봐야 했다(이 부인은 은빛 옷을 입고 물

댈러웨이 부인 183

탱크 옆에서 몸의 균형을 유지하고 서서, 초대장을 보내달라고 공작 부인들에게 짖고 있는 물개처럼 보였다. 전형적인 벼락부자의 마누라였다). 클래리사는 브래드쇼 부인에게 가서 무슨 말을 해야만 했다⋯⋯.

그러나 브래드쇼 부인이 먼저 말했다.

"우리, 너무 늦어서 하마터면 못 올 뻔했어요, 댈러웨이 부인." 그녀는 말했다.

흰 머리와 푸른 눈으로 인하여 점잖아 보이는 윌리엄 브래드쇼 경도 부인의 말을 긍정했다. 그러나 그들은 오고 싶은 마음을 억제할 수 없어서 왔다는 것이다. 윌리엄 경은 자기가 하원에서 통과되기를 바라는 법안 때문에 리처드와 이야기를 하고 있었다. 리처드와 이야기하는 그의 모습에, 클래리사는 왜 이렇게 마음이 위축되는지 몰랐다. 이분은 과연 위대한 의사같이 보였다. 자기 전문 분야에서는 단연 으뜸가는 권위자였다. 그러나 꽤 피곤해 보였다. 이분 앞에 나타나는 환자들을 좀 생각해 보자—불행의 나락에서 헤매는 사람들, 미치기 일보 직전의 사람들, 많은 남편과 아내들 말이다. 이분은 무서운 난제들을 해결해야 할 것 아닌가. 그렇지만—클래리사는 자기의 불행한 심정을 윌리엄 경에게 나타내 보이고 싶지 않았다. 절대로 이분에게 보일 수는 없는 일이었다.

"이튼 학교에 다니는 아드님은 잘 있어요?" 클래리사는 브래드쇼 부인에게 물었다. 아들은 감기에 걸려 크리켓 팀에서 그만 빠지고 말았다고 브래드쇼 부인은 말했다. 아버지가 아들보다 더 섭섭한가 봐요. 사실 그도 큰 소년일 뿐이죠, 그녀가 말했다.

클래리사는 리처드와 이야기하고 있는 윌리엄 경을 바라다보았다. 조금도 소년 같지 않았다—전혀. 클래리사는 전에 한 번 어떤 분과 함께 이 의사의 진찰을 받으러 간 일이 있었다. 브래드쇼 경이 하는 말은 다 옳고 이치에 들어맞는 말들이었다. 그러나 거리로 나와서야 비로소 안도의 숨을 내쉬지 않았던가. 그때 대합실에서 어떤 불쌍한 사람이 흐느끼고 있던 장면이 다시금 생각났다. 그런데 클래리사는 윌리엄의 뭐가 못마땅한지, 엄밀히 말해서 어디가 싫은지 자기도 알 수 없었다. 다만 리처드도 같은 의견이었다. "그 친구 취미가 좋지 않아, 냄새가 싫거든." 남편도 말하지 않던가. 그래도 경은 비범한 능력을 가지고 있잖은가. 지금 남편과 둘이서 그 법안 이야기를 하고 있었다. 어떤 환자에 대해 윌리엄 경은 소리를 낮추어 언급했다. 이 환자는 지금 그가 이야기 중인 포탄충격의 장기적인 영향과 무슨 관련이 있는 모양이었다. 그러니 법안에 어떤 규정사항을 넣을 필요가 있다고 브래드쇼 경은 말했다.

댈러웨이 부인을 여자끼리의 세계, 남편의 탁월한 성질이며 가엾게도 과로하는 경향 등을 서로 자랑하는 여자끼리의 세계로 끌어들이면서, 브래드쇼 부인은(참 딱하지—이 여자를 미워할 수가 없다) 귓속말로 소곤댔다. "우리가 막 나오려고 하는데 전화가 왔어요. 한 청년이(윌리엄 경이 리처드에게 지금 하고 있는 이야기가 바로 이 얘기이다) 자살했어요. 군대에 갔다 온 청년이라는데요." 아! 내 파티가 한창인데 죽은 사람 얘기는 또 왜! 클래리사는 생각했다.

클래리사는 아까 수상이 브루턴 부인과 함께 들어갔던 작은 방으로 들어갔다. 이 방에는 누가 있을지도 몰랐다. 그러나 아무도 없었다. 의자에는 수상과 브루턴 부인이 앉았던 자국이 아직도 남아 있었다. 브루턴 부인은 경의를 표하느라고 한편으로 몸을 구부리고 앉고, 수상은 반듯하고 위엄있게 앉은 자리이다. 두 사람은 여기에서 인도의 정세 이야기를 했다. 그러나 아무도 없었다. 파티의 화려함이 무너져버린 지금 아름다운 옷을 입고 여기 혼자 있는 것이 그녀는 이상한 기분이었다.

하필이면 파티 석상에서 죽음을 이야기하다니 브래드쇼 부부는 어쩌자는 것일까? 한 청년이 자살했다 한다. 그리고 그들은 이 얘기를 파티에서 하고 있다—브래드쇼 부부가 죽음에 관해서 이야기하고 있다. 청년이 자살을 했다고—그러나 어떻게? 별안간 이런 얘기를 들으면, 클래리사는 자기 육체가 먼저 그것을 체험하는 것만 같았다. 옷에 불이 붙고 몸은 타오르는 것 같았다. 그 청년은 창문에서 뛰어내렸다고 하지 않는가. 지면이 불쑥 치솟는다. 녹슨 철책의 뾰죽한 끝에 청년의 몸뚱이는 푹 찔려 깊은 상처가 난다. 그는 그 자리에 쓰러진다. 머리에서 펑펑 피가 쏟아진다. 이윽고 의식불명의 암흑—이런 광경이 눈에 선했다. 그렇지만 왜 자살을 했을까? 게다가 브래드쇼 부부는 이 파티에 와서 그런 얘기를 하다니—

전에 한 번 클래리사는 서펜타인 연못에 1실링짜리 은전 한 닢을 내던진 일이 있었다. 이밖에 무엇을 내던진 일은 없었다. 그런데 이 청년은 몸을 내

댈러웨이 부인 185

던져버린 것이다. 사람들은 여전히 살아가고 있잖은가(이제 그녀는 돌아가야 한다. 방마다 손님들로 붐볐고 아직도 손님들은 계속해서 오고 있다). 우리는(그녀는 온종일 부어톤과 피터와 샐리를 생각하고 있었다), 우리는 늙어가리라. 한 가지 중요한 것이 있다. 잡담에 둘러싸여서 평소의 생활 속에 더럽혀지고 흐려지고, 매일의 타락한 생활 속에서 허위와 잡담의 물방울이 되어 떨어진다는 이 한 가지 말이다. 이것을 그 청년은 지킨 것이다. 죽음은 도전이다. 죽음은 사물의 본질과 소통하려는 하나의 시도이다. 반면에 사람들은 묘하게 회피하기 때문에 이 본질의 과녁이 없다고 생각하는 것이다. 친밀했던 관계도 멀어지고 기쁨도 식어간다. 인간은 고독하다. 하지만 죽음 속에 대오(大悟)가 있잖은가.

그런데 이 자살한 청년은—과연 영혼의 보배를 간직한 채 뛰어내렸을까? "지금 죽는다면 가장 행복하잖겠는가." 한 번은 그녀도 흰 옷을 입고 층계를 내려오면서 혼자 중얼거린 적이 있었다.

세상에는 시인이나 사상가들이 있다. 이 청년이 그러한 정열을 가졌다고 하자. 그리고 윌리엄 브래드쇼 경에게 갔다고 하자. 이분은 위대한 의사였지만 클래리사가 보기에는 어딘지 사악하고 성(性)도 정욕도 없으며, 여자들에게는 극도로 공손하지만 말로 표현하기 어려운 모욕을 줄 수도 있는 위인이 아닌가—영혼을 강압하는 모욕, 바로 이거다—만일 이 청년이 윌리엄 경에게 갔을 때, 그가 청년에게 그와 같은 인상을 주었다면, 이 청년도 이렇게 생각하지 않았겠는가? (사실 지금 클래리사 자신도 그렇게 느끼고 있는 터이지만) 인생은 견디기 어렵다. 저런 인간들이 인생을 견딜 수 없게 만든 것이라고.

그리고(오늘 아침에도 느낀 일이지만) 공포, 압도하는 무력감이라는 것이 있잖은가. 부모는 우리 손에 삶을 쥐어주었다. 끝끝내 살며, 이것을 가지고 조용히 걸어가라고. 그러나 깊은 마음속에는 이것을 다할 수 없다는 무서운 불안이 숨어 있잖은가. 지금도 클래리사는 리처드가 곁에서 〈타임스〉지를 읽고 있는 동안, 새처럼 겁이 나서 몸을 움츠렸다가도 차차 생기를 회복하여, 한없는 기쁨의 불꽃을 일으키며 나뭇가지를 맞비벼대지 않는가. 그렇지 않으면 자기는 죽어 없어질 것만 같았다. 클래리사는 이 불안을 피할 수 있었지만 그 청년은 자살하고 말았다.

아무튼 이것은 클래리사 자신의 불행—자기의 수치였다. 이 심연의 암흑 속으로 남녀가 여기저기 빠져 사라져가는 것을 본다는 것은 그녀 자신에게 내린 벌이었다. 자기는 지금 여기서 야회복을 입고 바라보고 있어야 하지 않는가. 그녀는 꾸미고 훔친다. 그녀는 완전히 훌륭했던 적이 한번도 없었다. 성공을 원하지 않았는가. 벡스버러 부인이니 뭐니 하고. 한때는 부어톤의 테라스를 걸어다닌 일도 있잖았는가.

기묘하고 믿지 못할 일이지만 지금같이 행복한 기분을 느껴본 적은 처음이었다. 파티의 진행이 아무리 느려도 아무리 오래가도 지루하지가 않았다. 어떠한 쾌락도 이것에 비할 수 없었다. 클래리사는 이렇게 생각했다. 의자를 바로 놓고 책 한 권을 책장에 밀어넣으면서. 청춘시절 같은 환희를 가지고 이렇게 책을 밀어넣고, 일상생활에 몰두하는 가정 속에서 이러한 행복감을 되찾은 것은, 해뜰 때나 해질 때와 같은 기쁨의 충동이었다. 부어톤에서 모두 모여서 이야기하고 있을 때, 그녀는 몇 번이고 밖에 나가서 하늘을 바라보지 않았던가. 저녁 식탁에 앉아서는 사람들 어깨 너머로, 런던에서 잠 못이루는 밤에 하늘을 바라보지 않았던가. 지금 클래리사는 창가로 걸어갔다.

우스꽝스러운 생각이기는 하지만 하늘에는 자신의 일부가 있었다. 시골의 하늘에도, 웨스트민스터를 덮고 있는 하늘에도. 클래리사는 커튼을 제치고 밖을 내다보았다. 어머나—건넛집 방에서 노마님이 이쪽을 뚫어지게 보고 있잖은가! 이제 그녀는 자러 갈 모양이었다. 아, 저 하늘, 저 장엄한 하늘, 그런데 하늘은 아름다운 한쪽 뺨을 돌리듯 저물어갈 거라고 클래리사는 생각했다. 그런데 하늘—잿빛의 파리한 하늘에는 끝이 뾰족한 거대한 구름이 퍼지며 빠르게 질주하고 있었다. 이건 또 상상하지 않았던 일이었다. 바람이 인 모양이었다. 맞은편 집 방에서는 노마님이 잠자리에 들려고 하던 참이다. 건너다보는 것이 재미가 있었다. 이 노마님이 방을 건너갔다가 다시 창가로 오면서 움직이고 있는 것을 보는 것이 재미났다. 저 노마님도 이쪽이 보일까? 응접실에서는 아직도 손님들이 웃으며 떠들고 있는데, 이 노마님이 조용히 혼자 자러 가는 것을 바라보는 것이 재미났다. 그녀는 지금 블라인드를 내린다. 시계가 치기 시작한다. 청년은 자살했다. 그래도 불쌍히 여겨지지는 않았다. 시계가 친다. 하나, 둘, 셋. 동정할 필요는 없다. 인생은 이렇게 진행해가는 것이니까! 아, 이제 노마님이 불을 껐다! 집안이 깜깜해졌다. 인생은 이렇게 진행되기 마련 아닌가, 클래리사는 되뇌었다. 셰익스피어의 말이 생각났다. 이제는 뜨거운 햇빛을 두려워하지 마라! 이제 손님들에게 돌아가봐야 했다. 그러나 참 이상한 밤이 아닌가! 어쩐지 그이가 몹시 좋아지는 것만 같았다—그 자살한 청년 말이다. 이 청년이 저지른 행동, 글쎄 사람들이 살아가는 그 속에 생명을 내던져버린 것이 기쁘게 여겨졌다. 시계가 쳤다. 이 소리는 둔하게 원을 그리며 대기 속으로 녹아들어갔다. 이제 가봐야 했다. 그녀는 사람들을 만나야 했다. 샐리와 피터를 찾아봐야 했다. 그래서 클래리사는 작은 방에서 나왔다.

"그런데 클래리사는 어디 갔을까?" 피터가 말했다. 그는 샐리와 소파에 앉아 있었다(이렇게 오랜 세월이 지난 지금도 그는 샐리를 '로제터 부인'이라고 부를 수 없었다). "그녀는 어디 갔을까? 클래리사는 어디 있을까?" 그는 물었다.

샐리는, 피터도 그랬지만, 신문의 사진에서밖에 본 일이 없는 정치가들, 중요한 인사들을 클래리사가 극진히 대우하며 상대해야 되나 보다, 하고 짐작하고 있었다. 클래리사는 그분들과 같이 있겠지. 하지만 리처드 댈러웨이는 장관은 되지 못할걸. 글쎄 그분은 정치가로서는 성공을 못한 게 아닐까? 나는 신문을 통 안 읽거든. 이따금 리처드 이름이 언급되는 것을 보긴 봤지. 게다가—나는 퍽 고독한 생활을 하고 있는 셈이지. 클래리사는 이것을 미개척지의 생활이라고 말했다. 글쎄 나는 위대한 상인들이며 대생산업자들, 적어도 실제로 일을 하는 사람들 속에서 살고 있잖은가. 나 자신도 물론 일을 했고! 샐리는 생각했다.

"아들이 다섯이나 있어요!" 샐리는 그에게 말했다.

아이구, 어쩌면 이렇게 변했을까, 이 여자는! 모성의 부드러움, 모성의 이기주의 좀 보게. 내가 그녀를 마지막으로 만난 것은 달빛 밝은 꽃양배추 밭에서였지. 피터는 회상했다. 그때 꽃양배추 잎이 '거친 청동 조각' 같다고 문학적인 표현을 하더니 샐리는 장미꽃을 한 송이 땄다. 끔찍한 그날 밤, 분수 가에서 한바탕 다투고 난 뒤 샐리는 나를 이리저리 끌고 다녔지. 나는 야간 열차를 타야 했고. 참 그때는 나도 흐느껴 울었다!

주머니칼을 여는 것은 옛날 버릇이야, 샐리는 생각했다. 그는 흥분하면 늘

칼을 열었다 닫았다 하거든. 이이가 클래리사를 사랑하던 시절에 우리는 아주 사이가 좋았었지. 피터 월쉬와 나와는. 그리고 우리는 어리석게도 점심 때 리처드 댈러웨이 문제로 크게 싸웠지. 나는 리처드를 '위컴'이라고 불렀다. 왜 리처드를 '위컴'이라고 부르면 안 되느냐고 하니까 클래리사가 벌컥 화를 냈다! 그 뒤로 나와 클래리사는 만나지 않았어. 지난 10년 동안 대여섯 번쯤 만났을까? 그리고 피터 월쉬는 인도로 갔지. 소문에는 피터가 불행한 결혼을 했다고 하는데, 아이가 있는지 없는지는 모르겠어. 그가 변해버려서 직접 물어볼 수도 없거든. 좀 무력해진 것처럼 보이지만 전보다 더 친절한 것 같다. 이분에게는 정말 애정을 느낀다, 내 청춘과 관련이 있으니까. 나는 이분한테 받은 에밀리 브론테의 책을 지금도 갖고 있다. 그는 자기도 글을 써보겠다고 했는데 그때는 써볼 마음이었던 게지.

"글 좀 써보셨나요?" 샐리가 그 든든하고 예쁘게 생긴 손을 옛날과 같이 무릎 위에 펼치면서 물었다.

"한 자도 못 써봤습니다." 피터는 말했다. 이 말에 샐리가 깔깔 웃었다.

그녀는 여전히 매력적이었고 아직도 개성이 남아 있었다, 샐리 시튼은. 그런데 로제터란 사람은 대체 어떤 위인일까? 그자는 결혼식 날 동백꽃을 두 송이 달았다지. 그것이 피터가 알고 있는 전부였다. "로제터 부부는 수많은 하인을 거느리고 몇 마일이나 되는 온실도 있답니다." 클래리사가 편지를 써 보냈다고 말하니까 샐리는 웃음을 터뜨리면서 시인했다.

"그래요, 연수입 1만 파운드예요." 세금까지 포함해서 그런지는 기억이 잘 안 난다는 것이다. "남편을 꼭 좀 만나보세요. 마음에 드실 거예요." 그녀는 말했다. 그녀 대신 모든 일을 다 관리해 준다고 했다.

그런데 샐리는 예전에 누더기 같은 옷을 입고 있지 않았던가. 마리 앙투아네트가 부어톤에 가려고 증조부님께 주었다는 반지를 저당잡혔다지요? ―그렇지요?

네, 그랬어요, 샐리는 기억해냈다. 지금도 가지고 있어요, 마리 앙투아네트가 증조부님께 주신 반지를. 그 시절에는 말 그대로 돈이 한푼도 없어서 부어톤에 가려면 늘 죽을 지경이었어요. 하지만 부어톤에 가는 일이 참 좋았어요―집을 떠나 거기로 갔기 때문에 미치지 않을 수 있었던 것 같아요. 집에서는 아주 불행했거든요. 하지만 이제는 다 과거의 일이 됐어요. 모두 지난 일이군요. 그런데 패리 씨는 돌아가셨고, 미스 패리 마님은 아직도 살아 계시더군요. 샐리는 말했다. 이렇게 놀라운 일이 어디 있습니까! 그 마님이 꼭 돌아가신 줄만 알았는데. 피터가 말했다. 근데 클래리사의 결혼은 성공이지요? 샐리는 물었다. 저기 저 아주 아름답고 침착한 젊은 여자가 엘리자베스다, 저기 붉은 옷을 입고 커튼 곁에 서 있는 처녀가.

(그녀는 포플러나무 같다, 강물 같다, 히아신스 같다고 윌리 티트콤은 생각하고 있었다. 아, 시골에서 하고 싶은 일이나 하고 있다면 얼마나 좋을까. 불쌍한 내 개가 짖는 소리가 들린다고 엘리자베스는 생각했다). 그녀는 조금도 클래리사를 닮지 않았군요. 피터 월쉬가 말했다.

"아, 클래리사!" 샐리는 말했다.

샐리가 느꼈던 것은 단순히 이랬다. 자기는 클래리사에게 굉장히 신세를 지고 있었다. 둘은 친구였다! 그냥 아는 사이가 아니라 친한 사이였다. 흰 옷을 입고 두 손에 꽃을 잔뜩 들고 집 안을 돌아다니던 클래리사의 모습이 지금도 눈에 선했다. 오늘날까지도 담배 나무를 보면 부어톤 생각이 났다. 그런데—피터도 알고 있는지 모르지만—클래리사는 뭔가가 부족했다. 대체 그 부족한 것이 무엇일까? 클래리사는 매력적이었다. 독특한 매력이었다. 그런데 솔직히 말해서(샐리는 피터가 옛친구, 진정한 친구임을 느꼈다—그동안 만나지 못한 것도 멀리 떨어져 있던 것도 문제가 되지 않았다. 샐리는 가끔 편지가 쓰고 싶어서 썼다가도 찢어버렸던 것이다. 그러나 피터가 알아주리라고 생각되었다. 사람은 말을 하지 않아도 이해를 하기 마련이니까. 늙어가는 것을 실감하는 것도 그렇잖은가. 샐리 자신도 이젠 나이를 먹어서 오늘 낮에도 이튼 학교로 감기에 걸린 아들들을 만나보러 갔다오는 길이 아닌가) 클래리사는 어떻게 그럴 수 있었을까? —리처드 댈러웨이와 결혼하다니? 스포츠맨이고 개밖에 관심이 없는 이 남자와? 그가 방에 들어오면 문자그대로 마구간 냄새가 나지 않는가. 그리고 이 모든 것도 그렇잖은가? 이렇게 생각하며 샐리는 손을 내저었다.

흰 조끼를 입은 휴 위트브레드가 어슬렁거리며 지나갔다. 멍하고, 살이 찌고, 자만심과 안락함 외에는 아무것도 보이지 않는 듯했다.

"저분은 우릴 못 본 척하려나 봐요." 샐리가 말했다. 사실 샐리는 말을 걸 용기도 없었다. 그렇다. 이게 휴이다! 훌륭한 휴!

"그런데 저분은 지금 뭘하지요?" 샐리는 피터에게 물었다.

저 사람은 국왕의 구두를 닦고 윈저 궁에서 술병을 헤아린다고 피터가 말했다. 여전히 독설가라고 샐리는 생각했다. 그런데 솔직히 말해 봐요, 샐리. 피터는 말했다. 그 키스 사건 말이오, 휴의 키스 사건을.

입술에 했다고 샐리는 확언했다. 밤에 흡연실에서 말이에요. 하도 분해서 클래리사에게 달려갔더니, 휴가 그럴 리가 없어! 훌륭한 휴가! 이렇게 말하지 않겠어요. 휴의 양말은 언제나 제일 멋있다면서 말이에요—하긴 오늘 저녁 입은 야회복도 빈틈이 없네요! 그런데 자녀가 있나요?

"이 방에 있는 사람은 누구나 다 이튼 학교에 아들이 여섯씩은 있습니다. 나만 빼놓고 말입니다." 피터가 말했다. "그래도 괜찮으신가 보죠." 샐리가 말했다. 그는 여기 있는 누구보다도 젊어 보인다고 샐리는 생각했다.

그러나 클래리사처럼 결혼하는 것은 여러모로 어리석은 짓이라고 피터는 말했다. "그것은 정말로 바보짓입니다." 그는 말했다. 그렇지만 "우리는 그 덕분에 재미도 많이 봤지요." 그는 덧붙였다. 어쩌면 이럴 수 있을까, 샐리는 궁금했다. 대체 무슨 뜻일까? 이분을 알면서도 샐리 자신은 그의 신상에 일어났던 일을 하나도 모르고 있잖은가. 자존심 때문에 그런 말을 한 것일까? 그럼직도 하다. 결국 이분에게는 인생이 괴로움이었을 테니까(그가 괴짜고 요정 같은 구석이 있고, 보통 사람들과는 전혀 다르지만), 저 나이에 가정도 없고 갈 곳도 없으니 고독할 것 아니겠는가. 우리집에 오셔서 몇 주일이든 계세요. 물론 가겠습니다, 꼭 찾아가서 댁에서 묵겠습니다. 이런 말 끝에 다음과 같은 얘기가 나왔다. 여러 해 동안 댈러웨이 부부는 한 번도 우리집에 와본 일이 없어요, 여러 번 초청했지만요. 클래리사는(물론 그것은 클래리사 때문이지만) 오려고도 하지 않았거든요. 왜냐하면 클래리사는 속물이거든요—클래리사가 속물이라는 것은 인정해야 해요. 샐리는 말했다. 이것 때문에 우리 사이가 멀어진 거예요, 정말이에요. 클래리사는 내가 나보다 못한 사람과 결혼했다고 생각하고 있어요—나는 오히려 남편을 자랑스럽게 생각하는데—광부의 아들이지만요. 우리집 재산은 전부 남편이 벌었는걸요. 어렸을 때(샐리의 목소리는 떨렸다) 그이는 커다란 석탄 부대를 날랐대요.

(이렇게 그녀는 내게 몇 시간이고 이야기를 계속할 모양이라고 피터는 생각했다. 광부의 아들이라는 둥, 자기보다 못한 남자와 결혼했다고 사람들이

생각한다는 둥, 아들이 다섯이라는 둥, 그리고 무슨 얘기더라—식물들, 수국이니, 산매화니, 수에즈 운하 북쪽에는 절대로 자라지 않는다는 히비스커스 릴리 등등의 식물 이야기지. 자기는 맨체스터 근교의 집에서 정원사를 하나 두고서 히비스커스 릴리 화단을 만들어보겠다는군. 화단이 얼마든지 있다는 거야! 그런 얘기를 클래리사는 피해버린 거지. 그건 샐리에 대한 관심이 없어져서일 거야).

속물이라고? 그렇지, 여러모로 보아 클래리사는 속물이지. 근데 그녀는 아까부터 어디 갔을까? 밤이 깊어가는데, 피터는 생각했다.

"그래도." 샐리는 말했다. "클래리사가 파티를 연다는 소식을 듣고 오지 않을 수 있어야죠—다시 한 번 꼭 만나고 싶어서요(나는 지금 빅토리아 가에 묵고 있어요, 바로 이 근처에). 그래서 초대장도 없이 왔어요. "하지만." 샐리는 음성을 낮추었다. "저, 좀 가르쳐주세요. 저이가 누구죠?"

그것은 출입구를 찾고 있는 힐버리 부인이었다. 너무나 늦었군! 그녀는 혼자 중얼거렸다. 밤이 깊어가고 손님들이 차차 돌아가면, 옛친구도 만나게 되고, 조용한 이 구석 저 구석이니 말할 수 없는 아름다운 광경도 눈에 띄는군. 지금 저들은 자기들이 마법의 나라 정원에 둘러싸여 있다는 것을 알고 있을까? 등불과 수목과 아름답게 빛나는 연못과 하늘. 요정의 램프 같다고, 클래리사가 뒤뜰에서 말하지 않던가! 그녀는 마술사 같아! 그리고 공원은 …… 저이들 이름이 뭐더라. 그러나 아는 이들 아닌가. 그런데 이름 없는 친구나 가사 없는 노래가 언제나 제일이거든. 그건 그렇고 문이 너무나 많았고 뜻밖의 방이 하도 많아서 어디로 가야 할지 알 수 없었다.

"저분이 힐버리 부인입니다." 피터가 말했다. 그런데 저분은 또 누구더라? 내내 커튼 옆에서 말없이 서 있는 저 부인은? 낯익은 얼굴이야. 부어톤에서 본 일이 있는 것도 같아. 창가의 커다란 테이블에서 내의를 마르던 여자였던가? 데이비드슨이었나?"

"아, 엘리 헨더슨이에요." 샐리가 말했다. 클래리사는 저 여자에게 너무 심했어요. 그녀는 클래리사와 사촌인데 아주 가난해요. 클래리사는 남에게 심하게 굴거든요.

좀 그런 편이죠, 피터가 응답했다. 그래도, 샐리가 말했다. 클래리사는 감정적이어서 열정적인 충동에 넘치는 경우도 더러 있어요. 피터, 당신은 그런 모습 때문에 클래리사를 사랑했지만 지금은 이것을 좀 두려워하시잖아요—친구들에게 클래리사는 참으로 친절하거든요! 이건 참 독특해요. 그래서 밤이나 크리스마스에 하느님의 은총을 하나하나 들며 기도할 때, 우리의 우정을 맨 먼저 들잖겠어요. 그 시절 우리는 사실 젊었지요. 그리고 클래리사의 마음은 순수했던 거예요. 당신은 나를 감상적이라고 생각하시겠지요. 사실 그렇기도 해요. 글쎄, 이제 나는 내가 느끼는 것—이것만이 유일하게 말할 가치가 있다고 생각하게 됐거든요. 영리하다는 것은 곧 어리석다는 것 외에 아무것도 아니에요. 그녀는 느낀 바를 솔직히 말해버려야 했다.

"그렇지만 나는 모르겠습니다." 피터가 말했다. "내가 뭘 느끼는지 말입니다."

불쌍한 피터, 샐리는 생각했다. 왜 클래리사는 이리 와서 그들과 이야기를 하지 않을까? 피터는 그걸 갈망하고 있는데. 나는 다 알고 있어. 그는 줄곧 오직 클래리사만을 생각하며 주머니칼을 만지작거리고 있잖은가.

인생은 단순한 것이 아니더라고 피터는 말했다. 클래리사와의 관계도 단순하지 않았고, 그것이 자기의 인생을 망쳐버렸다는 것이다(두 사람은 퍽 친한 사이였다—피터와 샐리 시튼. 그러니까 이런 말을 하지 않는다면 오히려 우스울 것 아니겠는가). 사랑에 두 번 빠질 수는 없는 일이라고 그는 말했다. 샐리는 뭐라고 말해야 좋을지 몰랐다. 하지만 사랑의 경험이 있는 것이 낫지요(이이는 나를 감상적이라고 하겠네—전에도 독설이 대단했으니까). 맨체스터로 오셔서 우리집에서 지내세요. 다 옳은 말씀이라고 그는 말했다. 그리고 런던에서 볼일을 마치면 곧 찾아가겠노라고 했다.

그런데 클래리사는 리처드보다도 당신을 더 생각했어요, 그것은 보증할 수 있어요, 샐리는 말했다.

"아니오, 아니, 천만에요!" 피터는 말했다(샐리가 그런 말을 하면 난처했다—샐리는 너무 지나쳤다). 저기 저 착한 분—저기 방 한구석에 서서 옛날처럼 열변을 토하고 있는 리처드와 얘기하고 있는 분이 누구에요? 잘 생긴 남자 말이에요. 촌에서 살아서 누가 누구인지 알고 싶은 호기심을 영 누를 수 없군요, 샐리가 말했다. 그러나 피터도 모르는 사람이었다. 인상은 좋지 못하다고 피터는 말했다. 아마 어떤 각료인지도 모른다. 저런 친구들 중에서는 리처드가 제일이거든—그중 청렴하니 말이다, 그는 생각했다.

"그런데 리처드는 무슨 일을 했을까요?" 샐리는 물었다. 공적인 일이겠지요, 아마. 그런데 그들은 행복한가요? 샐리는 또 물었다(샐리 자신은 참 행복했다). 글쎄 나는 이 부부간의 일을 하나도 모르면서 그저 속단하고 있거든요, 남들처럼 말이에요. 그런 줄은 나도 알고 있어요. 글쎄 매일 같이 사는 사람들의 일이라도 알 수 없잖아요? 우리는 다 죄수가 아니겠어요? 감방의 벽을 손톱으로 긁어대는 남자가 등장하는 굉장한 희곡을 읽은 일이 있지만, 그야말로 진정한 인생의 모습이라고 생각했어요—인생은 감방의 벽을 긁는 것이지요. 대인관계에 실망하면(인간은 꽤 까다로우니 말입니다) 나는 가끔 뜰로 내려가서 남자나 여자한테서는 얻지 못하는 마음의 평화를 꽃에서 찾곤 합니다, 샐리는 말했다. 하지만 피터는 아니었다. 양배추 따위는 싫습니다. 인간이 더 좋습니다, 피터가 말했다. 정말로 젊은이들은 아름답군요, 샐리는 방을 가로질러가는 엘리자베스를 지켜보면서 말했다. 저 나이 때의 클래리사와는 어쩌면 저렇게 다른지! 저애를 당신은 이해할 수 있으세요? 저애는 도무지 말이 없더군요. 그래요, 말이 별로 없더군요, 아직은, 피터도 인정했다. 연못 가에 핀 백합 같다고 샐리는 말했다. 그러나 우리가 아무것도 모른다고는 생각되지 않는데요. 우리는 모든 것을 알고 있잖습니까. 피터는 말했다. 적어도 그는 그랬다.

그렇지만 저 두 사람요, 샐리가 낮은 소리로 말했다. 지금 이쪽으로 오고 있는 저 두 사람 말이에요(클래리사가 빨리 오지 않으면 자기는 정말 돌아가야겠다고 샐리는 생각했다), 글쎄 리처드가 아까 같이 얘기하던 저 잘생긴 남자와 그분의 좀 천하게 보이는 부인—저런 사람들에 대해서 우리가 뭘 알 수 있겠어요?

"저런 작자들은 어처구니없는 사기꾼이지요." 피터는 이 내외를 힐끔 바라보며 말했다. 이 말에 샐리는 크게 웃었다.

그런데 윌리엄 브래드쇼 경은 문 앞에 멈춰 서서 그림을 바라보고 있었다. 판화가의 성명을 알고자 그림의 귀퉁이를 들여다보았다. 그의 아내도 들여다보았다. 윌리엄 브래드쇼 경은 미술에 많은 흥미를 가지고 있었다.

젊어서는 너무나 흥분해 있어서, 인간을 이해하지 못했지요. 피터가 말했다. 이제 나이를 먹고보니 정확히는 52살입니다만(그런데 샐리 자신의 몸은 55세이지만, 마음만은 20살 처녀 같다고 말했다) 이제 성숙해지니까요, 그는 말을 계속했다. 이제는 관조할 수도 있고 이해도 할 수 있을 뿐더러 감성도 약해지지 않거든요. 그래요, 정말이에요. 해마다 감성은 더욱 깊어지고 더욱 열렬해진 것 같아요, 하고 샐리는 말했다. 글쎄 감성은 더욱 깊어갑니다, 그는 말했다. 그러나 반가워해야 할 일이 아니겠어요, 내 경험으로는 감성은 자꾸 더해가는 것만 같습니다. 인도에 어떤 분이 있는데요. 그 여자 얘기를 당신에게 해야겠습니다. 샐리, 당신이 좀 만나주셨으면 좋겠어요. 이미 결혼했습니다. 애가 둘이고요, 그는 말했다. 그럼 같이 맨체스터로 오세요, 꼭 오시겠다고 약속하세요, 오늘 저녁 돌아가시기 전에, 샐리는 말했다.

"엘리자베스가 저기 있군요. 저애는 우리가 느끼는 것의 절반도 못 느끼지요, 아직은." 피터가 말했다. "하지만." 샐리는 엘리자베스가 아버지에게 가는 것을 보면서 말했다. "부녀가 서로 무척 사랑하고 있는 것 같잖아요." 샐리는 엘리자베스가 아버지 곁으로 가는 모습에 그렇게 느꼈다.

리처드는 브래드쇼 부부와 이야기하면서 엘리자베스를 바라보고 있다. 이 아름다운 처녀가 누구일까 생각했다. 곧 그는 자기 딸 엘리자베스인 것을 깨달았다. 그런데 아까는 알아보지 못했던 것이다. 분홍색 옷을 입은 그녀는 참으로 아름다웠다. 엘리자베스는 윌리 티트콤과 이야기하면서 아버지가 자기를 바라보고 있는 것을 느꼈다. 그래서 아버지 곁으로 가서 같이 서서, 이제 파티가 거의 끝나 손님들은 돌아가고 마룻바닥이 어지럽게 흩어진 방이 점점 비어가는 것을 지켜보고 있다. 이제 마지막으로 엘리 헨더슨도 돌아가려고 한다. 엘리는 말을 걸어온 사람은 아무도 없었으나 딸 이디스에게 말해주려고 한 가지도 빠짐없이 봐두고 싶었던 것이다. 리처드와 엘리자베스는 파티가 끝난 것이 기뻤다. 그리고 리처드는 딸이 자랑스러웠다. 그는 그런 말을 딸에게 얘기하고 싶지는 않으나 말하지 않을 수 없었다. 너를 보고 있었단다. 그리고 저 예쁜 처녀가 누군가 했지. 그런데 알고보니 내 딸이 아니더냐! 그는 말했다. 이 말에 엘리자베스는 기뻤다. 그러나 불쌍하게도 그녀의 개가 짖고 있었다.

"리처드는 퍽 나아졌어요. 당신 말이 옳아요." 샐리는 말했다. "가서 얘기 좀 해야겠어요. 작별인사를 해야죠. 두뇌가 무슨 문제겠어요?" 로제터 부인은 일어섰다. "마음에 비한다면 말이에요."

"나도 가지요." 피터가 말했다. 그러나 그는 잠시 그대로 앉아 있었다. 이 공포가 무엇이냐? 이 황홀이 무엇이냐? 그는 속으로 생각하고 있었다. 나를 극도의 흥분으로 가득 채우는 이것이 무엇이냐?

클래리사라고, 그는 말했다.

클래리사가 저기 있으니 말이다.

등대로

To The Lighthouse

제1부
창

1

"그럼, 정말이고말고, 내일 날씨만 좋다면야." 램지 부인이 말했다. 그리고 덧붙였다. "하지만 일찍 일어나야 해. 종달새와 함께 말야."

아들은 어머니의 이 말에 벌써 등대로 가는 일이 결정된 것처럼 기뻤다. 여러 해 동안 고대하고 기다렸던 신나는 일이 오늘 하룻밤의 어둠과 내일 하루의 배 여행 끝에, 이제 곧 손에 닿을 곳까지 와 있었다. 여섯 살 제임스는 세상에 흔히 있는 부류의 감정적인 아이들과 같아서, 이 감정을 그 감정으로부터 떼어놓을 수가 없었다. 미래의 예상에 얽힌 기쁨도 슬픔도 현실의 신변적인 일에 그림자를 드리웠다. 이런 아이들은 아주 어렸을 때부터 감각의 톱니바퀴의 회전과 상관없이 빛나는 것이든 그늘진 것이든, 그 순간을 결정(結晶)하여 못박아두는 힘을 지니고 있는 것이다. 제임스 램지는 마루에 앉아 육해군 백화점의 카탈로그에서 냉장고 그림을 오려내고 있었다. 어머니의 이 말은 그 냉장고에 더없는 행복의 빛을 던져주었다. 흥분한 탓에 냉장고 그림은 환희의 가장자리 장식을 달았다. 손수레, 잔디 깎는 기계, 비를 예고하는 바람에 살랑살랑 잎을 펄럭이는 포플러나무, 까악까악 우는 까마귀, 마당을 쓰는 빗자루 소리, 옷자락이 스치는 소리, 이 모든 것들은 제임스의 마음속에 특별한 색조로 채색되어, 독특한 암호와 비밀의 언어를 갖고 있었다. 그의 시원한 이마와 가차 없는 푸른 눈, 나무랄 데 없이 공정하고 순수하지만 인간의 연약함에 대해서는 약간 얼굴을 찡그리는 모습은 마치 타협을 모르는 엄격함의 상징으로도 보였다. 어머니는 그가 솜씨 있게 가위를 냉장고 둘레로 움직여 오려내는 것을 지켜보면서, 흰 담비의 깃이 달린 빨간 법복을 입고 판사석에 앉는 그를, 국가의 중대한 일을 맡아 지도자 역할을 하는 그를 마음속에 그려보았다.

"하지만." 아버지가 응접실 창 앞에서 발을 멈추며 말했다. "내일 날씨는 좋지 않을걸."

만약 근처에 손도끼나 부지깽이가 있었다면, 무엇이든지 아버지의 가슴에 구멍을 내어 죽일 수 있는 물건이 있었다면, 제임스는 주저하지 않고 그것을 잡았을 것이다. 램지 씨는 그 존재 자체만으로 아이들 가슴에 이와 같은 격렬한 분노를 불러일으켰다. 나이프처럼 말라빠지고, 칼날처럼 속이 좁은 그는 야유하는 듯한 웃음을 띠면서 아이들의 꿈을 부수고(제임스의 생각으로는), 그 자신보다도 몇 만 배나 훌륭한 아내를 비웃을 뿐만 아니라 자기 판단이 정확하다고 은근히 과시하는 남자였다. 내가 하는 말은 진실이다. 항상 진실이야. 나는 거짓말을 하지 못한다. 사실을 왜곡할 수는 없다. 누군가를 기쁘게 하기 위해서나 그 인간의 편의를 위해서도 불쾌한 말을 변경할 수는 없다. 하물며 자신의 허리에서 태어난(^{구약성서}_{의 표현}) 아이들을 위해 그런 일을 한다는 것은 어림도 없는 일이다. 아이들에게는 어릴 때부터 인생은 힘든 것, 진실은 타협이 없는 것이라고 타이르지 않으면 안 된다. 저 전해 내려오는 환상의 나라로 여행하는 동안, 연약한 배가 어둠에 가라앉듯 이전에 품었던 밝은 희망은 모두 사라지고(여기서 램지 씨는 등을 쭉 펴고, 파란 작은 눈을 가늘게 뜨고 지평선 저편을 바라보았다), 그 여로야말로 용기와 진실, 인내를 필요로 하는 것이다.

"하지만 날씨는 좋을지도 몰라요. 틀림없이 좋아질 거예요." 램지 부인은 짜고 있던 적갈색 양말을 참을 수가 없다는 듯이 이리저리 뒤적거리면서 말했다. 만약에 오늘 밤 이것을 다 짜고 내일 모두가 등대에 간다면, 이것을 등대지기에게 보내서 결핵 카리에스를 앓고 있는 그 소년에게 주고 싶어. 그밖에 헌 잡지 몇 권, 썬 담배 약간, 그래, 무엇이든 근처에 굴러다니는 것, 사실은 필요하지 않으면서 방안을 어지럽히기만 하는 것들을 그 가엾은 사람들에게 주고 싶어. 온종일 앉아서 램프를 닦고, 심지를 자르고, 고양이 이마만한 마당을 손질하는 일 이외에는 아무 할 일도 없어 죽도록 따분해하는 그들의 기분 전환을 위해서. 말 그대로 꼬박 한 달 내내 폭풍이라도 오면 그 이상을 정구장만한 바위 위에 갇혀 있어야 하다니 어떤 기분일까? 편지도 신문도 못 받고 아무도 오지 않아. 만약에 결혼을 했다면 아내와도 만날 수 없고, 아이들이 잘 지내고 있는지, 아프지나 않은지, 넘어져서 다리나 팔을 부러뜨리지는 않았는지 모르니까. 날이면 날마다 부서지는 파도를 보고 있을 뿐. 만약에 사나운 폭풍우가 오면 창은 물보라로 덮이고, 새들은 램프에 부딪치고, 집은 흔들리고, 문 밖으로 코빼기라도 내놓으면 바다에 휩쓸려갈 것 같을 거야. 너희들은 어떻게 생각하니? 램지 부인은 특히 딸들에게 이와 같이 물었다. 그러면서 약간 말투를 바꾸어 덧붙였다. 위로가 될 수만 있다면 무엇이든 가져가야지.

"바람은 정서(正西)로 붑니다." 무신론자 탠슬리는 뼈가 앙상한 손가락 사이로 바람을 지나가게 하면서 말했다. 테라스 위를 저리로 갔다가 이리로 돌아오며 램지 씨의 저녁 산보를 모시고 있는 것이다. 그렇다면 바람은 등대에 상륙하기에 가장 나쁜 방향으로 불어온다는 거군. 참, 마음에 들지 않는 말만 골라 하는 사람이야. 램지 부인은 생각하지 않을 수가 없었다. 끈질기게 되풀이해서 제임스를 더 한층 실망시킨다니까. 하지만 아이들이 저이를 비웃는 것을 내버려두지는 않겠어. 아이들은 그를 '무신론자'라고 부르고 있어. 로즈는 '꼬마 무신론자'라고 놀려대지. 프루도 놀려대고, 앤드루, 재스퍼, 로저도 놀려대고 있어. 이빨이 다 빠진 늙은 개 파자까지도 그에게 덤벼든다니까. (낸시의 말을 빌리자면) 가족들과 있는 편이 훨씬 좋을 텐데, 애써 우리를 쫓아온 110번째의 청년이기 때문이라나?

"그만들 해." 램지 부인은 엄격하게 나무랐다. 아이들의 과장 버릇은 그녀에게 배운 것이니 그것은 그렇다 치고, 또 그녀가 너무 많은 사람을 초대해서 몇 명은 마을 여관에 숙소를 정하지 않으면 안 되었던 일을 비꼬는 것도 그만두더라도, 손님들에게 특히 청년들에게 버릇없이 대하는 것은 참을 수 없었다. 그들은 마치 교회의 쥐새끼처럼 가난하지만 남편 말대로 특별한 재능이 있고, 게다가 남편을 매우 존중하고 있다나. 청년들은 휴가를 보내기 위해 여기에 와 있는 거야. 사실 나는 남성 모두의 보호자인 셈이지. 이유는 설명할 수 없지만, 그들의 기사도 정신과 용기 때문일 거야. 조약을 맺거나 인도를 지배하거나 재정을 관리해 주기 때문일까? 결국은 나에 대한 태도 때문일 거야. 즉 여자라면 누구나 기분 좋게 느끼지 않을 수 없는 믿음이 깃든, 어린애 같은, 숭배에 가득 찬 그 무엇, 연배의 여인이 그런 것들을 청년에게 받아도 절대로 위엄을 떨어뜨리는 짓은 아니야. 이 가치, 이것이 의미하는 것을 마음속으로 느끼지 못하는 여자는 재앙일지니, 원컨대 나의 딸들

제1부 창 201

중에는 그런 아이가 없기를.

그녀는 낸시를 근엄한 표정으로 돌아보았다. 그 분은 쫓아온 것이 아니야. 초대받은 거라고 부인은 말했다.

딸들은 모두 이런 사고방식과는 다른 방법을 찾아야 해. 더욱 단순하고 쉬운 방법이 있을지도 몰라. 램지 부인은 한숨을 쉬었다. 거울 속의, 나이 쉰에 머리가 하얗게 세고 볼이 움푹 들어간 자신을 보자, 모든 일을, 즉 남편이나 돈이나 남편의 책에 대한 일을 더욱 잘 관리할 수 있었을지도 모른다는 생각이 들었다. 그녀는 1초도 자신의 결정을 후회하지 않았고, 의무를 소홀히 한 일도 없었다. 그래서 지금의 그녀는 쳐다보기조차 두려울 정도로 위엄을 풍기고 있었다. 어머니에게 찰스 탠슬리에 대한 일로 엄하게 꾸중을 들은 뒤에, 딸들인 프루, 낸시, 로즈는 접시에서 슬쩍 눈을 들어 올리며 마음속으로 어머니와는 다른 인생을 그려보고 엉뚱한 계획을 꿈꾸었지만, 감히 입 밖으로는 꺼내지 못했다. 파리에서의 자유분방한 생활, 끊임없이 이 남자 저 남자의 시중을 들지 않아도 되는 삶. 딸들은 존경과 기사도 정신, 영국은행과 인도제국, 반지를 낀 손가락과 레이스 같은 이러한 온갖 것들에 대하여 마음속으로 의문을 품고 있었다. 그러나 한편으로는 이 속에 미의 본질이 있다고 느꼈고, 그것이 그 소녀다운 마음에 남성성에 대한 동경을 불러일으킨다고도 생각했다. 어머니로부터 그 볼품없는 무신론자에 대한 일로, 스카이 섬까지 자신들을 쫓아온, 아니 정확히 말하면 초대를 받은 불쌍한 무신론자에 대한 일로 심하게 혼났을 때, 어머니의 엄중한 눈길을 받으며 식탁에 앉은 딸들은 마치 진창에서 거지의 진흙투성이 발을 들어올려 씻겨 주는 여왕의 준엄함과 예의 바름을 느끼고 감탄하지 않을 수 없었다.

"내일은 도저히 등대에 갈 수 없을 겁니다." 남편과 함께 창가로 온 찰스 탠슬리는 손뼉을 치며 말했다. 이제 정말 지긋지긋해. 제발 나와 제임스를 가만 내버려 둬. 저 멀리 가서 둘이서만 얘기하란 말이야. 그녀는 그를 바라보았다. 아이들은 그를 비참함의 표본이라고 말했다. 그는 온 몸이 툭 튀어나오거나 쏙 들어가 있고, 크리켓도 할 줄 모르고, 앞으로 구부정하게 굽히며 어정거렸다. 빈정대길 좋아한다고 앤드류가 말했지. 아이들은 그가 가장 좋아하는 것을 잘 알고 있어. 늘 남편 곁을 떠나지 않고 따라다니며, 누가 이 상을 탔고 누가 저 상을 탔으며, 누구는 라틴어가 '1급'이고 누구는 '재주는 좋지만 근본적으로 불건전한 사람이라고 생각한다'든가, 누가 '베일리얼에서 가장 유능한 사람'인지 누가 브리스톨이나 베드포드에서 지금은 그 명성이 묻혀 있지만 수학이나 철학의 어떤 부문에 대한 서설을 발표하면 반드시 빛을 볼 인물인지 그런 얘기뿐이지. 그 서문의 처음 몇 페이지의 교정쇄를 갖고 있으니 원하신다면 보여 드리겠습니다, 하는 따위의 말이 그의 화제였다.

그녀도 무심코 웃음이 터져 나올 때가 있었다. 얼마 전 그녀가 '산처럼 높은 파도'라고 말했을 때였다. 그렇습니다, 아주 살짝 날뛰더군요. 탠슬리가 맞장구쳤다. "흠뻑 젖진 않았나요?" 그녀가 물었다. "조금 축축하지만 흠뻑 젖진 않았어요." 그는 소매와 양말을 만져 보며 말했다.

그러나 아이들 말로는 그런 것은 조금도 신경 쓰지 않는대. 얼굴이 못생겨서도 아니고 예의가 없어서도 아니야. 그가 싫은 것은 그 사람 자신, 그의 사고방식 때문이라는 거야. 예를 들어 다 같이 흥미로운 이야기를 하고 있을 때, 인물이든 음악이든 역사든 뭐든 상관없어. 그저 아주 쾌청한 저녁이니 밖에 나가서 앉아 있자는 말만 해도, 그때마다 찰스 탠슬리는 모든 것을 부정하고, 자신을 과시하고, 남을 얕보고, 빈정거리는 투로 모두의 신경을 긁어놓기 전에는 만족하지 않는다니까. 화랑에 갈 때면 꼭 누군가에게 물어봐. 제 넥타이가 어때요? 뻔하잖아, 딱 질색이라고 로즈는 말하지.

식사가 끝나자마자 램지 부부의 여덟 아이들은 마치 사슴처럼 잽싸게, 어느새 식탁에서 자신들의 침실로 돌아가고 없었다. 집안에는 그들만의 장소, 온갖 일을 의논하고 무슨 이야기든 할 수 있는 장소가 여기밖에 없었으므로 그곳은 모두의 요새였다. 아이들은 탠슬리의 넥타이, 선거법 개정안 통과, 바다새, 나비, 그리고 사람들에 대해 자유롭게 이야기했다. 판자 하나로 칸막이한 다락방에서는 온갖 발소리가 다 들렸고, 그라우뷘덴 계곡에서 암으로 죽어가는 아버지 때문에 슬퍼하는 스위스 하녀의 흐느낌 소리도 들렸다. 햇살은 크리켓 방망이, 운동복 바지, 밀짚모자, 잉크 병, 물감통, 딱정벌레, 작은 새들의 머리를 비추며 쏟아졌고, 한쪽 벽에서는 핀으로 꽂아놓은 길쭉하고 주름진 해초에서 바다와 해초 냄새가 피어올랐다. 그 내음은 해수욕을 하느라 모래범벅이 된 수건에도 묻어 있었다.

다툼, 불화, 의견 차이, 뼛속까지 스며든 편견을 저렇게 어릴 때부터 갖게

제1부 창 203

되다니, 램지 부인은 한탄했다. 정말로 아이들은 매우 비판적이었고, 매우 시시한 이야기를 하고 있었다. 그녀는 식당에서 제임스를 데리고 나왔다. 그는 다른 형제들과 함께 가려고 하지 않았던 것이다. 그녀는 그런 차이를 일부러 만드는 것은 전혀 무의미한 일이라고 생각했다. 그렇지 않아도 충분히 다른데, 현실의 차이만으로 충분하잖아. 정말로 충분해. 응접실 창가에 서서 그녀는 생각했다. 그 순간 그녀의 마음속에 있던 것은 빈부의 차이, 계급의 구분이었다. 그래도 그녀는 고귀하게 태어난 사람들에게, 아니꼽지만 어쨌든 경의를 표했다. 왜냐하면 그녀는 다소 신비롭지만 아주 고귀한 이탈리아 가문의 혈통을 이어받아 귀족의 피가 흐르고 있었기 때문이다. 그 귀족의 딸들은 19세기 영국의 응접실에서 귀엽게 서툰 영어를 구사하거나 서슬 퍼렇게 호통을 치기도 했다. 램지 부인의 기지와 행동거지와 기질은 모두 그 이탈리아 선조로부터 물려받은 것으로, 게으른 영국인이나 냉정한 스코틀랜드인에게서 물려받은 것은 아니었다. 그러나 지금 그녀는 빈부의 문제에 대하여 더더욱 곰곰이 생각하고 있었다. 그리고 이 땅에서 혹은 런던에서 매일, 매주 그녀가 직접 팔에 가방을 걸고 공책과 연필을 들고, 가난과 용감하게 맞서 싸우는 과부를 찾아가 임금, 지출, 취직, 실업에 관해 반듯하게 그어진 칸에 기입할 때, 현실적으로 직접 목격하게 되는 일들에 대하여 깊이 생각했다. 그리하여 그녀는 개인적인 분노를 달래고 자신의 호기심을 만족시키기 위하여 자선을 베푸는 사사로운 개인이 아니라, 그녀의 미숙한 정신이 절대적으로 찬미하는 사회문제의 해명자, 조사연구원이 될 수 있었다.

그것은 제임스의 손을 잡고 창가에 서 있는 그녀에게는 해결하기 어려운 문제로 여겨졌다. 아이들의 비웃음의 대상인 그 청년은 그녀의 뒤를 따라 응접실로 왔다. 탁자 옆에서 어쩐지 어색하게 머뭇거리고 있었다. 뒤돌아볼 것도 없이 안절부절못하며 불편함을 느끼고 있음이 틀림없었다. 모두 어디론가 가고 없었다. 아이들도, 민타 도일과 폴 레일리도, 오거스터스 카마이클도, 그녀의 남편도 모두 사라지고 없었다. 그녀는 한숨을 짓고 돌아보면서 물었다. "탠슬리 씨, 괜찮으시면 함께 가시겠어요?"

읍내에 사소한 볼일이 좀 있거든요. 그 전에 편지를 두어 통 써야 하지만 아마 10분 정도면 끝날 거예요. 모자를 쓰고 올게요. 아니나 다를까 그녀는 10분 뒤에 바구니와 양산을 들고 나왔다. 산책 준비가 완벽하게 끝났다는 듯

204 등대로

이. 그러나 도중에 테니스 코트 옆을 지나면서, 노란색 눈을 고양이처럼 게슴츠레하게 뜨고 일광욕을 즐기고 있는 카마이클 씨에게 무언가 필요한 것이 없냐고 묻기 위해 산책을 중단해야 했다. 그의 고양이 같은 눈은 산들거리는 나뭇가지와 흘러가는 구름을 비추고 있었지만, 마음속 생각과 감정은 털끝만큼도 내비치지 않았다.

우리는 원정을 떠나거든요, 그녀는 웃으면서 말했다. "읍내에 나가는데 우표나 편지지, 담배는 필요 없으세요?" 그의 옆에 서서 물어보았다. 그러나 그는 아무것도 필요 없었다. 불룩 나온 배 위로 두 손을 깍지 끼고 있던 카마이클 씨는 그녀의 말에 흔쾌히 답하고 싶다는 듯이 눈을 깜빡거렸다(그녀는 조금 신경질적이지만 빨아들이는 듯한 매력이 있었다). 그는 회녹색의 비몽사몽 상태에 빠져 있었다. 그것은 모두를 말이 필요 없는 광대무변하고 어쩐지 나른한 자비 속으로 끌어들였다. 온 집, 온 세계, 그 안에 있는 사람까지 모두. 아이들의 말에 의하면, 그는 점심식사 때 무언가를 유리잔에 몇 방울 떨어뜨려 마셨다고 한다. 그 때문에 언제나 희끗희끗한 콧수염과 턱수염에 선명한 카나리아 색 줄이 생겨 있었다. 아무것도 필요 없어요, 그는 중얼거렸다.

저 분은 훌륭한 철학자가 되실 분이었어요, 램지 부인은 둘이 마을로 향하는 길을 내려가면서 말했다. 그런데 불행한 결혼을 하고 말았죠. 그녀는 검은 양산을 꼿꼿이 세우고 말로 표현하기 힘든 기대에 부푼 모습으로, 저 모퉁이를 돌면 누군가와 만날 거라는 들뜬 기분에 휩싸여 말했다. 옥스퍼드에서 여자 문제가 터지는 바람에 일찍 결혼하셨어요. 가난하게 살았고, 인도로 가셨고, 시도 조금 번역하셨어요. "매우 아름다웠어요." 학생들에게 기꺼이 페르시아어와 힌두어를 가르치셨어요. 하지만 그것이 다 무슨 소용이 있는지, 지금은 저렇게 잔디밭에 누워 계시죠.

찰스는 우쭐해졌다. 핀잔을 당하고 풀이 죽어 있었는데 램지 부인이 이런 이야기를 해 주니 마음이 한결 가벼워졌다. 찰스 탠슬리는 부활했다. 부인의 이야기는 또한 남성의 지성이 쇠퇴의 시기에 들어서도 여전히 위대하고, 아내는 모두 남편의 일을 으뜸으로 생각해야 한다고 암시하는 것이 아닌가. 특별히 부인이 그 여자를 비난한 것은 아니다. 그 결혼도 상당히 행복했으리라. 그러한 부인의 말에 그는 전에 없이 자신에게 만족을 느꼈고 기분이 좋아졌다. 만약 두 사람이 삯마차에 탔다면 그는 기꺼이 요금을 지불했을 것이다. 부인, 그 작은 가방 말씀입니다만, 제가 들어드릴까요? 아니요, 괜찮아요. 그녀는 사양했다. 이것은 언제나 제가 든답니다. 정말로 그런 사람이라고 그는 느꼈다. 그 밖의 많은 것을 느꼈다. 특히 어떤 것은 설명하기 어려운 이유로 그를 흥분시키고 마음을 어지럽혔다. 그는 자기가 가운과 후드를 걸치고 행렬 속을 걸어가는 모습을 부인이 보아주길 원했다. 대학의 특별연구원이든 교수든 그는 무엇이나 가능하리라고 느꼈고, 자기가 그러한 지위에 오른 모습을 상상했다. ……그런데 부인은 무엇을 보고 있지? 광고지를 붙이는 남자다. 펄럭이던 큰 종이가 평평해졌다. 솔질을 한 번 할 때마다 생생한 다리, 후프, 말, 광택 있는 빨갛고 파란 색이 아름답고 매끈하게 떠오르더니, 마침내 벽의 절반이 서커스 광고로 뒤덮였다. 백 명의 기수, 재주부리는 물개 20마리, 사자, 호랑이…… 목을 쭉 빼고—그녀는 근시였다—소리내어 읽었다. "이 마을에 찾아 왔습니다." 외팔이 남자가 사다리 꼭대기에 저런 식으로 서 있다니 너무 위험해, 그녀가 소리를 높였다. 저 사람은 2년 전에 탈곡기에 끼어 왼팔이 잘려나갔대요.

"다 같이 보러 가요!" 다시 걷기 시작하자, 그녀는 광고지의 기수와 말을 보고 아이처럼 기뻐하면서 연민의 정 따위는 잊어버린 듯 탄성을 질렀다.

"보러 갑시다." 그는 부인의 말을 되풀이했지만 그 목소리는 자의식으로 딱딱하게 굳어 있었으므로 부인은 얼굴을 찡그렸다. "다 같이 서커스를 보러 가요." 아니야, 아니야, 저 사람은 똑바로 말하지 못해. 똑바로 느낄 수 없기 때문이야. 하지만 어째서일까? 부인은 의아스러웠다. 무엇이 잘못됐지? 그 순간 그녀는 그에 대한 따뜻한 감정이 솟구쳐 올랐다. 어릴 때 서커스에 간 적이 없었나요? 네, 한 번도 없었습니다. 그는 마치 바로 이 질문을 기다리고 있었다는 듯이, 그 오랜 세월동안 자신이 어떠한 사정으로 서커스에 가지 못했는지를 말하고 싶어했다. 형제자매가 많았거든요. 모두 9명이었어요. "아버지는 노동자, 약제사예요, 램지 부인. 가게를 하고 있죠." 나는 13살 이후로는 혼자 힘으로 살았어요. 겨울에 외투도 없이 지낸 적도 많았죠, 대학시절에도 '환대의 답례'—그는 거창한 단어를 썼다—를 한 번도 할 수 없었어요. 물건은 남들보다 배로 오래 사용해야 했고, 담배는 가장 싼 섀그, 부두의 늙은 노동자들이 피는 그것이죠. 정말 열심히 공부했습니다. 하루 7시간씩이요. 지금의 연구 주제는 어떤 대상이 어떤 사람에게 미치는 영향이에요. 그들은 계속 걸어가고 있었으므로 램지 부인은 무슨 말인지 도통 파악할 수 없었다. 그저 띄엄띄엄 논문이니 대학특별연구원이니 강사직이니 하는 말을 알아들었을 뿐이다. 그녀는 거침없이 튀어나오는 불쾌한 대학용어를 이해할 수 없었지만, 서커스에 가자는 말이 어째서 이 남자를 움츠러들게 했는지, 이 불쌍한 남자가 왜 곧바로 부모와 형자자매에 대하여 이야기를 시작했는지 충분히 납득했다. 앞으로는 아이들이 그를 놀리지 못하도록 신경을 써야겠다. 프루에게 이 점을 잘 일러 두자. 이 사람은 그저 램지 일가와 입센의 연극을 보고 왔다고 자랑하고 싶었을 뿐인 거야. 엄청난 거드름꾼이야, 진절머리가 나. 그들은 이미 읍내에 도착해 큰길에 들어섰다. 짐마차가 자갈길을 덜컹덜컹 지나가는데 어째서 그는 여전히 이야기를 계속하는 거지? 합의에 대한 것, 가르치는 일, 노동자, 우리 자신의 계급을 돕는 것, 강의. 부인은 그가 완전히 자신감을 되찾았고 서커스로 침울해진 기분을 완전히 회복했음을 알았다. 그는 지금 부인에게 한없이 주절대고 있었다(또한 부인은 그에게 따뜻한 호의를 갖기 시작했다). 하지만 그러는 사이에 양쪽에 늘어선 집들이 차례차례 멀어지면서 두 사람은 부두에 도착했다. 만의 전경이 한눈에 펼쳐지자 램지 부인은 무심코 외쳤다. "아, 정말 아름다워!" 후미를 가득 채운 푸른 물이 드넓게 펼쳐지고, 회백색의 등대는 멀리 후미 중앙에 단단하게 모습을 드러내고 있었다. 오른쪽에는 끝없이 펼쳐진 녹색 모래 언덕이 낮게, 부드러운 주름처럼 기복을 이루고 있었고, 모래언덕 위에 자생하는 풀들은 마치 사람들이 살지 않는 달나라로 달아나려는 듯이 머리를 기울이며 나부끼고 있었다.

저거예요, 걸음을 멈추고 그녀가 말했다. 남편이 좋아하는 풍경은. 그녀의 눈은 회색이 짙어졌다.

잠시 그녀는 말을 멈추었다. 이윽고, 화가들도 이곳으로 오게 되었군요, 그녀는 말했다. 정말로 겨우 두세 걸음 앞에는 파나마모자를 쓰고 노란 구두를 신은 한 화가가, 열 명의 소년이 빤히 지켜보는 가운데, 둥글고 붉은 얼굴에 깊은 만족의 빛을 띠고 진지하고 고요하게 몰두해서 그림을 응시하다가 고개를 숙여 녹색과 분홍색의 부드러운 물감 덩어리 속에 붓끝을 담갔다.

폰스포트 씨가 3년 전에 이곳에 오기 시작한 이래로 그림은 언제나 저런 식이에요, 녹색과 회색, 레몬 색의 범선, 해변의 분홍색 옷을 입은 여자들.

할머니의 예술가 친구분들은 훨씬 더 고생이 많으셨지요, 스쳐갈 때마다 화가들을 유심히 바라보면서 부인은 말했다. 먼저 자기의 독자적인 색을 조합해야 했어요, 그리고 그것을 잘 섞어서 마르지 않도록 축축하게 해 두기 위해 젖은 천을 덮어 두어야 했지요.

그래서 탠슬리 씨는 그녀가 그 남자의 그림이 경박하다고 말하고 싶은 것이라고 생각했다. 경박하다고 했던가? 질감이 없다. 이런 표현을 했던가? 이 범상치 않은 감정, 그것은 산책을 하면서 점점 더 커졌지만, 애당초는 정원에서 가방을 들어주고 싶었을 때 시작된 것이다. 읍에 들어서자 자신의 일을 하나부터 열까지 모조리 말하고 싶다고 생각했을 때 더욱 부풀어 올랐다. 그 뒤로, 지금까지의 자신과 자신이 여태껏 알아온 모든 지식이 조금 일그러진 듯한 기분이 들었다. 참으로 기묘한 느낌이었다.

그는 부인이 데리고 간 좁고 지저분한 집 응접실에서 그녀를 기다리고 있었다. 그녀는 잠시 아낙을 문병하러 2층으로 올라갔다. 위층에서 빠르게 걷는 구두소리가 들렸고 명랑한 목소리가 들리더니 차츰 목소리가 낮아졌다. 그는 깔개에 눈길을 던지고, 차통을 바라보고, 유리전등의 갓을 보며, 이제 나저제나 하고 기다렸다. 집으로 돌아가는 길이 기대되었다. 이번에야말로 가방을 들어주리라 결심했다. 부인이 방에서 나오는 소리, 문을 닫는 소리, 창을 열고 문은 닫아두라는 말소리, 뭐든 필요하면 우리집으로 가지러 오라고 이르는 소리(부인은 아이에게 말하는 것이 틀림없다). 그때 갑자기 부인이 나타났다. 잠시 말없이 서 있었다(2층에서는 가식적인 연기를 하다가, 한동안은 나 자신으로 있고 싶다고 말하는 듯이). 가터 훈장의 푸른 리본을 어깨에 두른 빅토리아 여왕의 사진 앞에서 한동안 움직이지 않고 서 있었다. 갑자기 그는 그래 이거야 하고 깨달았다. 부인은 그가 지금껏 만났던 이들 가운데 가장 아름다운 여자라는 것을.

눈은 빛나는 별을 담고, 머리는 시클라멘과 야생 제비꽃으로 만든 베일을 쓰고—무슨 바보 같은 생각을 하고 있는 거야? 부인은 적어도 쉰을 바라보는 나이에, 아이가 여덟이나 되는데. 꽃이 핀 들판으로 나아가 살포시 벌어진 꽃봉오리를 가슴에 안고, 달음박질치다가 넘어진 어린 양을 힘껏 끌어안고, 눈에는 별과 머리에는 바람을—그는 그녀의 가방을 손에 들었다.

"잘 있어, 엘시." 부인은 인사를 했고 두 사람은 길 위쪽으로 걷기 시작했다. 부인은 양산을 꼿꼿이 들고 모퉁이를 돌면 누군가와 만날 거라는 기대에 부푼 걸음을 옮겼다. 찰스 탠슬리는 태어나서 처음으로 예사롭지 않은 자긍심을 느꼈다. 도랑을 파던 한 남자는 일손을 멈추고 그녀에게 눈을 돌렸다. 팔을 내리고 그녀를 바라보았다, 탠슬리는 예사롭지 않은 자긍심을 느꼈다. 바람을, 시클라멘을, 제비꽃을 느꼈다. 태어나서 처음으로 그는 아름다운 여성과 함께 걷고 있었던 것이다. 그는 부인의 가방을 꼭 쥐고 있었다.

2

"등대에는 못 가겠구나, 제임스." 탠슬리는 창가에 서서 서툴게 말을 걸었으나, 램지 부인에게 경의를 표하기 위해 어떻게든 친절한 투로 부드럽게 말했다.

밉살스러운 사람같으니, 어째서 저런 말을 끊임없이 하는 걸까, 부인은 생각했다.

3

"아침에 눈을 뜨면 해님이 반짝반짝 빛나고, 새들이 지저귀고 있을지도 몰라." 그녀는 어린 아들의 머리를 부드럽게 쓰다듬으며 말했다. 내일 날씨가 좋을 리 없다는 남편의 인정머리 없는 말 때문에 아들이 완전히 의기소침해진 것을 알고 있었기 때문이다. 등대로 가는 것은 아들이 오래전부터 간절히 바라던 소원이었다. 그런데 내일 날씨가 좋을 리 없다는 남편의 매정한 말로도 충분하지 않다는 듯이, 저 밉살스러운 남자는 일부러 끈질기게 되풀이하는 것이었다.

"내일은 날씨가 화창할지도 모르잖니." 소년의 머리를 쓰다듬으며 그녀는 말했다.

지금 그녀가 할 수 있는 일이라고는, 아이가 오려낸 냉장고 그림을 칭찬하고 백화점의 카탈로그를 뒤적이며 갈퀴나 잔디 깎는 기계처럼 아주 오리기 어려운 것들을 찾아내기를 바라는 것뿐이었다. 이 젊은이들은 모두 남편을 흉내내는 광대일 뿐이라고 부인은 생각했다. 남편이 비가 올 거라고 한 마디

제1부 창   209

만 하면 다들 엄청난 태풍이 몰아칠 거라고 법석이라니까.

그런데 페이지를 넘기는 순간 갑자기 갈퀴와 잔디 깎는 기계를 찾는 일은 중단되었다. 무뚝뚝한 중얼거림, 때때로 담배 파이프를 입에서 뗐다가 물었다가 하는 바람에 중단되기도 하고, 또 창가에 앉아 있는 그녀에게는 말하는 내용까지 들리지는 않았지만, 그것은 남자들이 즐겁게 이야기하고 있다는 증명이었다. 그 소리는 이미 그럭저럭 30분쯤 이어지면서, 크리켓에 흥이 난 아이들의 방망이가 공을 때리는 소리, 가끔씩 "아웃이야? 아웃이야?" 하고 별안간 튀어나오는 날카로운 고함 소리와 함께 부인의 마음속으로 밀려오는 다양한 음계 속에 자리잡고 앉아 그 마음을 다독이고 있었다. 그런데 그 중얼거림이 갑자기 멈춘 것이었다. 그러자 해변에 밀어닥치는 파도의 단조로운 소리가 들려왔다. 평소에 파도소리는 부인의 기분에 맞춰 감미롭게 북을 치면서 마음을 보드랍게 어루만지고, 아이들과 둘러앉아 있을 때는 자연이 속삭이는 옛 자장가를 부르며 마음을 달랜다. "나는 너희의 수호신, 나는 너희의 기둥". 때로 종종 그녀가 상념에 빠져 일이 손에 잡히지 않아 방황할 때면 부드러움은 사라지고, 갑자기 무시무시하고 괴상한 생명의 선율을 연주하여 듣는 이에게 섬의 멸망과 바다 속으로의 침몰을 연상시킨다. 그녀의 수명은 눈 깜짝할 사이에 흘러가는 일상 속에 스러지고, 모든 일은 무지개처럼 덧없음을 경고한다. 이 파도소리가, 다른 소리들에 묻혀 희미해졌던 이 소리가 갑자기 그녀의 귀에 쩡쩡 울려 퍼지자, 그녀는 충동적인 공포에 사로잡혀 눈을 들었다.

두 남자가 말을 멈추었다. 그게 이유였다. 긴장이 순식간에 풀리면서 이번에는 마음이 극도로 누그러졌다. 마치 쓸데없는 감정의 낭비를 보상하려는 것처럼 냉정하게, 재미있어 죽겠다는 듯이 어렴풋한 악의마저 띠면서 그녀는 찰스 탠슬리가 불쌍하게도 무리에서 쫓겨났다고 결론지었다. 하지만 그녀는 전혀 동정을 느끼지 않았다. 남편이 제물을 원한다면(그 사람에겐 정말로 그것이 필요했다) 찰스 탠슬리를 기꺼이 바치겠어. 그 사람은 내 아들에게 심술궂게 굴었으니까.

이 한순간 이후로, 머리를 들어 귀를 기울이면서 언제나 듣는 소리, 어떤 규칙적이고 기계적인 소리를 기다리고 있는 것 같았다. 이윽고 말을 하는 것도 같고 노래를 부르는 것도 같은 운율을 탄 소리가 뜰에서 들려왔다. 보조

210 등대로

를 맞춰 테라스를 왔다 갔다 하면서 남편이 내는 중얼거림인지 노랫소린지 모를 소리였다. 그녀는 아무 일도 없다고 다시 한 번 확신하고, 무릎 위의 책으로 눈을 돌려 6개의 날이 달린 주머니칼 그림을 찾아냈다. 이 정도면 제임스가 어지간히 집중하지 않으면 오려낼 수 없을 것이다.

갑자기 몽유병자의 고함소리 같은 몽롱한 큰 목소리가

빗발치는 총알 세례를 받았노라 (테니슨 〈경기병 진격〉 3절 5행)

정신이 번쩍 들 정도로 강하게 부인의 귀를 때렸다. 다른 사람도 들었나 싶어 불안스레 주변을 둘러보는 그녀의 눈에 들어온 것은 릴리 브리스코 뿐이었다. 저 사람이라면 괜찮다고 생각하며 부인은 한숨을 돌렸다. 잔디밭 구석에 서서 그림을 그리고 있는 그녀를 보자 문득 생각났다. 릴리의 그림을 위하여 머리를 되도록 움직이지 않고 같은 위치에 두고 있어야 했던 것이다. 릴리의 그림! 저 작고 치켜 올라간 눈과 작게 오므린 입에 주름진 얼굴의 그녀는 결코 결혼할 생각을 하지 않아. 그렇다고 그녀가 대단한 그림을 그리는 것도 아니지만 독립심이 강한 사람이라 나는 그녀가 좋아. 그래서 그녀와의 약속을 떠올리고 머리를 기울였다.

4

정말이지 그는 마치 화판틀을 날려버릴 기세였다. 두 팔을 높이 쳐들고 휘두르면서 "말을 타고 똑바로 달렸노라" (〈경기병 진격〉 3절 6행) 외치면서 그녀를 향하여 돌진해 오더니 다행히도 몸을 홱 틀어 방향을 바꾸었다. 달려가서 발라클라바 (크리미아 반도의 작은 항구, 〈경기병 진격〉의 무대) 고지에서 명예롭게 전사했다고 그녀는 상상했다. 저렇게 우스꽝스럽고 볼 때마다 조마조마한 사람은 또 없을 거야. 하지만 저러고 있을 때 손을 흔들거나 큰 소리를 내거나 하는 동안은 안전해. 멈춰 서서 그녀의 그림을 보거나 하지 않으니까. 그가 그림을 보는 것은 도저히 참을 수 없었다. 풍경, 선, 색, 제임스와 창가에 앉아 있는 램지 부인을 주시하는 동안에도 언제나 촉각을 곤두세우고, 문득 정신을 차리고 보니 어느새 누군가 몰래 다가와 자기 그림을 보는 일이 없도록 경계하고 있었다. 지금 감각이란 감각을 모두 곤두세워 눈을 부라리고 있는 바람에 벽과 그 앞쪽의 자크마나

꽃의 색이 눈동자 속에 완전히 들러붙어 있는데도, 누군가가 집에서 나와 그녀 쪽으로 다가오고 있음을 눈치챘다. 발소리로 미루어 아마 윌리엄 뱅크스일 거라고 짐작했고, 손에 듯 붓이 떨리기는 했으나, 캔버스를 못 보게 풀밭 위에 뒤집어엎지는 않았다. 만약 탠슬리 씨나 폴 레일리, 민타 도일, 즉 뱅크스 이외의 다른 사람이었다면 캔버스를 아래로 내려버렸을 것이다. 그는 릴리의 옆에 섰다.

두 사람 다 마을에서 방을 빌리고 있었으므로 그들은 나갈 때나 들어올 때나 현관 매트 위에서 밤늦게 헤어질 때마다 수프나 아이들에 대한 자잘한 이야기를 나누는 동지였다. 따라서 뱅크스가 마치 재판관처럼 릴리의 옆에 섰을 때(게다가 뱅크스는 릴리의 아버지뻘이었다. 홀아비 식물학자로, 비누냄새를 풍기는 꼼꼼하고 청결한 사람이다), 릴리도 그저 가만히 서 있었다. 그도 그냥 거기에 서 있었다. 그는 그녀의 구두가 훌륭하다고 판단했다. 발가락이 자연스럽게 펼쳐질 공간이 있었다. 그는 같은 하숙집에 묵으면서 릴리가 얼마나 규칙적이고 꼼꼼한지 보았다. 그녀는 아침식사 전에 일어나 혼자서 그림을 그리러 나간다. 분명 가난할 것이다. 확실히 도일 양 같은 미모나 매력은 없지만, 그의 눈에는 양식 있는 이 여성이 그 젊은 아가씨보다 훨씬 더 돋보였다. 예를 들면 지금도 램지가 소리를 지르고 손을 흔들면서 두 사람 쪽으로 갑자기 달려들었을 때 그는 확신할 수 있었다. 적어도 브리스코 양은 "실수를 저지른 이는 누구인가"^{(경기병 진격) 2절 4행}를 잘 이해하고 있었다.

램지 씨는 두 사람을 노려보았다. 그는 그들을 보지 않는 척하며 쏘아보았다. 그것은 두 사람에게 막연한 불쾌감을 주었다. 보이고 싶지 않은 모습을 두 사람이 동시에 본 것이다. 이를테면 사생활을 침해한 것이다. 그래서 뱅크스 씨가 득달같이 날씨가 쌀쌀하니 산책이나 하자고 말했을 때, 릴리는 램지 씨의 목소리가 들리지 않는 곳으로 자리를 옮기기 위해서라고 생각했다. 네, 그렇게 해요. 그러나 자기 그림에서 얼른 눈을 떼기란 여간 어려운 일이 아니었다.

자크마나꽃은 선명한 보라색, 벽은 눈부신 순백색이었다. 폰스포트 씨가 이곳에 온 이후로 모든 것을 엷고 우아하고 반투명한 색으로 그리는 것이 유행했지만, 그녀는 선명한 보라색과 눈부신 순백색으로 보이는 그것을 함부로 바꾸는 것은 옳지 않다고 생각했다. 색 밑에는 형태가 있어요. 가만히 보고 있을 때는 그 형태가 분명해서 내 뜻대로 그려질 것 같지만, 붓을 손에 든 순간 모든 사정이 달라져요. 실물을 옮겨 그림이 캔버스로 비상(飛上)하려는 찰나에 악마가 덤벼들어서 때로는 눈물이 쏟아질 것 같기도 해요. 착상에서 창조로의 이 과정은, 어린 아이가 어두운 복도를 지날 때 느끼는 공포를 불러일으켜요. 거대한 적을 마주하고 용기를 짜내 "하지만 나한테는 이렇게 보여, 나한테는 이렇게 보인다고!" 저항하고, 내 이상을 빼앗으려는 엄청난 힘을 거역하면서 이상의 가련한 잔해를 끌어안고 싸울 때 나는 그런 공포를 느껴요. 그럴 때 그림을 그리기 시작하면 싸늘한 바람이 휘몰아치듯이 다른 많은 것들이 나를 공격해요. 스스로의 미숙함, 브롬튼 로드 변두리에서 아버지를 위해 집안일을 하고 있는 초라한 신세가 떠올라요. 그래서 나는 램지 부인의 무릎 위에 몸을 던지고 부인에게 이렇게 하소연하고 싶은 충동을 가까스로 참아요(다행히도 지금까지는 언제나 잘 참아왔어요). 하지만 램지 부인에게 뭐라고 말할 수 있을까요, "부인을 사랑해요" 라고 말할까요? 아니, 그건 아니에요. 울타리 쪽으로, 집 쪽으로, 아이들 쪽으로 손을 내밀면서 "나는 이 모든 것들을 사랑해요" 하고 말할까요? 그런 우스꽝스러운 짓은 도저히 못 해요. 생각을 있는 그대로 전하는 것은 어려운 일이에요. 그녀는 상자 속에 붓을 가지런히 정리하면서 윌리엄 뱅크스에게 말했다.

"갑자기 추워졌네요. 햇살이 약해졌나 봐요." 주변을 둘러보면서 말했다. 왜냐하면 햇살은 아직 제법 따뜻했고 풀은 여전히 부드러운 진녹색이었다. 녹음이 우거진 가운데 홍자색 시계꽃 속에 둘러싸인 집은 마치 별을 아로새긴 것 같았다. 산까마귀들은 높고 푸른 하늘에서 스산한 울음을 뿌리고 있었다. 그런데 움직이고 번뜩이고 공중에서 은빛 날개를 나붓거리는 무언가가 있었다. 어쨌든 9월이었다. 9월 중순의 저녁 6시였다. 두 사람은 여느 때처럼 뜰로 내려와 잔디가 깔린 테니스 코트를 지나고 팜파스 풀밭을 지나 울창한 생울타리가 끊어진 곳까지 왔다. 꺼져가는 석탄화로 같은 레드핫포커 꽃들 사이로 만의 푸른 파도가 점점 더 그 깊이를 더해가고 있었다.

두 사람은 매일 저녁 반드시 거역할 수 없는 무언가에 홀린 듯 이곳으로 왔다. 마치 메마른 육지에 고인 상념에 돛을 달아 파도에 실어 보내는 것 같은 어떤 해방감을 느꼈다. 먼저 색채의 넘실대는 고동이 만을 쪽빛으로 범람시키면 푸른 심장이 부풀어 오르면서 몸이 떠오른다. 물보라를 일으키는 파

제1부 창 213

도 위로 삐죽삐죽 솟은 검은 바위에 가로막혀 순식간에 움츠러들고 말지만, 그 커다란 검은 바위 뒤에서 하얀 물보라가 샘처럼 솟아오르는 것이다. 대체로 매일 저녁마다 일어나지만 시간이 정해져 있는 것은 아니므로 정신을 바짝 차리고 있어야 한다. 그러므로 그 용솟음을 보게 되는 것은 더없는 기쁨이었다. 그것을 기다리는 동안 희끄무레하게 반원을 그리는 해변에서 진주조개의 막 같은 파도가 끊임없이 되풀이하며 매끄럽게 모래를 무는 모습을 지켜보았다.

두 사람은 그곳에 서서 빙그레 웃었다. 넘실대는 파도와, 만에서 둥글게 원을 그리며 물살을 가르고 달리다 멈추고 흔들리고 돛을 내리는 범선을 보면서 마음이 흥분으로 들썩거렸다. 이윽고 이 동적인 풍경을 완성하려는 자신의 본능에 따라 그들은 저 멀리 이어진 모래언덕으로 눈을 돌렸다. 그러자 이제까지의 즐거움 대신 슬픔이 덮쳐오는 것을 느꼈다. 정적인 풍경의 완성 때문에, 또한 이 아득한 풍경은 바라보는 사람보다 몇백만 년이나 오래 이어져 내려와, 아니 완전히 정지해 있는 지구를 바라보는 하늘과 이미 교류하고 있다고 생각되었기 때문이다.

이 아득한 모래언덕을 보면서 윌리엄 뱅크스는 램지를 생각하고 있었다. 마치 고독이야말로 자신의 천성이라는 듯이 그것을 겹겹이 두르고 웨스트모어랜드 거리를 활보하는 램지를 생각했다. 그러나 그 상념은 갑자기 끊어졌다. 윌리엄 뱅크스는 그렇게 기억해냈다(이것은 무언가 실제로 일어난 일과 관계가 있는 것이 틀림없다). 암탉 한 마리가 병아리떼를 지키기 위하여 날개를 펼치고 앞을 가로막은 것이다. 그러자 램지는 멈춰 서서 지팡이로 가리키면서 말했다. "귀엽구나, 정말 귀엽구나." 이때 램지의 마음에 기묘한 인상을 던졌다고 뱅크스는 생각했다. 그것은 램지가 단순한 사람이며, 매우 소박한 것들에 대하여 공감하고 있음을 나타내는 것이었지만, 그와의 우정은 거기서, 그 길 위에서 마침표를 찍은 것만 같았다. 그 뒤 램지는 결혼했다. 이후 이런저런 이유로 두 사람의 우정에서 심지가 빠져나가 버렸다. 누구의 잘못이라고 할 수도 없는 문제지만, 얼마의 시간이 흐르자 우정에 새로운 발전은 없었고 타성이 그 자리를 차지했다. 계속해서 만나기는 했다. 그러나 그는 지금 모래언덕을 마주보고 무언의 대화를 나누면서, 램지에 대한 자신의 애정이 조금도 줄지 않았음을 깨달았다. 아니 그렇기는커녕 토탄 속에 묻혀 한 세기를 보낸 청년이 붉은 입술 색깔까지도 선명하게 유지하며 누워 있는 것처럼, 그의 우정도 만 저편의 모래언덕 속에 격렬하게, 진실로 묻혀 있었던 것이다.

뱅크스는 이 우정을 되살리기 위하여, 어쩌면 또 완전히 메마르고 쭈그러졌다는 비난으로부터 자신을 지키기 위하여—사실 램지는 떠들썩한 아이들 속에서 지내고 있으나 자신은 자식도 없는 홀아비였다—그는 끊임없이 릴리 브리스코가 램지를 업신여기지 않기를 바랐다(그는 나름 위대한 사람이다). 그러나 동시에 자신과 그 사이의 내막을 이해해 주기를 절실히 바라고 있었다. 두 사람의 우정은 아주 오래전에 시작되었지만, 암탉이 병아리 앞에서 날개를 펼치고 막아섰던 웨스트모어랜드의 길 위에서 종지부를 찍었다. 그 뒤 램지는 결혼했다. 두 사람의 길은 따로 갈라졌고 우정은 단순한 답습으로 전락했지만 이것은 분명 어느 쪽이 잘못한 것이 아니다.

그렇습니다. 바로 그렇습니다. 뱅크스는 회상을 마쳤다. 경치에서 눈을 떼고 도로를 따라 되돌아가기 위해 몸을 돌렸을 때, 그의 마음은 생각지도 못한 온갖 일에 사로잡혔다. 모래언덕이, 그의 우정의 주검이 토탄 속에 묻혀 생생한 연지빛 입술을 하고 누워 있음을 가르쳐주었기 때문일까. 예를 들면 램지의 막내딸 캠이 제방에서 스위트앨리스 꽃을 꺾고 있었다. 캠은 감당하기 힘든 고집쟁이로, 유모가 "아저씨께도 꽃을 한 송이 드리럼" 하고 말해도 절대 듣지 않았다. 싫어! 싫어! 싫어! 안 줄 거야! 아이는 주먹을 불끈 쥐고 발을 쾅쾅 굴렀다. 그러자 뱅크스는 아아, 정말로 늙었구나 하고 쓸쓸함에 젖어 그의 우정이 어그러진 것은 이 소녀 때문이라고 느꼈다. 그는 분명 버석버석하게 시들어버렸음에 틀림없었다.

램지 집안은 절대 풍족하지 않은 살림을 잘도 꾸려나간다고 그는 감탄했다. 8명의 아이들! 철학을 가르치면서 여덟 아이를 키워 내다니! 봐요, 또 한 명이 오는군요. 재스퍼예요. 아무렇지도 않게 새를 쏘러 간다고 말하고 지나가면서, 릴리의 손을 마치 펌프 손잡이처럼 위아래로 흔들었다. 당신은 인기가 많군요, 그는 그만 쓸쓸한 말투가 튀어 나왔다. 그 '훌륭한 녀석들'은 모두 쑥쑥 자라서 삐삐하게 말랐다. 인정머리 없는 남자아이들이 매일 신어서 망가뜨리는 구두와 양말은 내버려두고, 이제부터는 교육에 신경 써야 한다(그래, 분명 램지 부인은 자기 재산을 갖고 있을 테지만). 누가 누군

제1부 창 215

지, 누가 형이고 동생인지 나는 전혀 모르겠어요. 그래서 제 나름대로 영국 왕과 여왕들에게 빗대어 부르고 있지요. 심술쟁이 여왕 캠, 무정한 왕 제임스, 공정한 왕 앤드류, 금발여왕 프루, 프루는 크면 미인이 될 거예요. 자명한 사실이죠. 앤드류는 명석해요. 차도를 따라 걸어 올라가면서 릴리 브리스코는 그의 말에 그래요, 그렇지 않아요, 하고 응수했다(릴리는 그들 모두를, 이 세계를 사랑하고 있었으므로). 이윽고 뱅크스는 램지의 입장까지 생각하기 시작하면서 때로는 그를 동정했고 때로는 부러움에 사로잡혔다. 그는 램지가 그 청년시대를 영예롭게 장식했던 고독의 영광과 준엄함을 포기하고, 날개를 퍼덕이며 꼬꼬댁거리는 성가신 가정생활 속으로 꼼짝없이 투신하는 것을 직접 보는 듯한 느낌이 들었던 것이다. 가족들이 램지에게 무언가를 주었음은 분명히 인정합니다. 만약 캠이 자기 웃옷에 꽃을 꽂아 주거나, 베수비오 화산이 폭발하는 그림을 보기 위하여 아버지의 어깨에 기어오르듯이 자신의 어깨에 올라타 준다면 오죽이나 기쁘랴. 그러나 옛 친구라면 모두 그렇게 느끼지 않을 수 없듯이, 가족들은 램지의 무언가를 죽여 버렸다. 옛날의 그를 모르는 사람, 예를 들어 이 릴리 브리스코는 어떻게 생각할까. 온갖 버릇이 쌓이기 시작한 것을 모르지는 않을 것이다. 유별나다고 할지, 약점이랄지. 그 정도의 지성인이 저렇게 몸을 함부로 굴리고 사람들의 칭찬이나 신경쓰다니―그러나 이것은 너무 심한 표현일까.

"하지만, 그 분의 업적을 생각해 보세요." 릴리가 말했다.

'그 분의 업적을 생각'할 때마다 언제나 부엌의 식탁이 선명하게 떠올라요. 그것은 앤드류 때문이죠. 아버지가 쓰시는 책은 무엇에 대한 것이죠? 하고 물으니 "주체와 객체, 실재의 본질"이라는 대답이 돌아왔어요. 아아, 무슨 뜻인지 도무지 종잡을 수가 있어야죠. "그럼 당신이 그곳에 없을 때의 부엌 식탁을 상상해 보세요."

그래서 램지 씨의 업적을 생각하면 언제나 깨끗하게 닦인 식탁이 떠올라요. 실제로 지금도 배나무의 갈라진 가지 사이에 식탁이 있어요. 우리는 과수원으로 접어들고 있었거든요. 온 힘을 다해 집중하여 초점을 맞춘 심안은, 은빛 옹이가 달린 그 나무껍질도 아니고 물고기 모양의 이파리도 아닌 식탁환영에 못박혀 있어요. 닳을 대로 닳아서 나뭇결이 그대로 드러나고 옹이가 불거진 네 개의 다리를 허공에 드리운 채 걸려 있는, 다부지고 성실하게 임

216 등대로

무를 완수한 세월에 의해 그 가치가 적나라하게 드러난 식탁. 오랜 세월 동안 앙상한 본질을 해명하기 위해, 암적색 구름과 푸른색과 은빛으로 숨 쉬는 아름다운 황혼을 모두 하얗고 다리 넷 달린 전나무 탁자로 환원시키기 위해 힘써온 사람(그것은 그가 가장 섬세한 마음을 가졌다는 증거이다), 그런 사람을 보통 사람과 똑같이 비판할 수는 없는 노릇이지요.

뱅크스 씨는 릴리가 "그 분의 업적을 생각해 보세요"라고 말한 점 때문에 그녀에게 호감을 느꼈다. 사실 업적에 대해서는 수없이 생각했다. '램지는 40세 이전에 그가 할 수 있는 최고의 업적을 이룬 사람들 중 하나이다'라고 헤아릴 수 없을 정도로 생각해왔다. 겨우 25살에 발표한 얇은 책 하나로 철학에 결정적인 공헌을 했습니다. 그 뒤에 쓴 것들은 두껍건 얇건 그 책의 부연이고 반복에 불과하지만요. 어쨌든 결정적인 공헌을 한 사람은 극소수에 지나지 않지요. 배나무 옆에서 한숨 돌리면서 뱅크스는 말했다. 깨끗이 솔질한 옷을 입고, 더없이 꼼꼼하며 섬세할 만큼 공정한 그가 마치 손을 움직여 풀어놓은 것처럼, 릴리에게 퇴적되어 있던 그에 대한 인상이 무너지면서 봇물 터지듯 세차게 흘러나왔다. 이 느낌과 더불어 그의 사람됨의 본질이 향의 연기처럼 뭉게뭉게 피어오르는 느낌도 받았다. 릴리는 자신의 강렬한 감각에 꿰뚫린 기분이었다. 그의 엄정함과 선량함에 옴짝달싹 못하게 된 것 같았다. 모든 점에서 당신을 존경합니다(릴리는 속으로 그에게 말했다). 허영심도 없고 사적인 편견도 갖고 있지 않은 당신은 램지 씨보다도 더 훌륭하십니다. 내가 아는 가장 훌륭하신 분입니다. 부인도 자제분도 안 계시지만(그녀는 아무런 성적인 감정 없이 그 고독을 소중히 여기고 싶었다). 당신은 오로지 과학을 위하여 살고 계십니다(무심코 현미경으로 보기 위해 얇게 썬 감자가 눈앞에 떠올랐다). 칭찬을 오히려 모욕으로 생각하시고 마음이 넓고 순수하고 용맹하신 분! 그러나 동시에 그녀는 뱅크스가 머나먼 이곳까지 하인을 데리고 온 것을 떠올렸다. 또한 까다로워서 개가 의자 위에 올라가는 것을 용납하지 않았고 몇 시간이나 채소에 함유된 염류에 대하여, 또 영국요리사의 부정과 무능을 비판하며 지루한 이야기를 장황하게 늘어놓았다(결국 램지 씨는 문을 쾅 닫으면서 방을 나가 버렸다).

정말 사람은 무엇으로 평가해야 하지? 사람들에 대하여 어떻게 판단하고 평가해야 하지? 이것저것 더하여 자신이 좋아하는지 싫어하는지를 정하는 것일까? 좋다는 것과 싫다는 것은 결국 어떤 의미를 가질까? 꼼짝도 못하고 배나무 옆에 서자 그 두 남자에 대한 인상이 그녀의 머릿속으로 쏟아져 들어왔다. 자신의 상념을 따라잡는 것은 연필로 받아 적기엔 너무도 빠른 말을 따라가는 것과 흡사했다. 그 목소리는 바로 자기 자신의 목소리로 독촉당하는 일도 없이, 부정할 수 없고 영원하며 서로 모순된 것을 지껄인다. 그에 비하면 배나무 껍질의 갈라진 틈이나 옹이조차도 영원히 들러붙어 있는 불변의 것이라는 느낌을 주었다. 당신은 위대하세요, 릴리는 이어서 말했다. 램지 씨는 조금도 위대하지 않아요. 옹졸하고, 제멋대로고, 허세나 부리고, 자기중심적이고, 응석받이 폭군이에요. 램지 부인을 죽도록 피곤하게 만들죠. 그러나 그 분은 당신에게 없는 것을 갖고 계세요(그녀는 뱅크스에게 말했다). 즉, 비세속적인 초연함이에요. 일상의 자질구레한 일은 전혀 모르세요. 개나 아이들을 사랑해요. 8명의 자식이 있고요. 당신에게는 한 명도 없지요. 며칠 전 밤에는 외투를 두 개나 껴입고 식사를 하러 내려오셨어요. 부인에게 머리를 손질해 달라고 하면서 푸딩 그릇에 머리카락을 떨어뜨리셨죠. 이 모든 것은 마치 모기떼처럼 각각 떨어져 있었지만, 놀랍게도 신축성 좋은 그물에 갇혀, 릴리의 마음속에서, 그리고 배나무 가지 근처에서 미친 듯이 춤추고 있었다. 거기에는 아직 그 닳아빠진 식탁이, 램지 씨의 지성에 대한 릴리의 깊은 존경의 상징인 식탁이 걸려 있었다. 릴리의 상념은 점차 속도를 더하며 회전하다가 마침내 그 격렬함을 견디지 못하고 폭발해 버렸다. 릴리는 안심했다. 바로 옆에서 총소리가 탕 하고 나면서 그 상념의 조각에서 솟아오르듯, 놀란 찌르레기 무리가 소란스럽게 날아올랐다.

"재스퍼군요!" 뱅크스 씨가 말했다. 그들은 언덕 너머 찌르레기가 날아간 곳을 바라보았다. 하늘 저편으로 재빠르게 흩어지는 새들을 눈으로 쫓으며 높은 생울타리가 끊어진 틈에서 뜰 안쪽으로 발을 들인 순간 두 사람은 램지 씨와 딱 마주치고 말았다. 그는 두 사람에게 연극조로 외쳤다. "잘못을 저지른 사람은 누구인가!"

그의 눈은 격정으로 번뜩이며 비장하게 덤벼들다가, 순간 두 사람의 눈길을 받고 그들이 누구인지 깨닫자 파르르 떨렸다. 이윽고 손을 들어 얼굴을 반쯤 가렸다. 이내 부끄러워하면서도 신경질적으로, 대수롭지 않게 쳐다보는 두 사람의 시선을 피하거나 떨쳐버리려는 듯이. 또는 스스로 피할 수 없

218 등대로

음을 잘 알고 있으면서도 순간의 유예를 바라는 것 같기도 했고, 방해받은 어린아이 같은 분노를 두 사람에게 표현하려는 것 같기도 했다. 그러나 발각된 순간에도 도망가지 않고 이 감미로운 정서에, 이 불순한 열광에, 부끄럽지만 몸을 맡기고 매달리려는 심산이었다. 그는 갑자기 몸을 홱 돌려 두 사람을 향하여 침범할 수 없는 마음의 문을 쾅 하고 닫아 버렸다. 릴리 브리스코와 뱅크스 씨는 머쓱해져서 하늘을 올려다보며, 재스퍼가 쏜 총에 놀라 날아오른 찌르레기 무리가 느릅나무 꼭대기에 앉아 있는 것을 보았다.

5

"만약 내일 날씨가 좋지 않아도." 램지 부인은 윌리엄 뱅크스와 릴리 브리스코가 지나가는 것을 흘깃 보면서 말했다. "또 다른 날이 있잖니." 릴리의 매력은 하얗고 두루주머니처럼 자그마한 얼굴에 위로 비스듬하게 째진 눈인데, 그것은 똑똑한 남자만이 알아볼 수 있다고 생각하면서 말했다. "자, 똑바로 서 보렴. 다리 길이를 재어보자꾸나." 결국 다 함께 등대에 가게 될지도 모르고, 양말을 1, 2인치 더 짜야 될지 어떨지 보고 싶으니까.

윌리엄과 릴리가 결혼하면 좋을 텐데. 갑자기 멋진 생각이 떠올랐기 때문에 빙그레 웃으면서, 그녀는 여전히 뜨개바늘이 꽂혀 있는 혼색의 털실로 짠 양말을 들어 올려 제임스의 다리에 대 보았다.

"착하지, 가만히 있으렴." 그녀가 말했다. 제임스는 질투가 나서 등대지기의 아들을 위한 양말의 치수를 재는 일에 다리를 대 주기 싫어 일부러 머무적거렸다. 그렇게 움직이면 긴지 짧은지 알 수가 없잖니.

그녀는 눈을 들어 올렸다—내 소중한 막내아들에게 악마가 들렸나 봐. 그리고 방을 둘러보고 의자를 바라보며 몹시 초라해졌다고 생각했다. 그러고 보니 얼마 전에 앤드류도 말했었지. 의자 속이 다 터져서 바닥에 온통 흘어져 널려 있다고. 하지만 의자를 살 필요가 있는지 부인은 생각했다. 좋은 의자를 사봤자 겨울 동안 여기서 망가지도록 내버려 둘 게 뻔한데 의미가 없지 않을까? 그 동안 신경 써 주는 사람은 할멈 한 사람뿐인데다가, 솔직히 물방울이 떨어질 정도로 습기가 많은 집이니까. 괜찮아. 집세라고 해봐야 몇 푼 되지도 않고, 아이들도 좋아하고, 남편도 연구실이나 강의나 제자들로부터 3천, 아니 정확히는 3백 마일을 떨어져 있다며 좋아하고, 손님들이 와도

제1부 창 219

묵을 여유도 있는걸. 매트나 접이침대, 너덜너덜한 의자나 탁자는 이미 런던에서의 수명은 끝났지만 여기서는 아직 충분해. 그리고 한두 점의 그림과 책들이면 족하다. 책 같은 건 저절로 끝도 없이 불어나지, 그녀는 생각했다. 도저히 읽고 있을 여유가 없어. 아아, 기증받거나 시인이 직접 헌사를 써준 것도 있지. "그대의 소망이야말로 나의 법률"……"고대의 그것처럼 행복한 우리의 헬렌"이라고 말야. 그것조차 읽지 않았다니 면목이 없구나. 크룸의 이성론, 베이츠의 폴리네시아 미개풍속("착하지, 아가, 좀 가만히 있으렴" 그녀는 아들을 나무랐다), 이런 걸 등대에 보낼 수는 없지. 때가 오면 꼭 손을 봐야지, 그녀는 곰곰이 생각했다. 집은 초라해져서 어떻게든 손을 보지 않으면 안 되겠지. 아이들에게 모래를 끌고 들어오지 않도록 발을 잘 털라고 그것만 제대로 가르쳐도 조금은 도움이 될 거야. 앤드류가 정말로 게를 해부하고 싶어한다면 갖고 들어와도 좋다고 허락해야겠지. 재스퍼가 해초로 수프를 만들 수 있다고 믿고 있다면 그것을 방해할 수야 없지. 또 로즈의 보물인 조개, 갈대, 돌맹이 같은 것도 마찬가지이다. 아이들은 모두 재능이 뛰어나지만 제각기 다 전혀 다른 방면에서 두각을 보인다니까. 그 결과라고, 그녀는 양말을 제임스의 다리에 대 보면서 마루에서 천장까지 방 전체를 둘러보고 한숨을 쉬었다. 여름이 지나면 더, 해마다 모든 것이 점점 초라해졌다. 깔개는 색이 바랬고 벽지는 떨어져서 펄럭였다. 무늬의 꽃은 장미였는지 아닌지 알아볼 수 없을 정도이다. 만약 집의 문이란 문은 모조리 열려 있고, 스코틀랜드의 자물쇠 수리공 누구도 자물쇠 수리를 못한다면 집은 더욱더 망가졌을 것이다. 그림 액자 가장자리를 녹색 캐시미어 숄로 두른들 무슨 소용이 있을까. 2주일만 지나면 완두콩 수프 색으로 변해버릴 텐데. 그러나 가장 신경 쓰이는 것은 문이었다. 어느 것이나 모두 활짝 열려 있다니까. 귀를 기울여보면 응접실 문도 열려 있고, 현관문도. 침실 문도 열려 있는 소리가 들려. 층계참의 창문이 열려 있는 것은 확실해, 내가 열었으니까. 창문은 열고 문은 닫는다, 이 간단한 것을 왜 아무도 기억하지 못하는 걸까. 한밤중에 하녀들 침실에 들어가 보면 마치 오븐처럼 꼭 닫혀 있어. 그렇지 않은 건 스위스 소녀 마리의 방뿐이야. 그 아이는 목욕은 안 해도 신선한 공기 없이는 도저히 참을 수 없대. 고향은 "산이 무척 아름다워요"하고 말하곤 했어. 어젯밤, 두 눈에 눈물을 그렁그렁 달고 창밖을 내다보며 이렇게 말했지. "산이

220 등대로

정말 아름다워요." 램지 부인도 마리의 아버지가 거기서 죽어가고 있음을 알고 있었다. 아이들은 고아가 되는 것이다. 꾸중을 하거나 시범을 보이던 램지 부인은(마치 프랑스 부인처럼 손을 날렵하게 움직이면서 침대 정돈하는 법, 창문 여는 법 등을 가르치고 있었다) 마리의 이야기를 들으면서, 주위의 모든 것이 고요히 가라앉으며 가만히 몸을 감싸는 것을 느꼈다. 마치 햇살을 뚫고 날아가던 새가 날개를 조용히 접자, 그 청색이 도는 깃털이 밝은 강철색에서 부드러운 자색으로 변하는 것처럼. 부인은 달리 아무 말도 해줄 수 없었으므로 가만히 서 있었다. 마리의 아버지는 후두암이었다. 부인은 자신이 얼어붙어 버린 것, 마리가 "고향의 산은 정말로 아름다워요" 하고 말한 것, 희망이 없는 것, 도저히 희망이 없음을 떠올리자 갑자기 울화가 치밀었다. 그녀는 짜증 섞인 목소리로 제임스에게 말했다.

"가만히 좀 있어. 정말 성가신 아이구나." 그러자 곧바로 어머니가 정말로 짜증을 낸다고 깨달은 제임스는 똑바로 섰고, 어머니는 치수를 쟀다.

등대지기 솔리의 아들은 제임스보다 발육이 좀 더디기는 하지만 적어도 반 인치 정도 짧았다.

"짧네." 그녀는 말했다. "너무 짧아."

이토록 슬퍼 보이는 사람이 또 있을까. 바깥 세계의 햇빛으로부터 마음의 심연으로 이어지는 어두운 굴 중간에서 눈물이, 쓰리고 검은 눈물이 한 방울 떨어진다. 심층의 물은 이리저리 흔들리며 눈물을 받아내고 마침내 잠잠해진다. 이런 슬픈 얼굴을 한 사람이 또 있을까.

그러나 표정뿐일까, 모두는 말했다. 그 뒤에는 무엇이 있을까, 그 아름다움, 그 빛의 뒤에는? 사람들은 부인의 옛 애인이 머리를 총으로 날려버렸다든가, 그녀가 결혼하기 1주일 전에 자살했다든가 하면서 수군거렸다. 아니면 아무 일도 없었던 것일까, 비할 바 없는 아름다움 말고는? 그 아름다움 뒤에 몸을 숨기고, 그 아름다움을 해치는 일은 아무것도 하지 않았을까? 속내를 털어놓고 불타오르는 정열과 미숙한 연애, 좌절당한 야심에 대한 이야기를 나누는 자리에서조차, 그녀는 자기도 그러한 이야기를 알고, 느끼고, 경험했었다고 말한 적이 없었다. 언제나 침묵하고 있었다. 그러면 그녀는 배운 적 없이 스스로 터득했다는 것인가? 소박하기 때문에, 똑똑한 사람이 곧잘 범하는 잘못을 범하지 않고 진실을 밝혀낸다는 것일까? 한결같은 마음이

제1부 창 221

그녀를 돌처럼 일직선으로 하강하게 하고 새처럼 정확하게 착지하게 하여, 진리 위에 영혼을 던지게 하는 것일까? 그녀의 마음을 기쁘게 하고 편안하게 하고 또 마음의 버팀목이 되는 그 진리에 도달하게 했을까? 그 기쁨과 안정과 지지도 어쩌면 착각일지 모르지만.

("조물주도 당신을 위해서는 엄선된 재료를 쓰셨다." 뱅크스 씨는 일찍이 전화로 그녀의 목소리를 들으면서 이렇게 혼잣말했다. 열차 시간만 가르쳐 주었을 뿐인데 그 목소리에 감동받은 것이다. 전화선 너머에 있는 푸른 눈동자에 콧날이 곧게 뻗은 그리스풍의 그녀를 눈앞에 그려보면서, 그러한 부인에게 전화를 걸고 있는 것이 매우 어울리지 않는다고 생각했다. 세 명의 미의 여신이 아스포델 꽃이 만발한 초원에 모여 힘을 모아 그 얼굴을 만든 것만 같았다. "알겠습니다. 유스턴에서 10시 30분에 출발하는 기차를 타도록 하겠습니다."

"그런데 그녀는 아이처럼 자신의 아름다움을 의식하지 않는다." 뱅크스는 수화기를 내려놓으며 중얼거렸다. 방을 가로질러 집 뒤에 건축 중인 호텔의 진행 상태를 살펴보았다. 미완성의 벽에 둘러싸인 일꾼들의 웅성거림을 보자 램지 부인이 떠올랐다. 그녀의 아름다운 얼굴에는 무언가 조화롭지 않은 것, 다시 조화 상태로 돌려놓지 않으면 안 되는 것이 있었기 때문이다. 그녀는 사냥모자를 아무렇게나 눌러쓰고 있을 때도 있었고, 장난치며 아이들을 잡기 위해 오버슈즈를 신고 잔디밭을 내달리기도 했다. 그러므로 오로지 그녀의 아름다움만 생각한다고 해도, 어떤 전율하는, 생동감 넘치는 무언가를 (그가 바라보자 인부들은 좁은 판자를 오르며 벽돌을 나르고 있었다) 미의 초상 속에 담아두어야 한다. 아니면 단순히 한 사람의 여성으로 생각할 때는 어떤 독특한 개성을 고려해야 한다. 아니면 자신의 아름다움과 남자들이 자신의 아름다움을 말하는 것에 진저리가 나서, 자신의 고귀한 모습을 벗어던지고 싶다는 잠재적인 욕망을 품고, 오로지 평범한 다른 여자들처럼 되고 싶다고 바라고 있는지도 모른다. 그것이 무엇인지는 모른다. 그는 무엇인지는 모른다. 정말 그보다 우선은 일로 돌아가야지).

적갈색 털양말을 짜고 있는 그녀의 얼굴은 신기하게도 뒤의 금박을 입힌 액자틀에 딱 맞게 들어가 있었다. 액자는 미켈란젤로가 그렸다는 확증이 있는 걸작을 품고 있었는데, 그 가장자리에는 부인이 아무렇게나 던져 걸쳐 놓은 녹색 숄이 걸려 있었다. 그녀의 태도에서 아까의 엄격함은 이미 사라지고 없었다. 소년의 고개를 들어 올리고 이마에 뽀뽀를 했다. "자, 오려낼 그림을 하나 더 찾아보자꾸나."

6

그런데 무슨 일이지?

잘못을 저지른 사람이 누구냐고?

부인은 침묵에서 화들짝 깨어나서 오랫동안 별다른 의미도 없다고 단정하던 말에 의미가 생겨나 있음을 깨달았다. "잘못을 저지른 사람은 누구인가?" 근시안으로 지금 그녀를 향하여 다가오는 남편을 가만히 바라보는 사이에 차츰 무슨 일이 일어났고, 누군가가 잘못을 저질렀음을 분명히 깨달았다(반복되는 시의 구절이 저절로 일련의 의미를 가지고 연결된 것이다). 그러나 아무리 생각해도 과연 그것이 무언인지 알 수 없었다.

그는 부들부들 떨었다. 천둥과 번개처럼 섬뜩하고 매처럼 사납게 말을 달려 부하들의 선두에 서서 죽음의 계곡을 스쳐 지나가는 자신의 용맹함에 대한 긍지와 만족은 산산이 부서져 사라졌다. 빗발치듯 날아오는 총탄 사이로 말에 올라 죽음의 계곡을 섬광처럼 달려, 우레처럼 울려 퍼지는 총성 속을 지나 똑바로 브리스코와 윌리엄 뱅크스를 향해 돌진했다. 그는 두려움에 부들부들 떨었다.

부인은 결코 남편에게 말을 걸거나 하지 않았다. 그가 눈을 돌리고 기묘하게 몸을 경직시킨 채, 마치 무언가를 푹 뒤집어쓰고 평정을 되찾으려면 혼자만의 은신처가 필요하다고 말하는 듯한 모습에서, 릴리와 뱅크스 씨가 함께 있는 익숙한 모습에서 남편이 분노하고 고통스러워한다는 것을 잘 알고 있었으므로. 그녀는 제임스의 머리를 쓰다듬었다. 남편에 대한 생각이 아들에게 전해졌다. 그녀는 아들이 육해군 백화점의 카탈로그에서 신사예복용 흰 셔츠를 노란 색으로 칠하는 것을 지켜보면서, 이 아이가 나중에 위대한 예술가가 되어 준다면 얼마나 기쁠까 생각했다. 그렇게 되지 말란 법도 없지. 저렇게 훤칠하게 생겼는데. 그녀는 눈을 들어 남편이 다시 한 번 근처를 지나가는 순간 패배감을 감춘 것을 보고 안도했다. 가정이 승리를 연주하고 습관이 위로의 부드러운 리듬을 흥얼거렸다. 그는 다시 한 바퀴 돌아서 두 사람

제1부 창 223

옆으로 왔을 때 일부러 멈춰 서서 장난삼아 잔 나뭇가지로 제임스의 종아리를 간질이려고 창가에서 몸을 굽혔다. 부인은 남편을 나무라며 말했다. "그 불쌍한 청년 찰스 탠슬리는 왜 쫓아버리셨어요?" 그는 논문을 쓰기 위해 방으로 들어간 거야, 남편이 대답했다.

"머지않아 제임스도 자기 논문을 쓸 날이 오겠지." 그는 나뭇가지를 휘두르며 빈정대듯 덧붙였다.

제임스는 아버지가 싫었다. 최고의 신랄함과 유머를 섞어서 다리를 간질이는 그 나뭇가지를 치워 버렸다.

이 양말을 솔리의 아들에게 주려고 마무리하는 중이에요, 정말 지겨워요. 램지 부인이 말했다.

내일 등대에는 절대 못 갈 거야. 램지 씨는 벌컥 화를 내며 쏘아붙였다.

그걸 어떻게 알아요, 바람은 수시로 변하는걸요.

그는 그 말의 터무니없는 부조리와 아둔한 여심에 화가 났다. 그는 말을 몰아 죽음의 계곡을 넘어왔다. 만신창이가 되어 온몸을 부들부들 떨고 있는데 그녀는 엄연한 사실을 향하여 도전장을 내미는 것이다. 아이들에게 전혀 가망 없는 일에 기대를 품게 한다. 결과적으로는 거짓말을 하는 것이다. 그는 돌계단에서 발을 동동거리며 내뱉었다. "제기랄!" 하지만 대체 그녀가 무슨 말을 했다고 그러는가. 내일은 날씨가 좋을 수도 있다고 말했을 뿐이지 않은가. 어쩌면 정말로 그럴지도 모르는데.

절대 아니야, 기압은 떨어지고 바람은 정서로 불고 있으니까.

남편이란 작자가 진리 추구에만 급급하고 다른 사람의 감정에 대한 배려라고는 눈곱만큼도 없다니 참으로 놀라워. 문명이라는 얇은 장막을 저렇게 제멋대로 무참하게 찢어버리며 예절을 짓밟다니. 머리가 멍해지고 눈앞이 캄캄해진 부인은 고개를 떨어뜨렸다. 마치 뾰족뾰족한 우박이 떨어지든 구정물이 주룩주룩 쏟아지든 아무 저항도 하지 않겠다는 투였다.

램지 씨는 입을 다물고 아내 옆에 서 있었다. 조금 있다가 아주 겸손하게 만약 그녀가 원한다면 연안 경비원을 찾아가보겠다고 말했다.

남편만큼 그녀가 존경하는 사람은 없었다.

당신의 말을 믿어요. 하지만 그렇다면 샌드위치를 만들지 않아도 될 뿐이랍니다. 다들 하루 종일 나한테 이러니저러니 하면서 달려와요. 엄마니까 당연하지만요. 이런저런 일감을 가지고 와요. 아이들은 점점 성장해 가는데 나는 내가 인간의 온갖 감정을 빨아들인 해면처럼 느껴져요. 그러자 그는 또 "제기랄!" 하고 내뱉었다. 비가 반드시 내린다고 했다가 내리지 않는다고 말했다. 그 순간 그녀 앞에는 천국 같은 안정감이 펼쳐졌다. 당신만큼 존경하는 분은 없어요. 나는 당신의 발끝에도 미치지 못해요.

초조함이 가라앉자, 부대의 선두에 서서 공격하고 손을 휘두르던 동작을 부끄러워하던 램지 씨는 다시 한 번 아들의 맨다리를 콕콕 찌르고는 이윽고 부인의 허락을 얻은 듯이 주저주저하며 어스름 속으로 사라져버렸다. 이상하게도 그 모습은 동물원의 거대한 '바다사자'가 먹이를 삼키고 넘어지면서 우당탕 나뒹구는 바람에 수조의 물이 좌우로 출렁거리는 모습을 연상시켰다. 땅거미에 나뭇잎과 생울타리는 흐릿하게 실체를 잃었지만, 장미와 패랭이꽃은 한낮에는 볼 수 없는 광채를 되찾았다.

"잘못을 저지른 사람은 누구인가?" 램지 씨는 다시 한 번 되뇌고 성큼성큼 걸으며 테라스를 왔다 갔다 했다.

그러나 이 얼마나 놀라운 일인가. 그의 음조는 완전히 달라져 있었다. 꼭 '6월에는 음조가 바뀌는' 뻐꾸기 같아. 마치 새로운 음조에 맞는 적당한 말을 찾고 있는 중인데, 지금 수중에 있는 것이 이것뿐이라 조금 이상하기는 하지만 시험 삼아 한 번 써 본다는 태도. "잘못을 저지른 사람은 누구인가", 확신 없이 물어보는 것처럼, 그저 음조가 마음에 들 뿐인. 램지 부인은 미소를 금할 수 없었다. 아니나다를까 그는 저쪽으로 갔다가 이쪽으로 돌아오면서 읊조리다가 이윽고 그마저도 멈추고 침묵에 빠져든 것도 당연했다.

그는 안전했다. 그는 무사히 자신의 세계로 돌아간 것이다. 멈춰서서 담배 파이프에 불을 붙이고 창가의 아내와 아들을 한 번 돌아다보았다. 마치 급행열차 안에서 책을 보다가 눈을 들어 창밖의 농가와 나무와 한 무리의 오두막집을 보고, 인쇄된 문자의 확증을 얻었다는 듯이 자신감을 갖고 만족스럽게 다시 그 책으로 돌아가는 것처럼, 의식을 비우고 아내와 아들에게 눈을 돌린 그는 자신감을 다지고 만족했다. 그의 우수한 지성의 에너지가 현실에서 씨름하고 있는 문제를, 완전히 명쾌하게 이해하고자 하는 노력을 신성한 것으로 여기게 되었다.

그의 지성은 참으로 뛰어났다. 가령 인간의 사고(思考)를 피아노 건반과

제1부 창   225

같은 음의 병렬이라고 보자. 혹은 알파벳처럼 26자의 순서로 늘어서 있다고 하자. 그의 우수한 지성은 확고한 발걸음으로 어려움 없이 정확하게 하나하나를 밟고 가서 Q에 도착했다. 그는 Q에 도달한 것이다. 영국에서 Q까지 간 사람은 손에 꼽을 정도였다. 여기서 순간 그는 제라늄을 심은 화분 옆에서 발을 멈추고, 지금은 멀어진 창가에 있는 아내와 아들의 모습을 보았다. 두 사람은 신성할 만큼 천진하게 발 밑의 소소한 것에 마음을 빼앗기고, 그가 인식할 수 있는 운명에 대해 완전히 무방비 상태이며, 한가로이 조개껍질이나 줍는 아이들 같았다. 두 사람은 그의 보호를 필요로 한다. 그는 두 사람을 보호해야 한다. 그런데 그 Q의 뒤에는? 다음에는 무엇이 올까? Q의 뒤에는 많은 문자가 있고, 그 마지막 것은 인간의 눈에는 잘 보이지도 않는다. 다만 멀리서 빨갛게 반짝이고 있을 뿐이다. Z에 도달할 수 있는 사람은 한 세기에 한 사람 정도이다. 만약 R에 도착한다면 그것은 정말 대단한 일이다. 그는 적어도 Q라는 단계에 있다. Q에서 단단히 발을 땅에 디디고 있는 것이다. Q에 대해서는 자신이 있다. Q를 증명할 수 있다. 만약 Q에 대하여 그렇다면 Q—R—로 갈 수는 없을까? 그는 숫양의 뿔 모양인 돌화분 손잡이에 파이프를 두세 번 탁탁 쳤다. 다시 걷기 시작했다. "자, 다음은 R인데……." 그의 몸에 힘이 들어가며 긴장이 감돌았다.

햇볕에 절절 끓는 바다를 표류하는 배, 뱃사람들의 생명줄은 비스킷 6조각과 물 한 병뿐, 이 난국을 타개할 수 있는 뛰어난 인간의 소질인 인내, 공정, 선견지명, 헌신, 숙련이 그를 도우러 왔다. 그럼 R이란, 도대체 R이란 무엇인가.

무두질한 가죽 같은 도마뱀의 눈꺼풀을 닮은 가리개가 그의 깊은 시선을 가로막으며 파득파득 떨면서 R을 숨겨 버렸다. 갑작스런 어둠 속에서 사람들이 저마다—그는 틀렸어, R에는 도달할 수 없어—하고 말하는 소리가 들렸다. 그래, 결코 도달하지 못하겠지. 그러나 다시 한 번 R을 향하여 전진하자. R을 향하여.

고립무원의 북극의 빙하 속에 갇힌 적막을 가로지르는 원정대의 대장도, 안내자도, 고문도 될 수 있는 소질이 그를 도우러 왔다. 낙천적이지도 않고 비관적이지도 않다. 침착하게 다가올 것을 검토하고 그것에 직면하는 아름다운 소질이 그를 도우러 온 것이다. 자, R을 향하여.

226 등대로

도마뱀같은 눈은 다시 흔들렸다. 그의 이마의 정맥이 부풀어 올랐다. 돌화분의 제라늄이 유난히 선명하게 보였다. 바라지도 않았건만 그 이파리 사이로 뚜렷하게 구분된 인간의 두 계층이 나타났다. 한쪽은 초인적인 힘으로 착실하게 한 걸음 한 걸음 걸어가는 사람, 끈기 있게 참고 견디면서 모든 알파벳을 처음부터 끝까지 차례대로 밟아가는 사람, 또 한쪽은 하늘이 부여한 재능과 영감을 지닌 사람, 그들은 26개의 문자를 한 덩어리로 묶어서 순식간에 기적적으로 천재같이 터득한다. 나는 천재는 아니다. 천재라고 주장할 수 있는 자격은 조금도 없다. 그러나 A부터 Z까지의 알파벳을 명확하게 밟아나갈 힘은 갖고 있다. 아니 갖고 있을지도 모른다. 지금은 Q에 머물러 있지만. 그러므로 R을 향하여 전진이다.

엄숙한 감정이 그를 덮쳐 왔다. 눈이 내리기 시작하고 산꼭대기는 안개에 둘러싸여 있어서, 이제는 몸을 누이고 날이 새기 전에 죽음을 맞아야 한다고 체념한 지도자에게 어울리는 엄숙함이다. 눈은 빛을 잃고, 테라스를 거닐다 돌아서는 그 순간에도 쭈그러진 늙은이의 표백된 것 같은 얼굴이 되었다. 그러나 그는 누워서 죽음을 기다리지는 않을 것이다. 험준한 바위를 찾아내 거기서 마지막까지 눈을 부릅뜨고 폭풍우를 노려보며 어둠을 투시하다가 선 채로 죽을 것이다. 그는 절대로 R에는 도달하지 못할 것이다.

그는 제라늄이 가득 핀 돌화분 옆에 꼼짝 않고 서 있었다. 수억 명의 사람들 가운데 Z에 도달하는 사람이 결국 몇이나 될까. 결사대의 지도자가 그것을 자문하고 '아마 한 사람'이라고 대답해도 그를 따르는 탐험대에 대한 배신이라고는 할 수 없을 것이다. 한 세대에 한 사람이다. 그렇다면 내가 그 한 사람이 되지 못한들 비난받지는 않을 것이다. 만약 내가 충실하게 애쓰고 바닥날 때까지 온 힘을 짜내어 노력한다면 나의 명성은 얼마나 오래 지속될까. 사지로 떠나는 영웅도 죽음을 앞두고 후세 사람이 자신을 어떻게 평가할 것인가 상상해 본들 무엇이 나쁘단 말인가. 명성은 아마 2천 년은 이어질 것이다. 그런데 그 2천 년이 또 무어란 말인가(램지 씨는 울타리를 바라보며 빈정대는 어조로 자문했다). 그렇다, 산꼭대기에서 세월이라는 아득한 강을 내려다보면, 구둣발로 걸어차는 이 돌멩이 하나조차도 셰익스피어보다 생명이 길 것이다. 나의 일천한 학문은 1년이나 2년 정도 흐릿하게 빛나겠지만 머지않아 어떤 더 큰 빛에 흡수될 것이다. 그리고 그 빛 또한 더 큰 빛 속으

제1부 창 227

로 녹아들겠지(그는 어둠 속의 얽히고설킨 잔 나뭇가지들을 보았다). 결국 세월의 아득함과 별의 소멸을 볼 수 있을 정도로 높이 올라간 결사대의 지도 자가, 죽음이 찾아와 손발이 굳어서 움직일 수 없게 되기 전에, 얼어붙은 손 가락을 가까스로 이마까지 들어올리고 어깨를 펴서, 수색대가 도착했을 때 는 부서에 갓 배속된 훌륭한 군인처럼 죽어 있는 모습으로 발견되기를 바란 다고 해서, 누가 그것을 나무랄 수 있겠는가. 램지 씨는 돌화분 옆에서 어깨 를 쭉 펴고 똑바로 섰다.

한동안 그렇게 서서 사후의 명성, 수색대, 그의 뒤를 따르는 추종자들이 감사의 마음을 담아 유골 위에 세우는 기념비를 생각한다고 해서 그를 비난 할 사람이 있을까. 비운의 결사대 지도자는 젖 먹던 힘까지 다 짜내어 다시 깨어날 수 있을지 없을지도 개의치 않고 잠에 빠져들었으나, 발가락 끝의 찌 르는 듯한 통증으로 자신이 아직 살아 있음을 알았다. 살아 있는 것에 군이 저항할 마음도 없고, 곧바로 동정과 위스키와 자신의 수난 이야기를 들어줄 상대를 바란다고 해서 누가 그 지도자를 비난할 것인가? 누가 그를 탓할 수 있단 말인가? 아니, 오히려 영웅이 갑옷을 벗고 창가에 멈춰 서서 아내와 아들을 바라보는 것을 남몰래 기뻐할 것이 틀림없다. 아내와 아들은 처음에 는 아득하게 멀었으나 점차 가까워져 이윽고 입술도 책도 머리도 분명히 보 인다. 깊은 고독을 맛보고 세월의 아득함과 별의 소멸을 바라보고 온 눈에는 오히려 두 사람이 신기하고 사랑스럽게 보이는 것을 은밀히 즐기지 않는 사 람이 있을까. 마침내 그는 파이프를 주머니에 넣고 위엄 있는 머리를 부인 앞에 깊게 숙였다. —보기 드문 속세의 미인에게 경의를 표한다고 한들 누가 그를 나무라겠는가?

7

그러나 그의 아들은 그를 미워했다. 그는 아버지가 두 사람이 있는 곳으로 다가와 멈춰 서서 그들을 내려다보았기 때문에 증오했다. 두 사람 틈으로 끼 어들려고 그들을 방해했기 때문에, 그 의욕과 들뜬 태도 때문에, 훌륭하고 커다란 두개골 때문에, 그 가차 없는 자기중심주의 때문에(거기 서서 아버 지에게 주목하라고 명령하고 있는 것이 아닌가) 혐오했다. 특히 흥분한 아 버지는 두 사람 주위에 따끔따끔한 파동을 일으켜 어머니와의 단순하고 명쾌한 관계를 흐트러뜨리기 때문에 증오했다. 제임스는 가만히 책을 노려보며 아버지가 자리를 뜨기만을 기다렸다. 손가락으로 단어를 가리키며 어머니의 관심을 되돌리려고 했다. 그는 아버지가 멈춰 서자마자 어머니의 관심이 흩어진 것을 깨닫고 화가 난 것이다. 그러나 소용없었다. 램지 씨는 도무지 갈 생각이 없었다. 그 자리에 우두커니 서서 동정을 요구하고 있었다.

팔로 아들을 감싸 안고 느긋하게 앉아 있던 램지 부인은 갑자기 긴장하며 방향을 틀어 벌떡 일어났다. 공중으로 생기의 분수를, 물보라를 일으키는 물기둥을 똑바로 쏘아 올리려는 듯이 보였다. 온 정력이 생기발랄하게 불타오르며 찬란하게 빛나는 힘과 융합한 것처럼 생생했다(그녀는 아주 조용하고 침착하게 앉아서 양말을 뜨고 있었다). 그녀의 이 달콤한 생명력 속에, 이 생명의 숨결과 샘 속으로, 그것을 빼앗는 마르고 빈약한 놋쇠 부리 같은 남성의 불모성이 몸을 던지는 것이다. 그는 동정을 바라고 있다. 자기가 패배자라고 했다. 램지 부인의 뜨개바늘이 반짝였다. 램지 씨는 부인의 얼굴에서 눈을 떼지 않은 채 자기는 패배자라고 되풀이했다. 부인은 남편에게 말했다. "찰스 탠슬리는……." 그러나 그에게는 그 이상의 것이 필요하다. 그가 바라는 것은 무엇보다 먼저 그의 천재성을 확신하는 동정이다. 그리고 생명의 범주 안으로 다시 끌어당겨 주기를 바라는 것이다. 애정과 위로를 받고, 오감을 되찾고, 불모는 풍요가 되고, 집안의 모든 방들이 생명으로 넘쳐나야 하는 것이다. 응접실, 그 뒤의 부엌, 부엌 계단 위의 침실, 침실 안쪽의 아이들 방, 방마다 가구를 갖추고 삶의 생기로 충만해야 하는 것이다.

찰스 탠슬리는 당신을 이 시대 최고의 철학자라고 여기고 있어요, 부인은 말했다. 그러나 램지 씨는 그 이상을 바라고 있었다. 동정이 필요했다. 그 역시 생명 한가운데에서 살고 있다는 확신을 원했다. 영국뿐 아니라 온 세계가 그를 필요로 한다고 확인받고 싶은 것이다. 그녀는 자신 있게 몸을 똑바로 펴고 거실과 부엌을 창조했고 그것에 빛을 부여했다. 남편이 거기서 편안히 앉아서 쉬고 들락거리며 마음껏 즐기기를 바랐다. 그녀는 웃으며 뜨개질을 했다. 어머니의 무릎 사이에 매우 어색하게 뻣뻣이 서 있던 제임스는 그녀의 힘이 불꽃처럼 활활 타오르고, 마침내 놋쇠 부리가 그것을 게걸스럽게 쪼아대고, 남성의 메마른 언월도가 인정사정없이 동정을 요구하며 덤벼드는 것을 느꼈다.

제1부 창 229

그는 패배자라고 되풀이했다. 그래요? 그렇다면 한번 둘러보세요, 느껴 보세요. 그녀는 뜨개바늘을 움직이면서 주위를, 창문에서 문 밖으로, 방 안쪽으로, 또 제임스를 한차례 훑어보며 추호의 의심도 끼어들 틈을 주지 않고, 그 웃음과 몸짓과 몸에 익은 침착함으로(마치 등불을 들고 어두운 방을 지나가는 것만으로 유모가 칭얼거리는 아이를 달래는 것처럼) 이것이 진실임을, 집에는 생기가 넘치고 뜰에는 꽃이 만발해 있음을 증명하는 것이었다. 나를 믿어만 주신다면, 결코 그 어느 것도 당신을 해치지 못해요. 당신이 아무리 깊이 묻히게 되더라도 아무리 높이 올라가더라도 난 한 순간도 당신 곁을 떠나지 않겠어요. 그렇게 그녀의 감싸 안는 힘과 보호하는 능력을 과시하는 사이에 정작 자신의 것은 하나도 남아 있지 않았다. 모든 것을 아낌없이 소진했다. 어머니의 무릎 사이에 뻣뻣하게 서 있는 제임스는 그녀가 잎이 무성하고 가지가 너울대며 장밋빛 꽃이 피는 과일나무가 되어 자라나는 것을 느꼈고, 그 과일나무를 향하여 놋쇠 부리가, 아버지의 언월도가, 자기중심적인 남자가 덤벼들어 동정을 요구하는 것을 느꼈다.

배불리 먹은 뒤 어머니한테서 떨어지는 아이처럼 그는 아내의 말에 만족하며 기운을 되찾았고, 새로운 마음으로 겸허하게 감사의 뜻을 표했다. 한 바퀴 돌아서 아이들이 크리켓을 하는 것을 보고 오겠소. 그는 떠났다.

그 순간 램지 부인은 꽃잎이 차례차례 닫히는 것처럼 자신을 차곡차곡 접자 시든 꽃처럼 온 몸에서 힘이 빠져나가면서 그 자리에 털썩 쓰러졌다. 샘이 고동치며 물을 콸콸 쏟아냈으나 가득 차오르자 이내 그 고동도 고요하게 잦아들었다. 그녀는 자신의 성공적인 창조가 날아갈 듯이 기뻤고 그 기쁨은 온 몸을 타고 고동쳤다.

이 맥박의 고동은 그가 멀어져갈수록 부인과 남편을 감쌌고, 높고 낮은 두 개의 다른 소리가 동시에 연주될 때 두 소리의 결합이 서로 위로를 주고받는 것 같았다. 그 공명이 사라지고 옛날이야기로 돌아오자 그녀는 완전히 녹초가 된 것을 느꼈다(그녀가 피로를 느끼는 것은 언제나 그 당시가 아니라 나중이었다). 뿐만 아니라 그 피로와 나른함에는 다른 원인으로 인한 어렴풋한 불쾌감이 어려 있었다. 〈어부와 그 아내〉 동화책을 소리 내어 읽으면서도 그 불쾌감이 어디에서 오는지 분명히 알지 못했다. 또한 부인은 책장을 넘기려고 읽기를 멈추고, 둔하고 불길한 파도 소리를 들으면서 그 불쾌감의 원인을

230 등대로

갑자기 깨달았을 때에도 그 불만을 말로 표현하지 않았다. 결국 그녀는 한순간도 자신이 남편보다 뛰어나다고 느끼고 싶지 않았던 것이다. 오히려 자신이 남편에게 완벽한 진실이라고 단언하지 못하는 것을 참을 수 없었다.

나는 대학이나 세상 사람들이 남편을 필요로 하고, 그의 강의나 저서가 가장 중요하다는 것은 한 순간도 의심해 본 일이 없어요. 마음을 어지럽히는 것은 우리 두 사람의 관계로, 남편이 저렇게 공공연히 사람들이 다 지켜보는 가운데 내 쪽으로 다가오는 것이죠. 그래서 사람들은, 우리 두 사람 중에서 남편이 비교할 수 없을 정도로 훨씬 중요한 존재이고 내가 한 일은 남편의 업적에 비하면 정말로 보잘것없음을 잘 알고 있으면서도, 저 사람은 아내한테 기대기나 한다는 식으로 입방아를 찧곤 해요. 그리고 또 한 가지 그이에게 사실대로 말할 수 없는 것은, 예를 들어 온실 지붕의 수리 문제와 그 비용이 50파운드나 든다는 것을 생각하면 도저히 입이 떨어지지 않아요. 또 그 사람의 책에 대해서, 최근에 낸 책이 옛날보다 못하다는 것을 (나는 그것을 윌리엄 뱅크스로부터 들었다) 그가 눈치채지 않을까 염려되어 화제로 올릴 수가 없어요. 사실 그러한 의심을 나 스스로도 갖고 있어요. 게다가 자잘한 일상의 일을 비밀로 하죠. 아이들은 아버지에게 숨긴 것을 알고 있으므로 그것이 아이들의 어깨를 무겁게 짓누릅니다. 이러한 모든 일이, 두 소리가 동시에 울리는 기쁨의 완전함과 순수함을 방해하며 내 귀에 생기 없는 음울함을 남기고 사라진답니다.

책 위로 그림자가 떨어지자 그녀는 올려다보았다. 오거스터스 카마이클이 발을 질질 끌면서 지나가고 있었다. 인간관계의 불완전함을 깨닫고 참을 수 없이 씁쓸해진 이 순간에! 가장 완벽한 인간관계에도 흠이 있으며, 요컨대, 남편을 사랑하면서도 본능적으로 진실을 추구하고 마는 그녀가 그 고찰을 견딜 수 없다고 깨달은 이 불쾌한 순간에! 그녀는 일고의 가치도 없다는 판결을 받았다고 느끼고, 또 아내로서의 본연의 임무를 이 거짓말과 과장으로 방해받는다고 느끼는 이 괴로운 순간에! 늘 그렇듯이 절정 직후의 부끄러운 초조함에 시달리고 있는 이 순간에, 카마이클이 노란 슬리퍼를 질질 끌면서 지나가다니! 내면의 어떤 악마가 그녀를 붙들었다. 지나가는 그를 부르지 않을 수 없었다.

"안으로 들어오시게요, 카마이클 씨?"

8

카마이클 씨는 아무 대꾸도 하지 않았어요. 그는 아편을 상용하고 있어요. 아이들 말에 의하면, 그의 턱수염이 누렇게 물든 것은 그 때문이라고 합니다. 아마 맞을 거예요. 확실한 것은 그 불쌍한 사람은 행복하지 않다는 거예요. 우리 집에 매년 찾아오는 것도 일종의 도피라고 생각합니다. 그런데 매년 나는 그 사람이 나를 믿지 않는다고 느껴요. "읍내에 나가는데 우표나 편지지, 담배 필요 없으세요?" 물을 때마다 그 사람이 얼굴을 찡그리는 게 보입니다. 나를 믿지 않는 것입니다. 분명 그의 아내 때문이에요. 나는 그녀가 그에게 한 잔인한 짓을 아직도 기억하고 있습니다. 세인트존스우드의 초라한 집에서 그 가증스러운 여자가 그를 집 밖으로 쫓아내는 것을 두 눈으로 보았을 때, 나는 온몸이 마치 돌처럼 단단하게 굳어 버렸지요. 그는 머리가 부스스하고, 옷에 무언가를 뚝뚝 흘리고, 아무 할 일도 없는 노인의 짐스러운 점을 한데 모아 놓은 것 같은 사람이긴 하지만, 그래도 분명히 집에서 쫓겨났어요. 그녀는 밉살맞은 말투로 말했어요. "램지 부인과 잠시 할 얘기가 있어요." 그래서 나는 그 사람의 말할 수 없이 처참한 생활을 마치 눈앞에 훤히 펼쳐진 것처럼 볼 수 있었어요. 그에게 담배 살 돈은 있을까? 저 여자에게 일일이 타서 쓰는 건 아닐까? 반 크라운? 18펜스? 아아, 그가 참아야 하는 일상의 자잘한 굴욕들을 생각하니 화가 나는군요. 그래서 지금은 언제나(분명 그 여자 탓이라고 생각하는 것 외에는 달리 추측할 수 없지만) 내가 조심하게 되었어요. 그는 내게 한 마디도 하지 않아요. 하지만 이 이상 무엇을 더 해줘야 하죠? 그에게 볕이 잘 드는 방을 내주었어요. 아이들도 친절해요. 싫은 내색 한 번 비춘 적 없고, 친해지려고 내 쪽에서 나서서 애쓰고 있어요. 우표는 필요 없으세요? 담배요? 이 책은 분명 마음에 드실 거예요, 등등. 즉―(여기서 그녀는 무의식적으로 자세를 가다듬고 좀처럼 없는 일이긴 하지만 자신의 아름다움을 실감했다)―내게는 남들이 나를 좋아하게 만들기란 매우 쉬운 일이에요. 예를 들어 조지 매닝이나 월레스 씨, 그분들은 그렇게 유명인사인데도 밤이면 곧잘 찾아오셔서 우리 집 난롯가에 앉아 둘이서 조용히 말씀을 나누세요.

그녀는 자신이 아름다움의 횃불을 두르고 있음을 인정하지 않을 수 없었다. 그것을 자기가 들어가는 방마다 들고 들어갔다. 그 아름다움을 장막으로

232 등대로

가려도, 아름다움 때문에 태도에 거드름이 묻어나는 것을 싫어해도, 그럴수록 그녀의 아름다움은 변함이 없었다. 그녀는 칭송받고 사랑받았다. 상을 당해 탄식하는 사람들이 모인 방에 들어가면, 사람들은 그녀 앞에서 폭포수 같은 눈물을 쏟아냈다. 남자는 물론 여자들도 얽히고설킨 잡다한 세상사를 말끔히 잊고 그녀와 함께 단순한 안도에 몸을 맡겼다. 그러므로 카마이클이 자신을 피하는 것을 보고 그녀는 상처를 받았다. 그러나 자신에게도 잘못이 있는 것 같아 어쩐지 마음이 불편했다. 남편에 대한 불만을 느낀 직후였기에 더욱 신경이 쓰였다. 지금 카마이클이 그녀의 물음에는 건성으로 고개만 끄덕이며 옆구리에 책을 끼고 노란 슬리퍼를 신고 발을 끌면서 지나가자, 자신을 믿지 않는다고 느꼈고, 또 베풀고 돕고 싶다는 자신의 바람이 허영에 지나지 않는다고 생각했다. 자신이 이렇게 본능적으로 도와주고 베풀려는 것도 결국은 사람들로부터 "아아, 램지 부인! 친애하는 램지 부인…… 꼭 램지 부인에게!" 같은 말을 듣고 싶고, 사람들이 자신을 필요로 하고, 찾고 칭송하길 바라는 자기만족 때문이 아닐까? 마음 깊은 곳에서 자기가 원하는 것은 이 자기만족이며, 카마이클 씨가 바로 지금도 그랬던 것처럼 자신을 피하고, 이합체시(離合體詩, Acrostic Poem)를 즐기기 위하여 어딘가 구석을 찾아 가버리자, 그녀는 자신의 본능적인 애정을 무시당했다고 느꼈을 뿐만 아니라 자신의 저속함을 깨닫게 된 것이 아닐까? 또한 최선의 인간관계조차 빈틈이 있으며, 저열하고 자기본위에 불과함을 느끼게 된 것은 아닌가? 초라하고 시들어서(볼은 움푹 꺼지고 머리는 하얗게 센) 더 이상 보는 사람들에게 기쁨을 주지 못하는 그녀는 〈어부와 그 아내〉의 이야기에 집중하여, 예민한 아들 제임스(다른 아이는 이렇게 신경질적이지 않다)의 기분을 달래주는 것이 좋을지도 모른다.

"어부의 마음이 무거워졌어요." 그녀는 큰 소리로 읽었다. "그는 가고 싶지 않았어요. 그는 중얼거렸어요. '이것은 옳지 않아.' 하지만 역시 갔어요. 어부가 바다에 도착해 보니 물은 보라색과 검푸른 회색으로 무겁게 고여 있었고, 이전과 같은 녹색과 황색이 아니었어요. 그래도 여전히 잔잔했어요. 그는 거기에 서서 말했어요."

램지 부인은 남편이 하필 이 순간에 옆에 와서 서거나 하진 말았으면 좋겠다고 생각했다. 자기 입으로 그러겠다고 했으면서 왜 아이들이 크리켓 하는

제1부 창 233

것을 보러 가지 않을까? 그러나 그는 아무 말도 하지 않고 그저 바라보더니 좋아, 좋아 하고 고개를 주억거리며 계속 걸었다. 지금까지 곧잘 멈춰 서서 쉬면서 생각을 정리하고, 결론을 이끌어준 앞쪽의 산울타리를 보고, 아내와 아들을 보고, 늘어진 줄기마다 빨간 꽃을 단 제라늄 화분을 바라보았다. 이 제라늄이야말로 종종 사고의 과정을 장식하고 이파리 사이로 그 사고를 기록한 메모, 마치 전속력으로 책을 읽으면서 급히 갈겨쓴 종잇조각 같은 것이었다. 이것들을 바라보고 있는 사이에 그는 자연스럽게 어떤 생각으로 빠져들었다. 그것은 매년 셰익스피어의 생가를 찾는 미국인들의 숫자에 관한 〈타임스〉의 사설에서 암시받은 것이었다. 만약 세상에 셰익스피어가 존재하지 않았더라면 세상은 지금과 많이 다른 모습을 하고 있을까? 문명의 발달은 위인들이 좌우했을까? 보통 사람들의 생활 상태는 고대 이집트 시대에 비해 개선되었을까? 그러나 보통 사람들의 처지가 과연 문명의 척도가 될 수 있을까? 그는 자문했다. 아마 그렇지 않을 것이다. 최고의 선(善)은 노예계급의 존재를 필요로 할지도 모른다. 지하철의 승강기 운전원은 영원히 필요한 것이다. 그러나 이러한 생각은 그의 마음에 들지 않는다. 그는 고개를 저었다. 그 생각에서 벗어나려면 예술의 우월성을 반박할 방법을 찾아야 했다. 세계는 보통 사람들을 위하여 존재하는 것이다. 예술은 단순히 인간생활의 꼭대기에 얹은 장식에 불과하다. 예술은 인간의 삶을 표현하지 못하며, 셰익스피어 또한 필요하지 않다고 주장하고 싶은 것이다. 왜 자신이 셰익스피어를 경시하고, 승강기 안쪽에 영원히 서 있는 운전원을 구하러 달려가고 싶은지 분명히 알지 못한 채, 산울타리에서 이파리 하나를 거칠게 잡아 뜯었다. 이것들은 모두 다음 달 카디프에서 있을 강연회에서 청년노동자들에게 얘기해 보자. 어릴 때부터 잘 알던 오솔길과 들로 느긋하게 말을 타고 거닐면서, 말에서 내려 장미를 한 움큼 꺾고 주머니에 호두를 주워넣는 사람처럼, 그는 이 테라스 위에서 사상의 여물을 찾아 거닐고 있었다(잡아 뜯은 잎은 난폭하게 던져 버렸다). 모든 것이 그에게 익숙했다. 이 모퉁이도, 저 울타리 너머의 층계도, 들판을 가로지르는 지름길도, 해질녘이면 파이프를 물고 몇 시간이나 곧잘 이렇게 시간을 보내곤 했다. 사색하면서 익숙한 길이나 공유지를 왔다 갔다, 들락거렸다. 이 낯익은 길과 들에는, 저쪽은 무슨 전쟁, 이쪽은 어떤 정치가의 생애가 맞물려 있었다. 또 시나 일화, 사상가, 군인과 관계되어 있었다. 모든 것은 기운차고 명확했으나, 마침내 오솔길과 들, 공유지와 열매를 잔뜩 달고 있는 호두나무, 꽃이 핀 산울타리를 지나 그 앞에 있는 갈림길까지 그를 이끌었다. 그는 말에서 내려 말을 나무에 묶고 이번에는 걸어서 나아갔다. 이윽고 잔디밭 끄트머리까지 와서 발 아래 펼쳐진 만을 바라보았다.

바다가 서서히 삼키고 있는 곳의 끄트머리까지 가서 고독한 바닷새처럼 혼자 서 있는 것이 그의 의지와는 상관없는 그의 운명이자 개성이었다. 갑자기 온갖 쓸데없는 것들을 흘려보내 줄어들고 작아져서 육체적으로도 더 한층 적나라해 보이고 더 야위어 보였지만 정신의 강렬함은 조금도 잃지 않았다. 그가 좁은 가장자리에 서서 인간의 암흑과 같은 무지에 직면하고, 인간이 참으로 아무것도 모른다는 사실, 바다는 우리가 서 있는 땅을 잠식하고 있다는 사실과 마주하는 것은 그의 운명이자 타고난 자질이기도 했다. 그는 말에서 내려 온갖 덧없는 몸짓과 요란한 장식을 버리고, 호두나 장미 같은 전리품을 던져 버리고 몸을 숨겼으나, 그로 인해 자신의 명성뿐 아니라 이름까지도 잊어버리고 말았다. 그러나 그러한 고독을 마주하고도, 그는 결코 망상에 대한 경계를 늦추지 않았고 환영에 미혹되지 않았다. 그의 이 모습이 바로 사람들의 마음에 영감을 주고 깊은 존경과 연민과 감사를 느끼게 했다. 윌리엄 뱅크스는 (때로는) 존경을 느끼고 감사했고, 찰스 탠슬리는 (아부 수준으로) 전적으로 우러러 떠받들었다. 부인은 눈을 들어 잔디밭 끄트머리에 있는 그를 보면서 이 존경과 연민과 감사를 남편에게 바쳤다. 마치 강바닥에 박힌 말뚝 위에 갈매기가 내려앉아 있고 밑동에 파도가 몰아치는 것을 보고 쾌활한 선원들이 감사의 마음을 느끼는 것 같았다. 그 말뚝이 오직 홀로 물살을 가르고 서서 강바닥을 표시하는 것을 고맙게 생각하는 것처럼.

"그러나 여덟 아이의 아버지는 마음 내키는 대로 할 수 없지……." 그는 반쯤 소리를 내어 중얼거리면서 갑자기 사고를 멈추고 돌아서서는, 한숨을 푹 쉬고 눈을 들어 소년에게 동화책을 읽어 주고 있는 아내의 모습을 찾았다. 파이프를 채웠다. 그는 인간의 무지, 인간의 운명, 우리가 서 있는 땅을 삼키는 바다를 외면했다. 만약 그것들로부터 눈을 돌리지 않고 그대로 계속 응시하고 추구한다면 어떠한 결론에 도달할 것이 틀림없지만, 이제껏 직면하고 있던 문제에 비하면 매우 시시한 일에서 위안을 찾으려고 하는 것이었다. 그것은 정말로 하잘것없는 일이므로 그것을 사소하다고 무시하고 부정

제1부 창 235

하고 싶을 정도였다. 왜냐하면 이 비참한 세계에서 행복을 누리는 것은 정직한 남자에게는 더할 나위 없이 부끄러운 죄악이라고 생각했기 때문이었다. 확실히 대체로 그는 행복했다. 아내가 있다. 자식이 있다. 6주 뒤에는 카디프에서 청년들에게 '쓸데없는 말'을 떠들어댈 약속이 있다. 로크와 흄과 버클리(아일랜드 철학자), 그리고 프랑스 혁명의 원인에 대한 대답이다. 이와 같은 강연과 또 이 일에 그가 느끼는 즐거움, 자기가 하는 말, 청년들의 열의, 아내의 아름다움, 각지에서 쏟아지는 찬사에 기쁨과 영광을 느끼는 것—주로 스완지(웨일스의 항구도시), 카디프(웨일스의 구도시), 엑서터(데본 주(州) 의 수도), 사우스햄튼(햄프셔 주의 항구), 키더민스터(웨스터 주의 도시), 옥스퍼드, 케임브리지 등지에서 찬사를 보내온다—이것은 모두 '쓸데없는 말을 지껄인다'는 한 마디로 치부되지 않으면 안 된다. 왜냐하면 결국 가능했을지도 모르는 일에 그가 손을 대지 않았기 때문이다. 그것은 기만일 뿐이다. 자신의 감정을 토로하기를 피하는 것이다. 윌리엄 뱅크스와 릴리 브리스코처럼 왜 그런 위장이 필요한지 모르는 사람들에게는 그가 꺼림칙하고 딱하게 여겨질 뿐이다. 왜 저 사람은 언제나 칭찬을 요구하는 것일까. 사색할 때는 그토록 과감한 사람이 실생활에서는 왜 저렇게 소극적일까. 그들은 그에게 존경과 동시에 경멸을 느끼는 것이었다.

가르치고 설교하는 것은 인간의 능력 밖의 일이 아닐까, 릴리는 생각했다 (그녀는 그림도구를 챙기고 있었다). 정신이 고양된 뒤에는 반드시 뚝 하고 떨어지지 않아요. 램지 부인은 남편이 요구하는 것을 너무 쉽게 들어줘요. 그래서 상승에서 하락으로의 변화가 기겁할 정도로 극심한 것이지요. 램지 씨가 읽던 책을 놓고, 우리가 놀이를 즐기며 잡담을 하고 있는 곳으로 왔다고 생각해보세요. 그 분의 사색과는 엄청난 격차잖아요? 그녀는 말했다.

그는 두 사람을 향하여 다가갔다. 그러다가 딱 멈춰 서서 말없이 바다를 바라보더니 이윽고 반대쪽으로 다시 몸을 돌려서 가버렸다.

9

그렇습니다, 뱅크스는 그가 떠나는 것을 지켜보면서 말했다. 참으로 유감입니다(릴리는 그가 허를 찌르며 놀라게 하거나, 갑자기 기분이 변하는 것에 대해 뭐라고 했었지). 그가 다른 평범한 사람들처럼 행동하지 않는 것은 정말 유감스러워요(그는 릴리 브리스코를 좋아했으므로, 그녀와는 터놓고

236 등대로

램지를 비평할 수 있었다). 요즘 젊은이들이 칼라일을 읽지 않는 것도 그 때문이에요. 죽이 식었다고 성마르게 화를 내는 까다로운 잔소리쟁이에게 우리가 왜 설교를 들어야 하느냐는 거죠. 내가 볼 때는 그래요. 만약 당신이 칼라일을 위대한 인류의 스승 중 한 사람이라고 생각하신다면, 실은 나는 그렇게 생각합니다만, 그의 툭 하면 화를 내는 기질은 참으로 유감스러운 부분입니다. 부끄럽지만 나는 학창시절 이래 칼라일을 읽은 적이 없어요, 릴리는 말했다. 그러나 내 생각으로는, 램지 씨가 새끼손가락이 조금 아픈 것 가지고 마치 온 세상이 끝날 것처럼 소란을 피우는 것에 대해서는 다들 오히려 좋아하는 것 같아요. 제가 신경 쓰는 것은 그 점이 아니에요. 그 분에게 속아 넘어갈 사람은 아무도 없어요. 그 분은 공공연하게 추종과 칭찬을 요구해요. 사소한 속임수로도 그에게 속을 사람은 아무도 없어요. 내가 정말 싫은 것은 그의 편협하고 맹목적인 성격이에요. 그녀는 그를 떠나보내며 말했다.

"조금 위선적이지요?" 뱅크스도 돌아선 그의 등에 눈길을 던지며 넌지시 말했다. 그와의 우정, 캠이 자신에게 꽃을 주지 않았던 것, 그의 아들과 딸들, 그리고 편하긴 하지만 아내가 죽은 뒤 조금 적적해진 자신의 집에 대해 생각하고 있었기 때문이다. 물론 그도 해야 할 일이 있지만…… 아무튼 릴리가 자기 의견, 램지가 조금 위선적이라는 의견에 찬성해 주길 바랐다.

릴리 브리스코는 고개를 들었다 숙였다 하면서 붓을 정리했다. 눈을 들자 램지 씨가 저 멀리서 몸을 흔들며 거리낌 없이 두 사람을 향해 다가오고 있었다. 조금 위선적이라고요? 그녀는 되풀이했다. 오, 천만에요, 매우 성실하신 분이에요(보세요, 벌써 저기까지 오셨어요). 더없이 선량하신 분이죠. 하지만 그녀는 시선을 아래로 내리면서 생각했다. 오로지 자신에게만 몰두해 있고, 폭군에 불공평한 사람이야. 그녀는 일부러 눈을 아래로 내리깔고 있었다. 램지 가족과 지낼 때에는 이렇게 하지 않으면 마음이 공중에 붕 떠버린다. 눈을 들어 램지 가족을 보기가 무섭게, 내가 '사랑하고 있다'는 기색이 흘러넘친다. 그 사람들, 비현실적이지만 가슴에 사무치며 흥분을 일으키는 소우주, 그야말로 사랑의 눈을 통해 볼 수 있는 세계인데, 그 세계의 일부가 되어 버리는 거죠. 그들은 하늘과 맞닿아 있고, 새는 그들을 통해 노래해요. 더더욱 마음을 움직이는 것은 덮칠 듯이 나타났다가 되돌아가는 램지 씨를 보고, 창가에 제임스와 함께 앉아 있는 램지 부인을 보고, 흘러가는

제1부 창 237

구름과 휘어진 나무를 바라보고 있으면, 하루하루 살아가면서 작은 각각의 사건을 하나하나 순서대로 경험해 가야 하는 그 인생이 마치 파도처럼 하나로 말려 올라가 사람을 들어 올렸다 기슭에 쿵 하고 떨어뜨리는 것처럼 느껴진다는 거예요.

뱅크스는 릴리의 대답을 기다리고 있었다. 릴리는 램지 부인은 부인대로 놀랄 만큼 고압적인 데가 있다고 비평하려고 했으나, 뱅크스 씨의 모습을 보니 그럴 필요가 없었다. 그는 황홀경에 빠져 있었다. 이미 예순이 넘은 뱅크스 씨의 나이로 볼 때, 그 말쑥한 옷차림, 목석같은 냉정한 성격, 그의 몸을 감싸고 있는 하얀 실험실 가운 등을 고려해 보면 분명 황홀이라고 불러도 좋은 것이었다. 릴리가 목격한 것과 같은 그의 눈길은 황홀이라는 말로밖에 달리 표현할 길이 없었다. 릴리의 생각에 그것은 수많은 젊은이의 사랑에 필적하는 희열이었다(아마 이제까지 램지 부인은 수많은 젊은이의 사랑을 끌어낸 적은 없었을 것이다). 릴리는 캔버스를 움직이는 척하면서 그야말로 불순물을 제거한 순수한 사랑이라고 생각했다. 그 대상에 결코 덤벼들지 않는 사랑, 수학자가 기호에 대하여 품는 사랑, 시인이 자신의 말에 대하여 느끼는 사랑이에요. 온 세계에 널리 퍼져 인간을 이롭게 하죠. 그렇다. 만약 뱅크스 씨가 램지 부인이 자신에게 왜 이렇게 큰 기쁨을 주는지 표현할 수 있다면, 어째서 램지 부인이 아들에게 동화책을 읽어주는 광경이 과학 문제를 해명하는 것과 같은 효과를 주는지 입으로 소리내어 말할 수 있다면, 또 그것을 곰곰이 생각해보고 느낀 희열, 마치 식물의 소화조직에 관한 어떤 분명한 사실을 증명했을 때처럼 무지를 계몽하고 혼돈을 극복했다는 느낌을 세계를 향하여 말할 수 있다면, 세계는 뱅크스 씨의 부를 함께 향유할 수 있을 것이다.

그런 황홀을 보고—달리 뭐라고 부를 수 있겠는가? —릴리는 자신이 하려던 말을 완전히 잊고 말았다. 무언가 부인에 관한 것이었지만 조금도 중요하지 않았다. 이 '황홀', 침묵의 시선을 마주하자 퇴색해 버렸다. 나는 깊이 감사하고 있습니다. 이 숭고한 힘, 하늘이 내린 선물만큼 나를 위로해주고, 복잡하게 얽힌 인생으로부터 다독여주고, 마치 기적처럼 그 무거운 짐을 덜어 주는 것은 없습니다. 그것이 계속되는 한 그것을 방해하는 사람은 없습니다. 바닥 위에 일직선으로 쏟아지는 햇살을 가로막을 수 있는 사람이 없는 것처럼.

인간에게 이런 사랑이 가능하다니. 뱅크스 씨가 램지 부인에게 느끼는 사랑은 (릴리는 침묵하고 있는 그를 흘긋 보았다) 매우 믿음직스럽고 마음을 들뜨게 한다. 그녀는 일부러 시시한 일에 몸을 맡기듯 낡아빠진 천으로 붓을 하나하나 닦았다. 나는 모든 여성에게 두루 미치는 이 존경으로부터 몸을 숨기고 싶어요. 마치 내가 칭찬받는 기분이거든요. 뱅크스 씨는 그녀를 바라보게 내버려 두세요. 그 사이에 나는 내 그림을 살짝 보겠어요.

그녀는 정말 울고 싶어졌다. 틀렸어, 틀렸어, 완전 엉망이야! 물론 다른 방법도 있었다. 색을 더 엷게 해서 아련하게 하는 것이다. 인물은 꿈처럼, 공기처럼. 폰스포트 씨에게는 그렇게 보일지 몰라도 그녀에게는 그런 식으로는 보이지 않았다. 강철 같이 단단한 윤곽과 색이 불타는 듯 강렬했고, 마치 성당의 둥근 천장에 내려앉은 나비의 날개 빛깔처럼 환상적이었다. 그 모든 것 중에서 캔버스 위에 대충 그어 놓은 두어 줄의 붓 자국만이 전부였다. 도저히 남에게 보일 만한 것이 아니라 걸어둘 수도 없었다. 귓가에서 탠슬리 씨가 속삭이는 소리가 들렸다. "여자가 그림을 그릴 줄 알겠어, 글을 쓸 줄 알겠어……."

램지 부인에 대해 말하려던 것이 생각났어요. 어떻게 말해야 좋을지 모르겠지만 조금 비판적인 내용이에요. 며칠 전 어느 날 밤, 그녀의 고압적인 방식에 골치를 앓았거든요. 부인을 향한 뱅크스 씨의 시선을 똑바로 따라가면서 나는 생각했어요. 어떤 여성도 자기 이외의 여성을 뱅크스 씨처럼 숭배할 수는 없다고요. 우리 같은 여자들은, 뱅크스 씨가 부인과 우리 위에 펼쳐 주는 비호의 그늘에서 휴식을 취할 수 있을 뿐이에요. 뱅크스 씨의 반짝이는 시선을 따라 나도 이렇게 생각하며 또 한 줄기의 광선을 덧붙여요. 부인은 틀림없이 최고로 아름다운 사람(책 위로 몸을 기울인 모습)이고 아마 세상에서 제일 선량한 사람일 거예요. 그러나 저 분은 저기 보이는 완전무결한 모습과는 전혀 다른 존재이기도 하답니다. 그것은 왜일까? 어떻게 다른 것일까? 나는 스스로에게 물으면서, 팔레트에서 파란색과 녹색 물감 덩어리를 떼어냈습니다. 지금은 생명이 완전히 꺼진 흙덩이에 불과하지만, 내일이면 이 흙덩이에 숨결을 불어넣고 피를 통하게 하여 내 마음이 시키는 대로 따르겠다고 다짐했습니다. 램지 부인은 어떻게 다를까? 그녀에게 깃든 영혼, 그 더할 나위 없이 소중한 본질은 무엇일까? 소파 구석에서 구겨진 장갑을 발견했을 때 그 손가락이 뒤틀린 상태를 보고 이것은 틀림없이 그녀의 것이라고 판

제1부 창 239

단하는데, 이와 같은 예가 없을까? 그녀는 새처럼 날래고 화살처럼 직설적입니다. 고집이 세고 매사에 명령적입니다(물론 부인과 다른 여성을 비교할 때 말입니다. 이 점은 분명히 해 두어야 해요. 그리고 나는 부인보다 나이도 훨씬 어리고, 브롬튼 로드 변두리에 사는 하찮은 인간입니다). 그녀는 침실의 창문을 엽니다. 문을 닫습니다(나는 이렇게 머릿속으로 부인의 특징을 생각해보려고 애썼습니다.). 깊은 밤 남의 침실로 찾아와 문을 가볍게 두드립니다. 낡은 모피코트를 걸치고(그녀의 아름다움을 돋보이게 하는 일은 이처럼 간단했지만, 또 한편으로는 매우 적절했습니다) 하나부터 열까지 모두 연기해 보입니다. 예를 들면 찰스 탠슬리가 우산을 잃어버린 일, 카마이클 씨가 코가 막혀 킁킁거린 일, 뱅크스 씨가 '채소의 염류, 모두 상실'이라고 투덜거린 일. 그녀는 모든 것을 아주 절묘하게 흉내내고 때로는 조금 심술궂게 비꼬기도 합니다. 이제 가야겠다고 말하면서도 창가로 가서 이렇게 말합니다. 벌써 새벽이야, 해가 떠오르는 게 보여. 그리고는 몸을 반쯤 뒤로 돌려 더더욱 친근하게 웃어 보이면서 주장하죠. 릴리도 민타도 다들 꼭 결혼해야 해. 아무리 큰 영광을 누린다 해도(하지만 부인은 내 그림은 전혀 안중에도 없어요), 어떠한 승리를 쟁취하더라도(램지 부인도 나름대로 승리의 배당은 받고 있어요). 여기서 부인은 슬픈 듯이 얼굴을 흐리며 의자로 되돌아가, 결혼하지 않은 여자는(부인은 순간 가볍게 내 손을 잡았어요), 결혼하지 않은 여자는 인생의 가장 큰 기쁨을 맛보지 못한다, 여기에는 절대로 반론의 여지가 없다고 단언했어요. 집은 잠든 아이들과 귀를 기울이고 있는 램지 부인, 갓을 씌워 그늘진 불빛과 고른 숨소리로 가득해 보였습니다.

어머, 하지만 제게는 아버지가 계시고 집도 있어요. 그리고 주제넘은 말이지만 그림도. 릴리는 말하고 싶었으나 이것은 항의라고 하기엔 너무나 보잘것없고 유치한 변명처럼 느껴졌다. 그래도 날이 밝아오면서 하얀 빛이 커튼 사이로 들이비치고 때때로 뜰에서 새들이 지저귀는 소리가 들려오면 그녀는 필사적으로 용기를 짜냈다. 오직 나만은 보편적인 법칙에서 벗어나 있다고 주장하고, 그것을 인정해 달라고 탄원합니다. 나는 혼자 있는 것이 좋고, 나 자신으로 있고 싶고, 결혼생활은 맞지 않는다고 늘어놓으며. 이윽고 비교할 수 없을 정도로 깊고 깊은 저 심연에서 진지하게 들여다보는 눈을 마주보고, 램지 부인의 한결같은 확신(그녀는 지금은 완전히 어린애 같다), 귀여운 릴리, 당신은 바보로군요, 하는 확신과 맞서야 했어요. 그러면 나는 램지 부인의 무릎에 얼굴을 묻고 웃고, 웃고, 또 웃고, 정말로 신경질적으로 웃어댔어요. 글쎄, 부인이 태연자약하게 자기가 전혀 이해하지 못하는 타인의 운명에 이래라저래라 참견하는 것이 정말 우습잖아요. 부인은 변함없이 진지한 얼굴로 앉아 있어요. 나는 부인을 새삼스럽지만 분명히 느꼈어요. 이것이 바로 그 장갑의 뒤틀린 손가락이에요. 나는 다른 사람의 어떤 신성불가침한 마음속으로 파고들고 말았구나 싶어서 이윽고 눈을 들었습니다. 부인은 내가 자지러지게 웃은 이유를 전혀 모른 채 여전히 지시하는 투였지만, 이제는 변덕은 흔적도 없이 사라지고 대신 달 옆에 잠든 하늘, 끊임없이 흘러가던 구름이 마침내 걷히고 나타난 하늘처럼 맑게 개어 있었습니다.

그 빛은 총명함이나 지식이었던가? 그렇지 않으면 이것 또한 그 미모에 현혹되어, 사람의 지각이 진실의 한복판에서 황금 그물에 걸려들고 만 것인가? 아니면 내가 생각할 때 사람이 세계를 운행해 나가려면 반드시 필요한 그 비결을, 램지 부인은 태어나면서 자기 안에 지니고 있는 것일까? 모든 사람이 나처럼 아등바등하면서 하루하루를 근근이 살아가지 않는다. 하지만 사람은 자신이 알고 있다고 해서 그것을 남에게 가르쳐 줄 수 있을까? 마루에 앉아 램지 부인의 무릎을 끌어안고 나는 최대한 몸을 찰싹 붙이고, 부인은 내가 이처럼 몸을 붙이는 이유를 죽어도 모를 거라고 비웃으며 상상했습니다. 이 여성, 지금 내가 만지고 있는 이 여성의 마음속 밀실에는 왕의 무덤에 묻힌 보물처럼 신성한 비문이 새겨진 명판이 늘어서 있고, 그 비문을 판독할 수 있다면 모든 것을 알게 되겠지만 그것은 결코 공개적·노골적으로 제공되지 않는다. 그 비밀의 방에 침입하는 수단은? 사랑과 잔꾀는 그것을 알고 있겠지. 한 항아리에 쏟아 부은 물처럼 경애하는 사람과 떨어지지 않고 하나가 되려면 어떤 방법이 필요할까? 몸이 그것을 이룰 수 있을까? 아니면 정신이 뇌의 복잡하게 뒤얽힌 미로를 통해 미묘하게 섞여 들어가는 걸까? 그렇지 않으면 마음이? 사람들의 말처럼 사랑으로 자신과 램지 부인을 하나로 묶을 수 있을까? 자신이 바라는 것은 지식이 아니라 하나가 되는 것, 명판의 비문이 아니라 사람들에게 알려진 언어로 쓸 수 있는 것이 아니라 친밀함 그 자체이며, 그것이야말로 진정한 지식이라고, 나는 램지 부인의 무릎에 얼굴을 묻으면서 생각했습니다.

제1부 창 241

그녀가 램지 부인에게 기대고 있는 동안 아무 일도 일어나지 않았다. 그렇다, 아무 일도! 더구나 그녀는 부인의 마음속에 지식과 지혜가 쌓여 있음을 알았다. 그녀는 자문했다. 그렇다면 엄중하게 봉인된 사람의 마음을 이것저것 알려면 어떤 방법이 필요할까? 만질 수도 맛볼 수도 없지만, 그저 벌처럼 공중에 어려 있는 감미로움과 예리함에 이끌려 끊임없이 반구형의 벌집에 드나들고, 홀로 온 세계의 광막한 하늘의 황야를 헤매고 뛰어다니며 두런거리고 웅성거리는 벌집을 찾아다닌다. 이 벌집이 사람들의 집단이다. 램지 부인이 일어섰고, 그녀도 일어섰다. 램지 부인은 돌아갔다. 그 뒤 며칠 동안 부인의 주위에는 꿈에서 본 사람에게 떠올라 있는 듯한 무어라 말할 수 없는 변화가 어려 있었다. 부인이 말한 그 무엇보다도 더욱 생기 있는 어떤 중얼거림이었다. 응접실 창가의 등나무 의자에 앉은 부인의 모습은 릴리의 눈에 엄숙하게 비쳤다. 마치 반구형의 벌집처럼.

나의 이러한 시선은 뱅크스 씨의 시선과 나란히, 무릎에 제임스를 안고 책을 읽어주고 있는 부인에게 쏟아졌습니다. 그러나 내가 여전히 부인을 바라보고 있는 사이에, 뱅크스 씨는 눈길을 거두어 버렸습니다. 그는 안경을 쓰고 뒷걸음질치면서 손을 들어 가렸습니다. 티 없는 푸른 눈을 옆으로 살짝 돌렸습니다. 그 때 나는 정신을 차리면서 그가 외면한 이유를 깨닫고, 자신을 때리려고 들어 올린 손을 겨우 깨달은 개처럼 몸을 움츠렸습니다. 나는 이젤에서 내 그림을 홱 걷어내 버리고 싶었지만 참아야 한다고 생각을 고쳐 잡았습니다. 누군가가 자신의 그림을 보는 것을 참기 위해, 끔찍한 시련에 맞서기 위해 용기를 쥐어짰습니다. 참아야 한다고 되뇌었습니다. 참아야 한다. 누군가에게 꼭 보여야 한다면, 뱅크스 씨가 다른 사람보다 무섭지 않아. 그러나 나의 33년의 생명의 침전이, 매일 매일의 생활의 퇴적물이 그 세월 동안 표현되고 보여진 것보다 더욱 비밀스러운 무언가와 섞여 그 자리에 있는 것을, 뱅크스 씨가 아닌 다른 사람이 본다면 그것은 매우 괴로운 일입니다. 하지만 동시에 매우 짜릿한 일이기도 합니다.

아주 냉정하고 평온한 순간이었다. 뱅크스 씨는 주머니칼을 꺼내어 뼈로 된 손잡이로 캔버스를 톡톡 치면서 물었다. 홍자색 삼각형은 무엇을 표현한 것입니까? "여기, 이거 말이에요."

제임스에게 책을 읽어 주는 램지 부인이에요. 릴리는 대답했다. 그가 반론

할 줄은 알고 있었다—아무도 사람이라고는 보지 않겠는데요. 애당초 사람 모양으로 그릴 생각은 없었어요. 그녀는 대답했다. 어째서 두 사람을 이런 식으로 그렸느냐고 그는 물었다. 왜냐하면 저쪽 구석이 밝다면 이쪽 구석은 어둡게 할 필요가 있다고 느꼈을 뿐이에요. 단순하고 명백하고 평범한 것이 었는데 뱅크스 씨는 매우 큰 관심을 보였다. 그러면 어머니와 아들은 일반적으로 존경의 대상이고 더욱이 이 경우 어머니는 미인으로 평판이 자자한데, 홍자색 그림자로 전락시켜도 모독이 되지 않는다는 말인가요? 그는 걱정하며 생각에 잠겼다.

하지만 이것은 당신이 생각하는 의미로서의 두 사람을 그린 게 아닌걸요, 나는 말했습니다. 두 사람에 대한 존경의 뜻은 이것 말고도 몇 가지 있어요. 가령 이쪽에 그림자를 두고 저쪽에 빛을 둔 것처럼요. 나의 존경은 빛과 그림자의 형태로 나타나요. 자고로 그림이란 존경을 나타내는 표시여야 한다고, 막연하게나마 생각하고 있거든요. 어머니와 아들이 한 조각의 그림자로 나타나도 전혀 모독이 아니에요. 여기에 빛이 있으면 저기는 그림자가 필요한가, 그는 곰곰이 생각했습니다. 흥미가 일었습니다. 과학적으로 성실하게 이해했습니다. 실은 전혀 반대로 생각하고 있었다고, 그는 말했습니다. 화가들은 우리 집 응접실에 걸려 있는 제일 큰 그림을 칭찬하면서 내가 지불한 금액 이상의 가치가 있다고 평가하거든요. 케넷 강변에 흐드러지게 핀 벚꽃을 그린 작품이에요. 케넷 강변은 내가 신혼시절을 보낸 곳이지요. 릴리도 꼭 와서 그 그림을 한 번 보세요. 하지만 지금은, 그는 고개를 돌리며 내 캔버스를 자세히 들여다보기 위해 안경을 썼습니다. 문제는 대상과 대상, 빛과 그림자의 관계라는 말이군요. 솔직히 말하면 나는 지금까지 그런 것은 생각해 본 적도 없었습니다. 꼭 듣고 싶은데, 저 풍경을 어떻게 다룰 생각입니까? 그는 우리 앞에 펼쳐진 광경을 가리켰습니다. 나도 그곳을 바라보았지만 손에 붓을 잡아보기 전에는 그 광경을 어떻게 다루어야 좋을지 전혀 감을 잡을 수 없었습니다. 나는 다시 한 번 그림을 그리던 자리에 서서 흐릿한 눈과 멍한 태도로 한 여자로서 받은 나의 인상을 모두 억누르고, 더욱 보편적인 무언가에 주의를 기울였습니다. 아까는 분명히 보았으나 지금은 산울타리나 집, 어머니나 아들 사이에서 찾아야 하는 그 비전의 힘에 의해 다시 한 번 나 자신의 그림이 되도록 말입니다. 나는 생각해 냈습니다. 오른쪽의 이 대상과 왼쪽의 대상을 어떻게 연결시킬지 그것이 문제였던 것입니다. 아마 나뭇가지를 이렇게 가로지르게 하면 될 것입니다. 전경의 공간을 하나의 물건으로(아마 제임스면 되겠지) 채워도 좋을 것입니다. 그러나 그랬다가는 전체의 통일성이 무너질 위험이 있습니다. 나는 동작을 멈췄습니다. 저분을 지루하게 하고 싶지 않았거든요. 그리고 이젤에서 캔버스를 가볍게 떼어냈습니다.

하지만 그 그림은 이미 남에게 보이고 말았다. 그녀에게서 빼앗아버리고 말았다. 그는 더없이 친밀한 것을 그녀와 나누어 가졌다. 사람으로 태어나 인생이라는 기나긴 통로를 이제는 혼자가 아니라 누군가와 팔짱을 끼고 걸을 수 있다는 것은 정말 이상한 느낌이었다. 동시에 더할 나위 없이 두근두근한 일이었다. 그것을 깨닫게 된 계기로 램지 씨와 램지 부인에게 감사하고 또 이 시간과 이 장소에 감사하며, 세상에는 그녀가 생각지도 못했던 힘이 있음을 실감했다. 그녀는 그림도구 상자의 걸쇠를 힘껏 닫았다. 걸쇠 소리는 도구상자와 잔디밭, 뱅크스 씨, 휙 달려가는 장난꾸러기 캠을 영원히 둥글게 에워싸는 것 같았다.

10

캠은 이젤을 스치듯이 달려갔다. 뱅크스 씨와 릴리 브리스코는 바라보지도 않았다. 자기도 딸이 있으면 좋겠다고 생각하는 뱅크스 씨가 손을 내밀었지만 헛일이었다. 아버지에게도 눈길조차 주지 않고 아슬아슬하게 스쳐 지나갔고, "캠, 이리 좀 와보렴" 하고 어머니가 불러도 멈추지 않고 기세 좋게 달려 나갔다. 마치 새처럼, 총알처럼, 화살처럼 달려가는 캠이 무엇을 바라고, 누구를 향하여 무엇을 목표로 삼고 있는지 아무도 모른다. 정말 무엇일까? 딸을 지켜보면서 램지 부인은 생각했다. 어쩌면 조개껍질, 손수레, 산울타리 저편 요정의 나라의 환상에 사로잡혀 있는지도 모른다. 아니면 그냥 속도를 즐기고 자랑하고 싶은 걸까? 아무도 모른다. "캠!" 부인이 두 번이나 부르자 이 총알 같은 계집아이는 갑자기 딱 멈춰 서더니 느릿느릿하게 어머니에게 되돌아가면서 이파리 하나를 잡아 뜯었다.

대체 무엇을 꿈꾸고 있는 것일까. 부인은 딸아이가 무언가 생각에 잠겨서 넋 나간 듯이 멍하게 서 있는 모습을 보며 의아해했다. 덕분에 똑같은 말을 두 번이나 하고 말았다. 앤드루와 도일 양, 그리고 레일리 씨가 돌아왔는지 밀드레드에게 물어보고 오렴. 그 말은 마치 샘 속으로 떨어지는 듯했다. 그 물은 맑긴 하지만 마구잡이로 꼬이고 뒤틀려 있었다. 말은 떨어지는 동안에도 마구 일그러져서 아이의 마음 밑바닥에 닿을 때에는 어떤 모양이 되어 있을지 상상도 할 수 없었다. 캠이 요리사에게 제대로 말을 전했을까? 부인은 걱정이 되었다. 정말로 한참을 끈기 있게 기다렸다. 그 사이, 부엌에 볼이 아주 빨간 할머니가 와서 그릇에 든 수프를 마시고 있다는 이야기도 들었다. 마침내 부인은 캠의 앵무새 같은 본능을 환기하며, 상당히 정확하게 주워 삼키고 있던 밀드레드의 대답을 재생시킬 수 있었다. 단조로운 노래 가락 같았다. 캠은 몸의 중심을 왼발 오른발에 번갈아 실으면서 요리사의 말을 되풀이했다. "아니요, 아직 돌아오지 않으셨어요, 그래서 차는 치우라고 엘렌에게 말해 두었습니다."

그럼 민타 도일과 폴 레일리는 아직 돌아오지 않았구나. 그것이 무슨 뜻인지는 뻔하지. 부인은 생각했다. 민타는 폴의 청혼을 승낙하거나 거절하거나 둘 중 하나니까. 점심 식사 뒤에 함께 산책하는 것은 설령 앤드루가 따라갔어도 승낙하기로 결정했다는 뜻이 아니겠어? 좋은 일이야. 그 분은 머리는 나쁘지만 아주 좋은 분이니까(그녀는 민타를 정말 좋아했다). 나는 논문이나 쓰는 똑똑한 찰스 탠슬리 같은 사람보다 너글너글한 그분이 훨씬 더 좋아. 그녀는 그 동안에도 제임스가 〈어부와 그의 아내〉 이야기를 계속 읽어 달라고 잡아당기는 것을 알고 있었다. 어쨌든 지금쯤은 민타와 폴이 어떻게 할지 정했음이 틀림없었다.

그녀는 계속 읽었다. "다음날 아침 아내가 먼저 눈을 떴습니다. 마침 해가 떠오르고 있었으므로, 침대에서 아름답게 펼쳐진 경치를 바라보았습니다. 어부는 아직 길게 늘어져서 자고 있습니다……."

이제 와서 민타가 폴을 거절할 수는 없습니다. 긴 여름날 오후에 단둘이서 ─앤드루는 금방 게를 잡으러 쫓아다녔을 테니까요─시골길을 산책하기로 약속했으니까요. 하지만 어쩌면 낸시가 그들과 함께 있었을지도 몰라요. 부인은 점심식사를 마치고 현관문 앞에 서 있던 사람들의 얼굴을 떠올리려고 온 신경을 집중했다. 다들 하늘을 올려다보며 날씨를 걱정하고 있었어요. 나는 수줍어하는 두 사람의 긴장을 풀어주고 또 한편으로는 격려하는 마음에서 산책을 권했습니다(그녀는 폴을 동정하고 있었다).

제1부 창 245

"근처에는 구름 한 점 없잖아요." 그들을 따라 밖으로 나온 찰스 탠슬리가 그 말을 듣고 킥킥거리는 것이 느껴졌습니다. 하지만 나는 일부러 그 말을 한 번 더 되풀이했습니다. 그런데 낸시가 거기에 있었는지 아닌지 분명히 기억나지 않네요. 그녀는 마음의 눈으로 그들 사이를 하나하나 살펴보았다.

그녀는 계속 읽었다, "아아, 여보, 왜 우리가 왕이 되어야 하지? 나는 왕 같은 것은 되고 싶지 않아." "맘대로 해요, 당신은 아니더라도 나는 되고 싶어요. 넙치에게 가세요, 나는 왕이 되고 싶어요."

"들어오든지 나가든지 분명히 하렴, 캠" 그녀는 말했다. 캠이 '넙치'라는 말에 마음이 끌렸다는 것은 잘 알고 있었지만, 1분만 지나면 주저주저하면서 언제나처럼 제임스와 싸울 게 뻔했다. 캠은 총알처럼 달려 나갔다. 그녀는 안심하고 책을 계속 읽었다. 그녀와 제임스는 취향이 같아서 함께 있으면 마음이 편했다.

"그래서 어부는 바다로 왔지만, 짙은 회색 바다는 밑에서부터 밀어 올리는 듯한 파도를 일으키며 악취를 풍기고 있었습니다. 어부가 해변에 서서 말했습니다.

'바다에 사는 넙치야,
자, 이리 나오려무나.
내 아내 이사벨의 소원은
나와는 전혀 다르구나.'

'그럼 당신의 아내는 무엇을 원하나요?' 넙치가 물었습니다." 그 사람들은 지금 어디에 있을까? 나는 책을 읽으면서 동시에 생각을 이어 나가는 것이 조금도 어렵지 않았습니다. 〈어부와 그의 아내〉 이야기가 마치 저음으로 곡에 조용하게 반주를 넣고 있는 것 같았습니다. 그러나 그 저음이 때때로 음조를 높여 예기치 못하게 멜로디 속으로 끼어들기도 합니다. 나한테는 언제 말해 줄까? 만약 아무 일도 없었다면 나는 민타에게 진지하게 충고해 주어야 해. 민타가 그와 온 동네를 돌아다니게 둘 순 없어, 설사 낸시가 함께 있다고 하더라도(나는 다시 한 번 길을 내려가는 사람들의 뒷모습을 떠올리고 몇 명인지 세어 보려고 했지만 잘 되지 않았습니다). 내게는 민타에 대한 책임이 있어. 민타의 부모님은 나를 믿고 그녀를 맡겼으니까. 그 부엉이랑 부지깽이 말야. 그 부모의 별명은 내가 책을 읽고 있는 사이에 갑자기 뇌리에 떠오른 것입니다. 부엉이와 부지깽이―그들이 들으면 분명 화를 내겠지― 그리고 그런 일은 반드시 귀에 들어가게 되어 있어―램지네 집에 머무르는 동안 누구누구와 이랬다는 둥 저랬다는 둥. "남편은 하원이라 가발을 쓰는데, 부인이 계단 위에서 정말 솜씨 좋게 도와준대요." 나는 그 두 사람을 기억 속에서 끄집어내기 위해, 그날 파티에서 돌아오는 길에 남편을 즐겁게 해주느라 꺼냈던 말을 되풀이해 보았습니다. 정말이지 그 딸은 부모와 닮은 데라고는 조금도 없었어요. 양말에 구멍이 나도 전혀 신경쓰지 않던 그 말괄량이가, 그 민타가 그렇게 숨 막히는 집안에서 살 수 있을 리가 없잖아요. 앵무새가 흐트러뜨린 모래를 하녀가 항상 쓸어 모으고 있는 집, 대화라고는 그 앵무새가 이랬다느니 저랬다느니 하는 말 뿐, 물론 처음에는 흥미롭지만 결국은 아주 답답하고 제한된 화제잖아요. 자연히 그 딸을 점심 먹자고, 차를 마시자고 부르고, 저녁식사에 초대하다가, 마침내는 핀레이에 머무는 지경까지 온 거죠. 그 결과 어머니인 부엉이와 마찰이 생겨서 더 자주 찾아가고 더 많은 이야기를 나누고 더 많이 모래를 흩뿌리며, 결국은 앵무새에 대해서 온갖 거짓말까지 늘어놓아야 했어요. 평생 할 거짓말을 다 해버린 것 같다니까요(그날 밤 파티에서 돌아와서 남편에게 했던 말이에요). 그러나 민타가 왔습니다. 네, 그래요, 왔어요. 그 일을 생각하자 거기에 무언가 마음을 찌르는 가시가 있는 것이 느껴졌어요. 그 가시를 빼고 나서야 그것이 다음과 같은 일임을 알았죠. 어떤 부인이 이전에 나에게 "자기에게서 딸의 사랑을 빼앗는다"고 비난한 일이 있었어요. 도일 부인이 말한 어떤 말에 그 비난이 떠올랐던 거예요. 고압적이고 간섭 잘 하고, 자기가 원하는 대로 남을 조종하려 든다고 나를 공격했죠. 나는 매우 부당하다고 생각했어요. 남들이 볼 때 "그런 것 같다"고 해서 내 잘못은 아니잖아요. 남에게 좋은 인상을 주려고 혈안이 되어 있다니 잘못 짚어도 정말 한참 잘못 짚었어요. 나는 가끔 볼품없는 내 자신이 얼마나 부끄러운지 몰라요. 그리고 나는 고압적이지도 않고 횡포를 부리지도 않았어요. 병원이나 하수 시설, 낙농장에 대한 것이라면 또 몰라요. 그런 일에는 발끈 불타오르거든요. 만약 기회만 있다면 사람들의 목덜미를 잡아끌고 가서라도 보여주고 싶어요. 섬 전체에 병원이 하나도 없다니 정말 부끄러운 일이에요. 런던의 집으로 배달되는 우유는 말 그대로, 먼지 때문에 갈색으로 변해 있어요. 법으로 금지해야 한다고 생각해요. 그래서 여기에 모범이 될 낙농장과 병원을 세우는 것, 이 두 가지가 내가 무척 하고 싶은 일이에요. 하지만 어떻게 할 수 있겠어요? 아이들이 이렇게나 많은데. 애들이 좀 더 크면 그 때는 여유가 생길 거예요. 다들 학교에 가게 되면요.

아아, 하지만 제임스는 지금 이대로, 이 이상 하루도 더 크지 말았으면 좋겠어요, 캠도요. 둘은 언제까지나 이대로 있어주면 좋겠어요, 고약한 악마와 기쁨의 천사인 채로. 두 아이가 다리만 길쭉한 괴물로 성장하는 것은 보고 싶지 않아요. 그 상실은 무엇으로도 보상할 수 없어요. 방금 제임스에게 "큰 북과 나팔을 든 병사들이 많았습니다" 하고 읽어 주었을 때, 그의 눈이 어두워지는 것을 보고 생각했습니다. 어째서 이 아이들은 자라서 모든 것을 잃고 마는 걸까? 제임스는 아이들 중에서 가장 재주가 뛰어나고 감수성이 풍부한 아이입니다. 물론 다른 아이들도 모두 전도유망하다고 생각하지만요. 프루는 형제들에게 더없이 상냥한데다 미인입니다. 특히 밤에는 깜짝 놀라 숨이 멎을 것 같은 때도 있어요. 다음은 앤드루, 그 아이의 뛰어난 수학적 재능에는 남편조차 감탄할 정도지요. 그리고 낸시와 로저, 둘은 아직 한창 장난칠 때인지라 하루 종일 근처의 산과 들을 누비고 다닙니다. 로즈는 입이 좀 크긴 하지만 손재주가 아주 뛰어나요. 연극놀이를 할 때 옷은 언제나 로즈가 만들어요. 무엇이든 못 만드는 게 없어요. 특히 탁자 장식과 꽃꽂이를 아주 좋아해요. 재스퍼가 새를 쏘는 것은 마음에 들지 않지만, 이것도 성장의 한 단계라고 생각해요. 모두 단계를 밟으며 성장하는 거잖아요. 제임스의 머리에 턱을 갖다 대면서 자문합니다. 어째서 아이들은 이렇게 빨리 어른이 되는 걸까, 왜 학교 따위에 가는 걸까. 나는 언제나 갓난아기와 함께 있고 싶었어요, 갓난아기를 팔에 안고 있을 때가 가장 행복하거든요. 다들 내가 독재자라느니 고압적이라느니 으스댄다느니 하는데, 그래요, 맘껏 떠드세요. 전혀 신경 쓰지 않으니까요. 나는 제임스의 머리칼에 입술을 갖다 대면서, 이 아이도 이런 행복은 두 번 다시 맛보지 못할 거라고 생각하다가 갑자기 그만두었습니다. 내가 그렇게 말하면 남편은 매우 화를 내요. 하지만 그것은 사실이에요. 아이들은 지금이 가장 행복하답니다. 캠은 10펜스의 장난감 차 세트로 며칠 동안 행복해해요. 아이들은 눈을 뜨자마자 내 머리맡에서 마루를 쿵쾅거리며 환성을 지릅니다. 아이들은 복도를 기운차게 내달립니다. 그리고 문을 활짝 열어젖히며 마치 장미처럼 싱싱하게 잠에서 완전히 깬 아이들이 눈을 동그랗게 뜨고 들어옵니다. 태어난 이래로 매일 아침 식사를 마치고 식당으로 뛰어 들어오는 이 습관이 그들에게는 마치 둘도 없이 소중한 행사인 듯했습니다. 이런 일들이 하루 종일 꼬리에 꼬리를 물고 일어나, 내가 아이들을 재우러 2층으로 올라갈 때까지 계속됩니다. 침대에 파묻힌 아이들은 마치 버찌나 나무딸기 사이에 둥지를 튼 작은 새처럼, 침대에 누워서도 여전히 별로 중요하지도 않은 것들, 가령 엿들은 이야기나 뜰에서 주운 것들에 대하여 이야기를 꾸며 내며 재잘거립니다. 아이들은 저마다 자신의 자그마한 보물을 갖고 있습니다. 나는 아래층으로 내려와 남편에게 말했습니다, 저 아이들은 어째서 어른이 되어 버리는 걸까요? 어째서 모든 것을 잃어야 하죠? 이런 행복은 두 번 다시 오지 않을 텐데. 그러면 남편은 화를 냅니다. 어째서 그런 비관적인 인생관을 갖고 있지? 어리석기는. 남편은 음울하고 자포자기하듯 절망적이지만 전체적으로 보면 나보다 더 행복하고 낙관적이니 신기할 따름이죠. 하지만 사실이에요. 나보다 세상의 근심걱정에 덜 노출되어 있기 때문일까요? 남편에게는 언제나 의지할 일이 있죠. 하지만 나는 남편이 나무란 것처럼 비관적이지 않아요. 다만 나는 인생을 생각할 뿐이에요. 나의 눈앞에 나타난 한 조각의 시간, 나의 50년을. 내 앞에 인생이 놓여 있습니다. 나는 그것을 생각하지만 아직 결론에는 이르지 못했습니다. 나는 인생을 흘깃 봅니다. 나는 거기에 있는 인생을 분명하게 느낍니다. 그것은 아이들과도 남편과도 나눌 수 없는 나만의 현실입니다. 나와 인생 사이에는 일종의 거래가 이루어지고 있습니다. 나는 언제나 인생을 이겨보려고 안간힘을 쓰고 인생도 나를 이기려고 기를 씁니다. 때로는 서로 회의를 합니다 (혼자 있을 때). 타협하기 위해 크게 연극을 해 보인 적도 있습니다. 그러나 이상하게도, 대체로 내가 인생이라 부르는 것은 무섭고 반항적이고 기회만 있으면 당장에라도 덤벼들 것처럼 느껴집니다. 영원히 풀리지 않는 문제들이 있습니다. 고통, 죽음, 빈곤. 실제로 이 섬에도 암으로 죽어가는 여자가 언제나 한 명은 있습니다. 그래도 나는 아이들 모두에게 말했습니다. 너희들은 반드시 그 문제들과 싸워 이겨서 헤치고 나아가야 한다고. 8명의 아이들

제1부 창 249

에게 가차없이 말했습니다(그리고 온실 수리비 50파운드가 청구될 것입니다). 이런 이유 때문에, 아이들의 앞날에 있는 것들—사랑과 야심과 황량한 곳에서 비참하게 홀로 버려지는 것을 잘 알고 있기 때문에, 나는 번번이 왜 저 아이들은 어른이 되어서 이 행복을 잃어야만 하냐고 느끼는 것입니다. 그래서 인생을 향해 칼을 휘두르면서 나는 스스로를 타이릅니다. 쓸데없는 짓이야! 저 아이들은 완전히 행복해질 수 있어. 여기서 또 민타와 폴 레일리의 결혼을 주선하면서, 어쩐지 인생이 불길한 것으로 여겨지기 시작했습니다. 자신의 인생과의 거래에 대하여 스스로 어떻게 느끼는가는 차치하고, 또한 남들도 다들 겪는다고는 할 수 없는 경험을 다양하게 해 왔으면서도(그것을 구체적으로 헤아려 볼 생각은 없어요), 나는 마치 닭달하듯이, 그것이나 자신을 위한 피난처라도 되는 양 너무나도 성급하게, 사람은 결혼해야 한다고, 아이를 낳아야 한다고 말해 버리는 것입니다.

이 점에 대해 내가 틀렸던 것일까? 나는 반성하며 지난 한두 주 동안의내 행동을 주의 깊게 살펴보았습니다. 아직 24살밖에 안된 민타에게 압력을행사하여 결심을 독촉하거나 하진 않았는지 걱정스러웠습니다. 어쩐지 불안했습니다. 나는 반 농담이 아니었던 것일까? 사람들한테 영향력이 강하다는것을 잊고 있었던 것일까? 결혼에는 여러 가지 필요불가결한 자질이 있습니다(먼저 온실 수리비는 50파운드입니다). 내가 굳이 말할 필요도 없는 본질적인 자질이 필요합니다. 남편과 나 사이에는 있지만 그 두 사람에게도 자질이 있을까?

"그리고 어부는 바지를 입고 미친 듯이 달려갔어요." 그녀는 계속 읽었다. "그러나 밖에는 폭풍이 휘몰아치고 바람이 세차게 불어대어 어부는 똑바로서 있기조차 힘들었어요. 집과 나무는 쓰러졌고, 산은 부들부들 떨었으며, 바위는 바다로 굴러 떨어졌어요. 새카만 하늘에는 천둥이 울려 퍼지고 번개가 번뜩였어요. 바다에는 교회 탑과 산처럼 높은 검은 파도가 꼭대기에 하얀물보라를 일으키며 밀려왔어요."

그녀는 책장을 넘겼다. 취침 시간이 지났지만 몇 줄 안 남았기 때문에 이야기를 끝까지 읽기로 했다. 상당히 늦은 시각이었다. 뜰에 남아 있는 빛으로 알 수 있었다. 꽃은 빛을 잃고 잎사귀는 어쩐지 회색이었는데, 그것들이그녀의 마음에 불안을 불러일으켰다. 그 불안이 어디서 오는지 처음에는 몰

250 등대로

랐지만, 폴과 민타와 앤드루가 돌아오지 않았기 때문이었다. 그녀는 현관 문 앞 테라스에 서서 하늘을 올려다보던 그들 일행을 다시 한 번 떠올렸다. 앤 드루는 그물과 바구니를 들고 있었다. 그것은 그가 게와 다른 이러저러한 것 들을 잡겠다는 뜻이었다. 또한 그가 바위에 올라갈 수도 있고, 만조로 길이 끊어질 수도 있음을 의미했다. 아니면 벼랑 위의 오솔길을 한 줄로 나란히 걸어서 돌아오다가 누군가가 발을 헛디뎌 미끄러질 수도 있었다. 떨어지면 몸이 산산조각이 나고 말테지. 날이 상당히 어두워졌다.

그러나 그녀는 조금도 목소리를 바꾸지 않고 이야기를 끝까지 다 읽었다. 책을 덮고, 마지막 문장은 마치 그녀가 만들어 낸 것처럼 제임스의 눈을 들 여다보면서 덧붙였다. "그리고 두 사람은 지금도 함께 행복하게 살고 있습 니다."

"자, 이제 끝났어." 그녀가 말했다. 그의 눈에서 이야기에 대한 흥미가 사 라지고 대신 다른 무언가가 나타났다. 그는 곧바로 푸른빛의 반사 같은 그것 을 응시하고 경탄한 모양이었다. 그녀가 고개를 돌려 만을 가로질러 시선을 던지니, 아니나다를까 파도 너머로 처음 두 번은 빠르게 점멸하고 나중 한 번은 길고 차분하게 비추는 규칙적인 등대의 불빛이 눈에 들어왔다. 등대에 불이 켜진 것이다.

조금 있으면 "등대에 갈 수 있나요?" 하고 물어올 것이다. 그러면 싫어도 "아니, 내일은 안 돼, 아버지가 안 된다고 하셨거든" 하고 말해 주어야 한 다. 때마침 밀드레드가 아이들을 데리러 오는 바람에 그 부산스러움에 휩쓸 려 그들의 마음은 다른 곳으로 쏠렸다. 그러나 밀드레드의 손에 이끌려 나가 면서도 고개를 뒤로 돌려 이쪽을 보고 있었다. 그녀는 제임스가 틀림없이 내 일은 등대에 가지 못한다고 계속 생각하고 있으며, 그는 평생 이 일을 기억 할 것이라고 생각했다.

11

맞아, 제임스가 오려낸 그림들, 냉장고와 잔디 깎는 기계와 연미복을 입은 신사 등을 한데 모으면서 나는 생각했습니다. 아이들은 결코 잊지 않아. 그 러므로 말 한 마디, 행동거지 하나도 조심해야 하죠. 아이들이 잠자리로 돌 아가자 나는 겨우 한숨을 쉴 수 있었습니다. 이제는 더 이상 아무도 신경 쓰지 않아도 되니까요. 나 혼자, 나 자신으로 있을 수 있거든요. 그것이 필요하다고, 요즘 들어 사색할 때 절실히 느낍니다. 그래요, 꼭 사색에 잠기기 위해서는 아닐지도 몰라요. 침묵하기 위해, 혼자 있기 위해 그럴지도 모릅니다. 모든 나의 존재와 행동, 밖으로 퍼지고 반짝반짝 빛나고 소리내는 것은 완전히 증발해 버리고, 엄숙한 느낌으로 몸이 수축하여 자기 자신, 쐐기 모양의 어둠의 핵심, 남에게는 보이지 않는 무언가로 오그라드는 것입니다. 나는 변함없이 뜨개질을 계속하며 허리를 똑바로 펴고 앉아 있었지만 속으로는 이렇게 느끼고 있었습니다. 자기가 이처럼 몸에 달라붙은 애착을 완전히 벗겨내 버리는 것은 참으로 신기한 모험을 자유롭게 받아들일 자세가 되어 있는 것이라고. 생명의 활동력이 잠시 둔해지면 경험의 범위는 한없이 넓어집니다. 모든 사람이 경험을 위한 이 무한한 능력을 갖고 있다고 느끼는 것은 아닐까. 나도, 릴리도, 오거스터스 카마이클도. 우리의 외관은 사람들이 우리를 아는 수단이지만 그것은 정말 유치할 따름입니다. 그 겉모습 아래 있는 것, 어둡고 사방으로 퍼져 있고 끝도 없이 깊지만 때때로 표면으로 떠올라오는 그것을 사람들은 '우리'라고 인식합니다. 나는 지평선이 무한히 펼쳐져 있다고 생각했습니다. 아직 보지 못한 곳이 많습니다. 인도의 평원 같은. 로마 교회의 두꺼운 가죽 커튼을 젖히는 자신을 느꼈습니다. 이 어두운 쐐기모양의 핵심은 어디든 갈 수 있습니다, 아무에게도 보이지 않으니까요. 아무에게도 방해받지 않으면 조금 우쭐하며 생각합니다. 자유가 있고, 평화가 있고, 특히 모든 힘의 통일이 있고, 흔들림 없는 토대 위에서의 휴식이 있습니다. 사람은 자기에게서 휴식을 찾을 수 없다는 것을 경험상으로 알고 있습니다(여기서 그녀는 뜨개바늘을 능숙하게 움직여 무언가를 완성했다). 그것을 할 수 있는 것은 쐐기 모양의 어둠뿐입니다. 개인으로서의 나를 벗어던지면 초조하고 짜증스러워서 마음이 동요될 일도 없습니다. 모든 것이 이 평안, 이 안정, 이 영원으로 다가올 때마다 인생에 대한 승리의 환성이 내 입술을 타고 흘러 나옵니다. 잠시 쉬면서 등대의 저 섬광, 저 세 번째의 길고 착실한 빛에 눈을 맞추려고 멀리 바라봅니다. 이것이 바로 나의 빛입니다. 이 시간에 이러한 기분으로 저 등대의 빛줄기를 바라보고 있으면 그것에 자신을 결부시켜 하나가 되지 않을 수가 없습니다. 그러므로 이것, 이 세 번째의 길고 착실한 빛줄기는 나의 것입니다. 때때로 나는 일감을 손에 들고 앉아서, 바라보고 또 바라보다가 마침내는 자신이 바라보고 있던 그것, 가령 저 빛이 되어 버린 순간을 깨닫습니다. 그러면 그 빛은 나의 마음속에 있던 온갖 짧은 말들을 그 위에 싣고 갑니다. "아이들은 잊지 않습니다, 아이들은 절대 잊지 않습니다." 또 그것을 되풀이하는 사이에 나는 새로이 덧붙여 말합니다. "그것은 언젠가 끝난다, 그것은 언젠가 끝난다." "아아, 다가온다, 다가온다." 이렇게 말하다가도 갑자기 "우리는 신의 수중에 있다"고 덧붙였습니다.

그러나 이내 그것을 소리내어 말한 자신에게 짜증이 났습니다. 누가 그 말을 했지? 나는 아니야. 생각하지도 않은 것을 입에 올리도록 함정에 빠진 거야. 뜨개질을 하다가 눈을 들어 세 번째의 빛줄기와 만나자, 마치 자신의 눈이 자신의 눈과 마주친 것처럼 느껴졌습니다. 자기 말고는 누구에게도 불가능한 것처럼 나의 이성과 심정을 살펴보며 그 거짓말을, 아니 어떠한 거짓말이라도 정화해 주는 것처럼 여겨졌습니다. 그 빛을 찬양하는 것은 자신을 찬양하는 것과 마찬가지지만 허영심은 조금도 없었습니다. 그 빛처럼 엄숙했으며 탐구적이고 아름다웠습니다. 기묘한 일이지만, 자신이 혼자 있으면 사물에, 생명이 없는 것에, 나무나 개울이나 풀꽃에 몸을 맡깁니다. 그 생명 없는 것들이 자신을 구현하고 있다고 느끼고, 자기와 하나가 된다고 느끼고, 그것이 자신을 알아준다고 느끼고, 어떤 의미에서 자신이라고 느끼고, 마치 자신을 대하는 것처럼(그녀는 그 길고 착실한 빛을 바라보았다) 유례 없는 다정함을 느끼는 것입니다. 그러면 마음 깊은 곳에서 소용돌이쳐 올라와 내 생명의 호수에 한 줄기 안개가 피어오릅니다. 뜨개질을 멈추고 가만히 바라보니 그것은 마치 연인을 맞이하는 새색시 같았습니다.

무엇이 자신에게 그런 말을 하게 했을까. "우리는 신의 수중에 있다"니? 진실 한가운데로 갑자기 끼어든 이 위선은 그녀를 화나게 하고 초조하게 했다. 다시 뜨개질을 계속하면서 신이 이 세상을 만드셨을 리 없다고 생각했다. 냉정하게 생각해 보면 세상에는 이성도 질서도 정의도 없고, 오직 고뇌와 죽음과 가난한 사람만이 있을 뿐이라는 사실을 그녀는 언제나 가슴에 똑똑히 새기고 있었다. 이 세계는 아무리 야비한 배신도 주저 없이 해 버린다는 사실을 잘 알고 있었다. 행복은 영원히 이어지지 않는다는 것도 잘 알고 있었다. 부인은 차분하게 뜨개질을 계속하면서 입술을 약간 오므렸다. 그녀도 모르는 사이에 얼굴 주름이 경직되어 매우 엄격한 표정을 만들고 있었다.

제1부 창 253

그래서 그녀의 남편은 지나갈 때, 철학자 흄이 지나치게 뚱뚱한 몸 때문에 습지에 빠져서 꼼짝달싹 못하던 일을 생각하며 킥킥대고 있었음에도 불구하고, 아내의 아름다움 속에 어려 있는 그 엄격함에 주목하지 않을 수 없었다. 그것은 그를 슬프게 했고, 그 서먹함은 그를 괴롭혔다. 옆을 지나치면서 자기는 아내를 보호할 수 없다고 느꼈다. 산울타리에 도착한 그의 마음은 슬픔에 짓눌려 있었다. 아내를 도와줄 일은 아무것도 없다. 그저 옆에서 지켜볼 뿐이다. 분하지만, 아내를 위한다고 거들었다가는 사태를 악화시킬 뿐이다. 그는 걸핏하면 화를 냈고 성미가 급했다. 등대 일로도 화를 내고 말았다. 그는 산울타리의 그 복잡하게 뒤얽힌 어두운 덤불을 바라보았다.

자신을 혼자만의 사색에서 다시 현실로 끌어들이는 것은 무언가 시시하고 보잘것없는 소리나 광경이라고 램지 부인은 생각했다. 그녀는 귀를 기울였지만 사방은 아주 조용했다. 크리켓은 끝났고 아이들은 욕실에 있었다. 들려오는 것은 오직 파도 소리뿐. 그녀는 뜨개질을 멈추고 긴 적갈색 양말을 잠시 손에 들고 있었다. 등대의 빛이 또 다시 눈에 들어왔다. 현실로 돌아온 자신과 등대와의 관계는 완전히 달라져 버렸을까? 그녀는 의심하면서 어쩐지 빈정대는 마음으로 그 착실한 세 번째 빛줄기, 무자비하고 가차 없는 빛을 바라보았다. 그토록 자신과 동일하게 느껴졌는데, 지금은 자신과는 멀리 동떨어져서 그녀에게 명령하고 마음대로 부렸다(밤중에 눈을 뜬 그녀는 침대를 활처럼 둥글게 비추고는 바닥을 기어가는 빛을 보았다). 그러나 생각은 그렇게 하면서도, 그녀는 마치 최면술에 걸린 것처럼 그 빛줄기를 지켜보지 않을 수 없었다. 마치 두뇌 안에 봉해져 있는 그릇을 빛줄기의 은색 손가락이 어루만지고 있는 것 같았다. 그 그릇이 벌컥 열리면 그녀는 환희의 홍수에 빠지고 말 것이다. 그녀는 지켜보면서 생각했다. 행복을, 최고의 행복을, 강렬한 행복을 맛보았노라고. 빛줄기는 저녁햇살이 약해질수록 파도치는 바다를 더더욱 은색으로 물들였다. 바다에서 푸른색이 사라지고 순수한 레몬색의 파도가 해변으로 밀려들어 부풀어 오르다 마침내 부서졌다. 부인의 눈에는 황홀의 빛이 흘러넘쳤고, 순수한 기쁨의 파도가 마음속을 내달렸다. 그녀는 더 이상 아무것도 필요 없어! 충분해! 하고 느꼈다.

램지 씨는 돌아서서 그녀를 보았다. 아, 아름답구나, 지금껏 이렇게 아름다운 그녀는 본 적이 없다. 그러나 말을 걸 수는 없었다. 방해할 수 없었다.

제임스가 떠나고 겨우 혼자가 된 그녀에게 말을 걸고 싶은 마음은 간절했지만 방해하지 않을 작정이었다. 그녀는 그 아름다움과 애수를 두르고 그에게서 멀어져 갔다. 그녀를 가만히 내버려 두려고 그는 말을 걸지 않고 지나치긴 했지만, 그녀가 그처럼 멀어 보이고, 손이 닿지 않고, 아무 도움도 줄 수 없다는 점은 그의 마음을 괴롭게 했다. 다시 한 번 말을 걸지 않고 지나치려는데, 지금 남편이 결코 스스로는 요구하지 못하는 것을 그녀가 자발적으로 주었다. 그녀는 남편을 부르더니 액자에서 그 녹색 숄을 거두어 가지고 그에게로 왔다. 그녀는 자신을 보호하고자 하는 그의 마음을 알고 있었던 것이다.

12

그녀는 숄을 어깨에 두르고 그의 팔을 잡았다. 곧장 정원사 케네디 이야기를 시작했다. 그는 정말 잘생겼어요. 너무 잘생겨서 해고할 수가 없다니까요. 온실에는 사다리가 세워져 있었고, 작은 접착제 덩어리가 여기저기 달라붙어 있었다. 이미 온실 지붕 수리가 시작된 것이다. 그렇구나, 그녀는 남편과 함께 한가로이 거닐면서 지금 유난히 마음을 잡아끄는 근심의 근원이 바로 여기에 있다고 느꼈다. 산책하다 말고 "50파운드나 들어요"라는 말이 튀어나올 뻔했지만 도저히 돈 얘기를 꺼낼 용기는 없었으므로, 대신 재스퍼가 새 사냥에 몰두해 있다는 이야기를 했다. 남편은 곧장 그녀를 달래며, 사내아이들에겐 지극히 자연스러운 일이고 틀림없이 머지않아 더 좋은 취미를 찾을 것이라고 말했다. 남편은 정말 현명하고 공정한 사람이었다. 그녀는 말했다. "그래요, 아이들은 모두 단계를 밟으며 성장하니까요." 그리고 커다란 꽃받침이 달린 달리아를 살펴보면서 내년에는 어떤 꽃이 필까 상상했다. 당신은 아이들이 찰스 탠슬리에게 붙인 별명을 들은 적이 있나요? 무신론자래요, 땅딸보 무신론자요. "하긴, 어딜 봐도 세련된 신사는 아니지." 그가 말했다. "신사와는 거리가 멀죠." 그녀는 대답했다.

하지만 그 분은 자기 좋을 대로 내버려 두는 게 낫다고 생각해요. 그녀는 이렇게 말하면서 한편으로는 구근을 이 먼 곳까지 보낸들 무슨 소용이 있을까, 보낸다고 심기나 할까? 하고 생각에 잠겼다. "아아, 그는 논문을 써야 하니까." 남편이 말했다. 그래요, 그건 나도 알고 있어요, 그 분은 다른 말씀은 한 마디도 안 하시는걸요. 논문은 누가 무엇에 끼친 영향에 관한 것이 죠? "그래, 그것 말곤 그가 달리 의지할 것이 없거든." 남편이 말했다. "그가 프루에게 연심을 품진 말았으면 좋겠어요." 만약 프루가 그 녀석과 결혼하겠다고 한다면 연을 끊겠다고 남편은 말했다. 그는 그녀가 살펴보고 있는 꽃을 보고 있지 않았다. 꽃보다 30센티미터쯤 높은 곳을 올려다보고 있었다. 나쁜 사람은 아니야, 악의는 없다고 그는 덧붙였다. 어쨌든 그 녀석은 영국에서 유일하게 나를 존경하고 있다고 말하려다 꾹 참았다. 그는 앞으로 절대 저작 문제로 아내를 괴롭히고 싶지 않았다. 그래서 시선을 아래로 내려뜨리며 빨간 것 같기도 하고 갈색 같기도 한 꽃을 바라보고 말했다. 제법 잘 피었군. 네, 그래요, 이 꽃은 내가 직접 심었어요. 그녀가 말했다. 문제는 만약 내가 런던에 있으면서 구근만 여기로 보낸다면 어떻게 될까 하는 거예요, 케네디가 그걸 심겠어요? 아무짝에도 쓸모없는 게으름뱅이인데. 그녀는 앞으로 걸어가면서 덧붙였다. 내가 직접 삽을 들고 하루 종일 서서 감독하면 가끔은 마지못해 일을 하기도 해요. 두 사람은 레드핫포커 꽃들이 핀 쪽으로 향했다. "당신이 딸들에게 과장하는 버릇을 심어주었군." 램지 씨는 아내를 나무랐다. 저보다 카밀라 숙모가 훨씬 더 심한걸요. 그녀가 대꾸했다. "그러니까 아무도 당신의 카밀라 숙모를 덕의 본보기로 삼지 않는 거야." "카밀라 숙모는 제가 본 여자들 중에서 가장 미인이에요." "누구한테도 빠지지 않는 미인이지." 네, 그래요, 하지만 프루가 자라면 숙모보다 훨씬 더 미인이 될 거예요, 그녀는 말했다. 거기까진 생각 못 했군. "그럼 오늘 밤 한 번 자세히 보세요." 두 사람은 걸음을 멈췄다. 남편은 앤드루가 좀 더 열심히 공부를 하면 좋을 텐데, 하고 말했다. 안 그랬다가는 장학금을 받을 자격을 잃고 말 거야. "아아, 장학금 같은 건 아무래도 좋아요." 그녀는 말했다. 그는 장학금 같은 중요한 문제를 대수롭지 않게 말하는 그녀를 어리석다고 생각했다. 그는 앤드루가 장학금을 받으면 무척 자랑스러울 거라고 말했다. 그녀는 장학금을 못 받아도 앤드루는 여전히 자랑스러운 아들이라고 대답했다. 그들의 의견은 언제나 이 점에 관해서 어긋나지만 대수로운 일은 아니다. 그녀는 남편이 장학금을 중요시하는 것을 바람직하게 생각했고, 남편은 앤드루가 무엇을 하든 그녀가 자랑스럽게 여기는 것을 기쁘게 생각하고 있었다. 갑자기 그녀는 벼랑 끝의 오솔길을 떠올렸다.

256 등대로

너무 늦지 않았나요? 그들이 아직 돌아오지 않았어요. 그녀가 묻자, 남편은 서슴없이 주머니시계 뚜껑을 달깍 열었다. 이제 7시가 지났을 뿐이다. 잠시 시계를 연 채 들고 있던 그는 테라스 위에서 자신이 느꼈던 것을 그녀에게 이야기하기로 결심했다. 첫째로, 그렇게 걱정할 필요는 없어. 앤드루도 자기 몸은 자기가 알아서 챙길 수 있어. 다음으로 당신에게 말해두고 싶은데, 방금 전에 테라스 위를 걷고 있을 때—여기까지 말하고 그는 기분이 언짢아졌다. 마치 아내의 그 고독과 그 범접할 수 없는 고고함 속으로 침범하는 느낌이었다. ……그러나 그녀가 그를 재촉했다. 무슨 말을 하고 싶으신데요? 그녀는 물었다. 아마 등대에 가는 문제일 거야, 그는 "제기랄!"이라고 말한 것을 후회하고 있는 거라고 생각했다. 하지만 아니었다. 당신이 너무 슬퍼보여서 신경이 쓰였어. 어머, 멍하니 있었을 뿐인걸요. 그녀는 얼굴을 살짝 붉히며 변명했다. 둘 다 마음이 불편해져서, 계속 걸어가야 할지 돌아가는 편이 좋을지 알 수 없었다. 제임스에게 동화책을 읽어주고 있었다고 그녀는 말했습니다. 아니, 그 일은 화제로 삼을 수 없어, 절대 말할 수 없어.

그들은 두 무더기로 나뉜 레드핫포커 사이에 도착했다. 또다시 등대가 보였지만 그녀는 이제 그것을 바라볼 생각은 없었다. 그때도 남편이 보고 있는 것을 알았더라면 그렇게 앉아 생각에 잠기는 짓은 하지 않았을 텐데. 그녀는 자신이 생각에 잠겨 있는 모습을 들켰다는 사실을 어떻게 해서든 지우고 싶었다. 그래서 등을 돌리고 읍내로 눈을 돌렸다. 읍내의 불빛은 단단하게 엉긴 은빛 물방울처럼 바람에 나부끼며 한들한들 물결치고 있었다. 모든 가난과 고뇌도 저 풍경에 먹혀 버리는구나. 읍내와 항구, 그리고 배의 불빛들은 침몰한 무언가의 흔적을 표시하는 환상의 그물처럼 보였다. 좋아, 아내의 사색에 끼어들 수 없다면 나도 내 생각에나 빠져보지 뭐, 램지 씨는 혼자 중얼거렸다. 계속 생각하기 위해 흄이 습지에 빠진 이야기를 곱씹어 보았다. 웃고 싶었기 때문이다. 그러나 먼저 앤드루의 일로 이런저런 걱정을 하는 것은 쓸데없는 짓이라고 말해주어야 한다. 그가 앤드루 나이였을 때는 주머니에 과자 한 조각만 달랑 넣고 하루 종일 시골길을 돌아다녀도 아무도 걱정하지 않았고, 벼랑에서 떨어졌다고 생각하는 사람도 없었다. 지금도 날씨만 좋으면 꼬박 하루 정도는 멀리까지 나가볼까 생각하지. 그는 큰 소리로 말했다.

제1부 창 257

뱅크스니 카마이클이니 다 지긋지긋해. 잠시 혼자 있고 싶어. 그렇게 하세요. 그녀는 말했다. 그는 그녀가 반대하지 않자 마음이 상한 모양이었다. 하지만 그녀는 그가 절대로 그러지 않으리란 걸 잘 알고 있었다. 더 이상 주머니에 과자 한 조각만 넣고 하루 종일 돌아다닐 나이가 아니니까. 사내애들은 걱정되었지만 남편은 전혀 그렇지 않았다. 둘이서 레드핫포커 사이에 서서 만을 바라보면서, 그는 오래전, 결혼하기 전에 하루 종일 싸돌아다녔던 때를 떠올렸다. 술집에서 빵과 치즈로 끼니를 때웠어. 10시간동안 내리 공부했고, 노부인이 가끔씩 난로를 살피러 얼굴을 비쳤지. 저 부근이 내가 가장 좋아하는 곳, 모래언덕이 이어지면서 어둠속으로 사라지는 곳이야. 하루 종일 걸어도 사람 그림자조차 없어. 몇 마일이 넘도록 인가 한 채 없고 마을도 없어. 그런 곳에서 홀로 문제를 부여잡고 씨름하는 거야. 태초 이래 사람이 발을 들인 적이 없는 모래언덕이 있어. 바다표범이 앉아서 눈을 맞추고 있지. 거기에 조그마한 집을 한 채 짓고 혼자서…… 하고 그는 가끔씩 생각했지만, 곧 한숨을 내쉬며 그 생각을 쫓아버렸다. 내게는 그럴 권리가 없다. 여덟 아이의 아버지이므로 그는 그 점을 자신에게 일깨웠다. 단 하나라도 지금과 다른 환경을 바라다니, 짐승이나 할 짓이다. 앤드루는 나보다 나은 인간이 될 것이다. 프루는 미인이 되겠지. 아내가 그렇게 말했으니까. 그들이라면 어느 정도 세파에 맞설 수 있을 거야. 여덟 아이들은 대체로 매우 훌륭하다. 아이들은 이 빈약한 작은 우주에서 그가 완전히 절망만 하고 있던 것은 아니라는 걸 증명한다. 이러한 석양 속에서 점점 흐릿해지는 맞은 편 기슭을 바라볼 때마다 그는 이 작은 섬이 한층 서글플 정도로 더 작고, 또 반쯤은 바다에 삼켜진 것처럼 여겨졌다.

"불쌍한 작은 섬." 그는 한숨을 푹 쉬면서 중얼거렸다.

부인이 그것을 들었다. 그런 우울한 말을 하다니. 하지만 그녀는 그가 우울한 말을 내뱉은 뒤에는 언제나 이내 쾌활해지는 것을 알고 있다. 이런 말은 모두 일종의 유희였다. 만약 그녀가 그런 말을 남편의 반만큼이라도 했다면 지금쯤 권총으로 머리를 날려버렸을 것이다.

남편의 이런 말장난은 지긋지긋했다. 그래서 부인은 조금도 대수롭지 않다는 투로 말했다. 아름다운 저녁이에요. 그리고 웃으면서 반쯤 나무라듯이 물었다. 뭘 그렇게 끙끙대세요? 그녀는 그의 생각을 대충 짐작하고 있었기

258 등대로

때문이다. 만약 결혼하지 않았더라면 더 좋은 글을 쓸 수 있었을 텐데, 하고 생각할 것이다.

불평하는 게 아니야. 남편은 말했다. 그야 불평하는 게 아니란 것은 알고 있어요. 불평할 일이 전혀 없는걸요. 그는 그녀의 손을 잡고 입술로 가져가 진심을 담아 입을 맞추었다. 그 깊은 마음에 감동한 그녀가 눈물을 보이자 그는 황급히 그녀의 손을 놓아버렸다.

두 사람은 풍경을 등지고 은녹색 창살 같은 풀들이 돋은 오솔길을 팔짱을 끼고 올라갔다. 남편의 팔은 마치 젊은이처럼 가늘고 야물었다. 그녀는 그가 예순이 넘었지만 여전히 건장하여 정말 기뻤다. 참으로 야성적이고 낙천적이며, 그처럼 무서운 온갖 것들을 믿으면서도 기죽지 않고 오히려 기운을 되찾는 것처럼 보였다. 참으로 기묘한 일이라고 그녀는 생각했다. 정말 때로는 이 사람이 다른 사람들과는 전혀 다른 식으로 만들어진 것 같았다. 평범한 일에는 완전히 장님이고 귀머거리고 벙어리이다. 그러나 비범한 일에는 독수리 같은 눈을 갖고 있다. 그 이해력에 혀를 내두를 정도지만 그가 꽃에 주의를 기울일까? 아니. 경치에 주의를 기울일까? 전혀. 자기 딸의 아름다움은커녕 자기 접시에 놓인 것이 푸딩인지 로스트비프인지조차 모르는걸. 그는 다함께 식탁에 앉아 있어도 마치 꿈을 꾸고 있는 사람 같았다. 그리고 소리내어 혼잣말하는 버릇, 시를 큰 소리로 읊조리는 버릇은 점점 더 심해지는 게 아닌가 싶었다. 때때로 아주 겸연쩍을 때가 있었다.

훌륭한 사람, 아름다운 사람이여, 어서 오라 (셸리의 시 한 구절 〈제인을 사모하며〉)

이렇게 그가 기딩스 양을 바라보며 시 한 구절을 큰 소리로 읊자 가엾게도 그녀는 혼비백산하고 말았다. 부인은 곧바로 기딩스 양 같은 어리석은 사람들보다 남편의 편을 드는 자신을 인식했지만, 그때 남편의 팔을 살짝 누르며 그의 걸음이 자신에게는 너무 빠르다는 뜻을 알렸다. 또 잘 만들어진 두더지 굴이 새로운 것인지 아닌지 살펴보기 위해 몸을 굽히면서, 남편 같은 위대한 정신의 소유자는 우리 같은 평범한 사람들과는 모든 면에서 다를 거라고 생각했다. 이제껏 만난 훌륭한 사람들은 다들 그랬으니까. 그녀는 한편으로는 저 굴에 토끼가 한 마리 들어갔음이 틀림없다고 단정했다. 젊은이들은 그의 목소리를 듣는 것만으로도, 그를 직접 보는 것만으로도 영광일 거야(강의실의 분위기는 숨이 막혀서 그녀는 도저히 참을 수 없었지만). 그런데 토끼는 총으로 죽이지 않고는 도저히 번식을 막을 수 없지 않을까? 토끼일지도 모르고 두더지일지도 몰라. 어쨌든 어떤 동물이 그녀의 달맞이꽃들을 망쳐놓고 있는 것이 분명했다. 그녀는 하늘을 올려다보고 나무의 성긴 가지들 사이로 두근두근 고동치는 것처럼 깜빡이는 별을 발견하자, 남편에게도 그것을 보여주고 싶었다. 그 광경이 가슴 벅찬 기쁨을 주었기 때문이었다. 하지만 이내 생각을 접었다. 그는 사물을 바라보는 사람이 아니었다. 만약 바라본다고 해도 고작 "불쌍한 작은 세계" 같은 말이나 하면서 예의 한숨을 내쉴 게 빤했다.

마침 그 때 남편이 "매우 아름답군" 하면서 그녀를 기쁘게 해주려고 꽃을 보고 감탄하는 시늉을 했다. 그러나 그녀는 그가 결코 그 꽃을 아름답다고 생각하지 않으며, 꽃이 거기에 있다는 사실조차 깨닫지 못함을 잘 알고 있었다. 그것은 다만 그녀를 기쁘게 하기 위한 말일 뿐이었다. ……어머, 윌리엄 뱅크스 씨와 산책하고 있는 사람은 릴리 브리스코 아닌가요? 그녀는 근시인 눈의 초점을 멀어져 가는 두 사람의 뒷모습에 맞추었다. 맞아요, 정말 그렇군요. 그럼 두 사람은 결혼하게 될까요? 아아, 틀림없이 그럴 거예요. 정말 멋진 생각이에요! 저 두 사람은 꼭 결혼해야 해요.

13

나는 암스테르담에 간 적이 있어요. 뱅크스 씨는 릴리 브리스코와 잔디밭을 거닐면서 말했죠. 렘브란트(17세기 네덜란드의 화가)의 그림을 보았죠. 마드리드에도 갔는데 불행히도 그날은 예수의 수난일인 성 금요일이라 프라도 미술관(유명한 마드리드의 미술관)은 휴관이었어요. 로마에도 갔어요. 브리스코 양은 아직 가 본 적이 없다고요? 아아, 꼭 한 번 가보셔야 해요. 정말 멋진 경험이 될 거예요. 그 미켈란젤로의 작품이 있는 시스틴 성당 말예요. 그리고 조토(14세기 피렌체의 화가)의 작품이 있는 파도바 거리(베니스 지방의 중심도시). 아내가 몇 년 동안 건강이 좋지 않아서 우리는 명소를 제대로 둘러보지 못했어요.

저는 브뤼셀에 간 적이 있어요. 파리에도. 하지만 아프신 이모의 병문안이라 경황이 없었어요. 드레스덴(남독일의 도시)에도 가 봤어요. 보지 못한 그림도 많았어요. 하지만 명화는 많이 보지 않는 편이 더 좋을지도 모른다고 생각할 때가 있어요. 자기 그림에 참을 수 없는 불만을 느끼게 되거든요. 뱅크스 씨는 그런 사고는 지나치게 극단적이라고 말했다. 모든 사람이 다 티치아노나 다윈이 될 수는 없으니까요. 동시에 티치아노나 다윈이 존재하는 것도 다 우리 같은 평범한 사람들이 있기 때문 아니겠습니까. 릴리는 그를 칭찬하고 싶었다. 당신은 평범하지 않아요, 뱅크스 씨. 이렇게 말하고 싶었다. 그러나 그는 이런 치렛말을 좋아하지 않았다(대부분의 남자들은 다들 좋아한다고 릴리는 생각했다). 그녀는 치렛말을 할 뻔한 자신의 충동이 조금 부끄러웠으므로, 아마 자의의 말이 그림에는 적용되지 않을 거라고 그가 말하는 동안 아무 말도 하지 않았다. 아무튼 그림에 흥미가 있는 동안은 계속 그릴 거예요. 그녀는 방금 전 자신의 작은 불성실을 밀어내면서 말했다. 그럼요, 당신은 틀림없이 잘 할 겁니다. 뱅크스 씨가 힘을 실어주었다. 두 사람이 잔디밭 끄트머리에 다다랐을 때, 뱅크스 씨가 런던에서는 그림소재를 찾기가 힘들지 않느냐고 물었고, 돌아보자 램지 부부의 모습이 눈에 들어왔다. 아아, 저것이 결혼이구나. 릴리는 생각했다. 한 남자와 한 여자가 공놀이하는 소녀를 바라보고 있었다. 램지 부인이 며칠 전 밤에 내게 말하려 했던 게 저것이었구나. 부인은 녹색 숄을 두르고 있었고, 두 사람은 서로 기대서서 프루와 재스퍼가 캐치볼을 하는 모습을 가만히 지켜보았다. 그때 갑자기 아무 이유도 없이, 예를 들어 지하철에서 내리는 사람이나 초인종을 누르는 사람이 상징적인 의미를 갖고 무언가의 전형으로 여겨지는 것처럼, 해질녘의 어스름 속에 서서 아이들을 바라보고 있는 두 사람이 결혼의 상징인 부부의 전형으로 느껴지는 것이었다. 그러다 이내 남편과 아내의 현실의 모습 위로 떠오른 상징적 윤곽이 흐려지면서, 두 사람은 다시 캐치볼을 하는 아이들을 바라보고 있는 램지 부부로 되돌아왔다. 램지 부인은 언제나처럼 빙긋 웃으며 인사하고(아아, 저 분은 우리가 결혼할 거라고 생각하시는구나, 릴리는 생각했다), "오늘은 내가 이겼어요" 하고 말했다. 그 말은 뱅크스 씨를 설득하여 함께 식사를 하기로 동의를 얻어 냈다는 뜻이었다. 그는 언제나 자기 숙소로 곧장 돌아가서 하인이 채소의 미네랄을 손상시키지 않도록 잘 요리한 식사를 했다. 램지 부인의 인사는 언제나 변함없었지만, 그럼에도 불구하고 한순간 다들 하늘 높이 솟아오른 공처럼 해방된 느낌을, 광활한 공간으로 책임감의 굴레에서 벗어난 느낌을 맛보았다. 그들은 그 공의 궤적을 좇으며 하늘을 올려

제1부 창 261

다보았으나, 결국은 놓치고 예의 샛별과 잎이 무성한 우듬지를 보았다. 햇빛
이 점점 약해지면서 그들의 윤곽이 또렷하게 드러났지만 신기하게도 서로 멀
리 떨어진 듯 보였다. 그리고 프루는 상당히 먼 거리를(견고한 사물이 완전
히 실체를 잃어버린 것 같았으므로) 뒷걸음질로 뛰어와 두 사람에게 쿵 하고
부딪치면서 왼손을 뻗어 멋지게 공을 잡았다. 그때 그녀의 어머니는 "다들
아직 돌아오지 않았니?" 하고 물었고, 그로 인해 주문은 깨어져 버렸다. 램
지 씨는 그제야 거리낌 없이, 습지에 발이 빠져 신에게 기도한다는 조건으로
겨우 노부인에게 구조된 흄을 큰 소리로 비웃고 혼자 킬킬거리면서 자신의
서재로 돌아갔다. 램지 부인은 가정사에서 벗어나 캐치볼을 하고 있던 프루
를 그 테두리 안으로 잡아끌면서 물었다. "낸시도 그들과 함께 갔니?"

<h2 style="text-align:center">14</h2>

확실히 낸시는 그들과 함께 갔다. 민타 도일이 눈치를 주면서 손을 내밀고
부탁한 것이다. 점심식사가 끝나자 낸시는 그러한 성가신 가정사에서 벗어
나기 위해 서둘러 다락방으로 올라가려고 했으나 어쩔 수 없이 가야 한다고
생각했다. 절대 가고 싶진 않았지만. 말려들고 싶지 않았던 것이다. 다함께
벼랑으로 이어진 길을 걸어가고 있을 때 민타는 계속 낸시의 손을 잡고 있었
다. 때로 손을 놓았다가 다시 잡았다. 민타는 무엇을 바라는 것일까? 낸시
는 자문했다. 자고로 사람들은 무언가를 바란다. 민타가 낸시의 손을 잡고
꼭 쥐고 있으면, 낸시는 자신의 기분과는 관계없이 온 세계가 눈앞에 펼쳐지
는 것을 느꼈다. 만약 안개 사이로 콘스탄티노플이 보인다면 아무리 졸려서
눈꺼풀이 무겁게 내려와도, "저것이 성 소피아 사원(콘스탄티노플에 있는 회교사원)이에요?" "저
것이 골든혼 항구(콘스탄티노플의 항구)예요?" 하고 묻지 않을 수 없을 것이다. 그런 것처
럼 민타가 낸시의 손을 잡으면 생각했다. "민타가 바라는 것은 무엇일까?
저것일까?" 저것이란 무엇인가? 여기저기 끼어 있는 안개 속에서 (낸시가
발 아래 펼쳐진 인생의 조감도를 내려다보았을 때) 작은 뾰족탑과 둥근 지
붕 등 이름 모를 우뚝한 건물들이 모습을 드러냈다. 그러나 언덕을 달려 내
려갈 때처럼 민타가 낸시의 손을 놓으면, 작은 뾰족탑도 둥근 지붕도 안개를
뚫고 우뚝 솟아 있던 모두 것들이 안개 속으로 가라앉으며 사라졌다.

민타가 참 잘 걷는군, 앤드루는 관찰하고 있었다. 옷도 다른 여자들보다

훌륭했다. 짧은 치마와 까만 짧은 바지를 입고 있었다. 그녀는 망설임 없이 개울로 뛰어들어 허우적대면서 건넜다. 앤드루는 그 무모한 점이 마음에 들지만, 저래서는 안 된다. 머지않아 한심한 짓을 저질러 목숨을 잃을지도 모른다. 무서운 것이 전혀 없는 모양이지만 황소만은 예외다. 그녀는 들판에서 황소만 봐도 두 팔을 들고 비명을 지르며 도망갔다. 오히려 그것이 황소의 화를 돋우는데도. 그러나 그것을 솔직히 고백하고 전혀 신경 쓰지 않는다. 그것만은 인정해야 한다. 스스로 황소를 매우 무서워한다는 것을 알고 있다. 분명 어릴 때 유모차에 탄 채로 뿔에 받혀 나뒹굴었던 것이 틀림없다. 그녀는 자기의 말과 행동에 전혀 개의치 않는다. 갑자기 벼랑 끝 가장자리로 몸을 던지며 드러누워 노래를 부르기 시작한다.

보기 싫은 눈, 당신의 눈.

그러면 다 같이 소리 지르며 합창해야 한다.

보기 싫은 눈, 당신의 눈.

하지만 그 사이에 조수가 밀려와서 우리가 해변에 닿기도 전에 좋은 사냥터가 완전히 물에 잠겨버리면 큰일이다.

"그럼 큰일이지." 폴이 동의하면서 벌떡 일어났다. 다함께 미끄러져 내려가면서 그는 관광안내서에 쓰인 문구를 읊어댔다. "이 섬들은 공원처럼 아름다운 전망과 다채롭고 진기한 해양생물로 명성이 높다." 그러나 앤드루는 벼랑길을 주의 깊게 내려오면서, 이처럼 고래고래 소리를 지르며 '당신의 눈'을 비난해서야 도무지 구제할 길이 없다고 생각했다. 등을 두드리며 "이봐, 친구" 하고 불러보아도 그저 시시하기만 하다고 생각했다. 여자를 데리고 소풍을 나왔을 때 가장 싫은 점은 이것이다. 그들은 해변에 도착한 뒤로는 모두 뿔뿔이 흩어졌다. 그는 '교황의 코'라는 바위까지 가서 구두를 벗고, 양말을 벗어 그 안에 둘둘 말아 넣고, 폴과 민타가 자기들끼리 놀도록 내버려 두었다. 낸시도 자기 것이라고 정해놓은 바위로 가서 물웅덩이를 찾아내고는, 두 사람은 좋을 대로 하도록 내버려 두었다. 낸시는 납작하게 몸을 구부리고 바위 옆에 젤리 덩어리 같이 달라붙어 있는 고무처럼 매끈매끈한 말미잘을 만지작거렸다. 그리고 가만히 공상에 잠겨 물웅덩이를 바다로 만들고 작은 물고기를 상어나 고래로 바꾸고 손으로 햇빛을 가려 이 작은 세계 위에 거대한 구름을 만들어, 마치 신이라도 된 양 수많은 무지하고 순진한 생물들에게 어둠과 황량함을 드리우다가, 갑자기 손을 치워 다시 햇살이 물웅덩이를 비추도록 했다. 저 멀리 가로 세로로 줄무늬가 그어져 있는 어슴푸레한 모래땅 위에는 수술 장식을 달고 팔 보호대를 찬 기괴하고 거대한 바다짐승이 거드럭거리며 유유히 걷고 있었다(낸시는 물웅덩이의 공상을 계속해서 확대하고 있었다). 이윽고 바다짐승은 산비탈의 커다란 갈라진 틈 사이로 미끄러져 들어갔다. 낸시는 물웅덩이에서 눈을 들어 바다와 하늘의 너울거리는 경계선에 아련하게 시선을 맞추고, 증기선의 연기 때문에 수평선 위에서 가물거리는 통나무 돛대를 바라보고 있었다. 그녀는 사물을 닥치는 대로 긁어모아 자기 안에 쓸어 담는 기질에도 불구하고 최면술에 걸린 것처럼 넋을 잃고 말았다. 저 광대함의 감각과 이 왜소함의 감각(물웅덩이는 다시 작아졌다)이 피어올라 거대한 감동으로 옴짝달싹 못할 정도로 그녀의 손발을 칭칭 동여매어, 자신의 몸과 생명은 물론 온 세계 사람들의 생명까지 영원히 무(無)로 돌려버린 것 같았다. 그녀는 파도에 귀를 기울이면서 물웅덩이를 뒤덮듯이 몸을 구부리고 앉아 생각에 잠겼다.

앤드루가 바닷물이 들어온다고 소리치자 낸시는 벌떡 일어나 얕은 파도를 철벅거리면서 물가로 내려갔다. 그녀는 타고난 성급한 기질에 못 이겨 해변을 달려서 어떤 바위 뒤에까지 잽싸게 갔는데, 이럴 수가! 거기에는 폴과 민타가 서로 부둥켜안고 있었다! 아마 키스라도 하고 있었을까. 싫어, 정말 화가나. 낸시와 앤드루는 입을 꼭 다문 채 그것에 대해서는 한 마디도 하지 않고 양말과 구두를 신었다. 사실 두 사람 사이는 험악했다. 새우든 뭐든 발견했을 때 나를 불렀으면 좋았잖아, 앤드루가 투덜댔다. 그러나 두 사람 다 그것이 자기들 잘못은 아니라고 느끼고 있었다. 둘 다 이런 엄청나게 불쾌한 사건이 일어나기를 바라지 않았다. 하지만 그럼에도 불구하고 낸시도 여자라는 사실이 앤드루의 신경을 긁었고, 앤드루도 남자라는 사실이 낸시의 신경을 긁었다. 그렇게 두 사람은 구두끈을 단단히 매고 나비매듭을 힘껏 잡아당겼다.

일행이 다시 벼랑 꼭대기까지 올라갔을 때, 민타가 할머니의 브로치를 잃어버렸다고 비명을 질렀다. 그 할머니의 유품은 내가 가진 유일한 장신구야. 수양버들 모양의 진주 브로치(다들 기억하고 있지?)를 틀림없이 기억할 거야, 눈물이 그녀의 볼을 타고 흘러내렸다. 할머니께서 돌아가시기 전날까지 모자에 달고 다니시던 거야. 그걸 잃어버리다니. 다른 건 몰라도 그것만큼은 안 돼. 다시 가서 찾아보자. 그래서 다함께 되돌아갔다. 샅샅이 살펴보았다. 그들은 고개를 바닥에 붙이고 열심히 찾으면서, 말은 짧고 퉁명스러워졌다. 폴 레일리는 마치 미친 사람처럼 둘이 앉아 있던 바위 근처를 뒤졌다. 이렇게 야단법석을 떨어봤자 소용없는데, 앤드루는 폴이 '이곳과 저곳 사이의 철저한 수색'을 요청했을 때 생각했다. 바닷물은 자꾸자꾸 밀려 들어오고 있다. 1분만 지나면 두 사람이 앉아 있던 곳은 바닷물로 뒤덮여 버리겠지. 지금으로서는 브로치를 찾아낼 가능성은 전혀 없어. "이러다가는 돌아갈 길이 끊기겠어!" 갑자기 공포에 질린 민타가 비명을 질렀다. 마치 정말 그런 위험이 닥치기라도 한 듯이. 황소를 봤을 때와 똑같군, 도저히 감정을 억제하지 못한다니까, 앤드루는 생각했다. 정말 여자들은 어쩔 수 없어. 불쌍한 폴이 그녀를 달래야만 했다. 남자들은(앤드루와 폴은 평소와는 달리 갑자기 남자다워졌다) 신속하게 의논하고는, 두 사람이 앉아 있던 곳에 레일리의 지팡이를 꽂아두었다가 바닷물이 빠진 뒤에 다시 오기로 했다. 지금으로서는 이것 밖에 없었다. 만일 브로치가 거기 있다면 아침이 되어도 분명 그대로 있을 거라고 두 남자가 그녀에게 장담했으나, 민타는 벼랑 꼭대기로 올라가는 내내 계속 흐느껴 울었다. 그 브로치는 할머니의 유품이야, 그걸 잃어버리느니 차라리 다른 걸 잃어버리겠어. 하지만 낸시의 눈에는, 민타가 브로치를 잃어버려서 슬픈 것도 사실이지만, 꼭 그것 때문에 우는 것 같지는 않았다. 무언가 다른 이유 때문에도 울고 있는 것 같았다. 우리도 다같이 주저앉아서 울고 싶어. 낸시는 이렇게 느꼈지만 어째서인지는 알 수 없었다.

폴과 민타가 앞장서서 걸었다. 그는 그녀를 위로하며, 자기는 잃어버린 물건을 찾는 데 도사라고 말했다. 어렸을 때는 금시계를 찾은 적도 있어. 새벽에 일어나서 찾으면 분명 나타날 거야. 아직 어둑하니까 해변에 혼자 나오면 상당히 위험하리라 생각했지만 그는 반드시 찾아오겠다고 장담했다. 그러자 민타는 말했다. 당신이 새벽에 일어나서 나오시게 할 수는 없어요. 그건 이미 사라져 버렸어요. 알고 있었어요. 오후에 그것을 달았을 때 어쩐지 그런

제1부 창 265

예감이 들었거든요. 폴은 속으로 다짐했다. 그녀에게는 말하지 말고 새벽에 다들 아직 잠들어 있을 때 집을 빠져나가자. 그것을 찾지 못하면 에든버러에 가서 그녀를 위해 브로치를 사는 거야. 그것과 똑같으면서 더 아름다운 것으로. 내 기개를 증명해 보이는 거야. 언덕 위로 올라가 발밑에 펼쳐진 읍내의 불빛들을 보았을 때, 갑자기 하나씩 반짝이며 켜지는 마을의 등불이 마치 그에게 이제부터 일어날 일들을 예고하는 것 같았다. 결혼, 아이들, 집처럼 생각되었다. 키가 큰 관목림이 그림자를 드리우고 있는 대로로 접어들었을 때는, 자기들만의 세계로 돌아가 언제까지나 함께 걷고 싶다고 생각했다. 자기가 항상 그녀의 앞에 서고, 그녀는 (꼭 지금처럼) 자기 곁에 딱 붙어서 걷는 것이다. 네거리에서 방향을 틀자 그는 이렇게 생각했다. 나는 오늘 얼마나 엄청난 경험을 했는가. 반드시 누군가에게 얘기해야지─물론 램지 부인이었다. 내가 한 일을 생각만 해도 숨이 멎을 것 같다. 민타에게 청혼했을 때가 최악이었지. 이 길로 당장 램지 부인을 찾아가고 싶어, 내가 굳이 그렇게 하도록 만든 사람은 그녀인 것 같으니까. 부인은 내가 뭐든 할 수 있다고 믿게 만들었어. 다른 사람은 아무도 진지하게 받아주지 않았지만, 오직 그녀만은 그가 바라는 것은 무엇이든 가능하다고 믿게 해 주었다. 그는 부인의 눈이 오늘 하루 종일 쫓아다니며 (비록 한 마디도 하지 않았지만) 마치 "그래요, 당신은 할 수 있어요. 믿어요. 그렇게 하시리라 기대하고 있어요" 하고 말하는 것처럼 느꼈다. 도착하면 곧바로 (그는 만 위에 자리한 집의 불빛을 찾았다) 그녀에게 가서 이렇게 말하고 싶었다. "램지 부인, 해냈어요. 모두 부인 덕입니다." 집으로 이어지는 좁은 길로 들어서자 2층 창문에서 흔들리는 등불이 보였다. 우리가 상당히 늦었나보군. 다들 만찬을 위해 준비하고 있는 모양이야. 집안에 환하게 불이 켜져 있어서, 어둠에 익숙해진 그의 눈에는 마치 온 집이 빛에 감싸여 있는 것 같았다. 그는 집으로 올라가면서 마치 아이처럼 불빛, 불빛, 불빛, 하고 혼잣말을 하고, 집안에 들어선 뒤에도 뻣뻣하게 굳은 얼굴로 주위를 둘러보면서 넋 나간 사람처럼 멍하게 불빛, 불빛, 불빛, 하고 되뇌었다. 그러나 그는 이봐, 정신 차려, 넥타이를 바로잡으면서 혼잣말을 했다, 추태를 보일 수는 없잖아.

266 등대로

15

"글쎄요." 프루는 어머니의 질문에 한참을 생각하다가 대답했다. "낸시는 그들과 같이 간 것 같아요."

16

그럼 낸시는 그들과 함께 갔구나. 램지 부인은 추측면서 브러시를 내려놓고 빗을 집어 들었다. 문을 두드리는 소리에 "들어오렴" 하고 대답하면서 (재스퍼와 로즈가 들어왔다), 낸시가 그들과 함께 가서 결과적으로 사고가 일어날 가능성이 적어졌는지 아니면 오히려 많아졌는지 따져 보았다. 분명 적어졌을 거라고 생각했다. 합리적인 근거가 있어서가 아니라, 그저 그런 대규모 참사는 일어나지 않을 것이라고 느꼈을 뿐이었다. 그들 모두가 물에 빠지는 일은 없었을 거야. 그녀는 또다시 홀로 인생이라는 오랜 숙적과 대면한 느낌이었다.

재스퍼와 로즈는, 만찬은 기다렸다 차리는 게 좋지 않겠느냐는 밀드레드의 전언을 가지고 왔다.

"영국 여왕이 오신다고 해도 절대 기다릴 수 없어." 램지 부인은 단호하게 말했다.

"멕시코 황후가 오신대도 마찬가지야." 재스퍼를 보고 웃으며 덧붙였다. 이 아이는 어머니의 나쁜 버릇을 고스란히 이어받았다. 이 아이에게도 과장하는 버릇이 있었다.

램지 부인은 재스퍼가 밀드레드에게 말을 전하러 간 사이에 로즈에게 말했다. 괜찮으면 나에게 보석을 좀 골라 주겠니? 만찬을 위해 15명이 모여 있는데 언제까지고 하염없이 기다리게 할 수는 없지. 그녀는 그들이 너무 늦자 짜증이 나기 시작했다. 생각이 없어도 너무 없지. 그녀는 모두의 안위에 대한 걱정은 차치하고, 하필이면 다른 때도 아닌 오늘 밤 만찬에 늦는 것이 화가 났다. 사실 윌리엄 뱅크스가 마침내 만찬을 함께 하기로 승낙했기 때문에 훌륭한 식사를 차려내기 위해 특별히 세심하게 신경을 썼던 것이다. 식사는 밀드레드의 걸작 요리인 비프스튜였다. 모든 것은 완성된 순간에 내야 한다. 쇠고기도 월계수도 포도주도 모두 적당한 때가 있다. 꾸물거리다가 그때를 놓쳐버리다니 당치도 않다. 그런데 하필이면 오늘 밤, 다들 나가서 늦

제1부 창 267

도록 돌아오지도 않다니. 내온 음식을 다시 부엌으로 들고 가서 데우거나 하면 비프스튜는 엉망이 되고 말 것이다.

재스퍼는 그녀에게 오팔목걸이를, 로즈는 금목걸이를 권했다. 검은 드레스에 어느 것이 더 잘 어울릴까. 정말 어느 쪽일까. 그녀는 건성으로 목과 어깨를 거울에 비춰보면서 (얼굴은 비치지 않도록 피했다) 말했다. 두 아이들이 장신구를 헤집고 있는 동안 창밖으로 눈길을 던져 언제나 그녀를 즐겁게 해주는 광경을 바라보았다. 어느 나무에 내려앉으면 좋을지 궁리하고 있는 까마귀 무리였다. 까마귀들은 매번 마음을 정하지 못하는 것 같았다. 그것은 대장 까마귀가—그녀는 조셉 할아버지라는 이름을 지어 주었다—성격이 아주 까다롭고 고약하기 때문이다. 그 악명 높은 늙은 새의 날개 깃털은 반이나 빠져 버리고 없었다. 언젠가 술집 앞에서 호른을 불던 중산모를 쓴 누추한 거지 노인과 닮았다.

"저것 좀 봐." 그녀는 웃으면서 말했다. 정말로 싸우고 있어. 조셉과 메리가 싸우고 있어. 새들은 또다시 날아올랐다. 검은 날개에 튕겨 나간 공기가 날카로운 언월도 모양으로 서걱 하고 잘렸다. 푸드득 푸드득 소리를 내는 날개의 움직임은—아아, 도저히 만족스러울 만큼 정밀하게 묘사할 수 없었지만—아무튼 매우 아름답다는 것만은 틀림없었다. 저것 좀 봐. 그녀는 로즈가 자기보다 훨씬 명료하게 그것을 관찰하기를 바라면서 말했다. 아이들은 부모의 감각을 뛰어넘을 때가 종종 있으니까.

어느 것으로 할까? 아이들은 보석함의 서랍이란 서랍을 모조리 열어젖히고 있었다. 이탈리아제 금목걸이, 오팔목걸이, 그것은 제임스 할아버지가 인도에서 가지고 오신 거야. 아니면 자수정 목걸이가 좋을까?

"어서 고르렴." 그녀는 아이들을 재촉했다.

말은 그렇게 했지만 시간을 충분히 주면서 고르게 했다. 특히 로즈가 이것저것 들어보며 보석을 검은 드레스에 대 보도록 했다. 이 보석을 고르는 작은 의식은 매일 밤 되풀이되었지만 로즈가 가장 좋아하는 일임을 그녀는 잘 알고 있었다. 로즈는 자기만의 비밀스런 이유로 어머니의 장신구를 고르는 이 의식을 아주 소중하게 생각하고 있었다. 그 이유가 무엇일까. 램지 부인은 이리저리 생각하면서 조용히 선 채로 로즈가 자신이 고른 목걸이를 꼭 움켜쥐고 있는 것을 보았다. 그녀는 자신의 과거 경험에 비추어, 로즈의 나이

268 등대로

때 어머니에 대해 품는 깊고 비밀스러운 말로 표현하기 어려운 감정을 꿰뚫어보고 있었다. 자신에 대한 애정이 어쩐지 슬픈 것처럼 그것도 그녀를 슬프게 했다. 그 애정에 대한 보답으로 줄 수 있는 것은 참으로 초라하기 그지없다. 또한 로즈가 느끼고 있는 것은 그녀의 실체에 비해 매우 과장되어 있다. 머지않아 로즈도 성장해서 이 깊은 감정 때문에 온갖 괴로움에 시달리게 되겠지. 그래서 그녀는 말했다. 준비가 다 되었구나, 그만 내려가자꾸나. 재스퍼, 너는 신사니까 팔을 빌려 주렴. 로즈, 너는 숙녀니까 반드시 손수건을 지녀야 해(그녀는 손수건을 로즈에게 건넸다). 그리고 그 밖에는, 아, 그렇지, 추울지도 모르니까 숄을 골라주렴. 그녀는 앞으로 온갖 고뇌와 마주할 운명에 놓인 로즈를 기쁘게 해주고 싶었다. 층계참 창문 옆에서 걸음을 멈추고 말했다. "저것 봐, 또 시작했어." 조셉이 또 다른 나무 꼭대기로 자리를 옮겼다. "날개를 다치고도 새들은 아무렇지 않은 걸까?" 그녀는 재스퍼에게 말했다. 어째서 너는 불쌍한 늙은 조셉이나 메리를 쏘고 싶은 거니? 그는 어쩐지 비난받고 있다는 느낌에 계단에서 발을 끌었으나, 그다지 뼈저리게 느껴지진 않았다. 어머니는 새 사냥의 재미도 모를뿐더러 새는 그런 것을 느끼지 못하니까. 어머니는 나와는 사는 세계가 완전히 달라. 하지만 저 메리와 조셉 이야기는 마음에 들어. 우습잖아. 그런데 어머니는 저 녀석들이 메리와 조셉인지 어떻게 아는 걸까? 매일 밤 같은 새들이 같은 나무에 자러 온다고 생각하세요? 그는 물었다. 그러나 그때 모든 어른들처럼 어머니는 아들이 하는 말은 전혀 듣고 있지 않았다. 현관문이 덜컹거리는 소리에 귀를 기울이고 있었던 것이다.

"다들 돌아왔구나." 그녀는 외쳤다. 하지만 처음에는 안도감보다 오히려 화가 났다. 그러면서도 그 일이 어떻게 되었는지 궁금했다. 내려가면 이야기해주겠지. 아니야, 이렇게 사람이 많은 곳에서는 말하지 않을 거야. 일단 식당으로 가서 저녁부터 먹고 때를 기다려야겠어. 그녀는 홀에 모여 있는 신하들을 훑어보면서 아무 말 없이 그 경애의 찬사와 헌신과 깊숙이 고개 숙인 인사를 당연하게 받는 여왕처럼 내려가, 현관을 가로질러 걸어가면서 모두가 입 밖으로 내지 못하는 아름다움에 대한 찬사를 수락하는 것처럼 목을 살짝 기울였다(폴은 부인이 지나갈 때 경직된 얼굴로 똑바로 앞을 주시하고 있었다).

그러나 그녀는 멈춰 섰다. 타는 냄새가 난 것이다. 비프스튜를 태웠나?

제1부 창 269

제발 그렇지 않기를! 그때 점잖고 엄숙하게 종이 울리며, 다락방에서, 침실에서 저마다 조그마한 의자에 앉아 책을 읽거나 쓰거나 머리에 마무리 빗질을 하거나 옷을 입고 있던 사람들이 하던 일을 멈추고, 세면대와 화장대에 늘어놓은 자잘한 것들, 침대 옆 탁자의 소설이나 비밀일기 등 모든 것들을 그대로 내버려두고 만찬을 위해 식당으로 모이라고 알렸다.

17

하지만 나는 태어나서 지금까지 무엇을 했지? 식탁의 상석인 자기 자리에 앉아 식탁 위에서 하얀 원을 그리고 있는 접시들을 바라보면서 램지 부인은 생각했다. "윌리엄, 내 옆으로 오세요. 릴리, 당신은 그쪽에 앉아요." 램지 부인은 기운 없이 말했다. 폴 레일리와 민타 도일에게는 그 무엇이 있지만 내게는 오직 이것, 한없이 긴 식탁과 접시와 나이프밖에 없어. 반대쪽 끝에는 남편이 등을 둥그렇게 구부린 채 얼굴을 찌푸리고 있다. 대체 무엇이 마음에 들지 않는 걸까? 나로서는 알 수도 없고 알고 싶지도 않다. 내가 한때 어떻게 저 사람에게 정열과 애정을 느꼈는지 도저히 이해할 수 없다. 모든 것을 지나치고 모든 것을 빠져나와, 모든 것 밖으로 밀려난 느낌이다. 만약 소용돌이가 있다면 인간은 그 속에 빠져 있든가 밖으로 벗어나든가 둘 중 하나인데, 나는 그 밖에 있다. 모든 것이 다 끝났어. 램지 부인은 수프를 뜨면서 생각했다. 그 사이에 모두가 차례차례 안으로 들어왔다. 먼저 찰스 탠슬리, "어서 오세요, 거기 앉으세요", 그리고 오거스터스 카마이클이 각각 자리에 앉았다. 그동안 램지 부인은 누군가가 대답해주지 않을까, 무슨 일이 일어나지 않을까 하고 계속 기다렸다. 하지만 이런 것은 크게 소리 내어 말할 일은 아니라고 수프를 나누어 담으면서 생각했다.

그녀는 생각하는 것과 실제로 하고 있는 일—수프를 담는 일—사이의 괴리를 보고, 눈썹을 추켜세우며 자신이 그 소용돌이에서 벗어나 있음을 점점 더 강하게 느꼈다. 마치 그림자가 색을 빼앗자 사물의 진실이 드러난 것 같기도 했다. 정말 볼품없는 방이야(램지 부인은 방을 둘러보았다), 어딜 보아도 아름다운 것이라곤 하나도 없어. 램지 부인은 찰스 탠슬리를 애써 보려고 하지 않았다. 모든 것이 전혀 융합되지 않고 제각기 고립된 채 앉아 있었다. 융합하고 교류를 일으키고 창조하는 모든 일은 램지한테 달려 있었다.

270 등대로

적의가 있어서가 아니라 완전한 사실로서, 램지는 남성에게 창조하는 힘이 없다고 느꼈다. 그녀가 그 역을 자청하지 않으면 아무도 하려고 하지 않아서, 멈춘 시계를 흔들듯이 그녀는 가볍게 몸을 흔들었다. 그러자 시계가 하나 둘 셋, 하나 둘 셋 하고 시간을 가리키기 시작하는 것처럼 그리운 맥박이 뛰기 시작했다. 힘내, 힘내, 램지 부인은 맥박소리에 귀를 기울이면서 여린 불꽃을 신문지로 감싸 지켜내듯 거듭 반복했다. 그녀는 조용히 윌리엄 뱅크스 쪽으로 몸을 기울였다. 불쌍한 사람, 아내도 자식도 없고, 오늘은 아니지만, 그는 늘 혼자 하숙집에서 식사를 해야 한다. 램지 부인은 그에 대한 연민으로, 생명이 다시금 앞으로 나아갈 힘을 되찾고 행동을 개시했다. 지칠 대로 지친 뱃사람이 바람에 부풀어 오른 돛을 보고도 다시 출항할 의욕을 느끼지 못하는 채, 오히려 만약 배가 가라앉으면 소용돌이에 휘말려 돌고 돌다가 마침내 바다 밑에서 잠들게 되겠지 하고 생각하는 그런 기분과 흡사했다.

"당신게 온 편지는 보셨나요? 현관에 두라고 일렀는데요." 램지 부인은 윌리엄 뱅크스에게 말했다.

릴리 브리스코는 램지 부인이 그 기묘한 무인지대로 표류해 들어가는 것을 주시하고 있었다. 도저히 따라갈 수는 없지만, 그곳으로 가는 사람을 지켜보고 있는 사람들은 등골이 오싹해지면서 언제나 눈으로라도 그 뒤를 쫓고 싶다고 생각한다. 그것은 마치 멀어져가는 배를 쫓으며 돛이 수평선 아래로 가라앉을 때까지 바라보는 것과 같았다.

어쩌면 저렇게 늙어 보이고, 지쳐 보이고, 멀리 있는 사람처럼 보이는 걸까. 릴리는 생각했다. 그러다가 부인이 윌리엄 뱅크스 쪽을 돌아보고 웃었을 때는, 그 배가 방향을 바꾸고 태양이 다시 그 돛 위에 눈부시게 쏟아지고 있는 것 같았다. 왜 부인은 그를 동정하는 것일까. 릴리는 안도하는 동시에, 어쩐지 이상한 느낌이 들었다. 왜냐하면, 당신에게 온 편지가 현관에 놓여 있어요, 하고 부인이 말했을 때 받은 인상은 분명 연민이었다. 불쌍한 윌리엄 뱅크스라고 말하는 것 같았다. 램지 부인의 피로의 절반은 남을 동정하기 때문에 생겼고, 그녀의 내면에 있는 생명, 살고자 하는 의지 역시 동정에 의해 불타오르는 듯했다. 하지만 뱅크스 씨를 동정하는 것은 잘못이라고, 부인의 특기인 예의 그릇된 판단에서 나온 것이라고 릴리는 생각했다. 부인은 마치 본능적으로 오해를 하고, 남을 위해서가 아니라 오히려 자신의 필요 때문

제1부 창 271

에 잘못된 판단을 하는 것 같았다. 그는 전혀 불쌍하지 않아요, 하시는 일이 있는걸요. 릴리는 혼잣말을 했다. 그리고 갑자기 마치 보물이라도 발견한 것처럼 자신에게도 일이 있다고 생각해 냈다. 순간 그림이 번뜩였다. 그래, 나무를 좀 더 중앙으로 옮기면 그 어색한 공간을 해결할 수 있어. 그러면 되겠구나. 그것 때문에 쩔쩔매고 있었다니. 그녀는 소금 병을 집어 들어 식탁보의 꽃무늬 위에 내려놓았다. 나무를 옮기는 것을 자기에게 일깨우기 위해서.

"이제껏 우편으로 가치 있는 것을 받아본 적이 없는데도 편지는 늘 기다리게 되니 참 이상하지요." 뱅크스 씨가 말했다.

시시한 소리만 하는군. 찰스 탠슬리는 이렇게 생각하면서 숟가락을 접시 중앙에 정확히 내려놓았다. 그의 접시는 설거지한 것처럼 깨끗했으므로, 릴리는 그가 단단히 작정하고 식탁에 앉은 사람 같다고 생각했다(마침 그는 그녀의 정면에서 창을 등지고 앉아 있었으므로, 정확하게 시선 한가운데로 들어왔다). 그를 둘러싼 모든 것이 빈한하고 추악함을 노골적으로 드러내고 있었다. 하지만 잘 보면 그 누구도 싫어할 수만은 없다는 사실은 부정할 수 없었다. 그녀는 그의 눈이 마음에 들었다. 움푹 파인 그의 푸른 눈이 어쩐지 놀라움을 안겨주었다.

"편지는 많이 쓰세요, 탠슬리 씨?" 램지 부인이 물었다. 이것도 동정하기 때문이야. 릴리는 생각했다. 램지 부인은 그런 사람이지, 언제나 남자들을 동정해. 마치 그들에게는 무언가가 결여되어 있다는 듯이. 여자는 절대로 동정하지 않아. 무엇인가를 확실히 가지고 있기나 한 것처럼. 어머니께 씁니다. 그 외에는 한 달에 한 통도 잘 쓰지 않아요. 탠슬리 씨는 무뚝뚝하게 대답했다.

탠슬리 씨는 이 사람들이 바라는 시시한 말은 입에 올리지 않을 생각이었다. 어리석은 여자들에게 친절한 척하며 상대해 주는 것은 사양하겠어. 그는 방에서 책을 읽고 있었는데 내려와 보니 모든 것이 시시하고 피상적이고 경박하게 느껴졌다. 탠슬리 씨는 평상복 차림이었다. 하긴 만찬용 정장 같은 건 가지고 있지도 않으니까. "우편으로 가치 있는 것을 받아본 적이 없다"—저들은 언제나 이런 말이나 주고받는다. 남자에게 그런 말을 하게 하는 것이다. 그러나 잠깐, 틀린 말은 아니군. 일년 내내 정말 우편으로 가치 있는 것이라곤 받아본 적이 없으니까. 그저 이야기하고, 이야기하고, 이야기하

272 등대로

고, 먹고, 먹고, 먹고, 그것 말고는 아무것도 하지 않는다. 모두 여자들 탓이다. 여자들은 그 '매력'과 아둔함으로 문명을 망치고 있었다.

"내일 등대에는 못 가겠군요, 램지 부인." 탠슬리는 우쭐대며 말했다. 그는 부인을 좋아했고 존경했다. 도랑을 파다 말고 부인을 올려다보던 남자가 아직도 머리에서 떠나지 않았다. 그런데도 그는 자기를 과시할 필요가 있다고 느꼈다.

릴리의 생각에 그는 정말 매력이라고는 전혀 없는 사람이었다. 눈은 괜찮지만 저 코 좀 봐요! 저 손을 좀 봐요! 저런 건 본 적이 없어요. 그런데 어째서 그가 하는 말에 신경이 쓰일까요. 여자는 글을 쓸 수 없고 그림도 그릴 수 없다고 지껄이는 저런 남자의 말이 뭐가 대수롭다고. 특별히 그에게 도움이 되기 때문에 하는 말일 뿐, 사실은 본인도 그렇게 생각하지 않는 게 분명했다. 그런데도 그 때문에 내 온몸이 마치 바람에 나부끼는 밀처럼 휘청거리다니. 그 굴욕에서 벗어나 몸을 가누려면 안간힘을 짜내야 한다니 어찌된 일일까? 그녀는 그림의 구도를 다시 한 번 잘 확인해 보았다. 식탁보에 잔가지가 있고, 내 그림이 저기 있어요. 나무를 중앙으로 옮겨야 해요. 그것만 중요하고 나머지는 아무것도 아니에요. 그녀는 이 점을 마음에 단단히 새기고 화를 내거나 논쟁하지 않았다. 겨우 이 정도 일이 그렇게 어려운 걸까? 만약 조금이라도 복수하고 싶다면 그를 살짝 놀려주면 어떨까?

"탠슬리 씨." 릴리는 말했다. "등대에 데려가 주시지 않겠어요? 정말 가보고 싶어요."

마음에도 없는 말을 잘도 하는군. 그는 알 수 있었다. 이유는 잘 모르지만 나를 괴롭히려고 아무렇게나 지껄이고 있어, 나를 놀리고 있어. 그는 낡은 플란넬 바지를 입고 있었다. 그것밖에 없기 때문이다. 자기가 메부수수해서 따돌림받고 고립되어 외로운 것이다. 그는 왜인지는 모르지만 그녀가 놀리고 있다는 것을 알고 있었다. 나와 등대에 갈 생각 따윈 전혀 없으면서 비웃고 경멸하는 거야. 프루 램지도 경멸하고 있어. 모두가 나를 경멸한다. 그러나 여자들에게 바보 취급을 당하지는 않겠어. 그는 의자에서 천천히 몸을 돌려 창밖을 바라보며 무례한 태도로 퉁명스럽게 말했다. 내일은 날이 험해서 당신한테는 도저히 무리예요, 뱃멀미를 할 겁니다.

그는 램지 부인이 듣고 있는데 이런 식으로 말을 하게 한 그녀에게 화가

제1부 창 273

났다. 방에서 혼자 책에 파묻혀 연구나 했으면. 내가 편히 쉴 수 있는 곳은 그곳뿐이다. 나는 빚이 단 한 푼도 없다. 열다섯 살 이래로 아버지한테 1페니라도 손을 내민 적이 없다. 오히려 모아둔 돈으로 식구들을 도왔고, 누이동생에게 학비도 대 주었다. 하지만 역시 브리스코 양에게 예의바르게 적절히 대답하는 법을 알고 있었더라면 좋았을 것이라고 생각했다. "뱃멀미를 할 겁니다" 같은 말을 그렇게 불쑥 내뱉지 않았더라면 좋았을걸. 그는 램지 부인에게 건넬 말을 떠올리고 싶었다. 자신이 단순히 무미건조한 학자만은 아니란 점을 알릴 수 있는 무언가를. 사람들은 그를 그런 남자라고 생각하고 있었다. 그는 부인 쪽을 바라보았다. 부인은 그가 이름도 들어본 적 없는 사람들 이야기를 윌리엄 뱅크스에게 하고 있었다.

"괜찮아, 그만 치우렴." 램지 부인은 뱅크스 씨와의 이야기를 중단하고 하녀에게 간단히 말했다. "벌써 15년, 아니 20년 전이군요. 그 분을 마지막으로 본 게." 다시 뱅크스 씨를 돌아본 그녀는 그들의 이야기를 잠시도 멈출 수 없다는 듯이 말했다. 램지 부인은 이야기에 완전히 빠져 있는 것 같았다. 그러면 오늘 밤 정말로 그 분의 편지를 받으셨군요. 캐리는 여전히 말로우에 살고 있고, 모든 것이 예전 그대로군요? 정말 어제 일처럼 생생하게 기억해요. 물놀이를 갔는데 정말 추웠어요. 하지만 매닝 집안 사람들은 일단 계획을 세우면 무조건 실행에 옮기죠. 강둑에서 허버트가 숟가락으로 말벌을 죽인 일을 어떻게 잊겠어요! 그러면 요즘도 계속 그곳에 가시나요? 램지 부인은 추억에 잠겨 20년 전에 살을 에듯 추웠던 템즈 강변에 있는 객실의 의자와 탁자 사이를 마치 유령처럼 지나다니고 있었다. 그녀는 이렇게 변하고 말았는데, 지나간 그 특별한 날은 아름답게 정지하여 이 오랜 세월 동안 그곳에 그대로 있었던 것처럼 완전히 램지 부인을 사로잡았다. 캐리가 직접 편지를 썼나요? 그녀가 물었다.

"그렇습니다. 당구장을 새로 짓고 있다고 합니다." 뱅크스 씨가 말했다. 설마! 그럴 리가! 말도 안 돼요. 당구장을 짓다니. 램지 부인에게 그것은 있을 수 없는 일로 여겨졌다.

그러나 뱅크스 씨는 그것이 전혀 이상하지 않았다. 지금 그들은 그럴 만한 여유가 있으니까. 캐리에게 안부를 전할까요?

"어머." 램지 부인은 조금 당황하며 대답했다. "아니에요, 괜찮아요." 새로운 당구장을 짓는 캐리 같은 사람은 잘 모른다고 생각하면서. 하지만 정말 신기해요, 그 분들이 아직도 거기에 살고 계시다니. 부인이 되풀이해서 말하자 뱅크스 씨는 그것을 이상하게 생각했다. 생각해 보면 아주 신기해요. 이 오랜 세월 동안 나는 그분들을 겨우 한 번 떠올릴까 말까 한 정도였는데, 줄곧 같은 곳에서 계속 잘 살고 계셨다는 점이 말이에요. 같은 세월 동안 나는 얼마나 많은 일들을 겪어 왔는지 몰라요. 하지만 캐리 매닝은 아마 나를 떠올린 적도 없었겠죠. 램지 부인은 그렇게 생각하자 이상하고 뒷맛이 씁쓸했다.

"사람은 금방 소원해지기 마련이죠." 뱅크스 씨는 이렇게 말했으나, 자기는 매닝 가족과도 램지 가족과도 계속 내왕하고 있다고 생각하고 만족을 느꼈다. 그는 숟가락을 내려놓고 깨끗이 면도한 입가를 꼼꼼하게 닦으면서 소원해지지 않았다고 생각했다. 그러나 나는 이 점에서는 조금 예외적이다. 나는 자신을 틀에 가두지 않았으니까. 그는 온갖 방면의 친구들이 있었다. ……램지 부인은 이때 하녀에게 음식을 계속 따뜻하게 데워두라고 이르기 위해 갑자기 말허리를 잘랐다. 뱅크스 씨는 혼자 식사하는 것이 더 좋았다. 방해받는 것을 참을 수 없었다. 우선, 이런 점이 친구가 남에게 요구하는 희생이로군. 윌리엄 뱅크스는 더없이 예의바른 태도를 유지하며 생각했다. 그는 마치 기능공이 무료한 틈을 타 언제든지 사용할 수 있도록 아름답게 광을 내고 닦아 놓은 도구를 검사하는 것처럼, 왼손 손가락을 식탁보 위에 펼쳤다. 초대를 거절했으면 부인의 기분이 상했을 것이다. 그러나 솔직히 이것은 그에게 가치가 전혀 없다. 뱅크스 씨는 손을 바라보면서, 혼자였더라면 지금쯤 만찬이 거의 끝났을 때라고 생각했다. 자유롭게 일을 할 수 있었을 텐데. 맞아, 이건 끔찍한 시간 낭비야. 아이들은 여전히 들락날락했다. "누가 빨리 로저의 방에 갔다 와 주겠니?" 램지 부인이 말하고 있다. 그리고 이 모든 것은 내 일에 비하면 정말 하찮고 지루하다. 원래대로라면 내 연구에 종사하고 있을 시간인데 여기서는 손가락으로 하릴없이 식탁보나 탁탁 두드리고 있다니. 이때 순간 일의 조감도가 그의 뇌리를 번뜩 스쳤다. 이 무슨 시간의 낭비란 말인가! 하지만 부인은 아주 오랜 벗이고, 나는 그녀에게 헌신적이라는 평판도 있다. 그러나 바로 지금 이 순간에는 그녀의 존재가 내게 아무 의미도 주지 못한다. 그녀의 아름다움도 의미가 없다. 어린 아들과 창가에 앉아 있는 그녀의 모습도 텅 빈 껍데기일 뿐이다. 그는 혼자 있고 싶었고 책을

제1부 창 275

읽고 싶었을 뿐이다. 그는 어쩐지 불편했다. 부인 옆에 앉아 있어도 아무 감정도 느낄 수 없어서 왠지 배신감마저 들었다. 사실 내게는 가정생활이 천성적으로 맞지 않는 것이겠지. 이런 상태에 있으면 인생의 의의를 자문하고 싶어진다. 인류의 존속은 그렇게도 바람직한 것인가! 인류는 종으로서 매력적인 존재인가? 그렇지만도 않지. 매무새가 흐트러져 있는 사내아이들을 보면서 뱅크스는 생각했다. 내가 좋아하는 캠은 이미 잠자리에 들었겠지. 어리석고 공허한 의문들. 일을 하고 있었더라면 이런 의문 따위는 생기지 않았을 것이다. 인생이란 이런 것인가? 인생이란 저런 것인가? 그런 것을 생각할 여유도 없는데 여기서 나는 그런 의문을 던지고 있다. 바로 램지 부인이 하녀에게 명령을 내리거나, 캐리 매닝이 아직 살아 있는 것에 매우 놀란 것을 종합해 볼 때, 그는 아무리 최고의 우정이라도 매우 덧없음을 느꼈기 때문이다. 사람은 소원해지기 마련이다. 그는 또다시 자신을 꾸짖었다. 부인 옆에 앉아 있으면서 그에게 할 말이 한 마디도 없다니.

"미안해요." 간신히 그가 있는 쪽으로 돌아앉은 부인이 말했다. 뱅크스는 어색하고 공허한 기분이었다. 물에 흠뻑 젖었다가 바짝 마른 구두 같아서, 그 안에 발을 억지로 집어넣어 보아도 좀처럼 들어가지 않는 느낌이었다. 그러나 그는 반드시 발을 넣어야만 했다. 어떤 일이 있어도 무언가 말을 해야 한다. 충분히 조심하지 않으면 그녀가 그의 배신을, 그가 털끝만큼도 그녀에게 관심이 없다는 것을 들키고 말 것이다. 그것은 아무래도 바람직하지 않다고 생각하면서 뱅크스는 부인 쪽으로 정중하게 고개를 숙였다.

"이렇게 시끄러운 곳에서 식사를 하셔서 정말 불편하시겠어요." 램지 부인은 마음이 뒤숭숭해지면 언제나 그렇듯이 사교적인 태도(프랑스어를 사용하는 것)을 이용했다. 마치 국제회합에서 대표로 어느 나라 말을 사용할 것인지로 논란이 일면 사회자가 통일을 기하기 위해 프랑스어를 사용하자고 제안하는 것과 같다. 어쩌면 엉터리 프랑스어를 쓸 수도 있고, 프랑스어에는 화자의 생각을 표현할 단어가 없을지도 모르지만. 그럼에도 불구하고 프랑스어를 사용하면 일종의 질서와 통일성이 형성된다. "아닙니다, 전혀 그렇지 않습니다." 뱅크스 씨도 프랑스어로 대답했다. 탠슬리는 이런 간단한 프랑스어조차 몰랐으므로, 이내 수상한 무언가가 있을 것이라고 시기하고 의심했다. 그는 램지 집안 사람들은 정말 쓸모없는 말만 주고받는다고 생각해

276 등대로

서 이 새로운 모습을 냉큼 잡아채어 그들의 말을 공책에 옮겨 적었다. 언젠가 두세 명의 친한 친구들에게 읽어주자. 내가 하고 싶은 말은 무엇이든 할 수 있는 친구들에게 아주 냉소적으로 '램지 가에서의 체류'를 들려주고, 그들이 얼마나 쓸데없는 말만 지껄이는지를 말해 주자. 한 번쯤은 같이 지내도 좋을 거야. 그러나 두 번은 사양하겠어. 여자들이 정말 지루하거든. 물론 램지는 아름다운 부인과 결혼하여 아이를 여덟이나 낳았으니 앞날은 이미 끝장났지. 대충 이런 식으로 말하는 거야. 그러나 지금 이 순간 그의 옆자리마저 비어 있는 상태로 못박혀 앉아 있자니 무엇 하나 형태를 갖추지 못하고 모든 것이 짤막짤막한 단편으로밖에 떠오르지 않았고, 몸도 마음도 극도로 불편했다. 누군가가 그에게 말할 기회를 주기를 간절히 기다리면서 의자에 앉은 채 안절부절못하고, 이 사람을 한 번 보고 저 사람을 한 번 보면서 사람들의 이야기에 끼어들고 싶은 마음만 앞서 무심코 입을 열었다가 이내 다물곤 했다. 그들은 어업에 대해 이야기하고 있다. 왜 아무도 내 의견을 묻지 않는 걸까? 자기들이 어업에 대해 알면 대체 무엇을 안다고?

릴리 브리스코에게는 그것이 훤히 보였다. 그의 바로 앞에 앉아 있으려니 마치 X레이 사진을 보는 것처럼, 그의 육체라는 안개 속에 시커멓게 숨어 있는 자신을 드러내고 싶다는 그의 욕망의 갈비뼈도 허벅지뼈도 모두 한눈에 볼 수 있었다. 모두의 이야기에 끼고 싶다는 불타는 그의 욕망을 덮고 있는 예의라는 저 엷은 안개를 뚫고. 그러나 릴리 브리스코는 중국인 같은 눈을 치켜뜨고, 그가 여성을 깔보며 "그림도 그릴 줄 모르고, 글도 쓸 줄 모른다"고 비웃던 것을 떠올렸다. 어째서 내가 저 괴로움에서 그를 해방시켜 줘야 하지? 그럴 의무가 어디 있다고?

사교법 제7조(아마도)에 이런 사태가 발생할 경우 여자는 어떠한 일에 종사하고 있더라도 즉시 맞은편의 청년에게 구조의 손길을 내밀어, 그의 허영심과 자기주장을 하고 싶은 간절한 욕망의 허벅지뼈와 갈비뼈의 노출을 돕고 그 해방을 도와야 한다고 쓰여 있다. 그것은 마치 지하철이 폭발해서 화염에 휩싸였을 때 여자들을 구출하는 것이 남자들의 의무인 것과 같다고, 릴리는 노처녀다운 공정함으로 생각했다. 그런 경우에는 틀림없이 탠슬리 씨가 구해 주겠지. 그런데 만약 우리가 서로 도와주지 않는다면 대체 어떻게 될까. 그래서 그녀는 미소를 지으며 침착하게 앉아 있었다.

제1부 창 277

"설마 등대에 갈 생각은 아니겠죠, 릴리?" 램지 부인이 말했다. "랭글리 씨는 수십 번도 넘게 온 세계를 돌아다니신 분인데, 그 분이 남편과 등대에 갔을 때만큼 심하게 뱃멀미로 고생하신 적이 없다고 하시더군요. 딱하기도 하시지. 잘 기억해 두세요. 탠슬리 씨, 당신은 배를 잘 타시나요?" 부인은 물었습니다.

탠슬리 씨는 쇠망치를 치켜들고 공중에서 휘둘렀으나 망치를 내리면서 이런 도구로는 나비도 때려잡지 못한다고 깨닫고, 태어나서 이제껏 뱃멀미를 한 적은 한 번도 없다고 짧게 대답했다. 그러나 이 짧은 문장 속에는 마치 화약처럼 많은 뜻이 함축되어 있었다—할아버지는 어부이고 아버지는 약제사이다, 나는 오로지 자력으로 여기까지 왔으며 그것을 자랑스럽게 생각한다, 나는 찰스 탠슬리다. 이것은 이 자리에 있는 그 누구도 깨닫지 못하는 사실이지만 머지않아 온 세계 사람들이 빠짐없이 알게 될 것이다. 그는 전방을 노려보았다. 언젠가 가까운 장래에 자기 안에 있는 화약이 폭발하면 양털 뭉치나 사과궤짝처럼 하늘 높이 날아오를 이 연약하고 세련된 사람들에게 동정까지 느꼈다.

"데려가 주지 않으실 건가요, 탠슬리 씨?" 릴리는 재빨리 다정하게 물었다. 만약 램지 부인이 실제로는 입에 올리지 않았지만, 다음과 같이 말했다 해도 결과는 똑같았을 것이다. "릴리, 불바다에서 익사할 것 같아요. 이 갑작스런 통증에 약을 발라주지 않거나 거기 있는 젊은이에게 상냥한 말을 걸어주지 않으면 인생은 암초에 걸리고 말 거예요. 정말이에요. 봐요, 지금도 삐걱거리는 신음 소리가 들리잖아요. 신경이 마치 바이올린 현처럼 팽팽해져서 한 번만 더 건드려도 끊어질 것 같아요." 만약 램지 부인에게서 이런 말을 듣는다면—부인의 눈빛은 분명 이렇게 말하고 있었다—릴리 브리스코는 150번째로 다시금 실험을 중지하고 태도를 바꿀 수밖에 없을 것이다. 만약 저기 있는 저 젊은이에게 다정하게 대해주지 않으면 어떻게 될까 하는 실험 말이다.

릴리 브리스코가 지금은 그에게 호의적으로 기분이 바뀌었다고 정확히 판단한 탠슬리는 자기중심적인 사고에서 해방되어, 어릴 때 배에서 던져졌다가 아버지가 갈고리 같은 것으로 건져 올린 것이 일상이었다는 이야기를 했다. 그는 수영을 그런 식으로 배웠고, 삼촌 하나가 스코틀랜드 연안의 섬에서 등대지기를 하고 있는데, 폭풍이 칠 때 한 번 그 삼촌을 찾아간 일이 있

278 등대로

다고 말했다. 마침 이야기가 끊어진 순간 그가 큰 소리로 말했으므로, 모두들 폭풍이 칠 때 삼촌을 찾아간 적이 있다는 그의 이야기에 귀를 기울이지 않을 수 없었다. 이야기가 이렇게 좋은 방향으로 나아가고, 램지 부인이 그 자신에게 감사하는 것을(램지 부인은 한동안 자기 마음대로 이야기할 수 있었던 것이다) 느꼈을 때 릴리는 생각했다. 아아, 그러나 당신을 위하여, 그것을 쟁취하기 위해 얼마나 큰 희생을 감수했단 말인가! 그녀도 진실했다고는 할 수 없었다.

나는 언제나처럼 책략을 썼습니다, 친절하게 대해 주었다는 말입니다. 나는 그에 대해서 잘 모르고, 그도 나에 대한 것은 잘 모릅니다. 인간관계가 다 그렇죠, 특히 가장 어려운 것은 남녀 관계입니다(하지만 뱅크스 씨는 예외예요). 필연적으로 매우 정직하지 못하죠. 그 때 릴리의 눈에 소금 병이 들어왔다. 그것은 그녀가 자기에게 상기시키기 위해 놓아둔 것이었다. 내일 아침 나무를 가운데로 옮겨야겠다던 생각을 떠올렸다. 내일 그림을 그린다고 생각하자 탠슬리 씨의 말 따위는 크게 웃어넘겨 버릴 정도로 의욕이 부풀어 올랐다. 떠들고 싶으면 밤새도록 떠드세요.

"그런데 등대의 근무기간은 얼마나 되나요?" 릴리가 묻자 그가 대답했다. 그는 놀라울 정도로 잘 알고 있었다. 그가 고마워하고, 그녀를 좋아하고, 스스로 즐기기 시작했으므로, 램지 부인은 이제 이만 그 몽상 속으로 돌아가겠다고 생각했다. 비현실이지만 매혹적인 곳, 예를 들면 20년 전 말로우에 있는 매닝 가의 응접실처럼 말예요, 거기서는 아무 걱정 없이 느긋하게 돌아다닐 수 있어요, 고민할 미래가 없으니까요. 매닝 가 사람들에게 일어난 일도, 나에게 일어난 일도 잘 알고 있어요. 마치 재미있는 책을 되풀이해서 읽는 것 같죠. 이야기의 결말은 이미 다 알아요. 20년 전에 일어난 일이었고 인생은 그곳에 봉인되어 절벽으로 둘러싸인 호수처럼 고요하게 잠들어 있습니다. 그 인생이 지금 이 식당의 식탁에서조차 폭포가 되어 흘러내리고 있어요. 대체 어디로 가는 걸까요. 뱅크스 씨 말씀으로는 그들이 당구장을 지었다는군요. 어떻게 그럴 수 있죠? 윌리엄은 계속 그들 이야기를 해 주실까요? 그러면 좋겠는데. 하지만 틀렸군요. 그는 어째서인지 더 이상 그럴 기분이 아닌가 봐요. 그녀는 그가 얘기하도록 유도해 보았지만 전혀 반응이 없었다. 강요할 수도 없는 노릇이어서 정말 실망스러웠다.

제1부 창 279

"아이들이 버릇이 없어서 정말 부끄러워요." 그녀는 한숨을 쉬면서 말했다. 그는 시간을 제대로 지키려면 좀 더 나이가 들어야 할 테니 너무 신경쓰지 말라고 대답했다.

"그러면 오죽 좋겠어요?" 그녀가 그저 분위기를 맞추려고 한 대답에, 뱅크스 씨가 참 노처녀 같은 말을 한다고 생각했다. 그는 자신의 배신과, 부인이 더욱 친근한 이야기를 나누고 싶어한다는 것을 알았지만, 지금은 그럴 기분이 아니라 그냥 앉아 기다리면서 인생의 괴로움이 엄습해 오는 것을 느꼈다. 다른 사람들은 무슨 재미있는 얘기라도 하고 있는 모양이다. 그들은 무슨 얘기를 하고 있을까?

고기잡이철이 별로였다느니, 사람들이 이주하고 있다느니, 임금과 실업이 어떻다느니, 그런 이야기를 하고 있었다. 저 젊은이는 정부를 비판하고 있군. 윌리엄 뱅크스는 사생활이 유쾌하지 못할 때 이런 종류의 화제, 정치 문제에 달려드는 것도 나쁘지 않다고 생각하면서, 그 젊은이가 '현 정부의 가장 불미스러운 행위 중 하나'에 대해 말하는 것을 들었다. 릴리도 귀담아 듣고 있었다. 램지 부인도 귀를 기울였다. 모두 경청하고 있었다. 하지만 이내 지루해진 릴리는 무언가 결여되어 있다고 느꼈다. 뱅크스 씨도 무언가 석연치 않다고 느꼈다. 숄을 어깨 위로 고쳐 두르면서 램지 부인도 무언가가 빠져 있다고 느꼈다. 그들 모두는 몸을 기울이고 귀담아 들으면서 '제발 내 속마음을 남에게 들키지 않기를' 하고 바랐다. 왜냐하면 저마다 '다른 사람들은 이렇게 열을 올리며 어부에 대한 정부의 처사를 개탄하고 분개하고 있다. 그런데 나는 전혀 아무것도 느끼지 못하는구나' 하고 생각했기 때문이다. 하지만 뱅크스 씨는 탠슬리 씨를 보면서 달리 생각했다. 이 남자야말로 우리가 기다리던 영웅일지 모른다. 우리는 언제나 영웅을 기다리고, 영웅이 출현할 기회는 언제나 있다. 지도자는 언제 어느 때나 출현할 수 있다. 정치나 다른 모든 분야에서도 천재는 언제든 나타날 수 있다. 뱅크스 씨는 관대하게 깊이 헤아리며, 그가 불쾌한 인간으로 여겨지는 이유는 자기들이 시대에 뒤처져 있기 때문이라고 생각했다. 뱅크스 씨는 등줄기의 신경이 팽팽하게 당겨지는 듯한 기묘한 감각으로 자기가, 조금은 자신을 위해서지만 그보다 더 자기 일을 위해, 자기의 이해를 위해, 과학을 위해 한 치도 빈틈없이 그를 지켜보고 있음을 깨달았다. 자기는 마음을 탁 털어놓지도 못하고 완전히 공정하지도 않으므로, 탠슬리 씨가 마치 당신들은 인생을 낭비했다, 당신들은 모두 틀렸다, 이 시대에 뒤떨어진 불쌍한 사람들아, 하고 말하는 것 같았다. 이 젊은이는 약간 독단적이군. 그리고 예의바르지도 않아. 그렇긴 하지만 뱅크스는 자기에게, 진정하고 장점을 인정하라고 명했다. 그는 용기도 대단하고 능력이 있고 견문도 넓다. 아마 저 정부탄핵에도 상당한 이치가 있을 것이다.

"한 가지 묻겠소만⋯⋯." 뱅크스 씨가 말했다. 이렇게 두 사람은 정치에 대해 논쟁했고, 릴리는 식탁보의 이파리를 바라보았다. 램지 부인은 두 남자의 손에 정치쟁론을 내맡기고, 이런 이야기는 정말 지긋지긋한데 이유가 뭘까 하고 의아해했다. 부인은 식탁 맞은편 끝에 있는 남편을 바라보고, 저이가 뭐라고 한 마디 해 줬으면 하고 바랐다. 한 마디라도 좋으니 제발. 저이가 한 마디만 하면 사정은 완전히 달라집니다. 저이는 문제의 핵심을 파고들거든요. 저이도 어부와 그들의 임금에 대해서 매우 걱정하고 있어요. 그 생각 때문에 잠을 이루지 못 할 정도죠. 저이가 입을 열면 모든 것이 완전히 달라집니다. 하느님께 내가 그런 일에 조금도 관심이 없는 것을 눈감아 달라고 빌지 않게 되죠. 왜냐하면 전혀 무관심할 수 없거든요. 부인은 그의 발언을 이렇게 기다리고 있는 것은 그를 존경하기 때문이라는 것을 깨닫고, 마치 누군가가 부인의 남편과 그들의 결혼을 칭찬하는 것 같아서 완전히 우쭐해졌다. 그를 칭찬하고 있는 사람이 바로 자신임을 까맣게 잊은 채. 부인은 그를 바라보면서 이것이, 그의 이 훌륭함이 얼굴에 나타나 있지 않은지 찾아보았다. 그의 얼굴에 당당하게 나타날 것이라고 기대하면서. 하지만 전혀 아니었다! 그는 벌레라도 씹은 것처럼 잔뜩 찡그린 얼굴로 화가 나서 새빨갛게 달아올라 있었다. 도대체 무엇 때문에 저렇게 화를 내고 있을까? 무슨 일이지? 불쌍한 늙은 오거스터스가 수프를 한 접시 더 청했을 뿐인데. 그러나 남편에게는 말도 안 되는, 있을 수 없는 일이었다(남편이 식탁을 가로질러 부인에게 신호를 보냈다). 오거스터스가 수프를 또 먹겠다니. 남편은 자기가 다 먹고 난 뒤에도 누군가가 여전히 먹고 있는 것을 매우 싫어했다. 부인은 그의 분노가 한 무리의 사냥개처럼 일제히 뛰어나가 눈과 이마로 들어가는 것을 지켜보았다. 금방이라도 맹렬한 폭발이 일어날 것 같았다. 그런데 그가 클러치를 넣고 갑자기 바퀴에 브레이크를 걸면서 자신을 억제했고, 온몸에서 불꽃이 터져 나오는 것처럼 보였으나 오만상을 찌푸리고 앉아 있었

1부 창 281

다. 그는 아무 말도 하지 않았지만 아내에게 분명히 보여주고 싶었던 것이다. 잘 했다고 아내가 칭찬해 주길 바라고 있었다. 하지만 오거스터스 씨가 수프를 더 달라고 한 게 무엇이 나쁘다는 거죠? 불쌍하게도 저 분은 그저 엘렌의 팔을 치면서 말씀하셨을 뿐인데. "엘렌, 미안하지만 수프 한 접시만 더 줘요." 남편은 그걸로 저렇게 우거지상을 쓰는 것이다.

왜 더 달라고 하면 안 되죠? 램지 부인이 물었다. 본인이 원한다면 더 드셔도 괜찮잖아요? 나는 식탐을 하는 녀석들은 꼴도 보기 싫어. 램지 씨는 부인에게 못마땅한 얼굴로 대답했다. 무엇이건 이렇게 몇 시간씩 길어지는 것은 딱 질색이야. 그래도 나는 그 광경에 화가 머리끝까지 치밀었지만 꾹 참았다고, 그건 알지? 하지만 어째서 그렇게 노골적으로 싫은 내색을 하세요? 부인이 말했다(두 사람은 긴 식탁의 양 끝에서 서로 얼굴을 마주하고 이런 이야기를 나누고 있었다. 서로 상대의 감정을 정확히 이해하고 있었다). 모두에게 들키고 말 거예요. 봐요, 로즈가 당신 얼굴을 뚫어져라 보고 있잖아요, 로저도 보고 있어요. 아이들이 금방 '와' 하고 웃음을 터뜨릴 거예요. 그래서 그녀는 때를 놓치지 않고 말했다(참으로 절묘한 순간이었다).

"촛불을 밝혀 주겠니." 그러자 아이들은 벌떡 일어나 찬장에서 부스럭대며 양초를 찾기 시작했다.

왜 저이는 감정을 숨기지 못할까? 램지 부인은 의아해하며 오거스터스 카마이클이 눈치챘으면 어쩌나 살펴보았다. 눈치를 챘을 수도 있고 그렇지 않을 수도 있다. 수프를 홀짝이면서 태연하게 앉아 있는 그를 보자 절로 존경심이 일었습니다. 수프가 더 먹고 싶으면 요구한다. 남이 비웃든 화를 내든 전혀 신경 쓰지 않는다. 저분은 나를 좋아하지 않아요. 하지만 약간은 그 점 때문에 저 분을 존경합니다. 저물어가는 저녁 어스름 속에서 기념상처럼 거대하고 침착하게 명상에 잠겨 수프를 마시고 있는데, 도대체 저 분은 무엇을 느끼고 있고, 어째서 언제나 만족하고 위엄을 잃지 않는 것일까. 그리고 내 생각에 저 분은 앤드루를 매우 귀여워하십니다. 방으로 불러서 "다양한 것을 보여 주신다"고 합니다. 하루 종일 잔디밭 위에 누워서, 아마 시를 짓고 계시는 걸 거예요. 마치 새를 잡으려고 노리는 고양이를 떠올리게 하죠. 그래서 단어를 찾으면 앞발을 가볍게 들어 올리듯 손뼉을 칩니다. 남편은 "오거스터스는 진짜 시인이야"라고 말합니다. 남편에게서 이 정도의 찬사를 끌

282 등대로

어내기란 예삿일이 아니죠.

이제 8개의 촛불이 식탁에 나란히 켜졌다. 처음에는 이리저리 흔들리던 불꽃도 이윽고 똑바로 서서 긴 식탁 전체를 환하게 밝혔고, 가운데 있는 노란색과 보라색 과일 접시를 선명하게 비추었다. 대체 로즈는 무슨 생각이었을까, 램지 부인은 추측했다. 포도와 배, 안쪽이 분홍색인 뿔피리 모양의 조개껍질, 그리고 바나나의 조합은 바다 밑에서 가지고 돌아온 전리품이나 바다의 신 넵튠의 연회를 떠올리게 하고, 또 (언젠가 그림으로 본 적이 있는) 표범 가죽을 두르고 붉은 색과 금색으로 흔들리는 횃불에 둘러싸인 술의 신 바커스의 어깨에서 이파리와 함께 늘어져 있는 포도송이를 생각나게 했다. ……이처럼 갑자기 빛 속으로 들어오면서 식탁은 아주 크고 깊은 세계처럼 여겨졌고, 지팡이를 짚고 언덕을 올라갔다가 계곡으로 내려갈 수 있을 것 같았다. 그리고 기쁘게도(순간적으로나마 두 사람은 공감을 나누었다) 부인은 오거스터스 역시 그 과일접시 위에서 연회를 보고, 그 속으로 뛰어 들어가 저쪽에서 활짝 핀 꽃을 꺾고 이쪽에서 포도송이를 따면서 마음껏 즐긴 뒤 자기 집으로 돌아가는 것을 보았다. 그의 관점은 그녀와는 매우 다르긴 하지만, 함께 바라보는 행위가 두 사람을 이어주었다.

촛불이 모두 켜지자 양쪽에 앉은 얼굴은 그 불빛 때문에 더욱 가까워졌고, 어스름 속에서는 결코 그러지 못했는데 이제 식탁을 둘러싸고 하나의 집단을 만들고 있었다. 밤이 유리창 밖으로 쫓겨나고, 유리창들이 바깥 풍경을 뚜렷이 비추지 못하게 되자 바깥 세계는 기묘하게 떨렸다. 그로 인해 방 안쪽에는 질서와 메마른 육지가 남았고, 집 밖에는 그림자가 어렸다. 그리고 그 속에서 사물은 마치 물속에 있는 것처럼 너울거리고 희미해져 갔다.

마치 어떤 변화가 실제로 일어나기라도 한 것처럼 그곳에 있는 사람들 모두에게 순식간에 전해졌다. 사람들은 어떤 섬의 동굴에 모여서 바깥 세계의 유동체를 상대로 방어한다는 공통목적을 갖고 있는 것 같았다. 폴과 민타를 기다리면서 불안 때문에 아무 일도 손에 잡히지 않았던 램지 부인은 이제 그 불안이 기대로 바뀌었음을 느꼈다. 이제 그들은 분명히 들어올 것이기 때문이다. 릴리 브리스코는 부인이 갑자기 기운을 차린 이유를 분석해 보려고 애썼다. 그것을 테니스장 잔디밭 위에서의 그 순간, 단단한 윤곽이 갑자기 허물어지면서 두 사람 사이에 광활한 공간이 펼쳐진 그 순간과 비교해 보았다.

1부 창 283

그와 같은 효과가 지금 가구가 별로 없는 방에 갑자기 켜진 수많은 촛불과 커튼 없는 창과 촛불에 비친 사람들의 가면 같은 투명한 얼굴들에 의해 생겨났다. 중량감이 사라졌다. 릴리는 무슨 일이든 일어날 수 있다는 느낌을 받았다. 두 사람은 금방 들어올 거라고, 램지 부인은 문을 바라보면서 생각했다. 바로 그 때 민타 도일과 폴 레일리, 그리고 커다란 접시를 든 하녀가 동시에 들어왔다. 너무 늦어서 죄송해요. 민타가 말했다. 두 사람은 각각 식탁의 양쪽 끝으로 가서 앉았다.

"브로치를 잃어버렸거든요. 할머니의 유품이었는데." 민타는 울먹이는 목소리로 커다란 다갈색 눈동자에 슬픔을 가득 채우고 말했다. 시선을 아래로 내려 바닥을 바라보며 램지 씨 옆자리에 앉았다. 그 모습에 기사도 정신이 발동한 그가 놀리기 시작했다.

보석을 달고 바위에 기어 올라가는 바보가 어디 있소?

민타는 평소에도 그를 두려워했다. 무서울 만큼 머리가 좋았으므로, 그의 옆자리에 앉았던 첫날 밤 화제가 조지 엘리엇으로 옮겨 가자 민타는 정말로 당황해서 어쩔 줄을 몰랐다. 그녀는 《미들 마치》 3권을 기차에 놓고 내리는 바람에 결말을 알지 못했기 때문이었다. 그러나 나중에는 완전히 잘 지내게 되었다. 민타는 실제보다 더 무지한 척 가장했다. 그가 민타를 바보라고 놀리는 것을 좋아했기 때문이다. 게다가 이 방에 들어오자마자 기적이 일어난 것을 알고 있었다. 자기가 금빛 안개를 내뿜고 있음을 눈치챈 것이다. 때때로 그것에 둘러싸일 때도 있고 그렇지 않을 때도 있다. 그녀는 그것이 어째서 생기고 사라지는지는 모른다. 또한 설사 그것을 몸에 두르고 있더라도 방에 들어오기 전까지 알지 못한다. 그런데 방으로 들어선 순간 한 남자가 자신을 보는 모습을 통해 그것의 존재를 알게 되었다. 그렇다, 오늘밤 그녀는 그것에 숨이 막힐 정도로 둘러싸여 있다. 그녀는 램지 씨가 그런 바보짓을 하면 안 된다고 한 말투로 그것을 알았다. 그녀는 빙긋이 웃으며 그의 옆에 앉았다.

그럼 그 일은 분명 일어났구나. 램지 부인은 생각했다. 두 사람은 약혼한 거야. 그녀는 순간 평생 두 번 다시 느낄 일은 없다고 생각했던 질투를 느꼈다. 그녀의 남편이 저 민타의 눈부신 아름다움을 느끼고 있음을 안 것이다. 그는 그녀처럼 붉은빛이 도는 금발을 좋아한다. 통통 튀고 야성적이며 무모하기까지 한 소녀, '머리를 단정하게 빗어 붙이지 않은' 소녀였고, 램지 씨가 릴리를 평한 것처럼 '빼빼마르고 빈약'하지도 않았다. 부인에게는 없는 광채와 풍요로움 같은 것이 남편을 사로잡았고, 그는 농을 걸기도 하면서 민타 같은 처녀들을 마음에 들어했다. 그녀들이라면 남편의 머리를 잘라 주고, 시계 끈을 땋아주고, 일을 방해하면서 불러낼 수도 있었다(그녀는 실제로 직접 들은 적도 있다). "이리 나오세요, 램지 씨, 이제 우리가 이길 차례예요." 그러면 남편은 하던 일을 멈추고 테니스를 치러 밖으로 나갔다.

하지만 딱히 질투한 것은 아네요. 다만 가끔 거울 속에 비친 완전히 늙어버린 내 모습을 조금 화가 난 얼굴로 바라볼 뿐이죠. 그것도 다른 사람 탓이 아니라 내 잘못이에요(온실 수리비라든가 다른 여러 가지 일로). 오히려 고맙게 생각한답니다, 남편을 놀리고 웃기는 것을요("램지 씨, 오늘은 담배를 얼마나 피우셨어요?" 같은 얘기로). 그러면 남편은 젊은이처럼 얼굴이 환해져요. 노작의 무게와 세상의 번민, 명성과 실패의 중압감에 짓눌려 있는 남자가 아니라, 여성들에게 매우 매력적으로 보이는 남자. 내가 처음 만났을 때처럼 마르긴 했지만 친절하고 예의 바른 남자. 그가 나를 보트에서 내려준 일을 기억하고 있어요. 그는 가슴을 콩닥거리게 하는 그런 방식을 잘 알고 있었어요(저렇게 민타를 놀리고 있으면 놀라울 정도로 젊어 보였다). "거기에 놓으렴." 그녀는 스위스 하녀에게 말하면서 비프스튜가 든 커다란 갈색 그릇을 조용히 그녀 앞에 놓는 것을 거들었다. 나는 조금 얼빠진 젊은이가 좋습니다. 폴은 반드시 내 옆에 앉아야 해요. 폴을 위해 자리를 만들어 두었죠. 사실 나는 때때로 바보들을 제일 좋아한다고 생각해요. 논문 따위로 사람을 성가시게 하지도 않고. 그러고 보면 저 머리 좋은 사람들은 꽤 손해를 보고 있는 게 아닐까요? 사실 그들은 바싹 메말라버렸잖아요. 폴에게는 매력이 있어요. 기분 좋게 만드는 태도, 날렵하게 뻗은 콧날과 밝고 푸른 눈. 사려도 깊어요. 다시 모두 이야기를 시작했는데, 폴은 오늘 있었던 일을 말해 줄까요?

"우리는 민타의 브로치를 찾으러 되돌아갔어요." 옆자리에 앉으면서 폴은 말했다. '우리'─그걸로 충분했다. 그녀는 폴이 '우리'라는 단어를 힘을 주어 떨리는 목소리로 말하는 것을 보고, 그 말을 처음으로 사용했음을 알았다. '우리'는 이걸 했어요, '우리'는 저걸 했어요. 두 사람은 앞으로 이 말을 평

1부 창 285

생 쓰겠지요. 그때 이루 말할 수 없이 향긋한 올리브와 기름과 고기즙이 섞인 향긋한 냄새가 커다란 갈색 그릇에서 확 피어올랐다. 마티가 약간 으쓱하면서 뚜껑을 연 것이다. 요리사가 이 요리를 위해 사흘을 수고했다. 그녀는 윌리엄 뱅크스를 위해 특별히 부드러운 고기를 고르려고 불룩한 덩어리 속으로 국자를 넣고 신중하게 저었다. 그리고 커다란 그릇 속을 들여다보며, 반들반들한 그릇 안쪽 면과 향기로운 갈색과 노란색의 고기, 월계수 잎과 포도주가 섞여 있는 비프스튜를 보았다. 이것으로 오늘의 사건을 축하해 줄 수 있겠어―이상한 감정이 솟았다. 축제를 축하하는, 변덕스러우면서도 부드러운 마음이었다. 마치 그녀의 내면에 두 개의 감정이 동시에 일어난 것처럼. 하나는 심오한 감정이었다―여자에 대한 남자의 사랑보다 진지한 것은 있을 수 없고, 가슴속에 죽음의 씨앗을 품고 있으면서도 그 사랑보다 무조건적으로 감동적인 것은 없을 것이다. 동시에 이 연인들, 눈을 반짝이며 환상 속으로 빠져드는 이 사람들은 놀림을 받으며 화환을 두르고 주위를 맴돌며 춤출 운명이었다.

"정말 기가 막힌 맛이군요." 뱅크스 씨는 잠시 나이프를 내려놓고 말했다. 그는 음미하면서 천천히 썹었다. 깊은 맛이 있으면서 부드러웠다. 요리는 완벽했다. 이런 외진 시골에서 어떻게 이 정도까지 차리실 수 있습니까? 정말 훌륭하십니다. 그녀에 대한 그의 사랑도 존경도, 모든 것이 원래대로 돌아왔다. 그녀도 그것을 눈치챘다.

"할머니께 전수받은 프랑스풍 요리에요." 램지 부인의 목소리에는 더없는 기쁨이 메아리쳤다. 틀림없는 프랑스 요리입니다. 영국의 요리라고 부르는 것들은 정말 형편없잖아요(사람들의 의견이 일치했다). 양배추를 물속에 집어넣으면 끝이고, 고기는 너무 익혀서 가죽처럼 질기고, 채소의 맛있는 껍질은 모두 벗겨버리는 수준이지요. "채소의 영양은 모두 껍질에 들어 있는데 말입니다." 뱅크스 씨가 말했다. 그리고 낭비가 심해요, 램지 부인이 말했다. 영국 요리사가 버리는 쓰레기로 프랑스에서는 한 가족이 충분히 먹고 살 수 있다니까요. 윌리엄의 호의가 다시 자신에게 돌아왔고 모든 것이 원래대로 되었으며, 따라서 불안감은 해소되었다. 이제 의기양양해하던 남을 놀리든 자기 마음대로 할 수 있을 만큼 여유가 생긴 부인은 웃고 손을 휘두르고 몸까지 흔들며 매우 기분이 좋아졌다. 릴리는 그녀가 참으로 유치하고 우습다고 생각했다. 아름다움을 전면에 드러내며 채소의 껍질에 대해 얘기하고 있다니, 정말이지 저 분에게는 깜짝깜짝 놀란다니까. 무언가 저항할 수 없는 것이 있어. 언제나 마지막에는 자기가 원하는 것을 얻는다니까. 이번 일도 역시 해냈어. 폴과 민타는 아마도 약혼한 모양이고, 뱅크스 씨는 여기서 저녁식사를 하고 있지 않은가. 그저 단순하고 솔직하게 소원을 비는 것만으로 그들에게 주문을 걸어 버린다. 릴리는 자신의 빈약한 정신력과 부인의 풍족한 정신력을 대조하면서, 그 차이는 이 불가사의하고 무시무시한 것에 대한 그 믿음 때문이라고 상상했다(부인의 얼굴은 환하게 빛나고 있다. 젊어보이지는 않지만 빛을 뿜어내고 있었다). 그 불가사의하고 무시무시한 것의 중심에서 폴 레일리는 두려움에 부들부들 떨고 완전히 기가 꺾여 뒤숭숭한 마음으로 침묵하고 있었다. 램지 부인은 채소 껍질의 효능을 말할 때도 그것을 높이고 숭배하고, 두 손을 그것 위에 올려 손을 데우는 동시에 그것을 보호했는데, 그것이 모두 성숙한 뒤에는 어째서인지 웃음을 터뜨리고 말았다. 그리고 그 제물들을 제단으로 이끈다고 릴리는 느꼈다. 사랑의 열정과 동요가 이제는 릴리에게도 들이닥쳤다. 폴의 옆에 있으면 그녀는 얼마나 존재감 없는 인간인가. 폴은 빛나고 불타고 있다. 그녀는 초연하고 비판적이다. 그는 모험을 떠나려 하고 그녀는 기슭에 매어 있다. 그는 거침없이 출항하고 그녀는 홀로 남겨진다. 그녀는 그에게 설사 저 앞에 재앙이 기다리고 있다 해도 자기를 데려가 달라고 울부짖고 싶은 심정이었다. 그래서 그녀는 주춤주춤하면서 말했다.

"민타는 언제 브로치를 잃어버렸나요?" 폴은 말로 표현할 수 없는 웃음을 지었다. 그는 기억의 장막에 감싸여 꿈으로 물들어 있었다. "바닷가에 있을 때요." 그는 말했다.

"나는 꼭 찾아올 겁니다. 내일 아침 일찍 가 볼 생각이에요." 이건 민타에게는 비밀이에요. 그는 목소리를 낮추고 램지 씨 옆에서 웃고 있는 민타를 바라보았다.

릴리는 격렬하게 막무가내로 폴을 돕겠다고 나서고 싶었다. 동틀 녘 바닷가에서 바위틈에 반쯤 숨어 있는 브로치를 발견하고 달려가는 자신의 모습을 그려보았다. 자신도 뱃사람이나 모험가들의 일원이 될 수 있다고 생각했다. 하지만 폴은 그녀의 제의에 무어라고 대답했던가? 그녀가 좀처럼 드러내 보이

1부 창 287

지 않는 열정을 담아 "같이 가게 해 주세요" 하고 정말로 소리 내어 말하자 그는 웃음을 터뜨렸다. 좋다는 건지 싫다는 건지, 아마 둘 다였을지도 모른다. 하지만 문제는 그 의미가 아니라 저 이상하게 킬킬대는 웃음 자체이다. 마치 원한다면 절벽에서 몸을 던져 보시오, 나는 조금도 상관하지 않아요, 하는 식이었다. 그는 그녀의 뺨에 새빨갛게 달궈진 사랑의 열기, 그 무서움, 그 참혹함, 그 무모함을 들이부었다. 그것이 릴리를 담금질했다. 릴리는 식탁 맞은편 끝에서 램지 씨에게 애교를 부리고 있는 민타를 바라보았다. 이 사랑의 독니 앞에 노출된 민타를 보며 몸을 부르르 떨었고, 자기를 위해서는 고마운 일이라고 생각했다. 그녀는 식탁 무늬 위에 놓인 소금 병을 바라보면서, 아무튼 다행히도 나는 결혼하지 않아도 된다, 저 타락에 몸을 던질 필요는 없다고 혼잣말을 했다. 사람을 흐릿하게 만드는 결혼에서 벗어날 수 있을 것이다. 그녀는 저 나무를 좀 더 가운데로 옮겨야겠다고 생각했다.

　이처럼 모든 일은 복잡하게 얽혀 있습니다. 특히 램지 식구들과 함께 있으면 동시에 두 가지 상반된 감정을 격하게 느끼게 됩니다. 그 중 하나는 상대가 느끼는 감정이고 다른 하나는 내가 느끼는 감정으로 그 두 감정이 내 마음 속에서 바로 지금처럼 서로 다툽니다. 이 사랑이라는 것은 너무도 아름답고 가슴 두근거리는 것이어서 나는 그 바로 옆에서 바다 속으로 몸을 던지지 않을 수 없었고 평생 스스로도 생각할 수 없는 일—바닷가로 따라가서 브로치를 찾자고 제안할 정도였습니다. 그런데 또 한쪽으로 생각하면, 사랑이야말로 인간의 열정 가운데 가장 어리석고 야만적인 것이라, 보석 같은 옆얼굴을 가진 훤칠한 청년(폴의 옆얼굴은 정말 훌륭했다)을 마일엔드 로드(런던 동쪽 끝의 빈민가)에서 쇠지레를 들고 흔드는 골목대장(그는 으스대고 거만했다)으로 바꾸어 버립니다. 그러나 천지가 개벽한 이래 줄곧 사랑을 찬양하는 송가를 노래하고 화환과 장미를 바쳐왔습니다. 만약 물어 보면 열에 아홉은 사랑 말고는 아무것도 필요 없다고 말할 테지요. 한편 내 경험으로 비추어 보면 여자들은 언제나, 이것은 우리가 바라는 것이 아니라고 생각합니다. 사랑만큼 비굴하고 부질없고 박정한 것은 없습니다. 하지만 또 아름답고 필요하지요. 그래서, 그래서요? 그녀는 다른 사람들이 사랑에 대한 논의를 계속해 나가기를 기대하면서 물었다. 그러한 논의에서 자기가 쏜 화살은 결코 목표에 도달하지 못하기 때문에 다른 사람들이 이어받아주지 않으면 안 되는 것이다. 그래서 릴리는 사랑이라는 문제에 사람들이 어떤 빛을 던질까 싶어 그들의 말에 귀를 기울였다.

"그리고 영국인이 커피라고 부르는 그것 말입니다." 뱅크스 씨가 말했다.

"아아, 커피!" 램지 부인은 말했다. "하지만 더 큰 문제는 진짜 버터와 깨끗한 우유가 아닐까요? (릴리는 부인이 완전히 흥분하여 매우 힘을 주어 말하고 있음을 알아챘다) 부인은 열을 올려가면서 영국의 낙농조직의 미비함을 언급했고, 각 가정에 배달되는 우유가 얼마나 열악한 상태이며, 그 점에 대해서는 실정을 분명하게 파악하고 있으므로 증거도 댈 수 있다고 말했다. 그러자 먼저 식탁 가운데에 있던 앤드루부터 시작하여, 불꽃이 금작화 덤불에서 덤불로 옮겨 붙듯 아이들이 너도나도 웃음을 터뜨렸다. 남편도 웃었다. 비웃음과 조롱의 불꽃에 둘러싸인 부인은 고개를 푹 숙이고 포대에서 내려오는 처지가 되었다. 오직 뱅크스 씨에게 이 식탁의 야유와 조소를 지적하면서, 영국사회의 편견을 공격하면 이런 꼴을 당한다고 말하며 모두에게 반격을 가했다.

그런데 탠슬리 씨의 일로 부인을 도왔던 릴리가 이 문제에 전혀 끼어들지 않는 것에 신경 쓰고 있던 부인은, 일부러 다른 것은 제외하고 릴리를 자기 편으로 끌어들였다. "적어도 릴리는 나와 같은 생각이지요?" 깜짝 놀란 릴리는 당황하고 말았다(그녀는 사랑에 대해 생각하고 있었던 것이다). 그러고 보니 릴리도 찰스 탠슬리도 무리에 끼지 못하고 있다고, 램지 부인은 생각했다. 둘 다 다른 두 사람의 광휘에 압도되어 있었다. 그는 자기가 무시당하고 있다는 점을 분명히 느끼고 있었다. 폴 레일리가 같은 방에 있는 한 아무도 그를 거들떠보지 않았다. 불쌍한 젊은이! 그러나 그에게는 누군가에 대한 무언가의 영향이라는 논문이 있으니 어떻게든 자기 앞가림은 할 수 있었다. 하지만 릴리는 좀 달랐다. 민타의 광채 아래 완전히 빛을 잃었고, 저 초라한 회색 드레스, 쪼그라든 작은 얼굴, 중국인 같은 찢어진 눈 때문에 전보다도 더한층 눈에 띄지 않았다. 그녀가 가진 것은 모두 왜소했다. 하지만 부인은 릴리에게 도움을 청하면서 생각했다(릴리는 그녀의 낙농에 대한 이야기가 남편의 구두 이야기에 비하면 결코 길지 않다는 주장을 지지해 줄 것이다. 그는 구두 이야기를 시작하면 몇 시간씩 떠들었다). 40대가 되면 민타보다 릴리가 단연 훌륭해질 거예요. 릴리에게는 어떤 한 줄기 심지가, 무

1부 창 289

언가 번쩍 빛나는 그녀만의 특징이 있어요. 나는 그것을 정말 아주 많이 좋아해요. 그런데 남자들은 별로 좋아하지 않을지도 몰라요. 그래요, 분명 그래요. 아무도 좋아하지 않아요. 윌리엄 뱅크스처럼 나이가 지긋한 사람이 아니면. 그래도 뱅크스 씨는 아내가 돌아가신 뒤로는 아마도 나를 좋아하는지도 모른다고 생각해요. 물론 '연애' 감정은 아니에요. 뭐라고 분류할 수 없는 복잡한 애정, 그런 많은 감정 중의 하나라고 생각해요. 어머, 무슨 쓸데없는 생각을 하는 거야. 윌리엄은 반드시 릴리와 결혼해야 해요. 두 사람은 공통점이 아주 많아요. 릴리는 꽃을 매우 좋아해요. 두 사람 다 냉정하고 초연하고 스스로 자신의 만족을 만들어내고자 하는 사람들이에요. 둘이 함께 긴 산책을 하도록 기회를 만들어야겠어요.

두 사람을 마주보고 앉도록 한 것은 실수였어요. 내일은 그러지 말아야겠어요. 날씨가 좋으면 둘은 외출을 할 거예요. 무엇이든 가능할 것 같아요. 모든 일이 순조로워 보여요. 바로 지금(그러나 이런 상태가 오래 가지 않을 거라고, 그녀는 모두가 구두 이야기를 시작하자 그 순간부터 자신을 떼어내면서 생각했다), 바로 지금 나는 큰 안정을 찾았어요. 그래서 그녀는 날갯짓을 멈춘 매처럼 공중을 맴돌고 깃발처럼 환희의 대기 속을 떠다녔다. 환희의 대기는 온 몸의 신경이란 신경을 부드럽고 감미롭게, 소리 없이, 조금은 엄숙하게 채웠다. 식사하고 있는 이들을 바라보면서 나는 생각했어요. 이 환희의 대기는 남편과 아이들과 친구들에게서 솟아나고 있었습니다. 그 기쁨은 이 깊은 정적 속에서 피어올라(그녀는 윌리엄 뱅크스에게 작은 고기를 한 조각 더 떠주려고 질그릇 속을 들여다보고 있었다), 딱히 이렇다 할 이유도 없이 지금 여기에 연기처럼 어려 있고, 향처럼 피어올라 모두를 안전하게 감싸고 있습니다. 아무것도 말할 필요가 없었고 또 말할 수도 없었다. 기쁨만이 우리 주위에 자욱이 끼어 영원히 이어지는 것이다. 그녀는 뱅크스 씨에게 특별히 연한 고기를 조심스럽게 건져 주면서 느꼈다. 이 감각은 오늘 오후에 다른 일로 한 번 느꼈던 것입니다. 그것은 사물 속에 있는 일관성이자 안정성으로, 변화에서 벗어나, 흘러가는 것과 날아가는 것과 덧없는 것과 맞서서 루비처럼 빛납니다(그녀는 반사되는 빛으로 잘게 물결치는 창을 보았다). 그래서 또 오늘밤에도, 낮에 이미 경험했던 평안과 휴식을 맛보았습니다. 이러한 순간들이 모여서 앞으로 영원한 것을 만듭니다. 지금 이 순간도 틀림없

290 등대로

이 영원히 남을 것입니다.

"괜찮아요." 부인은 윌리엄 뱅크스를 안심시켰다. "다른 사람 몫도 충분히 있어요."

"앤드루, 접시를 좀 더 내리렴, 쏟을 것 같구나." 그녀가 말했다(비프스튜는 정말 훌륭했다). 숟가락을 내려놓으며 램지 부인은 여기 사물의 한가운데 정지한 공간이 있고, 거기서 움직이거나 휴식할 수 있고, 지금은(모두의 접시에 음식을 떠준 뒤) 귀를 기울이며 차분하게 기다릴 수 있다고 느꼈다. 그리고 높이 날아올랐다가 갑자기 낙하하는 매처럼 웃음을 타고 느긋하게 올라갔다 내려갔다 하면서, 식탁 맞은편 끝에서 남편이 하는 이야기에 온 몸을 맡길 수 있었다. 그러고 보니 남편은 그의 기차표에 우연히 찍혀 있던 1253이라는 숫자의 제곱근에 대해 뭐라고 말하고 있군요.

도대체 무슨 말인지 나는 도무지 알 수 없습니다. 제곱근이라니요? 그게 뭐죠? 아들들은 알고 있어요. 나는 아들들에게 의지하니까, 입방체니 제곱근이니 하는 것도 물어봐야겠습니다. 그것이 지금 모두가 이야기하고 있는 내용입니다. 볼테르(프랑스의 계몽사상가, 1694~1778)와 마담 드 스타엘(프랑스의 여류작가, 1766~1817), 나폴레옹의 성격, 프랑스 토지소유제도, 로즈베리 백작(영국자유당 수령, 1927년 사망), 크리비(영국의 정치가, 1768~1838)의 회고록, 나는 그것에 기대고 있습니다. 남자들의 지성이 엮어낸 감탄스러운 구조물, 남자들의 지성은 종횡무진으로 활약하며, 흔들거리는 구조물을 가로지르는 쇠로 된 대들보처럼 세계를 지탱합니다. 그러므로 나는 전적으로 그것에 온몸을 맡깁니다. 눈을 감아도 또 금방 눈이 깜작이며, 베개를 베고 누운 아이가 무수히 매달린 나뭇잎을 바라보고 눈을 깜박이는 것처럼, 자기 자신을 완전히 내맡기는 것입니다. 이윽고 그녀는 눈을 떴지만 이야기의 구축 작업은 여전히 계속되고 있었다. 윌리엄 뱅크스가 웨이벌리 소설(월터 스콧 소설의 총칭)을 칭찬하고 있었다.

그는 6개월마다 웨이벌리 소설을 한 권씩 읽는다고 말했다. 그런데 왜 그 말에 찰스 탠슬리가 저렇게 화를 내는 걸까? 그는 막무가내로 대화에 끼어들어(이게 다 프루가 그에게 다정하게 굴지 않기 때문이다) 웨이벌리 소설을 공격했다. 아무것도 모르면서, 전혀 아무것도 모르는 주제에. 그녀는 그의 말을 귀담아 듣기보다는 그를 관찰하면서 생각했다. 그래요, 그의 태도를 보면 왜 그러는지 잘 알 수 있어요. 요컨대 자기주장을 하고 싶은 거예요. 그것은 그가 교수가 되거나 결혼을 해서 시종 "나는, 나는, 나는" 하고 말할 필요가 없어질 때까지 변하지 않을 거예요. 그의 월터 경에 대한 잔인한 비평, 제인 오스틴의 경우도 마찬가지라고 생각하는데, 그것의 의미는 바로 저 자기주장입니다. "나는, 나는, 나는." 그는 자기 자신과, 자기가 남에게 주는 인상을 생각하고 있습니다. 저 목소리의 울림과 강조하는 말투와 안절부절못하는 태도로 알 수 있어요. 출세만 하면 만사형통이라고 생각해요. 아무튼 논쟁이 다시 시작되었습니다. 하지만 이제 귀를 기울일 필요는 없다고 생각해요. 그렇게 오래 이어질 리는 없으니까요. 그리고 이 순간, 내 눈은 매우 맑아져서 식탁을 한 번 둘러보기만 해도 장막을 걷어낸 것처럼 사람들의 사상이나 감정을 하나하나 소상히 알 수 있어요. 마치 아무 저항 없이 물속으로 숨어들어간 빛이 잔물결이나 물속의 갈대, 몸의 균형을 잡으며 떠 있는 송사리, 움직이다가 갑자기 멈춰 선 송어가 몸을 떠는 모습을 환하게 비추는 것처럼 말예요. 그렇게 모두를 보았고, 모두의 이야기를 들었습니다. 그런데 그들이 무슨 얘기를 하건 거기에는 다음과 같은 특징이 있었습니다. 그들의 말은 마치 송어가 움직일 때, 그 움직임과 동시에 그 양쪽으로 잔물결이니 자갈 같은 것이 함께 보이는 것처럼 전체가 조화를 이루어 하나로 존재한다는 것입니다. 실생활에서 나는 그물로 한꺼번에 끌어올리거나, 이것과 저것을 분류합니다. 네, 그래요. 나는 웨이벌리 소설을 좋아한다고 말하거나 아직 읽어보지 않았다고 말하기도 합니다. 즉 끊임없이 자신을 독려하는 말을 합니다. 하지만 이제는 아무 말도 하지 않았다. 지금 그녀는 일시정지 상태였다.

"그렇군요, 하지만 그것이 앞으로 몇 년이나 가겠어요." 누군가가 이렇게 말했다. 나는 진동하는 안테나를 세우고 있는 것처럼, 어떤 종류의 문장을 수신하면 갑자기 그 문장에 주의를 집중합니다. 저 문장도 그러한 것이었습니다. 남편의 위기를 느낀 것입니다. 저런 문제가 나오면 거의 틀림없이 남편에게 자기 실패를 상기시키는 일을 누군가가 꺼낼 것이기 때문입니다. 내 책들은 얼마나 오래 읽힐까—곧바로 이렇게 생각하겠죠. 윌리엄 뱅크스(그런 허영을 전혀 갖고 있지 않은)는 웃으며, 유행의 변화 따위는 중요하게 생각하지 않는다고 말했습니다. 문학에서든 다른 분야에서든, 무엇이 살아남을지는 아무도 모릅니다.

"자기가 진정 즐기고 싶은 것을 즐기면 되지 않을까요?" 그는 말했다. 램지 부인은 그의 성실함에는 정말 머리가 저절로 숙여졌다. 이 일이 자기와 무슨 상관이 있는지 전혀 생각해 본 적도 없는 것 같았다. 하지만 만약 당신이 칭찬을 바라고 격려를 필요로 하는 또 다른 기질을 갖고 계시다면 어떻겠어요, 당연히 불안을 느낄 것입니다(그녀는 남편이 불안해하기 시작한 것을 알았다). 아아, 당신의 업적은 반드시 남을 겁니다, 램지 씨. 이런 말을 누군가가 해 주면 좋겠어요. 아무튼 스콧은(셰익스피어였을지도 모른다) 내게 평생 길이 남을 작가라고, 남편은 조금 짜증스럽게 말했습니다. 남편이 불안을 느끼고 있다는 증거예요. 남편은 화가 난 투로 말했습니다. 모두 이유도 모른 채 조금 불편을 느끼고 있었습니다. 그런데 민타 도일이 무뚝뚝하게 엄청난 말을 했습니다. 나는 셰익스피어가 정말로 재미있어서 읽는 사람은 없다고 생각해요. 저 아가씨의 직관은 정말 날카로워요. 남편은 뚱하게 말했습니다(그러나 그의 마음은 이미 불안에서 해방되어 있었다). 입으로 떠들어 대는 만큼 정말로 좋아하는 사람은 거의 없지. 그러나 그의 희곡 몇 개는 상당히 훌륭해. 나는 안도했습니다. 아아, 이제 됐어, 적어도 당장은. 남편은 민타를 놀리고, 그의 자신에 대한 극도의 불안을 눈치챈 민타는 그녀 특유의 방식으로 그를 돌보고 어떻게든 칭찬해 줄 것입니다. 하지만 사실은, 애당초 그럴 필요가 없었으면 좋겠어요. 그게 필요해진 건 내가 제대로 대처하지 못했기 때문이니까요. 아무튼 나는 이제 자유롭게 폴 레일리가 어릴 때 읽었던 책 이야기에 귀를 기울일 수 있습니다. 그 책들은 아직도 잊을 수가 없다고 그는 말했습니다. 학창시절에 톨스토이를 몇 권 읽었어요. 언제나 떠오르는 게 하나 있는데 제목은 잊어버렸어요. 러시아 이름들은 외우기 힘들다고 내가 말했습니다. "브론스끼." 폴이 말했습니다. 악당한테 딱 맞는 이름이라고 생각해서 그것만은 기억하고 있어요. "브론스끼, 아아《안나 까레니나》말이군요." 그러나 제목을 알아도 이야기는 크게 진척되지 않았습니다. 책은 우리의 관심 분야가 아니었거든요. 그래요, 찰스 탠슬리라면 곧바로 그들의 의문점을 해명해 주었겠지만, 그는 자신이 제대로 말하고 있는 걸까, 좋은 인상을 주고 있을까 하는 생각만 지나치게 앞서서, 결국은 톨스토이보다 자기 자신을 더 드러내고 말죠. 그에 비해 폴은 단순히 사건 자체만 말하고 자신에 대한 것은 아무것도 말하지 않아요. 머리가 별로 좋지 않은 사람이 그렇

듯 그는 겸손하고 상대의 감정을 배려하죠. 때로는 그것이 아주 매력적이에
요. 지금 그는 자기 자신도 톨스토이도 아니고, 그녀가 춥지는 않은지, 외풍
에 시달리고 있지는 않은지, 그녀가 배가 먹고 싶은 건 아닌지 생각하고 있
었다.

아니요, 배는 먹고 싶지 않아요. 그녀가 말했다. 실은(그것을 깨닫고 있었
던 것은 아니지만) 과일접시를 계속 주의 깊게 감시하면서 아무도 그것에
손대지 않기를 바라고 있었다. 그녀의 시선은 과일의 곡선과 음영 사이, 저
지대의 포도의 진한 홍자색 사이, 그리고 조개껍질의 뾰족한 능선 위를 오르
내리고 있었다. 홍자색과 짝을 지어 노란색을 배치했고, 곡선 형태 옆에 원
형을 놓았다. 그녀는 스스로도 왜 그러는지 알지 못했고, 어째서 그럴 때마
다 마음이 점점 편해지는지 몰랐다. 그런데 결국 아아, 이 당연한 일이 왜
이리도 아쉬운지, 손이 하나 뻗어 나와 배를 집어가자 전체의 조화가 무너져
버렸다. 동정어린 눈으로 그녀는 로즈를 바라보았다. 로즈가 재스퍼와 프루
사이에 앉아 있었다. 그런데 내 아이들이 저러고 있다니 참 이상하구나!

내 아이들, 재스퍼와 로즈와 프루와 앤드루가 거의 말도 하지 않고 나란히
앉아 있는 것은 참으로 이상했습니다. 아이들의 입술이 달싹달싹 움직이고
있는 것으로 보아 자기들끼리 농담을 하고 있는 모양입니다. 다른 것에서 완
전히 분리되어 자기들끼리만 몰래 간직하고 있다가 자기들 방에서 맘껏 웃
을 생각인가 보군요. 아버지에 대한 게 아니면 좋을 텐데. 아니, 그렇진 않
으리라고 생각하지만, 무슨 농담일까 생각하니 어쩐지 조금 슬퍼집니다. 내
가 없는 곳에서 웃을 생각들이니까요. 조금 딱딱하고 움직이지 않는 저 가면
같은 얼굴 뒤에 모든 것이 감춰져 있습니다. 그들은 쉽게 남들 이야기에 끼
지 않아요. 마치 감시인이나 검사관처럼 어른들에게서 한 발 물러나 조금 높
은 곳에서 내려다보고 있습니다. 그러나 오늘밤 프루를 보고, 저 아이는 이
제 꼭 그렇지만도 않다고 깨달았습니다. 이제 어린아이 티를 벗은 프루가 무
언가를 시작하며 움직이고 있습니다. 어른들 세계로 내려오려고 하는 것입
니다. 아주 희미한 빛이 얼굴에 떠올라 있습니다. 맞은편에 있는 민타의 낯
빛과 흥분과 행복에 대한 기대가 그녀 위에 반사되는 것 같습니다. 남녀간의
사랑의 태양이 식탁보 테두리를 타고 올라오는 것을 보고, 그것이 무엇인지
도 모른 채 그쪽으로 몸을 기울여 인사를 하고 있는 것 같았습니다. 그녀는

조심스럽고 호기심어린 시선으로 민타를 보았습니다. 나는 그 둘을 번갈아 바라보면서 마음속으로 프루에게 말했습니다. 머지않아 너도 민타처럼 행복해질 거야. 아니, 그보다 더, 훨씬 더 행복해질 거야, 다름 아닌 내 딸이니까. 내 딸은 다른 아가씨들보다 더 행복해야 합니다. 그런데 이제 식사가 끝났군요. 바야흐로 마칠 시간이에요. 다들 접시 위에 놓인 것을 지분거리고 있습니다. 모두 남편의 이야기에 웃고 있으니 저게 끝날 때까지만 기다리도록 하죠. 그는 어떤 내기에 관한 것으로 민타와 농담을 하고 있습니다. 저 얘기가 끝나면 일어서야겠어요.

찰스 탠슬리도 좋아해요. 그의 웃는 모습이 좋아요. 그녀는 갑자기 생각했다. 그가 폴과 민타에게 저렇게 화를 내는 것이 마음에 들었고, 어색한 태도도 좋아했다. 아무튼 저 젊은이에게는 좋은 점이 많았다. 그녀는 냅킨을 접시 옆에 내려놓으면서 생각했다. 그리고 릴리, 언제나 독특한 농담을 하는 사람. 릴리에 대해서는 이러쿵저러쿵 걱정할 필요가 전혀 없었다. 그녀는 기다리며 냅킨을 접시 끄트머리 밑으로 밀어 넣었다. 자, 이제 끝났나? 아직 아니었다. 다른 이야기로 옮겨 갔다. 오늘밤 남편은 기분이 아주 좋은지, 그 수프 사건 뒤로 늙은 오거스터스와 화해하고 싶어서 대학 시절 함께 알고 지내던 누군가에 대한 이야기를 꺼낸 모양이었다. 창을 보니 새카매진 유리창이 양초의 불빛을 더욱 밝게 반사하고 있었다. 그녀가 바깥 세계를 바라보고 있자 사람들의 목소리가 마치 대성당에서 예배를 드릴 때처럼 아주 기묘하게 들려왔다. 말 자체에는 조금도 주의를 기울이지 않은 탓에, 갑자기 터지는 폭소와 이어서 혼자 떠드는 한 목소리가(민타의 목소리) 로마가톨릭 성당에서 남자들과 소년들이 라틴어 예배문을 외고 있는 것처럼 들렸다. 그녀는 기다렸다. 남편은 이야기하고 있었다. 그는 무언가를 되풀이했다. 그녀는 그 리듬과 희열과 우수의 울림으로 시라는 것을 알아차렸다.

이리 오너라, 꽃밭의 오솔길을 걷자.
루리아나 루릴리
중국 장미는 지금이 한창때, 노란 꿀벌과 함께 두런두런

단어들은(그녀는 창밖을 보고 있었다) 저 바깥의 물 위에 떠 있는 꽃처럼

우리에게서 완전히 떨어져나가, 누군가가 읊조린 것이 아니라 저절로 생겨난 것 같았다.

　　함께 살아온 날들, 함께 살아갈 날들
　　우뚝 솟은 나무들 땅을 채우고, 나뭇잎은 철마다 옷을 갈아입네

　그 의미는 몰랐지만, 단어들은 음악처럼 그녀의 바깥에서 자기 자신의 목소리가 말하고 있는 것 같았다. 그리고 그날 저녁, 다른 온갖 일들을 입에 올리는 동안 그녀의 마음속에 있던 것을 쉽고도 자연스럽게 표현하고 있었다. 주위를 둘러보지 않아도 식탁에 앉은 모두가 그 목소리에 귀를 기울이고 있음을 알았다.

　　그대도 그렇게 느껴지는가
　　루리아나 루릴리

　결국 그녀와 마찬가지로 모두는 안도하면서 기쁨을 느꼈고, 마치 이제야 자연스러운 말을 할 수 있고 자신들의 목소리가 직접 그것을 읊고 있는 것 같았다.
　그런데 목소리가 멈췄다. 그녀는 주위를 둘러보고 몸을 일으켰다. 이미 자리에서 일어나 있던 오거스터스 카마이클이 냅킨을 마치 하얗고 긴 옷처럼 늘어뜨리고 단조롭게 읊조렸다.

　　언덕 너머, 데이지가 핀 들로
　　종려나무 잎과 삼목 다발을 들고
　　말을 달리는 왕을 보라.
　　루리아나 루릴리

　그녀가 그의 옆을 지나가자 그는 마지막 말을 되풀이하면서 그녀 쪽으로 몸을 살짝 틀었다.

루리아나 루릴리

그는 마치 그녀에게 경의를 표하듯 몸을 살짝 굽혔다. 이유는 모르지만 그가 그 어느 때보다도 그녀를 좋아하고 있다고 느꼈다. 그래서 그녀는 안도와 감사의 마음으로 인사를 하고, 그가 그녀를 위해 열어준 문으로 향했다.

이제 모든 것을 한 걸음 더 나아가게 할 필요가 있었다. 문지방에 발을 걸치고 서서 순식간에 사라져 가는 광경 속에 다시 잠깐 머물렀다. 그러다가 그녀는 몸을 움직여 민타의 팔을 잡고 방을 나서자 방은 다른 형상으로 바뀌었다. 그녀는 어깨 너머로 한 번 힐끗 바라보면서 모든 것이 이미 과거가 되었음을 알았다.

18

여느 때와 똑같아, 릴리는 생각했다. 정확히 그 순간에 해야 할 일이 있는 것 같아. 램지 부인이 자기만의 이유에서, 즉각 하기로 결정한 무언가가 있어. 바로 지금처럼. 모두들 농담이나 지껄이면서 근처를 어슬렁거리기만 할 뿐 흡연실로 갈지 응접실로 갈지, 아니면 다락방으로 올라갈지를 결정하지 못하고 있을 때였다. 램지 부인이 이 혼란한 가운데에서 민타의 팔을 잡고 서 있었다. 그리고 갑자기 떠오른 듯이 "맞아, 마침 그것을 할 시간이에요"라고 말하고, 혼자 무언가를 하기 위해 어쩐지 비밀이라도 있는 모습으로 총총히 자리를 떴다. 부인이 떠나자마자 일종의 분해 작용이 일어나, 다들 도망치듯 제각기 갈 곳으로 가버렸다. 뱅크스 씨는 찰스 탠슬리의 팔을 잡고 식사 때 하던 정치에 대한 토론을 마무리하기 위해 테라스로 갔다. 이와 같이 오늘 저녁의 균형을 완전히 뒤집어, 전혀 다른 방향으로 의미를 부여했다. 릴리는 두 사람의 뒷모습을 보고, 노동당의 정책에 대한 대화를 언뜻 한두 마디 들으면서, 두 사람이 배의 브리지로 올라가 그 나아갈 방향을 정할 것 같다고 생각했다. 시에서 정치로의 방향 전환이 릴리에게 그러한 느낌을 준 것이다. 그렇게 뱅크스 씨와 찰스 탠슬리가 가 버렸고, 다른 사람들은 램지 부인이 등불을 들고 혼자 2층으로 올라가는 것을 보면서 일어섰다. 어딜 저렇게 서둘러 갈까. 릴리는 생각했다.

사실 그녀는 달리지도 않았고, 서두르지도 않았다. 오히려 느릿느릿 걷고 있었다. 수다스레 얘기한 뒤인지라 잠시 가만히 혼자 있으면서 어떤 소중한,

정말로 소중한 것을 꺼내어, 그것을 다른 것들에서 떼어내고 분리하여 온갖 감정이나 쓸데없는 잡다한 것을 말끔히 씻어내고, 자기 앞에 받쳐 들고, 이러한 것을 판결하기 위해 모인 재판관들이 엄숙하게 늘어앉아 있는 비밀법정으로 나가고 싶은 기분이었다. 좋은 일인가 나쁜 일인가, 옳은가 그른가? 우리는 어디로 가는가? 묻고 싶었다. 그녀는 만찬에서 충격을 받은 자신을 이렇게 해서 정상으로 되돌리려고 했고, 무의식적이긴 했지만 얼토당토않게도 창밖의 느릅나무 가지를 잡아 안정을 얻으려고 했다. 그녀의 세계는 변하고 있지만 느릅나무는 정지해 있다. 만찬은 움직임을 느끼게 했다. 그러나 모든 것은 질서정연하게 있어야 한다. 자신은 저것을 바로잡고, 이것을 고쳐야 한다. 그녀는 자기도 모르는 사이에, 나무들의 엄숙한 정적을 바람직하다고 보면서도, 바람이 느릅나무 가지를 밀어 올리는 장려함도 (그것은 파도 위에 나타난 뱃머리 같았다) 훌륭하다고 생각했다. 바람 부는 저녁이었다 (그녀는 잠시 멈춰 서서 밖을 보았다). 바람이 불고 있다. 느릅나무 이파리는 이따금 흔들리며 별을 문질러 모습을 드러내 주었다. 별들도 잎사귀 끄트머리 사이에서 몸을 떨고 빛을 뿌리며 거기서 빠져나오려고 애쓰는 것 같았다. 그렇다, 만찬은 끝났다. 모든 것이 무르익었다. 지금, 감정이나 수다를 제외하고 생각해보면, 여느 때의 만찬과 크게 다르지도 않았다. 다만 그것은 바로 지금 끝났을 뿐이다. 끝나 버리면 모든 것은 정지 속으로 던져진다. 모두 아무리 오래 살더라도 분명 오늘 저녁의 일, 이 달과 바람과 집, 그리고 나를 기억해 주겠지. 그 생각은 부인의 마음을 매우 기분 좋게 간질였다. 모두의 마음속으로 파고 들어가, 그들이 앞으로 얼마나 오래 살든 자기는 그들 생활의 일부가 된다고 생각했다. 이런 이유로 그녀는 아부에 가장 약했던 것이다. 2층으로 올라가면서 그녀는 생각했다. 이것도, 이것도, 이것도. 그녀는 웃으면서 애정 어린 눈길로 층계참에 있는 소파(어머니의 유품), 흔들의자(아버지의 유품), 헤브리디스 제도의 지도를 보았다. 이 모든 것들은 폴과 민타, '레일리 부부'의 생활 속에서 다시 살아나겠지. 램지 부인은 다시 한 번 그 새로운 이름을 불러 보았다. 그리고 아이들 방문에 손을 대면서, 열정을 불러일으키는 그 다른 사람과의 감정의 교류를 사무치게 느꼈다. 사람과 사람을 가로막는 벽이 매우 얇아져서 사실상 (그것은 안도와 행복의 느낌이었다) 하나의 물결이 되어 버렸다. 그리고 의자도 탁자도 지도도 모두 그녀의 것이면서 그들의 것이기도 했다. 누구의 것인지는 중요하지 않다. 그녀가 죽은 뒤에는 폴과 민타가 그것을 물려받을 것이다.

부인은 손잡이를 돌렸다. 소리가 나지 않도록 단단히 누르면서, 큰 소리를 내면 안 된다고 다짐하듯이 입술을 가볍게 오므렸다. 그러나 들어가자마자 부인은 조심할 필요가 전혀 없었음을 알고 기분이 상했다. 아이들은 여전히 깨어 있었다. 밀드레드는 아이들에게 좀 더 신경을 써야 하는데, 제임스는 눈을 말똥하게 뜨고 있고, 캠도 똑바로 앉아 있고, 밀드레드는 맨발로 침대에서 나와 서성거리고 있었다. 벌써 11시인데 다 같이 떠들고 있었다. 이게 대체 무슨 일이니? 다 그 기분 나쁜 해골 때문이에요. 다른 곳에 치우라고 밀드레드에게 말해 두었는데 잊은 모양이다. 그래서 이미 서너 시간 전에 잠이 들었어야 할 캠과 제임스가 눈을 말똥말똥 뜨고 싸우고 있는 것이다. 어쩌자고 에드워드는 이 기분 나쁜 해골을 아이들에게 보낼 생각을 했을까. 게다가 저런 곳에 걸게 한 나도 참 어리석지. 단단히 못질이 되어 있어요. 캠 아가씨는 방에 저런 것이 있으면 잘 수 없다고 하고, 제임스 도련님은 내가 그것을 만지기만 해도 소리를 꽥꽥 지르니, 원. 밀드레드가 말했다.

"자, 캠은 이제 자야지. (커다란 뿔이 있어요. 캠이 말했다) 잠을 자야 꿈나라로 가서 아름다운 궁전을 보지." 램지 부인은 캠의 침대 위에 앉으며 말했다. 하지만 온 방안에 저 뿔이 보이는걸요. 캠이 대꾸했다. 정말 그랬다. 등불을 어디에 놓든(제임스는 불빛이 없으면 잠을 자지 못했다), 어딘가에 그림자가 생기는 것이었다.

"하지만 캠, 저건 그냥 늙은 돼지일 뿐이야." 부인은 말했다. "농장에 있는 돼지처럼 그냥 귀여운 검은 돼지야." 그러나 캠에게는 그것이 사방에서 자신을 향해 목을 쑥 내밀고 있는 것처럼 무서웠다.

"좋아, 그럼" 부인은 말했다. "완전히 덮어 버리자." 모두 부인이 옷장으로 가서 재빠르게 서랍을 차례차례 여는 것을 지켜보고 있었다. 부인은 적당한 것이 없자 얼른 자기가 걸치고 있던 숄을 벗어 해골에 칭칭 휘감았다. 그리고 캠에게 돌아와서 베개 위의 캠의 머리 바로 옆으로 얼굴을 들이댔다. 봐, 이제 귀엽지? 요정들도 좋아할 거야, 새 둥지 같지 않아? 엄마가 언젠가 외국에서 보았던 아름다운 산 같기도 하구나. 계곡이 있고, 꽃이 피고, 종이 울리고, 새가 노래하고, 귀여운 산양과 영양이…… 리듬을 탈수록 그

1부 창 299

말이 캠의 마음속에서 메아리치는 것이 보였다. 캠은 부인의 말을 반복했다. 산 같아요, 새 둥지 같아요, 꽃밭 같아요, 귀여운 영양이 있어요. 캠은 부인을 따라 말하면서 눈을 떴다 감았다 했다. 램지 부인은 더 한층 단조로운 리듬으로 의미도 없이 소곤댔다. 눈을 감고 잠을 자자. 산 꿈, 계곡 꿈, 별님이 떨어진다. 앵무새와 영양, 정원의 꽃도 모두모두 귀여워. 그녀는 머리를 천천히 들어 올리면서 점점 더 기계적으로 말했고, 마침내 몸을 똑바로 일으켰을 때 캠은 이미 잠들어 있었다.

이번에는, 부인은 작은 소리로 혼잣말을 하면서 제임스의 침대로 갔다. 제임스도 자야지. 봐, 돼지 해골은 여전히 저기 그대로 있지? 아무도 만지지 않았고, 네가 원하는 그대로 있어. 조금도 망가지지 않았단다. 그는 해골이 숄 밑에 무사히 있다는 것은 확신한 모양이지만, 한 가지 더 묻고 싶은 게 있었다. 내일 등대에 가나요?

아니, 내일은 안 돼. 하지만 곧 갈 거야. 날씨가 좋아지면 당장 갈 거야. 부인은 약속했다. 옳지, 착하지. 그는 누웠고, 부인은 이불을 꼭 덮어 주었다. 그러나 이 아이는 결코 잊지 않겠지요. 부인은 찰스 탠슬리에게, 남편에게, 그리고 헛된 희망을 부추긴 자신에게도 화가 나 있었다. 숄을 더듬어 찾다가 문득 돼지 해골에 둘둘 말아 두었다는 것을 깨닫고, 일어서서 창을 1, 2인치 정도 더 끌어내려 닫았다. 부인은 바람 소리에 귀를 기울이며, 완전히 낯선 쌀쌀한 밤공기를 한숨 들이키고 밀드레드에게 잘 자라고 말하고 방을 나왔다. 천천히 손잡이를 돌리며 문을 조용히 꼭 닫았다.

부인은 찰스 탠슬리가 아이들 머리맡에서 바닥으로 책을 쿵 하고 떨어뜨리지 않기를 바라며, 그가 정말 성가신 사람이라고 생각했다. 아이들은 둘 다 잠귀가 밝은데다 이내 흥분했다. 또 등대에 대해 그런 말이나 하는 사람이니 분명 둘이 막 잠들었을 때 쌓아둔 책을 떨어뜨리는 일쯤은 하고도 남을 위인이었다. 부주의하게 팔꿈치로 탁자에서 밀쳐내는 일 정도는. 그녀는 탠슬리가 공부를 하러 2층으로 올라갔다고 생각했던 것이다. 하지만 그는 어쩐지 쓸쓸해 보였다. 그래도 그 사람이 없어지면 한숨 놓으리라고 생각했다. 하지만 내일은 그가 더욱 친절하게 대우받도록 신경을 써야겠다, 아무튼 그의 남편에 대한 태도는 흠잡을 데 없으니까. 하지만 태도는 확실히 개선할 필요가 있었다. 그러나 웃는 모습은 좋다고, 이런 생각을 하면서 계단을 내

300 등대로

려와 계단 창문을 통해 달을 보았다. 샛노란 보름달이었다. 그녀는 돌아섰다. 밑에 있던 사람들도 계단 위의 그녀를 보았다.

"우리 어머니야." 프루는 생각했다. 맞아, 민타는 그녀를 잘 봐둬야 해. 폴 레일리도 그녀를 잘 봐야 해. 더할 나위 없는 분이라고 프루는 느꼈다. 온 세상에 저런 분, 내 어머니 같은 사람은 오직 한 분밖에 없어요. 조금 전까지만 해도 다른 사람들과 이야기하면서 제법 어른스럽다고 느꼈으나 지금은 다시 아이로 돌아왔다. 그리하여 그들과 하던 일은 그저 놀이일 뿐인데 어머니가 그 놀이를 허락해 주실까 아니면 혼내실까 하고 생각했다. 민타와 폴과 릴리가 우리 어머니를 만난 것은 큰 행운이야. 그리고 저 분을 어머니로 둔 나도 이 얼마나 멋지고 행복한 운명인가. 난 절대 어른이 되지 않을 거야. 결코 집을 떠나지 않을 거야. 그녀는 이렇게 생각하면서 아이처럼 말했다. "우리는 해변으로 가서 파도를 구경할 참이에요."

아무 이유도 없이 램지 부인은 금방 20대 아가씨처럼 쾌활해졌다. 흥겨운 축제 기분이 갑자기 그녀를 사로잡은 것이다. 그래, 다녀오렴, 꼭 다녀오려무나. 부인은 웃으면서 외치고 마지막 서너 계단을 서둘러 내려와서 한 사람 한 사람 그들의 얼굴을 마주보고 웃고, 민타의 숄을 어깨에 둘러주면서 말했다. 나도 갈 수 있으면 좋으련만. 늦게 돌아오나요? 누가 시계는 가지고 있고요?

"네, 폴이 가지고 있어요." 민타가 말했다. 폴은 부인에게 보여주기 위해 사슴가죽 주머니에서 아름다운 금시계를 꺼냈다. 그는 손바닥 위에 시계를 올리고 부인 앞으로 내밀면서, '부인은 그 일에 대해서 다 알고 계시다. 따로 설명할 필요는 없다'고 느꼈다. 부인에게 시계를 보이며 '해냈습니다, 램지 부인. 모두 부인 덕분입니다' 하고 속으로 말했다. 폴의 손바닥에 놓인 시계를 보면서 램지 부인은 생각했다. 민타는 정말 복도 많구나! 사슴가죽 주머니에 든 금시계를 지닌 남자와 결혼하게 되다니!

"정말, 같이 가고 싶지만." 그녀는 소리를 높였다. 그러나 부인은 그것이 무엇이냐고 자기에게 물어볼 생각조차 못할 정도로 강렬한 무언가에 저지당하고 있었다. 물론 같이 갈 수는 없었다. 그러나 그 다른 일만 없다면 무척 가고 싶었다. 아까 자기가 한 이상한 생각(사슴가죽 주머니에 든 금시계를 가진 남자와 결혼하는 것은 얼마나 큰 행운인가)에 머쓱해져, 웃음을 띤 채

1부 창 301

남편이 책을 읽고 있는 또 다른 방으로 들어갔다.

19

부인은 방으로 들어서면서 혼잣말을 했다. 물론 여기에 온 것은 원하는 무언가가 있기 때문이야. 일단은 어느 특정한 등불 아래 어느 특별한 의자에 앉고 싶었다. 그러나 무엇인지는 모르지만, 무언가 더욱 원하는 것이 있었다. 자기가 무엇을 원하는지 생각조차 할 수 없었지만. 남편을 보니 (부인은 뜨다 만 양말을 집어 들어 뜨기 시작했다) 방해받기 싫은 눈치였다. 무언가를 읽고 있는데 그것에 크게 감동받은 것 같았다. 웃는 것 같기도 하고 아닌 것 같기도 한 표정으로 감정을 억누르고 있었다. 그는 성급히 책장을 넘겼다. 연기를 하고 있는 것 같다. 아마 자신을 작중인물에 대입하고 있는지도 모른다. 대체 무슨 책일까? 어머, 그리운 월터 경의 작품이에요. 부인은 불빛이 뜨개질감 위로 오도록 전등갓을 바로잡으면서 보았다. 찰스 탠슬리는 (부인은 당장에라도 2층 바닥으로 책들이 와당탕 하고 떨어지진 않을까 싶어 걱정스레 올려 보았다) 이제 아무도 스콧은 읽지 않는다고 말했지요. 그러자 남편은 생각한 거예요, '머지않아 나도 그런 말을 듣겠지' 하고. 그래서 월터 경의 전집에서 한 권 가져온 거예요. 읽어보고 찰스 탠슬리의 말이 '사실'이라는 결론에 이르면, 스콧에 관해서는 그 점을 인정하자고 생각한 거죠(부인은 그가 읽으면서 평가하고 숙고하고 이것저것 종합하고 있음을 알았다). 그러나 자기 일에는 그럴 수 없었어요. 언제나 자기 문제로는 벌벌 떨죠. 그것이 고생의 씨앗이었어요. 자기 책에 대해 언제나 걱정하는 거예요. 읽힐까, 잘 썼을까. 왜 좀 더 잘 쓰지 못했지. 나에 대한 사람들의 평가는? 부인은 그런 식으로 남편을 생각하기는 싫었다. 식탁에서 명성과 두고두고 읽힐 책에 대한 이야기가 나왔을 때 어째서 남편이 화를 냈는지 사람들은 그 이유를 눈치챘을까. 부인은 아이들이 그것을 비웃었던 것은 아닐까 걱정하면서 양말을 이리저리 만지작거렸다. 금속 도구로 그은 듯한 자잘한 주름이 부인의 입술과 이마 주위에 나타났지만, 이윽고 밀려 올라가고 떨리다가 산들바람이 멎자 이파리들이 하나하나 고요 속으로 가라앉는 나무처럼 고요해졌다.

그런 것은 전혀 문제가 아니야. 부인은 생각했다. 위대한 사람, 위대한 책, 명성, 그걸 누가 알 수 있지? 나는 아무것도 몰라요. 하지만 그것에 무심할 수 없는 것이 남편의 방식입니다. 그의 정직함입니다. 가령 나는 식사 때 아주 본능적으로 남편이 한 마디만 해 주면 좋겠다고 생각했습니다. 남편을 전폭적으로 믿고 있기 때문입니다. 그리고 이런 것을 전부 마음속에서 밀어내고 물속으로 잠수하여 풀과 지푸라기와 거품을 헤치고 나아가면서 더욱 깊이 잠겨가는 것처럼 느꼈습니다. 다른 사람들이 얘기하고 있던 현관에서 느꼈던 것처럼 말이에요. 나는 어떤 것을 원하고 있습니다. 나는 그것을 내 것으로 만들기 위해 온 것입니다. 이렇게 생각하면서 부인은 더욱 깊은 생각에 빠졌다. 눈을 감고, 그것이 무엇인지 스스로도 모른 채. 뜨개질을 하고 의아해하면서 한동안 기다렸다. 그러자 식탁에서 사람들이 말하던 "중국 장미는 지금이 한창때, 노란 꿀벌과 함께 두런두런" 이라는 시구가 부인의 마음속 양쪽 기슭을 리듬에 맞춰 씻어내기 시작했다. 그러면서 말이 갓을 쓴 빨강, 파랑, 노랑 불빛처럼 부인의 마음속 어둠에 빛을 밝히고, 마침내는 횃대를 떠나 사방으로 어지럽게 날아오르며 소리지르고 메아리치는 것 같다. 부인은 고개를 돌려 옆에 있는 탁자에서 책을 찾았다.

함께 살아온 날들, 함께 살아갈 날들
우뚝 솟은 나무들 땅을 채우고, 나뭇잎은 철마다 옷을 갈아입네

부인은 중얼거리며 양말에 바늘을 찔러 넣었다. 책을 펴고 아무 곳이나 닥치는 대로 읽기 시작했다. 그렇게 읽으면서 오히려 뒤로 물러나고 위로 올라가면서 부인을 뒤덮고 있는 꽃잎 밑에서 바르작거리며 이것은 하얗고 저것은 빨갛다고 구분하는 게 고작이라, 처음에는 말뜻 같은 것은 전혀 알 수 없었다.

오라, 이곳을 향해 소나무에 날개를 단 것처럼
돛을 펴고 지칠 대로 지친 선원들이여, 전진하라

부인은 읽고 책장을 넘기고 몸을 흔들면서 이쪽저쪽으로 구불구불하게, 마치 가지에서 가지로, 빨간 꽃에서 빨간 꽃으로, 하얀 꽃에서 하얀 꽃으로

1부 창   303

건너는 것처럼 행에서 행으로 눈을 옮기다가, 마침내 작은 소리에 퍼뜩 정신이 들었다. 남편이 무릎을 탁 쳤다. 순간 그들의 눈이 마주쳤지만 서로 이야기하고 싶은 마음은 없었다. 할 말은 아무것도 없었다. 그럼에도 무언가가 남편에게서 아내에게로 전해지는 것 같았다. 생명, 생명의 힘, 엄청난 그의 천성적인 기질이 무릎을 친 것이었다. 방해하지 마, 아무 말도 하지 마, 그냥 거기 있어 줘, 그렇게 말하는 것 같았다. 그리고 남편은 책을 계속 읽었다. 입술이 실룩거렸다. 책은 그를 만족시켰고 그에게 힘을 주었다. 오늘 저녁의 자질구레한 불쾌감과 빈정거림도 완전히 잊어버렸다니. 모두 한도 없이 먹고 마시는 동안 가만히 앉아 있는 것이 말도 못할 정도로 넌덜머리났던 것도 잊고, 아내에게 심하게 화가 났던 것도 잊고, 사람들이 자기 책을 무시하고 마치 존재하지 않는 것처럼 취급하자 과민하게 반응하고 걱정한 것도 깨끗하게 잊어 버렸다. 지금은 누가 Z(가령 사상이 A부터 Z까지 알파벳순으로 흐른다고 할 때)에 도달하든 아무래도 좋았던 것이다. 만약 그가 도달하지 못한다면 누군가가 도달하겠지. 그리고 또 다른 누군가가 그 뒤를 이을 것이다. 이 저자의 강건함과 건전함, 솔직하고 단순하게 꿰뚫는 직감, 어부들, 오두막에 사는 그 불쌍한 늙은 미치광이 머클배키트(스콧의 소설 《호고가(好古家), The Antiquary》의 등장인물)에 대한 애정은 그에게 생생한 힘을 불어넣었고 또 무엇에서 해방된 느낌을 주었다. 흥분하고 고무되어 솟구치는 눈물을 억누를 수 없었다. 그는 얼굴을 숨기기 위해 책을 조금 들어올렸고, 눈물이 흐르도록 내버려 둔 채 머리를 좌우로 흔들며 무아의 경지에 빠져 들었다(그러나 도덕성과 프랑스 소설, 영국소설의 관계, 그리고 스콧의 글이 어떤 속박을 받고 있다는 사실에 대한 한두 가지 고찰은 잊지 않았는데, 남편의 견해는 아마 그의 다른 견해와 마찬가지로 옳았다). 물에 빠져 죽은 불쌍한 스티니, 머클배키트의 비분(이 부분이 스콧의 최고 대목이다)을 동정하고, 그것이 그에게 안겨 준 놀라운 환희와 힘을 느끼며 자신의 근심걱정과 패배감 따위는 완전히 잊고 말았다.

좋아, 그럼 그 녀석들한테 이 소설보다 잘 쓸 수 있다면 써 보라고 해야지. 그는 그 장(章)을 다 읽자 이렇게 생각했다. 누군가와 논쟁해서 이긴 느낌이었다. 그들이 뭐라고 지껄이든 이보다 잘 쓸 수는 없어. 그리고 자신의 입장도 더욱 확고해졌다. 그는 읽은 내용을 마음속으로 다시 새겨 보았다. 연인들이란 참으로 어리석구나. 저건 말도 안 돼, 그러나 이건 일품이야. 이렇게 이것저것 다른 것과 비교하며 생각했다. 그러나 한 번 더 읽어야겠군. 이야기의 전체 모습이 기억나질 않아. 판단은 잠시 미뤄야겠어. 그래서 그는 다른 생각으로 돌아왔다. 만약 젊은이들이 이것을 인정하지 않는다면 분명 나에 대해서도 인정하지 않을 것이다. 이런 불평을 해봐야 소용없지. 그는 아내에게 젊은이들이 자기를 존경하지 않는다고 불평하고 싶은 마음을 억누르며 생각했다. 그는 결심했다. 두 번 다시 아내를 괴롭히지 않을 것이다. 그는 여기서 책을 읽고 있는 아내를 바라보았다. 평온해 보였다. 그는 다들 어딘가로 떠나고 자기와 아내 둘만 남았다고 생각하니 기뻤다. 그는 한평생 여자와 잠자리를 같이 하는 것만이 인생의 전부는 아니라고 생각하며, 스콧, 발자크, 영국소설, 프랑스소설로 돌아왔다.

램지 부인은 고개를 들고, 선잠에 빠진 사람처럼 이렇게 말하는 것 같았다. 당신이 일어나라고 한다면 일어나겠어요, 정말로 일어나겠어요. 그러나 만약 그렇지 않다면, 조금만 더, 정말 조금만 더 자고 싶어요. 부인은 이 꽃 저 꽃에 손을 대면서 저 나뭇가지들 위로 기어오르는 기분이었다.

장미의 진홍빛을 찬미하지 말지니

램지 부인은 읽고 또 읽으면서 꼭대기, 정상으로 올라가는 느낌이었다. 참으로 만족스럽구나! 참으로 평온하구나! 오늘 낮의 모든 잡동사니가 이 자석에 다 달라붙어서, 부인의 마음은 깨끗이 정화되는 것 같았다. 그리고 생활에서 흡수된 정수가 여기서 완성되어, 갑자기 부인의 손 안에서 아름답고 원만하고 밝고 완전한 모습으로 형태를 만들면서 소네트가 되었다.

그러나 부인은 자기를 보고 있는 남편을 의식했다. 남편은 밝은 대낮에 잠이 든 자기를 놀리는 것처럼 야릇한 미소를 짓고 있었다. 그러면서도 동시에 계속 읽으라고 하는 것 같았다. 아내가 이제는 슬퍼 보이지 않는다고 생각한 남편은 아내가 무엇을 읽고 있는지 궁금해하며, 아내의 무지와 단순성을 과장해서 생각했다. 그는 아내가 머리도 나쁘고 교육도 전혀 받지 않았다고 생각하기를 좋아했다. 아내가 읽고 있는 내용을 이해할까. 설마 그럴 리 없지. 그는 생각했다. 그러나 이 얼마나 아름다운가. 놀랍게도 아내는 세월이 흐를수록 더 아름다워지는 것 같았다.

1부 창   305

겨울이 아직 남아있음은 그대는 떠나서라네
그대를 그리는 마음에 꽃들을 희롱하네

램지 부인은 읽기를 마쳤다.
"왜요?" 책에서 눈을 떼고 꿈을 꾸듯 남편의 미소에 답하며 말했다.

그대를 그리는 마음에 꽃들을 희롱하네

램지 부인은 책을 탁자 위에 놓으며 중얼거렸다.
마지막으로 혼자 있는 남편을 본 뒤로 무슨 일이 있었더라? 부인은 뜨개질감을 집어 들면서 생각했다. 옷을 갈아입고 달을 바라보았던 것을 기억했다. 앤드루가 접시를 너무 높이 들었던 일, 층계참의 소파, 아이들이 아직 깨어 있던 일, 찰스 탠슬리가 책을 떨어뜨려 아이들을 깨운 일. 아차, 아니야, 이건 내 상상이었어. 폴이 시계를 넣는 사슴가죽 주머니를 가지고 있던 일, 어떤 것을 남편에게 말해야 할까?
"그들이 약혼했어요." 램지 부인은 뜨개질을 시작하면서 말했다. "폴과 민타 말이에요."
"나도 그렇게 생각했어." 남편이 말했다. 그 일에 대해선 더 이상 할 말이 없었다. 부인의 마음은 여전히 시를 타고 오르락내리락하고, 남편도 스티니의 장례 대목을 읽은 뒤로 여전히 힘이 넘치고 고무되어 있었다. 그래서 그들은 묵묵히 앉아 있었는데, 그러는 사이에 부인은 남편이 무슨 말이라도 해주기를 바라고 있음을 깨달았다.
무엇이든, 아무 말이라도. 램지 부인은 뜨개질을 계속하면서 생각했다. 어떤 말이라도 좋아요.
"사슴가죽 시계주머니를 가진 남자와 결혼하다니 참 멋져요." 여느 때처럼 아내는 이렇게 말했다. 그들은 곧잘 이런 농담을 주고받았다.
남편은 코웃음을 쳤다. 그는 이 약혼에 대해서도 언제나와 마찬가지로, 그 젊은이에게는 아가씨가 과분하다는 감상을 가지고 있었다. 어째서 나는 사람들을 결혼시키고 싶어할까. 부인의 머리에는 이런 의문이 서서히 떠올랐다. 삶의 가치는, 의미는 무엇일까? (그들이 지금 하는 말은 모두 진실이었

306 등대로

다.) 뭐라고 말 좀 하세요. 아내는 그저 목소리가 듣고 싶어서 이렇게 생각했다. 왜냐하면 두 사람을 둘러싼 그림자가 다시 부인의 주위로 다가오고 있었기 때문이다. 무엇이든 좋아요. 아내는 마치 도움을 청하는 것처럼 그를 바라보며 애원했다.

남편은 말없이 시곗줄에 달린 나침반을 대롱대롱 흔들면서 스콧과 발자크의 소설에 대해 생각했다. 두 사람은 어느 결에 가까이 다가앉아 있었지만, 주변으로부터 서로의 친밀감을 지키는 땅거미 같은 장막을 통해, 부인은 남편의 마음이 손을 들어올려 빛을 가리는 것처럼 자신의 마음에 그림자를 드리우고 있음을 느꼈다. 지금 아내의 생각이 그가 싫어하는 방향—그가 '비관주의'라고 말하는 방향으로 향하자, 남편은 비록 말은 하지 않았지만 손을 이마에 대거나 머리카락을 배배 꼬았다가 풀면서 초조해했다.

"오늘 밤 안으로 그 양말을 완성하긴 글렀군." 남편은 양말을 가리키며 말했다. 그런 말이 아내가 바라던 것이었다. 남편의 목소리 속에 담긴 자기를 꾸짖는 엄격함이었다. 램지 부인은 그가 비관적인 게 나쁘다고 말한다면 아마 나쁘겠지, 하고 생각했습니다. 그 결혼은 분명 순조로울 거예요.

"그러게요." 아내는 무릎 위에서 양말을 펼쳐 보며 말했다. "분명 힘들 거예요."

그리고 또 뭐죠? 여전히 남편이 나를 쳐다보고 있는 것을 알았지만, 그의 얼굴은 달라져 있었습니다. 무언가를 바라고 있었습니다. 그것은 나로서는 매우 주기 어려운 것이었습니다. 그는 사랑한다는 말을 듣고 싶은 것입니다. 그러나 도저히 무리예요. 남편은 무엇이든 나보다 훨씬 수월하게 말을 합니다. 그는 무슨 말이든 할 수 있지만 나는 도저히 그러지 못해요. 따라서 먼저 입을 여는 사람은 당연히 남편입니다. 그리고 어찌된 일인지 갑자기 그 점이 마음에 걸려 나를 다그칩니다. 내가 무정한 여자라고 말합니다. 한 번도 사랑한다고 말한 적이 없으니 말이야. 하지만 그렇지 않아요. 그런 게 아니에요, 다만 느끼는 것을 말로 표현하지 못할 뿐이에요. 내가 할 수 있는 말이라곤, 당신 코트에 빵부스러기가 묻었나요? 내가 당신을 위해 할 수 있는 일은 없나요? 이와 같은 것뿐이에요. 부인은 일어나 적갈색 양말을 손에 들고 창가로 가서 섰다. 한편으로는 남편에게서 얼굴을 돌리기 위해서, 또 한편으로는 남편이 지켜보고 있으므로 등대를 바라보아도 괜찮다고 생각했

1부 창 307

기 때문이다. 아내가 등을 돌렸을 때 남편도 아내를 향해 얼굴을 돌린 것을 알고 있었다. 아내를 가만히 보고 있다. 당신은 전보다 더욱 아름답군. 아내는 남편이 이렇게 생각하는 것을 알고 있었다. 그래서 아내는 스스로도 매우 아름답다고 느꼈다. 딱 한 번이라도 좋으니 나를 사랑한다고 말해 주지 않겠소? 남편은 민타의 일과 책에 관한 일로 흥분해 있었다. 그리고 또 하루가 끝나가고 있고, 등대에 가는 문제로 둘이서 언쟁을 하기도 했으니까. 하지만 부인은 그럴 수 없었다, 말할 수 없었다. 자신을 가만히 보고 있는 것을 알고 있었으므로, 부인은 말을 하는 대신 양말을 든 채 돌아서서 남편과 눈을 맞추었다. 그리고 그를 보면서 미소를 지었다. 말은 한 마디도 하지 않았지만, 물론 남편은 아내가 그를 사랑한다는 것을 알고 있었다. 그도 그것을 부정할 수는 없었다. 그래서 빙긋 웃으며 창밖을 바라보고 말했다(세상에 이보다 큰 행복은 없다고 생각하면서)―.

"그래요, 당신이 말씀하신 대로군요. 내일은 비가 올 것 같아요." 아내가 그 말은 입에 올리지 않았지만 남편은 알고 있었다. 미소 지으며 남편을 보았다. 이번에도 승리는 부인의 것이었다.

제2부
세월이 흐르다

1

"글쎄, 시간이 증명해 주겠죠." 테라스에서 안으로 들어온 뱅크스 씨가 말했다.

"너무 어두워서 아무것도 보이지 않아요." 해변에서 돌아온 앤드루도 거들었다.

"어디가 바다고 어디가 땅인지 구분할 수 없을 정도예요." 프루가 말했다.

"저 불은 그냥 켜 두나요?" 다들 집 안으로 들어와 코트를 벗고 있을 때 릴리가 말했다.

"아뇨." 프루가 말했다. "모두 들어오면 꺼요."

"앤드루." 프루가 그를 부르며 말했다. "현관의 불 좀 꺼줄래?"

하나씩 등불이 모두 꺼졌지만, 오직 카마이클 씨는 베르길리우스의 시를 읽느라 다른 사람들보다 조금 늦게까지 촛불을 켜 두었다.

2

등불이 모두 꺼지고, 달도 기울었다. 가느다란 빗줄기가 지붕을 톡톡 두드리더니 거대한 어둠이 들이닥치기 시작했다. 그 어둠의 홍수에서 살아남는 것은 아무것도 없었다. 방대한 어둠은 열쇠 구멍과 갈라진 틈 사이로 기어 들어와 창문의 블라인드 주위로 숨어들고 침실로 침입하여 여기서는 주전자와 대야를, 저기서는 빨갛고 노란 달리아 꽂은 꽃병을, 그리고 옷장의 뾰족한 모서리와 다부진 몸체를 남김없이 모조리 삼켜 버렸다. 혼란에 빠진 것은 집의 가구만이 아니었다. 마음도 몸도 "이것이 그 사람이다" 또는 "이것이 그 여자이다"라고 말할 수 있는 것은 하나도 남지 않았다. 문득 무언가를 붙잡고 떨쳐버리려는 듯이 누군가 손을 치켜들었다. 신음하는 사람도 있었고

제2부 세월이 흐르다   309

마치 허무와 시시덕거리며 농담이라도 하는 것처럼 웃는 사람도 있었다.

응접실도 식당도 계단도 쥐죽은 듯 고요했다. 오직 녹슨 경첩 사이사이와 바다의 습기로 부풀어 오른 판자벽 틈새로, 본대에서 벗어난 소부대의 바람이(아무튼 이 집은 삐꺼덕거렸다) 구석구석으로 기어들어와 대담하게도 방 안까지 밀고 들어왔다. 그 바람이 응접실로 들어왔을 때는 마치 너덜대는 벽지를 희롱하며, 얼마나 버틸까? 언제쯤 떨어질까? 하고 궁금해하는 것 같았다. 그러고는 벽을 스르륵 스치고 지나가며 생각에 잠긴 듯. 벽지의 빨갛고 노란 장미에게, 너희들은 시들지 않니? 하고 묻고, (부드럽게 물었는데, 왜냐하면 마음껏 쓸 수 있는 시간은 충분했으므로)쓰레기통에 찢어 버린 편지, 꽃과 책, 자기들에게 완전히 경계를 풀고 속을 내보이는 그것들에게 물었다. 너희들은 아군이야, 적군이야? 언제까지 버틸 셈이야?

구름을 비집고 나온 별빛과 유랑하는 배와 등대에서 흘러나온 정처 없는 불빛은 계단과 깔개 위에 파리한 발자국을 남기며 바람 소대를 이끌었다. 바람은 계단을 오르고 침실 문을 더듬었다. 그러나 여기서는 바람 소대도 멈추어야 했다. 다른 모든 것들이 멸망하고 사라지더라도 여기에 잠든 것은 확고하고 흔들림이 없었다. 여기서 누군가가, 저 침대 위로 몸을 수그리고 숨을 내뿜고 있는 빛과 손으로 더듬고 있던 바람에게, 여기에 있는 것은 너희들이 손을 댈 수도 파괴할 수도 없다고 말하는 듯했다. 그러면 바람은 망령처럼, 마치 깃털 같은 가벼운 손가락과 그 가벼우면서도 질긴 깃털의 감촉 없는 집요함으로 감은 눈과 가볍게 쥔 손가락을 흘깃 보고는 깨나른하게 옷깃을 여미고 사라졌다. 그렇게 헤매다가 겨우 길을 발견하여 계단 창문으로 내려가 하인들 침실로 가고, 또 다락방의 빈 상자를 덮쳤다. 식당의 식탁 위에 있는 사과를 퇴색시키고 장미 꽃잎을 만지작거리며, 이젤에 걸린 그림도 건드리고 깔개를 문지르며 마루에 모래먼지를 살짝 흩뿌렸다. 마침내는 단념하고 모두 하던 일을 중지했다. 그러고는 함께 모여 한숨을 쉬었다. 함께 목적 없는 한탄의 신음을 흘렸다. 이에 호응하여 부엌문 한 짝이 활짝 열렸으나 아무것도 들어오지 않고 다시 문만 쾅 하고 닫혔다.

〔이때쯤 베르길리우스의 시를 읽고 있던 카마이클 씨는 촛불을 불어 껐다. 자정이 지난 시간이었다.〕

3

그러나 하룻밤에 할 수 있는 일은 거기서 거기였다. 짧은 시간에 불과하고 특히 밤의 어두움이 쉽게 엷어지는 이 계절에는 금방 새들이 울고 수탉이 홰를 치며 파도의 골에서 엷은 녹색이 되살아났다. 그러나 밤이 가면 또 밤이 온다. 겨울이 되면 밤은 단단히 채비를 마치고, 피로를 모르는 손가락 끝으로 카드를 돌리듯 평등하게 고루 나누어 준다. 밤은 길어지고 어두워진다. 때로는 투명한 혹성들과 빛나는 은접시를 하늘 높이 내건다. 가을 나무들은 시들고 황폐해지기는 했지만 반짝이는 광채를 지니고 있다. 마치 대성당 구석구석의 싸늘하고 어둑어둑한 구렁에 세워져, 전장에서 스러진 생명과 머나먼 인도 사막에서 말라비틀어진 해골에 황금 문자로 새겨놓은 대리석 옆에서 너덜너덜하지만 번쩍이며 펄럭이는 깃발처럼. 가을 나무들은 샛노란 달빛 속에서, 수확기의 휘영청한 달빛은 노동의 에너지를 원만하게 하고, 그루터기를 부드럽게 하고, 벼랑을 두드리는 파도를 푸르게 한다.

인간의 회한과 그 참회의 노고에 감동한 지선(至善)의 신이 커튼을 열고, 귀가 쫑긋한 단 한 마리의 산토끼와 부서지는 파도와 흔들리는 배를 보여주었다. 만약 인간이 그 은총에 합당하다면 언제나 우리의 소유인 것들이다. 그러나 슬프게도 지선의 신은 끈을 풀고 커튼을 내렸다. 신의 뜻에 맞지 않았기 때문이다. 신은 이윽고 빗발치는 우박을 퍼부어 이것들을 숨기고 파괴하고 혼란 속으로 밀어 넣었다. 그러므로 그 평온이 다시 돌아온다고는 생각할 수 없고, 그 파편으로 완전한 전체를 짜 맞추어 산산이 흩어진 단편에서 명료한 진리를 읽어내는 것도 기대할 수 없다. 우리는 다만 참회를 통해 흘끗 엿볼 수 있을 뿐이며, 또한 우리의 노고도 잠깐의 평안을 얻을 수 있을 뿐이다.

이제는 매일 밤이 바람과 파괴로 가득 차 있다. 나무들은 휘어져 기울고 이파리는 우수수 떨어져서 회반죽처럼 잔디밭에 달라붙어 쌓여 도랑을 메우고 물받이를 막고 축축한 오솔길을 뒤덮었다. 바다 또한 파도를 밀어 올리고 부순다. 잠자던 사람이 해변에서 자신의 의문들에 대한 해답과 고독을 함께 나눌 것을 찾기 위해, 이불을 박차고 해변으로 내려와 모래 위를 거닐어도 부질없다. 바지런하게 신처럼 재빨리 달려가 밤에 질서를 부여하고 세계에 영혼의 넓이와 깊이를 반영하게 하는 바다의 모습은 신속하게 나타나지 않

제2부 세월이 흐르다 311

는다. 무엇을 구하고자 움켜쥔 손은 자기 손 안에서 여위어간다. 바다의 목소리는 공연히 노호할 뿐이다. 이러한 혼란 속에서 잠든 사람을 침대에서 끌어내 답을 찾게 하는 것, '왜, 어째서, 무엇 때문에'라는 문제는 밤에게 물어 보아도 전혀 의미가 없다. 〔램지 씨는 아직 어슴푸레한 새벽에 복도를 비틀비틀 지나가며 두 팔을 앞으로 뻗었다. 그러나 램지 부인은 전날 밤 갑자기 죽었으므로 그가 내민 팔은 하염없이 허공을 더듬을 뿐이었다.〕

4

그래서 집은 텅 비고, 문은 잠기고, 깔개는 둘둘 말리고, 정처 없이 부는 바람이 대군의 선발대로 난입했다. 벗겨진 판자벽을 스치고 갉고 부추겼다. 침실에도 응접실에도, 바람에게 전면적으로 저항하는 것은 아무것도 없었다. 다만 벽지가 펄럭이고, 목재가 삐걱거리고, 탁자의 튀어나온 다리에 곰팡이가 피고, 소스 냄비는 녹슬고, 도자기에 금이 갔다. 사람들이 벗어 던진 구두 한 짝, 사냥모자, 옷장 속의 빛바랜 치마와 코트, 그런 것들만이 인간의 흔적을 남겼다. 그 공허함만이, 한때는 사람들이 그것들에게 생명을 불어넣었고, 그들의 손이 얼마나 바삐 후크와 단추를 만지작거렸는지 떠오르게 했다. 한때는 거울도 그 얼굴을 비추고, 어떤 때는 깊이 파인 한 세계를 비추고, 누군가 돌아보고, 손을 흔들고, 문을 열고, 아이들이 뛰어들어오고, 넘어지고, 다시 나가는 광경을 비추었다. 지금은 날이면 날마다 햇빛이, 마치 물에 그림자를 드리우는 꽃처럼 그 맑은 모습을 맞은편 벽에 비추었다. 바람 속을 춤추는 나무들의 그림자만이 벽을 보고 절하듯이 인사를 하고, 순간순간 빛을 반사하는 거울을 가렸다. 아니면 새들이 침실 바닥을 가로지르며 윤곽이 흐릿한 반점을 점점이 찍으며 천천히 날갯짓했다.

이처럼 아름다움이 주위를 지배하고 고요함이 널리 미치면서 서로 아름다움 그 자체의 형상, 생명이 떠나간 뒤의 형상을 만들어냈다. 열차 창문으로 멀리 바라본 황혼의 연못처럼 고독하고, 순식간에 사라지고, 땅거미에 푸르스름하게 묻히는 그 연못은 그 고독을 잃지 않는다. 그러한 인적 없는 연못 같은 아름다움과 고요함은 서로 손을 꼭 잡고 있었다. 덮개를 씌운 주전자, 하얀 천을 두른 의자 사이로 그것들을 엿보며 걷는 바람이 스쳐 지나가고, 끈적끈적한 바닷바람이 부드러운 코로 냄새를 맡으며 "너희들은 사라지니?

너희들은 멸망하니?" 하고 수없이 되묻지만, 그 평안과 무관심과 순수한 본디 모습으로 정착한 기색은 거의 흔들림 없고, 그런 질문에 대답할 필요도 없다는 듯이 우리는 살아남을 거라고 말하고 있는 것 같았다.

어떤 것도 그 형상을 파괴할 수 없다. 그 천진난만함을 더럽힐 수도 없고, 살랑살랑 흔들리는 침묵의 외투를 범할 수도 없다. 세월의 흐름에 따라 그 공허한 방 안으로 쏟아지는 새소리, 뱃고동 소리, 들판을 날아다니는 꿀벌의 윙윙거리는 날개소리, 개가 짖고 사람이 외치는 소리를 접어 넣고 침묵의 집 주위를 감싸는 그 외투를 어지럽힐 수도 없다. 딱 한 번 벽의 널빤지가 층계참에서 떨어지고, 지금 다시 한 번 한밤중에 신음소리를 내고 갈라지면서 해골에 걸쳐 놓았던 숄의 한 끝이 느슨하게 풀려 한들한들 흔들렸다. 산에서 몇 세기나 정지해 있던 바위 하나가 제 몸을 바수며 계곡 바닥으로 와르르 떨어지며 깨지듯이. 그리고 다시 평안이 찾아오고 그림자가 한들거리고, 빛은 침실 벽 위의 자기 모습에 공손하게 인사를 했다. 바로 그때 맥냅 부인이 빨래통에나 담그던 손으로 이 침묵의 장막을 찢고 자갈길을 서벅서벅 밟던 신발로 침묵의 장막을 짓밟으면서 요란하게 걸어 들어가 창문을 모조리 열고 침실마다 먼지를 털어냈다.

5

맥냅 부인이 뒤뚱거리는 걸음으로(바다 위의 배처럼 좌우로 휘청거렸다) 곁눈질을 하면서(부인은 무엇이든 똑바로 보지 않고 언제나 곁눈질로 흘깃거리며 세상의 비웃음과 분노를 달랬다. 부인은 자신의 어리석음을 잘 알고 있었다) 난간을 부여잡고 몸뚱이를 2층으로 끌어올린 뒤, 방마다 돌아다니며 노래를 불렀다. 기다란 거울을 닦으면서 곁눈질로 자신의 흔들리는 몸을 보고 입으로는 노래를 흥얼거렸다. 20년쯤 전에 무대 위에서 가수가 화려하게 열창하면 청중들이 따라 부르며 춤도 추었을 노래가, 지금은 이도 다 빠져버린 채 두건을 쓰고 청소하는 할머니 입에서 흘러나오자 그 의미를 완전히 잃고 말았다. 어리석고 우습고 변덕스러운 집요함 그 자체의 목소리 같았다. 짓밟혀도 다시 튀어오르고, 뒤뚱거리는 걸음으로 먼지를 털고 닦으면서 노파는 그 일생이 긴 슬픔과 고통의 연속이며, 눈을 떴다가 감을 때까지 물건을 꺼내어 다시 정리할 뿐이라고 하소연하는 것 같다고 생각했다. 70년

제2부 세월이 흐르다 313

가까이 살아온 노파에게 이 세상은 그다지 즐겁지도 않거니와 살기 쉬운 곳
도 아니었다. 몸을 앞으로 구부린 노파는 지쳐 있었다. 무릎을 꿇고 침대 밑
에서 끙끙 앓는 소리를 내면서 마룻바닥의 먼지를 닦아내고 언제까지 이런
일을 해야 하는지 원, 하고 중얼거리면서도 다시 절뚝거리며 일어섰다. 허리
를 펴고 자신의 얼굴조차도, 슬픔조차도 똑바로 보지 못하고 곁눈질로 흘겨
보며 의미 없이 웃고, 거울 앞에 서서 하품을 했다. 그리고 다시 원래의 느
릿한 걸음으로 절뚝거리며 걸어가 매트를 걷어 올리고, 도자기를 내려놓고
거울을 곁눈질했다. 그러나 노파에게도 위안은 있었다. 그 상엿소리 속에도
꺼지지 않는 희망이 깃들어 있었다. 환희의 환상은 빨래통 속에도, 자식들에
게도(그러나 자식들 중 둘은 사생아였고 하나는 노파를 버렸다), 술집에서
한 잔 걸치고 있을 때나 서랍에서 잡동사니를 뒤적일 때에도 틀림없이 존재
하고 있었다. 어둠 속에도 분명히 갈라진 틈이 있었다. 밑바닥 인생에도 거
울을 들여다보며 얼굴을 찡그리고 히죽히죽 웃어 보일 정도의 빛이 들이비
쳤다. 노파는 다시 일손을 움직이면서 옛날 뮤직홀에서 흥얼거리던 노래를
웅얼웅얼 노래할 정도의 기력은 갖고 있었던 것이다. 한편 해변을 산책하던
신비주의자와 몽상가들은 물웅덩이를 휘젓고 돌멩이를 바라보며 자문했다.
"나는 누구인가?" "이것은 무엇인가?" 갑자기 해답을 얻었다(그러나 그 답
은 그들의 말로는 표현할 수 없는 것이었다). 그들은 서리 속에서 더욱 온기
를 느꼈고 황야에서도 위안을 얻었다. 그러나 맥냅 노파는 예전과 마찬가지
로 술을 마시고 잡담을 했다.

6

봄은 왔지만, 아직 밀고 올라온 잎사귀 하나 없이 완전히 드러난 시원스러
움은 마치 처녀처럼 엄격할 정도로 순결하고 그 청정함 때문에 오히려 차갑
고 생기발랄하다. 그 봄은 초원에 내려앉으면서 깜짝 놀라 눈을 동그랗게 뜨
고 경계하는 자세를 취하긴 했지만 구경꾼들의 행동과 생각에는 전혀 아랑
곳하지 않았다.

〔프루 램지는 그 해 오월에 아버지의 팔을 잡고 나아가 결혼식을 올렸다.
사람들은 이보다 어울리는 부부는 없다고 말하며 신부가 얼마나 예쁜지를
떠들어댔다.〕

여름이 가까워지면서 황혼이 길어지자, 해변을 걷고 물웅덩이를 짓밟는 잠에서 깬 사람들과 가슴에 희망을 품은 사람들에게 참으로 불가사의한 온갖 상상이 찾아들었다. 육체가 분자로 바뀌어 바람에 날리고, 심장 속에서 별이 깜빡이고, 마음속에 흩어져 있는 환상의 조각들이 겉으로 보이도록 모으기 위해 절벽과 바다와 구름과 하늘을 긁어모은다. 저 거울 속에, 즉 인간의 마음속에, 물이 출렁이는 저 웅덩이 속에, 거기에는 언제나 구름이 떠 있고 그림자가 생기고 꿈이 꿈틀거린다. 갈매기, 꽃, 남자, 여자 그리고 하얀 대지까지 선언하는 것 같은 불가사의한 암시(추궁하면 곧바로 철회하지만), 마침내 선이 이기고 행복이 넘쳐흐르고 질서가 잡힌다는 그 암시를 부정하기란 불가능했다. 사람들에게 널리 알려진 쾌락이나 친근하고 익숙한 미덕과는 거리가 먼, 일상적인 가정사와는 전혀 인연이 없는 유일하고 단단하고 반짝이는 모래 속의 다이아몬드 같은 그 무엇, 그것을 소유하는 이에게 안정감을 주는 것, 어떤 절대적인 선, 어떤 강렬함의 결정(結晶)을 찾아 이리저리 헤매는 이상한 충동을 억제하기란 도저히 불가능했다. 또한 벌과 파리매들이 붕붕 날아다니는 봄은 마음을 누그러뜨리고 고분고분하게 외투를 두르고 눈을 가린 채 얼굴을 옆으로 돌렸다. 스쳐가는 그림자와 흩뿌리는 가랑비 속에서 인류의 비애를 온몸으로 느끼고 있는 듯이 보였다.

〔프루 램지는 그 해 여름 출산합병증으로 죽었다. 사람들은 참으로 비통한 일이며, 그녀만큼 행복이 어울리는 사람은 없었다고 슬퍼했다.〕

한여름, 바람이 다시 이 집으로 밀정을 보냈다. 햇빛이 쏟아지는 방마다 날벌레들이 거미줄에 걸려들었다. 밤 사이에 창문 가까이까지 자란 잡초는 유리창을 규칙적으로 탁탁 두드렸다. 어둠이 깔리면 등대의 빛줄기는 어두컴컴한 깔개 위로 매우 엄숙하게 자신을 드러내며 깔개의 무늬를 추적했다. 그러나 부드럽게 미끄러져 들어오는 달빛과 섞이자 봄과 같은 더욱 온화한 빛이 되어 살포시 애무하고, 이윽고 발걸음을 죽이고 방황하다가 다시 애정 가득한 눈빛으로 돌아왔다. 긴 애무로 시간을 끌며 오래 머무르던 세 번째 빛줄기가 침대 위에 기대 있던 바로 그 순간, 바위 하나가 두 쪽으로 갈라지고 둘둘 말려 있던 숄이 한 바퀴 더 풀리며 길게 늘어져서 흔들렸다. 여름의 짧은 밤 내내, 긴 낮 온종일, 공허한 방들이 초원의 메아리와 파리들의 윙윙거리는 소리에 맞추어 중얼거릴 때, 그 길게 늘어진 숄은 하릴없이 부드럽게

제2부 세월이 흐르다   315

나부꼈다. 방마다 태양이 가로 세로로 줄을 긋고 노란 아지랑이가 모락모락 피어올랐다. 맥냅 부인이 방으로 들어와 먼지를 털고 청소를 하느라 뒤뚱거리며 돌아다니자, 마치 햇볕이 강렬하게 쏟아지는 물속을 헤엄치는 열대어처럼 보였다.

그러나 이처럼 여름이 졸고 있는 사이에, 펠트로 감싼 망치를 규칙적으로 내리치는 듯한 무디고 불길한 소리가 들려왔다. 그것의 반복되는 충격으로 숄은 더욱 느슨하게 풀어졌고 찻잔에는 금이 갔다. 때때로 찬장 안에서 유리그릇들이 쨍그랑 소리를 냈다. 커다란 목소리로 괴로움에 몸부림치면서 무시무시한 비명을 지르고, 그 때문에 찬장 안에 늘어서 있는 텀블러들이 진동했다. 다시 정적이 돌아왔다. 그리고 밤마다, 때로는 장미가 화사하게 피어나고 태양이 벽에 선명하게 그 모습을 비추는 한낮에도 가끔씩 이 침묵 속으로, 이 무관심 속으로, 이 순수한 본연의 모습 속으로 무언가가 쿵 하고 떨어졌다.

〔유탄이 작렬했다. 2, 30명의 젊은이가 날아갔다. 프랑스에서의 일이다. 그 중에 앤드루 램지가 있었다. 다행히도 그는 즉사했다.〕

그 무렵 바닷가로 내려가, 바다와 하늘에서 그것들이 말하고자 하는 가르침과 확인된 통찰력을 찾는 사람들은, 언제나 변함없는 신의 은총의 증거—바다의 일몰, 희뿌연 여명, 떠오르는 달, 달을 향해 가는 고깃배, 한 움큼의 풀을 잡아 뜯어 던지는 아이들 사이에서 이 즐거움, 이 정적과 어울리지 않는 무언가가 있음을 고려해야 했다. 예를 들면, 말 없는 회색빛의 유령 같은 배의 환상이 나타났다가 사라졌다. 평온한 바다 표면에는 자줏빛 반점이 있었다. 저 아래 보이지 않는 곳에서 무언가가 불타며 피를 흘리고 있는 것 같았다. 가장 숭고한 감상을 불러일으키고 가장 위로가 되는 결론으로 이끌어야 할 광경 속에 이러한 것들이 침입하면 그들도 걸음을 멈추지 않을 수 없었다. 조용히 그것들을 무시하고 풍경 속에서 그것은 중요하지 않다고 물리치기란 어려운 일이다. 또한 해변을 걸으면서 겉으로 드러난 아름다움은 바로 내면의 아름다움을 비추는 거울이라고 경탄하기도 불가능했다.

자연은 인류가 진보시킨 것을 보완해 줄까? 인간이 시작한 것을 자연이 완성해 줄까? 자연은 언제나 변함없는 평온함으로 인간의 비참을 바라보고, 인간의 비열을 용서하고, 인간의 고난을 묵인했다. 그러므로 해변에서의 고

316 등대로

독을 통해 인생의 해답을 찾고, 자연이 인간을 이해하고 그 완성을 돕는다는 꿈은 거울 속의 환영에 지나지 않는다. 또한 거울 자체도 바닥에 잠들어 있는 더욱 숭고한 힘 위에 만들어진 표면의 유리에 불과한 것이 아닌가? 불안에 떨고 절망하면서도 떠나기 싫은 마음도 있었지만(왜냐하면 아름다움은 매력적이고 위안을 주니까), 해변을 걷는 것은 불가능했고 명상은 참을 수 없어졌다. 거울은 깨졌다.

〔카마이클 씨는 그해 봄 시집을 한 권 발표했는데 예상치 못한 대성공을 거두었다. 사람들은 전쟁이 시에 대한 관심을 부활시켰다고 말했다.〕

7

밤이면 밤마다, 여름과 겨울에도, 모진 폭풍과 화창한 날씨의 화살 같은 고요함이 거리낌 없이 위세를 떨쳤다. 이 빈 집의 이층에서 나는 소리에 귀를 기울이면(만약 누군가 귀를 기울일 사람이 있다면 말이다) 때때로 번개가 내리치는 거대한 혼돈이 몸부림치며 나뒹굴 뿐이다. 이성의 빛이 들지 않는 이마를 지닌 형체도 제대로 없는 거대한 바다짐승 무리처럼, 바다와 바람은 놀이에 정신이 팔려 서로 엎치락뒤치락하며, 캄캄한 밤은 물론 백주대낮에도(왜냐하면 낮도 밤도 해도 달도 더 이상 구별 없이 얼크러져 있었으므로) 돌진하여, 급기야는 우주 자체가 난폭하고 무참한 혼란과 제멋대로의 욕망 속에서 목적도 없이 격투하며 나뒹굴고 있는 듯이 보였다.

봄이 되면 뜰의 화분들은 바람이 우연히 싣고 온 식물들로 가득 차면서 언제나처럼 화사함을 자랑했다. 제비꽃과 수선화도 봉오리를 피웠다. 그러나 낮의 정적과 광휘를, 밤의 혼돈과 소란만큼 섬뜩하게 만드는 것은 나무와 꽃들이었다. 가만히 서서 앞을 바라보고 또 위를 바라보지만, 아무것도 보고 있지 않았다. 눈이 없어서, 그 무서움은 이루 말할 수 없었다.

8

램지 가족은 이제 돌아오지 않는다, 결코 오지 않을 거라고 말하는 사람도 있다. 집은 아마 성 미카엘 축일에는 팔릴지도 모른다. 그럼 괜찮을 거라고 생각한 맥냅 부인은 허리를 굽히고 집에 가지고 갈 꽃을 한 다발 꺾었다. 먼지를 터는 동안 탁자 위에 꽃을 올려 두었다. 부인은 꽃을 무척 좋아했다.

제2부 세월이 흐르다 317

보는 사람도 없는 곳에서 헛되이 시들게 두기엔 너무 안타까웠다. 집이 팔리려면(부인은 거울 앞에서 팔꿈치를 세우며 손을 허리에 댔다) 손질을 잘 해 두어야 할 텐데. 여러 해 동안 사람이 전혀 살지 않았으니까. 책이니 뭐니, 모조리 곰팡이가 피었을 것이야. 전쟁도 있었고, 거들어 줄 사람을 좀처럼 구하지 못해서 내가 생각한 것처럼 집을 깨끗하게 관리할 수 없었어. 혼자 힘으로는 도저히 무리야. 그러기엔 나이도 너무 들었고 다리도 아프니. 저 책들은 모조리 꺼내서 잔디밭 위에 늘어놓고 햇볕에 말려야 해. 현관의 회반 죽은 떨어져 나갔고, 서재 창문 위의 홈통은 막혀서 물이 새 들어오지. 깔개 도 새로 갈아야 하고. 하지만 가족들이 내려와서 직접 보거나 아니면 누군가 를 보내서 직접 확인해야 할 텐데. 옷장에는 옷이 가득하고, 어느 방이든 옷 은 그대로 있어. 그러니 도저히 손을 댈 수가 없다니까. 분명 다 좀먹었겠 지. 부인의 물건들까지. 딱하게도! 이제 두 번 다시 이런 옷들은 필요 없겠 지. 돌아가셨다고 하니까. 벌써 몇 년 전에 런던에서. 정원을 다듬을 때 입 으시던 회색 겉옷이군(맥냅 노파는 그것을 만져 보았다). 내가 빨랫감을 들 고 저 대문에서 현관으로 이어진 길을 따라 올라올 때 꽃 위로 몸을 숙이고 계시던 모습이 눈에 선하다(정원은 이제 흔적도 없다. 완전히 황폐해졌고, 꽃받침 밑에서 토끼가 놀라 뛰쳐나왔다)—그 회색 옷을 입고 옆에 아이를 하나 데리고 있는 모습이 눈에 보이는 듯하구나. 장화와 단화도 그대로 있 고, 화장대 위에는 브러시와 빗이 놓여 있다. 모든 것이 내일 당장에라도 가 족들이 돌아올 생각이었던 것처럼 그대로야. (정말 갑작스레 돌아가셨다 지.) 그리고 한번 돌아올 심산이었어도, 전쟁 탓도 있고 요즘에는 여행도 쉬 운 일이 아니니 차일피일 미루게 되었을 거야. 벌써 몇 년이나 오질 않았어. 돈은 보내 주었지만. 편지도 전혀 보내오지 않고 말야, 그러면서 원래대로, 두고 간 그대로 남아 있기를 바란다면, 거참, 난처한 일이지. 화장대 서랍에 도 물건들이 가득하다(노파는 서랍을 열어 보았다), 손수건이니 리본 쪼가 리니. 그래, 빨랫감을 들고 현관길을 올라오면서 본 부인의 모습이 눈에 선 하구나.

"안녕하세요, 맥냅 부인?" 부인은 언제나 그렇게 인사하셨다. 내게 매우 친절하셨지. 따님들도 나를 무척 좋아해 주셨어. 하지만 싫은 일이야, 모든 것이 그때와는 달라졌어(맥냅 노파는 서랍을 닫았다). 거기서도 여기서도,

318 등대로

많은 가족들이 가장 소중한 사람을 잃었어. 부인은 죽고, 앤드루 도련님은 전사하고, 프루 아가씨도 첫 출산으로 죽었다고 들었어. 요즘에는 모든 사람들이 누군가를 잃었다. 물가는 미친 듯이 치솟고, 이제 원래대로 돌아가는 일은 없을 것이다. 회색 겉옷을 입은 부인을 똑똑히 기억했다.

"안녕하세요, 맥냅 부인?" 그렇게 인사한 부인은 요리사에게 말해서 나를 위해 우유로 만든 수프를 한 그릇 마련해 주셨다. 그 무거운 바구니를 들고 마을에서부터 걸어오느라 분명 허기질 거라고 생각하셨던 게지. 꽃 위로 몸을 굽히던 부인이 눈에 선하다(노란 빛줄기가 망원경 끝의 둥근 고리처럼 아련하게 흔들리면서, 회색 겉옷을 입고 꽃 위로 몸을 굽히고 있던 부인이 침실 벽이나 화장대를 더듬다가, 세면대 쪽으로 가로질러 가는 모습이 보였다. 맥냅 노파가 먼지를 털고 물건을 정리하면서 절뚝거리는 걸음으로 천천히, 천천히 걸어갈 때).

그런데 요리사 이름은 뭐였지? 밀드레드였나, 마리안인가? 대충 비슷한 이름이었는데. 이런, 잊어버렸구나. 건망증이 심해졌어. 금방 욱하는 여자였지, 빨간 머리 여자들은 다들 그렇지만. 곧잘 같이 웃곤 했지. 부엌에서는 언제나 반겨 주었어. 나도 그들을 잘 웃겼는데. 그 시절이 지금보다 훨씬 좋았어, 모든 면에서.

노파는 한숨을 쉬었다. 할 일이 많아서 도저히 혼자서는 다 할 수 없었다. 고개를 절레절레 저었다. 여긴 아이들 방이었나. 아이고야, 완전히 축축하게 젖었구나. 회반죽이 떨어져 나갔어. 그런데 어째서 이런 곳에 짐승 해골 같은 것을 걸어 두었을까? 여기에도 곰팡이가 슬었구나. 다락방 구석구석에는 쥐가 들끓었다. 비도 들이쳤다. 그런데도 그들은 아무도 보내지 않았고, 아무도 오지 않았다. 문 열쇠도 몇 개 떨어져 나가서 쾅쾅거리며 열렸다 닫혔다 했다. 해질 무렵에 혼자 여기 있는 건 정말 싫어. 여자 혼자 하기에는 도저히 무리야, 짐이 너무 커. 일이 너무 많아, 정말로. 노파는 뼈마디가 삐걱거렸고, 신음소리가 새어 나왔다. 문을 쾅 닫고 자물쇠 구멍에 열쇠를 넣고 돌렸다. 집을 나왔다. 문을 꼭 닫고, 열쇠로 잠그고. 오직 혼자서.

9

집은 내팽개쳐졌다. 집은 버려졌다. 모래언덕 위의 조가비처럼 남겨졌다.

생명이 떠나면 까슬까슬한 소금가루가 그것을 채운다. 기나긴 밤이 시작된 것 같았다. 서로 노닥거리는 바람이 여기저기를 갉작거리고 다녔고, 축축한 바다의 입김이 집을 주물럭거리면서 완전히 정복한 듯 보였다. 소스 냄비는 녹슬었고 깔개는 썩었다. 두꺼비가 엉금엉금 기어들어왔다. 늘어진 숄은 하릴없이 하느작하느작 좌우로 나부꼈다. 엉겅퀴가 식료품 저장실 타일 틈을 뚫고 고개를 내밀었다. 제비는 응접실에 둥지를 틀었고 마루 위에 볏짚 부스러기를 흩뿌렸다. 회반죽이 삽으로 떠낼 정도로 떨어지면서 서까래가 드러났다. 쥐들은 이것저것을 가져다가 널빤지 뒤에서 갉아먹었다. 들신선나비는 번데기에서 빠져나와 유리창 위에서 퍼덕퍼덕 날갯짓하고 생을 시작했다. 양귀비가 달리아 사이에서 홀로 솟아올랐고, 잔디밭에는 풀이 무성하게 자라 파도쳤다. 거대한 아티초크가 장미들 사이로 얼굴을 불쑥 내밀었다. 카네이션은 양배추 밭에서 꽃을 피웠다. 한때는 풀이 창문을 부드럽게 두드렸지만, 지금은 여름마다 방 전체를 녹음으로 채울 정도로 크게 자란 나뭇가지와 가시나무가 겨울밤에는 큰북을 치는 섬뜩한 소리를 내고 있었다.

어떤 힘으로 자연의 이 왕성한 번식력과 무관심을 막을 수 있을까? 부인과 아이들, 한 잔의 우유 수프를 그리는 맥냅 할머니의 몽상으로 막을 수 있을까? 그 꿈은 마치 한 줄기 햇빛처럼 벽 위를 타고 오르다가 사라졌다. 맥냅 노파는 여자 혼자의 힘으로는 벅차다고 구시렁거렸다. 사람도 보내오지 않고 편지도 보내지 않아. 이층 서랍 안에서는 온갖 것들이 썩어가고 있는데. 저렇게 내버려 두다니 부끄러운 일이야. 노파는 말했다. 집은 완전히 황폐해졌다. 다만 등대의 불빛만이 집으로 불쑥 들어와 겨울의 어둠 속에서 침대와 벽에 갑작스런 시선을 던지고, 엉겅퀴와 제비와 쥐와 볏짚 부스러기를 태연하게 바라보았다. 이제 이러한 침입자를 저지할 것은 아무것도 없었다. 거부할 수 있는 것은 아무것도 없었다. 바람은 불고 싶은 대로 불고, 양귀비는 멋대로 자라고, 카네이션은 양배추 밭을 마음대로 침식하도록 내버려두자. 제비는 응접실에 둥지를 틀게 두고, 엉겅퀴는 타일을 밀어 올리게 두고, 나비는 빛바랜 안락의자의 튀어나온 솜 위에서 햇볕을 쬐도록 내버려두자. 부서진 유리그릇과 도자기는 잔디밭에 널브러져 잡초와 야생딸기와 뒤얽힌 채로 방치하자.

이제는 그 순간이 왔다. 새벽이 진동하고 밤이 잠시 휴식하는 그 망설임의 때가, 만약 깃털 하나만 저울 위에 내려앉아도 그 즉시 균형이 무너지는 순간이 왔다. 기울고 무너져 내리기 직전인 이 집은 깃털 하나로도 뒤집혀서 어둠의 밑바닥으로 곤두박질칠 터였다. 황폐한 방에서 소풍 온 사람들은 불을 피워 물을 끓이고, 은신처를 찾아온 연인들은 헐벗은 판자 위에 드러누울 것이다. 양치기는 벽돌 위에 도시락을 늘어놓고, 부랑자는 추위를 피해 코트로 몸을 둘둘 말고 잠을 청할 것이다. 그러다가 지붕이 폭삭 내려앉고, 가시나무와 독미나리들이 오솔길과 계단과 창문을 가로막고, 저택 터의 부스러기 위로 높고 낮게, 그러나 무성하게 자랄 것이다. 결국에는 길을 잃은 침입자가 쐐기풀 사이에서 레드핫포커 꽃 한 송이나 독미나리 사이에서 도자기 조각들을 발견하고, 한때는 여기에도 사람이 살았고 집이 있었음을 알게 될 것이다.

만약 깃털이 떨어져서 저울이 한쪽으로 기울고 균형을 잃으면 집은 남김없이 나락으로 무너져 내리고 망각의 사막에서 뒹굴게 될 것이다. 그다지 강하게 의식되는 것도 아니었지만 어떤 힘이 움직이고 있었다. 곁눈질을 하면서 비틀비틀 휘청거렸고, 일을 할 때도 위엄 있는 의식을 행하고 엄숙한 합창을 하면서 영감을 받았다고는 할 수 없었으나 뭔가 있었다. 맥냅 할머니는 신음소리를 냈고, 바스트 할머니의 뼈마디는 삐걱거렸다. 그들은 늙고 몸이 굳어 있었다. 다리도 아팠다. 마침내 두 사람이 빗자루와 들통을 들고 왔다. 갑자기 램지가(家)의 딸이 편지를 보내온 것이다. 맥냅 할머니, 그 집에서 지낼 수 있도록 준비를 해 주세요. 이것을 해 주세요, 저것을 해 주세요, 서둘러 주세요. 그들은 올여름에 올지도 모른다. 하나부터 열까지 철저하게 방치해 두고선, 모든 것이 떠날 때 그대로일 거라고 생각한다니까. 맥냅 할머니와 바스트 할머니는 천천히 통증을 참으면서 빗자루와 들통을 들고 와 대걸레로 문지르고 닦으면서, 부패와 붕괴를 막아냈고, 당장 집어삼키려던 시간이라는 연못에서 세면대와 찬장을 건져냈다. 어느날 아침에는 웨이벌리 소설 전권과 차 도구를 망각의 늪에서 가지고 돌아왔다. 오후에는 놋쇠 난로와 청동 난로용 도구 한 벌을 태양과 대기의 세계로 되돌렸다. 바스트 부인의 아들 조지는 쥐를 쫓고 풀을 벴다. 목수도 왔다. 경첩에서 삐걱삐걱 소리가 나고, 빗장이 끼익 울리는 습기를 머금은 판자와 문이 쾅쾅 울리면서, 녹이 슬어 순조롭지 않지만 고된 탄생이 이루어지는 소리를 냈다. 두 할머니는

제2부 세월이 흐르다 321

허리를 굽혔다가 폈다가, 신음소리를 냈다가 노래했다가, 쿵쾅거리며 이층
으로 올라가는가 하면 지하실로 내려가 대활약을 펼쳤다. 아이고, 해도해도
끝이 없구나. 두 할머니는 죽는소리하며 끙끙댔다.

　때때로 침실이나 서재에서 차를 마시며 정오에는 일을 멈추고 쉬었다. 얼
굴에는 검댕을 묻힌 채, 늙은 손은 빗자루를 쥐느라 완전히 굽고, 힘줄이 불
쑥불쑥 튀어나왔다. 그들은 의자에 털썩 주저앉아, 훌륭하게 복구한 수도꼭
지와 욕조를 바라보았고, 그보다 더 큰 고생을 하고도 아직 완전한 승리를
거머쥐지 못한 많은 책들을 바라보았다. 한때는 까마귀처럼 새카맣던 표지
에 희끄무레한 곰팡이가 피고, 거미가 살금살금 기어다니고 있다. 차를 마시
고 몸이 따뜻해졌다고 느낀 순간, 언젠가 그랬던 것처럼 맥냅 노파의 눈에
망원경이 나타나면서, 빛의 고리 속으로 갈퀴같이 비쩍 마른 노신사가 보였
다. 노파가 빨랫감을 들고 올라올 때면, 노신사는 고개를 절레절레 저으면서
잔디밭 위에서 무언가 혼잣말을 하고 있었다. 노신사는 노파라는 존재를 알
지도 못했다. 나리가 돌아가셨다고 하는 사람도 있었고, 마님이 돌아가셨다
고 하는 사람도 있었다. 어느 쪽일까. 바스트 할멈도 확실히는 모르는 모양
이었다. 젊은 나리도 돌아가셨다. 그것은 확실하다. 노파는 신문에서 그의
이름을 보았던 것이다.

　요리사가 있었는데 밀드레든지 마리안인지 하는 이름이었어. 빨간 머리
여자였는데 욱 하는 성미가 있었지. 빨간 머리들은 다 그래. 그래도 사귀는
법만 알면 좋은 여자였어. 곧잘 함께 웃곤 했지. 나를 위해 수프를 남겨주었
고, 때로는 햄이니 뭐니 남는 것은 뭐든 챙겨주었어. 그 당시는 잘살았거든.
필요한 것은 전부 구할 수 있었어(아이들 방 난로 가리개 옆의 등나무 의자
에 앉아서 차를 마시고, 몸이 노곤하게 풀리면 추억의 실타래를 차례차례 풀
어냈다). 일거리는 언제나 많았어. 집은 복작거렸고, 어떤 때는 스무 명씩
머물기도 했지. 12시가 넘어서까지 설거지를 한 적도 있었어.

　바스트 할멈은(이 할멈은 그 당시 글래스고에 살고 있었으므로 이 집 사
람들에 대해서는 잘 몰랐다) 찻잔을 내려놓으면서, 왜 해골을 저런 데다 걸
어놓았을까 하고 의아해했다. 보아하니 외국에서 사냥한 것 같은데.

　그럴지도 모르지. 맥냅 노파는 추억 속을 이리저리 헤매면서 말했다. 친구
들 중에는 동양에 가 계신 분들도 있었어. 신사들이 머물렀고 부인들은 이브

322 등대로

닝드레스를 입었어. 한번은 식당 문틈으로 만찬 광경을 본 적이 있는데, 스무 명은 족히 되었어, 다들 보석들을 달고 있었지. 램지 부인이 설거지를 도와달라고 부탁했는데 아마 자정이 넘어서야 끝났을 거야.

저런, 바스트 노파가 말했다. 완전히 변했다고 생각하시겠군. 노파는 창밖으로 몸을 내밀었다. 아들 조지가 낫으로 풀을 베는 것을 지켜보았다. 그들이 와서 이게 어찌 된 일이냐고 의아해해도 이상할 것 없지. 케네디 영감이 돌보기로 했는데, 그 영감이 짐마차에서 떨어져 다리를 다치는 바람에 그 뒤로 꼬박 1년 가까이 아무도 돌보지 않고 방치해 두었으니까. 그러고는 데비 맥도널드가 돌보기로 했지만, 런던에서 씨앗을 보냈어도 심었는지 어쨌는지 그걸 누가 알겠어? 완전히 변했다고 생각하실 거야.

노파는 아들이 낫질하는 모습을 가만히 바라보았다. 아들은 훌륭한 일꾼이야. 말수도 적고 부지런하지. 자, 우리도 슬슬 찬장을 정리합시다. 두 사람은 힘겹게 몸을 일으켰다.

마침내 며칠에 걸쳐 집 안을 정리했다. 마당의 풀을 베고 땅을 뒤엎고, 유리창의 먼지를 털고, 창문을 닫고, 집 안의 자물쇠를 잠갔다. 정면 현관문을 쾅 닫으면서 모든 일을 마쳤다.

그리하여 이제는 비질 소리, 걸레질 소리, 낫질 소리, 풀 베는 소리에 눌려 희미해진 멜로디, 그 간헐적인 음악이 간신히 들려왔다. 잡아냈다가 다시 놓치고 마는 음악, 개가 짖는 소리, 염소가 '매애' 우는 소리, 불규칙적이고 간헐적이지만 어쩐지 서로 이어져 있는 것 같은 소리, 벌레들 소리와 베어진 풀이 살랑거리는 소리. 따로 떨어져 있지만 여전히 어떤 것으로 연결되어 있었다. 풍뎅이가 부드득대는 소리, 수레바퀴가 삐걱대는 소리, 하나는 높고 하나는 낮지만 이상하게도 서로 이어져 있었다. 이러한 소리들이 조화를 이루는가 싶어 주의 깊게 귀를 기울이고 한곳으로 모아 보려고 했지만, 결국 그 소리들을 제대로 잡아내지 못했고, 완전한 조화를 이루지 못했다. 이윽고 저녁이 되면 소리가 하나 둘씩 사라지고 조화가 흔들리며 정적이 찾아든다. 일몰과 함께 선명한 윤곽이 사라지고, 안개가 피어오르듯이 고요함이 퍼지고 바람이 멎는다. 세상은 뒤척이면서 서서히 잠에 빠져들고, 오직 일대를 뒤덮은 나뭇잎의 녹색과 창가의 하얀 꽃 위의 파르스름한 색이 주변을 희미하게 밝히는 것을 제외하고는 불빛 하나 없는 어둠이 내려앉는다.

제2부 세월이 흐르다 323

〔릴리 브리스코는 9월의 어느 저녁 느지막하게 이 집에 여행 가방을 들고 도착했다. 카마이클 씨도 같은 기차로 왔다.〕

10

그렇다면 분명히 평화가 온 것이다. 평화의 메시지가 바다에서 기슭으로 전해졌다. 더 이상 잠을 깨우려고 하지 않았다. 오히려 더욱 깊은 휴식을 취하도록 달래고, 그것이 무엇이든 몽상가들의 신성하고 현명한 꿈을 강고히 하고자 했다. 릴리 브리스코가 깨끗하고 조용한 방에서 베개 위에 머리를 얹고 바다 소리에 귀를 기울였을 때, 바다가 속삭인 것은 바로 그것이었다. 너무 부드럽게 속삭이는 바람에 그 내용을 분명히 알아들을 수 없었지만, 설사 그 의미를 정확히 알아들었다 하더라도 큰 차이는 없었다. 잠든 사람들에게 (집은 다시 사람들로 북적거렸다. 벡위스 부인과 카마이클 씨도 머물고 있었다) 해변으로 내려올 생각이 없으면 적어도 블라인드를 열고 창밖을 내다보라고 애원하며 속삭였다. 그러면 밤이 보라색 옷을 입고 흘러내리듯 내려앉는 것을 볼 수 있을 것이다. 머리에 왕관을 쓰고, 보석이 박힌 홀을 들고, 눈에는 어린아이도 넋을 잃을 만큼 자애를 가득 담고. 만약 그래도 망설인다면(릴리는 여행의 피로 때문에 곧장 잠이 들었다. 그러나 카마이클 씨는 촛불 옆에서 책을 읽었다), 만약 그래도 머뭇거린다면, 아니 밤의 이 광채는 수증기에 지나지 않고, 아직은 이슬이 밤보다 더 큰 힘이 있으므로, 그런 밤을 보느니 자는 게 낫다고 한다면 그 목소리는 불평이나 불만을 말하지 않고 차분하게 노래할 것이다. 파도가 평온하게 부서지고(릴리는 잠결에 그 소리를 들었다), 등대의 불빛은 살포시 내려앉았다(그것은 릴리의 눈꺼풀 사이로 들어오는 것 같았다). 카마이클 씨는 책을 덮고 잠에 빠져들면서 모든 것이 옛날과 똑같아 보인다고 생각했다.

어둠의 장막이 집을 뒤덮고, 벡위스 부인과 카마이클 씨, 릴리 브리스코를 감싸면서 자리에 누운 모든 이들의 눈 위에 어둠의 주름이 몇 겹으로 겹쳐 있을 때 그 목소리가 다시 말했다. 어째서 이것을 받아들이지 않죠, 이것으로 만족하지 않나요. 묵묵히 받아들이고 포기하지 않을 건가요? 이 섬들의 둘레를 따라 리듬을 타고 부서지는 파도의 한숨은 모두를 달래주었다. 밤은 모두를 감싸주었고, 그들의 잠을 깨우는 것은 아무것도 없었다. 이윽고 새가 노래하기 시작하고, 새벽은 그 새들의 가냘픈 목소리를 자신의 빛으로 품고, 짐수레가 덜거덕거리며 지나가고, 어디선가 개가 짖고, 해는 장막을 걷어내 모두의 눈 위에 덮인 베일을 찢었다. 릴리 브리스코는 잠결에 몸을 뒤척이면서 담요를 거머쥐었다. 마치 굴러 떨어지는 사람이 벼랑 끝의 잡초를 움켜쥐듯이. 릴리는 눈을 번쩍 떴다. 침대 위에서 벌떡 일어나 생각했다. 아아, 다시 여기에 왔구나. 자, 이제 일어나야지.

제3부
등대

1

그렇다면 그것은 대체 어떤 의미일까, 어떤 의미가 있을 수 있을까? 릴리 브리스코는 자문했다. 혼자 남겨진 지금, 커피를 한 잔 더 마시기 위하여 부엌으로 가야 할지 아니면 여기서 기다려야 할지 망설였다. 그것은 무슨 뜻인가, 그것은 하나의 실마리에 불과하며, 어떤 책에서 읽은 것으로, 릴리의 생각을 뚜렷하게 나타내는 말도 아니었다. 램지 가족과 맞는 첫날 아침인 지금, 또다시 자신의 감정은 분명한 형체를 갖추지 못하고, 다만 하나의 글귀가 이 아물아물한 것이 진정될 때까지 자신의 텅 빈 마음에 메아리를 울리고 있을 뿐이었다. 긴 세월이 지나고, 램지 부인이 죽고 난 뒤에 여기로 돌아와서 자신은 무엇을 느끼고 있는가? 아무것도 없다, 아무것도. 적어도 말로 표현할 수 있는 것은 아무것도 느낄 수 없었다.

어젯밤은 늦게 도착하여 주위가 온통 새카맣게 어두웠으므로 신비로워 보였다. 지금은 잠에서 말끔히 깨어 옛날부터 늘 앉던 식탁 의자에 앉아 있지만 그녀는 혼자였다. 아직 이른 아침으로 8시도 채 되지 않았다. 게다가 먼 길을 나서는 날, 램지 씨와 캠과 제임스가 등대로 가기로 한 날이다. 이미 출발했어야 할 시각이다, 조수인지 뭔지에 맞추기 위해. 그런데 캠과 제임스는 아직도 나갈 채비를 끝내지 못했고, 낸시도 샌드위치를 준비하라고 일러두는 것을 깜빡해서, 램지 씨는 불같이 화를 내며 문을 쾅 닫고 방에서 나가 버렸다.

"지금 가서 뭘 어쩌자는 거야?" 램지 씨는 버럭 호통을 쳤다.

낸시는 이내 사라졌다. 화가 난 램지 씨는 저기 테라스에서 이리저리 왔다 갔다 하고 있었다. 집 안의 문이 벌컥벌컥 열리고, 서로가 서로를 불러대는 소리가 들려오는 것 같았다. 그러자 낸시가 뛰어들어와 방을 둘러보면서 반쯤 정신이 나가서 절망한 기묘한 상태로, 이제 자기 힘으로는 불가능하다고 절망해 있는 자신을 억지로 추스르면서 물었다. "등대에는 무엇을 보내야 하죠?"

정말, 등대에 무엇을 가져가면 좋을까? 평소라면 릴리도 차나 담배나 신문 같은 그럴듯한 조언을 해 줄 수 있었을 텐데. 하지만 오늘 아침은 모든 것이 이상할 정도로 기묘하게 느껴져서 등대에는 무엇을 보내야 하느냐는 낸시의 질문에 마음의 문이 벌컥 열리고, 그 문이 이리저리 쿵쿵 흔들리면서 망연자실하여 입을 크게 벌리고, 계속 자문하게 된다. 무엇을 보내야 하지? 무엇을 보내면 좋지? 왜 이런 곳에 앉아 있는 걸까?

릴리는 혼자 앉아서(낸시는 또다시 나가 버렸다) 긴 식탁에 놓인 깨끗한 찻잔 몇 개를 보고 있자니, 다른 사람들로부터 완전히 단절된 느낌이었고, 그들을 가만히 응시하면서 물어보거나 의아해할 뿐이었다. 이 집도, 이 자리도, 오늘 아침도, 모든 것이 자신과는 무관하게 여겨졌다. 여기에 애착은 전혀 없어. 나와는 관계없는걸, 무슨 일이 일어나든 상관없어. 예를 들어 방 밖의 발소리, 누군가 부르는 소리("찬장 안에는 없어, 층계참에 있어." 누군가가 큰 소리로 외쳤다), 그런 모든 것이 의문을 불러일으켰다. 마치 언제나 사물을 하나로 묶고 있던 고리가 끊어져서, 누군가가 여기서는 위로 둥둥 떠오르고 저기서는 아래로 훨훨 내려앉는 것처럼, 아무튼 서로 뿔뿔이 흩어지는 것 같았다. 이 얼마나 목적도 없고, 혼란스럽고 비현실적인가. 릴리는 빈 커피 잔을 바라보며 생각했다. 램지 부인은 돌아가시고, 앤드루는 전사하고, 프루도 죽었다. 이렇게 되뇌어 보아도 아무런 감정도 일지 않았다. 그런데 우리는 이런 집에, 이런 아침부터 모여 있는 것이다. 릴리는 창밖을 내다보며 말했다. 아름답고 조용한 아침이었다.

램지 씨가 지나가다가 갑자기 고개를 들고 릴리를 보았다. 광기 어린 눈빛이었다. 사람을 꿰뚫어보는 듯한 시선으로 일초라도 눈을 맞추면 처음이지만 영원히 보는 것 같은 인상을 주었다. 그래서 릴리는 빈 커피 잔을 기울여 마시는 시늉을 하면서 그로부터, 그의 요구로부터 달아나려고 했다, 그의 집요한 요구를 순간이나마 피하려고 했다. 램지 씨는 릴리를 보고 고개를 가로 젓고는 성큼성큼 가 버렸다(릴리는 램지 씨가 '혼자'라든가 '죽었다'라고 말한 것을 들었다). 그리고 이 기묘한 아침에, 다른 모든 것이 그랬던 것처럼 그 말도 상징적인 의미를 띠면서 회녹색 벽에 저절로 빽빽이 새겨졌다. 만약 릴리가 그것들을 그러모을 수만 있다면, 그리고 문장으로 표현할 수 있다면 그때는 일의 진상을 밝혀낼 수 있을 텐데. 늙은 카마이클 씨가 자기 커피를 가지러 타박타박 걸어 들어와 잔을 들고 햇볕을 쬐러 나갔다. 이상할 정도로 현실감이 없어서 오싹했지만 흥분도 일었다. 등대로 간다. 그런데 등대에는 무엇을 보내야 할까? 죽는다, 홀로. 맞은편 벽의 회녹색 빛, 아무도 앉지 않는 텅 빈 의자, 부분에 지나지 않는 그것들을 어떻게 하나로 함께 묶을 수 있을까. 릴리는 탁자 위에 쌓아올린 나약한 형상을 누가 방해하고 부술까 봐, 램지 씨가 자신을 보지 못하도록 창 쪽으로 등을 돌렸다. 어떻게든 도망쳐서 어딘가에서 혼자 있고 싶어. 갑자기 릴리는 떠올렸다. 10년 전 자기가 마지막으로 여기에 앉았을 때 식탁보에 작은 나뭇가지나 나뭇잎 모양이 있었다. 나는 그것을 계시라도 받은 것처럼 한동안 바라보고 있었지. 그림의 전경에 문제가 있었어. 나무를 좀 더 중앙으로 옮겨야겠다고 생각했었지. 하지만 그 그림은 완성하지 못했어. 그리고 이 10년 동안 마음속에 남아 괴롭히고 있었지. 그 그림을 그리자. 내 그림도구는 어디다 두었을까? 그래, 내 그림도구 말이야. 어젯밤 현관에 놔뒀었지. 바로 시작해야겠어. 램지 씨가 몸을 돌려 보기 전에.

릴리는 직접 의자를 옮겼다. 노처녀다운 신중함으로 이젤을 옮겨 잔디밭 끄트머리에 고정시켰다. 카마이클 씨와 너무 가깝지도 않으면서, 그의 비호를 충분히 받을 수 있는 거리였다. 그래, 분명 10년 전에 서 있던 곳도 바로 이쯤이었을 거야. 벽이 있고 산울타리가 있고 나무가 있다. 문제는 이 풍경들의 상호관계였어. 그 문제를 지금까지 줄곧 마음속에 품고 있었지. 이제 그 해결책을 찾은 것 같아. 릴리는 원하는 것을 깨달았다.

그러나 램지 씨가 갑자기 덮쳐올 것만 같아서 릴리는 아무것도 손에 잡히지 않았다. 그가 다가올 때마다—그는 테라스 위를 왔다 갔다 하고 있었다—파괴가 다가오고 혼돈이 다가왔다. 릴리는 저쪽을 바라보기도 하고, 헝겊 조각도 집어보고, 물감튜브도 짜보았다. 이런 릴리의 모든 행동은 그를 다가오지 못하게 하기 위한 임시방편이었다. 램지 씨 때문에 아무것도 할 수 없었다. 만약 조금이라도 틈을 보이면, 잠시 쉬는 순간이라도 그와 눈이 마주치면 그는 곧장 다가와서 어젯밤처럼 말을 걸 것이다. "완전히 변했지요."

램지 씨는 어젯밤 자리에서 벌떡 일어나 릴리 앞에 발을 멈추고 그렇게 말했다. 모두 입을 꽉 다물고 한곳을 응시하며 가만히 앉아 있었지만 그 6명의 아이들은—영국의 왕과 여왕을 본떠 붉은 머리 여왕, 금발 여왕, 심술궂은 왕, 잔인한 왕이라고 불리던—그 말에 매우 화가 난 것을 릴리는 느꼈다. 친절한 벡위스 노부인이 수습하느라 현명한 말씀을 했다. 하지만 릴리가 보기에 그들은 제각기 가슴에 격정을 품고 있었다. 그리고 이 혼란으로도 모자라 램지 씨는 일어서서 릴리의 손을 꼭 잡고 말했다. "완전히 달라졌지요." 누구도 움직이지 않았고, 아이들도 꼼짝 말라는 명령을 받아 도리가 없다는 듯이 미동도 하지 않고 입을 꾹 다물고 그저 가만히 앉아 있었다. 다만 제임스만이(분명 부루퉁한 왕이었다) 등불을 노려보며 얼굴을 찌푸렸다. 캠은 손가락으로 손수건을 비비꼬고 있었다. 그 때 램지 씨는 모두에게 내일은 등대에 간다고 상기시켰다. 7시 반에 준비를 다 마치고 현관으로 모이거라. 램지 씨는 손을 문고리에 얹고 멈춰 서서 모두를 돌아보고 가기 싫으냐고 물었다. 만약 가기 싫다고 대답하면(그도 조금은 그러기를 바라고 있었다), 비극적인 몸짓으로 몸을 뒤틀며 고통스러운 절망의 바다에 뛰어들었을 것이다. 램지 씨는 몸짓만큼은 천재적이었다. 마치 추방당한 왕이라도 된 듯했다. 제임스는 고집스럽게 가겠다고 말했다. 그에 비해 캠은 딱하게도 말이 목에 걸렸다. 네, 가, 가겠어요. 둘 다 준비를 마치고 기다리고 있겠다고 말했다. 그것은 비극이었다. 관이나 시체, 수의가 튀어나온 것은 아니지만, 아이들의 정신이 강요에 의해 복종당한 것이다. 제임스는 16살, 캠은 17살일 것이다, 아마도. 릴리는 거기에 없는 누군가를—아마도 램지 부인을—찾아 주위를 두리번거렸다. 그러나 거기에는 친절한 벡위스 부인이 불빛 아래에서 릴리의 스케치를 들춰보고 있을. 뿐이었다. 그리고 피로가 쏟아지며 릴리의 마음은 바다와 함께 오르락내리락했다. 오랜만에 찾은 이 집의 맛과 냄새는 릴리의 마음을 빼앗았고, 촛불이 눈앞에 어른거리며 정신이 아득해졌다. 별이 빛나는 아름다운 밤이었다. 2층 침실로 갈 때 파도소리가 들렸다. 계단 창문을 지나면서 본 달은 모두 깜짝 놀랄 정도로 거대하고 창백했다. 릴리는 곧바로 잠이 들었다.

릴리는 새 캔버스를 이젤 위에 단단히 고정시켰다. 장벽이라기에는 약하지만, 램지 씨와 상대에게서 무엇을 억지로 빼앗으려는 그의 공격을 막아 내기에는 충분하기를 빌었다. 램지 씨가 등을 돌리면, 그림을 뚫어지게 바라보며 저 선은 여기에, 저 덩어리는 저기에 놓아야겠다고 생각했다. 그러나 릴리는 집중할 수 없었다. 램지 씨가 50피트 떨어진 먼 곳에 있어도, 자기에게 말을 걸지 못하게 해도, 얼굴을 보지 못하게 해도 그는 슬그머니 덮쳐오고 밀고 들어올 게 뻔했다. 그는 모든 것을 바꾸어 버린다. 릴리는 색깔도 선도 보이지 않았고, 그가 등을 돌리고 있을 때조차, 그가 일 분만 지나면 다가와서 릴리가 줄 수 없는 것을 요구할 것이라는 생각에 사로잡혔다. 릴리는 들고 있던 붓을 내려놓고 다른 것을 집어 들었다. 아이들은 언제쯤 나올까? 언제쯤 외출할까? 릴리는 안절부절못했다. 저 분은 절대로 주는 법이 없어. 언제나 가져가기만 하는 사람이야. 릴리는 분노가 부글부글 끓어올랐다. 그에 반해 나는 강요당하면 주고 말지. 램지 부인도 계속 주기만 하셨어. 주고 주고 또 주다가 돌아가셨지. 사실 릴리는 램지 부인에게 화가 나 있었다. 붓을 쥔 손을 떨면서 산울타리를 보고 계단을 보고 벽을 보았다. 이 모든 게 다 부인 탓이야, 돌아가시다니. 릴리는 44살의 나이에 아무것도 이루지 못하고 시간을 허비하고 있었다. 여기에 서서 장난삼아 그림을 그리었다. 진지하게 몰두하는 유일한 일이었는데. 그분 탓이야, 돌아가셨기 때문이야. 언제나 앉아 계시던 계단은 텅 비었어. 돌아가셨어.

　그런데 왜 이런 말을 자꾸만 되풀이하는 걸까? 어째서 갖고 있지도 않은 감정을 불러일으키려고 애를 쓰는 걸까. 일종의 모욕이야. 그 감정은 바싹 메말라서 시들고, 다 써버리고 말았는데. 나를 초대하지 않는 편이 좋았어. 오지 말았어야 했어. 마흔넷이나 되어서 시간을 허투루 낭비할 수는 없어. 장난삼아 그림을 그리다니 정말 싫다. 붓은 투쟁과 파괴와 혼돈의 세계에서 유일하게 의지할 수 있는 것이다. 그것과 장난칠 수는 없다. 일부러라도 안 돼요. 정말 너무 싫어요. 램지 씨는 그것을 나한테 시키려고 한다. 원하는 것을 줄 때까지 캔버스에는 손도 못 대게 하겠어, 그는 들이닥치면서 이렇게 말하는 것 같았다. 봐요, 또 바로 근처까지 왔어요. 무언가를 바라며, 실성한 것처럼. 좋아요. 절망한 릴리는 생각했다. 오른손을 옆으로 내려놓으면서, 차라리 그 일을 해버리는 쪽이 빠르겠다고. 기억을 더듬으면 많은 부인들의 얼굴에 나타난(예를 들어 램지 부인) 그 만족감, 그 열광, 그 자기 포기를 흉내내지 못할 것도 없지요. 그 부인들은 이러한 경우 동정에 열광하고 자기들이 받는 보상의 기쁨에 몰두합니다—램지 부인의 그 표정을 잊을 수가 없어요—그리고 그것은, 그 이유에 대해서는 잊어버렸지만, 인간이 가질 수 있는 최상의 행복을 그 부인들에게 안겨 주었습니다. 봐요, 그는 벌써 여기에, 내 옆에 와서 섰어요. 드릴 수 있는 것은 모두 드리기로 했습니다.

2

이 사람도 주름이 좀 늘었군. 조금 빈약하고 왜소하지만 매력이 없는 것도 아니야. 램지 씨는 릴리를 좋아했다. 한때는 윌리엄 뱅크스와 결혼한다는 얘기도 있었지만 그냥 소문이었던 모양이야. 집사람도 좋아했었지. 아침식사 때는 공연히 기분이 언짢아서 실례를 했어. 그리고, 그래서, 그리고 또, 그는 무엇인지 인식하지 못했지만 어떤 거대한 필요가 그를 부추기는 순간이었다. 그것이 충동질해서, 누구든 아무 여자에게나 다가가서 수단방법을 가리지 않고 그가 원하는 것을 내놓도록 강요했다. 그것은 바로 동정이었다. 램지 씨는 그만큼 절실하게 그것을 필요로 했던 것이다.

누군가 돌봐주는 사람은 있습니까? 필요한 것은 없고요?

"고맙습니다, 괜찮아요." 릴리 브리스코는 안절부절못하면서 대답했다. 틀렸어, 내게는 도저히 무리야. 동정을 바라며 밀어닥치는 그 파도를 타고 곧바로 떠났어야 했어. 그런데 마치 들러붙은 것처럼 거기에 꼼짝 않고 가만히 서 있었다. 그리고 지독한 침묵이 흘렀다. 둘 다 바다를 바라보았다. 왜, 내가 여기 있는데 릴리는 바다를 보는 것일까? 등대에 무사히 도착하도록 바다가 고요하면 좋겠군요. 릴리가 말했다. 등대라니! 등대라니! 등대 따위가 무슨 상관이란 말인가. 램지 씨는 신경질적으로 생각했다. 갑자기 태고의 폭발을 연상시키는 힘으로(그는 더 이상 자제할 수 없었다) 그의 입에서 엄청난 신음소리가 새어나왔다. 릴리를 제외한 다른 여자라면 누구나 어떤 행동을 하고 무슨 말을 하지 않을 수 없었을 그런 신음소리였다. 릴리는 씁쓸하게 웃으며 생각했다. 하지만, 나는 여자가 아니라 까다롭고 성마르고 바싹 메마른 노처녀일 뿐이야.

램지 씨는 땅이 꺼지도록 한숨을 내쉬었다. 그리고 기다렸다. 아무 말도 하지 않을 셈인가? 이 여자는 내가 무엇을 바라는지 모르는 걸까? 램지 씨는 등대에 가려는 건 특별한 이유가 있기 때문이라고 말했다. 집사람은 그들에게 물건을 보내곤 했지요. 등대지기 아들이 불쌍하게도 결핵성 척추염을 앓고 있었거든요. 그는 한숨을 깊게 내쉬었다. 자못 의미심장한 한숨이었다. 릴리는 이 홍수 같은 탄식, 이 동정을 갈망하는 가시지 않는 마음이 램지 씨에게 릴리의 마음을 바치라는 요구 따위가 어서 자신에게서 떨어져 나가주면 좋겠다고 생각했다. 이것이 릴리가 바라는 전부였다. 지금 램지 씨의 요구를 받아준들, 그는 릴리에게 영원히 줄 수 있을 만큼의 슬픔을 잔뜩 갖고 있었다(릴리는 집 쪽을 바라보며 누군가가 방해해주기를 바라고 있었다). 이대로는 범람하는 탄식에 휩쓸려버리고 말거야.

"이런 배 여행은," 램지 씨는 발끝으로 땅을 문지르면서 말했다. "아주 질색이에요." 그래도 릴리는 아무 말도 하지 않았다. (이 여자는 아주 목석 같군. 램지 씨는 혼잣말을 했다.) "몸에도 좋지 않아요." 램지 씨는 자기의 반듯한 손을 바라보면서 비참한 표정을 지었으나, 그것은 릴리에게 역겨움을 유발할 뿐이었다. (연기를 하고 있어. 이 위대한 사람이 연기를 하고 있어.) 불쾌해, 꼴불견이야. 다들 왜 이렇게 안 오는 거야? 이 엄청난 비탄의 무게를 더는 일 분도 못 버티겠어. 탄식의 무거운 휘장을 참을 수 없어. (램지 씨는 매우 노쇠한 것처럼 가장했다. 서 있으면서 조금씩 비틀거렸던 것이다.)

그래도 릴리는 아무 말도 할 수 없었다. 지평선이 화젯거리를 완전히 삼켜버린 느낌이었다. 놀랍게도 램지 씨가 옆에 서자, 그의 시선이 햇볕에 반짝이는 풀 위로 쓸쓸한 그림자를 던지며 그 빛이 퇴색되었고, 카마이클 씨가 접의자에 드러누워 프랑스 소설을 읽다가 졸린 듯한 불그레한 얼굴로 만족스러워하는 모습에 검고 오글쪼글한 장막을 드리웠다. 마치 이 비탄의 세계에서 보란 듯이 행운을 과시하는 것들을 보면 더없이 우울한 생각이 마구 솟구친다고 말하는 것처럼. 저 녀석을 봐, 그리고 나를 봐. 그가 말하는 것 같았다. 사실 그가 하루 종일 바라는 것은, 나를 봐줘, 나를 생각해 줘, 하는 것이었다. 아, 저 커다란 몸집을 곁으로 불러들일 수만 있다면. 릴리는 생각했다. 이젤을 1, 2야드 정도 카마이클 씨 가까이 세웠더라면 좋았을걸. 남자라면 누구나 이 감정의 분출을 막을 수 있었겠지. 이 비탄을 저지할 수 있었을 거야. 내가 여자이기 때문에 이 무서운 상황을 불러일으킨 거예요. 그리고 여자라면 이것을 수습하는 법도 알고 있을 터입니다. 여기서 말도 못하

332 등대로

고 가만히 서 있기만 하다니. 여자로서 체면이 말이 아닙니다. 다른 여자라면 말하겠지요—뭐라고 하지?—어머, 램지 씨! 어머나, 램지 씨! 지금 스케치를 하고 있는 저 친절한 백위스 노부인이라면 곧바로 능숙하게 말씀하시겠지요. 하지만 틀렸어요. 우리는 여기에 다른 사람들로부터 격리되어 있습니다. 그의 엄청난 자기 연민이, 동정을 요구하는 마음이, 내 발 주위로 흘러 퍼지면서 웅덩이를 만듭니다. 나는 얼마나 죄 많은 여자인지요. 릴리가 한 일이라고는 치맛자락이 젖지 않도록 발목 위로 들어올린 것이 전부였다. 릴리는 붓을 꼭 쥐고 입을 꼭 다물고 서 있었다.

오, 하느님, 감사합니다. 정말 얼마나 감사한지 몰라요. 집 안에서 소리가 들렸습니다. 제임스와 캠이 이리로 오고 있음이 틀림없습니다. 그러나 램지 씨는 시간이 얼마 남지 않았다는 것을 깨달았는지, 나의 고독 위로 응축된 슬픔을 마구 쏟아 냈습니다. 그의 노령과 체력 감퇴와 그 쓸쓸함을. 램지 씨는 갑자기 너무 괴로워서 도저히 참을 수 없다는 듯이 고개를 들어올리면서—그러나 결국 어떤 여자가 그를 끝까지 거부할 수 있을까?—구두끈이 풀린 것을 보았습니다. 멋진 구두네요. 릴리는 그것을 보며 생각했다. 커다랗고 마치 조각 같아. 낡아빠진 넥타이부터 단추가 반쯤 풀려 있는 조끼에 이르기까지 다 그렇듯이, 램지 씨가 지니는 물건에는 그 특유의 개성이 풍겼다. 그의 구두가 비애와 무뚝뚝함과 고약한 성미와 매력을 내뿜으면서 신고 있는 사람도 없이 저절로 방으로 걸어가는 것이 보이는 듯했다.

"좋은 구두네요!" 릴리가 탄성을 지르듯 말했다. 부끄러웠다. 영혼을 위로해 달라고 애원하고 있는데 구두를 칭찬하다니. 피가 뚝뚝 떨어지는 손과 갈가리 찢어진 심장을 내보이며 동정을 바라고 있는데, "정말 멋진 구두를 신고 계시네요" 하고 쾌활하게 말한 것이다. 그래서 릴리는 그가 갑작스럽게 예의 언짢은 신음소리를 내며 버럭 호통을 쳐도 별 수 없다고 각오하고 위를 올려다보았다.

그런데 생각과 달리 램지 씨는 웃고 있었다. 관 덮개와 저 무거운 휘장과 나약함은 모두 떨어져 나갔다. 릴리에게 보란 듯이 발을 치켜들고 말했다. 네, 그렇지요, 최고급 구두예요. 이런 구두를 만들 수 있는 사람은 영국에 딱 한 명뿐이에요. 구두는 인류의 가장 큰 저주가 아닐까 싶어요. "구두장이는 인간의 발을 절름발이로 만들고 괴롭히는 일을 업으로 삼는 사람들이죠."

제3부 등대 333

인류 가운데 가장 완고하고 괴팍한 사람들이에요. 청춘을 다 바쳐야 겨우 제대로 된 구두를 만들 수 있으니까요. 램지 씨는 릴리에게 그런 구두는 이제껏 한 번도 본 적이 없다는 말을 듣고 싶었던 것이다(그는 왼발을 들었다가 다시 오른발을 들었다). 이 구두는 세상에서 가장 좋은 가죽으로 만든 것입니다. 무두질한 가죽은 대체로 갈색 종이나 판지 같지요. 그는 발을 더욱 높이 들어올리며 만족스럽게 바라보았다. 아아, 릴리는 그들이 마침내 평화가 숨 쉬고 이성이 지배하고 태양이 영원히 빛나는 밝은 섬, 훌륭한 장화의 축복받은 섬에 도착했다고 느꼈다. 릴리는 그에게 살짝 마음이 끌렸다. "그럼 끈을 얼마나 잘 매는지 한 번 볼까요?" 램지 씨가 릴리의 엉성한 매듭을 비웃으며 말했다. 그는 자신이 고안한 구두끈 매듭을 보여주었다. 한 번 묶으면 절대 풀리지 않지요. 그는 릴리의 구두끈을 세 번이나 맸다가 세 번이나 풀렀다.

이 매우 부적절한 순간에, 램지 씨가 릴리의 구두 위로 몸을 굽히고 있는 이 순간에 왜 그에 대한 동정이 솟구치며 릴리를 괴롭히는 것일까. 릴리도 몸을 숙이자 피가 거꾸로 몰리며 얼굴이 화끈거렸고, 자기의 매정함을 돌아보자(그녀는 그가 연기한다고 생각했다) 갑자기 두 눈에 눈물이 고이며 따끔따끔 아파왔다. 이렇게 구두에 정신이 팔려 있는 램지 씨는 한없는 슬픔을 자아내는 것 같았다. 그는 구두끈을 묶었다. 그는 구두를 샀다. 그가 걸어갈 인생의 여로에서 그에게 손을 내밀 방법은 없었다. 그런데 마침 릴리가 무언가 말하고 싶다고 생각한 지금, 무엇을 말할 수 있다고 생각한 이 순간 캠과 제임스가 나타났다. 그들은 테라스를 통해 심각하고 우울한 얼굴로 나란히 느릿느릿 걸어왔다.

그런데 저들은 어째서 저런 모습으로 나오는 걸까? 릴리는 그 모습에 짜증이 났다. 좀 더 쾌활하게 걸어와도 좋을 텐데. 다들 출발해 버리면 릴리가 그에게 줄 기회를 놓치고 만 그것을 두 사람이 그에게 줄 거라고 생각하자, 릴리는 갑자기 마음이 허전해지면서 좌절을 맛보았다. 릴리의 감정은 너무 늦게 찾아왔다. 동정할 준비가 끝났을 때는 이미 램지 씨는 더 이상 그것을 필요로 하지 않았다. 아주 훌륭한 노신사가 되어, 릴리 따위는 전혀 필요하지 않았다. 릴리는 마치 거부당한 기분이었다. 램지 씨는 어깨에 배낭을 둘러메고 있었다. 꾸러미를 모두에게 나누어 주었다. 끈으로 대충 얽어 맨 갈

334 등대로

색 종이 꾸러미가 몇 개나 있었다. 캠을 시켜 외투를 가져오게 했다. 어딜 봐도 원정을 준비하는 지휘자의 모습이었다. 램지 씨는 몸을 휙 돌려서 단호한 걸음걸이로, 그 훌륭한 구두를 신고 갈색 종이 꾸러미를 들고 선두에 섰고, 아이들이 그 뒤를 따랐다. 아이들은 마치 험난한 모험을 향해 운명에 등을 떠밀리기라도 한 모습이었다. 아이들은 아직 어려서 고분고분하게 아버지의 뒤를 따라 갔지만, 창백한 그들의 눈동자를 보면서 릴리는 두 사람이 나이에 어울리지 않는 무언가를 묵묵히 참고 있다고 느꼈다. 잔디밭 끄트머리를 빠져나가는 그 행렬을 바라보면서 그들이 동일한 감정에 짓눌려 있다고 생각했다. 망설임이 섞인 지친 발걸음이었지만, 그 감정으로 단단히 결속한 작은 집단은 매우 인상적이었다. 정중하지만 매우 쌀쌀하게, 램지 씨는 지나가면서 손을 들어 릴리에게 깍듯이 인사했다.

하지만 얼굴이 왜 저럴까. 릴리는 더 이상 바라지도 않는 동정을 이제 어떻게 처리해야 좋을지 몰라 당황하였다. 어째서 또 저런 얼굴을 하고 있을까? 밤이면 밤마다 부엌 식탁의 실재성에 대해 생각하느라 그럴 거야, 틀림없어. 릴리는 램지 씨의 사색에 대해 어렴풋한 윤곽밖에 그릴 수 없었으므로, 앤드루가 예로 든 상징을 생각했다(앤드루는 유탄 파편을 맞고 즉사했다). 부엌 식탁은 어딘가 환상적이고, 준엄하고, 노골적이고, 단단하고, 꾸밈이 없다. 색깔도 없고, 울퉁불퉁 모가 나고, 타협하지 않고, 알기 쉽고 명료하다. 램지 씨는 언제나 그것에 가만히 눈을 고정시키고 있으면서 마음이 흐트러지거나 현혹된 적이 없었다. 그리하여 마침내 고행자처럼 얼굴까지 홀쭉해지면서, 릴리를 깊이 감동하게 했던 그 식탁의 꾸미지 않은 아름다움을 갖게 된 것이다. 그리고 릴리는 떠올렸다(그가 떠난 뒤 붓을 든 채 그 자리에 그대로 서 있었다). 램지 씨의 얼굴도 그다지 고상하지 않은 온갖 근심 걱정으로 초조하게 얼룩져 있었다. 그는 그 식탁에 관해서 온갖 의심을 품었을 것이다. 식탁은 실재하는가. 식탁에는 그가 시간을 투자한 만큼의 가치가 있는가. 자기가 마침내 식탁을 발견할 수 있을까. 램지 씨는 분명 의문을 품었을 것이다. 그게 아니라면 남에게 그토록 요구하지 않았을 테니까. 그런 다음날 부인은 완전히 녹초가 되어 있었고, 부인은 사소한 일로 그에게 화를 냈다. 하지만 이제 그 식탁과 구두와 구두끈 매듭에 대해 이야기할 상대가 없었다. 그래서 마치 게걸스럽게 물어뜯을 먹이를 찾는 사자처럼 얼굴에 절

제3부 등대   335

망과 과장의 빛을 띠면서 릴리를 긴장시키고 치맛자락을 끌어올리게 한 것이다. 그녀는 기억했다. 그가 갑자기 확 불타오르듯이 기운을 되찾고(내가 구두를 칭찬했을 때처럼) 일상에 활기와 관심을 되찾았다. 그러나 그것도 빨리 사라지고 또다시 변화하여(그는 언제나 변하고 있고, 그것을 전혀 감추려고 하지 않았다) 마지막 단계로 들어섰는데, 그것은 그녀로서는 처음 보는 것이었다. 그녀는 스스로도 지나치게 날카롭게 굴었던 것을 부끄럽게 생각했다. 하지만 그는 근심걱정도 야심도, 동정을 바라는 마음도, 칭찬에의 욕구도 말끔히 씻어내고 또 다른 세계로 들어가는 것처럼 작은 행렬의 선두에 서서 시야 밖으로 사라져 버렸다. 마치 호기심에 가득 차서 자기 자신 아니면 남을 상대로 무언의 대화를 나누면서. 아무튼 저 얼마나 비범한 얼굴인가! 문이 쾅 닫히는 소리가 들렸다.

3

이제 정말 가버렸구나. 릴리는 안도와 실망이 섞인 한숨을 쉬면서 생각했다. 그에 대한 릴리의 동정은 가시나무가 다시 튕겨져 올라오듯이 그녀 얼굴을 향해 똑바로 날아왔다. 신기하게도 자신이 분열하고 있는 듯했다. 반은 저쪽을 향해 끌려가고 있었다. 안개 낀 고요한 아침, 등대는 매우 멀어 보였다. 또 하나의 자신은 그 잔디밭 위에 단단히 뿌리박고 있었다. 릴리는 캔버스가 붕 떠올라 정확히 자기 앞에, 타협을 허용하지 않는 엄격함이 서린 새하얀 얼굴로 내려오는 것처럼 느꼈다. 캔버스가 싸늘한 눈빛으로 이처럼 동요하고 흥분해 있는 자기를, 이 어리석은 감정의 낭비를 질책하는 것 같았다. 캔버스는 릴리를 절실하게 되불렀다. 그녀의 흐트러진 감정(그는 가버렸고, 릴리는 그를 위해 아무 말도 해주지 못한 것을 안쓰럽게 생각했다)이, 이 전쟁터에서 황망히 떠나가 버리자, 캔버스는 제일 먼저 그녀의 마음 구석구석까지 평화를 불어넣었다. 그러나 이윽고 공허함이 퍼져나갔다. 릴리는 타협하지 않고 하얗게 쏘아보는 캔버스를 멍하니 바라보다가 눈을 돌려 정원을 보았다(그녀는 작고 주름진 얼굴에 중국인처럼 찢어져 올라간 작은 눈을 더욱 가늘게 뜨고 서 있었다). 가로세로로 달리는 선들의 관계 속에, 녹색의 움푹한 구덩이와 푸른색과 갈색이 섞인 산울타리라는 덩어리 속에, 기억에 남아 있던 무언가가 있었다. 그 무엇은 마음속에 풀리지 않는 매듭을 묶고, 머물면서 생각지도 못한 때마다—예를 들면 브롬튼 로드를 거닐거나 머리를 손질하고 있을 때처럼—저도 모르게 그녀의 마음에 그림을 그리게 하고 그 그림을 바라보게 했다. 상상 속에서 매듭을 풀어 보곤 했다. 그러나 캔버스 없이 그렇게 상상 속에서 구상하는 것과 실제로 붓을 들고 그림을 그리는 것 사이에는 엄청난 차이가 있었다.

그녀는 램지 씨 앞에서 흥분한 나머지 아무 붓이나 잘못 집어 들었고, 또 당황하여 땅속에 대충 박아 넣은 이젤의 각도도 잘못되어 있었다. 그것을 바로잡으면서, 자기는 이러이러한 사람이고, 다른 사람들과는 이러이러한 관계를 맺고 있다는 사실을 떠올리게 하는 엉뚱하고 부적절한 것들을 말끔히 잠재웠다. 그녀는 붓을 집어 들었다. 순간 붓은 고통스럽지만 짜릿한 황홀을 느끼며 허공에서 파르르 떨렸다. 어디서부터 시작할까, 그것이 문제였다. 어느 지점에 제일 먼저 붓을 내려놓을까가 문제였다. 캔버스에 그을 한 줄의 선 때문에 릴리는 수많은 모험에 몸을 던졌고, 번번이 돌이킬 수 없는 아슬아슬한 결단에 직면했다. 모든 것은 구상 단계에서는 단순해 보이나, 실행하려고 하면 곧바로 복잡해진다. 마치 벼랑 꼭대기에서는 평탄해 보이던 파도가, 막상 그 속에 몸을 던지고 헤엄치는 사람에게는 깊은 골과 거품이 마구 이는 물마루로 변하는 것과 마찬가지였다. 그래도 위험은 감수해야만 한다. 첫 점을 찍어야 한다.

마치 앞으로 내몰리면서 동시에 그녀를 뒤로 끌어당기는 기묘한 육체적 감각으로 재빠르고 단호하게 첫 점을 찍었다. 붓이 내려갔다. 하얀 캔버스 위로 갈색이 반짝이며 선을 하나 그었다. 다시 한 번 되풀이하고, 또 되풀이했다. 그리고 한 번 멈추고 반짝이는 선을 바라보자, 그녀는 춤을 추듯 리듬을 타고, 마치 쉬는 것도 붓을 움직이는 것도 율동의 일부가 되어 모든 것이 하나로 뭉쳐진 것 같았다. 가볍고 재빠르게 움직이고 멈추면서 캔버스 위에 갈색의 다부진 선들을 새겨 넣었다. 그 선은 캔버스에 자리를 잡자마자 하나의 공간을 에워쌌다(그녀는 그것이 크게 부풀어 오르면서 자기 쪽으로 다가오는 것을 느꼈다). 굽이치면서 밀려오는 파도 뒤로 다음 파도가 자신을 향해 위로 점점 더 높이 솟구치는 것을 보았다. 그 공간만큼 무서운 것이 또 있을까? 그것을 바라보기 위해 뒷걸음치면서 릴리는 생각했다. 여기서 다시 잡담과 일상생활과 사람들과의 공동체에서 벗어나서, 이 무시무시한 숙적과

제3부 등대　337

정면으로 마주치게 되는 것이었다. 이 또 다른 것, 이 진실, 이 실재는 갑자기 그녀의 어깨에 손을 올리고 현상의 이면에 냉혹한 모습을 드러내며 그녀에게 주시하도록 요구했다. 릴리는 망설였다. 왜 언제나 억지로 끌고 와서 강제로 마주보게 하는 걸까? 왜 평화롭게 잔디밭 위에서 카마이클 씨와 이야기하도록 내버려두지 않는 걸까? 어쨌든 이것은 힘든 교섭이었다. 다른 숭배의 대상은 숭배만으로 만족한다. 남자든 여자든 신이든 그 앞에 무릎 꿇고 엎드리기만 하면 된다. 그러나 이 형태는 그것이 등나무 탁자 위에 흐릿하게 보이는 평범한 하얀 전등갓 형태라 하더라도, 사람을 끊임없는 투쟁으로 몰아세운다. 도전해도 그가 패배하도록 처음부터 운명이 정해져 있는 전투로 끌어들인다. 언제부터인지 모르지만(그것이 그녀의 성격 때문인지 여성성 때문인지는 모르지만), 유동적인 일상생활을 모조리 그림에 집중하기 전 몇 분 동안 완전히 무방비상태가 된다. 마치 태어나기 전이나 육체를 떠난 영혼처럼, 바람 부는 높은 산봉우리를 방황하며 몸을 보호할 수단도 없이 온갖 의혹의 돌풍에 노출되어 있었다. 그러면 어째서 굳이 그림을 그리는 걸까? 그녀는 흐르는 듯한 선이 가볍게 새겨져 있는 캔버스를 바라보았다. 이 그림은 하인들의 방에나 걸리겠지. 둘둘 말아서 소파 밑에 처박아 둘지도 몰라. 그렇다면 그림을 그린들 무슨 소용이 있을까? 너 따위가 그림을 그릴 수 있느냐, 너 따위가 창조할 수 있느냐, 하는 소리가 들려왔다. 그녀는 습관적인 하나의 흐름에 붙잡혀 버렸다. 이 흐름은 잠시 짬을 두면서 마음속에 경험의 형태를 만들었다. 그 말을 되풀이하는 사이에, 제일 먼저 누가 그 말을 했는지 더 이상 의식하지 않게 되었다.

그릴 수 없다, 쓸 수 없다. 단조롭게 중얼거리면서도 릴리는 이 말에 어떻게 반격해야 할지 열심히 생각하고 있었다. 어떤 덩어리가 앞에서 부풀어 오르고 튀어나와 안구를 압박해오는 느낌이었다. 그러자 마치 그녀의 능력을 매끄럽게 움직이는 데 필요한 액체가 저절로 솟아올라, 불확실한 손놀림으로 푸른색과 짙은 밤색에 담근 붓을 이리저리 움직이기 시작했다. 그 붓은 이제 묵직하고 느릿하게 움직이면서 그녀가 보고 있는 것을 통해 생긴 리듬을 타고 있는 것 같았다(그녀는 계속 산울타리와 캔버스를 바라보고 있었다). 그 결과 손이 생명으로 떨리는 동안에도 이 강렬한 리듬은 그녀를 억제하여 점점 외부세계의 사물을 의식하지 않게 되었다. 그리고 그녀가 외부세

338 등대로

제3부 본데 339

사람, 사기를 이름, 사기를 가졌는지, 자기가 진정으로 원하는 것이 무엇인지를 깨닫게 되고, 그 진정한 자기, 진짜 자기, 마음의 중심에 있는 자기가 바로 그리스도 예수 자기인 것을 깨달아, 나아가서 창조주 하나님 그리고 우주와 하나 되는 경험을 한다.

필자의 경험을 예로 들어보자. 그동안 필자에게 그리스도는 믿고 따라야 할 구원자, 즉 타자로밖에 여겨지지 않았지만 바로 이 자기의 마음에 그 그리스도께서 항상 계시고 그리고 바로 그 자기가 그 그리스도 예수 자기였음을 깨달았을 때 엄청난 희열을 맛보았다. 그때 필자는 사실상 하나님 혹은 그리스도의 이름을 부르지도 않고, 그리스도를 믿지도 않고, 그리스도를 따르지도 않고 그리스도와 그냥 하나 되는 경험을 한 것이었다. 그는 외부에 있지 않고 바로 내 자신이었다. 더 깊이 해석으로 갔다. "그래, 이 몸이 바로 그리스도 예수 자기야!" 그리고 바로 그 몸을 깊이 들여다 보았을 때 몸은 텅 비어있음을 발견했다. 몸의 각 세포에는 에너지의 덩어리인 원자들의 파동이 있을 뿐이며, 각 세포 사이에는 큰 공간이 있을 뿐이며, 각 세포를 다스리는 마음은 어디에 있는지 눈에 보이지도 않았고, 또 그 마음을 다스리는 주인이 있는지도 알 수가 없었다. 아무튼 보는 것만으로 있는 것은 하나도 없었다. "예수는 진정 자기였구나. 나도 진정 자기구나." 그런 발견을 하자 그 가운데에서 우주의 기운들이 몰려오고 있음을 체험하였다. 머리에 무언가가 들어오고, 가슴에 무언가가 들어오고, 배와 허리에 무언가가 들어오는 것이 체험되었다. 그리고 이 자기가 바로 그리고 그리움 받은 자기임을 경험했다.

세째, 내게 있어서 그는 자신이 가지고 있던 자신감으로, 힘으로, 지혜로, 다가오지 않고 오로지 발가벗겨진 나약함으로, 그리움으로 다가오고 있다.

여겨졌다(그분은 수없이 많은 편지를 썼고, 때로는 바람이 그것을 채가서 그녀와 찰스가 바다로 뛰어들어 위기일발의 순간에 그것을 구해 오기도 했다). 그런데 인간의 영혼의 힘은 참으로 대단하구나! 릴리는 생각했다. 그부인이 바위 옆에서 편지를 쓰고 앉아 있는 것만으로 모든 것이 단순해졌다. 이 분노와 초조함도 마치 낡은 누더기처럼 떨어져나갔다. 부인은 이것과 저것과 또 다른 어느 것을 하나로 합쳐, 그 비참한 어리석음과 원한에서(릴리와 찰스는 말다툼하며 서로 으르렁거리고 있었다) 어떤 것─예를 들어 해변의 그 정경, 우정과 호감이 싹트던 순간─을 만들어냈다. 그것은 이 오랜세월을 지나면서 더욱 완전해졌고, 릴리는 그 속에서 그에 대한 추억을 다시되새기며 그 순간을 마치 예술작품처럼 마음속에 고이 간직했다.

"예술작품처럼." 릴리는 되뇌면서 캔버스에서 눈을 들어 응접실 앞 계단을 바라보다가 또다시 캔버스로 시선을 옮겼다. 잠깐 쉬어야 했다. 쉬면서 이것저것을 멍하니 바라보는 사이에 마음의 하늘을 끊임없이 가로지르는 해묵은 의문에 사로잡혔다. 그 광대하고 일반적인 질문은 그녀가 극도로 긴장하고 있다가 잠시 그 끈을 놓고 쉴 때를 노려, 특수한 질문으로 그녀 앞을 막아서고 그녀 위에 내려앉아 덮치며 그녀를 컴컴하게 감쌌다. 인생의 의미는 뭘까? 이게 다였다. 지극히 단순한 문제지만 나이를 먹을수록 더욱 옭죄어온다. 위대한 계시 따위는 결코 한 번도 나타나지 않았다. 아마 영원히 나타나지 않을 것이다. 그러나 대신 일상의 작은 기적 같은 순간들이 있고, 깨달음이 있고, 어둠 속에서 생각지도 못하게 어둠을 밝힌 성냥이 있었다. 이것도그 한 예이다. 이것, 저것, 또 그것. 그녀와 찰스 탠슬리와 부서지는 파도를, 램지 부인이 하나로 모아 "인생이 여기서 멈춘다"고 말한 것도. 램지 부인은 그 순간을 영원한 무엇으로 만들었다(마치 릴리가 다른 분야에서 순간을 영원으로 만들고자 애쓰는 것처럼)─이것은 계시의 성격을 지닌다. 혼돈의 와중에도 형태가 있고, 이 영원히 지나가는 것과 흘러가는 것이(릴리는 하늘을 올려다보며 흘러가는 구름과 흔들리는 나뭇잎을 보았다) 안정을 찾는다. 인생은 여기서 멈춘다고 램지 부인은 말했다. "램지 부인! 램지 부인!" 릴리는 되뇌었다. 이 계시는 부인 덕분이다.

모든 것이 고요했다. 집에 사람이 움직이는 기척도 없었다. 릴리는 아침햇살이 근처의 이파리를 비추면서 녹색과 청색으로 물든 창문을 두르고 그 속에서 잠들어 있는 집을 바라보았다. 램지 부인을 그리는 아련한 마음이 조용한 이 집과 이 안개와 이 쾌청한 아침 공기와 잘 어우러져 있다고 생각했다. 흐릿하고 비현실적이었지만 놀랍도록 순수하고 짜릿했다. 그녀는 아무도 창을 열지 않기를, 집에서 누가 나오지 않기를, 계속 혼자 사색하면서 그림을 그릴 수 있기를 바랐다. 다시 캔버스를 마주했다. 그러나 어떤 동정이 갈 곳을 잃은 것이 석연치 않아서인지, 릴리는 어떤 호기심에 이끌려 잔디밭 가장자리로 한두 걸음 옮겨, 아래의 해변에서 출범하려고 하는 작은 집단이 보이지 않을까 싶어 내려다보았다. 거기에 떠 있는 작은 배들 중에는 돛을 감아 올린 것도 있었고, 바람이 없었으므로 천천히 멀어져가는 것도 있었다. 그리고 다른 배들과 조금 떨어져 있는 배가 한 척 있었다. 이제 막 돛을 올리고 있었다. 릴리는 저 먼 곳의 완전히 고요한 작은 배에 램지 씨가 캠과 제임스와 함께 타고 있다고 확신했다. 이제 그들은 돛을 다 올렸다. 돛은 잠시 축 늘어져 머뭇거리다가 이내 바람을 담뿍 머금었다. 깊은 정적 속에 둘러싸인 릴리는 작은 배가 다른 배를 앞지르며 신중하게 바다 한가운데로 나아가는 것을 지켜보았다.

4

돛이 그들의 머리 위에서 펄럭였다. 물은 키득키득 웃으며 뱃전을 때렸고, 배는 태양 아래에서 꼼짝도 않고 졸고 있었다. 때로 미풍이 불어오면 돛이 사부작사부작 웅성거렸지만, 곧 미풍은 모두의 머리 위로 지나가며 다시 잠잠해졌다. 작은 배는 조금도 움직이지 않았다. 램지 씨는 배 한가운데 앉아 있었다. 1분만 지나면 안달을 하겠지, 제임스와 캠은 아버지를 보면서 그렇게 생각했다. 아버지는 두 사람 사이인 보트 가운데 앉아서 다리를 단단히 꼬고 있었다(제임스는 키를 잡았고, 캠은 홀로 뱃머리에 앉아 있었다). 그는 꾸물거리는 것이 딱 질색이었다. 아니나다를까, 1, 2초 정도 망설이다가 매칼리스터의 아들에게 뭐라고 모진 소리를 했다. 그러자 아이는 노를 꺼내어 젓기 시작했다. 그러나 아이들은 배가 날아가듯 나아가지 않으면 아버지가 절대 만족하지 않으리란 걸 알고 있었다. 그는 바람을 기다리며 조바심을 내고 끊임없이 구시렁거렸다. 그것은 매칼리스터와 그 아들에게도 들릴 것이고 그 때문에 매우 불쾌해할 것이다. 아버지는 우리를 오게 했다. 억지로 오게 했다. 어쩔 수 없이 오게 된 두 사람은 화를 내며, 절대로 바람이 불지 않으면 좋겠다고 생각했고, 모든 일이 기대에 어긋나기를 바랐다. 자기들의 의지를 무시하고 멋대로 가자고 강요했기 때문이었다.

해변으로 내려가는 내내 아버지가 "어서 가자, 어서" 하고 다그쳤지만 아이들은 한 마디도 하지 않고 느릿느릿 걸었다. 고개를 푹 숙이고 있었다. 어떤 가차 없는 질풍에 짓눌려 있었다. 그들은 아버지에게 가기 싫다는 말은 할 수 없었다. 무조건 뒤에 붙어서 따라가야만 했다. 갈색 종이꾸러미를 들고 아버지의 뒤를 졸졸 따라 걸어야 했다. 그러나 두 사람은 걸으면서 암묵적으로 맹세했다. 서로 도와 위대한 협정을 수행하기로—횡포에는 죽어도 저항하기로. 그래서 하나는 배의 이쪽 끝에, 하나는 저쪽 끝에 말없이 앉아 있었던 것이다. 두 사람은 한 마디도 하지 않았고 다만 가끔 아버지에게 눈을 돌렸다. 다리를 꼬고 앉아 얼굴을 찌푸리고, 불안해하고, 혼자 투덜투덜 중얼거리며 바람이 불기를 짜증스럽게 기다리고 있는 아버지를 보았다. 두 사람은 바람이 불지 않기를, 바다가 잔잔하기만을 바랐다. 아버지의 기대가 무너지기를 바랐고, 이 배여행이 실패하여 꾸러미를 들고 다시 해변으로 돌아가면 좋겠다고 생각했다.

그런데 매칼리스터의 아들이 노를 젓기 시작하자 돛이 천천히 펄럭이며 배가 균형을 잡고 속도를 내며 달리기 시작했다. 이내 어떤 거대한 긴장에서 해방된 것처럼 램지 씨는 꼬았던 다리를 펴고 뭐라고 중얼거리며 담배를 꺼내 매칼리스터에게 건넸고, 아이들의 고통은 아랑곳없이 완전히 명랑해졌다. 이제 이런 상태로 몇 시간이나 항해하고, 램지 씨는 매칼리스터에게 아마 저번 겨울의 큰 태풍에 대해 질문을 던지고, 늙은 매칼리스터는 그것에 대답하고, 두 사람은 함께 파이프 담배를 피울 것이다. 그리고 매칼리스터는 타르로 얼룩진 그물을 집어 들어 매듭을 묶었다 풀었다 할 것이고, 그 아들은 낚시를 하면서 아무에게도 절대 입을 열지 않을 것이다. 제임스는 내내 돛을 지켜봐야 할 것이다. 만약 한눈을 팔아 돛이 순식간에 쭈그러들어 배의 속도가 떨어진다면 램지 씨는 날카롭게 "잘 봐! 잘 보라고!" 하고 야단칠 테고, 늙은 매칼리스터는 자기 자리에서 천천히 돌아볼 것이다. 두 사람은 아버지가 크리스마스 때 큰 폭풍에 대해 뭐라고 묻는 것을 들었다. "폭풍은 곶을 돌아서 불어 닥쳤는데요." 늙은 매칼리스터는 작년 크리스마스의 큰 폭풍에 대해 이렇게 말했다. 배 열 척이 쫓기면서 만으로 피난해 왔어요. "저기에 한 척, 저기에 한 척, 저기에 한 척(그는 천천히 차례차례 만을 가리켰다. 램지 씨는 그가 가리키는 대로 고개를 돌렸다)." 돛대에 세 명이 딱 달라붙어 있는 것도 봤어요. 그런데 배가 가라앉아 버렸어요. "결국 우리가 배를 띄웠죠." 그는 계속 말했다(그러나 두 사람은 화가 나서 묵묵히 앉아 있었고, 이야기도 토막토막밖에 듣지 않았다. 배의 양쪽 끝에서, 목숨 걸고 횡포에 저항하자는 협정으로 굳게 맺어져 있었다). 마침내 어부들은 배를 띄우고 구명보트를 내려서 곶을 지난 곳까지 저어 갔다고, 매칼리스터가 말했다. 두 사람은 이야기를 띄엄띄엄 들었지만 언제나 아버지를 의식하고 있었다. 그가 몸을 내밀고 있는 것, 매칼리스터의 목소리에 자기 목소리를 맞추고 있는 것, 파이프 담배를 물고 매칼리스터가 가리킨 이곳저곳으로 눈을 돌리면서 폭풍과 캄캄한 밤과 분투하는 어부들 생각에 빠져 아버지가 매우 기뻐하고 있는 것을 의식했다. 그는 밤에 바람이 휘몰아치는 해변에서 남자들이 땀을 흘리며 파도와 바람에 맞서 육체와 머리로 싸우는 것을 매우 흐뭇하게 생각했다. 또한 여자들이 집을 지키며 잠든 아이 옆에 앉아 있는 동안 남자들이 집 밖에서, 폭풍 속에서 흠뻑 젖은 채로 일하는 모습이 그의 마음에 든 것이다. 그것은 제임스도 알고 캠도 눈치챘다(두 사람은 아버지를 바라보다가 서로 눈짓을 주고받았다). 아버지가 몸을 내밀고 열심히 귀를 기울이는 모양새, 거칠게 튀는 말투, 폭풍 때문에 만으로 쫓겨 들어온 11척의 배에 관해 매칼리스터에게 물었을 때 스코틀랜드 사투리를 섞으면서 마치 자기가 농부인양 행세하는 모습으로도 알 수 있었다. 세 척의 배는 가라앉았다.

그는 매칼리스터가 가리킨 방향을 바라보며 긍지로 가득 차 있었다. 캠은 이유는 모르지만 아버지를 자랑스럽게 여겼고, 만약 아버지가 그곳에 있었더라면 분명 구명보트를 내리고 난파선으로 향했을 거라고 생각했다. 아버지는 용감하고 모험심도 강하시니까. 이렇게 생각한 그녀는 죽어도 횡포에 저항하자는 협정을 떠올렸다. 불만이 그들을 짓눌렀다. 우리는 강요당했어, 명령 받았어. 아버지는 음울한 얼굴로 권위를 휘두르며 우리에게 또다시 압박을 가하고 그 명령에 따르게 했어. 이 화창한 아침에 꾸러미를 들고 명령에 복종해야 해. 등대에 갈 테니 따라 오너라. 아버지가 가고 싶었기 때문이야. 죽은 사람들을 그리며 아버지가 자기만족을 위해 벌이는 의식에 우리가

제3부 등대 343

강제로 참여해야 하다니 정말 질색이야. 그래서 아버지 뒤로 꾸물꾸물 뒤처져 따라왔고, 오늘 하루의 즐거움도 다 망쳤어.

그렇다, 바람이 다시 불어오는 모양이다. 배가 기울고, 날카롭게 갈라지는 물은 녹색 계단을 만들며 떨어지고 물보라를 일으키며 크고 작은 폭포를 만들기도 했다. 캠은 물거품과 그 안에 온갖 보물을 감추고 있는 바다 속을 들여다보았다. 배의 속도가 캠을 사로잡았다. 제임스와의 끈이 느슨해졌다. 결속이 조금 헐거워졌다. 정말 빠르구나. 캠은 생각했다. 어디로 가는 걸까? 그녀는 움직임에 매료되었다. 반면에 제임스는 돛과 수평선에 시선을 단단히 고정하고 뚱한 얼굴로 키를 잡고 있었다. 키를 잡고 있는 사이에, 여기에서 도망칠 수 없을까, 완전히 벗어날 수 없을까 하고 생각하기 시작했다. 두 사람은 어딘가에 상륙할 수 있을 것이다. 그러면 자유를 찾을 수 있다. 둘은 잠시 서로를 바라보았다. 속도가 나면서 변화가 생긴 탓에 해방감과 짜릿한 흥분을 느꼈다. 그러나 바람은 램지 씨에게도 같은 흥분을 자아냈다. 늙은 매칼리스터가 방향을 바꾸어 낚싯줄을 던졌을 때 그는 큰 소리로 외쳤다. "우리는 죽는다." 이어서 "저마다 혼자서"(루퍼의 시 구절) 하고 소리쳤다. 그리고 여느 때처럼 후회와 부끄러움에 사로잡혀 몸을 가다듬고 해안 쪽으로 손을 흔들었다.

"저 작은 집을 보려무나." 그는 캠에게 손가락으로 가리키면서 말했다. 캠은 마지못해 몸을 일으켰다. 그러나 언덕 중턱의 어느 것이 자기 집인지 이미 분간할 수 없었다. 모든 것이 멀고 평화롭고 낯선 모습이었다. 해안은 우아하고, 너무 멀고, 현실감이 없었다. 이제까지 항해한 얼마 안 되는 거리가 모두를 기슭에서 멀리 떼어 놓았다. 기슭은 점점 물러나 더는 아무 관계도 없다는 듯이 전혀 다른 여유로운 모습을 하고 있었다. 어느 게 우리 집인지 도저히 모르겠어요.

"그러나 나는 더욱 거친 바다 아래에."(역시 루퍼의 시 구절) 램지 씨는 중얼거렸다. 그는 집을 찾아내어 그것을 보고, 거기에 있는 자기 자신을 본 것이었다. 혼자 테라스를 이리저리 걸어 다니는 자신의 모습을. 그는 또한 화분들 사이를 왔다 갔다 했다. 매우 늙고 등이 굽어 있었다. 배 위에서 그는 구부정하게 웅크리고 앉아서 이내 자신의 역할을 연기했다―아내를 잃고 어찌할 바를 모르는 고독한 홀아비 역할을. 그리고 자신을 동정하는 많은 사람들을 자기 앞

344 등대로

에 잔뜩 불러 모아, 배에 앉아서 자기를 위해 작은 드라마를 무대에 올렸다. 그 드라마에서 그는 노쇠와 피로와 비애를 표현했다(그는 두 손을 들어 보면서 그 앙상한 모습에서 자신의 꿈을 증명하고자 했다). 그러면 여자들의 동정이 그에게 듬뿍 쏟아졌다. 그는 여자들이 자신을 어떻게 위로하고 동정해 줄지 생각했고, 꿈속에서 여자들의 동정이 주는 기이한 쾌감을 맛보며, 한숨과 함께 조용하고 애달프게 읊조렸다.

그러나 나는 더욱 거친 바다 아래에
더욱 깊은 심연에 잠겨 있노라.

그 구슬픈 시는 모두의 귀에 분명하게 들렸다. 캠은 자리에서 벌떡 일어났다. 충격을 받고 모욕을 느꼈다. 그 모습에 놀란 아버지는 연기를 그만두고 외쳤다. "저기를 봐! 저기를 봐!" 너무도 다급한 목소리에 제임스까지 고개를 돌리고 어깨 너머로 섬을 바라보았다. 그들 모두 섬을 보았다.

그러나 캠은 아무것도 볼 수 없었다. 그녀에게는 그들이 거기서 보낸 시간의 두께와 삶이, 끊을 수 없을 만큼 긴밀하게 맺어져 있던 오솔길과 잔디밭이 완전히 사라졌고, 스쳐 지나갔고, 비현실이 되어 있었다. 그리고 지금의 현실은 배와 기움질한 큰 돛과, 귀고리를 한 매칼리스터와 파도소리였다—이것들이 모두 현실이었다. 캠은 이렇게 생각하고 혼자 중얼거려 보았다. "우리는 죽는다, 저마다 혼자서." 아버지의 이 말이 마음속으로 수없이 밀려들어왔다. 아버지는 그때 딸이 매우 애매모호한 방향을 보고 있음을 눈치채고 캠을 놀리기 시작했다. 너는 나침반의 눈금도 볼 줄 모르느냐고 물었다. 남쪽과 북쪽은 구별하니? 정말로 우리가 저기에 살고 있다고 생각하는 거냐? 그리고 그는 다시 손가락을 뻗어 저 나무들 옆에 그들의 집이 있는 곳을 가리켰다. 더 정확하게 알고 있어야 한다는 마음에, 반쯤 놀리면서 진지하게 말했다. "어디가 동쪽이고 어디가 서쪽인지 말해 보려무나." 그는 아주 바보도 아니면서 나침반 눈금도 읽지 못하는 사람을 도저히 이해할 수 없었다. 그런데 이 아이도 모른다. 캠의 불확실하고 겁먹은 눈이 집과 전혀 상관없는 곳을 응시하는 것을 보고 램지 씨는 몽상에서 현실로 돌아왔다. 자기가 테라스 위를, 화분과 화분 사이를 왔다 갔다 하던 것을 잊고, 자신을 향해

제3부 등대 345

내민 팔이 어땠는지 잊었다. 그는 생각했다. 여자란 저런 생물이다. 여자들의 애매모호함은 어쩔 도리가 없다. 전부터 이해할 수 없었지만 사실이 그러하다. 그녀도—집사람도 그랬다. 여자들은 사물을 분명히 이해할 수 없는 것이다. 그러나 저 아이에게 화를 낸 것은 잘못이었어. 그리고 나는 여자의 이 모호함을 오히려 좋아하지 않았던가? 그것은 여자의 묘한 매력의 일부였어. 어디, 딸아이를 웃게 해 볼까. 저렇게 겁에 질린 얼굴을 하고 있다니. 저토록 입을 꼭 다물고. 그는 주먹을 불끈 쥐고, 여러 해 동안 자유자재로 조종하며 사람들의 연민과 칭찬을 이끌어낸 목소리와 표정과 의미심장한 온갖 몸짓을 억제하기로 결심했다. 딸아이가 빙긋 웃게 만들자. 무언가 단순하고 스스럼없는 것을 찾아내야 해. 하지만 무엇이 좋을까. 일에만 매달리느라 이럴 때 남들은 어떻게 말하는지 까맣게 잊고 말았어. 아아, 강아지가 있지. 그들은 집에서 강아지를 키웠다. 오늘은 누가 강아지를 돌보기로 했니? 그가 물었다. 제임스는 돛을 배경으로 앉은 누나 얼굴을 보면서 매몰차게 생각했다. 그래, 누나는 금방 항복하고 말거야. 나 혼자서 폭군과 싸우게 되겠지. 나 혼자서 협정을 완수하겠어. 캠은 목숨 걸고 횡포에 저항하지 못해. 그는 슬프고 언짢은 표정으로 항복하기 시작한 캠의 얼굴을 바라보면서 냉정하게 생각했다. 때때로 일어나는 일이다. 녹음이 우거진 언덕 중턱에 구름이 그림자를 드리우면서 일대가 엄숙해지고 주위를 둘러싼 언덕과 언덕 사이에 어둠과 슬픔이 어리면, 근처의 언덕도 구름에 뒤덮이고, 어둠에 묻힌 것들의 운명을 생각하게 된다. 그것이 연민 때문이든, 아니면 그 당황하는 모습을 악의적으로 즐기기 때문이든. 그것처럼 캠도 냉정하고 단호한 사람들 속에서 마치 구름으로 뒤덮인 느낌이었다. 아버지에게 강아지에 대해 뭐라고 대답할지, 또 용서해 달라거나 자기를 좋아해 달라는 애원에 어떻게 대답할지 망설였다. 한편 입법자(이스라엘의 율법을 정한 모세에 비교하고 있다) 제임스는 영원한 지혜의 명판을 무릎에 올리고(키 손잡이에 손을 올리고 있는 모습이 캠에게는 상징적 의미를 지니고 있었다), 아버지에게 저항하고 아버지와 싸우라고 말하고 있었다. 지당한 말이다. 당연해. 우리는 죽을 때까지 횡포와 싸워야 하니까. 그녀는 모든 인간성 가운데 정의를 가장 존중했다. 동생은 신처럼 엄정해요. 하지만 아버지는 매우 애원조예요. 누구에게 복종해야 할까요. 캠은 두 사람 사이에 앉아 방위 따위는 도통 가능할 수 없는 해변을 응시하면서, 어째서

346 등대로

잔디밭도 테라스도 집도 이제 다 사라지고 평평해졌는지, 그리고 평화가 그 곳을 지배하고 있을지를 생각했다.

"재스퍼예요." 캠은 불퉁하게 대답했다. 그가 강아지를 돌보기로 했어요.

그런데 이름은 뭐라고 지을 거니? 아버지는 제법 애썼다. 내가 어릴 때 개를 키웠는데, 프리스크라고 불렀단다. 누나는 항복하겠군. 제임스는 그녀 얼굴에 어떤 표정이 떠오르는 것을 보고 생각했다. 언젠가 본 적이 있는 표정이었다. 누군가 뜨개질감인가 뭔가를 하던 우리를 내려다보고 있었지, 그러다가 갑자기 우리가 고개를 들자 파란 무언가가 섬광처럼 순간 번쩍했던 것을 기억해. 나와 함께 앉아 있던 사람이 웃으면서 항복하자 나는 매우 화가 났어. 분명 어머니였을 거야. 나지막한 의자에 앉아 있었고, 아버지가 뒤덮듯이 몸을 숙이고 서 있었어. 제임스는 헤아릴 수 없는 추억 사이를 뒤지며 더듬었다. 시간이 자신의 뇌리에 조용하게 끊임없이 한 장 한 장 쌓아온 인상의 연속, 냄새와 소리, 거칠고 공허하지만 감미로운 목소리, 문득 지나가는 불빛, 비질 소리, 해변을 씻어내는 소리, 그 뒤를 잇는 고요 한가운데에서 한 남자가 왔다 갔다 하던 것이 기억났다. 그 남자는 딱 멈춰 서서 두 사람 앞을 똑바로 가로막았다. 그러는 동안 제임스는 캠이 바닷물에 손을 담그고 말없이 해안을 응시하고 있는 것을 눈치챘다. 아니, 캠은 항복하지 않아. 캠은 누군가와는 달라. 그는 생각했다. 좋아, 좋아, 캠이 대답하지 않을 작정이라면 나도 귀찮게 하지 않겠어. 램지 씨는 결심하고 주머니에서 책을 찾았다. 그러나 캠은 대답하고 싶었다. 자신의 혀 위에 올라앉아 있는 방해물을 뱉어내고 싶다고 얼마나 간절하게 바랐는지 모른다. 어머, 프리스크가 좋겠어요. 프리스크라고 부르겠어요, 하고 말하고 싶었다. 혼자 늪지대에서 빠져나오는 길을 발견한 그 개요? 이렇게 덧붙이고 싶었다. 그러나 아무리 발버둥쳐도, 협정에 대한 충절을 단호하게 지켜 제임스에게 들키지 않으면서, 아버지에게 자신의 비밀스런 애정을 표시하려면 어떻게 말해야 좋을지 알 수 없었다. 그녀는 생각했다. 물속에 손을 담그고(이때 매칼리스터의 아들이 고등어를 한 마리 잡았다. 그것은 아가미에서 피를 흘리면서 갑판 위에서 펄떡거렸다), 냉정한 태도로 돛에 눈을 고정한 채 가끔 수평선을 흘깃 바라보는 제임스를 바라보면서 생각했다. 너는 이런 감정의 압박과 분열을, 이 이상한 유혹을 느껴 본 적이 없겠지. 아버지는 주머니를 뒤지고 계셔. 곧

책을 찾으시겠지. 아버지만큼 그녀를 매료하는 사람은 없었다. 아버지의 손은 내겐 너무 아름답게 보여요. 발도, 목소리도, 말도, 성급함도, 불같고 유별난 기질도, 격렬한 감정도. 모두의 앞에서, 우리는 죽는다, 저마다 혼자서, 하고 서슴없이 말하는 점도, 다가가기 어려운 점도 모두 아름답게 보입니다(아버지는 이미 책을 펼쳐 들고 계셨다). 하지만 그녀는 어리석으리만치 남의 마음을 모르는 점과 횡포는 도저히 참을 수 없었다. 캠은 자세를 똑바로 가다듬고, 매칼리스터의 아들이 또 다른 생선 아가미에서 낚싯바늘을 빼내는 것을 가만히 지켜보면서 생각했다. 그로 인해 그녀의 어린 시절은 엉망진창이 되었고 거센 풍파에 시달려야 했다. 지금도 한밤중에 치를 떨면서 깨어나, "이것을 해라" "저것을 해라" 하는 아버지의 오만한 명령과 "내가 시키는 대로 하라"는 위압적인 말을 떠올리며 분노했다.

그래서 캠은 아무 말도 하지 않고, 평화의 외투를 두른 해변을 그저 완고하고 구슬프게 바라보고만 있었다. 저곳 사람들은 모두 잠에 빠진 것 같다. 연기처럼 자유롭고 유령처럼 거침없이 오간다. 고통 같은 건 전혀 없을 거야, 분명해. 그녀는 생각했다.

5

그래, 저것이 그들이 탄 배일 거야. 잔디밭 끄트머리에 서서 릴리 브리스코는 생각했다. 회갈색 돛단배가 물 위에 딱 달라붙어서 만을 가로지르며 달려가고 있었다. 저기에 그 사람이 앉아 있고 아이들은 여전히 입을 다물고 있겠지. 그리고 내 손에서도 이미 떠나가 버렸다. 그에게 베풀지 못한 동정이 무겁게 짓눌러 와서, 릴리는 그림을 그릴 수 없었다.

릴리에게 그는 언제나 어려운 사람이었다. 그를 똑바로 바라보면서 칭찬하는 일은 도저히 불가능했다. 그래서 두 사람 사이는 성적 요소가 결여된 중성적인 관계였고, 민타에 대한 그의 태도가 친절하고 쾌활했던 것과는 대조적이었다. 그는 민타를 위해 꽃을 꺾어주고 책을 빌려주셨어. 하지만 그분은 정말로 민타가 그 책들을 읽는다고 생각하셨던 걸까? 민타는 정원을 거닐면서 읽은 곳을 표시한다고 나뭇잎을 끼워서 들고 다녔다.

카마이클 씨, 기억하세요? 릴리는 노인을 보고 이렇게 묻고 싶었지만, 그는 모자로 이마를 반쯤 가리고 있어서, 자고 있는지 몽상을 하는지 아니면

348 등대로

누워서 시를 구상하고 있는지 알 수 없었다.

기억하세요? 그녀는 지나가면서 그에게 묻고 싶었다. 해변의 램지 부인에게 생각이 미치고, 새우잡이 통발이 위아래로 까딱까딱 움직이고, 편지지가 바람을 타고 날아가던 것이 생각났다. 어째서 이토록 오랜 세월이 지나도 뇌리에 박혀, 그 일만은 테두리에 둘러싸여 환하게 조명을 받고 가장 세세한 부분까지 분명하게 떠오르며 살아남아 있는 것일까. 그 일의 앞뒤는 완전히 공백인데.

"저건 배인가요, 아님 코르크인가요?" 릴리는 램지 부인이 이렇게 말할 거라고 되뇌며 마지못해 캔버스로 몸을 돌렸다. 아아, 하느님, 아직 공간 문제가 남아 있어요. 그녀는 붓을 들었다. 캔버스는 그녀를 노려보았다. 그림의 전체적인 조화가 그 무게 위에서 평형을 이루어야 했다. 표면은 아름답고 화려해야 했다. 깃털처럼 덧없고 나비 날개의 색조처럼 하나의 색이 다른 색에 녹아들어야 하지만, 그 밑바탕에는 강철 죔쇠로 꽉 조여진 구도가 묵직하게 자리잡고 있어야 했다. 그것은 당신의 숨결에 물결칠 정도로 가벼우면서 동시에 한 쌍의 말로도 끌 수 없을 정도로 확고해야 했다. 릴리는 붉은색과 회색을 칠하기 시작했다. 공백 속으로 돌진하여 형태를 만들어 나갔다. 그러면서 해변에서 램지 부인의 옆에 앉아 있는 기분이었다.

"배인가요? 통발인가요?" 램지 부인이 말하면서 안경을 찾기 시작했다. 안경을 찾아서는 말없이 바다를 바라보았다. 릴리는 끈기 있게 붓을 움직이면서, 마치 문이 열리는 것처럼 느꼈다. 그녀는 안으로 들어가, 천장이 높은 성당 같은 아주 어둡고 엄숙한 곳에서 말없이 주위를 둘러보며 서 있었다. 먼 곳에서 커다란 목소리가 들려왔다. 증기선 몇 척이 수평선에 일직선으로 피어오르는 증기를 내뿜으며 연기 숲 사이로 사라져갔다. 찰스가 수면 위로 돌을 튕기고 있었다.

램지 부인은 말이 없었다. 입을 다물고, 조용히, 분명 휴식을 취하는 게 기쁜 거야. 릴리는 생각했다. 인간관계를 모호하게 뒤덮어 쉬고 싶은 거예요. 우리가 누구인지, 무엇을 느끼고 있는지 누가 알겠어요? 가장 친밀감을 느낀 순간조차 서로 이해했다고 생각하는 사람이 있을까요? 사물은 말로 표현한 순간 부서지는 걸까요? (릴리는 부인 옆에서 이렇게 말없이 앉아 있는 일이 종종 있었던 것처럼 여겨졌다) 이런 침묵으로 자신을 더욱 드러내고

제3부 등대 349

있는 게 아닐까요? 적어도 그 순간은 이상할 정도로 풍요롭게 여겨졌다. 릴리는 모래 속에 작은 구멍을 파고 그 완벽한 순간을 구멍 안에 묻어두려는 듯이 다시 모래를 덮었다. 그것은 한 방울의 은과 같다. 그 안에 푹 잠기면 과거의 어둠에 한 줄기 빛을 비출 수 있다.

릴리는 캔버스의 균형을 제대로 살펴보기 위해 뒤로 물러섰다. 이쪽의 길은 걷기에는 참 이상한 길이에요. 멀리, 멀리, 끝의 끝까지 걸어가면 마침내 바다 위로 튀어나온 좁은 널빤지 위에 홀로 서 있는 느낌입니다. 그리하여 파란 물감에 푹 잠기면, 과거 속으로도 같이 잠기게 됩니다. 그리고 램지 부인이 일어선 것을 기억해요. 집으로 돌아갈 시간, 점심식사 시간이었습니다. 다 같이 해변에서 올라왔습니다. 나는 윌리엄 뱅크스와 함께 뒤에서 걸었습니다. 민타가 우리 앞에서 걸었는데, 그녀의 양말에 구멍이 나 있었습니다. 그 분홍색 뒤꿈치의 둥근 구멍을 우리 앞에서 여봐란 듯이 뽐내며 걸어갔습니다. 윌리엄 뱅크스는 내 앞에서 입 밖에 내진 않았지만 얼마나 한심하게 생각했던지! 그것으로 여자다움이 와르르 무너져 내린 것입니다. 쓰레기, 무질서, 그리고 하인이 휴가를 가서 침대는 정오가 지나도 그대로 방치되어 있는 것—모두 그분이 가장 싫어하는 것입니다. 그분은 차마 못 볼 것을 보면 몸을 떨면서 손가락을 펼치는 버릇이 있는데 지금 그 행동을 한 것입니다—앞으로 손을 쑥 내밀면서 말이에요. 민타는 계속 앞에서 걷고 있었는데, 중간에 마중 나온 폴을 만나 정원으로 사라진 모양입니다.

레일리 부부, 녹색 물감을 짜면서 릴리는 생각했다. 부부의 인상을 이것저것 그러모아 보았다. 그들의 생활은 일련의 싸움처럼 보였다. 먼저 한 예로 새벽녘의 계단 위. 폴은 일찍 돌아와 잠자리에 들었으나 민타는 늦게 들어왔다. 새벽 3시, 민타는 화려한 옷에 두껍게 화장한 요란한 모습으로 계단에 나타났다. 폴은 도둑일 경우를 대비해 부지깽이를 들고 잠옷 바람으로 나왔다. 민타는 계단 중간의 창가에서 파르라한 새벽빛을 받으며 샌드위치를 먹고 있었다. 계단의 카펫에는 구멍이 나 있었다. 하지만 저들은 무슨 이야기를 하고 있었지? 그 장면을 생각하면 두 사람의 대화가 들리기라도 하는 것처럼 스스로에게 물었다. 거친 말투였다. 민타는 귀찮다는 듯이 그가 이야기하는 동안에도 계속 샌드위치를 먹었다. 폴은 자고 있는 어린 두 아들이 깨지 않도록 목소리를 죽이며 성난 질투의 말을 내뱉고 욕을 퍼부었다. 그는 초췌하고 앙상하게 말라 있었지만 그녀는 타오를 듯이 화려하고 태평했다. 처음 한두 해가 지나자 모든 게 시들해지면서 결혼은 실패로 돌아섰다.

붓에 녹색 물감을 찍으면서 릴리는 생각했다. 이런 식으로 두 사람이 옥신각신하는 장면을 상상하는 것이 세상에서 말하는, 사람을 '알고', 그 사람들에 대해 '생각하고', '좋아하는' 거야. 이것은 조금도 사실이 아니에요. 모두 내가 만들어낸 것이지요. 하지만 사람을 안다는 것은 이런 식으로 하는 거예요. 릴리는 그녀의 그림 속으로, 즉 과거를 향해 동굴을 파고 들었다.

다른 장면에서 폴이 "카페에서 체스를 둔다"고 말했어요. 나는 그 말 위에도 상상의 나래를 펼치며 집을 지었어요. 그가 저렇게 말했을 때 나는 이렇게 생각한 것을 기억해요. 폴은 전화로 하인을 불러내죠. "마님은 외출하셨습니다." 하인이 말하자 자기도 집에 돌아가지 않겠다고 결심합니다. 담뱃진이 빨간 벨벳 의자에 누렇게 배어 있고, 여종업원과도 친해진 초라한 식당 구석에서 폴은, 서비튼에 살면서 차(茶)를 파는 작달막한 남자와 체스를 두죠. 그 남자에 대해서 폴이 알고 있는 것은 그것뿐. 그리고 폴이 돌아와도 민타는 여전히 부재중. 그래서 예의 계단 장면이 연출된 것입니다. 폴은 도둑이 들었나 싶어 부지깽이를 들었고(물론 그녀를 놀라게 하려는 의도도 있었다), 자기 일생을 망쳤다고 매섭게 비난했습니다. 아무튼 내가 리크먼즈워스 부근의 시골집으로 그들을 찾아갔을 때는 사태가 매우 험악해져 있었습니다. 폴은 나를 데리고 정원으로 가서 벨기에 종 토끼를 보여주었습니다. 민타는 노래하면서 우리를 따라와, 훤히 드러낸 팔을 폴의 어깨에 두르고는 그가 나에게 하려던 말을 못하도록 막았습니다.

민타는 토끼가 지긋지긋한 모양이에요. 릴리는 생각했다. 그러나 그녀는 조금도 내색하지 않았습니다. 폴이 카페에서 체스를 둔다고 입도 벙긋하지 않았습니다. 민타는 상황을 똑바로 인식하고 있었고 매우 신중했습니다. 그러나 그 뒤의 두 사람 이야기를 계속하자면, 그들은 위험한 고비를 넘겼다고 할 수 있습니다. 작년 여름에 얼마간 그들 집에 머물렀는데, 차가 고장 나서 민타가 그에게 연장을 건네주었습니다. 폴은 길에서 몸을 숙이고 차를 고치고 있었는데, 그때 연장을 건네던 민타의 태도에서 그들이 이제 완전히 사이가 좋아졌다는 사실을 증명하고 있었습니다. 사무적이고 솔직하고, 친구 같은 태도였습니다. 두 사람은 더 이상 '사랑하고' 있지 않았습니다. 오히려

제3부 등대 351

폴은 다른 여자와 사귀고 있었습니다. 착실하고, 머리를 뒤로 땋아 내리고, 언제나 손에 가방을 들고 있는 진지한 여인(민타는 그녀에 대해서 감사의 마음을 담아 거의 찬미하는 수준으로 이야기해 주었다), 모임에 출석하고, 토지세와 자본과세에 관하여 폴과 같은 의견을 갖고 있는(그의 사상경향은 점점 뚜렷해지고 있었다) 부인이었습니다. 그녀와의 관계는 결혼을 파국으로 몰기는커녕 오히려 다시 바로잡아 주었습니다. 폴이 길바닥에 쭈그려 앉고 민타가 연장을 건네던 모습은 분명히 아주 훌륭한 친구 사이였습니다.

이것이 레일리 부부의 이야기라고 생각하며 릴리는 미소지었다. 램지 부인에게 이야기하고 있는 느낌이었다. 부인은 레일리 부부의 뒷이야기에 호기심을 보일 게 틀림없으니까. 그녀는 그 결혼이 성공적이지 못했다고 말하면서 조금 우쭐한 마음도 있을 것이다.

그러나 죽은 사람들을 생각한 릴리는 구도를 잡던 손을 멈추고 한두 걸음 뒤로 물러섰다. 아아, 죽은 사람들! 우리는 그들을 동정하고 밀어내고 조금 경멸하기도 합니다. 그것은 전적으로 우리 마음에 달려 있으니까요. 램지 부인도 빛을 잃고 사라져 버렸습니다. 우리는 그분의 희망을 짓밟고, 그 협소하고 낡은 생각을 개선할 수도 있습니다. 그렇게 그분은 우리에게서 점점 멀어져 갑니다. 세월의 복도 끝에서 온갖 부적절한 것들 중에서도 가장 부적절한 "결혼하세요, 결혼하세요"라고 말하는 여인(새들이 막 지저귀기 시작한 이른 아침에 매우 반듯한 자세로 앉아서). 그리고 부인에게 어느 것도 당신의 소망대로 되지 않았다고 말해야 합니다. 그 사람들은 그런 식으로 행복하고 나는 이런 식으로 행복해요. 인생은 완전히 달라졌어요. 그러자 그분의 모든 것, 그 미모마저도 먼지투성이가 되어 시대의 뒤에 쓸모없이 남겨졌습니다. 릴리는 순간 그 자리에 서서 등 뒤로 뜨거운 햇살을 느끼면서, 레일리 부부의 결혼생활을 총결산해 보고 램지 부인에게 이겼다고 생각했다. 부인은 폴이 카페에 가고, 정부를 만들고, 땅바닥에 앉아 있을 때 민타가 연장을 건넨 일을 영원히 알 수 없으니까. 그리고 그녀가 여기에 서서 그림을 그리고 있는 것도, 결코 결혼하지 않은 것도, 심지어 윌리엄 뱅크스와도 결혼하지 않은 것을 절대 알 수 없었다.

램지 부인은 우리의 결혼을 계획하고 있었어요. 만약 살아계셨다면 분명 강요하셨겠지요. 그 여름에 뱅크스 씨는 이미 "가장 친절한 남자"였습니다.

"남편도 그가 당대 최고의 과학자라고 말해요." 부인은 또 이렇게도 말씀하셨어요. "불쌍한 윌리엄, 찾아갈 때마다 마음이 아파요. 집에는 아름다운 것이라고는 하나도 없고 꽃을 꽂아줄 사람도 없어요." 그래서 우리는 함께 산책해야 했죠. 당신은 아주 과학적이군요. 꽃을 좋아하나 봐요. 아주 꼼꼼하네요. 같은 예의 그 비꼬는 듯한 말을 들어야 했습니다. 그 비꼬는 말투는 사람들에게 부인이 손에 잡히지 않는 신비한 사람이라는 인상을 주었습니다. 그런데 부인의 결혼에 대한 그 열광은 대체 어디서 오는 걸까요? 릴리는 이젤에서 벗어나서 이리저리 걸음을 옮기며 생각했다.

（갑자기 별이 하늘을 가로지르듯이, 폴 레일리에게서 나온 붉은 빛이 그를 감싸고 릴리의 마음을 불태웠다. 그것은 마치 머나먼 이국땅 해변에서 미개인들이 무언가를 축하하며 쏘아 올리는 불꽃처럼 타올랐다. 그녀는 함성이 바람을 가르고 불꽃이 펑 터지는 소리를 들었다. 사방 몇 마일에 걸친 바다 전역이 붉은색과 금색으로 물들었다. 거기에 포도주 냄새가 섞이면서 릴리를 취하게 했다. 그녀는 해변에서 잃어버린 진주 브로치를 찾기 위해 벼랑 아래로 몸을 던져 물에 빠져 죽고 싶다는 무모한 욕망을 느꼈다. 또한 바람을 가르는 소리와 폭음은 그녀에게 공포와 혐오를 불러일으켰다. 그녀는 그 광휘와 위력을 인정하면서 동시에 그것이 집안의 보물들을 게걸스럽게 먹어치우는 것을 저주했다. 하지만 그녀가 경험한 그 무엇보다도 눈부신 장관이었다. 머나먼 바다의 외딴섬에서 쏘아올린 봉화처럼 해가 바뀌어도 계속 불타올랐다. 누군가가 "사랑한다"는 말만 해도 이내 지금처럼 폴의 불꽃이 치솟았다. 그리고 불길이 잠잠해지자 릴리는 웃으면서 혼잣말을 했다. "레일리 부부." 폴은 카페에 드나들었고 체스를 두었다.）

나는 가까스로 위기를 모면했던 거야. 맞아, 식탁보를 바라보고 있었어. 그러다 그 나무를 중앙으로 옮기자, 그 누구와도 결혼할 필요는 없다고 흐뭇하게 생각했어. 그것으로 램지 부인에게 멋지게 당당히 맞설 수 있다고 느꼈지. 그것은 말하자면 램지 부인이 사람들에게 행사하는 놀라운 영향력에 대한 찬사였다. 이것을 하세요, 하고 부인이 말하면 누구든 시키는 대로 했다. 심지어 창문에 비친 제임스와 함께 있는 그녀의 그림자조차 권위가 서려 있었다. 릴리는 모자상(母子像)의 의의를 등한히 여긴다고 윌리엄 뱅크스가 깜짝 놀라던 것을 기억했다. 당신은 저 두 사람의 아름다움을 찬미하지 않습

제3부 등대 353

니까? 그는 말했다. 그러나 릴리가 그것이 불경스럽다는 게 아니라고 설명하자 윌리엄은 영리한 아이처럼 눈을 빛내며 경청했다. 빛이 있는 곳에는 그림자가 필요하다는 그런 것이었다. 라파엘로가 신성하게 다룬 주제를 그녀가 업신여길 의도는 없음을 둘 다 인정했다. 그녀는 결코 냉소적이 아니라 오히려 그 반대라는 것을, 그의 과학적인 이성은 잘 이해했다. 그것은 공정한 지성의 증거였고, 그런 사실이 그녀를 매우 기쁘게 하고 위로해 주었다. 그림에 대해 남자와도 진지하게 토론할 수 있음을 알게 되었고, 정말 그와의 우정은 그녀의 평생의 기쁨이었다. 그녀는 그를 사랑했다.

우리는 햄프턴 궁전에도 놀러 갔습니다. 언제나 완벽한 신사답게 내가 화장실 가는 시간을 넉넉하게 주었습니다. 그동안 그는 강가를 산책했습니다. 그것이 우리 관계의 전형적인 모습이었어요. 많은 일들을 하나하나 말로 설명하지 않아도 되었죠. 그리고 해마다 여름이면 안뜰을 거닐면서 건축물의 균형미와 꽃들을 찬탄했습니다. 우리는 많은 이야기를 나누었습니다. 그는 걸으면서 원근법과 건축에 대해 말했고, 멈춰 서서 나무를 바라보고 호수를 둘러보고 아이들을 보며 넋을 잃었습니다(딸이 없는 것이 그의 큰 슬픔이었다). 그것도 멍하니 초연한 모습으로 말이에요. 많은 시간을 연구실에서 보내는 사람에게는 지극히 자연스러운 일인데, 가끔씩 나와서 보는 바깥세상이 그에게는 눈부셔서 천천히 걷고, 손을 들어 올려 눈을 가리고, 머리를 뒤로 젖히고, 오직 공기를 들이마시기 위해 멈춰 서곤 했습니다. 그리고 가정부가 휴가를 갔는데, 계단에 깔 카펫을 사야 한다는 얘기를 하면서 물었습니다. 괜찮다면 새 카펫을 사는 데 같이 가주지 않겠소? 한번은 어쩌다가 램지 부부 이야기가 나왔습니다. 그가 맨 처음 부인을 보았을 때 회색 모자를 쓰고 있었고, 열아홉이나 스물, 그 이상은 아니었다고 생각하는데 정말 눈을 뗄 수 없을 정도로 아름다웠다고 말했습니다. 마치 햄프턴 궁전에서 가로수 길 아래쪽을 내려다보면서 분수 사이로 부인의 모습이 보이는 것처럼 가만히 서 있었습니다.

이제 릴리는 응접실로 올라가는 계단을 바라보았다. 윌리엄의 눈을 통해 부인의 모습을 보았다. 말없이 차분하게 눈을 내리깔고 앉아서 생각에 잠겨 있었다(릴리는 그날 부인이 회색 옷을 입었다고 생각했다). 내리깐 눈을 절대 들어 올리지 않았다. 맞아, 심오한 눈빛이었어. 릴리는 생각했다. 나도

354 등대로

그런 표정의 부인을 본 적이 있어, 하지만 회색 옷은 아니었어. 그리고 그렇게 가만히 있지도 않았고, 그렇게 젊지도 차분하지도 않았어. 곧 부인의 모습이 떠올랐다. 눈을 뗄 수 없을 정도로 아름다웠다고 윌리엄은 말했지만 아름다움이 전부는 아니었다. 아름다움에는 이러한 난점이 있다―너무 쉽게 다가와서 너무 완벽하게 압도해 버린다. 그것은 생명을 정지시키고 얼어붙게 만든다. 사람들에게 소소한 마음의 울림을 잊게 한다. 볼을 붉히거나 창백해지거나, 어떤 기묘한 뒤틀림과 약간의 명암 같은 것들은 순간 얼굴을 알아보기 힘들게 하지만 나중에 영원히 잊지 못하는 그 사람만의 특징을 부여한다. 아름다움의 장막 아래 이러한 것들을 깨끗이 감추는 것은 더욱 간단해진다. 그러나 부인이 재빠르게 사냥 모자를 쓰거나 풀밭 위를 달리거나 정원사 케네디를 야단칠 때 어떤 표정을 짓는지 누가 내게 말해줄 수 있을까? 누가 도와줄 수 있단 말인가?

무심결에 공상에서 깨어나 표면으로 떠오른 그녀는 그림에서 밖으로 반쯤 빠져나와 눈이 빙글빙글 도는 것을 느끼면서 마치 환상이라도 보는 것처럼 카마이클 씨를 보고 있었다. 그는 손을 깍지낀 채 배 위에 올리고 의자에 누워 있었다. 책을 읽는 것도 아니고 잠을 자는 것도 아니고, 삶의 포만감을 느끼고 음미하는 생물처럼 일광욕을 하고 있었다. 책은 잔디밭 위에 떨어져 있었다.

릴리는 똑바로 그에게 가서 말하고 싶었다. "카마이클 씨!" 그러면 그는 평소처럼 자애롭고 안개가 낀 듯한 멍한 녹색 눈을 들어 올려다볼 것이다. 그러나 자는 사람을 깨우려면 하고 싶은 말이 무엇인지 분명해야 한다. 하지만 릴리가 묻고 싶은 것은 하나가 아니라 모든 것이었다. 겨우 몇 마디로 사상을 부수고 해체해서는 결국 아무것도 표현하지 못한다. "삶에 대해, 죽음에 대해, 램지 부인에 대해", 아니, 사람은 아무것도, 누구에게도 말할 수 없다. 순간의 조급함은 언제나 과녁을 벗어나 버린다. 말은 옆으로 빗겨나가 목표한 것의 몇 센티미터 아래에 꽂힌다. 그래서 포기하면 목표를 맞추지 못한 생각은 다시 가라앉는다. 그러는 사이에 다른 중년들처럼 신중해지고, 남의 눈을 피하게 되고, 이윽고 양미간에 주름이 생기며 언제나 근심어린 표정을 짓는다. 육체적인 감정을 어떻게 말로 표현할 수 있을까? 저 공허함을 어떻게 표현할 수 있단 말인가? (그녀는 응접실 앞의 돌계단을 바라보고 있

제3부 등대 355

자니 유난히 공허하게 보였다.) 느끼는 것은 몸이지 마음이 아니었다. 그 계단의 공허한 모습에 갑자기 엄청난 불쾌감을 느꼈다. 바라지만 가질 수 없는 것 때문에 그녀의 몸이 딱딱하게 굳고 허탈해지고 긴장한다. 원하지만 갖지 못하는 것을 원하고 또 원하는 것이 얼마나 심장을 쥐어짜고 또 쥐어짜는지 아는가. 아, 램지 부인! 릴리는 말없이 배 옆에 앉아 있는 부인의 영혼을 불렀다. 부인에게서 빠져나온 환상으로 이루어진 그 회색 옷을 입은 부인에게 저세상으로 가버린 것을 비난하고, 저세상으로 갔다가 다시 돌아온 것을 비난하는 투로 불렀다. 전에는 부인을 생각하면 매우 안전하게 느꼈다. 유령이나 공기, 무(無), 밤이든 낮이든 언제 어느 때나 쉽고 안전하게 함께 놀 수 있는 존재였다. 그런데 별안간 부인이 손을 내밀어 릴리의 심장을 쥐어짜는 것이다. 갑자기 공허한 응접실 계단과 집안의 의자 가장자리 장식, 테라스에서 뒹구는 강아지, 파도의 기복과 정원의 속삭임 등이 완전한 공허를 중심으로 돌며 화려한 곡선과 아라베스크의 당초무늬로 바뀌었다.

"이건 대체 무슨 뜻이죠? 이 모든 것을 어떻게 설명하시겠어요?" 그녀는 다시 한 번 카마이클 씨를 돌아보고 묻고 싶었다. 온 세상이 이 이른 아침부터 사상의 연못에, 실재의 깊은 대야 속에 녹아버린 것 같았다. 카마이클 씨가 얘기하면 한 방울의 눈물이 그 연못의 표면을 찢을 것 같았다. 그리고 그 다음엔? 무언가가 나올 것이다. 손이 불쑥 튀어나오거나 칼날이 번뜩일지도 모른다. 어머, 물론 농담이에요.

결국 그녀가 말하지 못한 것을 사실 그가 다 듣고 있었다는 이상한 생각이 들었다. 그는 정말 종잡을 수 없는 노인으로, 수염에는 노란 얼룩을 묻히고, 시와 퍼즐을 즐기며, 그의 요구를 모두 만족시켜 주는 세상을 유유자적하게 살고 있었다. 그래서 그녀는 무심코, 그가 원하는 것을 얻으려면 누운 채로 잔디밭에서 손을 뻗기만 하면 된다고 생각했다. 그녀는 그림을 바라보았다. 아마 그림은 이렇게 대답할지도 모른다. '당신'도 '나'도, 그리고 '그녀'도 언젠가 사라진다. 멈춰 있는 것은 아무것도 없으며, 모든 것은 변화한다. 그러나 문학은 사라지지 않는다. 예술도 사라지지 않는다. 하지만 이 그림은 다락방에나 걸릴 게 틀림없어요. 아니면 둘둘 말려서 소파 밑에 처박히겠죠. 하지만 그렇더라도, 이런 그림이라 하더라도, 그분의 말씀은 사실입니다. 이 하찮은 그림에도, 또한 실제로 그려진 것이 아니라 의도되고 시도된 것조차

'영원히 남는다'고 할 수 있지 않을까요? 그녀는 그렇게 생각했다. 아니, 말로 해버리면 자기가 들어도 너무 자만하는 것 같아서, 말로 나타낸다기보다 암시하고 싶었다. 그런데 그때 놀랍게도, 그림을 바라보는데 그림이 보이지 않았다. 그녀의 눈에 뜨거운 액체가 가득 고였다(처음에는 눈물이라고 생각도 못했다). 그녀의 입술은 굳게 닫혀서 꿈쩍도 하지 않았지만, 뜨거운 액체는 뿌연 안개를 일으키며 볼을 타고 굴러 떨어졌다. 그녀는 완벽하게 자신을 제어하고 있었다. 아아, 그래요, 눈물 외의 다른 것은 자신이 불행하다고 느껴서가 아니라 램지 부인을 위해서 눈물을 흘린 것일까요? 그녀는 늙은 카마이클 씨에게 다시 한 번 묻고 싶었다. 그것은 무엇이죠? 무슨 뜻이죠? 사물이 손을 내밀어 사람을 붙잡을 수 있나요? 검이 칼부림을 하고 주먹을 움켜쥐는 일이 가능한가요? 세상의 길을 하나하나 배워가는 안전한 방법은 없나요? 지도자도 없고 안식처도 없고 보호도 받지 못하고, 모든 일은 첨탑 꼭대기에서 공중으로 뛰어내리는 것처럼 기적인가요? 노인들에게도 이것이 인생인가요? 너무 놀랍고, 생각지도 못한 미지의 것인가요? 잠시 우리 둘 다 이 잔디밭 위에 서서 설명을 요구한다고 합시다. 인생은 왜 그렇게 짧고, 어째서 그렇게 설명하기 힘든가. 두 사람이 마음의 준비를 철저히 하고 자기들에게서 아무것도 숨기지 못하도록 격렬하게 추구한다면, 아름다움이 모습을 드러내고, 공백이 채워지고, 또 그 공백을 둘러싼 당초무늬 장식도 형태를 갖출 것입니다. 우리가 온 힘을 다해 외치면 램지 부인은 돌아올 것입니다. "램지 부인!" 릴리는 큰 소리로 부르짖었다. "램지 부인!" 눈물이 그녀의 얼굴을 타고 마구 흘러내렸다.

6

〔매칼리스터의 아들은 물고기를 한 마리 집어 들고 그 옆구리를 네모나게 잘라내어 미끼로 쓰기 위해 낚싯바늘에 끼웠다. 잘라낸 부분은(물고기는 아직 살아 있었다) 다시 바다로 던져졌다.〕

7

"램지 부인!" 릴리는 외쳤다. "램지 부인!" 그러나 아무 일도 일어나지 않았다. 고통만 점점 더 커졌다. 그 고뇌로 내가 이렇게 어리석어지다니!

아무튼 그는 듣지 못했어. 여전히 온화하고 침착하고 숭고하다고까지 할 수 있는 노인. 아아, 하느님! 다행히 그녀가 고뇌를 멈추게 해 달라는 그 부끄러운 외침을 아무도 듣지 못했다. 그녀는 정신을 잃지 않았다. 그녀가 좁고 긴 널빤지 위에서 발을 헛디며 망망대해로 떨어지는 것을 본 사람은 아무도 없었다. 그녀는 여전히 붓을 들고 잔디밭에 서 있는 말라빠진 노처녀였다.

그리고 이제 무언가 결여되어 있다는 고통과 세찬 분노(그녀는 이제 두 번 다시 램지 부인 때문에 슬퍼하지 않겠다고 다짐한 바로 그 순간 원래대로 되돌아가 버렸다. 아침식사 때 커피잔에 둘러싸여 부인을 그리워했던가? 전혀 아니었다)는 서서히 가라앉았다. 그 고통과 분노의 고뇌에서 그 자체가 해독제이자 진정제처럼 안심이 되었다. 그러나 더욱 신기한 것은 누군가가 있다는 느낌이었다. 하얀 꽃으로 만든 화환을 머리에 두른(그녀는 그 아름다움을 모두 지니고 있었다) 램지 부인이, 세상이 그녀에게 부과한 무게에서 잠시 해방되어 릴리 옆에 가볍게 내려앉았다가 이윽고 사라졌다. 릴리는 다시 튜브를 짰다. 산울타리와 씨름하고 있었다. 매우 선명하게 부인을 볼 수 있다니 참으로 신기했다. 부인은 언제나처럼 잰걸음으로 들판을 가로지르며 그 부드러운 보라색 주름 사이로, 히야신스와 백합 사이로 사라졌다. 그것은 화가의 눈에 비친 환영이었는지도 모른다. 부인이 죽었다는 소식을 전해 듣고 며칠 동안, 화환을 쓰고 들판을 가로질러 그 길동무인 죽음의 그림자와 함께 서슴없이 걸어가는 것을 보았다. 말과 마찬가지로, 그 모습에는 위로하는 힘이 있었다. 이 시골에서 그림을 그리고 있든 런던에 있든, 릴리가 어디에 있어도 환영이 나타났다. 그녀는 눈을 반쯤 감고 그 환영의 바탕이 되는 무언가를 찾아 헤맸다. 열차와 버스를 바라보고, 어깨와 볼의 선을 바라보았다. 또한 집의 반대쪽 창을 바라보았다. 저녁이 되어 가로등이 한 줄로 늘어선 피카딜리 거리를 바라보았다. 모두 죽음의 초원의 일부였다. 하지만 무언가가—얼굴일 때도 있었고, 목소리일 때도 있었고, "스탠더드!"(이브닝 스탠더드 신문)나 "뉴스!"(이브닝 뉴스)를 외치는 신문팔이 소년의 목소리일 때도 있었다—그녀를 꿰뚫고 윽박지르며 정신 차리라고 주의를 요구했고, 마침내 요구한 대로 주의를 얻어냈다. 그 결과 다시 끊임없이 환영을 만들어내야 했다. 이제 그녀는 또 거리감과 푸른색이 필요하다고 본능적으로 느꼈고, 아래의 만을 바라보며 파도에서 푸르게 물결치는 언덕과, 보랏빛이 도는 공간에서는 돌이 많은

358 등대로

들판을 만들어냈다. 다시금 여느 때처럼 어떤 부조화를 느끼고 환영에서 깨어났다. 만 중간쯤에 갈색 점이 있었다. 배였다. 금방 알 수 있었다. 그런데 누구일까? 램지 씨야. 그녀는 스스로 대답했다. 그녀 옆을 데면데면하게 지나쳐간 사람, 손을 들어 올리고 행렬 선두에 서서 멋진 구두를 신고 가는 램지 씨였다. 그는 동정을 구하러 왔지만 그녀는 그것을 거절했다. 배는 지금 만 한가운데를 가로지르고 있었다.

한 줄기 바람이 이따금 부는 아주 화창한 아침이었다. 바다와 하늘은 맞닿아 완벽하게 하나가 되어서, 돛은 하늘 높이 걸리고 구름은 바다 속에 빠진 듯했다. 먼 바다의 증기선은 공중에 소용돌이 모양의 연기를 그렸고, 그것은 그 자리에 멈춰서 장식처럼 곡선과 원을 그려냈다. 마치 공기가 촘촘한 망사처럼 그 그물코로 사물을 붙잡아 부드럽게 감싸서 이쪽저쪽으로 천천히 흔들고 있는 것 같았다. 그리고 때때로—날씨가 아주 화창할 때면 일어나는데—마치 벼랑이 배를 의식하고 배도 벼랑을 의식하며 서로 자기들만의 비밀 신호를 주고받는 듯했다. 이따금 해안에서 아주 가까이 보이던 등대가 오늘 아침에는 안개에 가려 굉장히 멀게 보였다.

"그들은 지금 어디에 있을까?" 릴리는 먼 바다를 바라보았다. 그는, 릴리에게 말도 건네지 않고 지나치며 갈색 종이꾸러미를 옆구리에 끼고 가던 그 아주 늙은 양반은 지금 어디 있을까. 배는 만 한가운데에 있었다.

8

저기 있는 사람들은 아무것도 느끼지 못할 거야. 캠은 해안을 바라보면서 생각했다. 해안은 파도가 오르락내리락하면서 착실하게 멀어지고 점점 평화로워 보였다. 그녀의 손이 바다 속에서 물을 가르는 동안, 그 마음은 녹색 소용돌이와 줄무늬를 그리고 있었다. 상상 속에서 감각을 잃고 죽은 듯이 망토를 두르고 물속 세계를 헤매며 걸었다. 거기에는 해저의 하얀 잔가지마다 진주가 알알이 박혀 있었다. 또한 녹색 빛이 온 마음에 변화를 일으켰고, 몸은 녹색 외투에 둘러싸여 반투명으로 빛났다.

그러다가 캠의 손 주위의 소용돌이가 잠잠해졌다. 돌진하던 급류도 멈추었다. 사방에 삐걱거리는 소리로 가득 찼다. 마치 항구에 닻을 내린 것처럼 파도가 배 한쪽 면을 철썩철썩 때리며 부서졌다. 모든 것이 매우 가까워졌다. 제임스가 눈을 고정시키고 있는 사이에 마치 잘 아는 사람인양 친밀감까지 느껴졌던 돛도 축 늘어지고 말았다. 배가 완전히 멈췄고 돛은 펄럭펄럭 날렸다. 그들은 뜨거운 햇살을 받으며 해안에서 몇 마일, 등대에서도 몇 마일 떨어진 곳에서 바람을 기다렸다. 온 세계의 모든 것이 정지해 있는 것 같았다. 등대는 움직이지 않았고 저 멀리 있는 해안선도 움직이지 않았다. 태양은 점점 뜨거워졌고, 그들은 매우 가까이 모여 앉아 거의 잊고 있었던 서로의 존재를 바로 옆에서 느끼는 듯했다. 매칼리스터의 낚싯줄이 바다 속으로 똑바로 들어갔다. 램지 씨는 다리를 꼬고 앉아서 계속 책을 읽었다.

램지 씨는 물떼새 알처럼 얼룩무늬가 있는 표지의 작고 반질반질한 책을 읽고 있었다. 모두가 이 지독한 고요 속에서 안절부절못할 때도 가끔씩 페이지를 넘겼다. 제임스에게는 자신을 비꼬는 특유의 몸짓으로 페이지를 넘기고 있는 것처럼 보였다. 때로는 자기주장을 하고 때로는 명령하는 것처럼, 그런가 하면 사람들에게 자신에 대한 연민을 불러일으키려는 의도인 것도 같았다. 아버지가 책을 읽으며 책장을 한 장 한 장 넘기고 있는 동안, 제임스는 줄곧 언제 아버지가 고개를 들어 무엇에 대한 매몰찬 말을 할지 몰라 불안했다. 왜 여기서 꾸물대고 있지? 이런 식의 억지스런 질문을 하겠지. 만약 그러면 칼을 집어 들어 심장을 찔러버리겠어. 제임스는 생각했다.

칼로 아버지의 심장을 찌르는 이 해묵은 상징을, 제임스는 어린 시절부터 계속 가슴에 품어 왔다. 그가 성장한 지금, 무력한 분노에 불타는 아버지를 노려보면서, 자신이 죽이고 싶은 것은 그가 아니라, 책을 읽고 있는 노인이 아니라 자기 위로 갑자기 덮쳐오는 그 무엇임을 깨달았다. 아마 아버지는 그런 것은 조금도 눈치채지 못했을 것이다. 그 모질고 사나운 검은 날개를 가진 하르피이아(그리스신화에 나오는 여자 얼굴을 가진 새), 차갑고 단단한 발톱과 부리로 느닷없이 덮쳐와 자신을 쪼고, 또 연방 쪼아대다가(제임스는 어린 시절 그의 맨다리를 쪼아대던 부리를 아직도 느낄 수 있었다) 이윽고 떠나가더니 다시 저기에 앉아 노인이 되어 쓸쓸한 모습으로 책을 읽고 있었다. 그는 그것을 죽이고 싶은 것이다, 그 심장을 찌르고 싶은 것이다. 앞으로 무슨 일을 하더라도—(그는 등대와 머나먼 해안을 바라보면서 자신은 무엇이든 할 수 있다고 느꼈다) 장사를 하든 은행원이 되든 변호사나 사업주가 되든, 그는 그것과 싸우고 끝까지 쫓아가 뿌리뽑고 싶었다—그는 그것을 횡포와 독재라고 불렀다—남에

360 등대로

게 하기 싫은 일을 억지로 강요하고, 발언권을 빼앗는 것을 말이다. 그가 등대에 가자고 할 때, 싫어요, 가고 싶지 않아요, 하고 말할 수 있는 사람이 과연 있을까. 이것을 해라, 저것을 가져 오너라. 검은 날개를 펼치고 단단한 부리로 찢어발긴다. 그리고 다음 순간에 그는 앉아서 책을 읽고 있다. 그러다가 아무도 모르게 매우 평범한 태도로 고개를 들지도 모른다. 매칼리스터 부자에게 말을 걸지도 모른다. 그는 거리에서 노파의 꽁꽁 얼어붙은 손에 1 파운드 금화를 쥐어주거나 어부들의 운동을 구경하다 고함을 칠 수도 있다. 흥분하여 팔을 휘두르고 있을지도 모른다. 아니면 식탁 윗자리에 앉아서 식사하는 내내 침묵하고 있을지도 모른다. 배가 철썩거리며 뜨거운 햇살 속에서 우물쭈물하는 동안 제임스는 생각했다. 그렇다. 아주 외롭고 험한, 눈과 바위로 뒤덮인 황야가 펼쳐져 있고, 아버지가 다른 사람들을 놀라게 하는 어떤 말을 했을 때 거기에는 오직 그 자신과 아버지의 발자국만 있을 뿐이라고 느꼈다. 최근에는 특히 더 자주 그렇게 느껴졌다. 오직 그들만이 서로 알고 있었다. 이 공포, 이 혐오는 무엇일까? 자기 내부에 빼곡히 쌓은 과거라는 수많은 이파리 사이를 들여다보면, 빛과 그림자가 교차하고 때로는 모든 형태가 일그러져 있는 그 깊은 숲 속을 응시하다 보면, 강렬한 태양빛이나 혹은 어두운 그림자 때문에 큰 실수를 저지르게 된다. 그래서 자신의 감정을 식히고 분리하고 구체적인 형태로 만들기 위해 하나의 심상을 추구하려고 애썼다. 우선, 그가 아주 무력한 아이로서 유모차나 누구의 무릎 위에 안겨 있을 때, 짐마차가 아무것도 모른 채 무심코 누군가의 발을 깔아뭉개는 장면을 보았다고 하자. 먼저 풀 위의 온전하고 매끄러운 발을 보고 그 다음에 마차바퀴를 보았다고 하자. 바로 그 발이 보라색으로 짓이겨져 있을 것이다. 그러나 바퀴에는 죄가 없다. 아침 일찍 아버지가 복도를 성큼성큼 걸어와 등대에 가자고 문을 두드리며 깨우고 다녔을 때, 마차바퀴는 그의 발과 캠의 발, 누군가의 발을 짓이겼다. 그들은 앉아서 그것을 보고 있었다.

그런데 누구의 발을 생각하고 있었을까, 어느 정원에서 이 모든 일이 일어났을까? 왜냐하면 이러한 장면에는 배경이 필요하기 때문이다. 거기에 심은 나무와 꽃, 어떤 빛, 몇몇 사람들. 모든 소도구는 사람들이 예사로운 투로 이야기하는 이 어둡지 않고 손을 휘두르지도 않는 그런 정원에 자리잡을 것이다. 사람들은 하루 종일 들락날락했다. 부엌에서 수다를 떠는 노파가 있었고, 차양은 바람에 이리저리 날리면서 부풀어 올랐다. 모든 것이 성장하고 꽃을 피웠다. 밤이면 모든 접시와 그릇과 고개를 불쑥 쳐든 키가 큰 빨갛고 노란 꽃 위로, 포도나무 이파리 같은 아주 얇은 노란 장막이 내려앉는다. 밤이면 온갖 것들이 멈추고 캄캄해지지만, 나뭇잎 같은 장막은 아주 곱고 반드러워서 빛이 그것을 걷어올리고 소리가 그것을 물결치게 한다. 그는 그 장막을 통해, 사람 형상이 허리를 굽히고 귀를 기울이고 가까이 다가왔다가 다시 멀어지는 것을 보았고, 옷자락이 스치고 사슬이 짤랑거리는 소리까지 들을 수 있었다.

마차바퀴가 누군가의 발을 짓밟고 지나간 것은 이런 세상에서였다. 무언가가 멈춰 서서 그의 위를 어둡게 가린 것을 기억하고 있었다. 움직일 기색이 없었다. 무언가가 공중에서 내려왔다. 거기서조차 어떤 메마르고 날카로운 것이, 칼날 같고 언월도 같은 것이 그 즐거운 세계의 나뭇잎과 꽃을 사정없이 잘라내서 시들고 떨어지게 만들었다.

"비가 올 거야, 등대에 가는 건 무리야." 아버지가 말한 것을 기억했다.

그때의 등대는 저녁마다 노란 눈을 번쩍 뜨고 부드럽게 바라보는 은색의 안개 같은 탑이었다. 그런데 지금은—.

제임스는 등대를 바라보았다. 하얗게 칠해진 바위와 가차 없이 위로 쭉 뻗은 탑이 흑백의 줄무늬를 그리고 있었다. 창문이 보였다. 심지어 바위 위에 빨래를 펼쳐놓고 말리는 것까지 보였다. 과연 저것이 등대로군, 그렇지?

아니, 등대에는 또 다른 얼굴이 있었다. 단순히 한 가지 면만 지닌 것은 아무것도 없다. 다른 쪽도 등대다. 때로는 만을 둘러보아도 거의 눈에 들어오지 않을 때도 있었다. 그러나 밤이 되어 올려다보면, 눈을 떴다 감았다 하는 그 등대의 불빛이 다함게 앉아 있던 저 공기 좋고 햇볕 잘 드는 정원까지 비추는 것 같았다.

하지만 여기서 그는 회상을 멈추었다. 그가 '사람들'이나 '사람'이라고 말할 때면, 또 누군가가 다가오는 소리와 떠나는 소리가 들리기 시작했고, 언제나 그게 누구든 상관없이 그 방에 있는 사람의 존재를 극도로 예민하게 느끼게 되었다. 지금은 아버지다. 신경이 곤두섰다. 조금 기다려도 바람이 불지 않으면 아버지는 책을 탁 덮고 이렇게 말할 것이다. "무슨 일이야? 왜 여기서 꾸물거리는 거야, 응?" 언젠가 테라스에서도 아버지가 우리 한가운

362 등대로

데로 칼날을 휘두르자 어머니의 몸이 완전히 경직되었고, 그는 손도끼든 칼이든 끝이 뾰족한 것이 가까이 있었더라면 그것을 집어 들어 아버지의 심장을 찌르고 싶었다. 온몸이 경직된 어머니는 그를 감싸고 있던 팔을 풀었고—그가 느낀 바로는 더 이상 아버지의 말에 귀를 기울이고 있지 않았지만—간신히 일어서서, 가위를 쥔 채 마루에 앉아 있는 무력하고 우스꽝스러운 그를 남겨두고 떠나갔다.

바람은 한 점도 불지 않았다. 배 바닥에서는 서너 마리의 고등어가 등도 다 잠기지 않을 정도로 물이 없는 야트막한 양동이 안에서 꼬리를 위아래로 팔딱거리며 철벅철벅 소리를 내고 있었다. 언제 어느 때 램지 씨가(제임스는 아버지의 얼굴을 볼 용기도 없었다) 몸을 일으키며 책을 덮고 매몰찬 말을 퍼부을지 몰랐다. 하지만 지금은 아직 책을 읽고 있었으므로, 제임스는 마치 바닥이 삐걱대는 소리에 집 지키는 개가 깰까 봐 맨발로 살금살금 아래층으로 내려가는 것처럼, 몰래 어머니는 어떤 모습이었고 그날 어디로 가버렸는지를 생각했다. 그는 어머니를 쫓아 이 방 저 방 돌아다녔고 마침내 한 방에 도착했다. 도자기 접시에서 반사된 것 같은 푸른빛 속에서 어머니가 누군가에게 말을 하고 있었다. 그는 그 말에 귀를 기울였다. 그녀는 하인에게 머릿속에 떠오르는 대로 얘기하고 있었다. "오늘 밤에는 커다란 접시가 필요해. 그 푸른 접시는 어디 있지?" 어머니만이 진실을 말했고, 그도 어머니에게만 진실을 말했다. 아마도 그것이 어머니의 무한한 매력의 원천이었다. 그러나 어머니를 생각하면 언제나 아버지가 뒤에서 나타나 그림자를 드리웠고, 그를 두려움에 떨게 하여 주저하게 만들었다.

결국 제임스는 생각을 그만두었다. 태양 아래에서 키를 잡고 등대를 응시하고 있을 뿐, 움직일 힘도 없었고 마음에 자꾸자꾸 쌓여가는 불행의 조각들을 털어낼 기력도 없었다. 그물이 자기를 칭칭 동여매는 것 같았다. 그것은 아버지가 휘감은 것으로, 칼로 내리쳐야만 도망갈 수 있었다…… 그런데 마침 그 순간 돛이 서서히 흔들리면서 바람을 머금은 배가 부르르 떨면서도 아직 잠이 덜 깬 몽롱한 상태에서 움직이기 시작했고, 마침내 완전히 깨어나 파도를 가르며 쏜살같이 달렸다. 그 안도감은 이루 말할 수가 없었다. 그들은 또다시 제각기 떨어져 안정을 되찾았다. 낚싯줄은 배 옆구리를 가로지르며 팽팽하게 대각선으로 당겨졌다. 그러나 아버지는 몸을 일으키지 않았다.

제3부 등대 363

다만 오른손을 공중으로 신비롭게 높이 들었다가 다시 무릎 위로 내렸다. 마치 어떤 비밀 교향악이라도 지휘하는 것 같았다.

9

〔릴리 브리스코는 여전히 선 채로 만을 바라보며 얼룩 한 점 없는 바다라고 생각했다. 바다는 만을 가로지르며 비단처럼 펼쳐져 있었다. 거리라는 것에는 엄청난 힘이 있구나. 그들은 그 속으로 삼켜져서 영원히 떠나갔다. 자연의 일부가 되었다. 지극히 평온했다. 지극히 고요했다. 증기선도 사라졌다. 그러나 커다란 연기의 소용돌이는 여전히 허공에 걸린 채 깃발처럼 축 늘어져서 이별을 슬퍼하고 있었다.〕

10

섬이 저렇게 생겼었구나. 캠은 또다시 파도 속에 손가락을 담그고 물살을 가르며 생각했다. 이제껏 바다에서 그 섬을 본 적은 없었다. 저렇게 바다 위에 떠 있구나. 가운데가 움푹 들어가고, 양쪽에 험준한 바위산이 있고, 바다는 움푹한 곳으로 흘러 들어가면서 섬의 양 옆으로 한없이 펼쳐져 있네. 섬은 아주 작구나. 마치 나뭇잎이 거꾸로 서 있는 것 같군. 거기서 우리는 작은 배를 타고 나왔지. 캠은 생각했다. 침몰하는 배에서 탈출하는 모험담을 혼자 중얼거리기 시작했다. 그러나 바다가 손가락 사이로 흐르고 해초 같은 물보라가 손가락 뒤로 사라져 갔으므로 도저히 이야기에 집중할 마음이 생기지 않았다. 그녀가 원하는 것은 모험이나 탈출의 느낌뿐이었는데, 나침반 방위를 모른다고 아버지에게 혼난 일과 협정에 대한 제임스의 완고한 고집, 자기 자신의 번민까지도 모두 빠져나가고 흘러가 버렸기 때문이다. 그럼 이제 어떤 일이 일어날까? 어디로 가는 걸까? 물속에 담그고 있느라 얼음처럼 차가워진 자신의 손에서 그 변화와 탈출과 모험에 대한 기쁨의 샘이 솟아올랐다(자신이 살아서 거기에 있다는 그 자체의 기쁨이었다). 이 갑작스럽고 생각지 못한 기쁨의 샘에서 물방울이 어둠 속으로 떨어졌다. 캠의 마음속에 잠들어 있는 어렴풋한 온갖 형체 위로, 아직 실체를 갖추지 못한 세계에 존재하는 형체, 그 어둠 속으로 굴러 떨어져 여기저기서 어떤 빛을 안고 떠오른다. 그리스, 로마, 콘스탄티노플일 수도 있다. 그것은 작은 세계이고, 나

364 등대로

뭇잎을 거꾸로 세운 모습에 금가루를 흩뿌린 파도가 섬을 감싸며 흘러들어 가고 있지만, 이 작은 섬조차도 우주에서 한 자리를 차지하고 있는 게 아닐까. 서재의 그 노신사들이라면 분명 설명해 줄 수 있겠지. 캠은 생각했다. 때로는 그 토론 현장을 잡으려고 정원에서 몰래 숨어들어간 적도 있어. 그녀가 서재로 들어갔을 때 그들은(카마이클 씨나 뱅크스 씨로, 매우 늙었고 딱딱하게 굳어 있었다) 낮은 안락의자에 서로 마주보고 앉아 타임스 신문을 뒤적거리며, 어수선해서 하나도 알아들을 수 없었지만 누군가가 예수에 관해 말한 무언가에 대해 이야기하고 있었다. 런던 거리에서 매머드를 파낸 일, 나폴레옹은 어떤 인물이었나. 그들은 그녀의 질문에 모든 것을 공명정대하게 다루었다(회색 옷을 입고 있었고 히스꽃 향기가 났다). 문제의 조각조각을 붓으로 쓸어 모으고 신문 페이지를 넘기면서, 다리를 꼬고, 때때로 무언가를 매우 짤막하게 이야기했다. 어쩐지 꿈결 같아서 그녀는 서가에서 책을 한권 꺼내어 옆에 서 있었다. 아버지가 종이의 한쪽 끝에서 다른 쪽 끝까지 고르고 반듯한 글씨체로 무언가를 써나갔고, 때때로 기침을 하면서 맞은편의 노신사들에게 말을 거는 것을 가만히 지켜보았다. 책을 펼쳐들고 서서 그녀는 생각했다. 여기서는 누구라도 자기가 생각한 것은 무엇이든 부풀릴 수 있어, 마치 물속의 나뭇잎처럼. 또한 담배를 피우고 타임스를 바스락거리며 읽는 그 노신사들 사이에서 잘 풀리는 일은 모두 옳은 일이야. 서재에서 글을 쓰는 아버지를 보면서 캠은 (지금은 배 위에 앉아 있지만) 그가 가장 사랑스럽고 현명한 분이라고 생각했다. 결코 아버지는 허세꾼도 폭군도 아니야. 만약 내가 여기서 책을 읽고 있는 것을 보셨더라면 분명 매우 부드럽게, 물으셨을 거야. 무얼 도와줄까?

하지만 사실은 그것이 틀린 생각은 아닐까. 캠은 물떼새 알 같은 반점이 있는 작고 번들번들한 책을 읽고 있는 아버지를 보았다. 아니, 틀리지 않았어. 지금의 아버지를 봐. 그녀는 제임스에게 말하고 싶었다(하지만 제임스는 돛에서 눈을 떼지 않았다). 그는 뒤틀린 사람이라고 제임스는 말했다. 그 작자는 언제나 이야기를 자신과 그의 책으로 끌고 간다고. 참을 수 없이 이기적이고 최악의 폭군이라고. 하지만 봐! 캠은 아버지를 바라보면서 속으로 말했다. 지금의 아버지를 봐. 다리를 꼬고 앉아 작은 책을 읽고 있는 아버지에게 캠은 눈을 돌렸다. 그 안에 무엇이 쓰여 있는지는 모르지만, 저 작은 책의 노란 페이지는 눈에 익었다. 작은 글씨로 빽빽하게 인쇄되어 있었고, 면지에는 만찬에 15프랑을 썼고, 포도주가 얼마, 웨이터 팁이 얼마라고 깔끔하게 써 놓았으며, 종이 아래에는 모든 금액의 합이 적혀 있었다. 그가 주머니에 넣고 다니느라 모서리가 둥글게 닳아버린 책은 대체 무슨 내용일까. 캠으로서는 알 수 없었다. 아버지가 무슨 생각을 하시는지 우리는 아무도 몰라요. 책에 푹 빠져서 잠시 고개를 들어 올릴 때는, 봐요, 지금도 그러시잖아요. 무언가를 보기 위해서가 아니에요, 어떤 생각을 더욱 정확하게 자기 것으로 만들기 위해서죠. 그것이 끝나면 그의 마음은 다시 책으로 향했다. 마치 무언가를 안내하거나 양떼를 이끌고 가는 것 같았다. 때로는 좁은 외길 위로 계속 올라가고, 또 어떤 때는 속도를 내서 덤불 사이를 단숨에 돌파했다. 때로 가지가 얼굴을 때리고 가시나무에 찔려 눈이 멀 것 같지만 그런 일로 주저앉는 일은 없었다. 계속해서 책장을 넘기며 읽었다. 이렇게 캠은 침몰하는 배에서 탈출하는 이야기를 자신에게 계속 들려주었다. 아버지가 거기에 앉아 있는 이상 캠은 안전했던 것이다. 정원을 통해 서재로 몰래 숨어들어와 책을 꺼내들고, 노신사들이 갑자기 신문을 내려놓으며 신문지 너머로 나폴레옹이라는 인물과 성격에 대해 뭐라고 간단하게 설명할 때 느꼈던 것만큼 안전한 기분이었다.

캠은 고개를 돌려 바다를 바라보고 섬을 보았다. 그러나 그 나뭇잎 같은 섬의 선명한 윤곽은 흐릿해져 있었다. 아주 작고 아주 멀었다. 지금은 해안보다 바다가 더 중요했다. 파도가 그들의 배를 에워싸고 있었다. 한 줄기 파도를 타고 통나무 하나가 물속으로 들어갔다 나왔다 하며 떠다녔고, 갈매기가 또 다른 파도 위를 타고 있었다. 캠은 물속으로 손가락을 담그며 이 근처에서 배가 침몰했을 거라고 생각했다. 그리고 꿈을 꾸듯이 몽롱한 상태로 중얼거렸다. 우리는 죽는다, 저마다 혼자서.

11

얼룩 한 점 없는 바다. 어찌나 보드라운지, 돛도 구름도 그 푸른색 속에 잠겨버린 듯한 그 바다를 보면서, 릴리 브리스코는 매우 많은 것들이 거리의 영향을 받으며, 사람들도 서로 가까운지 아니면 멀리 떨어져 있는지에 크게 좌우된다고 생각했다. 램지 씨에 대한 릴리의 감정도 그가 만을 가로질러 점점 더 멀어져감에 따라 달라졌기 때문이다. 만은 길쭉하게 잡아늘여놓은 것만 같았고, 그가 점점 더 멀어지는 기분이었다. 램지 씨도 아이들도 저 푸른 물과 저 먼 거리가 삼켜버린 것만 같았다. 하지만 여기 잔디밭 위에서는 바로 옆의 카마이클 씨가 갑자기 끙 하는 신음소리를 냈다. 릴리는 웃었다. 그가 잔디밭에서 책을 주워 올렸다. 그리고 다시 의자에서 자세를 가다듬고 흡사 바다괴물처럼 한숨을 푸욱 내쉬었다. 그것은 전혀 다르게 느껴졌는데 그가 매우 가까이 있었기 때문이다. 그리고 다시 모든 것이 원래대로 고요해졌다. 이 시각이면 이미 다들 자리에서 일어났을 텐데, 집 쪽을 바라보며 릴리는 생각했지만 아무도 밖으로 나오지 않았다. 하지만 이집 사람들은 식사가 끝나면 곧장 각자의 일을 보러 서둘러 자리를 뜬다는 것을 상기했다. 모든 것이 이 고요함과 공허, 이른 아침의 비현실과 훌륭하게 조화를 이루고 있었다. 릴리는 잠시 주변을 서성이며 반짝반짝 빛나는 가늘고 기다란 창문들과 깃털 같은 푸른 연기를 보면서, 가끔 이렇게 비현실적으로 느껴질 때가 있다고 생각했다. 여행에서 돌아오거나 병석에서 일어난 뒤, 평소의 습관이 표면에 그물을 완전히 치기 전에는 이와 같은 비현실감이 덮쳐 와서 깜짝 놀라곤 했다. 무언가가 나타날 것만 같았다. 생명은 이때 가장 생생해지고, 우리 마음도 매우 차분해진다. 다행히도, 잔디밭을 가로지르며 앉을 곳을 찾아 나오는 벡위스 부인에게, "안녕하세요, 벡위스 부인! 날씨가 정말 좋아요! 어머, 이런 햇볕 아래 앉으시려고요? 재스퍼가 의자들을 다 치워버렸네요. 제가 하나 찾아올게요!" 하고 활기차게 인사할 필요도 없었다. 그리고 언제나처럼 말상대를 하지 않아도 되니 다행이었다. 말할 필요가 전혀 없었다. 사물들 사이로, 사물들을 넘어서 미끄러져 나가며 돛을 흔들었다(만에서는 배들이 매우 부산하게 움직이며 출항 준비를 하고 있었다). 바다는 공허한 게 아니라 가장자리까지 꽉 차 있었다. 저 물속에 입술까지 푹 담그고 서 있는 듯, 그 안에서 움직이며 떠오르고 가라앉는 것 같았다. 그렇다. 이 물은 헤아릴 수 없을 만큼 아주 깊었다. 수많은 생명이 그 안으로 흘러들었다. 램지 부부의 생명, 아이들의 생명, 그 밖의 온갖 생명들이 모여들었다. 바구니를 든 빨래하는 여자, 까마귀, 레드핫포커, 보라색과 연녹색 꽃들, 이 모든 것을 공통된 하나의 감정으로 묶어 주었다.

10년 전에 지금 서 있는 바로 이 자리에서 그녀가 이곳을 사랑한다고 스스로에게 말할 수 있었던 것은, 아마도 그 완전성의 느낌 때문이었다. 사랑에는 여러 가지 형태가 있다. 이런 연인이 있어도 좋지 않을까? 예를 들면 그 사람의 재능은 사물의 본질을 선별하여 그것을 하나로 묶는 것이다. 그리하여 살아 있을 때는 그들의 것이 아니었던 완전성을 부여하고, 어떤 장면이나 사람들의 만남(지금은 다들 뿔뿔이 흩어졌지만)에서 둥글고 속이 꽉 찬 것을 만들어내어 그 위에 사고를 깃들게 하고 사랑이 머물게 할 수 있다.

릴리의 시선이 램지 씨의 그 갈색 점 위에 머물렀다. 점심 때까지는 등대에 도착할 것이다. 그런데 바람이 새로운 힘을 불어넣었다. 하늘과 바다도 조금 바뀌었다. 배들은 저마다 위치를 바꾸었다. 방금 전까지는 신기할 정도로 차분했던 풍경이 지금은 어쩐지 마음에 들지 않았다. 바람은 연기의 길게 늘어진 꼬리를 지웠다. 배들의 위치도 왠지 불만스러웠다.

바다 위의 불균형이 릴리의 마음속 조화까지 깨뜨리는 것 같았다. 막연한 고통을 느꼈다. 자신의 그림을 돌아보자 고통은 더욱 명료해졌다. 자신은 아침시간을 허비하고 있었던 것이다. 이유야 어떻든, 두 개의 상반된 힘 사이에서 면도날 같은 균형을 아직 찾지 못했다. 램지 씨와 그림 사이에 균형이 필요했다. 아마 구도가 잘못된 탓일까. 벽의 선을 없애야 했을까, 아니면 나무 덩어리가 너무 무거운 걸까! 무심코 비꼬는 웃음이 떠올랐다. 시작할 때는 자기 문제를 해결했다고 생각하지 않았던가?

그렇다면 무엇이 문제일까? 그녀는 자기를 빠져나가 버린 무언가를 잡기 위해 애썼다. 그것은 램지 부인을 생각하는 사이에 도망갔고, 그림을 생각하는 지금도 빠져나가 버렸다. 말은 찾아온다. 환영도. 아름다운 그림도, 아름다운 문장도 찾아온다. 그러나 그녀가 붙잡고 싶은 것은 전기가 통하는 충격, 형체를 이루기 전의 있는 그대로의 모습이었다. 그것을 잡아내서 다시 시작하자, 그것을 잡아내서 다시 시작하는 거야. 릴리는 이젤 앞에서 다시 마음을 다잡고 필사적으로 말했다. 인간이라는 장치는 그림을 그리거나 감정을 느끼기엔 참담할 정도로 효율이 낮다. 중요한 순간에는 언제나 고장나 버린다. 용기를 내어 그것을 무리하게 작동시킨다. 얼굴을 찡그리면서 릴리는 앞을 바라보았다. 확실히 저기에는 산울타리가 있어. 하지만 무턱대고 쥐어짜도 아무것도 나오지 않아. 벽의 선을 응시해도, 부인이 회색 모자를 쓰고 있었고 놀라울 만큼 아름다웠다고 생각해도, 그저 번쩍이는 빛이 느껴질 뿐이다. 만약 오지 않아도 오게 내버려두면 된다고 릴리는 생각했다. 생각할 수도 느낄 수도 없을 때가 있어. 하지만 생각하지도 느끼지도 못한다면 우리는 존재한다고 할 수 있을까?

릴리는 주저앉아 붓으로 질경이 군락을 헤집으면서 여기 잔디밭 위, 여기 땅 위가 그녀가 있을 곳이라고 생각했다. 잔디는 매우 거칠었고 잡초가 섞여 있었다. 여기 이 세계 위에 앉아서, 그녀는 오늘 아침 일어나고 있는 모든 일은 이 세상에서 처음이자 마지막으로 일어나는 것이라고 생각했다. 마치 여행자가 잠이 덜 깬 상태에서도 열차의 차창 너머를 바라보면서, 자신은 지금 이 마을의 모습과 저 노새가 끄는 달구지, 밭에서 일하고 있는 저 여인을 봐 두어야 하며, 앞으로 두 번 다시 보지 못하리란 점을 잘 알고 있는 바로 그러한 상태였다. 오늘, 바로 지금, 이 잔디밭이야말로 곧 세계였다. 그녀와 카마이클 씨 두 사람이 이 높은 곳에 함께 있었다. 릴리는 카마이클 씨를 보면서 그도 자기와 같은 생각을 하고 있다고 느꼈다(두 사람은 아침 내내 한마디도 주고받지 않았지만). 아마 두 번 다시 그를 보지 못할지도 모른다. 그는 아주 많이 늙었다. 그녀는 그의 발끝에 걸려 있는 슬리퍼를 보고 웃으면서 그가 유명해졌다는 사실을 상기했다.

세간에서는 그의 시를 "매우 아름답다"고 말했다. 40년 전에 쓴 것까지도 출판했다. 지금은 카마이클이라는 유명인이 옆에 있다는 사실에 릴리는 웃으면서 생각했다. 인간은 대체 몇 가지 형태를 지닐 수 있을까. 신문에서 치켜세우는 그와 여기 있는 옛날 그대로인 그는 완전히 똑같지만, 굳이 말하자면 다만 지금은 흰머리가 조금 늘었을 뿐이다. 그녀의 눈에도 그는 정말로 아주 똑같아 보였는데, 카마이클 씨가 앤드루 램지의 사망소식(그는 유탄을 맞고 즉사했다. 훌륭한 수학자가 될 재목이었다)을 듣고 "인생에 대한 흥미를 완전히 잃었다"고 말했다며 누군가가 말해준 것을 들은 적이 있다. 그게 무슨 뜻일까? 커다란 지팡이를 짚고 트라팔가 광장(런던 남서부, 넬슨 제독을 기념하는 광장)을 행진이라도 했다는 걸까. 세인트존스우드의 자기 방에 혼자 틀어박혀, 읽지도 않으면서 책장만 끊임없이 넘기고 있었다는 말일까? 앤드루가 전사했다는 말을 듣고 무엇을 어떻게 했는지는 모르지만 그녀는 그의 심정을 충분히 알 것 같았다. 릴리와 카마이클 씨는 계단에서 마주치면 우물우물 인사를 하고 하늘을 올려다보며 내일은 날씨가 맑을까요, 흐릴까요, 하는 말이나 나누는 사이

제3부 등대 369

였다. 하지만 이것도 사람을 이해하는 한 가지 방법이다. 윤곽만 파악하고 세세한 부분은 모르는 것처럼, 정원에 앉아 비탈길을 내려다보며 그 끝이 보라색 히스꽃 속으로 묻혀 사라지는 것을 바라보았다. 그녀는 그런 식으로 그를 알고 있었다. 약간 달라진 점은 인정한다. 그의 시는 한 구절도 읽지 않았지만, 그 느긋하고 기분 좋게 울리는 흐름은 알 것 같았다. 충분히 잘 익어서 감미롭고 달콤했다. 사막이나 낙타, 야자나무와 일몰에 대해 말했다. 그리고 매우 비인간적인 것들도 다루었다. 죽음에 대해 말했지만 사랑에 대해서는 거의 말하지 않았다. 그는 초연했고, 남들로부터 거의 아무것도 요구하지 않았다. 옆구리에 신문을 끼고 저 응접실 창가를 지나갈 때면 언제나 어색하고 비틀거리는 그의 걸음은 램지 부인을 피하려는 것이었다. 왜인지 모르지만 부인을 그다지 좋아하지 않았다. 부인이 언제나 그를 불러 세운 것도 물론 그 이유 때문이었다. 그러면 그는 인사를 했다. 마지못해 멈춰 서서 깊게 절을 했다. 램지 부인은 그가 자기에게서 아무것도 원하지 않자 몸이 달아서 그에게 물었다(곧잘 들려왔다). 외투는, 무릎덮개는, 신문은 필요 없으세요? 아니요, 아무것도 필요 없습니다(이렇게 말하고 그는 인사를 했다). 그녀의 성품 중에 그의 마음에 들지 않는 부분이 있었던 것이다. 아마 그 위압적인 태도와 적극적이고 실제적인 면이 싫으셨던 것일 테지요. 정말 아무도 막을 수 없는 분이셨어요.

(어떤 소리에 릴리의 주의가 객실 창문으로 쏠렸다. 경첩이 삐걱거리는 소리였다. 실바람이 창문과 장난을 치고 있었다.)

부인을 아주 싫어한 사람도 분명 있었을 거예요. 릴리는 생각했다(그랬다. 응접실 계단이 비어 있는 것을 깨달았지만, 그것은 릴리에게 아무런 감흥도 주지 않았다. 그녀에게는 더 이상 부인이 필요치 않았다). 부인이 너무 자신만만하고 지나치게 격렬하다고 생각한 사람도 있었을 거예요. 그리고 아마 그 미모가 질투를 불러일으켰겠지요. 너무 단조롭고 언제나 똑같다고 말이에요. 또 다른 유형—피부가 거무스름하고 쾌활한 여자를 좋아하는 사람도 있습니다. 게다가 부인은 남편에게 너무 무릅니다. 그가 온갖 소동을 벌이는 것은 그 때문입니다. 그리고 속내를 비치지도 않아요. 부인에게 일어난 일을 정확하게 아는 사람은 아무도 없었다. 또한 (카마이클 씨가 부인을 싫어하는 이야기로 돌아와서) 램지 부인이 하루 종일 잔디밭에 서서 그림을 그리거나 드러누워 책을 읽는 모습은 도저히 상상할 수 없었다. 생각지도 못할 일이었다. 그녀는 한 마디 말도 없이 용무가 있어서 외출한다는 표시로 팔에 바구니를 걸치고 읍내로 갔고, 환기도 잘 안 되는 조그만 방으로 찾아가 가난한 사람들을 문병했다. 릴리는 놀이나 토론에 한참 빠져 있다가, 팔에 바구니를 걸치고 꼿꼿한 자세로 말없이 외출하는 부인을 곧잘 보았다. 부인이 돌아오는 것도 보았다. 환자들은 반쯤 웃음 짓고(부인은 찻잔을 아주 다소곳하게 다루었으므로) 반쯤 감탄하면서(부인은 숨이 막힐 정도로 아름다웠다) 고통으로 눈을 지그시 감으면서 그녀를 보았을 것이다. 당신은 아픈 사람들과 함께 있다 오셨군요. 릴리는 생각했다.

그러다 램지 부인은 누군가가 식사에 늦거나, 버터가 신선하지 않거나, 찻주전자에 이가 빠져 있으면 버럭 화를 냈다. 부인이 버터가 신선하지 않다고 툴툴거리는 동안, 사람들은 그리스 신전을 떠올리며 그리스여신 같은 미인이 어쩌다 자기들과 같은 자리에 있는지를 생각했다. 부인은 절대 말만 앞세우지 않았다. 말로 하기 전에 떠나고, 행동한다. 시간을 지키고, 곧바로 행동하는 것은 부인의 본능이었다. 제비가 남쪽으로 향하고 아티초크가 태양을 향하듯, 언제나 그녀는 사람들을 향하고, 그들의 마음속에 자신의 둥지를 틀었다. 모든 본능이 그렇듯이 부인의 이 본능은, 그것을 갖고 있지 않은 사람에게는 조금 고통스러웠다. 카마이클 씨도 그랬을지도 모르고, 릴리는 확실히 그랬다. 두 사람은 바로 행동의 무익성과 사고의 우월성에 관한 공통된 어떤 생각을 갖고 있었다. 부인이 어디론가 가는 것은 그들에게는 일종의 비난이었고, 세상에 대한 또 다른 의미를 일깨우는 것이었다. 그 결과 그들은 자신들의 선입관이 사라지는 것을 보고 저항의식에 불타올라 사라져가는 선입관을 붙들고 늘어지게 된 것이다. 찰스 탠슬리도 그랬다. 그가 미움받는 이유도 대부분 그 때문이었다. 그는 인간 세상의 균형을 뒤엎는 사람이었다. 그런데 그에게 무슨 일이 있었던 걸까? 릴리는 멍하니 붓으로 질경이를 헤집으며 생각했다. 그는 특별연구원이 되었고, 결혼해서 골더스 그린(런던의 교회)에 살고 있었다.

전쟁 중에 릴리는 어느 강연회에서 그의 연설을 들은 적이 있었다. 그는 무언가를 공격했고 누군가를 비난했다. 동포애를 설파하고 있었다. 그녀는 이렇게 생각했다. 그림도 볼 줄 모르는 사람이 그녀의 뒤에서 새그 담배를 피우면서(1온스에 5펜스랍니다, 브리스코 양), 마치 그것이 자기 사명이라도 되는 양 여자는 글도 쓸줄 모르고 그림도 그릴 줄 모른다고 말하던 사람이, 자기가 그렇게 믿고 있어서라기보다는 어떤 알 수 없는 이유로 그렇기를 바랐기 때문에 그런 말을 하던 사람이, 정말로 동포를 사랑할 수 있을까? 깡마르고 불그레한 얼굴에 쉰 목소리로 그가 강단에 서서 사랑을 말하고 있었다(그녀가 붓으로 헤집던 질경이 사이로 개미가 기어 다녔다. 정력적인 붉은 개미로, 찰스 탠슬리와 조금 닮았다). 그녀는 사람이 반쯤 들어찬 강당에 앉아서 그 싸늘한 공간에 사랑을 퍼 올리고 있는 그에게 야유하는 눈빛을 보내고 있었는데, 갑자기 낡은 통발 같은 것이 파도 사이에 떠 있고 램지 부인이 자갈 사이에서 안경집을 찾고 있는 모습이 눈앞에 떠올랐다. "아이 참, 성가셔라! 또 잃어버렸어요. 내버려 두세요, 탠슬리 씨. 해마다 여름이면 몇천 개씩 잃어버리는걸요." 이 말을 듣고 그는 턱으로 옷깃을 누르면서, 그런 터무니없는 과장은 받아들이기 힘들지만 자기가 좋아하는 당신이 하는 말이니 참겠다는 듯이 아주 매력적인 웃음을 지었다. 그 긴 소풍에서 돌아오는 길에, 사람들이 뿔뿔이 흩어지고 둘이 돌아오면서 그는 분명 부인에게 속마음을 털어놓았을 것이다. 그는 여동생 학비를 대고 있대요, 정말 훌륭하지 않아요? 램지 부인이 릴리에게 말한 적이 있었다. 그에 대한 릴리 자신의 감상도 좀 이상하단 점은 잘 알고 있었다. 그녀는 붓으로 질경이를 쿡쿡 찌르면서 생각했다. 타인에 대한 우리의 평가는 대부분 이상하다. 자기 고유의 비밀스런 목적에 맞추어 평가하기 때문이다. 그녀에게 그는 왕자의 글동무^(왕자 대신 매를 맞는 사람) 같았다. 그녀는 화가 나면 그의 깡마른 옆구리에 회초리를 내리쳤다. 그러므로 그를 진지하게 바라보려면, 램지 부인의 말을 참고하고 부인의 눈을 통해 보아야 했다.

릴리는 개미가 타고 넘어갈 수 있도록 작은 산을 만들어 주었다. 개미들은 자기들의 우주가 간섭당하자 어쩔 줄 모르며 갈팡질팡했다. 왼쪽으로 가는 개미도 있고 오른쪽으로 가는 개미도 있었다.

부인을 정말로 이해하려면 50쌍의 눈이 필요하다고 릴리는 생각했다. 아니, 그녀를 제대로 관찰하려면 50쌍의 눈으로도 부족했다. 그 중에는 그녀의 아름다움을 이해하지 못하는 눈도 있을 것이다. 가장 필요한 것은 어떤 신비로운 감각, 공기처럼 정밀한 감각이었다. 그것은 열쇠 구멍으로 숨어들어가서, 뜨개질을 하고 이야기를 하면서 창가에 혼자 조용히 앉아 있는 부인을 에워싸고, 그녀가 생각하고 상상하고 바라는 것을 마치 대기가 증기선 연기를 품듯이 감각 속에 고이 간직할 것이다. 부인에게 산울타리는 어떤 의미일까. 정원은, 부서지는 바다는 무엇을 의미할까? (릴리는 램지 부인이 그랬던 것처럼 고개를 들어 올려다보았다. 해변에서 파도가 밀려오는 소리가 들려왔다.) 그리고 아이들이 크리켓을 하면서 "아웃이야? 아웃이야?" 하고 고함지를 때 부인의 마음속에는 무엇이 꿈틀대고 요동쳤는가? 부인은 뜨개질을 잠시 멈추고 깊은 생각에 잠기곤 했다. 그리고 집중하다가 다시 긴장을 풀었다. 그러자 갑자기 램지 씨가 걸어와 부인 앞에 딱 멈춰 섰다. 기묘한 충격이 온몸을 타고 흐르며 그녀를 감싸고 뒤흔들었다. 램지 씨는 굽어보듯이 서서 눈을 내리깔고 부인을 보았다. 릴리는 그러한 램지 씨를 바로 눈앞에서 보는 것 같았다.

그는 손을 뻗어 부인을 의자에서 일으켰다. 어쩐지 전에도 그런 일이 있었던 느낌이었다. 언젠가도 그렇게 몸을 숙이고 배에서 내려준 적이 있었다. 배가 기슭에서 4, 5인치 떨어져 있었으므로 신사들은 부인들이 뭍으로 나오는 것을 도와주어야 했다. 옛날에 유행한 크리놀린(버팀살을 넣어 부풀린 치마)이나 페그탑 바지(위는 넓고 아래로 갈수록 좁아지는 바지)가 등장할 법한 고풍스러운 정경이었다. 그의 도움을 받으면서 램지 부인은 생각했다(고 릴리는 상상했다). 드디어 때가 왔어. 그래, 지금 말해 버리자. 당신과 결혼하겠다고. 아마 부인은 그 한 마디만 하고 그에게 손을 내맡긴 채 천천히 걸음을 옮겨 조용히 기슭으로 올라갔을 것이다. 당신과 결혼하겠어요. 그의 손 위에 자신의 손을 올리고 그녀는 말했겠지. 그러나 그 이상은 한 마디도 하지 않았을 것이다. 그때의 전율이 두 사람 사이에서 수없이 오고갔을 것이다—틀림없어, 릴리는 개미들을 위해 길을 평평하게 다듬어 주면서 생각했다. 내가 꾸며낸 게 아니야. 몇 년 전부터 꼭꼭 접힌 채로 숨어 있던 것과 내가 본 것에 돌파구를 열어주었을 뿐이다. 그 어수선하고 떠들썩한 일상 속에서 부인은 아이들과 손님들 뒤치다꺼리를 끊임없이 되풀이하고 있다는 느낌을 떨쳐버릴 수 없었다. 어떤 것이 앞서 떨어진 것 위로 또 떨어지면서 메아리를 일으켜 공중으로 울려 퍼졌고, 그로 인해 공중에 진동으로 가득 차는 일이 반복되었다.

하지만 두 사람의 관계를 그렇게 단순하게 보는 것은 그녀의 착각일지도

제3부 등대 373

몰랐다. 릴리는 두 사람이 함께 걸어가는 모습, 부인은 녹색 숄을 걸치고 남편은 바람에 넥타이를 펄럭이며 둘이 팔짱을 끼고 온실 옆을 지나가는 모습을 떠올리며 생각했다. 지극한 행복의 연속은 결코 아니었다. 부인은 충동적이고 성격이 급했으며, 남편은 몸서리를 치고 금방 우울해졌다. 절대 행복은 아니었다. 그럴 리 없었다. 침실 문이 아침 댓바람부터 쾅 소리를 낼 때도 있었고, 화를 내며 식탁에서 벌떡 일어날 때도 있었다. 창밖으로 접시가 휙 날아가기도 했는데, 그러면 온 집 안의 문이 쾅쾅 닫히고 블라인드가 푸드득거리면서 어수선해졌다. 마치 돌풍이 휘몰아쳐서 모두들 황급히 증기선 갑판의 문을 닫아걸고 물건들이 날아가지 않도록 정돈하느라 정신이 없는 것처럼. 그런 어느 날 릴리는 계단에서 폴 레일리와 마주쳤고 그들은 아이마냥 자지러지게 웃었다. 왜냐하면 아침 식사 때 우유에서 집게벌레를 발견한 램지 씨가 접시를 통째로 창밖 테라스로 던져버렸기 때문이었다. "하필 아버지 우유에 집게벌레라니." 프루는 무서워 벌벌 떨며 말했다. 다른 사람이라면 지네가 나와도 어쩔 수 없다며 웃어넘길 일이었지만 램지 씨는 신성한 울타리를 엄숙하게 두르고 그 성지를 위엄 있게 통치하고 있으므로, 우유 속의 집게벌레는 괴물에 필적하는 것이었다.

그러면 램지 부인은 지치고 다소 겁에 질렸다. 접시가 날아다니고 문이 쾅쾅거리면 그럴 만도 했다. 그래서 두 사람 사이에는 어색한 침묵이 길게 이어졌다. 그러면 부인은 슬픔과 원망에 차서 그 폭풍을 냉정하게 극복하거나, 릴리와 폴이 그런 것처럼 웃어넘기지도 못하고, 지친 탓인지 무언가를 숨겨버렸다. 생각에 잠겨 침묵하고 있었다. 얼마 지나자 램지 씨는 부인이 있는 곳 근처로 슬그머니 다가와 서성대기 시작했다—부인이 편지를 쓰거나 이야기하고 있는 창 아래를 왔다 갔다 했다. 부인은 그가 지나갈 때면 언제나 바쁜 척하며 그를 피하고 못 본 척했는데, 그러면 그는 비단결처럼 부드럽고 상냥하고 정중하게 그녀의 환심을 사려고 애썼다. 그래도 부인은 얼씬거리지 못하게 했다. 부인은 아주 잠깐 고개를 돌리고 어깨 너머로 자만에 빠진 거만한—그것은 미인의 당연한 권리라고 여겨지지만 평소의 그녀에게서는 전혀 찾을 수 없는 것이었다—얼굴을 보이며 과시했다. 옆에는 언제나 민타와 폴이 있었고, 윌리엄 뱅크스가 있기도 했다. 이윽고 그는 무리에서 밀려나온 굶주린 울프하운드(늑대사냥에 쓰이는 개)처럼 서서 (릴리는 잔디밭에서 일어나 그를 보았던 계단과 창문을 바라보았다) 그녀의 이름을 한 번 불렀는데, 그 모습은 마치 눈밭에서 울부짖는 늑대 같았지만 그래도 부인은 돌아보지 않았다. 그는 다시 한 번 이름을 불렀고, 이번에는 그 말투 속의 무언가가 그녀의 마음에 파장을 일으켰다. 부인은 갑자기 모든 것을 내팽개치고 그에게 달려갔고, 마침내 그와 함께 배나무와 양배추밭과 딸기밭 사이를 거닐었다. 그러면서 그들은 시시비비를 가리고 싸움의 결말을 지을 텐데, 과연 어떤 태도와 어떤 방식으로 할까? 이들에게는 다가오지 못하게 하는 어떤 위엄이 있었다. 그래서 릴리도 폴도 민타도 얼굴을 돌리고 호기심과 불편함을 숨기며 저녁 식사 시간까지 꽃을 꺾거나 공놀이를 하거나 잡담을 나눴다. 저녁 식사 때 그들은 평소처럼 각각 식탁의 양쪽 끝에 앉아 있었다.

"누가 식물학을 전공할 생각은 없느냐? ……이렇게 튼튼한 팔다리가 수두룩한데 너희 중 하나 정도는……." 아이들에게 둘러싸여 그들은 여느 때처럼 웃으면서 이야기했다. 다만 두 사람 사이에는 공중에서 번뜩이는 칼날처럼 나타났다 사라졌다 하는 떨림만을 제외하면, 모든 것이 평소와 다름없었다. 아이들이 수프 접시를 둘러싸고 앉은 언제나 보던 광경이, 배나무와 양배추 사이를 거닐고 온 뒤로 두 사람 눈에 신선하게 비치는 것 같았다. 특히 릴리가 볼 때, 램지 부인의 시선은 곧잘 프루에게 향했다. 프루는 동생들 한가운데에 앉아 있었는데, 항상 일이 제대로 돌아가는지 전전긍긍하느라 거의 입도 열지 못했다. 프루는 우유 속에 든 집게벌레 때문에 한없이 자신을 책망했다. 램지 씨가 접시를 창밖으로 던졌을 때는 얼마나 창백해졌던지! 부모의 그 긴 침묵 속에서 얼마나 풀이 죽어 있었던지! 아무튼 어머니는 지금 열심히 프루를 위로하며 모든 일이 잘 풀렸다고 안심시키려 애썼다. 머지않아 네게도 이런 행복이 찾아 올 거라고 약속했다. 그러나 프루는 그 행복을 1년도 채 누리지 못했다.

프루는 바구니의 꽃을 쏟아버린 거라고 생각하면서, 릴리는 자기 그림을, 손도 대지 못하는 그림을 보기 위해 눈을 가늘게 뜨고 뒤로 물러섰다. 모든 감각 기능이 무아지경에 빠진 듯, 얼어붙은 표면 밑에서 엄청난 속도로 흘러가고 있었다.

릴리 또한 바구니의 꽃을 쏟아서 풀밭 위에 흩뿌리고, 마지못해 망설이면서도 의심은커녕 불평 한 마디 없이 떠나온 자신이야말로 순종의 화신이 아

제3부 등대 375

니었던가. 들판을 지나 계곡을 건너 하얀 꽃들을 가득 흩뿌리면서―그녀는 그것을 이런 식으로 그리고 싶다고 생각했다. 주변의 언덕은 험준했다. 바위 투성이에 가팔랐다. 파도는 아래의 바위 위에서 거친 비명을 내지르고 있었다. 그들 세 사람은 함께 갔다. 램지 부인은 앞에서 조금 서두르며 걸었다. 마치 그 모퉁이만 돌면 누군가를 만날 거라고 예상하고 있는 것처럼.

갑자기 릴리가 바라보던 창문이 그 뒤에 있는 어떤 밝고 가벼운 물체 때문에 하얘졌다. 드디어 누군가 응접실로 들어왔구나, 의자에 앉았어. 하느님, 제발 그들이 저기 가만히 앉아 있도록 해 주세요, 우물쭈물 밖으로 나와서 내게 말을 걸지 않게 해 주세요. 누군지는 모르지만 다행이 방 안에 가만히 있었다. 게다가 다행히도 계단 위에 그 기묘한 삼각형 그림자를 드리우는 위치에 자리 잡았다. 그로 인해 그림의 구도가 조금 달라졌다. 매우 흥미로웠다. 매우 유용했다. 그녀의 감정이 되살아났다. 감정의 고삐를 늦추거나 깊이와 결의를 버리거나 현혹당하지 않도록, 한순간도 눈을 떼지 않고 계속 응시해야 한다. 이 풍경을 이렇게 바이스로 쬐어서라도 잡아 두어야 한다. 무언가가 비집고 들어와 그것을 망치지 못하도록 해야 한다. 릴리는 붓에 물감을 꼼꼼히 찍으면서 생각했다. 보통 정도의 경험으로, 단순히 이것은 의자고 저것은 식탁이라고 느끼면 좋겠지만, 동시에 기적이며 무아의 경지라고 불리는 것도 원하는 것이다. 그 문제도 결국 해결될 것이다. 어머, 그런데 무슨 일이지? 하얀 파도 같은 것이 창유리 위로 지나갔습니다. 바람이 방 안의 장식을 흔든 것이 틀림없었다. 릴리의 심장은 그녀에게 달려든 부인의 모습에 사로잡혀 괴로웠다.

"램지 부인! 램지 부인!" 릴리는 그 옛날의 두려움이 돌아왔음을 느꼈다―원하고 원했지만 가지지 못했던 그 두려움 때문에 부르짖었다. 부인은 아직도 내게 그런 두려움을 줄 수 있단 말인가? 그리고 조용히, 마치 부인이 자제라도 한 것처럼 그 공포 또한 의자와 식탁처럼 평범한 경험의 일부가 되었다. 램지 부인은―릴리에 대한 온정의 일부였다―그 의자에 지극히 평범하게 앉아 뜨개바늘을 놀려 적갈색 양말을 짜면서 계단에 그림자를 드리웠다. 거기에 부인이 앉아 있었다.

그리고 반드시 함께 나누어야 할 것이 있지만, 지금은 이젤 앞을 도저히 떠날 수 없어서, 자신이 생각하던 것과 보고 있던 것으로 가슴이 벅차올라서, 릴리는 붓을 든 채로 카마이클 씨를 지나 잔디밭 끄트머리까지 걸어갔다. 그 배는 지금 어디쯤 있을까? 램지 씨는? 릴리는 그를 원했다.

12

램지 씨는 거의 다 읽어가고 있었다. 한손이 책장 위를 맴돌며 다 읽으면 곧장 넘길 기세로 기다리고 있었다. 모자도 쓰지 않아서 그의 머리칼이 휘날리면서 바람 앞에 이상할 정도로 적나라하게 노출되었다. 그는 그는 매우 늙어 보였다. 때로는 등대를 배경으로 하고, 때로는 만 밖으로 널리 펼쳐진 바다의 출렁이며 파도치는 황야를 배경으로 한 아버지의 머리가, 제임스는 마치 모래사장에 가로놓인 오래된 바윗돌 같다고 생각했다. 마치 그들 두 사람의 마음 깊은 곳에 언제나 자리잡고 있는 그 고독을 몸으로 구현하고 있는 것 같았다. 그들은 그 고독이야말로 만물의 본질이라고 생각했다.

램지 씨는 어서 빨리 끝내려는 듯 매우 서둘러 읽고 있었다. 그러고 보니 벌써 등대가 아주 가까워졌다. 바로 앞에 우뚝 솟아서 흰색과 검정색으로 번쩍번쩍 빛나는 모습을 드러내고 있었다. 파도가 바위에 부딪치면서, 산산이 부서지는 유리처럼 하얀 물보라를 만들고 있었다. 바위의 선과 주름들이 보였다. 창문도 선명하게 보였다. 창 하나에 하얀 페인트 자국이 꾹 찍혀 있었다. 바위 위에 이끼도 한 무더기 보였다. 등대에서 한 남자가 나왔다. 그들에게 망원경을 들이대더니 다시 안으로 들어갔다. 오랜 세월 동안 저 먼 만 끝에서 바라보던 등대가 이렇게 생겼구나. 제임스는 생각했다. 헐벗은 바위 위에 의젓하게 서 있는 탑을 보니 흡족했다. 그것은 자기 자신의 특성에 대한 어렴풋하던 감정을 선명하게 끌어냈다. 노부인들은 잔디밭에서 의자를 이리저리 끌고 있겠지. 제임스는 집 정원을 떠올리면서 생각했다. 가령 백위스 부인, 그 할머니는 언제나 정말 훌륭해요, 아주 아름다워요, 모두의 자랑이에요, 즐겁게 살아야죠, 하고 입버릇처럼 말했지만 사실은 저런 것이구나 하고 바위 위에 선 등대를 바라보며 제임스는 생각했다. 다리를 단단히 꼬고 앉아서 맹렬한 기세로 책을 읽는 아버지를 보았다. 두 사람은 모두 "우리는 질풍에 쫓기고 있으며, 분명 가라앉을 것"임을 잘 알고 있었다. 제임스는 반쯤 소리를 내어 아버지의 말을 따라하며 혼자 중얼거렸다.

1세기 동안 아무도 말을 하지 않은 기분이에요. 캠은 바다를 바라보는 것

제3부 등대 377

이 지겨웠다. 검은 코르크 조각들이 둥둥 떠내려갔다. 배의 바닥에 있던 물고기는 죽어 있었다. 아버지는 아직도 책을 읽고 있었다. 그리고 제임스가 그를 보았고 캠도 그를 보았다. 남매는 죽을 때까지 횡포에 맞서 싸우기로 맹세했다. 하지만 램지 씨는 두 사람의 생각 따윈 조금도 개의치 않고 계속 읽었다. 아버지는 저런 식으로 피한다고, 캠은 생각했다. 그래, 작고 얼룩진 책에 훤칠한 이마와 콧날을 단단히 박은 채로 꼼짝도 안 하면서 그는 벗어난 거야. 두 손을 뻗어 아버지를 붙잡으려고 하면 새처럼 날개를 펼치고 손이 닿지 않는 곳으로 날아가서 저 멀리 쓸쓸한 그루터기 위에 내려앉으서. 캠은 끝도 없이 펼쳐진 바다를 바라보았다. 섬은 아주 작아져서 더 이상 나뭇잎처럼 보이지도 않았다. 커다란 파도라도 치면 바위 꼭대기처럼 보이면서 금방 잠겨버릴 것 같았다. 그러나 저 연약함 속에 그 오솔길이 있고, 테라스가 있고, 침실이 있고, 헤아릴 수 없이 많은 것들이 있다. 마치 잠이 들기 전에 사물이 단순해지고 수많은 세세한 것들 가운데 오직 하나가 앞으로 튀어나오는 것처럼, 캠이 졸음에 겨워 섬을 보고 있는 사이에 모든 오솔길과 테라스와 침실 등은 흐릿해져서 모습을 감추었다. 나중에는 캠의 마음에 이리저리 흔들리는 푸르스름한 향로 하나만이 남았다. 그것은 계곡이 있고 새가 있고 꽃이 있고 산양이 있는 공중정원이었다. ……캠은 잠에 빠졌다.

"자아, 오너라." 갑자기 책을 덮고 램지 씨가 말했다.

오라니, 어디로? 멋진 모험이라도 떠나자는 거야? 캠은 벌떡 일어났다. 상륙하는 거야? 어디로 올라가는데? 어디로 데려가는 거지? 매우 긴 침묵 뒤였으므로 그들은 그 말에 깜짝 놀란 것이었다. 하지만 별 것 아니었다. 배가 고프구나. 점심시간이야. 그리고 보려무나. 저길 봐, 저기가 등대야. 그가 덧붙였다. "이제 거의 다 온 셈이야."

"아주 잘 하셨어요." 매칼리스터가 제임스를 칭찬했다. "배가 흔들리지 않도록 아주 야무지게 하셨어요."

그러나 아버지는 절대 칭찬해주시지 않아. 제임스의 표정은 싸늘했다.

램지 씨는 꾸러미를 풀어 모두에게 샌드위치를 돌렸다. 어부들과 함께 빵과 치즈를 나눠 먹으면서 매우 즐거워했다. 시골에서 살며 노인들과 담배를 씹고 침도 뱉으면서 항구를 어슬렁거리고 싶으신 거야. 제임스는 노란 치즈를 주머니칼로 얇게 썰고 있는 아버지를 가만히 바라보면서 생각했다.

378 등대로

그래, 이거야, 바로 이런 기분이야. 캠은 삶은 달걀 껍데기를 벗기면서 느꼈다. 언젠가 서재에서 노신사들이 타임스 신문을 읽고 있을 때와 같은 느낌이었다. 이제 나는 내가 좋아하는 것만 생각하면 돼. 절벽에서 떨어지거나 물에 빠져 죽는 일은 없어. 아버지가 옆에서 잘 지켜봐 주실 테니까. 그녀는 생각했다.

그러는 사이에도 배는 바위 옆을 재빨리 지나쳤으므로 기분이 매우 짜릿했다. 두 가지를 동시에 하고 있는 것 같았다. 햇볕 아래에서 점심을 먹으면서, 높은 파도 때문에 난파당하여 안전한 피난처를 찾아 항해하는 중이었다. 물은 모자라지 않을까? 식량은? 그녀는 꾸며낸 이야기에 즐거워하면서도 현실을 제대로 이해하고 있었다.

우리는 곧 이 세상과 작별하겠지만 아이들은 앞으로 온갖 신기한 일과 마주하겠지요. 램지 씨가 매칼리스터 노인에게 말했다. 매칼리스터는 지난 3월에 75세가 되었다고 했다. 램지 씨는 71세였다. 매칼리스터는 의사를 찾아간 적이 없고, 이도 하나도 빠지지 않았다고 했다. 아이들도 이런 식으로만 살아주면 고맙죠—캠은 아버지도 분명 그렇게 생각하고 있다고 확신했다. 그녀가 샌드위치를 바다로 던져버리려고 하자 그가 못하게 막았다. 마치 어부들을 생각하면서 그들이 어떻게 사는지를 고려하는 것 같았다. 먹고 싶지 않으면 다시 싸 두어라, 음식을 낭비하면 못 쓴다. 세상에서 일어나는 모든 일을 훤히 꿰고 있는 듯한 아주 든든한 말투였다. 그녀는 얼른 그것을 도로 집어넣었다. 그러자 그는 자기 꾸러미에서 생강 과자를 꺼내어 그녀에게 주었다. 마치 스페인 신사가 창가에 기대어 있는 숙녀에게 꽃을 바치는 것처럼(그만큼 정중한 태도였다). 하지만 아버지는 소박하게, 매우 낡고 초라한 모습으로 빵과 치즈를 먹고 있었다. 게다가 선두에 서서 대원정을 나서려고 하고 있었다. 그녀가 보기에는 모두 익사할지도 모르는데.

"저기가 배가 가라앉은 곳이에요." 매칼리스터의 아들이 느닷없이 말했다.

"세 명이 지금 우리가 있는 곳에서 물에 빠졌지요." 노인은 말했다. 돛대에 매달려 있는 것을 이 눈으로 보았어요. 그 현장을 바라보고 램지 씨가 큰소리로,

그러나 나는 더욱 거친 바다 아래에 있노라

하고 말할까 봐 제임스와 캠은 무서웠다. 그리고 그랬다가는 더 이상 참을 수 없어서 큰 소리로 비명을 질렀을 것이다. 그들은 아버지의 내면에서 불타는 감정이 또다시 폭발하는 것을 절대 용서할 수 없다고 생각했다. 그런데 놀랍게도 아버지는 그저 "아아" 하고 한 마디만 했는데, 혼자만의 생각에 빠져 있는 것 같았다. 그런데 어째서 난파당한 일로 법석을 떠는 걸까. 폭풍으로 사람이 빠져 죽는 것은 당연한 일이다. 바다 밑도 (그는 샌드위치 부스러기를 털어 바다에 흩뿌렸다) 결국 물이다. 그러고는 파이프 담배에 불을 붙이고 시계를 꺼내 주의 깊게 들여다보았다. 아마 무슨 수학 계산이라고 하는 모양이었다. 마지막으로 승리의 함성을 울리듯이 말했다.

"수고했다." 제임스가 타고난 뱃사공처럼 키를 아주 잘 잡았던 것이다.

'그것 봐!' 캠은 속으로 제임스에게 말을 걸었다. 드디어 칭찬받았어. 그녀는 그것이 제임스가 계속 바라왔던 것이고, 마침내 그것을 손에 넣고 너무 기쁜 나머지 그녀와 아버지는 물론 다른 그 누구도 똑바로 쳐다보지 못한다는 것을 잘 알고 있었다. 그는 키를 잡고 반듯하게 앉아 부루퉁하게 약간 얼굴을 찡그리고 있었다. 너무 기뻐서 자신의 기쁨을 눈곱만큼도 남과 나누기 싫은 것이었다. 아버지가 제임스를 칭찬했다. 다른 사람 눈에는 그가 아버지의 칭찬에 전혀 무관심한 것처럼 보였겠지만, 캠은 제임스가 드디어 칭찬받았다고 생각했다.

배는 바람을 맞으며 갈지자로 나아갔다. 넘실대는 긴 파도를 타고 빠르고 경쾌하게 달렸다. 하나의 파도에서 또 다른 파도로 쾌활한 엇박자를 타고 암초를 통과했다. 왼쪽에 수심이 점점 얕아지면서 녹색을 띠기 시작한 물속에서 한 줄로 길게 늘어선 바위가 갈색으로 비쳐 보였다. 불쑥 치솟은 바위 위로 파도가 끊임없이 부서지면서 작은 물기둥을 뿜어 올리고는 소나기처럼 쏟아졌다. 물이 바위를 때리는 소리, 후드득 떨어지는 물방울 소리, 쏴쏴, 쏙쏙 하는 웅성거림이 포효하는 파도들이 바위 위로 굴러 철썩였다. 파도는 이처럼 뛰어 올라가 뒹굴며 영원히 뛰어노는 자유분방한 들짐승 같았다.

이제 등대 위에서 남자 두 명이 보였다. 그들을 지켜보며 맞이할 채비를 하고 있었다.

램지 씨는 겉옷 단추를 채우고 바지를 걷어 올렸다. 낸시가 준비해 준 엉성하게 포장된 커다란 갈색 종이꾸러미를 무릎에 올리고 앉았다. 상륙 준비를 끝내자 그는 섬을 돌아보았다. 그는 원시이므로, 금색 접시 위에 거꾸로 세운 나뭇잎이 작게 줄어든 것을 선명하게 볼 수 있었을 것이다. 무얼 보고 계실까? 캠은 궁금했다. 그녀의 눈에는 그저 흐릿한 덩어리였다. 무슨 생각을 하고 계실까? 저렇게 간절하고 조용하게 무얼 바라시는 걸까? 남매는 아버지를 보고 있었다. 그들은 아버지가 모자도 쓰지 않고 무릎에 종이꾸러미를 올린 채 저 여리고 푸른 형상, 저절로 불에 탄 무언가의 연기처럼 보이는 저 푸른 형상을 바라보는 모습을 지켜보았다. 무엇을 원하세요? 아이들은 그렇게 묻고 싶었다. 둘 다 이렇게 말하고 싶었다. 필요하신 것은 무엇이든 말씀하세요, 다 드리겠어요. 하지만 아버지는 아무것도 요구하지 않았다. 그냥 앉아서 섬을 바라보면서, 우리는 저마다 혼자서 죽는다고 생각하는지도 모르고, 어쩌면 이제야 도착했다, 겨우 발견했다고 생각하는지도 몰랐다. 하지만 그는 아무 말도 하지 않았다.

그러고 나서 그는 모자를 썼다.

"저 꾸러미를 다 가져 오너라." 그는 낸시가 등대에 가져가라고 준비해 준 온갖 꾸러미들을 턱으로 가리켰다. "등대지기에게 줄 선물"이라고 했다. 그는 일어서서 뱃머리에 섰다. 똑바로 허리를 폈다. 제임스는 생각했다. 정말이지, '신은 없다'고 말하는 것 같군. 캠은 마치 허공으로 뛰어드는 것 같다고 생각했다. 두 사람은 그가 젊은이처럼 가뿐하게 꾸러미를 들고 바위로 뛰어오르자 그 뒤를 따르기 위해 몸을 일으켰다.

13

"그가 등대에 도착했을 거예요." 소리내어 말한 릴리 브리스코는 갑자기 엄습해오는 피로를 느꼈다. 등대는 푸른 안개 속으로 녹아들어 거의 보이지 않았다. 그 등대를 바라보고 거기에 상륙한 그를 생각하는 두 가지 노력은 같은 하나의 노력으로 여겨졌고, 그로 인해 릴리의 몸과 마음은 극도로 긴장했다. 아아, 하지만 정말 안심했다. 오늘 아침 그분에게 드리려고 했던 것이 무엇이었든 마침내 그것을 드린 기분이었다.

"상륙했어요." 릴리는 소리내어 말했다. "이제 끝났어요." 그때 늙은 카마이클 씨가 갑자기 일어나 큰 파도가 몰아치듯 숨을 약간 씩씩거리며 릴리 옆에 섰다. 늙은 이교도의 신 같았다. 머리는 텁수룩했고 잡초가 엉겨 있었으며, 손에는 삼지창(포세이돈의 권위의 상징)을 (그것은 프랑스 소설이었지만)들고 있었다. 그가 잔디밭 끄트머리의 릴리 옆에 서서 거대한 몸집을 출렁거리며 손을 눈 위로 들어올리며 말했다.

"다들 상륙했겠군요."

릴리는 자기가 옳았다고 느꼈다. 두 사람은 말을 나눌 필요가 없었다. 그들은 같은 생각을 하고 있었다. 그리고 릴리가 아무것도 묻지 않아도 그는 대답했던 것이다. 그는 자신의 손으로 인류의 모든 약점과 수난을 감싸며 거기에 서 있었다. 인류의 마지막 운명을 연민을 품고 관대한 눈으로 살피고 있다고 생각했다. 그가 지금 이 등대 여행에 화환을 씌웠다고, 릴리는 그의 손이 천천히 내려오는 것을 보면서 생각했다. 그가 높은 곳에서 제비꽃과 수선화로 만든 화환을 떨어뜨려, 그 화환의 꽃송이들이 천천히 하늘하늘 날아서 마침내 지상에 내려앉는 모습을 보는 것 같았다.

갑자기 저쪽에서 뭔가의 부름을 받은 것처럼 릴리는 캔버스를 돌아보았다. 아아, 저기 있어, 내 그림이. 녹색과 푸른색, 위로 옆으로 이리저리 가로질러 달리는 선. 맞아요, 저 그림은 무언가를 시도하고 있습니다. 다락방에 걸릴지도 모릅니다. 버려질지도 모르죠. 하지만 그럼 어떤가요? 릴리는 자문하고 붓을 집어 들었다. 계단을 바라보았다. 텅 비어 있었다. 캔버스를 바라보았다. 흐릿했다. 갑자기 어떤 격렬한 감정이 휘몰아쳤다. 그녀는 그림 한가운데 선을 하나 그었다. 다 됐다, 완성했다. 릴리는 극심한 피로에 붓을 내려 놓았다. 그녀는 안식(眼識)을 얻었다고 생각했다.

울프의 생애와 작품

생애

버지니아 울프(Virginia Woolf)는 1882년 1월 25일 런던에서 태어났다. 비평가이자 전기작가, 철학자인 아버지 레슬리 스티븐(Leslie Stephen)은 그 당시 케임브리지 대학 학감으로서 가져야 할 신앙과 자기의 불가지론(不可知論)이 맞지 않음을 깨닫고, 보장된 장래를 저버리고 런던으로 나아가 문예시평가·비평가 및 편집인으로 활약하기 시작했다. 그의 저서에 《영국인명사전 *Dictionary of National Biography*》 《18세기 영국사상사 *History of English Thought in the Eighteenth Century*》 등이 있다. 그는 방대한 편집물 말고도 모두 30여 권의 책을 출판했는데, 그 대부분이 전기와 평론이다. 청빈한데다 곧은 성품에 예민하고 생각이 깊었던 레슬리 스티븐은 그즈음 문인들 사이에서 늘 두각을 나타냈다. 따라서 그의 자녀들도 문학적인 분위기 속에서 자라났다.

스티븐은 첫 아내와 8년간 함께 살다 사별했는데, 둘 사이에는 딸이 하나 있었다. 그로부터 3년 뒤 줄리아 덕워스(Julia Duckworth)와 재혼하여, 그녀와의 사이에서 네 자녀가 태어났다. 바네사(Vanessa), 줄리안 토비(Julian Thoby), 버지니아 그리고 에드리언(Adrian)이다. 버지니아에 의하면 어머니 줄리아는 '극히 천박하고 경솔하지만 예술을 사랑하고 사교적인' 가문에서 태어난 데다 꽤 미인이었다. 줄리아에겐 첫 남편의 아이들이 있었는데, 이들도 스티븐 자녀들과 함께 자랐다.

유년 시절 버지니아는 독자적이고도 자극적인 세계에서 살았다. 교육은 집 안에서 이루어졌으나 풍부했다. 고전들로 가득 찬 아버지의 서재가 그녀에겐 대학이나 마찬가지였다. 월터 피터(Walter Pater)의 누이에게서는 그리스어를 배웠다. 이렇게 자란 그녀는 교양을 마땅한 것으로 여기게 되었다. 따라서 그녀의 소설에 나오는 인물들은 거의 모두가 교양 있는 인물들이다.

울프의 생애와 작품 383

▲ 어머니 줄리아의 품에 안긴 버지니아
 (1884, 두 살 때)
◀ 버지니아의 부모
왼쪽 어머니 줄리아, 오른쪽 아버지 레슬리.

버지니아는 영국민 대다수가 고전을 즐기지 못하고 외국어를 알지 못하리라고는 상상조차 못했던 것 같다. 그녀는 자신의 소설 《밤과 낮Night and Day》에 나오는 캐서린 힐버리처럼 어려서부터 빅토리아 시대 저명인사들의 총애를 한 몸에 받았다. 그녀의 감성은 평생토록 지성에 입각한 것이었다.

레슬리 스티븐은 콘월(Cornwall)에서 매년 여름휴가를 보냈다. 콘월은 그가 점차 대단한 애착을 갖게 된 지역이다. 1881년에 세인트 아이브스(St. Ives)에 별장을 산 뒤, 가족은 13년간 빠짐없이 여름이면 그곳으로 갔다. 따라서 콘월은 런던 못지않게 버지니아가 유년기와 청춘기를 보낸 무대였다. 런던과 바다는 그녀의 상상세계의 토대가 되어 그녀의 소설배경은 대체로 도시나 고적한 해변이 된다. 소설 《제이콥의 방Jacob's Room》은 콘월에서 시작하여 런던으로 옮겨가고, 《댈러웨이 부인Mrs. Dalloway》의 배경은 전적으로 런던에 둔다. 《등대로To the Lighthouse》에서 인물들이 줄곧 머무는 스코틀랜드 서북쪽 해변의 풍경이나 분위기에는 헤브리디스(Hebrides) 열도의 그것에 못지않게 콘월적인 것이 있다. 도시와 해변의 대조, 런던과 콘월의 대조는 그녀의 감성적인 성격을 거의 상징한다고 보아도 좋다. 독자는 이 상징

384 댈러웨이 부인/등대로

적인 대조관계에서 한 걸음 더 나아
가 이성, 런던, 부계 유전과 직관,
콘월, 모계 가문의 유산 사이의 대
립관계도 볼 수 있으리라. 이러한
한 쌍의 반대개념들이 서로 결합되
어 그녀 고유의 안식(眼識)을 낳은
것이다.

레슬리 스티븐은 비교적 이른 시
절에 격렬한 정신적 고민없이 그의
정통적인 신봉에서 벗어났다. 만년
에도 제법 불가지론적인 태도를 지
켜가면서 그는 불가지론을 굳건한
도덕심과 순수한 가정애를 강화하는
데 이용했다. 이것이 그의 자녀들에
게 영향을 주었다. 버지니아는 호전
적인 무신론자나 회의론자로 자란
것이 아니라, 자기가 보는 데서 진

버지니아의 생가
런던 하이드파크 게이트 22

리를 추구하고 그것을 견지함을 본분으로 삼는 이성적인 도덕가로 자랐던
것이다. 그녀의 소설에서 느낄 수 있는 개성적인 안식은 아버지의 독보적인
정신적 자세와 유사한 점이 더러 있다 하겠다.

1904년에 아버지가 죽자, 버지니아는 언니 바네사, 오빠와 함께 블룸즈버
리 지구 고든 스퀘어 46번지로 옮겨갔다. 재능이 많던 그녀는 여기서 자립
하고 자신의 수입으로 처음 저술에 착수했다. 1907년 바네사가 미술평론가
클라이브 벨(Clive Bell)과 결혼한 뒤 버지니아는 동생 에드리언과 함께 피츠
로이 스퀘어 29번지에 집을 얻었다. 버지니아의 작업실은 위층에 있었지만,
친구들과 함께 밤이면 모여서 위스키·빵·코코아를 놓고 담론하던 곳은 책이
꽉 들어찬 에드리언의 아래층 서재였다. 버지니아 자신은 말을 하기보다는
듣는 편이었다.

피츠로이 스퀘어 집에 정기적으로 찾아온 친구들로는 데스먼드 매카시
(Desmond Macarthy)·찰스 테니슨(Charles Tennyson)·클라이브 벨·리튼 스

울프의 생애와 작품 **385**

▲세인트 아이브스의 고드레비 등대 지금도 탤란트 하우스에서 내려다보인다.

▼탤란트 하우스 10살이 될 때까지 매년 여름을 가족과 함께 이곳에서 보냈다.

'특급 투수'로 불렸던 버지니아
세인트 아이브스에 있는 탤란트 하우스 정원에서, 남동생 에드리언이 타자, 그녀는 위킷 수비수 역할을 맡고 있다.

트래치(Lytton Strachey)·힐튼 영(Hiliton Young)·존 메이너드 케인스(John Maynard Keynes) 등이 있었다. 세칭 블룸즈버리 그룹(Bloomsbury Group)은 여기서 시작된 것이다. 그 당시 버지니아를 알던 한 친구는 이렇게 말한다. "그녀의 새로운 생활이 처음 몇 년 동안 자기의 상상세계에 '활기를 주었다'고는 생각하지 않는다. 그녀가 준 인상으로 보건대 그녀는 자기가 새로운 모든 경험에 너무 민감하고, 자기가 여태껏 부닥치지 못했던 여러 가지 사실에 너무나 관심이 커서 그것에 전체적인 의미를 부여하기까지 시간이 필요했던 것 같다. 그에 대한 그녀의 안식을 완성하기에는 여러 해가 걸렸던 것이다."

환경이 가능하게 만들었던 구속의 결여, 자유의 의식, 이런 것에 그녀는 힘을 얻어 마음 내키는 대로 글을 썼다. 그러나 창작에 종사할 충분한 준비가 되었다고 느끼기까지 오랜 시일이 지나야 했다. 그녀의 초기 작품은 모두 평론인데 저술에 관한 견해를 발전시킨 것은 비평을 통해서였다. 영미의 다른 정기간행물들에 많은 자유기고평론을 발표하는 것 말고는 〈런던 타임즈 문예부록판〉의 평론 집필자가 되었고, 평생 그 일을 했다. 그녀는 광범위한 독서를 계속했고 외국 여행도 하며 여가를 보냈다.

버지니아는 1912년 결혼한 뒤로 다복한 생활을 누렸다. 언론인·시사평론가·정치사상가·수필가였던 남편 레너드 울프(Leonard Woolf)는 활발하고 온정 깊은 데다 문학과 거의 모든 일에 지극한 관심을 보였고, 아내의 재능을 충분히 인정하여 처음부터 그녀가 작가로 나서게끔 격려했다. 그녀보다 두 살 연상인 그는 케임브리지 대학교 트리니티 대학을 우수한 성적으로 나온

울프의 생애와 작품 387

뒤, 실론(현 스리랑카) 민사청에서 7년간(1904~1911) 근무했고, 영국의 식민정책과 관련 문제들에 아주 뚜렷한 견해를 갖고 본국으로 돌아왔던 터였다. 그는 다양한 재능을 여러 분야에서 과시하여 그의 저작은 아프리카 흑인에 대한 영국정책의 분석에서부터 소설에까지 이르고 있다. 소설에서는 적어도 한 가지를 들 수 있는데, 《밀림 속 마을 The Village in the Jungle》은 꽤 뛰어난 작품이다. 이렇듯 천재적인 여인이 재주가 뛰어난 남편을 맞은 셈이다. 버지니아는 1915년에 7년간의 습작을 마치고 최초의 소설 《출항 The Voyage Out》을 발표했다.

생애를 통해 그녀는 지적인 자극이 충만한 환경 속에서 살았다. 고든 스퀘어 집과 피츠로이 스퀘어 집에서의 모임은 그녀가 끊임없이 장려하던 식자 간 사교의 한 형태를 대표하는 것에 불과하다. 그녀는 늘 사람들에게 관심이 많았고 삶의 마지막 10년간에는 소설보다 자서전을 더 즐겨 읽었다.

따라서 그녀가 리튼 스트래치·로즈 디킨슨(Lowes Dickinson)·로저 프라이 (Roger Fry)·에드워드 포스터(Edward Foster)·로자문드 레만(Rosamund Lehmann) 같은 친구들과 기꺼이 어울려서 타비스톡 스퀘어 집 위층 방에서 담론하는 광경을 보기란 어렵지 않았다. 그녀에게는 이름 없는 젊은이들로 하여금 그들 역시 가치 있는 존재라는 인식을 갖게 하는 재능이 있었다. 겁을 물리치는 마력도 있었다. 그녀는 육체미와 지성미를 다 같이 우러러보았다. 특히 케임브리지 출신의 젊은 여인들에게 유독 동정적이었다. 문학의 올바른 기능과 풍류의 존귀함을 강렬히 인식함으로써 그녀는 자신의 재능에 대해 적절한 긍지를 갖게 되었다. 그러나 그녀에겐 교만의 빛이라곤 티끌만큼도 없었다.

1917년 울프 부부는 호가스 출판사(Hogarth Press)를 설립했다. 작은 수공 인쇄기에서 시작하여 큰 출판사로 발전한 회사는 버지니아 울프의 소설을 비롯하여 현대의 가장 흥미 있는 문학작품 몇 가지를 내놓았다. 버지니아는 출판사의 고문으로 앉아 수많은 원고를 읽었다. 쓰고, 읽고, 출판하고, 담론하면서 그녀는 지적인 면에서 고도로 활동적인 생활을 영위했는데, 뒤에 드러났듯이 그러한 생활은 제삼자가 상상하는 것 이상으로 소모적인 것이었다. 그녀를 알지 못하거나 문단에서의 그녀의 지위에 질투를 느끼는 사람들은 그녀를 가리켜 '블룸즈버리 그룹'의 리더라고 했지만, 그것은 부당하고도

388 댈러웨이 부인/등대로

오해를 일으키기 쉬운 평가일 뿐이다. 이 용어는 유난히 많은 지식과 자의식 강한 문인들의 괴팍함을 나타내는 것으로서 언론인들과 군소 비평가들이 퍼뜨린 말이다. 이 일은 T.S. 엘리엇의 다음 말로 잘 요약되고 있다.

"어떤 집단이든 밖에서 보면 실제보다 더 균일화되어 보이고, 아마도 더 편협적이거나 더 배타적으로 보일 것이다. 그런데 이 경우에는 신봉을 강제로 권유한 일이 분명히 없다. 회원가입을 제한한다거나 학설이 배타적이라는 데 문제가 있었다면 이러한 억측으로 그 집단을 반대하는 사람들의 분노를 사지는 않았을 것

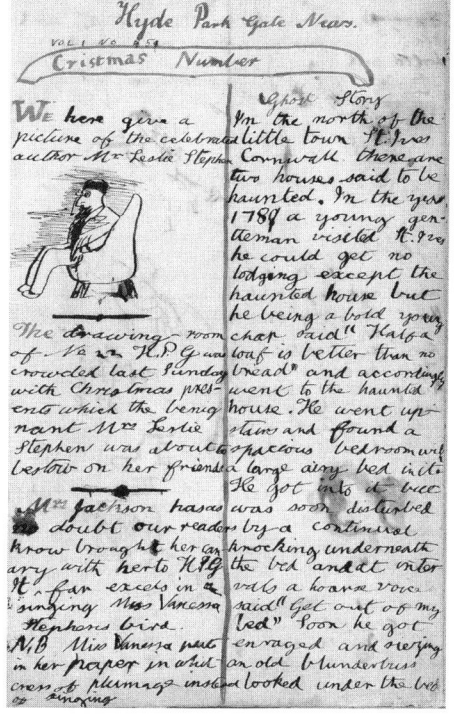

〈하이드파크 게이트 뉴스〉
초기판 제1면 뉴스. 스티븐 집안의 아이들이 만들었다.

이다……. 나는 버지니아 울프가 한 비밀집단의 중심이었을 뿐만 아니라 런던 문단의 중추인물이었음을 밝히기 위해 이런 문제를 언급하는 것뿐이다. 그녀의 지위는 과거 어느 때도 보지 못하던, 그리고 앞으로도 다시 보지 못할 재질과 환경의 일치에 기인하는 것이다. 그녀의 지위는 빅토리아 시대 중상계급 문화의 존엄스럽고 숭앙할 전통—즉, 예술가가 기고만장하는 후원자의 노예도 아니요, 부유한 권력가의 기식자(奇食者)도 아니요, 하층민의 흥행사도 안 되는 그러한 상황, 다시 말하자면 예술의 제작자와 소비자가 똑같은 발판 위에 서서 그 어느 쪽이 높고 낮음이 없는 그러한 상황을 보전하였던 것이다."

초기 소설

버지니아 울프의 처녀소설 《출항》은 1915년에 발표되었다. 구성과 외관에서는 19세기가 20세기에 남긴 소설작법의 전통에 순응하면서도, 이 소설은

전통적인 소설이 허용하는 것 이상의 정묘한 경험의 풍미를 작가가 추구하고 있음을 미리부터 보여 준다. 플롯이라고 할 만한 것도 있다. 인물들은 상호관계를 맺게 되며, 사건들이 벌어지는 과정에서 분규가 일어났다가 해결되고, 이렇게 하는 동안 인물들이 묘사·분석되는 것이다. 그러나 그 플롯의 정확한 성격이나, 묘사된 여러 경험의 특성이나 최종 해결의 의미를 파고들어가면 소설 전체의 의미가 이전에 나오던 대다수 소설의 그것과는 다른 수준에 있음을 알게 된다. 이야기는 미혼의 성숙한 소녀 레이첼 빈리스를 둘러싸고 전개된다. 아버지의 보트 '에우프로시네'를 타고 항해하다가 육지에서 멀리 떨어진 산타마리나라는 작은 섬에 있는 숙모댁에 머무르게 된 빈리스는 세상에 관한, 특히 남녀관계에 관한 일을 터득하게 된다. 마침내 그녀는 사랑에 빠짐으로써 인생교육을 완성하는데, 얼마 후 열대병으로 죽는다. 이 소설에 액션은 거의 없고 서스펜스도 거의 찾아볼 수 없다. 서서히 진행되면서 개성의 미묘한 점들을 밝혀내는 자기관찰이나 대화의 순간들을 끄집어낸다. 이전의 소설가들 중에서는 메레디스(Meredith)가 이와 비슷한 수법을 썼을는지도 모르는데 그래도 그의 소설에는 액션이 훨씬 더 많았을 테고, 안식은 덜 섬세했을 것이다. 또 작중인물들을 완성하는 동안 그 인물들에게서 좀더 구체적인 진리를 캐냈을 것이다. 헨리 제임스(Henry James) 역시 얼핏 보기에 목적이 없는 듯한 대화 같은 데서는 비슷하게 진행했을 테고, 몽롱한 감정을 세밀히 파고들기 위해 이야기를 늦추었을 것이다. 허나 그의 소설 분위기는 버지니아 울프에 비하여 더욱 맑고 밝아, 구성은 더욱 세밀히 짜여졌을 것이다.

《출항》에서는 일종의 우유부단, 심지어는 답답함마저 느껴지는데, 이것은 작가가 아직까지 자기의 적절한 표현양식을 발견하지 못했다는 증거이다. 어디로 덤벼들어야 할지 결정을 못하고 버지니아가 주제를 가지고 방황하는 것을 곳곳에서 볼 수 있다. 그러다가 마침내 장(章)은 아무런 목적도 없이 수집한 듯한 잡다한 묘사와 객담으로 가득 차게 된다. 부차적 인물들은 끊임없이 위치를 바꾸고 때로는 중요한 인물이 되어, 작가가 그들을 묘사하고 분석하는 데 전력을 기울이는가 하면, 얼마 안 가서 그들은 단순한 배후인물로 밀려나 다른 인물들에 대한 반응을 드러내는 일밖에 하지 않는다. 앰브로즈 교수와 그의 아내는 《등대로》에 나오는 램지 부부의 원형으로서 모두 레슬리

스티븐의 서재 분위기를 몸에 지 닌 듯한 인물들이지만 배경에서 전경(前景)으로 수없이 이동한 다. 특히 레이첼의 숙모이자 연 구에 여념 없는 학자의 유능한 아내인 앰브로즈 부인은 어느 정 도 공들여 그려져서 소설을 지배 하는 인물로 기대되다가 모호하 게 배경으로 밀려나 버리고, 그 녀의 남편은 아주 유기되고 만 다. 리처드 댈러웨이 부부도《댈 러웨이 부인》에서 완숙하여 다시 나타나는 인물들에게 어떤 반응 을 일으키는 구실을 다하고서 완 전히 자취를 감춰 버린다. 작가 는 인물들에게서 자기가 무엇을

약혼 뒤에 버지니아와 레너드(1912)

구하고 있는지 확실히 모르는 듯하다. 따라서 인물들은 섬세한 명상의 구실 이 되든가, 아니면 다소 둔중하게 관찰과 심리분석을 하는 연습도구가 되는 경향이 있다. 이러다 보니 이런 작품에 함축되어 있는 소설관이란 대체 어떤 것일까 하고 묻게 된다.

이것은 정의하기가 그리 만만치 않다. 버지니아 울프는 많은 인물을 모아 놓고 사건이 연속적으로 일어나는 동안 인물들의 행위와 감정을 숙고한다. 이때 사건들은 그 어떤 평상적인 기준에서 보더라도 흥미진진한 것은 아니 며, 또 결말을 맺는 방편으로 사건은 작가가 가장 주력했던 인물의 죽음으로 끝난다. 레이첼 빈리스가 관심의 중심이 되어 있는 한 이 소설에는 통일성이 있다고 봐야겠지만, 다른 인물들에 대한 고찰이 그 주제에 종속되는 일이 없 고, 소설에 독자적인 생각이 수없이 담겨 마치 작가가 기분전환을 위해 이따 금 주제에서 눈을 떼고 조용히 탐지하다가 그때 나타나는 아무 인물에게나 관심을 돌리는 듯한 느낌이 든다.

전통적인 의미의 '플롯'이 이 작가의 관심사가 아님은 자명하다. 이야기가

결말로 향해 나가고, 사건들이 일관성 있는 질서 속에 정돈되며, 진전도 있음은 틀림없으나, 독자는 이 모든 것이 기존의 양식에 대한 양보일 뿐, 진정한 관심은 소설가가 때로는 이 주제, 때로는 저 주제에 부여하는 관찰의 특성에 있음을 느끼게 된다. 레이첼 빈리스를 죽음으로 이끄는 것은 버지니아 울프가 그 인물에 대해서 고찰해 봐도 더 이상 인생의 특질을 찾아볼 수 없기 때문이며, 또 이 작가에게 죽음이란 언제나 인생의 조명자(照明者)요, 해설자이기 때문이다. 따라서 어떤 인물에 대한 가치판단은 그가 이야기 속에서 살아 있을 때만이 아니라, 죽음과 어떤 관련을 맺었을 때에도 부여되는 것이다. 이것은 《제이콥의 방》에 나오는 제이콥 플랜더스, 《댈러웨이 부인》의 댈러웨이 부인, 《등대로》에 나오는 램지 부인, 그리고 다른 모든 소설의 주요인물들도 매한가지다.

그렇다면 이 소설에서 버지니아 울프의 주요관심이 문학적인 것보다 형이상학적인 것에 있다고 할 수 있는가? 그녀의 관심이 전통적인 소설을 쓰는 것보다 경험의 성격에 대한 어떤 섬세한 안식을 기록하는 데 더욱 쏠리고 있음은 사실이나, 형이상학적이라는 개념과 문학적이라는 개념이 실은 대립개념은 아니다. 철학적인 안식은 소설을 통하여 성공적으로 전달할 수도 있고 또 흔히 그러했다. 문학적인 가치가 무엇이든 틀림없이 그 어느 국면엔가 철학적인 것을 내포하고 있는 것이다. 어떤 종류의 문학은 형이상학적이라고 불리고도 남음이 있는 안식들을 기록하고 예증하기 위해서 구축된 경험의 상상적 형체임이 분명하다. 허나 문학의 특성은 그 목적에 있지 않고—문학은 철학이나 과학과도 그 목적을 같이 할 수 있는가 하면, 그 목적이 단순히 선정적일 수도 있다—그러한 목적을 달성하는 데 쓰이는 수단에 있다 하겠다. 철학적인 소설이라 할지라도 자연주의 소설과 마찬가지로 훌륭한 문학작품이 될 가능성이 있으며, 따라서 조지 엘리엇이나 헨리 제임스는 발자크나 졸라에 못지않은 소설가인 것이다. 버지니아 울프가 인간의식의 좀더 섬세한 영역에 계속적인 섬광을 던지는 안식을 독자에게 전달하는 데 관심을 두었다고 해서 영국이나 유럽 소설 전통에서 제외시키자는 것은 아니다. 그렇다면 과연 어떤 점이 독자로 하여금 《출항》이 이전의 영국 소설 전통에서 제외된다는 인상을 갖게 하며, 또 어떤 점이 그로 하여금 거기에 쓰인 특정 형식, 즉 어떤 기간에 많은 사람들에게 일어나는 일련의 사건들을

▲울프 부부가 구입한 인쇄기

▶호가스 하우스
울프의 집이자 출판사

기록하는 양식이 실은 소설 내용에 알맞은 형식이 아니라고 의심케 하고, 또 작품 결과가 의도했던 바와 다르다는 의혹을 갖게 하는 것일까?

전통적인 소설에서 작가의 의도는 보통 연대순적인 일련의 사건들을 정돈하고 형체화하는 것을 통해서만 전달된다. 《톰 존스 *Tom Jones*》는 《이기주의자 *The Egoist*》 ^{(《톰 존스》(1749)는 영국 소설가 헨리 필딩의 대표작.} ^{《이기} ^{주의자》(1879)는 영국 소설가 조지 메레디스의 대표작})에서와 마찬가지로 '무슨 일이 일어나는가'에 중점을 둔다. 그러나 버지니아 울프가 하고자 하는 말은 연대순적 일련의 사건들에 우연히 연결되어 있을 뿐, 이 소설에서 독자는 작가가 전진하여 거두는 효과처럼 가만히 정지하여 주제를 밝힐 수 있다고 생각한다. 시간순열을 다루는 전통적인 방법은 실은 버지니아 울프에게는 지엽적인 것이었던 듯하지만, 이전의 작가들은 그것을 본질적인 것으로 보았다. 레이첼 빈리스는 미성숙단계에서 경험세계로 발전해가고, 그 다음에는 조용히 죽음에 이르지만, 버지니아 울프가 독자에게 전달하려는 의미는 그러한 진전에 있지 않다. 만약 전통적인 방식으로 이 소설을 분석하느라 플롯의 발전·분규 및 해결을 찾아내려 든다면 분석은 정연하게 나올지도 모르지만 버지니아 울프가 의도하는 소설의 본질은 놓치고 말 것이다.

요점은 버지니아 울프가 무시적(無時的)인 실재에 관심이 컸다는 것이 아니라, 오히려 경험에 대한 그녀의 안식이 연대순에 좌우되지 않는 시간 속에서 형체를 이루는 일에 달려 있다는 것이다. 《출항》을 정독하는 사람이라면 이런 생각을 얼핏 하게 된다. 작가가 만약 여주인공이 궁극에 가서 죽는다는 사실을 소설 전체를 통하여 자유자재로 이용했다면 그녀의 안식을 더욱 선명하게 제시했을 것이라고. 그도 그럴 것이 소설 전체를 통하여 무엇인가가 사건들의 결속을 끊임없이 붕괴시키고 있으며, 인물들은 갑자기 현실에서 벗어나 점점 환상으로 변하다가 다시 현실로 들어가며 흩어져 사라지는 사상의 안개 속에서 몽롱한 상징으로 변해 가기 때문이다. 그러면서도 가히 취할 만한 이야기가 있고, 정당한 순서를 따라 추적할 만한 사건들이 있으니, 결과적으로는 모든 게 달라져 해소되는 사상세계가 끊임없이 밀려나면서 사건의 견실한 진전에 자리를 내주는 것이다. 이렇게 되면 독자는 어느 쪽을 믿어야 할지 모른다. 연대순인가, 아니면 그것을 끊임없이 중단하는 발광적(發光的)인 안개인가. 바꾸어 말하자면 소설 형식과 내용 사이에 갈등이 생겼다는 느낌이다. 제인 오스틴(Jane Austen) 수법에서 곧잘 나오는 따위의 사회적인 사건과 상황들이 제인을 완전히 당황하게 했을 분위기와 몽롱함 속으로 잠겨드는 것이다.

물론 독자는 버지니아의 후기 소설에서 찾아볼 수 있는 특질을 이 초기 소설에서 찾아내려고 해서는 안 된다. 《출항》은 표면상으로는 일군의 지식인과 사교계 인사들에 관한 상투적이며 무취미한 이야기로서, 충분히 성장하여 사랑에 빠졌다가 마침내는 열병으로 죽는 한 미숙한 소녀에게 일어나는 사건들에 중점을 두고 있다. 여기서 영국 소설에 새로이 공헌하는 것이라고는 전혀 없지만, 독자는 감성이라 할 수 있는 특질 또는 작가로서 개개의 행동이나 거동의 함축성을 탐구하는 능력에 주목하게 된다. 따라서 그러한 행동이나 거동이 소설의 미약한 구조로 동화되기 전까지는 아무것도 빠뜨릴 수가 없다. 다만 독자를 번거롭게 하는 것은 이러한 동화과정을 가르쳐 주는 어떤 확인할 만한 관점이 없다는 점이다. 인생은 치밀한 명상, 그리고 그것이 민감하고 오래 계속되는 한 어떤 종류의 명상에도 감응한다고 버지니아 울프는 주장하고 있는 듯하다. 전통적으로 규범이 분명한 주제, 미숙에서

394 댈러웨이 부인/등대로

'드레드노트 호의 속임수 사건'의 아비시니아 황제 일행으로 분장한 버지니아와 친구들 〈데일리 미러〉지에 실린 사진. 왼쪽이 버지니아.

성숙과 죽음에 이르는 여주인공의 발전도 정독하고 보면 이 소설에서 방향과 통일성의 결여를 깨닫게 된다. 재료를 분석하려면 무엇이든 피상적인 것이 아니고 어떤 의의를 자아내려면 무엇이든 버지니아 울프의 목표가 되는 것이다. 그래서 독자는 줄거리가 붙은 이야기, 즉 그 '형식'으로 의미를 나타냄에 있어 사건의 순열에 의존하지만, 작가가 여러 가지 수법으로 온갖 상반되는 의미들을 내용 속에 던져 넣은 그런 이야기를 읽게 된다. 이리하여 이야기는 앰브로즈 부인이 자기 아이들과의 이별을 슬퍼하는 데서 시작되어, 결국 그녀는 멀리 떨어진 채 부차적 인물들이 레이첼의 죽음에 대해 반응하는 장면으로 끝난다. 소설의 첫 절은 섬세한 필치로 그려내고 있지만 사건 전체에 대한 해석이나 형체화에 도움이 되지 않는다. 작가가 어떤 점에서는 외관과 실재와의 차이에 관심이 있음은 분명하다. 그러나 이 소설에서 만약 그녀가 일련의 연대순적 사건들과 연관하여 이러한 차이 또는 그에 대한 의식을 제시할 수 있다면, 그녀는 설혹 그 연대순이 궁극에 가서 관계가 없는 것이라 할지라도 개의치 않는다. 독자는 이 단계에서 소설이 과연 이 작가의 전문 분야일까 하고 질문을 던져보고 싶은 충동을 느끼게 된다.

이런 질문에 대한 답변은 '소설'이라는 용어를 어떻게 정의하는가에 달려 있다. 만약 20세기의 가장 흥미 있는 작품 몇 가지를 이해하고 감상하고자 한다면 소설의 성질·범위와 본령·기능이 무엇인가라는 질문에 너무 연역적인 방식으로 답변하려 들어서는 안 된다. 소설의 영역이 금세기에 와서 확장된 뒤 소설은 여러 가지 일들을 시도하기에 이르렀다. 역설적인 이야기지만 버지니아 울프는 자기 소설의 주제와 영역을 좁힘으로써 디포(Defoe)에서 골즈워디(Galsworthy)까지 이르는 그녀의 선배들이 받아들였던 것 이상으로 소설의 정의를 확대할 수 있었다. 그녀는 제임스 조이스(James Joyce) 및 극소수의 다른 나머지 작가들과 어깨를 나란히 하면서 더욱 제한되고도 더욱 정묘한 목적을 완수하기 위한 새로운 테크닉을 창조함으로써 소설의 정의를 항구적으로 확장시킨 것이었다.

버지니아 울프의 두 번째 소설 《밤과 낮》은 1919년에 나왔다. 이것은 한 유식한 중상계급의 젊은 여인이 한 애인을 거부하고 다른 애인을 받아들이는 과정을 정밀하게 파고든 작품이다. 여주인공 캐서린 힐버리는 온 힐버리 가문의 생활을 아직까지도 지배할만큼 유명한 시이느의 손녀로, 전통적인 여성형에 순응하지 못하는 민감하고도 기개 있는 지성인으로 묘사된다. 그녀의 성품과 기질은 쓸모없는 남성보다 낫고, 수학·천문학 및 홀로 사색하는 습관을 내밀히 즐겨서 친구들에게 다소 경원하는 태도를 불러일으킨다. 소설은 찻잔이 달각달각 부딪치는 가운데 시작되는데, 부주의한 독자는 이 때의 분위기를 제인 오스틴이 쓰는 종류의 사회희극소설의 첫 부분으로 해석할지도 모른다.

10월의 어느 일요일 저녁이었다. 캐서린 힐버리는 자기 계급에 속하는 다른 여러 숙녀들과 더불어 차를 따르고 있었다. 그녀의 마음 5분의 1가량은 이러한 일에 쏠려 있었고, 나머지 부분은 월요일 아침과 지금의 이 다소 가라앉은 순간 사이에 끼어든 며칠 간의 조그만 장벽을 뛰어넘어 사람이 대낮에나 자진해서 하는 일들을 만지작거리고 있었다. 비록 말없이 있어도 그녀는 다분히 몸에 익은 이곳의 여왕임에 틀림없다. 게다가 여유로운 부분의 마음을 활용하지 않고서도 그녀는 이러한 자리쯤은 6백 번이라도 끌고 나갈 속셈이었다. 이름난 중년인사들의 다과회를 성공시킬 만한 재능이 힐버리 부인에게 충분히 있다든가, 혹시 찻잔이나 빵·버터를 다루는 따분한 일이 그녀에게 주어져도 딸의 도움을 별로 받을 필요가 없다는 것을 나타내려면 단 한 번 시선을 던지는 것으로 충분했다.

버지니아와 아버지
레슬리 스티븐

이 자그마한 파티의 참석자들이 테이블에 둘러앉은 지 20분도 미처 못되었음을 생각해 볼 때, 그들의 얼굴에 도는 생기나 그들이 일제히 만들어내는 소리 크기에는 안주인의 공로가 컸다.

이렇게 처음부터 캐서린 힐버리는 에마 우드하우스나 엘리자베스 베넷 (에마 우드하우스는 제인 오스틴 소설 《Emma》(1816) 여주인공. 엘리자베스 베넷은 제인 오스틴의 《오만과 편견》(1813) 여주인공)과 같은 주인공—즉, 예쁘고 유식하나 자기보다 덜 유식한 사회환경의 여러 국면과 충돌한 끝에 다소 무뚝뚝한 지식인과 결혼하여 모든 문제의 해석을 내리는 한 여인의 전형—으로 구축되어 간다는 느낌이다. 하긴 어떻게 보면 전개되는 이야기가 그러한 전형과 아주 다른 것은 아니다. 그러나 이 소설의 피상적 형식을 결정짓는 듯한 사회 희극의 요소가 본질은 아니다. 게다가 제인 오스틴식의 점잖은 풍자적 관찰은 인간심리의 섬세하고 좀더 속절없는 국면을 심오하게 해석해 보려는 모색 과정에서 너무나도 차근히 압도한다. 그래서 독자는 소설 첫머리에서 가졌던 마음의 자세를 버리고 자기관찰이 묘사나 설명보다 우위에 섬을 전제로 받아들이는 자세를 택하게 되는 것이다.

캐서린 힐버리는 제인 오스틴의 다른 소설 속 여주인공들처럼 어느 누구보다도 굳센 인물로서, 자기 자신의 운명을 굳건히 파악하고 인생과 인생에 대한 자기의 관계에 큰 호기심을 보인다. 유명한 할머니의 추억을 되살리는 데 주력하는 가문에서 캐서린이 모시는 어머니는 위대한 시인의 여식으로 비록 얼빠지긴 했으나 맵시 있는 민감한 성격을 지녔고, 영국 고전을 극진히

울프의 생애와 작품 397

아끼는 데다 실무를 잘 처리하는 어떤 간접적인 실력을 겸비한 여인이며, 아버지는 학자이자 신사이다. 캐서린 주변의 교양 넘치는 분위기는 매 오후의 티타임을 문화좌담회로 만들고, 하루 일상에 대해 던지며 지나가는 말 한 마디 한 마디를 문학 평론으로 만드는 것이다. 그녀와 어머니는 할머니의 본격적인 전기(傳記)를 쓰는 일에 몰두하지만, 어머니의 방법론적 결핍과 시보다 수학을 즐기는 캐서린의 경향 때문에 작업은 큰 진전을 보지 못한다. 갈수록 버지니아 스티븐(버지니아 울프
의 처녀때 이름)을 연상시키는 캐서린 힐버리는 그녀의 이름난 아버지와 친지들과 더불어 학문과 철학의 도시적인 환경 속에서 살아가는 것이다.

이름난 문학적·사교적 전통의 후예로서 캐서린의 존재에 충돌하는 다른 인물 넷이 있다. 같은 사회계급에 속하는 윌리엄 로드니는 우아하고 꼼꼼하며, 학자답고 허영심 강한 사나이로, 힐버리 댁 다과회에 자주 온다. 가난하면서도 명철한 법률가 랠프 데넘은 미망인이 된 어머니와 많은 형제들과 함께 하이게이트에 있는 보기 흉할 정도로 낡아빠진 집에 살고 있다. 유복하지 못하면서도 자립적인 여성운동자인 메리 대챗은 여성 참정권을 위해 일하면서 런던의 이름 없는 구역의 한 고층 아파트에서 홀로 살고 있다. 캐서린의 사촌 카산드라 오트웨이는 젊고, 변덕스러우며 시골티가 나는 인물이다.

이야기는 윌리엄 로드니가 캐서린과 결혼하려는 순간부터 시작되는데, 이때 랠프 데넘이 캐서린과 메리에게 관심을 갖는다. 윌리엄과 캐서린은 약혼하지만 그의 까다로운 성격과 허영심은 그녀에게 갑갑증을 일으키고, 그녀의 비판적인 태도는 그의 감정을 해친다. 그래서 독자는 처음부터 이 약혼이 오래 못갈 것을 알게 된다. 랠프는 이 두 사람의 약혼에 자극을 받고 메리 대챗에게 구혼하는데, 메리는 그를 사모하지만 이러한 상황 때문에 구혼한 남자를 선뜻 받아들이기에는 너무나도 현명하다. 이 사태는 런던의 힐버리 댁을 찾아온 카산드라가 윌리엄 로드니의 애정을 불러일으킴으로써 구제된다. 두서너 가지 분규를 겪고 나서 윌리엄과 카산드라 사이의 약혼이 성사되고, 캐서린은 랠프와 자유로이 결혼할 수 있게 된다. 오랜 논의와 생각 끝에 그녀는 결국 그 결혼을 하고, 메리 대챗만 홀로 남게 되지만, 그녀 역시 불행에서 벗어나 런던 거리의 꼭대기 자기방에서 민주주의를 위해 일한다. 이러한 인물들을 한데 모으기 위해 쓴 수법은 꽤 조잡하며, 위기와 결심의 실제적 순간들은 분명치 않게 기술되어 있다. 소설의 주요 관심은 대화와 사색과 자기관찰에 있는데, 그러한 가운데 인물들, 특히 캐서린 힐버리는 그토록 충실히 기록된 회의와 주저의 순간에 꾸준히 참여한다.

플롯은 제인 오스틴의 수법에서 곧잘 나왔을지도 모르지만, 플롯의 처리는 제인 오스틴이 생각할 수 있었던 그 어떤 것과도 완연히 다르다. 이것은 외관상의 플롯과 실질적인 플롯 사이에 어떤 차이가 있다는 말이나 다름없다. 찻

T.S. 엘리엇
과거에 친구가 "상의는 영국제인데 하의는 미국제다"라고 그를 평했다.

잔들이 부딪치는 소리는—그리고 오후 티타임의 분위기—그대로 받아들일 것이 못된다. 서두에서 캐서린이 차를 따르는 것을 보았을 때 독자는 명백히 '그녀의 마음 5분의 1가량은 이러한 일에 쏠려 있었다'고 들었다. 게다가 이 소설에 나타나는 인물들 대부분이 개개의 행동에 마음을 5분의 1만 쏠고 사교행위를 하고 있으니 《밤과 낮》은 사회희극소설이 아니다. 다시 말해 그들의 행위가 그들이 속한 계급의 눈으로 설명될 수 있는 사람들의 상호관계에서 분규를 연구하고, 형체화된 사건들 가운데 일정한 확률성의 배열로써 미리 준비했던 대로 분규를 해결하는 따위의 소설은 아니다. 오히려 주요인물들의 행위가 편견이나 관습에서 우러나오지 않고 실재 성질에 대한 그들 자신의 사색에서 우러나오는 사상소설(思想小說)이라 하겠다. '문제가 되는 것은 인생이다. 발견하는 과정, 무궁히 계속되는 과정인 인생밖엔 아무것도 없다.' 캐서린 힐버리는 런던 거리를 멍하니 걸어가면서 혼자 이렇게 중얼거린다. 에마 우드하우스의 경우는 자신이 여주인공으로 나오는 소설의 구조를 찢지 않고서는 그런 말을 절대 하지 못했을 것이다.

울프의 생애와 작품 399

그러나 《밤과 낮》을 사상소설이라고 부르는 것은, 오해를 사기 쉬울지도 모른다. 동작은 사회적 배경을 등지고 일어나며, 배경은 사회적 배경 그 자체를 위해서 묘사되고, 인물들은 보편적으로든 일관적으로든 관점을 탐구하거나 각종 의식을 밝히는 수단이 되지 않기 때문이다. 인물들 간에는 세 가지 주요 계층이 엿보인다. 첫째 계층에는 캐서린 자신만 속하는데 여기서는 작가가 마치 자신의 모습이라도 탐구하듯이 성격묘사가 섬세하고 면밀하다. 둘째 계층에는 윌리엄, 랠프, 메리 대쳇을 찾아볼 수 있다. 여기서는 성격묘사가 세심하고 간혹 세밀하기도 하나, 먼저보다 선이 더 굵고 또 여러 가지 개성적인 태도와 유형 사이의 일반적 차이를 밝히는 일에 더욱 치중하고 있다. 셋째 계층에는 캐서린의 부모님과 카산드라 오트웨이가 들어가는데, 인물들이 단순히 사회인이나 지식인의 유형이 되든가 그 양자를 모두 대표하든가 한다. 성격묘사는 다분히 생생하지만 여실한 개성은 드러나지 않는다. 따라서 이들은 이 소설에만 반드시 속하는 것이 아니고 다른 어디에든지 맞아들어갈 수 있겠다. 이 밖의 모든 인물들은 살짝 암시된 유형적 인물에 불과하고, 주요 인물들의 액션을 촉진시킨다거나 대화 또는 생각의 줄거리를 뽑아내는 기능이 있다. 이와 같은 대체적 차별은 《출항》의 성격 묘사에서도 엿볼 수 있는 것이다.

그렇다면 《밤과 낮》은 사회희극소설을 가장한 사상소설인가? 아니면 여러 가지의 혼합소설인가? 만약 그렇지 않다면 작품 전체로부터 어떤 새로운 통일성이 우러나오며, 만약 그렇다면 소설은 어떤 특질로 이런 혼합을 보상하는가? 대체로 이 소설이 혼합소설이라 해도 큰 잘못은 없겠다. 그러나 어떻게 그렇게 되며 이 소설이 가진 특질이 무엇인지 밝히기 위해서는 좀더 고찰을 요한다.

《밤과 낮》에서 플롯 성쇠를 나타내는 수법으로 어떤 외형적 상징을 사용하는 버지니아 울프의 테크닉은 전통적이다. 그리하여 남녀간의 관계를 임시로 조정한다는 것이 그들의 약혼으로 나타나며, 그 조정된 관계의 분열은 파혼으로 나타난다. 집단관계에 새로운 인물이 뚫고 들어온다는 것은 그 집단의 혼인 재정비로 명백해진다. 사회적 신임과 그 결여 사이의 알력은 그러한 알력의 두 세력이 서로 다른 사회계급에서 나오게 됨으로써 객관적으로 실질화되는 것이다. 버지니아 울프가 후년에 동료 소설가들을 평할 때 썼던 용어를 빌리자면 상징은 모두 유물적이다. 《밤과 낮》을 완성하고 얼마 안 되어 버지니아 울프는 베넷·웰즈(Wells)·골즈워디를 평하면서 이렇게 말했다. '지금 가장 유행하는 소설형식은 우리가 추구하는 것을 확보하기보다 놓치는 때가 더 많은 것 같다. 그것을 생명이나 영혼, 진리나 실재라고 부르든 말든, 이 본질적인 것은 자꾸 물러나서 우리가 공급하는 맞지 않는 의상에 더 이상 포용되지 않으려 한다. 그럼에도 우리는 끈기 있게 양심적으로 계속하여 우

자가용 차 앞에서 레너드와 버지니아
카시스에서

리 마음에 떠오르는 안식과 점점 유사성이 멀어져 가는 구상에 따라 32개 장(章)을 구축한다.' 이것은 그녀의 동료 작가들뿐만 아니라 그녀 자신의 초기 소설에 대한 비판으로 들린다.

《밤과 낮》의 34개 장은 버지니아 울프가 표현하려고 애쓰던 '생명이나 영혼, 진리나 실재'가 아주 들어맞지 않는 의상이 되는 것이다. 앞서 이 소설이 사회희극소설을 가장한 사상소설이라 시사한 바 있는데, 다만 그것은 작가가 인간의 개성과 행위에 관한 여러 개념들을 탐구하고 표현하는 데 목적을 두고 있는 듯하다는 의미에서 그렇다는 것이다. 이러한 개념들은 플롯을 통해서, 또는 인물이 경험에 반응하는 방식을 통해서 전개되며 제시된다. 따라서 이 소설의 관심은 인물들이 겪는 경험에 있는 것이 아니라 그러한 경험의 결과로서 인물들 가운데 형성된 사상, 바꿔 말하여 사건에 대한 인물들의 정신적인 반응에 있는 것이다. 그러므로 동작을 객관적인 형체로 전환시키는 수법들(이별·재회·사랑에 빠지거나 사랑이 식는 것)은 소설의 주요 관심을 이루는 사상과 정신적 반응의 흐름과 인위적으로 연결되어 있는 것이지

필연적인 것은 아니다. 사실 실질적인 플롯 형체는 외형상의 플롯 형체에 달려 있지는 않다. 따라서 인물들의 이성관계에서 일어나는 사건의 성쇠는 사건 진행의 기계적 체제를 이루기는 하나, 이러한 체제에 사상의 형체나 의식상태가 실제로 좌우되지는 않는다. 연대순은 형체를 외형적으로 처리할망정 실질적인 처리는 안 되는 것이다. 버지니아 울프가 장차 발전해 나가는 것을 아는 평가라면 그녀가 연대순적인 사건 배열에 의존하던 태도에서 필연적으로 벗어나야 했음을 알게 된다. 캐서린 힐버리는 작가가 크게 관심을 두고 있는 그녀의 정신상태의 변천을 보여 주는 그 목적 때문에 성질이 판이한 두 남성 인물과 사랑에 빠지고 사랑이 식고 할 필요는 없는 것이다. 이것은 다른 인물들도 매한가지다. 작가는 그녀의 인물들을 일직선으로 내민다기보다 서서히 돌려가는 수법을 발견함으로써 좀더 경제적으로, 좀더 효과적으로 똑같은 결과를 성취할 수 있었다. 여태까지 전통에서 버지니아 울프가 이어받아온 연대순적 직선법은 오래지 않아 다른 테크닉을 위해 포기될 단계에 있었다.

그럼에도 불구하고《밤과 낮》이 사상소설이기도 하다는 시사는 오해를 사기 쉬울지도 모른다. 왜냐하면, 좀더 정독해 본 독자는 이 소설의 근본적인 중대성이 버지니아 울프가 사상 그 자체도 그렇지만 그러한 사상의 원인이 되는 정서적 연관 관계에도 관심을 갖고 있다는 사실을 알게 되기 때문이다. 그녀는 사상과 정서가 얽혀 있는 의식상태에 관심이 지대했다. 발전 도상의 이 시기에 그녀는 인물이 총명하면 할수록 그러한 의식상태를 더욱 잘 전달할 수 있다고 생각했던 듯하다(이러한 견해는 후년에 가서 수정되었다. 댈러웨이 부인이 비록 민감하고 또 우둔하지도 않지만 캐서린 힐버리에 비길 지성은 없다).

방 안은 조용하여 그 순간의 소리들에도 번거로움을 몰랐으니, 캐서린은 여기에 과거의 시간을 담은 깊은 웅덩이가 있고, 자기와 어머니는 60년 전의 햇빛으로 일광욕을 하고 있다고 공상에 잠길 수가 있었다. 그녀는 이런 의문도 던져 보았다. 과거가 준 그 풍부한 선물 더미에 비하여 현재는 무엇을 줄 수 있는가? 지금 여기에는 한 목요일 아침이 생겨나는 중이었다. 한순간 한순간이 벽난로 위 시계에 의해 새로 만들어져 갔다.

이러한 인용절에서 독자는 정서적이자 사색적인 심경에 대한 그 특징적인 관심을 엿볼 수 있다. 방 안의 고요는 캐서린의 주위를 흘러 공간과 시간상의 미묘한 문제들에 대한 어떤 의식을 자아낸다. 그러면서도 그 문제들은 문제로서 추궁되는 것이 아니라, 무드의 한 지표로서 받아들여질 따름이다. 현대소설론에서 버지니아 울프는 이렇게 말하고 있다. "인생은 대칭적으로 정렬된 일련의 안경들이 아니라, 의식의 시점부터 종점까지 우리를 에워싸고 있는 한 환한 후광 또는 반투명의 피막(皮膜)이다. 이처럼 무제한의 변화무쌍한 부지

피츠로이 스퀘어 29번지 울프가 살던 집.
불룸즈버리 지구에 있다.

의 정신을(그것이 아무리 변이와 혼란을 보인다 할지라도) 되도록 이질적이며 외부적인 것을 적게 섞어서 전달하는 것이 작가의 임무가 아니겠는가? 우리는 용기나 성실만을 역설하는 것은 아니다. 우리가 시사하는 바는 다름 아니라, 소설의 올바른 요소란 우리가 관습적으로 알고 있는 그것과 약간 다르다는 것이다."

이러한 견해는 1919년 4월에 쓰인 것인데(《밤과 낮》이 출판되던 해), 그 소설을 쓰는 데 있어서나 아니면 아마도 그것을 쓰게 된 직접적인 결과로서, 버지니아 울프가 이미 자기 자신을 전통적인 소설 작법에 대한 반역자로 보고 있었음이 명백해진다. 전통적인 관례가 허용하는 것보다 '생명이나 영혼, 진리나 실재'에 더 접근하려고 노력했던 것이다. 그녀는 작가가 보통 준수하는 '관례의 대부분'을 저버리는 한이 있더라도 '생명에 더욱 접근하려는 시도'(그녀는 그러한 시도를 하려고 했지만)를 했다고 할 만한 사람으로 제임스 조이스를 들면서(그의 《율리시즈 *Ulysses*》는 당시 〈소평론 *Little Review*〉

울프의 생애와 작품 403

에 연재되고 있는 중이었다) 이렇게 말했다.

"작은 먼지들이 차례차례 마음 위에 떨어지는 대로 적어 보자. 외관상 제 아무리 분열되고 부조리한 것이라 할지라도 한 광경, 한 사건이 의식 위에 새기는 무늬를 밟아가 보자. 삶이 보통 작다고 여겨지는 것보다 크다고 생각되는 것 속에 더 충실히 존재한다는 이론을 당연한 것으로 여기지 말자."

어떤 의미에서는 버지니아 울프가 사실주의를 더한층 지향하고 있는데, 그녀에게 있어 실재란 물질적인 것이 아니라 정신적인 것이기 때문이다. 실재는 인물들을 잡아두는 객관적 사건에 있지 않고 의식의 형체에 있으며, 이러한 형체는 외부적 사건의 연대순적 순열에 오직 부분적으로만 의존하는 것이다. 버지니아 울프는 웰즈·베넷·골즈워디가 '물질주의자'들이며 그들과 대조적으로 조이스는 '정신주의자'라고 주장한다. '그의 유일한 관심사는 두뇌를 통해 메시지를 번개같이 전달하는 그 가장 깊은 곳 불꽃의 나불거림을 밝혀내는 데 있으며, 그것을 보존하기 위해 그는 우연적으로 보이는 것은 무엇이든 용감히 무시해 버린다. 설혹 그것이 개연적인 것이든 일관성이 있든, 아니면 독자가 촉각이나 시각으로 인식 못하는 것을 상상해야 할 때 그의 상상력을 뒷받침하는 데 여러 세대를 통해 도움이 되었던 이러한 도표 그 밖의 어느 것이든.'

이것이 조이스의 입장을 정확히 진단한 것인지 아닌지는 더 논해 봐야 알 일이지만, 버지니아 울프 자신의 입장을 충실히 기술한 것임에는 의심의 여지가 없다. 실재의 성질에 관한 추론은 물론 철학적인 활동이지 문학적인 활동은 아니다. 그러나 버지니아 울프의 경우에는 그것이 문학적인 함축성— 소설의 내용과 구조에 대한 함축성—을 지니게 되어 고찰을 요한다.

문학의 이론과 실제를 역사적으로 훑어 보면 몇 가지 전형적인 과장이 있는데 그것으로 비추어 보면 문학운동들의 전모나, 적어도 어떤 관점이나 방법들을 엿볼 수 있다. 예를 들어 여러 가지 인간정서의 상호작용을 인간생활의 가장 '실질적' 국면으로 여기고 소설이나 시를 순전히 정서적 형체에서 지을 수가 있다. 이 과정을 감상적 오류라고 부를 수 있는데, 그러한 오류로 만들어진 작품이 반드시 나쁘다는 것이 아니고, 다만 그런 작품들이 정서상태를 인간남녀에 관한 '실질적' 사실들의 계단에서 가장 높은 곳에 두는 인간관에 연유한다는 것이다. 이것은 18세기 감상문학의 일부에서 그러하며,

404 댈러웨이 부인/등대로

고든 스퀘어 46번지
울프와 친구들의 담론 장소였던 집으로, '블룸즈버리 그룹'은 여기서 유래했다.

또 제코비안 시대(영국왕 제임스1세 시대(1603~1625). 제임스의 라틴명 Jacobus에 연유함) 군소 희곡의 대다수에서도 그러하다(《가엾도다, 그녀는 창녀 *'Tis Pity She's a Whore*》(영국의 극작가 존 포드(1586~1640)의 비극. 1633년 출간)는 좋은 예이다. 여기서 플롯 형체는 모든 갈등을 해결하는 도의적 정서에 의해 완성되며, 반면에 상황의 지적 분석이라고는 전혀 없다). 감상적 오류는 소설보다 연극에 더 흔하다. 그도 그럴 것이 무대에서 관중이라는 집단을 향한 매력은 비교적 섬세하지 않고 비지성적인 장치에 의존하는 바가 크다. 감상적 오류에 반대되는 것을 지성적 오류라고 부를 수 있는데, 여기서는 인간남녀에 관한 가장 '실질적' 사실은 그들의 감성 상태라기보다 지성 상태라고 여겨지며 정서마저도 지적으로 느껴지는 것이라 한다. 예를 들어 생각의 잇달음, 상이한 시기에서 유사한 상황들을 연상하는 기억작용, 인생의 성격에 관한 어떤 질문들을 정적이 아니라 지적으로 답하는 따위가 그것이다.

버지니아 울프가 만약 작가 생활의 이 단계에서 지성적 오류의 실례로 간주될 수 있다면, 그것은 그녀의 소설이 지나치게 지성적이란 말이 아니라, 그녀가 단순한 감정의 확대보다 사색으로써 경험에 반응하는 그 한 단계의 사람들을 다루는 데 성공하고 있다는 말이다. 그녀가 제시하는 대로 의식은 언제나 사색적인 것이며 생각의 잇달음은 그녀에겐 언제나 마음의 상태의 가장 좋은 상징인 것이다. 여기 그녀가 묘사하는 위기에 놓인 캐서린 힐버리가 있다. 카산드라와 윌리엄이 사랑에 빠지지만, 캐서린은 랠프에게 아직도 결혼한다는 언질을 주지 않고 있다.

울프의 생애와 작품 405

사실 어머니가 떠나고 보니 캐서린은 여느 때보다 덜 민감해지는 것을 느꼈다. 그녀가 스스로를 설득했듯이 실은 감각의 필요성이 훨씬 적어졌던 것이다. 남몰래 그녀는 그녀의 막대한 능력—그걸 무엇이라 부를 수 있을까? —일일이 이름을 붙이기엔 너무도 싱거운 한없이 많은 생각들을 더듬어 헤매는 능력에 대해 그날 아침이 가져다 준 증거를 보고 약간 뜨끔했다. 예를 들어, 그녀는 8월의 해질 무렵에 노섬벌랜드의 어느 길을 걸어가고 있었다. 그녀는 동행인 랠프 데넘을 모텔에 남겨두고 자기 발이 가는 대로라기보다 눈에 안 보이는 어떤 것에 끌려 높은 언덕마루로 올라갔다. 여기서는 마른 히스 덤불 사이의 향기와 소리들, 손바닥을 눌러대는 풀잎들이 모두 어찌나 예민하게 느껴지는지 그녀는 그 하나하나를 따로따로 경험할 수가 있었다. 그러고 나서 그녀의 마음은 암흑의 공중을 헤매기도 하고, 저 너머 보이는 바닷물 위에 가서 앉기도 하다가 역시 조리에 안 맞게 한밤의 별들 밑에서 고사리침대로 돌아갔다가 다시 달나라의 눈덮인 계곡들을 찾아가는 것이었다. 마음의 장벽들은 모두 이런 곡선무늬로 장식되어 있으니 이러한 환상인들 조금도 이상할 것이 없었다. 그런데 그녀는 자신도 모르게 별안간 열기를 띠고 그러한 명상을 좇아가는 것이었다. 그 지극한 열의는 그녀의 실제 환경을 환상의 환경과 맞먹는 그 어떤 것으로 바꾸어 놓으려는 의욕으로 변해 갔다.

캐서린의 마음은 일련의 사상들로 가득 차 있는데 버지니아 울프는 이것을 생각의 잇달음으로 보려고 한다. 이러한 인용문은 그녀의 후기 소설에서 보는 의식상태의 기술에 비할 때 낡은 테크닉임을 알 수 있다. 이것은 정연히 밝혀진 듯한 심경을 기술하는 전통적인 수법으로서 여기에는 《댈러웨이 부인》에서 보는 것 같은 짧은 화면이나 신속한 전환 따위는 전혀 없다. 또한 후기에 그처럼 중요하게 여겼던 엄격한 연대순적 순서에서의 해방이라는 필요성도 아직 느끼지 않고 있다.

버지니아 울프가 지성적 오류를 범하고 있다는 것 (이것은 아마도 문학적 습성에서 가장 존중할 만한 것이며, 또 작가에게 분명히 감상적 오류보다 나은 것이다) 때문에 그녀가 표현에 있어 엄하다든가 감성이 결여되어 있다는 뜻은 아니다. 그녀는 자기 소설에 진술된 사상을 일련의 추리를 계속하는 데

406 댈러웨이 부인/등대로

계획적으로 이용하는 것이 아니라, 극히 신축성 있게 분위기를 조성하고 창조하며 기풍을 조정하는 방법으로 이용한다. 그녀는 인물이 사색하게 되는 물질적 환경을 아주 섬세하게 그리느라 빈번히 고심한다.《밤과 낮》에 뚜렷한 환경은 어두워져 가는 겨울 오후이다(비록 이야기는 가을에 시작하여 사건이 다음해 여름까지 진행되지만). 작자의 겨울 실내와 거리 광경 묘사는 이 소설에서 가장 훌륭한 일면을 대변하고 있다.

오후의 햇빛은 거의 꺼져 가고 초록빛에 누르스름한 인공 등불의 광선은 끊임없이 흘러들어가 어떤 분위기를 이루고 있었다. 시골 길에서라면 나무 때는 데서 올라오는 연기가 지금쯤은 부드러워졌을 그런 분위기였다. 길 양편의 가게 창문들에는 눈부신 쇠줄들과 윤기나게 닦은 가죽 케이스들이 가득 차 있었는데, 이들은 두꺼운 판유리로 만든 선반 위에 놓여 있었다.

버지니아 울프가 경치나 실내를 묘사하려고 택하는 것은 언제나 어떤 심경에 대한 가장 이상적인 논평이나 선동제(煽動劑)로서의 구실이 될 만한 것들이다.

굽은 거리, 불이 켜진 방, 가로등의 행렬 속 어떤 기념비 같은 것, 광선이나 형태의 그 어떤 갑작스러운 것이 그의 마음속 전망을 별안간 뒤집어 놓았다고 누가 말할건가…….
그러다가 그의 생각은 집 주변을 헤매기 시작했다. 그리고 그는 그 객실 같은 방들이 달랐었던가 하고 의심해 보았다. 또 조리에 맞지 않게 이런 생각을 했다. 그 욕실들이 얼마나 예쁘던가, 이 깔끔한 사람들의 생활이 얼마나 한가롭던가. 두말할 것도 없이 아직도 한방에 앉아 있을 그들. 옷을 막 갈아입었던 때였다. 몸집이 작은 애닝 씨가 거기 있었고, 아버지의 사진틀 유리가 깨질까 걱정하는 숙모도 있었다……

버지니아 울프는 생각과 사건 사이 또는 사건과 정서와 사색과 기억 사이의 장벽을 무너뜨리는 데 도움이 되도록 풍경을 이용한다. 그럼으로써 '의식

울프의 생애와 작품　407

의 시작에서 종점에 이르기까지 우리를 둘러싸고 있는 반투명의 피막'이 독자에게 제시될 수 있는 것이다. 그래서 경우에 따라서는 《밤과 낮》의 전체를 통하여 제인 오스틴의 작품에서 볼 수 있는 따위의 인용절들을 보게 되지만 그런 절(節)들이 이 소설의 진짜 요소가 아니고 막간에 지나지 않는다는 것, 반투명의 피막을 제시하려는 한 시도와 다음 시도를 연결짓는 교량에 불과하다는 것을 알 수 있다. 다음 인용절을 고찰해 보자.

"애." 카산드라는 사촌에게 책을 흔들어 대며 고함쳤다. "내 온 인생이 이 순간부터 바뀌었단 말이야! 당장 그 남자의 이름을 적어 둬야지. 그렇잖으면 잊어버리니까."

누구 이름을 가지고, 무슨 책을 가지고, 어떤 인생이 바뀌었다고 하는 것인지 캐서린은 확인하려 들었다. 그녀는 바삐 옷을 옆에 제쳐 놓기 시작했다. 매우 늦었던 것이다.

"내가 좀 앉아서 지켜봐 줄까?" 카산드라는 책을 덮으면서 물었다.

"일부러 준비해 뒀어."

"아니, 준비를 해 뒀었니?"

캐서린은 일을 한참 하다가 고개를 반이나 돌려 카산드라를 바라보았다. 카산드라는 무릎을 움켜쥔 채 침대 가장자리에 앉아 있었다.

"사람들이 여기서 만찬을 한대." 그녀는 카산드라에게 줄 효과를 새로운 관점에서 끌어들이며 말했다.

"누가 만찬에 온대?" 이렇게 묻는 카산드라의 질문은 더 많은 환희의 가능성을 불러일으켰다.

"윌리엄이 오고, 아마 엘리노어 아줌마와 오브리 아저씨도 오실 거야."

"윌리엄이 온다니 정말 반갑구나. 그이가 나한테 원고를 보냈다고 하시든? 멋진데—캐서린, 그이는 너한텐 훌륭한 배필이고도 남을 정도야."

"너를 그이 옆에 앉힐테니 생각했던 걸 이야기하려무나."

"차마 그건 못하겠어." 카산드라가 우겨댔다.

"왜? 그이가 두려운 건 아니겠지?

"약간. 그이가 너와 관계를 맺고 있으니까 말이야."

캐서린은 미소지었다.

"하지만 네가 앞으로 적어도 두 주일은 여기 있을걸 생각하면 너의 그 유명한 성실함으로는 네가 떠나갈 때쯤엔 나에 대해 아무런 환상도 가지지 않게 될 거야. 카산드라, 너한테 일주일 여유를 줄게. 내 힘은 나날이 기울어질거야. 지금이 클라이맥스니까, 내일이면 기울기 시작할걸. 뭘 입을까? 푸른색 드레스를 하나 찾아 줘, 카산드라. 저쪽 옷장에서."

사회희극은 밝은 후광이 그 위에 뻗어가는 하부구조를 이룰 따름이다. 이 인용절은 제인 오스틴식 소설에서 나오는 대목인데, 만약 작가가 스스로 이름한 '물질주의'에만 만족했더라면 《밤과 낮》은 그런 소설이 되고 말았을 것이다. 버지니아 울프는 밝은 후광과 실제 이야기가 동일한 시간과 공간에 놓이는 소설 테크닉을 아직까지는 발견하지 못한 것이 분명하다. 《출항》에서나 《밤과 낮》에서나 상당히 피상적인 면에서 단순한 이야기가 나타나는데, 그 기능은 무드와 심경들을 세밀히 나타낼 기회를 마련하는 데 있다. 《밤과 낮》의 진정한 '플롯'은 토끼 두 마리를 잡으려다가 한 마리도 못잡은 격이다. '물질'면에서도 '정신'면에서도 완전한 전개를 보지 못했다. 따라서 이 소설의 진정한 구성과 통일도 아주 뚜렷하지 못한 것이다. 버지니아 울프 자신이 《밤과 낮》을 쓴 뒤 깨달았다고 여겨지듯이 '물질'면에서 일어난 갈등을 '정신'면에서 해결하는 것은 가장 유효한 예술이 아니었다. 그 증거로 그녀는 이러한 문제들을 해결할 수 있는 테크닉을 완성시키는 일에 곧장 주력하게 되었다.

실험기 및 과도기

〈엘리자베스 시대극 소고 *Notes on an Elizabethan Play*〉라는 논문에서 버지니아 울프는 '엘리자베스 시대의 실재관과 현대 실재관의 차이'를 논하고 있다. 현대의 시인이나 소설가들의 실재는 '대충 말해서, 스미스(Smith)라는 어떤 훈작사(勳爵士)의 생사에 바탕을 두고 있다. 그는 아버지의 뒤를 이어 역대 가업인 탄갱용재(炭坑用材) 수입상·목재상·석탄 수출상으로 종사했고 정계·금주회(禁酒會)·교회 등에서 이름을 떨쳤으며, 리버풀의 빈민을 위해 많은 일을 했는데 지난 수요일 머스웰 힐에 있는 아들집을 찾아갔다가 폐렴으로 죽었다.' 그러나 엘리자베스 시대 희곡으로 눈을 돌리면, '스미스는 어

울프의 생애와 작품 409

디에 있고 리버풀은 어디에 있는가?' 하고 버지니아 울프는 묻는다. 엘리자베스 시대극은 우리로 하여금 자유로이 '방랑하게 한다…… 곤잘로나 벨림페리아와 같은 후작·대공들 사이를. 이들은 살인과 음모로 세월을 보내며, 여자라면 남장을 하고, 남자라면 여장을 하고, 유령을 보고 미쳐 뛰어다니고, 하찮은 일에 신경이 거슬려서 어마어마하게 죽고, 쓰러질 때면 힘차게 악담을 하든가, 격심한 절망의 애가를 털어 놓는다.'

버지니아 울프는 '어느 쪽이 실재인가?' 계속 묻는다. 엘리자베스 시대는 꿈나라가 아니다. 일시에 여기저기로 뻗어 나가는 이 세계는 '참을 수 없이 지루하다.' 그렇다고 리버풀에 사는 스미스라는 사람의 생활을 그리는 일도 아니다. 실재를 표현하려는 문학은 '스미스에게도 다소 근거를 두며, 리버풀에도 발끝을 대고 있으면서 현실에서부터 문학 자체가 원하는 대로 어떤 고도까지 올라가야만 한다.' 버지니아 울프는 '중공(中空)의 어딘가에 정류장이 하나 있는데 거기서는 스미스와 리버풀이 가장 뛰어나게 보인다……. 위대한 예술가는 변화무쌍한 풍경 위에서 자기 자신의 위치를 잡을 줄 아는 사람이다'라고 했다.

'실재'를 발견하고 표현한다는 이 문제는 철학적이면서 동시에 심미적인 문제이다. 그것은 인식론과 소설의 테크닉이라는 문제를 내포한다. 작가는 우선 실재가 무엇인가라는 문제에 해답을 주고, 그 다음 실재를 언어로 표현하는 테크닉을 생각해내야 한다. 그러나 실재를 정의함에 있어 객관화를 지향하는 시도는 없다. 그 발견과정에 있어서 지성은 감성과 똑같은 역할을 하지만, 나타나는 실재는 일련의 명제로 전달될 수 있는 성질의 것과는 판이하다. 실재는 한 유동이니 그 본질은 한 인격으로서 작용하는 개성에 의하여 가장 잘 포착될 것이지 수학적인 객관성을 가지고 비인격적으로 붙잡을 수 있는 것은 아니다.

그러니 버지니아 울프가 말한 대로 작가에게 있어서 '실재'가 따로 있고, 그것을 인식하는 일이 작가의 '중공(中空) 어딘가에 있는 정류장'에 달려 있다면 작가는 그 정류장을 발견하는 문제와 그걸 발견했을 때 그가 그 관점에서 보는 내용을 적절히 전달하는 문제에 당면하게 된다. 작가의 '실재'는 '인간감성의 끝없는 풍부성'으로 결정된다는 것이다. 여기에는 실재를 인간의 반응이라는 면에서 해석하는 질적인 주관성이 있는데, 이것이 예술과 과학

을 구분하는 요소라고 생각된
다. 버지니아 울프는 산문을
시와 비교할 때 '둔중하고 느
린 예술'이라고 주장하는데,
그 이유인즉 후자 예술(그녀
는 시에다 음악을 덧붙인다)
에서는 예술가가 그 표현양식
의 성질상 실재를 단편적으로
한 명제를 때마다 표현할 필
요가 없기 때문이다. 즉 시는
한 상황의 상이한, 심지어는
상충되는 국면의 체계를 동시
에 전달하면서 의미 밖 언어
의 다른 국면을 이용할 수가
있다. 따라서 작가의 표현양
식이 시인의 그것에 근사해

찰스턴 하우스
언니 바네사가 남편 클라이브 벨과 덩컨 그랜트와 함께 살
았던 집. 바네사의 작품.

갈수록 실재를 표현하는 데 있어 더욱 효과를 거둘 수 있다. 그러나 시가 전
적으로 우위인 것은 아니다. 왜냐하면 작가가 '한 발끝을 리버풀에 대고' 있
으려면 산문이라야 하기 때문이다. 작가는 산문에 근거를 둔 채 꾸준히 지상
과 접촉을 유지하듯이 시에도 그만큼 몸을 기울여야만, 불안정한 균형 속에
서 실감을 가장 적절히 전달할 수 있다.

19세기와 20세기 초엽에 전통적으로 쓰인 소설 속에서 버지니아 울프는
한 형태의 문학을 보았는데, 그 정상적인 수법과 테크닉은 작가로 하여금 실
재를 전적으로 스미스와 리버풀로 국한시킨다. 만약 이런 류의 예술이 충분
한 기술과 기교로 완성되었다면, 이러한 물질적 사건에 대한 소설가의 관찰
이 투명하고 정직하고 정확하다면, 만약 그의 산문이 세심히 다듬어지고 그
것이 묘사하는 사건들에 적절히 감응한다면, 무엇보다도 작가가 허식 없이
자기가 스미스와 리버풀에 관해서 쓰지 영원의 진리에 관해서 쓰지 않는다
는 것을 이해한다면, 그것은 제한됐으면서도 훌륭한 소설이라 할 수 있는 것
이다. 따라서 제인 오스틴은 훌륭한 소설가라고 할 수 있다. '오스틴은 자기

재능이 어떠한 것인지를 정확히 파악했고, 작가가 재료를 처리해야 할 때 자기 재능이 어떤 재료를 처리하는데 알맞은지 정확히 알고 있었다⋯⋯. 물론 그녀의 영역 밖에 속하는 감상적 인상들과, 아무리 범위를 넓히고 고안해도 자력으로는 미치지 못하고 망라하지 못하는 정서가 있었다.' 그러나 만약 작가가 스미스와 리버풀을 논하면서 그것을 어떤 심오한 실재의 환상으로 나타내려 든다면 그의 작품은—예를 들어 골즈워디나 아놀드 베넷의 작품—탐탁치 않은 것으로 비난받는 것이다.

버지니아 울프는 또 심지어 제인 오스틴까지도 그녀의 한정된 안식 때문에 피해를 입고 있었다고 주장한다. 만약 오스틴이 생전에 자기의 재능을 더 발전시킬 수 있었다면, 만약 그녀가 수 년을 더 살아서 이름 없는 존재를 벗어나 '런던에 살고, 만찬에 나가고, 오찬에 나가고, 저명인사들을 만나고, 새로 친구들을 사귀고, 독서하고 여행하여, 한가로운 때에 즐길 한 다발의 경험들을 조용한 시골 초옥에 가지고 돌아갔더라면' 과연 그녀는 어떤 작품을 쓸 수 있었을까, 버지니아 울프는 추측해 본다. 그렇게 했더라면 제인 오스틴은 더 깊은 안식을 발견했을 것이다. '오스틴은 여전히 투명하고 정연하면서도 더 심오하고 더 암시적인 방법을 고찰하여, 사람들이 하는 말뿐 아니라 말하지 않는 부분까지, 사람들의 정체가 무엇이라는 것뿐 아니라 인생이 무엇인가까지 전달했을 것이다. 그녀는 또 자기 인물들에게서 좀더 물러섰을 것이며, 그들을 개인보다 한 집단으로 보았을 것이다. 그녀의 풍자는 덜 부단히 작용한 대신 더 냉정하고 엄중했을 것이다. 그래서 그녀는 헨리 제임스나 마르셀 프루스트(Marcel Proust)의 선구자가 되었을 것이다.' 여기에 버지니아 울프의 선구자가 되었을 것이라고 덧붙일 만하다.

버지니아 울프가 여기서 관여하는 것은 엘리자베스 시대극을 논한 논문과 골즈워디·베넷·웰즈를 논한 가운데 그녀의 신경을 거슬렀던 바로 그 대조관계임이 분명하다. 즉 관심 깊은 관찰자로서 작가가 인물들과 같은 수준에 서서 자기가 보고 듣는 내용을 정리함으로써 객관적으로 모양을 갖추고 기록한 사건들과 '실재'를 탐구하고, 감각적 인상과 분위기를 혼합한다. '무엇이 인생인가'의 상징이 되는 사색적인 구조를 짜기 위해 명제적 진술이나 엄격한 시대순을 포기하는 작가가 형체화되고 기록한 사건들 사이의 대조관계를 말한다. 이전의 작가들은 자기들이나 독자들이 다같이 인생이 무엇인가를

몽크스 하우스 정원 쪽에서 바라본 모습. 서식스에 있는 울프 부부의 집. 1919년 구입한 집으로, 울프가 마지막으로 살던 집.

잘 인식했고 게다가 작가의 임무는 종교나 철학이 이미 체계화해 둔 진리들을 반복하는 데 있지 않다고 답변했을지도 모른다. 그들은 이러한 진리들을 당연한 것으로 받아들이면서 그 진리 위에 가공적인 여러 사건의 한 형체를 구축했다. 그들의 직능은 실재를 연구함에 있지 않고 실재는 으레 있는 것이라고 언제나 가정하면서 인간행위의 인상적인 실례들을 체계화하는 데 있었다. 따라서 이러한 답변 가운데 그들은 자기들의 목표와 버지니아 울프의 목표 사이에서 근본적인 차이를 정확히 지적했을 것이다.

버지니아 울프는 제인 오스틴과는 달리, '실재'가 무엇인가라는 데 의견 일치를 못본 세계에서 글을 쓰고 있었으며, 더욱이 자기와 같은 시대의 작가들 일부와 달리 그러한 의견 일치의 결여를 절실히 인식하고 있었다. 버지니아 울프가 소설가로 날리던 20세기의 2, 30년대는 작가로 하여금 인간생활의 성질과 가치에 관해 어떤 막연한 편견을 가진 채로 스미스와 리버풀을 논하게 했던(이것은 버지니아 울프가 이름한 '물질'면에서의 전달과 실재에 관한 진술을 동시에 하게 했지만) 신념과 태도의 공유가 마지막으로 붕괴되는 시기이기도 했다. 버지니아 울프는 대등한 출발선에서 출발하여 인물마다 고유의 한 세계관을 부여함으로써 그 세계관을 통해 인물을 해석하게 하지 않

울프의 생애와 작품 413

을 수 없었던 것이다. 그녀의 소설 속에 기록된 사건들이 어떤 건실한 신념의 소지나, 정서적이고 안정된 지성적 형체를 배경삼아 연출되는 것은 아니었다. 그와 반대로 그 사건들에는 그들 자체의 철학적·정서적 소지가 마련되어야만 했다. 버지니아 울프는 그토록 많은 동시대 예술가들에게도 이어져 내려온 문제, 즉 개성적이며 회의적인 시대에 의미 있는 예술을 창조한다는 문제에 당면했던 것이다.

사회적 신념이 없는 예술은 창조하기 쉽지 않다. 왜냐하면 예술가는 각 작품 주위에 자신의 감성을 뿌림으로써 독자나 보는 사람에게 그 작품의 형체에 열쇠가 되고도 남음이 있는 철학적 배경을 부여해야 하기 때문이다. 그러한 열쇠는 이젠 작가나 독자가 사는 문명사회에 의해 제공되지 않으므로 열쇠를 주는 일은 작가 자신에게 달려 있다. 따라서 버지니아 울프는 스스로 이야기함과 동시에 그러한 이야기에 의의를 부여하는 특정한 '실재'관을 암시하는 소설작법을 발견해야만 하는 필요성을 느낀다. '실재'에 대한 그녀의 끊임없는 관점은 이러한 것으로 설명된다.

버지니아 울프는 다른 작가들보다 이러한 상황의 성질을 더 잘 인식했다. 다른 작가들도 유사하게 대응했지만 덜 의식적이었다. 〈동시대인이 받는 인상How It Strikes a Contemporary〉이라는 논문 가운데 버지니아 울프는 바로 이러한 문제, 즉 예술과 사회적 신념과의 관계를 언급하고 있다. 워즈워스·스콧(Scott)·제인 오스틴의 작품에서 우러나오는 '안정감'을 언급하면서 그녀는 이렇게 반문한다. '그렇다면 유쾌하고 서서히 완전하게 우리를 압도하는 안정감은 어디에서 오는 것일까?' 그녀의 답변도 주목할 만하다. '그것은 그들 신념의―우리를 강압하는 그들의 확신의 힘인 것이다…… . 그들에게는 행위를 판단하는 힘이 있다. 그들은 인간 상호간의 관계문제 때문에 즉석에서는 한 마디도 못할지 모르지만, 모든 것이 거기에 달려 있다. 우리의 인상이 남들에게도 적용된다고 믿는 것은 개성의 속박과 구속에서 해방됨을 말하는 것이다.' 문제점은 바로 여기에 있다. 버지니아 울프가 보았듯이 현대인들은 공통된 신념이 없는 시대에 살았으며 따라서 개성의 속박과 구속에서 해방될 수 없었다. '현대인들은 믿지를 않아서 걱정이다' 하고 그녀는 같은 논문에서 불만을 토로한다. 그러나 난관을 헤쳐나오는 길은 있다. 마지못해 한 일을 자진해서 한듯이 가장할 수 있다면, 작가의 개성에 의존을 필요

몽크스 하우스
울프의 침실

로 하는 작법이나, 개인적인 실감에서 글을 써서 그 실감을 독자에게 전달하는 따위의 작법을 발견할 수도 있다. 버지니아 울프가 밟아간 경로는 바로 이러한 것이다.

한 시대에 신념의 유무는 아마 객관적으로 결정하지 못하는 문제일 것이다. 요점은 버지니아 울프가 시대에 신념이 없다고 보고, 자기의 문학적 자세를 그에 따라 세웠다는 사실이다. 그녀의 동시대 작가들 가운데는 그녀와 똑같이 예술의 문제를 직시했던 몇몇 민감하고 예민한 인사들이 있었다. 그들은 비록 간접적, 잠재적으로 그러하였을망정 작가와 독자에게 공통된 소지가 결여된 것을 작품 자체 내의 그 어떤 것으로 보상할 필요가 있다고 보았던 것이다. 이밖에 다른 작가들은 그러한 필요성을 의식하지 못하고서 실제로 존재할지 안 할지도 모르는 소지가 으레 있는 것으로 계속 믿었다. '어떤 관중인가?'라는 문제 제기는 바로 이 점에서이다. 맨체스터 시민은 이 시기에도 여전히 빅토리아 시대 사람들과 똑같은 일반적 마음의 자세를 가지고 있었겠지만, 블룸즈버리 주민들은 그러지 않았다. 버지니아 울프가 평생 속해 있던 그 특정한 도시 지식인 층이 개인의 감성 속에서 인생의 의미를 찾았음은 의심할 여지가 없다(여기서 말하는 '감성'은 정서적 상태를 말함이 아니라 사상과 감정의 복합을 뜻하되 지적인 요소가 우세하다).

《출항》과 《밤과 낮》에서 버지니아 울프는 인물들 쪽에서의 의식적인 주장

울프의 생애와 작품 415

과 자기관찰을 통하여 어떤 특정한 가치체계나 '실재'관 속에 이야기를 정착
시키려고 하였다. 그러다 보니 결과적으로 두 소설은 민감한 독자가 혐오하
는 어떤 둔중감과 과도한 지성화를 보이게 되었다. 그래서 그녀는 동일한 목
적을 좀더 경제적으로, 좀더 효과적으로 달성케 하는 표현양식과 테크닉을
—이야기가 진행되는 가운데 한 인생관을 창조함에 있어 시의 자원 일부를
이용하는 산문체와, 설화의 전통적인 한계를 초월하고 또 소설이 진전되는
동안 분위기를 조성하고 인생을 해석하게 될 회상과 예상, 유추의 사색적인
망 조직을 짜도록 하는 구성을—발견하려고 했다. 현학적인 냄새가 날지도
모르지만 이른바 '해석적 분위기' 조성은 버지니아 울프 예술의 목표가 되었
다. 그녀는 사건들의 묘사와 동시에 해석하는 작법, 사물과 그 가치, 또는
그 형이상학적 의미를 동시에 나타내는 작법을 찾아내기를 원했다. 그리하
여 그녀는 완전한 소설을 쓰는 일에서 손을 떼고 실험에 몰두했다.《월요일
아니면 화요일*Monday or Tuesday*》이라는 제목하에 그녀가 1921년에 수록한
소품들은 이러한 실험의 기록이다.

　이는 버지니아 울프가 자기 시대의 '지성적 경향'의 그 어떤 것에, '시대
정신'에 재촉받아 필연적으로 그런 작법으로 끌려갔다는 것은 아니다. 당초
부터 고유의 감성이 그 방향으로 그녀를 이끌어 가고 있었음은 초기 작품이
밝혀주는 사실이며,《출항》과《밤과 낮》에서 보여 준 정신적 특질은 그녀가
앞으로 택할 방향을 어느 정도 시사해 준다. 예술 세계에서 명분의 판정은
기껏해야 암시나 예시, 또는 비교나 유사를 밝혀주는 시사 같은 것이다. 심
리학도 사회학도 문학의 일반적인 발달이나 어떤 특정한 작가가 택한 경로
를 충분히 설명하지는 못한다. 그러나 심리학이나 사회학은 어떤 비평가도
기꺼이 제공 못할 특정한 안식을 마련해 준다. 왜냐하면 소설은 '예술작품'
이라 하여 완전히 고립된 채 고찰된다고 해도, 그 구조가 이해되려면 적절한
시간·공간상의 거리에서 고찰되어야 하기 때문이다. 작품의 본질을 보기 위
해 독자가 취해야 한다는 '심미적 거리'의 문제는 어떤 배후자료에 언급하지
않고서는 좀체 해답을 얻을 수 없는 문제이다.

　《월요일 아니면 화요일》은 1919년에서 1920년 사이에 씌어진 소품 8편을
모은 것으로, 버지니아 울프가 산문체를 실험하는 과정 또는 좀더 유동적인
표현양식, 즉 그녀에게 실재라고 생각되었던 그 '발광하는 후광'의 표현에

좀더 알맞은 표현양식을 발전시키려는 과정이 나타난다. 소품들은 그녀가 만약 소설을 쓰는 데 있어 자신의 개성적인 실재감을 독자에게 성공적으로 전달하려면 마땅히 이용해야 했던 수법을 지향하는 모색이었다.

첫 소품 〈유령의 집 *A Haunted House*〉은 유동적이며 연상적인 산문체를 쓰기 위한 습작에 지나지 않는다. 여기서는 딱딱한 산문적 진술의 한도를 초월하려는 고의적인 시도가 엿보이는데, 그 방편으로 순열과 연대순이 중요성을 잃을 정도까지 설화에 신축성을 주는 구실로 정신적 또는 정서적 연상을 사용한다. 조직적인 요소가 되는 것은 작가의 무드일뿐 이야기의 형체는 아니다. 시간과 공간은 무드가 그대로 지속되는 동안 임의로 바뀌는데, 이와 대조적으로 더 전통적인 설화에서 사건들은 공간에서 굳건히 뿌리를 박고 시간에선 연대순적으로 퍼진 채 꾸준히 전진하며, 무드는 사건들에 의존하는 것이다. 인상주의에 대한 습작에 불과한 이 소품은, 화가가 손이나 팔을 예비적으로 습작한 것이 완성된 초상화가 될 수 없듯이 이것 또한 완성작이 아니다. 중추적인 무드를 둘러싸고 사상들이 감도는 양상은 다음 인용문을 통하여 예증된다.

그러나 그들은 그것을 객실에서 보았던 것이다. 그렇다고 누구든 그들이 언제고 볼 수 있다는 건 아니었다. 유리창은 사과들을 반사시켰고, 장미들을 반사시켰다. 풀밭의 온 잎사귀들은 푸릇푸릇하였다. 유리창들이 객실에서 움직이면 사과들은 그 노란 쪽을 돌려 보일 뿐이었다. 하지만 잠시 후 만약 문이 열려서 방바닥에 퍼지고, 벽에 걸려 천정에서 매달린 채라면— 어쩌지? 나의 두 손은 비어 있었다. 티티새의 그림자가 융단을 가로질러 갔다. 침묵의 깊디깊은 우물 속에서부터 산비둘기가 물거품 같은 소리를 끌어 냈다. "안심, 안심, 안심" 하며 집의 맥박은 살며시 쳤다. "파묻힌 보물. 방……." 맥박이 별안간 멎었다. 아, 그게 파묻힌 보물이었던가?

잠시 후 불빛이 희미해졌다. 그럼 바깥 정원에선? 그러나 나무들은 유랑하는 햇살에 반해 어둠을 자아냈다. 해는 너무도 희박하고도 절묘하며 싸늘하게 지평선 아래로 져서 내가 찾던 햇살은 언제나 유리 뒤에서 불타 올랐다. 죽음은 유리였다. 죽음은 우리 사이에 있었다. 수백년 전, 먼저 여인을 찾아오고, 집을 떠나 온 창문들을 봉해 놓고. 방들이 깜깜해졌다.

울프의 생애와 작품 417

옥스포드 대학

케임브리지 대학

그는 집을 찾았다가 집이 고원 아래에 떨어져 있는 것을 보았다. "안심, 안심, 안심." 집의 맥박이 기꺼이 쳤다. "보물은 그대의 것."

이 책에서 제일 긴 그 다음 소품은 〈사교계A Society〉인데, 이 선집 중 다른 작품들과 판이한 것이다. 여기서는 유사한 형식의 산문이 풍자적인 목적으로 쓰이고 있기 때문이다. 〈유령의 집〉보다 덜 유동적이며 설화적 줄거리는 더욱 뚜렷하고, 사건들이나 사상들은 모두 상징적이지만 인상주의로 방기되는 일이 덜하다. 이 소품은 우화라고 부를 수도 있는데 대부분의 우화보다 설화의 핵심이 더욱 밝으면서 덜 명확하다. 〈사교계〉에는 다른 특징들과 더불어 버지니아 울프가 몇 년 뒤 써냈던 그 진기하고 흥미진진한 역작《올

418 댈러웨이 부인/등대로

랜도 Orlando》(1928)를 연상시키는 왕성한 기개와 풍요도 엿보인다. 간단히 말해서 이야기는 한 집단의 젊은 여성들에 관한 것인데, 이들은 5년이란 기간에 걸쳐 아내나 어머니로서의 임무를 떠맡기 앞서 남성들이 '훌륭한 인재와 훌륭한 책을 만들어 내는' 위대한 목표를 달성하고 있다는 데 만족하기로 결의하고서는 남성들이 문명을 이끌어 나가는 방법을 조사하는 일에 투신한다. 조사는 결론을 얻지 못하고 조사자들 중 한 사람은 사랑에 빠져 이야기가 끝나기 전에 아기를 갖게 된다. 그러나 이런 줄거리는 아주 효과적인 상징 수법을 통하여 표현되는 유머와 아이러니로 가득 찬 〈사교계〉를 공평하게 다루는 것이 못 된다.

그래서 우리들은 떠났다. 몇몇은 대영박물관으로, 또 몇은 영국 해군기지로, 몇은 옥스포드로, 몇은 케임브리지로. 우리는 왕립 미술원과 테이트 미술관을 찾아갔다. 음악당에서 현대음악을 듣고, 법원에 가고, 새로 나온 연극들을 보았다. 우리들은 누구나 할 것 없이 저녁 먹으러 나가서는 남자 파트너에게 어떤 질문을 던지고 그의 대답을 세밀히 적었다. 사이사이에 우리들은 서로 만나서 제각기 관찰한 것을 비교해 보았다. 아, 참 즐거운 모임이었다! 로즈가 '명예'에 관해 적은 것을 읽고, 에티오피아 공주로 차리고서 영국 해군의 한 함정에 올랐다는 이야기를 했을 때처럼 나는 배를 잡고 웃은 적이 없었다. 속은 것을 알아차린 선장은 평신사로 가장하고 있던 그녀를 찾아와서 명예회복을 해야겠다고 요구했다. "어떻게요?"

그녀가 물었다. "어떻게라니요?" 그가 노발대발했다. "물론 채찍으로 해야지요!" 선장이 화가 나서 제정신이 아닌 것을 보고, 그녀는 이젠 어쩔 수 없겠구나 생각하며 허리를 굽혔더니 놀랍게도 엉덩이를 가볍게 여섯 차례 톡톡 때리는 것이었다. "대영제국 해군의 명예는 회복되었음!" 그는 이렇게 고함을 질렀다. 그녀가 몸을 일으켜 보니 그는 얼굴에 땀을 줄줄 흘리면서 떨리는 오른손을 내밀고 있었다. "비켜!" 그녀는 허세를 부리며 선장의 사나운 표정을 모방하면서 고함을 질렀다. "내 명예도 회복해야겠소!" "신사다운 이야기요!" 선장은 이렇게 받아넘기더니 깊은 생각에 잠겼다. '매 여섯 대가 영국 해군의 명예를 회복시킨다면 평신사의 명예를 회복시키려면 몇 대면 될까?' 하고 그는 생각했다……. "가만 있어요." 그는 별안간 소리를 질렀다. "경계선 마차를 가지고 계셨죠?" "아니요." 그녀가 말했다. "아니면 타는 말이라도?" "풀 베는 기계를 끄는 당나귀가 한 마리 있었지요." 그녀가 곰곰이 생각하던 끝에 이렇게 말했다. 이 말에 선장의 얼굴빛이 밝아졌다. "우리 어머니 이름은—" 하고 그녀가 덧붙이려 했다. "이봐요, 제발 당신 어머니 이름은 꺼내지 마시오!" 이렇게 외친 선장은 벌벌 떨면서 머리끝까지 빨개지는 것이었다. 그녀가 달래서 그가 다시 말을 시작한 것은 적어도 십 분이 경과한 후였다. 마침내 선장이 말하기를, 만약 그녀가 선장 자신이 지정한 허리 부분을 네 차례 반 때리면(반 차례는 그녀의 증조할머니의 작은아버지께서 트라팔가 해전에서 전사했다는 사실을 알고 양보한 것이라고 그는 말했다) 그녀의 명예가 회복될 것으로 생각한다고 했다. 일은 그대로 진행되었다. 그들은 식당으로 가서 포도주 두 병을 마셨다. 선장은 포도주 값을 자기가 내겠다고 우겨댔다. 그러고 나서 그들은 변함 없는 우정을 약속하면서 헤어졌다.

어렴풋한 익살의 기미는 소품이 우화로 끝나는 것을 막고 있다. 빈정대는 비판 무드 속에는 비평가까지 들어앉아 있다.

엘리자베스는 일어나서 말하기를, 조사를 수행하기 위해 그녀는 남장을 하고 평론가로 인정받았던 것이라고 했다.
"저는 과거 5년 동안 새로 나오는 책들을 무척 꾸준히 읽어 왔습니다." 그녀가 말했다. "웰즈 씨는 가장 인기 있는 현존작가입니다. 그 다음으로 아놀드 베넷 씨, 콤프튼 매켄지 씨, 맥케나(Mckenna) 씨, 월폴(Walpole) 씨 등이 같은 경향의 작가로 취급되겠지요."
"그런데 그분들은 좋은 작품을 쓰시나요?" 우리는 그녀에게 바싹 다가갔다.
"좋은 작품이요?" 그녀는 천장을 바라보며 말했다. "여러분은 이걸 명심하셔야 합니다." 그녀는 다시 말문을 열면서 지독히 빨리 말했다. "소설은 인생의 거울이란 것과 교육이 지극히 중요하다는 사실은 부인할 수 없습니다. 그러나 우리가 밤늦게 브라이튼 해수욕장에 가서 어느 하숙집에

420 댈러웨이 부인/등대로

묵는 것이 제일 좋을지 모른다면 그것은 큰 두통거리일 것입니다. 게다가 마침 비가 줄줄 내리는 일요일 저녁이라고 생각해 봅시다—영화 구경가는 게 멋지지 않겠어요?"

"하지만 그것하고 문학과 무슨 상관이 있단 말씀인가요?" 우리가 물었다.

"없지요—없지요—아무 상관도 없지요." 그녀가 대답했다.

"그러면 어디, 진리를 말씀해 주세요." 우리는 그녀에게 간청했다.

"진리라고요? 참 놀라운 일도 다 보겠네요." 그녀는 말을 잠시 멈췄다—"치터(Chitter) 씨는 과거 30년간 사랑에 관해서 혹은 버터 바른 따끈한 토스트에 관해서 매주 글을 쓰셨는데 아들들은 모두 이튼 고등학교에 보내셨다고—"

"진리를 어서!" 우리가 독촉했다.

"아, 진리 말씀이군요." 그녀는 더듬으며 말했다. "진리는 문학과 아무 상관 없답니다." 그녀는 자리에 앉더니 더는 한 마디도 하지 않았다.

우리에겐 만사에 너무 결론이 없는 것만 같았다.

표제 소품 〈월요일 아니면 화요일〉은 불과 두 페이지의 간결한 습작인데, 아마 이 책에 실린 어느 소품보다도 성공하지 못했을 것이다. 이것은 연상된 사상들을 통해 바뀌어 가는 무드를 전달하려는 연습에 지나지 않는다. 그런데도 사상들이 너무 빠르게 바뀌기 때문에 무드가 조금도 전달되지 않는다. 그리고 지성이 자꾸 사상과 충돌한다.

진리를 갈망하면서, 그걸 고대하면서, 몇 마리 낱말들을 공들여 뽑아내면서, 영원토록 갈망하면서—(왼편에서 울음소리가 일어난다. 오른편에서 또 한 울음소리가 들린다. 바퀴들은 제각기 달아난다. 버스들은 혼란 속에 밀집한다)—영원토록 갈망하면서—(시계는 열두 번을 똑똑히 쳐서 정오를 확인한다. 햇빛은 금색 비늘들을 발산한다. 아이들은 떼를 지어 다닌다)—영원토록 진리를 갈망하면서 둥근 지붕이 빨갛다. 동전들이 나무에 매달려 있다. 연기가 굴뚝들에서 길게 흘러나온다. "고철 팔아요!" 울부짖으라, 고함지르라, 외치라—그리고 진리도?

울프의 생애와 작품 421

그 다음 소품 〈쓰지 않은 소설 *An Unwritten Novel*〉은 상징적인 사상과 반어적인 결론을 병렬시켜 성격표현을 해보려던 습작이다. 여기에서 사상들과 사색 내용들은 인생 그 자체가 아니라 인생의 특성과 무드의 예시로 체계화되었다. 그리고 여기에서 인물의 생애의 실제 환경들은 작가가 성격묘사를 하는 데 사용했던 사상이나 사색 내용들과는 아주 판이한 것으로 돼 버렸지만, 결론적으로 남들의 생활을 그들 자신의 감성을 통해 보는 작가들이 무릅쓰는 위험을 아이러니한 유머로 예증하고 있다. 작품의 상황은 간단하다. 작자는 찻간에서 어떤 여인 맞은편에 앉아 그 인물에게 알맞다고 생각되는 과거와 교우관계를 자기 머릿속에서 구상한다. 그러다가 그 여인이 목적지에 도착해 열차에서 내릴 때 눈 앞에서 보게 되는 것은 아까 상상했던 모든 배경과는 정반대인 것이다.

그 다음 짧은 소품은 〈현악 4중주 *The String Quar*〉로, 이것 또한 소설의 원재(原材)를 가지고 실험한 것이다. 버지니아 울프는 여기서 모차르트의 4중주가 연주되는 음악회의 인상을 보여 주려고 시도한다. 첫째는 음악이 시작되기 전 온 장내에 드문드문 들리는 잡담의 인상, 그 다음 알레그로·아디지오, 그리고 활발한 피날레로 발전하는 음악 그 자체의 인상, 끝으로 음악회의 종결과 관중 퇴장의 인상. 여기에 쓰인 테크닉의 주요 특징은 모든 관례적인 전조(轉調)를 제거하고 경험 전체를 하나의 연속적인 유동으로 나타내려고 시도한 점이다. 회화의 이질적인 단편들은 단일한 담론의 흐름으로 변하고, 또 음악은 일련의 인상적인 사상들 속에 표현된다.

융성(隆盛)·샘·새싹·격발! 산 꼭대기 배나무. 샘물이 뿜어 나온다. 물방울들이 떨어진다. 그러나 론 강의 물은 빠르고 깊게 흐르고 아치 밑을 줄달음치며, 물 위로 늘어진 잎사귀들을 쓸어 가면서 은어 위의 그림자들을 씻어 버린다. 빠른 물결에 실려 내려간 얼룩 물고기들은 이제 소용돌이 속으로 휩쓸려 갔다. 거기엔―힘든 일이지만―빽빽이 모인 물고기들이 껑충 뛰고 덤벙 뛰며 날카로운 지느러미를 문질러 댄다. 물보라가 끓어오르니 노란 자갈들은 뒤섞여 돌고 돌고 또 돌고 돌아―소용돌이에서 벗어나면 아래로 밀려나고, 섬세한 소용돌이로 공중으로도 올라가, 대패 밑에 떨어지는 얇은 대팻밥처럼 똘똘 말리고, 위로 또 위로……. 가벼운 발걸음으로 이 세상을 싱글벙글 헤쳐 가는 사람들에게 선(善)이란 얼마나 아름다운가! 또 아치 밑에 쭈그리고 앉은 명랑한 생선장수 할멈들, 지저분한 할멈들이 나란히 걸어갈 때면 얼마나 배를 잡고 웃으며 날뛰는가!

음악의 인상이 비단 일련의 사상들 속에서만 전달되는 것은 아니다. 거기에는 지적인 요소도 있다. 다음 인용절에서는 추상개념의 수가 사상의 수와 거의 맞먹는다.

구둣발 소리와 나팔소리. 땡 소리와 땡땡 소리. 굳건한 수립(樹立). 단단한 기초. 거만한 행진. 혼란과 혼돈은 지상으로 걸어간다. 그러나 우리가 여행하는 이 도시에는 돌도 대리석도 없다. 영원히 매달려 있다. 까닭 없이 서 있다. 얼굴 하나도 깃발 하나도 우리를 맞이하거나 환영하지 않는다. 그러면 그대의 희망을 고갈케 버려 두라. 사막에서 나의 환희를 시들게 하라. 벌거벗은 전진. 기둥들은 헐벗었다. 누구에게도 반갑지 않다. 그늘도 없다. 찬란하다. 엄혹하다. 나는 자빠진다. 열의를 잃고, 갈 생각만 하고, 길을 찾는다. 건물들에 표시를 한다. 사과 파는 부인에게 인사한다. 문을 열어 주는 하녀에게 말한다. 별이 빛나는 밤이라고.

그 다음 소품은 색채를 전달하기 위하여 사상을 인상적으로 사용한 매우 짧은 습작이다. 두 절인데, 첫 절의 제목은 '녹(Green)'이고, 둘째 것은 '청(Blue)'이다. 여기에서 우리는 상징적 장면들의 묘사에 나타나는 세부적인 정확함이 환상적으로, 좀더 지적으로 확대되고 엇갈려서 유동적인 무드로 화면을 채우는 것을 볼 수 있다. 등장하는 인물들은 무드를 상징하고 예증하기 위해 창조된다. 그 무드는 버지니아 울프에게 언제나 그러하듯 관찰자의 무드요, 그것이 인물의 무드처럼 보일 때도 여전히 작자 자신의 무드이다. 여기에 쓰인 테크닉은 버지니아 울프의 다른 글 어디에서보다도 프랑스 상징주의자들의 그것을 방불케 한다.

해변에 던져진 채 그는 누워 있다. 뚱하게, 둔하게, 마른 청색 비늘들을 벗기면서. 비늘들의 금속 빛이 도는 청색은 바닷가의 녹슨 쇠를 물들인다.

울프의 생애와 작품 423

파괴된 보트의 늑재(肋材), 늑골을 이루는 재료는 청색이다. 푸른 종 밑에서 파도가 너울거린다. 그러나 사원(寺院)은 다르다. 차디차고, 향 냄새가 가득 차서, 마돈나들의 베일로 희미한 청색을 이루었다.

이와 유사한 수법이 그 다음 소품 〈큐 왕립식물원 *Kew Gardens*〉에서 사용된다. 여기에서 버지니아 울프는 식물원의 시각적 인상을 전달할 뿐만 아니라 거기에 늘 출입하는 전형적·상징적 인물들의 무드도 전달한다. 여기서도 역시 사상들과 인물들을 체계화하는 것은 작자의 환상이고, 지적인 익살이 그 사상들을 사색의 시발점으로 이용한다.

끝으로 소품 〈벽 위의 얼룩 *The Mark on the Wall*〉이 있는데, 여기에서는 단일한 상황 속에서—겨울의 어느날 저녁 난롯가에 앉은 작자가 이전에는 본 적 없는 어떤 반점이 맞은편 벽에 붙은 것을 보고 호기심을 일으킨다—버지니아 울프가 사상·관념·추억 등으로 한 몽상을 엮어 낸다.

아니, 아니, 아무것도 증명이 안 된다. 아무것도 알 길이 없다. 바로 이 순간 내가 만약 일어나서, 벽에 붙은 저 반점이—글쎄, 뭐라고 하면 좋을까? —2백 년 전에 박은 큼직한 낡은 못의 꼭지임이 틀림없음을 확인한다면(저 못은 여러 세대의 하녀들이 끊임없이 닳게 만들어 그 꼭지가 페인트 위로 돋아나 지금은 불 켜진 흰 벽의 방 안에서 현대생활을 처음으로 바라보고 있지만) 나는 무엇을 얻게 될까? —지식을? 더 사색할 문제를? 나는 일어서도 가만히 앉아서도 생각을 할 수 있다. 그런데 지식이란 무엇인가? 우리 식자(識者)들이란 게 굴속이나 숲 속에 웅크리고 앉아 약초를 만들고, 뒤쥐를 심문하고, 점성술을 하던 마술사와 은자(隱者)들의 후손밖에 더 되는가? 우리의 미신이 쇠퇴하고 미(美)와 건전한 정신이 더욱 존중될수록 우리는 식자들을 덜 존대한다……. 그렇다, 우리는 아주 즐거운 세상을 꿈꿀 수 있다. 광야에 그토록 빨갛고 푸른 꽃들이 핀 고요하고 광대한 세계를.

작품 끝에 가서는 일상생활이 환상세계를 침해한다.

일에 대변동이 있다. 누군가 내 위에 서서 말한다.
"나는 신문 사러 나가."
"그래서?"
"신문사는 게 좋은 일은 아니지만……. 아무 일도 일어나지 않는다. 이 빌어먹을 전쟁아. 망할 놈의 전쟁아! ……여전히 나는 모르겠다, 왜 우리 벽에 하필 달팽이가 붙어 있는지."
아, 벽에 붙은 그 반점! 그건 달팽이였다.

버지니아와 조카 쿠엔틴
쿠엔틴은 뒷날 버지니아의 전기 작가가 된다.

이러한 결론은 특히 흥미롭다. 그도 그럴 것이 버지니아 울프가 환상에서 사건으로 옮겨가는 수법―뒤에 그녀로 하여금 이런 종류의 사색적 산물들을 완전한 소설에 쓰게 한 수법―을 쓰고 있음을 보여 주기 때문이다.

《월요일 아니면 화요일》은 완성된 작품집이라기보다는 문학적 습작에 가깝다. 이 습작들은 소설가로서의 버지니아 울프의 테크닉 발전에 관심을 가진 사람들에게는 큰 흥밋거리가 된다. 그녀의 모든 후기 작품들은 이러한 소품들에서 고안한 수법들을 더 큰 목적의 수단으로서 즉, 완전하고 통일된 소설작품을 내는 일에 이용하고 있다. 《월요일 아니면 화요일》은 그 뒤를 이은 소설들을 검토함으로써 명백해지듯이 버지니아 울프의 작가 생활에서 참된 전환점을 마련한다.

반투명의 피막 (皮膜)

《월요일 아니면 화요일》로 대표되는 실험기를 거치고 난 버지니아 울프는 그때 얻은 새로운 테크닉을 쓰게 될 본격적인 장편소설들에 착수할 태세를 갖춘다. 그녀는 이제 유동하는 경험에 대한 자신의 개념을 소설 속에 구상화시킬 수 있는 문체, 즉 인상적이고 유동적이며 사색적인 문체를 창조해냈던

울프의 생애와 작품 425

것이다. 다음에 착수할 문제는 그런 문체가 소설을 쓰는 데 어떻게 이용될 것인가 하는 구성과 조직이라는 문제였다. 1922년에 나온 《제이콥의 방》은 이 문제에 대한 그녀의 가장 첫 번째 해답이었다.

지금까지 버지니아 울프가 처음 두 소설에서 썼던 좀더 전통적인 형식을 왜 포기하기에 이르렀던가를 보아 왔다. 그러나 그녀의 발전이 그 시대 다른 작가들의 사상 및 테크닉과 전혀 무관한 것이라고 본다면 잘못일 것이다. 그녀가 제임스 조이스의 《율리시즈》를 읽고 감명받았다는 사실은, 그 작품이 〈소평론〉에 나오던 1919년에 감상적인 논급을 한 데서 알 수 있다. 조이스의 산문의 유동성이나 그가 인물들의 '의식의 흐름'을 포착할 의도하에 관례적인 전이법(轉移法)을 회피한 점 등이 버지니아 울프의 문체에 영구히 영향을 주었음은 의심할 여지가 없다. 실제로 《월요일 아니면 화요일》에 나오는 일부 실험적 수법들은 거의 틀림없이 그녀가 《율리시즈》를 읽고 암시받은 것이다. 마르셀 프루스트 역시(그의 방대한 연작 소설을 버지니아 울프는 1922년에 불어 원본으로 읽었다) 틀림없이 그녀의 그후 작품에 영향을 주었다.

알아두어야 할 중요한 점은 버지니아 울프가 설사 조이스나 프루스트의 영향을 받았다 할지라도 단순히 그녀가 그 작가들을 우연히 읽게 되었기 때문이 아니라 그들의 업적 속에서 그녀 자신의 이상을 성취시키는 데 도움이 될 어떤 것을 인식했다는 점이다. 조이스의 '내적 독백', 인물들의 회상과 예상을 혼합한 가운데 그가 표현하는 의식, 여기에 수반되는 엄격한 연대순에서의 해방, 또 시간상의 경험의 특질에 대한 프루스트의 전념, 그의 베르그송적(Bergsonian) 기간관념, 현재시의 거품을 과거의 환상으로 채우고 색칠하는 그의 능력—이런 것들이 버지니아 울프에게 영향을 주었음은 분명하나, 그것은 오직 그녀가 이미 자신의 목표를 세우고 그것을 가장 완전한 방식으로 달성시키는 방법을 모색하고 있었기 때문에 가능했던 것이다. 버지니아 울프의 시간에 대한 개념을 앙리 베르그송(Henri Bergson)의 기간(duree)에 대한 개념이나 윌리엄 제임스(William James)의 의식에 대한 관념과 연관시켜 생각하는 것도 가능한 일이겠지만, 그러한 고찰 자체가 그녀의 본질적인 목적이나 방법을 이해하는 데 도움이 되지 않는다. 따라서 그러한 고찰은 미래의 문화사가나 박사학위 논문을 쓰는 현대 학도에게나 일임될 성질의 것이다.

《제이콥의 방》에서는 앞으로 버지니아 울프 문체의 주요한 특징 가운데 하나가 되는 표현의 고의적인 희박성이 현저하게 나타난다. 여기에는 연대순으로 사건들의 확고한 윤곽을 보존하려는 시도가 전혀 없다. 경험은 신속히 해소되어 가는 일련의 인상들로 분해되고 다시 병합되지만, 작자의 사색적인 눈 때문에 완전히 해소되는 것을 면한다. 작자는 유동하는 사물들을 항상 의식하고 있으며, 성격을 충분히 보존함으로써 자기 주제의 무형적 성질에 대해 간간히 논평할 수 있게 된다.

그렇다면 남성들이나 여성들이나 다같이 나쁜 것 같다. 우리 동포들의 심오하고, 공정하고, 똑바른 견해가 전혀 알려지지 않고 있다. 우리는 남성이나 여성이다. 우리는 냉철하든가 감상적이다. 우리는 젊든가 늙어 가고 있든가 둘 중 하나다. 어쨌든 인생은 그림자들의 행렬에 불과하다. 하느님은 우리가 왜 그토록 열심히 그림자들을 껴안다가 그림자들이 떠나가는 걸 보면 왜 그토록 괴로워하는지를 안다. 그리고 이것이, 이보다 훨씬 더한 것이 사실이라면, 의자에 앉은 젊은이가 이 세상의 모든 것 중에서 가장 진실하고, 가장 확고하고, 우리에게 가장 잘 알려져 있는 존재라는 안식을 창문 구석에서 별안간 얻고서 여전히 놀라는 것은 무엇 때문일까—정말 무엇 때문일까? 왜냐하면 그 다음 순간부터 우리는 그 젊은이에 대해서 아무것도 모르기 때문이다.

우리들의 관찰방식이 바로 이렇다. 우리들의 사랑의 조건이 바로 이렇다.

또 이런 논평도 있다.

낱말 하나로 족하다. 하지만 그걸 찾지 못한다면?

이야기는 세 아이들을 가진 미망인 베티 플랜더즈가 콘월에서 아이들과 휴가를 보내는 묘사로 시작된다. 일련의 인상·사색·사상·태도에 대한 묘사들이 진행되는 가운데 독자가 소설에서 방향을 잡기 위해 알아두어야 할 몇 가지 근본적인 사실들이 한 번에 하나씩 눈에 거슬리지 않게, 우연을 가장하

울프의 생애와 작품 427

여 새어 나온다.

베티 플랜더즈가 바풋 대위에게 보낸 편지들은 그랬다. 여러 장인데다 눈물로 얼룩져 있었다. 바풋 대위는 콘월에서 7마일 떨어진 스카버러에 있고 시브룩은 저승에 가 있다. 눈물은 그녀의 뜰 안 모든 달리아 꽃들을 붉은 파도에 물결치게 했고, 그녀의 눈은 눈물로 유리집 모양으로 번쩍였으며, 반짝이는 식칼들과 함께 부엌도 번쩍거렸다. 그녀의 눈물을 본 목사의 아내 자비스 부인은 찬송가곡이 연주되는 교회당에서 플랜더즈 부인이 어린 아들들의 머리 위에 고개를 수그리고 있는 모습을 보며 이런 생각을 했다. 결혼은 아성(牙城)이다. 과부들은 넓은 광야에서 홀로 헤매며 가엾게도 아무런 보호도 없이 돌을 줍고, 몇 줄기 안 되는 노란 이삭을 줍는다. 플랜더즈 부인은 2년째 과부로 지내왔던 것이다.

관점은 자꾸 바뀐다. 인물들도 자주 소개되는데, 그 유일한 직능은 버지니아 울프가 기술할 수 있는 주연자들에 대한 덧없는 인상들을 가져보자는 것이다. 개인은 자신의 인상들과 동료들에게 주는 인상들의 총합인지라, 베티 플랜더즈의 아들 제이콥의 성격은 간접적인 필법들을 통해 전달된다. 때로는 주인공에 대한 인상을 주기 위해서만 소개되는 부차적 인물 위에 갑자기 잠깐 각광이 던져지기도 하는데, 이런 돌연한 각광은 그의 자태를 드러내기는 하지만, 배경 어딘가에 자기 자신의 생명과 경험·편견·생의 조직을 가진 한 독립된 인물로 소개하려는 것은 아니다. 이리하여 콘월 해변에 있는 베티 플랜더즈의 인상을 기록할 목적으로 잠시 소개되는 화가는 자기 소개의 기회도 갖게 된다.

여기에서 그 여인은 움직이는 것이었다—사실은 일어나려고 하는 참이었다—망할 것! 그는 캔버스에 흑자색을 푹 칠했다. 풍경에 그게 필요했기 때문이다. 풍경은 너무나도 파리해 보였다—회색이 엷은 자색으로 변해 가고, 별 하나나 갈매기 한 마리가 그저 그렇게 걸려 있고—여느 때처럼 너무나도 파리해 보였다. 평론가들은 그걸 보고 너무나도 파리하다고 할 것이다. 그도 그럴 것이, 그는 눈에 띄지 않게 그림을 내는 이름없는 화가였다. 시곗줄에 십자가를 단 뒤로는 하숙집 마담의 아이들에게 인기였고, 하숙집 마담이 자기 그림을 좋다고 하면—그들은 번번이 그랬지만—무척 만족스럽게 여겼던 것이다.

우리는 여기에서 또 하나의 삶, 즉 플랜더즈 집안의 일에 순간적으로 부딪치면서도 그 자체의 배경으로 그 부딪침의 성질을 결정짓는 한 삶을 면밀히 엿볼 수 있다. 경험은 유동적이므로 서로 다른 사람들의 인생이 눈에 보이지 않게 서로 그늘을 드리우는 것이다.

이 소설은 제이콥의 생애를 중심으로 구성되었다. 그의 유년기에서부터 케임브리지 재학 시절을 거쳐, 런던에 방을 얻고 긍지를 가지고 사는 자립생활, 연애, 프랑스와 그리스 방문, 그러고는 '이건 직접 언급되지 않지만' 그의 전사까지. 이 죽음으로 그는 남들의 마음속에 자신의 인상을 남김과 동시에, 그의 소지품들로 가득 차 있는 방을 남겨, 적어도 그를 알았던 사람들에게 과거의 인상을 새롭게 환기시키는 힘을 갖게 한다. 관점은 자꾸 바뀌어서, 버지니아 울프가 표현하는 경험이 한때는 제이콥에 속하는가 하면, 그 다음엔 그의 어머니에게, 그 다음엔 수많은 그의 친구들 중 한 사람에게로 옮겨간다. 전이는 어떤 미리 세워진 중점체계에 의해 결정되는 것이 아니라 순간의 필요성에 따라 결정되는 것이다. 즉 서로 다른 경험들의 상호관계를 시사할 이러한 필요성은 자연적으로 나타나는 것이기는 하나 소설 전반을 통하여 이따금 그 필요성을 일부러 느끼게 하는 부분도 있다. 케임브리지 학구생활의 특질—희미한 불빛 아래 안락한 방에 앉아 젊은이들이 즐겁게 열을 올리는 담론, 케임브리지 지방의 환경을 옆에 두고 강변으로 소풍 가는 일, 학감들의 무미건조한 자립생활. 태고에 스며든 환경의 부드러운 빛깔이 전면에 흐르고, 이 모든 것들이 일련의 화폭으로 표현되는데 거기에는 정식 서론도 결론도 없다. 다만 화폭들이 서로 이어질 뿐이다. 이와 유사한 방식으로 런던에서의 제이콥의 사회관계, 그와 사랑에 빠지는 여인들, 그의 경험의 특질을 결정짓는 데 도움이 되는 친교 등이 소개된다. 끝에 가서는 그의 방만 남는데, 거기에서 그의 어머니와 친구가 이제는 세상을 떠난 한 청년의 소지품들을 살펴보고 있다. 그의 경험들은 과거로 다 같이 말려들어가고, 남들의 회상과 연상으로 변환되고 만다.

울프의 생애와 작품 429

텅 빈 방 안의 공기는 맥이 풀려 커튼만 부풀게 할 뿐이다. 항아리 속 꽃들은 변한다. 버들가지 안락의자의 한 가닥이 의자에 아무도 앉지 않았는데 삐걱 소리를 낸다.

보나미는 창가로 가로질러 갔다. 픽포드 회사 운반차가 힘차게 거리를 달려갔다. 버스들이 뮤디 서점 모퉁이에서 한데 얽혀 있었다. 엔진 소리가 들렸고, 짐마차꾼들은 브레이크를 밟아 마차를 급정거시켰다. 어떤 거칠고 불쾌한 목소리가 알아듣지 못할 소리를 꽥 질렀다. 그러자 별안간 모든 나뭇잎들이 고개를 쳐드는 것만 같았다.

"제이콥! 제이콥!" 보나미는 창가에 선 채 소리를 질렀다. 나뭇잎들이 다시 고개를 수그렸다.

"어쩌면 곳곳마다 이렇게 난잡하담!" 이렇게 소리친 베티 플랜더즈는 침실문을 활짝 열어젖혔다.

보나미가 창가에서 돌아섰다.

"이걸 어떻게 할까요, 보나미 씨?"

그녀는 제이콥의 낡은 신발 한 켤레를 내들었다.

이렇게 하여 인생은 시간 속으로 그 자취를 감춘다. 버지니아 울프가 이 소설 전체를 통하여 여러가지 방식으로 시사하고 있듯이 시간이 그 모든 것들을 장악한다.

그러나 그들의 목소리는 잠시 막사 위를 떠돌았다. 달빛은 아무것도 부수지 않았다. 광야는 모든 것을 받아들였다. 톰 게이지는 그의 묘비가 남아 있는 한 소리 높여 운다. 로마인들의 해골은 건재하다. 베티 플랜더즈의 뜨개바늘 역시 여전하며, 석류석 브로치도 그렇다. 이따금 햇볕이 쨍쨍한 대낮이면 광야는 이 조그만 보물들을 비밀스럽게 감춰 두고 있는 것만 같다. 마치 유모인 양. 그러나 아무도 말을 하지 않고 가시나무도 죽은 듯이 묵묵한 한밤이면 광야를 이런 질문들로 괴롭히는 것은 어리석은 일일 것이다—무엇이? 왜?

그런데도 교회당 시계는 열두 시를 친다.

마지막 문장의 '그런데도'가 주목할 만하다. 보기엔 엄격한 듯한 시간의 구분이 모든 경험이 흘러 들어가는 유동적 통일체에 도전하는 것이다.

《제이콥의 방》 전반을 통하여 특수한 장면들에 대한 인상을 표현함에 있어 버지니아 울프는 《월요일 아니면 화요일》에서 그녀가 공들여 이룬 테크닉을 이용하고 있다. 제이콥은 충동에 못이겨 성 폴 대성당에 들어간다.

성당 안은 어두침침하다. 하얀 대리석의 유령들이 출몰하고, 오르간은 그들을 영원히 찬송한다. 구두가 삐꺽 소리를 내면 질색이다. 그러고선 다시 질서. 규율. 직장(職杖)을 든 성당지기는 생명을 그의 발 밑에 내려놓고, 천사 같은 성가대원들은 상냥하고 성스럽다. 대리석 같은 어깨 둘레에, 접은 손가락들 안팎에 영원토록 가늘고 높은 목소리와 오르간 소리가 떠돈다. 영원토록 안식—영면(永眠)이. 경제협회 사무실 계단을 쉴 새 없이 닦는 일에 진저리가 난 리젯 부인은 대공(大公)의 무덤 밑에 자리를 잡고 손을 접고는 눈을 반쯤 감았다. 노파가 영면하기에는 훌륭한 곳, 대공의 유해가 바로 곁이니. 하긴 대공이 전투에서 이긴 것이 노파에겐 아무 것도 아니요, 노파는 그의 이름도 모르지만, 나갈 때 맞은편 조그만 천사들의 상을 얹었으면 좋겠다고 생각한다. 심장부의 가죽 같은 샛벽이 크게 펄럭거렸기 때문이다. 그러자 나머지 생각들과 달콤한 멜로디들이 살그머니 밖으로 빠져나간다……

각자의 사색적 지성이 인생을 명상하고 경험을 반추해 가며 전면적으로 작용한다.

그의 마음속에 있었던 것을 우리가 아느냐 모르느냐는 별개 문제다. 십 년 손위이고 성(性)이 다르다 쳐도 그에 대한 공포가 먼저 찾아온다. 이 것은 도와주려는 욕망에 삼켜지고 만다—압도적인 감각·이성, 밤의 시간에. 바로 그 뒤를 이어 분노가 일어난다—플로린다에 대한, 운명에 대한. 그러다 무책임한 낙관이 거품처럼 떠오르는 것이다. "지금 거리에는 우리의 온 걱정들을 금빛 물 속에 익사시키기에 충분한 빛이 있다!" 아, 이런 말을 한다고 무슨 소용이 있겠는가? 우리가 말하며 어깨 너머로 샤프츠버리 거리 쪽을 바라보고 있는 동안에도 운명은 그 맞아서 패인 자국을 깎고 있다. 그는 돌아가 버렸다. 그의 뒤를 따라 그의 방으로 돌아가는 일에 관해선, 아니—그짓은 안 하련다.

여기에는 작자가 자신의 테크닉에 대해 약간 자신을 잃고 있는 것이 엿보인다. 버지니아 울프는 자기의 회의와 난관을 독자에게 설명하고, 독자의 공감을 모으기 위해 이따금 '친히' 자기 자신을 소개해야 하는 것이다. 그녀의 후기 작품에서는 이런 수법이 훨씬 덜 나타난다.

제이콥의 환경에 대한 묘사는 가끔 단순히 생생한 묘사나 사상(寫像)들의 집합이라는 형태로 나타나는데, 그 상징적인 기능은 작자의 예증적인 논평으로 시사된다.

별로 멀리 떨어지지 않은 본토(本土)는—절벽의 쪼개진 금과 연기가 오르는 하얀 초옥들을 거기서 볼 수 있었다—마치 지혜와 경건이 그곳 주민들 위에 내렸다는 듯이 유난히 고요하고 화창하며 평화로운 모습을 드러냈다. 큰 거리에서 "밴댕이 사려" 하고 외치는 사나이의 고함 같은 것이 방금 울렸다. 마치 노인들이 문전에서 담배를 피고, 여자들은 손을 엉덩이에 대고 우물가에 서 있고, 말들이 서 있기나 한 듯이 거기에는 유난히 경건함과 평화로운 모습이 드러나 보였다. 마치 세계의 종말이라도 왔다는 듯이, 채소밭·돌담·해안경비대 파출소들, 특히 아무에게도 안 보이게 파도가 부서지는 흰 모래의 만(灣)들이 마치 일종의 황홀 속에 하늘로 올라간다는 듯이.

《제이콥의 방》은 인상 그 자체를 위하여, 경험의 유동적 표현 그 자체를 위하여, 말하자면 문체 그 자체를 위하여 쓰인 것이다. 소설은 제이콥의 어머니가 해변에서 자기 아이들을 집합시키는 데서 시작하여 제이콥의 인생이 과거의 동료들과 환경에 유물로 남겨지며 끝난다. 버지니아가 추구하던 실재의 해석은 부분들의 전체에 대한 관계로부터 나온다기보다 소설 전체를 통하여 서로 잇따라 나오는 개별적인 안식으로부터 나온다. 전통적인 소설 기교의 어떤 면들을 포기함으로써 버지니아 울프는 잠정적으로나마 실재를 해석하는 방편으로서의 플롯의 모든 개념을 포기했다. 그러나 다음 소설에서는 새로운 개념의 플롯을 도입한다. 《댈러웨이 부인》은 훨씬 더 세심하게 형체화(形體化)되어, 전체의 가치가 상이한 부분들의 가치 총합이 아니라 완성된 이야기의 형태와 배열에 달려 있다.

《댈러웨이 부인》 표지
언니 바네사가 꾸민 표지 디자인

1925년에 발표된 《댈러웨이 부인》은 아마도 버지니아 울프가 처음 성공적으로 쓴 소설일 것이다. 초기 두 소설에서는 자기의 소설세계에서 전달하려고 의도한 경험에 대한 안식의 종류가 전통적인 플롯 구성으로는 포용하기에 적당치 않았다. 《월요일 아니면 화요일》은 일련의 실험적 소품에 불과하며, 《제이콥의 방》은 작자가 경험을 나타내는 새로운 테크닉을 배웠음과 동시에 개별 경험들에 대한 인상적 표현들을 적절한 통일체로 통합하는 방식이 결여되어 있음도 보여 준다. 《댈러웨이 부인》에서는 탐색된 경험의 모든 묶음을 단일한 초점에 맞춤과 동시에 모든 전이가 한 부분에서 다른 부분으로 일어나게 할 때, 《제이콥의 방》에서처럼 연속적 변천으로 작품의 통일성을 약화시키는 것이 아니라 강조되게끔 하려는 고의적인 시도를 하고 있다.

소설의 중심인물 댈러웨이 부인이 처음 소개되는 것은 그날 저녁 파티를 위해 아침에 장을 보러 나가는 순간부터이다. 소설은 그 파티에 대한 해설로 끝난다. 그러나 결말에 이르기 전에 작자는 댈러웨이 부인의 과거, 그녀의 성장, 그녀의 성격, 그녀의 이력에 대한 완전한 해설뿐 아니라, 그날 어느 순간에 우연히 그녀의 길을 가로질러 갔거나, 그녀가 그들을 생각한다거나, 그들이 그녀를 생각한다거나, 아니면 관련이 있는 다른 사람들의 이력에 대한 완전한 해설까지도 독자에게 성공적으로 말해 주고 있다. 이러한 관계들은 언뜻 보기에는 우발적인 것 같으나 그 어느 것도 그렇지 않다. 댈러웨이 부인과 공간 속에서 접촉하고(런던에서 그녀의 길을 가로질러), 시간 속에서 접촉하고(그녀와 똑같은 순간에 무엇을 하여) 또는 기억 속에서 접촉하는 (말하자면 제삼차원) 인물마다 소설의 주제와 어떤 상징적인 관계를 맺고 있다. 댈러웨이 부인의 인생과 성격이 소설의 주제를 해석함에 있어서 매우 중요한 역할을 하는 것이다.

1919년 런던의 한 여름날 아침의 임의적인 단면도로 보이는 것은 좀더 정밀히 살펴보면 각 부분이 다른 부분과 어떤 관계를 갖고 있는 정묘히 구성된 경험의 형체화로서 나타난다. 이것은 버지니아 울프가 수년 전에 지향하는 것 같이 보이던 그 단순한 인상주의의 정반대인 것이다. 이야기를 발전시키는 버지니아 울프의 방법은 주목할 만하다.

첫째로 그녀는 개별적인 '의식의 흐름'을 회상과 예상이 복합된 것으로 나타낸다. 예상은 회상에 의존하고 그것에 의하여 생기며, 지금 순간은 회상이 예상으로 흘러들어가는 과정에 불과한 것이다. 이렇게 함으로써 그녀는 이야기의 연대순적 한계를, 줄거리에 하부구조를 마련해 주는 단 하루를 넘어 더 이상 확장시키지 않고서도 한 인물의 과거까지 따라갈 수 있는 것이다. 마치 《율리시즈》에서 조이스가 24시간 미만의 연대순적 구조를 취하여 그 시간 내에 인물들의 정신상태를 파고들어감으로써 이야기의 진행을 눈에 보이게 탈선시키거나 방해하는 일 없이 독자에게 인물들 과거의 거의 전부를 보여 줄 수 있었듯이, 버지니아 울프는 《댈러웨이 부인》에서 '내적 독백'을 효과적으로 사용함으로써 연대순의 한계에서 벗어날 수 있는 것이다.

둘째로 그녀는 시간과 공간의 두 가지 범주들을 취하여 상이한 상황 간의 전이를 이룩하기 위해 거의 정기적으로 번갈아 가며 그 범주들을 사용한다. 일단 한 인물이 소개되면 한참 동안 독자는 그 인물의 마음속에 머물러서 그가 과거를 회상하거나 미래를 계획하는 대로 시간 속에서 왕래하는 것이다. 그 뒤 버지니아 울프는 그 인물의 환상을 현재로 옮겨, 똑같은 순간에 자기 생각의 잇달음을 좇고 있는 제삼자를 독자에게 연상시킨다. 그리하여 독자

434 댈러웨이 부인/등대로

는 시간 속에 정지하여 인물에서 인물로 옮겨 가든가, 아니면 공간 속에 정지하여 한 인물과 더불어 있다가 그의 의식과 함께 시간 속에서 상하로 움직이든가 하는 것이다. 독자가 단일한 인물의 의식 속에서 시간상으로 왕래하는 동안 버지니아 울프는 이러한 시간상의 여행이 한 개인의 마음속에서 진행되고 있음을 끊임없이 상기시킨다. 연상시키는 방법으로는 '그녀에게는 그렇게 느껴졌다', '그녀는 기억할 수가 있었다', '그녀는 걸어가며 생각했다' 따위의 어구를 정기적으로 반

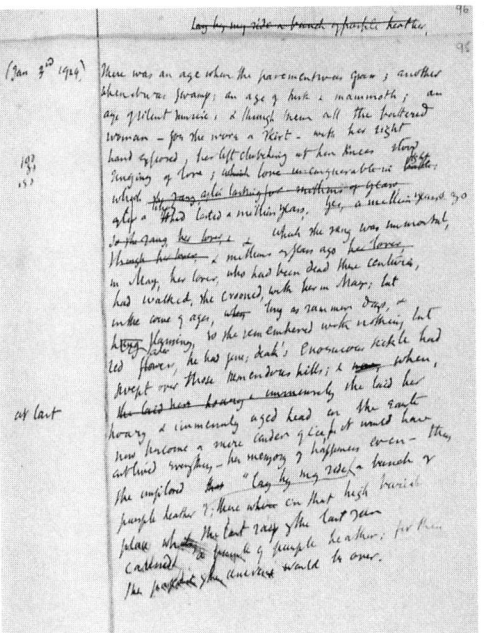

《댈러웨이 부인》 원고
소설 초고가 쓰인 쪽의 앞 페이지에는, 타비스톡 스퀘어 52번지의 방을 어떻게 나눌 것인지 그려 놓은 울프의 낙서가 있다.

복하든가, 그 환상이 그 인물에 속해 있다는 다른 시사들을 썼다.

한 예로 그 환상 사이사이에 낀 가치판단들이 있는데, 이러한 판단들은 작가가 인물을 대신하여 내리는 것이므로 대명사 '그'나 '그녀'도 쓰지 않고(그럼으로써 작자가 그 인물에 관해서 이야기하고 있음을 나타낸다), 일인칭 대명사 '나'도 쓰지 않고(그럼으로써 그 인물이 몸소 이러한 판단을 내리고 있음을 나타낸다), 중간 대명사 '우리'를 쓴다—즉, '우리가 그걸 왜 그토록 좋아하는지 하늘만이 알기 때문이다', '우리가 미워하는 것은 그녀가 아니고 그녀에 관한 생각이었기 때문이다' 따위. 그리하여 이러한 환상들 속에서 통합력을 가진 요인은 그 환상들 속에 도취된 개인의 인격인 것이다. 버지니아 울프가 자꾸 이러한 인격을 줄곧 독자들에게 상기시키는 이유는 바로 여기에 있다. 그녀가 지금까지 의식의 흐름을 제시하고 있던 인물을 떠나 다른 인물이 똑같은 순간에 어떤 일을 하고 있는 것을 나타내려 할 때면, 통합력을 가진 요인은 그 개인의 성격이 아니라 이렇게 상이한 인물들을 연결시키

울프의 생애와 작품 435

는 시간의 찰나가 되는 것이다. 그 순간은 소설 전반을 통하여 정확한 시간을 알리는 시계 치는 소리로써 강조된다. 《댈러웨이 부인》에서 시계가 울리는 것은 언제나 작자가 한 인물로부터 다른 인물로 옮겨 가고자 하기 때문이요, 또 이 상이한 개인들을 연관시키는 데 도움이 되는 시간의 찰나를 강조하기 때문이다. 인물들은 동시에 존재함으로써 시간 속에 공존하므로 서로 연관되어 있다.

《댈러웨이 부인》에서는 이러한 두 가지 방법이 정기적으로 번갈아 쓰인다. 독자는 한 개인의 의식 속에서 시간상으로 자유자재로 움직이고 있든가, 시간상의 어떤 한 순간에 이 사람에서 저 사람으로 옮겨 가고 있든가 한다. 장소는 이따금 독백마다 강조된다. '그녀는 하이드 공원 문앞에 다다랐다', '댈러웨이 부인은 멀베리 꽃집에서 나오면서 생각하였다', 그리고 시간은 특히 한 인물에서 다른 인물로 전이되는 순간마다 강조된다. 예를 들어 소설의 첫머리에 우선 댈러웨이 부인이 소개되는데, 곧 그녀의 생각의 흐름을 통하여 과거로 옮겨 간다.

꽃은 자신이 직접 사겠다고 댈러웨이 부인은 말했다.

루시는 루시대로 해야 할 일이 있잖은가. 문들은 돌쩌귀로부터 떼어내야 했고 럼플메이어에서는 일꾼들이 오기로 되어 있었다. 그리고 이 얼마나 멋진 아침인가. 바닷가에서 뛰노는 아이들에게 불어오는 아침 바람처럼 싱싱하지 않은가, 클래리사 댈러웨이 부인은 생각했다.

어쩌면! 밖이 이렇게도 좋담! 지금도 들리지만, 삐걱하는 돌쩌귀 소리와 더불어 프랑스식 창문을 활짝 밀어젖히고 부어톤으로 뛰쳐나갈 때면, 으레 이렇게 느껴졌던 것이다. 이른 아침 공기는 얼마나 신선하고 얼마나 고요하던지, 물론 지금보다 더욱 조용하지 않았던가. 넘실거리는 물결 같은, 입 맞추는 물결 같은 아침의 대기는 싸늘하고 예리하면서도(열여덟 소녀시절의 그녀에게는) 엄숙하게만 느껴지지 않았던가. 열려 있는 창가에 그렇게 서 있노라면, 무슨 무서운 일이라도 일어날 것만 같이 여겨지지 않았던가. 안개가 서서히 걷혀 드러나는 수목들이며 꽃들이며, 하늘을 오르내리며 날고 있는 까마귀 떼를 바라보며 서 있을 때, 피터 월쉬가 이렇게 말했다. "채소밭에서 사색 중인가요?"—아니면—"꽃양배추보다는 인간이 더 좋지 않습니까?"
—이 말이었던가?

버지니아 울프는 독자들도
도와준다. '열여덟 소녀시절
의 그녀에게는'이라는 구절은
여기에서 댈러웨이 부인이 청
춘을 회상하는 어떤 부분을
취급하고 있음을 명백히 하는
것이다. 이런 점에 있어서 버
지니아 울프는 조이스보다 독
자에게 더 친절하다. 그녀에
겐 시간이 유동적일 때 이러
한 이정표나 장소 표시(또는
그런 생각을 하고 있는 사람
의 표시)를 제시하고, 공간이
유동적일 때(그녀가 이 인물
에서 저 인물로 옮겨 가고 있
을 때) 시간 표시를 제시하는
일이 중요하기 때문이다.
　댈러웨이 부인이 생각의 흐
름을 꽤 길게 설명하고 난 다
음—이 흐름 속에서 독자는
과거로 갔다가 댈러웨이 부인

위 : 빅벤(부분) 국회의사당 시계탑
아래 : 빅벤(전경) 런던 국회의사당

이 런던 거리를 걸어가는 순간 현재로 다시 돌아와 또 그녀의 생각이 그날
저녁에 있을 파티로 돌아가는 것을 본다—독자는 영국 국회의사당 시계탑의
빅벤이 치는 소리로 정확한 시각을 상기하게 된다. 이것은 똑같은 순간에 자
기들 용무로 런던 거리를 거닐고 있는 다른 인물들에 해설을 가할 토대를 마
련하는 것이다. 여러 인물들 위에서 떠돌다가 버지니아 울프는 마침내 그 중
한 사람 위에 내린다. 그러면 독자는 그 생각의 흐름 속으로 들어가서 새로

울프의 생애와 작품　437

운 표시와 함께 작자가 우리를 다시 다른 인물들에게로 데려 갈 때까지 거기에 줄곧 머물러 있는다.

이 소설의 처음 부분에서 우리 앞에 소개되는 상이한 집단의 인물들을 연결시키는 재미난 수법은 창에 석양이 드리워진 자동차인데, 왕족이나 저명인사들을 태우고 있어서 그 진행을 보고 있는 인근 사람들의 주목을 받게 된다. 댈러웨이 부인이 꽃을 고르는 것을 돕고 있던 꽃가게 미스 핌은 별안간 타이어 터지는 소리에 놀라는데, 독자는 거기서 그 자동차 이야기를 듣는다.

"어마, 저 자동차 좀 보세요." 미스 핌은 창가로 가서 내다보고는, 양손에 스위트피를 잔뜩 들고 돌아오면서 사죄하는 듯이 생긋 웃었다. 마치 자동차도 자동차 바퀴도 다 자기 탓이기라도 한 것처럼.

독자는 그 자동차가 상이한 인물들 간의 유대로 사용됨을 본다.

댈러웨이 부인을 놀라게 하고, 미스 핌을 창가로 달려가게 하여 변명까지 하게 한 그 맹렬한 폭발소리는 멀베리 꽃집 창문 바로 맞은편 인도 가장자리에 정차한 자동차에서 났다. 행인들은 물론 발걸음을 멈추고 서서 눈이 휘둥그레졌다. 비둘기 빛깔 쿠션에 몸을 기댄 어느 지위 높은 양반의 얼굴이 얼핏 사람들 눈에 띄었다. 그러나 한 남자의 손이 곧 블라인드를 내렸다. 이제는 비둘기 빛깔의 네모진 차창밖에는 아무것도 보이지 않았다.

그러나 소문은 이내 곧 사방으로 퍼지기 시작하여 본드 가 중심으로부터 이쪽 옥스퍼드 가에 이르는 한편, 저쪽 애트킨슨 향수 판매점까지 퍼졌다. 이렇게 눈에 띄지도 않고 소리도 없이, 구름인 양 날쌔게 언덕 너머로 장막이 드리우듯 퍼져나가선, 느닷없이 시커멓게 소리없이 끼어드는 구름처럼 조금 전까지도 몹시 혼란 속에 빠져 있던 사람들의 얼굴을 뒤덮어놓고 말더니, 이제 신비스러운 날개가 그들의 얼굴을 씻어갔다. 그들은 위엄 있는 이름을 들었던 것이다. 그들의 경건한 정신은 눈가림을 당하고, 입은 딱 벌린 채 서 있었다. 그러나 아까 보인 얼굴이 누구의 얼굴인지는 아무도 몰랐다. 황태자의 얼굴? 황후의 얼굴? 아니면 수상의 얼굴일까? 대체 누구의 얼굴일까? 아는 사람은 아무도 없었다.

본드 거리
댈러웨이 부인이 걸었
던 거리

　팔뚝에 납관(鉛管)을 둘둘 말고 선 에드가 J. 워트키스는 큰 소리로, 물론 장난조로 소리질렀다. "수상나리의 차지 뭐요!"
　셉티머스 워렌 스미스는 그냥 지나치기 힘들던 차에 그 말을 들었다.

　셉티머스 워렌 스미스에서 잠시 멈춘 독자는 스미스와 그의 아내와 더불어 있으면서 그들의 생각, 그들의 문제, 그들의 계획 속에 인도되고 있음을 알게 된다(스미스는 이 소설의 주요 인물들 중 하나로 댈러웨이 부인의 대형(對型)임과 동시에 그녀의 대역이다). 전쟁에서 얻은 스트레스로 고생하는 군인 출신의 그는 댈러웨이 부인이나 다른 인물들이 그와 우연히 접촉할 때마다 이따금 소설 여기저기서 독자 앞에 소개되며, 그의 이야기는 그 자신의 의식의 흐름과 작자의 객관적인 묘사를 통하여 점차 구축되어 간다. 그날 오후 그는 사람들이 그를 정신병원에 데려 가려고 왔을 때 자살하고 만다. 이 병증(病症)을 잘못 처리하여 이러한 클라이맥스까지 다다르게 한 오만한 전문의 윌리엄 브래드 쇼 경은 그날 저녁 댈러웨이 부인의 파티에 와서 그녀에게 지나가는 말로 그 청년의 죽음을 언급한다. 이로 인하여 댈러웨이 부인은 밝은 안식의 순간을 맞는다. 그러는 가운데 그녀는 삶·죽음·시간에 대한 명상과 함께 그 자살을 자기와 동일시하는 덧없는 느낌을 갖게 된다. 댈러웨이 부인이 자기가 잘 알지도 못하고 사후에 비로소 이야기를 듣게 된 한 청년을, 자기와 이렇게 동일시하는 것은 이 소설에 있어서 이야기의 줄거리들을 마지막으로 한데 모으는 것을 의미한다. 어떤 인물들을 연결시키는 데 자

울프의 생애와 작품　439

동차를 사용하는 수법 정도로 이 소설에서 유사하게 쓰이는 수법이 있다. 예를 들어 맑은 하늘에 공중 광고문자를 연기로 쓰는 비행기는 런던 각처에 있는 각층의 사람들의 주목을 동시에 끄는 것이다. 그것은 버지니아 울프로 하여금 비행기를 손쉬운 전이의 방편으로 삼아 한 인물에서 다른 인물들로 옮겨 가게 한다.

별안간 코츠 부인은 하늘을 올려다보았다. 비행기의 폭음이 불길하게 군중들 귀에 들려왔다. 비행기는 가로수들 위로 날아오고 있었는데, 흰 연기를 뒤로 내뿜으면서 빙글빙글 돌며 선회하더니 무엇인가 글씨를 쓰고 있잖은가! 글쎄, 공중에다 글씨를 쓰고 있잖은가! 모두들 올려다보았다.

비행기는 급강하를 한 다음 똑바로 날아올라 원을 그리고, 또는 전속력으로 날아가다간 급강하하였다. 그리고 다음엔 다시 날아오르는데, 그럴 때마다 가는 곳마다 흰 연기가 굵직이 엉킨 줄기가 그 꼬리로부터 뿜어나와, 꾸불꾸불 굽이져 하늘에 글씨를 그려놓고 있었다. 근데 무슨 글자지? C? E? 아니면 L자일까? 이것들은 잠깐 머물러 있었을 뿐 바로 흩어져서 공중에 녹아 버리듯이 지워졌다. 그리고 비행기는 다시 멀리 날아가 하늘 속 새로운 곳에 또다시 글씨를 쓰기 시작했다. K, E, Y자 등을.

"Blaxo." 코츠 부인은 하늘을 올려다보면서 긴장 속에 겁에 질린 음성으로 소리질렀다. 흰 강보에 싸여 엄마 팔에 안겨 있는 어린애도 반듯이 누워서 똑바로 하늘을 쳐다보고 있었다.

"kreemo." 블레츨리 부인도 몽유병자처럼 중얼거렸다. 아직도 모자를 손에 들고 차렷자세를 취하고 있는 보울리 씨도 똑바로 위를 보고 있었다. 맬 가의 사람들은 모두들 일어선 채 하늘을 올려다보고 있었다. 이들이 이렇게 하늘을 올려다보고 있을 사이에 온 천지는 완전히 조용해지고, 하늘에는 갈매기 떼가 날아가고 있었다. 한 마리가 앞장을 서고, 다른 것들은 그 뒤를 따랐다. 그런데 이와 같은 극도의 정적과 평화 속에서, 이와 같은 창백함과 순수함 속에서, 종이 열한 번 울렸고, 그 여운이 날아가는 갈매기 사이로 사라져갔다.

비행기는 멋대로 선회하면서 매진하고 급강하했다. 날쌔게, 자유자재로 얼음판을 미끄럼타듯이—아니면 춤이라도 추듯이.

아이스 스케이트를 타는 버지니아와 리튼
도라 캐링턴이 리튼 스트래치에게 보낸 편지에 그려진 스케치.

"이번엔 E자야." 블레츨리 부인이 말했다.

"과자 광고로군." 보울리 씨가 중얼거렸다(이때 차는 철문 안으로 들어갔으나, 그것을 보는 사람은 아무도 없었다). 이제 비행기는 연기를 내뿜지 않고 멀리멀리 날아가고 있었으며, 연기는 흩어져 희고 넓은 구름장 주위로 모여들어가고 있었다.

이제 비행기는 사라지고 말았다. 구름 저편으로. 이제는 아무런 소리도 들리지 않는다. E, G, 혹은 L자 등 글자가 녹아붙은 구름은 유유히 이동하고 있었다. 절대 비밀인 중대한 사명을 띠고 런던의 서쪽에서 동쪽으로 가야만 한다는 듯이. 사실 그렇기도 했다—가장 중대한 사명을 띠고 있었다. 이때 별안간, 기차가 터널 밖으로 뛰쳐나오듯이, 비행기가 다시 구름 밖으로 튀어나왔다. 비행기 폭음소리는 맬 가에 있는 모든 사람들 귀에 울렸다. 그린 공원에, 피카딜리에, 리전트 가에, 리전트 공원에 있는 모든 사람들 귀에도 울렸다. 굽이치는 연기 줄기를 꼬리 뒤에 달고서 비행기는 낙하했다 상승했다 하면서, 한 자 한 자 글자를 그려내고 있었다—그러나 대체 무슨 글자일까?

루크레치아 워렌 스미스는 리전트 공원의 넓은 보도가에 놓여 있는 벤치에 남편과 나란히 앉아서 하늘을 올려다보고 있었다.

"저것 좀 봐요, 셉티머스!" 그녀가 소리질렀다. 홈스 의사선생은 그녀더러 남편이 그 자신 이외의 다른 일에 관심을 갖도록 해주라고 일러주었던 것이다(글쎄 별다른 병이 있는 게 아니라, 다만 건강이 다소 좋지 못할 뿐인 것이니까).

울프의 생애와 작품 441

독자는 여기에서도 작자가 수많은 사람들을 한 장면에 동시 등장시킬 때 한 시점을 또 하나의 통합력을 가진 요소로서 강조하기 위해 시계 치는 소리 —'종들은 열한 번 치고'—의 도입에 주목하게 된다. 버지니아 울프는 조이스처럼 자기 인물들의 의식의 흐름을 직접 전사(轉寫)하려 들지는 않는다. 의식의 흐름은 언제나 '그녀는 생각했다'와 같은 어구를 도입함으로써 기술된다. 그녀는 이야기가 진행되는 동안 그것을 통제하고자 하며, 재료에 대한 자기 통제력을 유지할 뿐만 아니라 통합력을 가진 요인을 강조하는 자기의 능력도 지켜나가려고 한다. 이 요인은 사색자(思索者)의 성격이나, 상이한 사람들이 상이한 일들을 하는 동일 시점을 말한다. 따라서 그녀는 독자에게 늘 독자가 읽고 있는 것이 누구의 의식의 흐름인가를 상기시킨다. 왜냐하면 이러한 상기 작용은 마치 그녀가 한 개인의 심리를 떠나서 이 사람 저 사람으로 옮겨 갈 때 통합력을 가진 또 다른 요인이 되는 것이다.

적나라한 의식을 인쇄면에 전사하려는 욕구는 많은 현대소설의 특징이나, 버지니아 울프에겐 명료한 형식 및 조직에의 욕구보다 우위에 서지 못한다. 버지니아 울프보다 정신과정을 더욱 적나라하게 전사했던 조이스 역시 형체와 조직의 필요성을 의식했음에는 틀림없다. 그래도 그는 조직을 외형적인 수단에 의해 (이것은 《오디세이 Odyssey》에 필적하는 것으로서 각 절이 인체의 색다른 기관, 색다른 기예, 색다른 색채에 상당한다) 부과했지만, 버지니아 울프는 자기 소설이 어떤 개성적인 인생관을 확증하게 되기를 원했던 나머지 사색의 과정을 써가면서 그것을 편집하고, 선택하고 논평하며 용어를 개선함으로써 거기에 내적인 조직과 형체를 부여했던 것이다. 조이스가 의식의 원료를 취하여 그것을 예술·과학·역사 등과 대비시켜 모든 존재의 요약으로 확대시키는 데 반하여, 버지니아 울프는 이러한 모든 유추를 피하고 사색의 과정에 대한 보고내용을 자기가 선택하고 조직하는 것으로 자기의 논지를 밝히는 것이다. 조이스는 선택의 결여를 보상하기 위해 유추하지만, 버지니아 울프는 자기가 써 가면서 선택하고 정련(精鍊)하는지라 그런 수법의 필요성을 느끼지 않는다. 버지니아 울프의 소설은 어떤 개성적인 인생관을 제시하려는 데 의도가 있으나, 조이스의 과제는 모든 관점들을 동시에 제시하려는 데 있기 때문이다.

버지니아 울프는 결벽적인 마음의 소유자였다. 그래서 그녀는 자기 인물들의 사색의 흐름이 분명한 목적도 없이 미로에 빠지는 것이 불만이었다. 심지어 어떤 환상의 한 부분과 다음 것과의 사이에 어떤 필연적이며 논리적인 연관성을 암시하려고 애쓰기까지 했다. 그녀는 모든 정신 과정들의 그토록 많은 부분을 차지하는 '자유연상'이 어떤 논리적인 질서에서 생기는 것이 아님은 인식하고 있었다. 그러나 그것은 어떤 의미에서는 매우 논리적이다. 겉보기에 임의적인 이런 생각들과 표류하는 마음에 가득 찬 사상(寫像)들을 연결시키는 어떤 깊고도 무의식적인 논리가 있는 것이다. 버지니아 울프는 이러한 의사논리(擬似論理)를 시사함에 있어 한 환상 속에 나타나는 대부분의 새로운 전향을 주제에 맞게 전개한다. 통속적 용법으로는 엄밀한 논리적 순열을 나타내지 않지만 적어도 반논리적인 어떤 관계를 암시하기도 한다. 예를 들어서 여기 댈러웨이 부인이 과거를 회상함과 동시에 현재를 기록하는 장면이 있다.

그녀는 부어톤 시절의 장면을 하나하나 기억할 수 있었다. 그때 피터는 노발대발했다. 물론 휴는 어느 모로 보아도 파티의 상대는 못되는 위인이지만, 그렇다고 피터가 말하듯이 휴가 결코 무기력한 위인도, 등신 같은 위인도 아니잖는가. 휴는 노모가 사냥가는 것을 그만두고 자기를 베스 온천에 데려다 달라고 했을 때도, 두말없이 그렇게 하잖았던가. 그분은 정말 이기심이 없는 분이잖는가. 피터는 휴를 평하기를, 그는 감정도 두뇌도 없고, 다만 영국신사의 예법과 교양밖에 가진 게 없다고 했지만, 그것이야말로 오히려 장점이거나 단점이다. 휴는 견딜 수 없이 속물일 때도 있지만 오늘 같은 아침에 같이 산책하기엔 아주 좋은 상대가 아닌가.

6월은 수목들의 모든 잎새들을 싹트게 했다. 핌리코의 빈민 구역의 어머니들은 어린것들에게 젖을 물리고 있었다. 함대는 해군성으로 통신을 보내고 있었다. 알링톤과 피카딜리의 거리는 공원 안에 적당한 바람을 일으켜 클래리사가 좋아하는 성스러운 생기의 흐름을 따라 세차게, 아름답게, 잎새들을 펄럭이게 하고 있는 듯싶었다. 춤을 춘다, 말을 탄다, 이것저것 다 그녀가 좋아하는 일들이었다.

그녀는 피터와 수백 년은 헤어져 있었던 것 같았다. 그녀는 그에게 편지를 쓴 적도 없었다. 한편 피터의 편지는 무미건조한 것이기만 했다. 그런데

울프의 생애와 작품 443

문득 이런 생각이 들었다. 글쎄, 그분이 여기 함께 있다면 뭐라고 하실까.

버지니아 울프가 보고된 사색내용과 의식의 직접적이며 편집되지 않은 전사(轉寫) 사이에서 어떻게 절충을 유지해나가는지 주목하는 것도 재미있는 일이다. 독자는 번번이 불가해한 환상의 반논리를 나타내는 구절에서 주관적 태도와 객관적 태도 사이의 차이를 엿볼 수도 있다.

웨스트민스터에서 여태 살고 있으면서—이곳에서 몇 해나 살아왔을까? 아마 20년도 더 될 텐데—이곳에서는 거리 한복판에서나, 밤중에 잠을 깼을 때조차도 언제나 독특한 고요함, 아니 장엄함을 느끼게 마련이라고 클래리사는 확신했다. 그리고 빅벤이 치기 직전에는 뭐라 형용하기 어려운 침묵이, 일종의 불안감이 감돌고 있다고 그녀는 확신하고 있었다(이건 그녀가 인플루엔자를 앓고 난 뒤로 심장이 허약해진 탓이라고 사람들이 말할지도 모르지만). 저봐! 지금 치기 시작하잖는가. 처음엔 예령(豫鈴)이 음악적으로 울려오고, 다음엔 돌이킬 수 없는 시간을 알려주잖는가. 그 납소리의 여운이 대기 중에 녹아 내렸다. 인간이란 참으로 바보들이로구나, 그녀는 빅토리아 가를 질러가면서 생각했다. 대체 무엇 때문에 인생을 그렇게 사랑하고, 또 인생을 그렇게 바라보고, 인생을 자기 주위에 쌓아올리고 또 허물어뜨리고, 한 순간도 쉴 새 없이 새로이 창조하려는 것인지, 대체 누가 아느냐 말이다.

처음 구절에서 일인칭 대명사가 암시되고, 다음에는 부정대명사인 '우리는 느낀다'(One feels)를 거쳐 삼인칭 '클래리사는 확신했다'(Clarissa was Positive)로 옮겨 간다. 독자는 또 앞의 인용절에서 작자가 생각의 흐름을 중단시키지 않고 독자에게 인물의 위치를 상기시킬 수 있도록 현재분사를 특징적으로 사용하였음을 주목한다—'그녀는 빅토리아 가를 질러가면서 생각했다(She thought, crossing Victoria Street).'

대명사 'One'은 또 다른 작용을 한다. 그것은 작자와 인물의 생각이 어느 정도 일치함을 시사한다. 인물이 소설의 주제에 직접 관계되는 어떤 사색에 착수할 때면 언제나 대명사는 부정적이 되기 일쑤다. '클래리사는 확신했다'

444 댈러웨이 부인/등대로

찰스턴에서 친족들과 함께(1930) 왼쪽부터 플러시의 모델이 된 개 핑커를 안고 있는 레너드 옆으로 클라이브·줄리언·버지니아·아바론 덕워스·덩컨 그랜트, 앉은 사람은 조카 쿠엔틴.

는 어떤 특정인물의 특정한 생각을 소개하는 것이지만 사색을 소개하기 위해서는 '우리는 생각한다'가 좀더 보편적임과 동시에 작자가 공유하는 경험임을 암시한다. 이러한 극히 사소한 수법들이 버지니아 울프를 도와 그녀의 소설들을 자기 자신의 인생관의 표현으로 만드는 것이다.

《댈러웨이 부인》은 한 인생관의 표현이다. 소설 전체를 통하여 암시되는 것은 개인들의 경험들이 합쳐져 하나의 불확정한 전체를 형성한다는 것과 이런 전체를 인지하는 것이 지혜라는 사실이다. 버지니아 울프의 인물들은 그들이 인생을 그 '발광하는 후광'으로 인식할 때 도통(道通)의 순간에 도달하는 것으로 나타난다. 이것은 《제이콥의 방》을 비롯해 《댈러웨이 부인》과 후기의 모든 소설들의 밑바닥을 흐르는 인생관이다. 댈러웨이 부인이 윌리엄 브래드쇼 경에게서 잘 알지 못하는 청년의 죽음을 전해들은 후 그녀의 환상에 뜻이 통하게 하는 것은 오직 이러한 인생관뿐이다.

하필이면 파티 석상에서 죽음을 이야기하다니 브래드쇼 부부는 어쩌자는 것일까? 한 청년이 자살했다 한다. 그리고 그들은 이 얘기를 파티에서

울프의 생애와 작품 445

하고 있다—브래드쇼 부부가 죽음에 관해서 이야기하고 있다. 청년이 자살을 했다고—그러나 어떻게? 별안간 이런 얘기를 들으면, 클래리사는 자기 육체가 먼저 그것을 체험하는 것만 같았다. 옷에 불이 붙고 몸은 타오르는 것 같았다. 그 청년은 창문에서 뛰어내렸다고 하지 않는가. 지면이 불쑥 치솟는다. 녹슨 철책의 뾰죽한 끝에 청년의 몸뚱이는 푹 찔려 깊은 상처가 난다. 그는 그 자리에 쓰러진다. 머리에서 펑펑 피가 쏟아진다. 이윽고 의식불명의 암흑—이런 광경이 눈에 선했다. 그렇지만 왜 자살을 했을까? 게다가 브래드쇼 부부는 이 파티에 와서 그런 얘기를 하다니—

전에 한 번 클래리사는 서펜타인 연못에 1실링짜리 은전 한 닢을 내던진 일이 있었다. 이밖에 무엇을 내던진 일은 없었다. 그런데 이 청년은 몸을 내던져버린 것이다. 사람들은 여전히 살아가고 있잖은가(이제 그녀는 돌아가야 한다. 방마다 손님들로 붐볐고 아직도 손님들은 계속해서 오고 있다). 우리는(그녀는 온종일 부어톤과 피터와 샐리를 생각하고 있었다), 우리는 늙어가리라. 한 가지 중요한 것이 있다. 잡담에 둘러싸여서 평소의 생활 속에 더럽혀지고 흐려지고, 매일의 타락한 생활 속에서 허위와 잡담의 물방울이 되어 떨어진다는 이 한 가지 말이다. 이것을 그 청년은 지킨 것이다. 죽음은 도전이다. 죽음은 사물의 본질과 소통하려는 하나의 시도이다. 반면에 사람들은 묘하게 회피하기 때문에 이 본질의 과녁이 없다고 생각하는 것이다. 친밀했던 관계도 멀어지고 기쁨도 식어간다. 인간은 고독하다. 하지만 죽음 속에 대오(大悟)가 있잖은가.

그런데 이 자살한 청년은—과연 영혼의 보배를 간직한 채 뛰어내렸을까? "지금 죽는다면 가장 행복하잖겠는가." 한 번은 그녀도 흰 옷을 입고 층계를 내려오면서 혼자 중얼거린 적이 있었다.

그리고 또,

우스꽝스러운 생각이기는 하지만 하늘에는 자신의 일부가 있었다. 시골의 하늘에도, 웨스트민스터를 덮고 있는 하늘에도. 클래리사는 커튼을 제치고 밖을 내다보았다. 어머나—건넛집 방에서 노마님이 이쪽을 뚫어지게 보고 있잖은가! 이제 그녀는 자러 갈 모양이었다. 아, 저 하늘, 저 장엄한 하늘, 그런데 하늘은 아름다운 한쪽 뺨을 돌리듯 저물어 갈 거라고 클래리사는 생각했다. 그런데 하늘—잿빛의 파리한 하늘에는 끝이 뾰족한 거대한 구름이 퍼지며 빠르게 질주하고 있었다. 이건 또 상상하지 않았던 일이었다. 바람이 인 모양이었다. 맞은편 집 방에서는 노마님이 잠자리에 들려고 하던 참이다. 건너다보는 것이 재미가 있었다. 이 노마님이 방을 건너갔다가 다시 창가로 오면서 움직이고 있는 것을 보는 것이 재미났다. 저 노마님도 이쪽이 보일까? 응접실에서는 아직도 손님들이 웃으며 떠들고 있는데, 이 노마

찰스턴에서, 조지 덕워스와 마거릿 덕워스 부인
이 사진은 《댈러웨이 부인》에 나오는 휴 휘트브레드와 이블린 휘트브레드 부부를 떠오르게 한다.

님이 조용히 혼자 자러 가는 것을 바라보는 것이 재미났다. 그녀는 지금 블라인드를 내린다. 시계가 치기 시작한다. 청년은 자살했다. 그래도 불쌍히 여겨지지는 않았다. 시계가 친다. 하나, 둘, 셋. 동정할 필요는 없다. 인생은 이렇게 진행해가는 것이니, 이제 노마님이 불을 껐다! 집안이 깜깜해졌다. 인생은 이렇게 진행되기 마련 아닌가, 클래리사는 되뇌었다. 셰익스피어의 말이 생각났다. 이제는 뜨거운 햇빛을 두려워하지 마라! 이제 손님들에게 돌아가봐야 했다. 그러나 참 이상한 밤이 아닌가! 어쩐지 그이가 몹시 좋아지는 것만 같았다—그 자살한 청년 말이다. 이 청년이 저지른 행동, 글쎄 사람들이 살아가는 그 속에 생명을 내던져버린 것이 기쁘게 여겨졌다. 시계가 쳤다. 이 소리는 둔하게 원을 그리며 대기 속으로 녹아들어갔다. 이제 가봐야 했다. 그녀는 사람들을 만나야 했다. 샐리와 피터를 찾아봐야 했다. 그래서 클래리사는 작은 방에서 나왔다.

울프의 생애와 작품 447

댈러웨이 부인과 셉티머스 워렌 스미스를 동일시하는 것은 플롯의 해결을 위한 인위적인 조치가 아니다. 그것은 존재를 한 통일된 유동체로 보는 작품 밑바닥의 인생관에서 나온다. 거기에서는 아무리 이질적인 개인들도 서로 접촉할 수 있는 것이다. 이 소설이 처음으로 출판되고 3년 뒤 쓴 서문에서 버지니아 울프는 이렇게 말하고 있다. '제1안에서는 나중에 댈러웨이 부인의 대역이 될 셉티머스는 존재하지 않았다. 그리고 댈러웨이 부인은 당초 계획으로는 파티가 끝날 때 자살하는 것으로 되어 있었다.' 댈러웨이 부인은 원래 죽음으로써 경험의 유동 속에서 자신을 잃게 될 것이었는데, 나중에는 이미 죽어 버린, 잘 알지도 못하는 한 청년을 그녀와 동일시시킴으로써 좀더 정묘하게 표현된 셈이다.

《댈러웨이 부인》에서 버지니아 울프는 그녀가 일찍이 소설가의 직능이라 여겼던 미세한 안식의 민감한 조직을 이룬 것이었다. 이 작품의 조직은 무엇보다도 한 편의 서정시를 떠올리게 한다. 전체적인 분위기는 상징적 사상 (寫像)의 형체화를 통하여 표현된다.

비평가에게 문제가 되는 것은 소설에서 계속되는 희박화(稀薄化) 과정이 그것에서 어떤 필요한 활력을 박탈함으로써 끝이 안 나는 것이 아닐까 하는 것이다. 1919년 여름의 런던, 댈러웨이 부인이 파티에 쓸 꽃을 사러 나갈 때 주위는 활기를 띠고 법석댄다. 그런데도 이 모든 생활은 단편적인 안식이나 암시적인 사상(寫像)의 단편들이나, 미세한 사색으로 나타난다. 정묘함이 너무 지나친 것이 아닌가? 하고 묻게 된다. 실재가 거의 무(無)로 깎여 버린 것이 아닌가? 만약 경험을 정묘히 서정적·철학적으로 해석하는 것이 목적이라면 왜 이야기 줄거리가 중산계급의 도시생활에 그토록 굳건히 뿌리박고 있는 것일까? 댈러웨이 부인의 환경의 부르주아적 건실성과 그 의식의 성질 사이의 대조 효과를 노리는 것일까? 때로는 감성 그 자체가 중산계급의 유한생활에 뿌리박고 있다는 느낌이다.

가끔 버지니아 울프의 작품에서 감성은 중산계급 중에서도 더 한가롭고 지식있는 사람들의 특권이라는 무의식적인 암시를 받게 된다. 이는 그녀가 중산계급의 수준을 받아들이는 데 만족하고 있어서가 아니다. 경험을 미세한 안식으로 융해시키는 것은 버지니아 울프 작품의 가장 중요한 부분의 진정한 주제이며, 또 《댈러웨이 부인》의 진정한 주제이기도 하다. 배경의 결여, 도덕적 기반이나 일반적으로 용인된 수준(이것이 바로 이런 소설과 19세기 위대한 소설들을 그토록 예리하게 구별짓는 요소이지만)의 결여는 작품에 그 고유의 특성을 부여한다. 여기에는 감성의 세련됨이라든가 무드와 정서를 처리하는 데 있어서의 개성적인 섬세함 같은 것이 있는데, 이러한 것들이 바로 소설에 어떤 정서적인 힘을 준다. 작자가 소설에서 취급하기에 앞서 인생의 원재료가 세심한 연구하에 정련되었다

몽크스 하우스 2층 거실에서의 울프 레너드가 촬영한 사진

는 느낌을 만약 갖게 된다면, 그것은 이런 작품, 즉 개성적이고, 비실체적인 이 세련된 작품에 대해 가질 만한 느낌인 것이다. 이런 작품은 지성 없이는 나올 수 없었다고 감히 말할 수 있다.

《댈러웨이 부인》에 이어 2년 뒤 버지니아 울프 작품 중 예술의 극치를 나타내는 소설이 나왔으니 바로 《등대로》이다. 여기서는 런던의 중산계급 사회의 인물들을 모아 그들의 정신상태로부터 어떤 희화된 의미를 짜내는 것이 아니라, 작자가 소설 전체를 통하여 그녀의 인물들을 헤브리디스의 한 섬에서만 줄곧 활동시킨다. 특기되지 않고 그 배경과 연상으로 하여 작자가 인생의 가장 적절한 상징으로 여겼던 그 '발광하는 후광'에다 인물과 사물의 외형적인 구체성을 부쉬넣는 데 도움을 준다. 기본적인 플롯은 간단하다. 소설은 3부로 나뉜다. 제1부 '창(The Window)'은 제1차 세계대전이 일어나기 수년 전 9월의 어느 날, 이 섬에 휴가로 온 램지 부부, 그들의 아이들, 그들의 손님들을 다루고 있다. 제2부 '세월이 흐르다(Time Passes)'는 그 후 여러 해 동안 그 섬에 있는 그들의 집이 겪는 변화와 쇠락을 인상적으로 표현한다. 전쟁으로 인해 램지 가족은 이곳을 다시 찾아오지 못한다. 램지 부인이

울프의 생애와 작품 449

죽고, 앤드루 램지가 전사하고, 프루 램지는 출산 중에 죽고—이 모든 것이 가옥의 쇠퇴가 그려지는 동안 삽화적으로 암시된다.

마지막 제3부 '등대(The Lighthouse)'에서는 램지 집안의 남은 가족들이 10여 년 후 같은 손님들 일부와 더불어 섬을 다시 찾아오고, 소설은 모든 방문에 참여했던 손님 릴리 브리스코가 처음 방문 때 시작했던 그림을 드디어 완성하는 데서 끝난다. 마침내 자기에게 찾아오는 안식에 비추어서 그림을 완성한 그녀는 그 안식으로 죽은 램지 부인과 램지 전가족, 자기 앞에 있는 실제적 풍경이 갖는 진정한 의의를 잠시나마 그들의 적절한 관계에서 볼 수 있게 된다. 여기에 덧붙여 연결효과를 보는 것은 제3부에서 램지 씨와 두 아이들이 등대를 실제로 방문하는 장면이다. 제1부에서 계획했던 이 방문은 좋지 않은 날씨 때문에 연기되어 어린 제임스와 그의 어머니를 크게 실망시켰었다. 그러므로 램지 부인이 죽고 난 몇 년 뒤, 소년이었던 제임스가 청년이 되어 하는 방문은 어떤 상징적 의미를 갖는 것이다. 램지 가족들이 등대에 도착하는 것과, 릴리 브리스코가 램지 씨 집 앞에 앉아 그림을 그리고 사색을 하다가 도통하게 되는 것은 동시적으로 일어나며, 이러한 연결은 더한층 상징적인 의의를 갖는다. 이러한 구조 위에 버지니아 울프는 상징적 사상과 상황들의 섬세한 형체를 얽어 맞춘다. 소설은 고의적으로 어떤 갑작스러운 단절을 띠고 시작된다.

"그럼, 정말이고말고, 내일 날씨만 좋다면야." 램지 부인이 말했다. 그리고 덧붙였다. "하지만 일찍 일어나야 해. 종달새와 함께 말야."

작자는 여기서 여섯 살 난 어린 제임스가 희망을 걸었던 등대 원정을 암시하고 있다. 이 원정 계획과 궁극적인 성취는 버지니아 울프가 이야기 통일을 위해 사용했던 통합의 근본원칙을 구성하는 것이다. 램지 부인이 첫머리에 한 말에 뒤이어 제임스의 반응이 나타난다.

아들은 어머니의 이 말에 벌써 등대로 가는 일이 결정된 것처럼 기뻤다. 여러 해 동안 고대하고 기다렸던 신나는 일이 오늘 하룻밤의 어둠과 내일 하루의 배 여행 끝에, 이제 곧 손에 닿을 곳까지 와 있었다. 여섯 살 제임스는 세상에 흔히 있는 부류의 감정적인 아이들과 같아서, 이 감정을 그 감정으로부터 떼어놓을 수가 없었다. 미래의 예상에 얽힌 기쁨도 슬픔도 현실의 신변적인 일에 그림자를 드리웠다. 이런 아이들은 아주 어렸을 때부터 감각의 톱니바퀴의 회전과 상관없이 빛나는 것이든 그늘진 것이든, 그 순간을 결정(結晶)하여 못박아두는 힘을 지니고 있는 것이다. 제임스 램지는 마루에 앉아 육해군 백화점의 카탈로그에서 냉장고 그림을 오려내고 있었다. 어머니의 이 말은 그 냉장고에 더없는 행복의 빛을 던져주었다. 흥분한 탓에 냉장고 그림은 환희의 가장자리 장식을 달았다. 손수레, 잔디 깎는 기계, 비를 예고하는 바람에 살랑살랑 잎을 펄럭이는 포플러나무, 까악까악 우는 까마귀, 마당을 쓰는 빗자루 소리, 옷자락이 스치는 소리, 이 모든 것들은 제임스의 마음속에 특별한 색조로 채색되어, 독특한 암호와 비밀의 언어를 갖고 있었다. 그의 시원한 이마와 가차 없는 푸른 눈, 나무랄 데 없이 공정하고 순수하지만 인간의 연약함에 대해서는 약간 얼굴을 찡그리는 모습은 마치 타협을 모르는 엄격함의 상징으로도 보였다. 어머니는 그가 솜씨 있게 가위를 냉장고 둘레로 움직여 오려내는 것을 지켜보면서, 흰 담비의 깃이 달린 빨간 법복을 입고 판사석에 앉는 그를, 국가의 중대한 일을 맡아 지도자 역할을 하는 그를 마음속에 그려보았다.

여기에는 인물의 의식과 작자의 논평, 한 인물의 다른 인물에 대한 견해가 세심하게 얽혀 있다. 제임스의 즐거운 예상을 뒤엎고 그의 아버지의 무정한 말이 튀어나온다.

"하지만." 아버지가 응접실 창 앞에서 발을 멈추며 말했다. "내일 날씨는 좋지 않을걸."

아버지의 이 발언은 제임스에게 맹렬하고도 실망섞인 분노를 일으킨다. '만약 근처에 손도끼나 부지깽이가 있었다면, 무엇이든지 아버지의 가슴에 구멍을 내어 죽일 수 있는 물건이 있었다면, 제임스는 주저하지 않고 그것을 잡았을 것이다.' 램지 씨의 말은 언제나 맞아들어갔다. 그래서 제임스는 아버지의 예언을 웃어넘길 수 없다는 것을 알고 있었으나, 그럴수록 그의 희망을

울프의 생애와 작품 451

고의적으로 꺾어버리는 아버지에 대한 분노는 완화되기는커녕 격해질 뿐이었다. 그의 잠재의식 속에 들어간 그 원한은 십년 뒤 그들이 등대에 도착하여 램지 씨가 아들의 키잡는 솜씨를 칭찬할 때야 비로소 풀리는 것이다.

그러나 이러한 점을 취급하는 버지니아 울프의 태도는 이 단조로운 줄거리가 암시하는 것보다 훨씬 섬세하다. 왜냐하면 주제는 그 함축성에 있어서 상징적이고, 그것을 완성시키는 데 있어서 제임스와 아버지의 완전한 성격을 드러내며, 그들의 복잡한 상호관계를 세우고, 램지 씨와 다른 인물들, 그 다른 인물들과 그와의 관계를 나타내면서, 부자관계·부부관계·사람들의 상호관계에 관한 어떤 일반적인 문제들을 밝힐 뿐만 아니라, 간접적으로 경험 및 그 시간과 인격에 대한 의존관계에 어떤 심오한 사상들을 암시하려고 노력하고 있기 때문이다. 경험에서 가장 의미 있는 특질은 무엇인가? 이것이 바로《등대로》가 답변하려는 질문인 것이다.

과연 한 인격은 다른 인격을 '알' 수 있을까? 단일한 사물에 대한 우리의 온갖 기억들은 실재적인 사물과 어떤 관계를 갖는가? 한 인격이 '대기 중에 뿌려져서' 역시 죽음을 향해 가고 있는 다른 사람들 속에 서로 모순되는 인상들의 군집으로서만 존재할 때 남는 것은 무엇일까? 어떤 식으로 시간은 인간의 경험과 그 가치를 한정하는가? 회상과 예상의 그 복합(이것이 곧 의식이지만)에서부터 어떤 지식이 우러나오며, 어떤 안식이 성취될 수 있는 것일까? 이러한 것들은 이 소설의 형식과 내용이 밝히려고 하는 부가적인 문제들이다.

그리하여 이 한정된 집합체의 인물들을 데리고—램지 가족들과 그들의 손님들—버지니아 울프는 한 의식에서부터 다른 의식으로, 한 집단에서부터 다른 집단으로 옮겨 가면서 그들의 반응들이 갖는 의의를 탐구하고, 그들의 사색들이 걷는 경로를 밟는다. 그들의 마음속에 일어나는 사상(寫像)들을 세밀히 정돈하며 형체화하고, 정선된 몇 가지의 상징적 사건들을 세심히 경제적으로 연결시킨다. 그러면 마침내 한 구상이 성취되며, 객관적 사물들의 견고성이 붕괴되고, 경험은 비록 결정적인 형태를 갖되 유동적인 그 어떤 것, 표현할 수는 없되 의미 있는 것으로 보여지는 것이다.

《댈러웨이 부인》에서 버지니아 울프는 이야기 배경을 정확히 설정했다. 독자는 그 어떤 순간에도 자신이 런던의 어디에 있는지 안다. 시가지의 도로와 건물들에 실제 이름이 주어져 있고 세심히 기술되어 있기 때문이다. 그러나 《등대로》에서 버지니아 울프는 본격적인 장편소설에서도 처음으로 배경의 특기항목들을 최소한도로 줄인다.

독자는 지나가듯 거론된 이야기를 통해 그들이 헤브리디스 열도 가운데 어느 한 섬에 와 있다는 것을 알게 되는데 이것이 우리가 얻는 정보의 전부이다. 나머지 정보는 램지 씨의 집이 '읍'에서 보행거리 내에 있고 만(灣)을 향해 있다는 것이다. 민타가 브로치를 잃어버리자, 폴은 자기가 그걸 못 찾으면 '새벽녘에 모두들 잠들었을 때 집을 빠져나와

아바론웨이 경 부인에게 보낸 버지니아의 편지
버지니아의 조카 줄리언 벨이 에스파냐 내전에서 죽었다는 이야기를 적고 있다.

에든버러로 가서 그녀에게 새것을 하나 사 주겠다'고 결심한다. 그러나 그들이 만약 헤브리디스 열도의 어느 곳에 있었다면 으레 찾아간 곳은 에든버러가 아니라 글래스고일 테이니, 이 헤브리디스 열도에 대한 언급은 오해를 일으키기 쉽다. 버지니아 울프가 소설의 배경을 함부로 선정했다고 하기에는 너무나 개괄적이면서도 동시에 너무나 특수적이다(해변의 위치, 등대에서부터의 거리, '읍'과의 관계, 식물의 종류 등). 헤브리디스 열도에 한 '읍'을 포용할 정도로 큰 섬이 어디에 있으며, 그러면서 불과 수마일 배를 타고 나갔어도 '매우 작게', '가느다란 나뭇잎처럼' 보일 정도로 작은 섬이나, 양편에 절벽이 있고 '공원 같은 전망'이 보이고, 나무가 있고 백사장이 있고 모래언덕이 있거나, '읍'에서 보행 거리 내에 잔디와 잘 가꾼 정원과 테니스장을 갖춘 큰 저택과 그 밖에 다른 오락시설들과 맥냅(잡역부)과 매컬리스터(보트 대절업자) 같은 거주민이 있는 섬이 어디에 있단 말인가? '매컬리스터 맥냅'도 섬 이름은 아니다. 버지니아 울프의 풍경은 합성적인 것이든가

울프의 생애와 작품 453

(아마도 콘월에서 얻은 암시 몇 가지와 섞어서) 대체로 가공적인 것이든가 둘 중 하나다.

버지니아 울프는 어떤 특정한 장소를 묘사하는 일보다 바다·모래·바위에 대한 전반적 인상을 전달하는 데 더 관심이 컸음이 분명하다. 배경은 상징적 배경이다. 일반사회에서 잠시 격리되어 섬에 와 있는 이 집단은 사회의 한 소우주를 대표하며, 자연풍경은 해석적 표상으로 사용될 수 있는 사상(寫象)들이나 연상들을 마련하는 것이다. 소설 전체를 통해 제시되고 묘사된 인물들은 마침내 상징적인 것으로 나타난다. 독자는 그들의 마음속을 들여다보기도 하고, 그들이 다른 사람들의 마음에 비친 모습과, 그들이 가고 없을 때 남기는 추억도 본다. 그들과 풍경과의 관계도 마침내는 이 모든 것이 표현하지 못할 어떤 것, 그러면서도 의의 있는 것으로 종합된다. 순식간에 모든 것이 한 형체로 되었다가 다음 순간에는 그 의미를 상실한다.

가령 《등대로》에서 되풀이하여 나타나는 직유(直喩)를 이용하자면, 질주하는 기차의 창 밖을 내다보던 독자가 어떤 새로운 의미를 주는 한 무리의 인물들을 잠깐 보는 경우가 그런 때이다. 최대한의 형체가 일시에 달성됨과 함께 소설이 끝난다. 화가 릴리 브리스코는 노처녀로 있으면서 인물들과 풍경들의 적절한 진의를 줄곧 찾는 가운데 작자를 대역한다. 그녀는 죽은 램지 부인 생각과, 배를 타고 등대로 간 램지 씨 생각을 함과 동시에 자기의 그림을 끝내는 올바른 길을 찾으려고 애씀으로써 마침내 '안식(眼識)'을 얻게 된다. 그렇게 형체는 완성되고, 그녀는 그림을 완성하며 소설이 끝난다. 램지 가족들은 마침내 등대에 상륙한다. 그림을 그리면서 그들 생각을 하던 릴리 브리스코는 그들의 상륙이 어딘가 의의 있는 것임을 인정한다. 그녀에게서 멀지 않은 풀밭 위 의자에 앉아 졸고 있던 늙은 카마이클 씨 역시 그렇다고 생각한다. 이리하여 마지막 실마리들이 한데 합쳐진다.

"상륙했어요." 릴리는 소리내어 말했다. "이제 끝났어요." 그때 늙은 카마이클 씨가 갑자기 일어나 큰 파도가 몰아치듯 숨을 약간 씩씩거리며 릴리 옆에 섰다. 늙은 이교도의 신 같았다. 머리는 텁수룩했고 잡초가 엉겨 있었으며, 손에는 삼지창(포세이돈의 권위의 상징)을 (그것은 프랑스 소설이었지만) 들고 있었다. 그가 잔디밭 끄트머리의 릴리 옆에 서서 거대한 몸집을 출렁거리

454 댈러웨이 부인/등대로

며 손을 눈 위로 들어올리며 말했다.

"다들 상륙했겠군요."

릴리는 자기가 옳았다고 느꼈다. 두 사람은 말을 나눌 필요가 없었다. 그들은 같은 생각을 하고 있었다. 그리고 릴리가 아무것도 묻지 않아도 그는 대답했던 것이다. 그는 자신의 손으로 인류의 모든 약점과 수난을 감싸며 거기에 서 있었다. 인류의 마지막 운명을 연민을 품고 관대한 눈으로 살피고 있다고 생각했다. 그가 지금 이 등대 여행에 화환을 씌웠다고, 릴리는 그의 손이 천천히 내려오는 것을 보면서 생각했다. 그가 높은 곳에서 제비꽃과 수선화로 만든 화환을 떨어뜨려, 그 화환의 꽃송이들이 천천히 하늘하늘 날아서 마침내 지상에 내려앉는 모습을 보는 것 같았다.

갑자기 저쪽에서 뭔가의 부름을 받은 것처럼 릴리는 캔버스를 돌아보았다. 아아, 저기 있어, 내 그림이. 녹색과 푸른색, 위로 옆으로 이리저리 가로질러 달리는 선. 맞아요, 저 그림은 무언가를 시도하고 있습니다. 다락방에 걸릴지도 모릅니다. 버려질지도 모르죠. 하지만 그럼 어떤가요? 릴리는 자문하고 붓을 집어 들었다. 계단을 바라보았다. 텅 비어 있었다. 캔버스를 바라보았다. 흐릿했다. 갑자기 어떤 격렬한 감정이 휘몰아쳤다. 그녀는 그림 한가운데 선을 하나 그었다. 다 됐다, 완성했다. 릴리는 극심한 피로에 붓을 내려 놓았다. 그녀는 안식(眼識)을 얻었다고 생각했다.

《등대로》의 인물들은 세밀히 정돈되어 상호연관을 맺고 있다. 그래서 결정적이고 상징적 형체가 거기서 우러나온다. 철학교수인 램지 씨는 청년 시절 사상면에 한 가지 독창적인 공헌을 했는데, 그때 이래로 자신의 사상체계의 궁극적인 함축까지 꿰뚫어 보지 못하고 늘 그 사상을 반복하고 부연만 하고 있다. 그의 아내는 비체계적이지만 직관적으로 인생을 더 많이 알고 망상을 품지 않는다. 그러면서도 그녀는 침착하고 능란하게 자기 가족을 통솔한다. 결혼을 거부하는 릴리 브리스코는 자기의 실재감(實在感)을 색채와 형식을 통하여 표현하려 한다. 찰스 탠슬리는 진취적인 젊은 철학자이나 열등의식에 사로잡혀 있다. 아무런 교제도 하지 않고 늘 양지에서 졸고 있는 늙은 카마이클 씨는 결국 서정시인임이 밝혀지고, 평범한 한쌍 민타 도일과 폴 레일리는 결국 램지 부인의 정중한 권고를 받아 별로 성공적이지 않은 결혼을 하게 된다.

인물마다 이 면밀히 짜여진 이야기 속에서 아주 명확한 기능을 발휘한다. 바다 한복판에 홀로 서 있는 등대 그 자체가 독특한 존재이면서 역사의 유동 일부분인 개인을 상징한다. 등대에 도달하는 것은 어떤 의미에서는 자기 자신 밖에 있는 어떤 진리와 접촉하는 것이며, 자아의 특이성을 어떤 비인격적 실재 앞에 굴복시키는 것이다. 언제나 남들의 찬양과 격려를 추구하던 이기주의자인 램지 씨는 등대를 방문하려는 어린 아들의 열성을 미워하다가 몇 년 후 아내가 죽고, 그 자신의 생명도 거의 피폐해졌을 때에야 비로소 이러한 자아로부터의 해방을 맞게 된다. 버지니아 울프가 램지 씨로 하여금 배가 등대에 닿기 직전 처음으로 그의 이기적인 망아(忘我)에서 벗어나게 한 점은 의미 있는 일이다. 실로 인물들 각자가 품었던 개인적인 원한들은 등대에 도착하는 순간 사라지고 마는 것이다.

램지 씨는 책을 읽던 자세를 버리고 제임스의 키잡이를 칭찬한다. 제임스와 그의 누이동생 캠은 이 원정을 그들에게 강요하던 아버지에 대한 증오를 잊고 품었던 원한도 버린다. 그리고 그들이 상륙한 순간, 그 원정에는 가담하지 않았던 릴리 브리스코와 카마이클 노인은 별안간 인류에 대한 관용과 연민의 무드를 일으키게 되며, 릴리는 안식을 얻어 그것으로 자신의 그림을 완성할 수 있게 된다.

소설을 일관하고 있는 것은 색채상징(Color symbolism)이다. 제1부에서 릴리 브리스코는 자기 그림과 씨름하여 성과를 거두지 못하는데, 이때 그녀가 보는 색채는 '선명한 보라색과 눈부신 순백색'이다. 그러나 그녀는 소설의 결말에 가서 마침내 안식을 얻고 그림을 완성할 수 있게 된 순간, 등대가 '푸른 안개 속으로 녹아들어갔다'고 인식하는 것이다. 마지막 선 하나를 긋기 전에 그녀는 순간적으로 캔버스를 선명하게 보지만, 이 색채의 불선명이 그녀의 안식과 밀접히 연관되어 있다는 암시는 그대로 남아 있다.

자신의 철학사상에서 도달될 수 없는 마지막 단계를 멀리 명멸하는 적색으로 보는 램지 씨는 청색 및 녹색으로 그림을 그리는 덜 이기적인 릴리와, 또 릴리의 캔버스에 자색으로 표시되는 램지 부인과 대조를 이룬다. 적색과 갈색이 개성과 이기의 색채라면, 청색과 녹색은 비개성의 색채이다. 소설의 끝 장면까지 이기주의자로 표현되는 램지 씨의 색은 적색 아니면 갈색이다.

456 댈러웨이 부인/등대로

릴리는 비개성적인 화가이므로 그녀의 색은 청색이다. 그 중간에 위치하는 램지 부인의 색은 자색이다. 《등대로》는 이기에서부터 비개성에 이르는 여로이다. 그러나 이 소설은 거기서 끝나는 것이 아니다.

이야기는 램지 부인이 어린 제임스에게 내일 날씨가 좋으면 등대로 간다고 약속하는 장면에서 시작된다. 그러자 램지 씨는 날씨가 좋지 않을 것이라고 지적하여 제임스의 오랜 원한을 산다. 소설은 램지 부인이 죽고 제임스가 16세가 되는 10년 뒤 램지 씨와 제임스와 캠이 등대에 도착하는 그 순간 그들의 모든 개인적인 원한과 적의가 사라지는 데서 끝나는데, 이 모든 것이 릴리의

메이너드 케인스와 그의 아내인 러시아 출신 발레리나 리디아 로포코바
버지니아는 《댈러웨이 부인》에 등장하는 레치아의 모델로서 그녀를 관찰하였다.

안식 성취와 동시에 일어난다. 이 소설은 분명히 처음 상황과 마지막 상황 간의 대조만을 강조한 것은 아니다. 왜냐하면 이 양 극단 사이에는 많은 묘사들—한 인물의 묘사와 인물들간의 묘사, 그들의 사색과정들의 묘사—과 수많은 상징적 상황들이 있어서, 이들은 소설이 진행되고, 독자에게 그것의 의미를 어떤 단일한 '교훈'과 동일시하지 못하게 하는 동안, 소설의 함축성을 넓혀 주는 것이다.

개인과 전체로서 존재와의 관계라는 주제는 온갖 방식으로 처리되고 있다. 그것은 항상 발전하는 생각의 형체로서 인물 속에서 되풀이된다. 화가인 릴리 브리스코는 철학가요 이기주의자인 램지를 이렇게 관찰하고 있다.

릴리 브리스코는 고개를 들었다 숙였다 하면서 붓을 정리했다. 눈을 들

울프의 생애와 작품 457

자 램지 씨가 저 멀리서 몸을 흔들며 거리낌 없이 두 사람을 향해 다가오고 있었다. 조금 위선적이라고요? 그녀는 되풀이했다. 오, 천만에요, 매우 성실하신 분이에요(보세요, 벌써 저기까지 오셨어요). 더없이 선량하신 분이죠. 하지만 그녀는 시선을 아래로 내리면서 생각했다. 오로지 자신에게만 몰두해 있고, 폭군에 불공평한 사람이야. 그녀는 일부러 눈을 아래로 내리깔고 있었다. 램지 가족과 지낼 때에는 이렇게 하지 않으면 마음이 공중에 붕 떠버린다. 눈을 들어 램지 가족을 보기가 무섭게, 내가 '사랑하고 있다'는 기색이 흘러넘친다. 그 사람들, 비현실적이지만 가슴에 사무치며 흥분을 일으키는 소우주, 그야말로 사랑의 눈을 통해 볼 수 있는 세계인데, 그 세계의 일부가 되어 버리는 거죠. 그들은 하늘과 맞닿아 있고, 새는 그들을 통해 노래해요. 더더욱 마음을 움직이는 것은 덮칠 듯이 나타났다가 되돌아가는 램지 씨를 보고, 창가에 제임스와 함께 앉아 있는 램지 부인을 보고, 흘러가는 구름과 휘어진 나무를 바라보고 있으면, 하루하루 살아가면서 작은 각각의 사건을 하나하나 순서대로 경험해 가야 하는 그 인생이 마치 파도처럼 하나로 말려 올라가 사람을 들어 올렸다 기슭에 쿵 하고 떨어뜨리는 것처럼 느껴진다는 거예요.

이런 사색들은 언제나 특정한 사건들과 병렬되는데, 그 병렬에 비춰 보면 그 사건들마다 어떤 상징적인 특성이 부과된다.

정말 사람은 무엇으로 평가해야 하지? 사람들에 대하여 어떻게 판단하고 평가해야 하지? 이것저것 더하여 자신이 좋아하는지 싫어하는지를 정하는 것일까? 좋다는 것과 싫다는 것은 결국 어떤 의미를 가질까? 꼼짝도 못하고 배나무 옆에 서자 그 두 남자에 대한 인상이 그녀의 머릿속으로 쏟아져 들어왔다. 자신의 상념을 따라잡는 것은 연필로 받아 적기엔 너무도 빠른 말을 따라가는 것과 흡사했다. 그 목소리는 바로 자기 자신의 목소리로 독촉당하는 일도 없이, 부정할 수 없고 영원하며 서로 모순된 것을 지껄인다. 그에 비하면 배나무 껍질의 갈라진 틈이나 옹이조차도 영원히 들러붙어 있는 불변의 것이라는 느낌을 주었다. 당신은 위대하세요, 릴리는 이어서 말했다. 램지 씨는 조금도 위대하지 않아요. 옹졸하고, 제멋대로

고, 허세나 부리고, 자기중심적이고, 응석받이 폭군이에요. 램지 부인을 죽도록 피곤하게 만들죠. 그러나 그 분은 당신에게 없는 것을 갖고 계세요 (그녀는 뱅크스에게 말했다). 즉, 비세속적인 초연함이에요. 일상의 자질 구레한 일은 전혀 모르세요. 개나 아이들을 사랑해요. 8명의 자식이 있고요. 당신에게는 한 명도 없지요. 며칠 전 밤에는 외투를 두 개나 껴입고 식사를 하러 내려오셨어요. 부인에게 머리를 손질해 달라고 하면서 푸딩 그릇에 머리카락을 떨어뜨리셨죠. 이 모든 것은 마치 모기떼처럼 각각 떨어져 있었지만, 놀랍게도 신축성 좋은 그물에 갇혀, 릴리의 마음속에서, 그리고 배나무 가지 근처에서 미친 듯이 춤추고 있었다. 거기에는 아직 그 닳아빠진 식탁이, 램지 씨의 지성에 대한 릴리의 깊은 존경의 상징인 식탁이 걸려 있었다. 릴리의 상념은 점차 속도를 더하며 회전하다가 마침내 그 격렬함을 견디지 못하고 폭발해 버렸다. 릴리는 안심했다. 바로 옆에서 총 소리가 탕 하고 나면서 그 상념의 조각에서 솟아오르듯, 놀란 찌르레기 무리가 소란스럽게 날아올랐다.

"재스퍼군요!" 뱅크스 씨가 말했다. 그들은 언덕 너머 찌르레기가 날아간 곳을 바라보았다. 하늘 저편으로 재빠르게 흩어지는 새들을 눈으로 쫓으며 높은 생울타리가 끊어진 틈에서 뜰 안쪽으로 발을 들인 순간 두 사람은 램지 씨와 딱 마주치고 말았다. 그는 두 사람에게 연극조로 외쳤다. "잘못을 저지른 사람은 누구인가!"

한 인물의 의식의 흐름을 보고, 독자는 다른 인물들의 개별적인 행동들을 그 적절한 상징적 의미 속에서 찾을 수 있다. 이것은 정묘하고도 효과적인 수법이다.

아무튼 근본주제는 인격·죽음, 시간의 상호관계, 즉, 개인과 일반경험의 총합과의 관계이다. 많은 수법들이 이런 문제를 시사하기 위해 사용되고 있다. 문제로서보다 상황으로서 삶의 의의를 좌우하는 인생의 어떤 특성으로 제시되는 이런 문제를 시사한다. 램지 씨의 특징적인 제스처(마치 무엇을 피하려는 듯이 손을 드는)와 같은 사소한 점들이나, 푸른 바닷물을 가르며 나가는 손과 같은 상징이라든가, 특수한 사상들이 한 인물이나 다른 인물의 사색 과정 속에서 암시된다든가(이 인물들 각자는 수많은 수법들 중 하나를

울프의 생애와 작품 459

이용하여 작자를 언제든지 대변하게끔 되어 있는데, 그 수법들은 인물이 순간적으로 그의 인격의 한도를 초월하여 어떤 종류의 영원한 진리를 살짝 엿보는 것으로 나타내는 것이다)—이 모든 것이 소설의 함축성을 풍부하게 하는 데 도움이 된다. 예를 들어 여기 예술가의 표상이요, 예술가와 경험과의 관계의 상징인 릴리 브리스코가 있다.

릴리는 똑바로 그에게 가서 말하고 싶었다. "카마이클 씨!" 그러면 그는 평소처럼 자애롭고 안개가 긴 듯한 멍한 녹색 눈을 들어 올려다볼 것이다. 그러나 자는 사람을 깨우려면 하고 싶은 말이 무엇인지 분명해야 한다. 하지만 릴리가 묻고 싶은 것은 하나가 아니라 모든 것이었다. 겨우 몇 마디로 사상을 부수고 해체해서는 결국 아무것도 표현하지 못한다. "삶에 대해, 죽음에 대해, 램지 부인에 대해", 아니, 사람은 아무것도, 누구에게도 말할 수 없다. 순간의 조급함은 언제나 과녁을 벗어나 버린다. 말은 옆으로 빗겨나가 목표한 것의 몇 센티미터 아래에 꽂힌다. 그래서 포기하면 목표를 맞추지 못한 생각은 다시 가라앉는다. 그러는 사이에 다른 중년들처럼 신중해지고, 남의 눈을 피하게 되고, 이윽고 양미간에 주름이 생기며 언제나 근심어린 표정을 짓는다. 육체적인 감정을 어떻게 말로 표현할 수 있을까? 저 공허함을 어떻게 표현할 수 있단 말인가? (그녀는 응접실 앞의 돌계단을 바라보고 있자니 유난히 공허하게 보였다.) 느끼는 것은 몸이지 마음이 아니었다. 그 계단의 공허한 모습에 갑자기 엄청난 불쾌감을 느꼈다. 바라지만 가질 수 없는 것 때문에 그녀의 몸이 딱딱하게 굳고 허탈해지고 긴장한다. 원하지만 갖지 못하는 것을 원하고 또 원하는 것이 얼마나 심장을 쥐어짜고 또 쥐어짜는지 아는가. 아아, 램지 부인! 릴리는 말없이 배 옆에 앉아 있는 부인의 영혼을 불렀다. 부인에게서 빠져나온 환상으로 이루어진 그 회색 옷을 입은 부인에게 저세상으로 가버린 것을 비난하고, 저세상으로 갔다가 다시 돌아온 것을 비난하는 투로 불렀다. 전에는 부인을 생각하면 매우 안전하게 느꼈다. 유령이나 공기, 무(無), 밤이든 낮이든 언제 어느 때나 쉽고 안전하게 함께 놀 수 있는 존재였다. 그런데 별안간 부인이 손을 내밀어 릴리의 심장을 쥐어짜는 것이다. 갑자기 공허한 응접실 계단과 집안의 의자 가장자리 장식, 테라스에서 뒹구는 강아지, 파도의 기복과 정원의 속삭임 등이 완전한 공허를 중심으로 돌며 화려한 곡선과 아라베스크의 당초무늬로 바뀌었다.

"이건 대체 무슨 뜻이죠? 이 모든 것을 어떻게 설명하시겠어요?" 그녀는 다시 한 번 카마이클 씨를 돌아보고 묻고 싶었다. 온 세상이 이 이른 아침부터 사상의 연못에, 실재의 깊은 대야 속에 녹아버린 것 같았다. 카마이클 씨가 얘기하면 한 방울의 눈물이 그 연못의 표면을 찢을 것 같았다. 그리고 그 다음엔? 무언가가 나올 것이다. 손이 불쑥 튀어나오거나 칼날이 번뜩일지도 모른다. 어머, 물론 농담이에요.

여기에서 한 인물의 환상 속에 담긴 생각들과 사상(寫象)들은 이야기의 다른 국면들을 이리저리 반영시켜 전체의 의미를 풍부하게 만든다. 독자는 제1부에서 창문의 상징을 숙고해 볼 만도 하다. 램지 씨가 서서히 어두워져 가는 바깥에서 이리저리 거니는 동안 램지 부인과 제임스는 창가에 앉아 그가 왔다 갔다 하는 것을 지켜보고 있다. 자세한 모습을 그려내는 이 장면의 상징은 메테를링크(Maeterlinck)의 《실내Interior》에서와 같이 눈에 띄는 것은 아니라도 그에 못지않게 고의적인 것이다.

시간의 변화 및 죽음이 인격과 갖는 관계에 버지니아 울프가 특별히 관심을 가졌다는 사실은 그녀가 램지 부인의 성격을 취급한 데서 명시되고 있다. 램지 부인은 제1부에서 살아 있으나 제2부 〈세월이 흐르다〉에서 그녀의 죽음은 삽화적으로 기록되고 있다. 그런데도 그녀의 인격은 이 소설을 지배하고 있고, 제3부에서 그녀는 다른 인물들의 기억 속에 여전히 살아 있으며, 그녀의 성격은 역사의 일부가 되어 현재를 내포하며 결정한다. 릴리 브리스코는 자기의 그림을 끝내기 직전 램지 부인을 사후에도 여전히 영향력을 가진 존재로 생각한다.

램지 부인, 하고 속으로 불러보고 그녀는 뒤로 물러서서 눈을 가늘게 떴다(만약 부인이 제임스와 함께 계단에 앉아 있었다면 구도가 많이 달라졌을 것이다. 그림자가 생겼을 테니까). 램지 부인. 릴리는 자신과 찰스가 물수제비뜨기를 하던 그 해변의 전체 풍경을 생각할 때면, 그것이 바위 옆에서 무릎 위에 편지지를 올려놓고 편지를 쓰던 램지 부인과 어떤 관계가

울프의 생애와 작품 461

있는 것처럼 여겨졌다(그분은 수없이 많은 편지를 썼고, 때로는 바람이 그것을 채가서 그녀와 찰스가 바다로 뛰어들어 위기일발의 순간에 그것을 구해 오기도 했다). 그런데 인간의 영혼의 힘은 참으로 대단하구나! 릴리는 생각했다. 그 부인이 바위 옆에서 편지를 쓰고 앉아 있는 것만으로 모든 것이 단순해졌다. 이 분노와 초조함도 마치 낡은 누더기처럼 떨어져나갔다. 부인은 이것과 저것과 또 다른 어느 것을 하나로 합쳐, 그 비참한 어리석음과 원한에서(릴리와 찰스는 말다툼하며 서로 으르렁거리고 있었다) 어떤 것—예를 들어 해변의 그 정경, 우정과 호감이 싹트던 순간—을 만들어냈다. 그것은 이 오랜 세월을 지나면서 더욱 완전해졌고, 릴리는 그 속에서 그에 대한 추억을 다시 되새기며 그 순간을 마치 예술작품처럼 마음속에 고이 간직했다.

릴리는 죽은 지 5년이나 된 한 여인이 현재에도 갖는 의의에 대해 사색을 계속한다. 독자는 여기에서 댈러웨이 부인이 셉티머스 워렌 스미스의 죽음을 전해 듣고 그리는 환상과 비교할 수 있다. 한 인물을 다른 인물과 연관시키는 방법이 서로 다를 바 없다. 댈러웨이 부인이 맞은편 방의 노파가 침실에 들어가 커튼을 내리는 것을 보고 나서 별안간 마지막 계시를 얻는 것과 꼭 마찬가지로, 릴리 역시 램지 씨 집 밖에 앉아서 그림을 그리다가 창문 뒤에 있는 방에 누군가가 들어오는 것을 보고 비로소 마지막 안식(眼識)을 얻게 되는 것이다.

갑자기 릴리가 바라보던 창문이 그 뒤에 있는 어떤 밝고 가벼운 물체 때문에 하애졌다. 드디어 누군가 응접실로 들어왔구나, 의자에 앉았어. 하느님, 제발 그들이 저기 가만히 앉아 있도록 해 주세요, 우물쭈물 밖으로 나와서 내게 말을 걸지 않게 해 주세요. 누군지는 모르지만 다행이 방 안에 가만히 있었다. 게다가 다행히도 계단 위에 그 기묘한 삼각형 그림자를 드리우는 위치에 자리 잡았다. 그로 인해 그림의 구도가 조금 달라졌다. 매우 흥미로웠다. 매우 유용했다. 그녀의 감정이 되살아났다. 감정의 고삐를 늦추거나 깊이와 결의를 버리거나 현혹당하지 않도록, 한순간도 눈을 떼지 않고 계속 응시해야 한다. 이 풍경을 이렇게 바이스로 죄어서라도 잡아

462 댈러웨이 부인/등대로

두어야 한다. 무언가가 비집고 들어와 그것을 망치지 못하도록 해야 한다. 릴리는 붓에 물감을 꼼꼼히 찍으면서 생각했다. 보통 정도의 경험으로, 단순히 이것은 의자고 저것은 식탁이라고 느끼면 좋겠지만, 동시에 기적이며 무아의 경지라고 불리는 것도 원하는 것이다. 그 문제도 결국 해결될 것이다. 어머, 그런데 무슨 일이지? 하얀 파도 같은 것이 창유리 위로 지나갔습니다. 바람이 방 안의 장식을 흔든 것이 틀림없었다. 릴리의 심장은 그녀에게 달려든 부인의 모습에 사로잡혀 괴로웠다.

"램지 부인! 램지 부인!" 릴리는 그 옛날의 두려움이 돌아왔음을 느꼈다―원하고 원했지만 가지지 못했던 그 두려움 때문에 부르짖었다. 부인은 아직도 내게 그런 두려움을 줄 수 있단 말인가? 그리고 조용히, 마치 부인이 자제라도 한 것처럼 그 공포 또한 의자와 식탁처럼 평범한 경험의 일부가 되었다. 램지 부인은―릴리에 대한 온정의 일부였다―그 의자에 지극히 평범하게 앉아 뜨개바늘을 놀려 적갈색 양말을 짜면서 계단에 그림자를 드리웠다. 거기에 부인이 앉아 있었다.

상징적으로 말해서 과거는 되돌아와 현재를 형성한다. 램지 부인은 10년 전엔 초안의 일부였던 그 모습으로 릴리 브리스코의 그림 속으로 다시 돌아온다. 그리고 10년을 뛰어 넘어 판이한 두 인격의 이 상봉에서부터 최종적인 안식이 생겨나는 것이다. 이와 때를 같이하여 바다 건너에서는 램지 씨가 제임스의 키잡는 솜씨를 칭찬함으로써 역시 10년이나 묵은 제임스의 어린 시절의 원한이라는 악마를 내쫓는다. 이리하여 이야기의 모든 실마리들이 마침내 한데 뭉치는 것이다. 대가다운 솜씨의 구성이다.

《등대로》는 그 플롯과 장면 처리가 너무나도 서로 긴밀히 연관되어 있어서 결과적으로 나타나는 전체는 버지니아 울프가 쓴 다른 어떤 작품보다도 더 섬세히 구성되어 더 효과적이다. 스코틀랜드 서북 해안에서 떨어진 한 섬의 배경 덕분에 그녀는 최대한의 효과로 상징적 회화에 전념할 수가 있었다. 왜냐하면 여기에서는 형식과 내용이 완전히, 그리고 필연적으로 들어맞기 때문이다. 런던의 중산계급 사회는 아마도 이렇게 섬세하고 사색적인 작품에는 이상적 배경이 못될 것이다. 그래서 《댈러웨이 부인》은 내용과 처리방법 사이의 어떤 불합치 때문에 고심한 작품이라고 할 수도 있다. 간접적·철학적 암시를 위한 소설의 배경으로서는 런던의 만찬회보다 안개 낀 섬이 더 효과적이므로, 결과적으로는 버지니아 울프의 다른 작품들에서 그 타당성이 의심스럽게 보이던 특질들이 이 작품에서는 가장 뛰어나 보이는 것이다. 《등대로》에서 버지니아 울프는 자기의 테크닉을 충분히 발휘할 수 있는 주제를 발견했던 것이다.

시간·변전(變轉) 및 인격

《등대로》에 이어 1928년에 나온 《올랜도》는 버지니아 울프의 소설들 중에서 가장 명쾌한 작품이다. 이 말은 이 소설이 어떤 면에서든 범속하다는 뜻은 아니며, 작자의 친구 빅토리아 색빌 웨스트(Victoria Sackville-West)의 전기로서 엄밀한 의미로는 소설이라 할 수가 없다. 또 그런 점에 있어서 엄격한 의미의 전기도 아니다. 왜냐하면 남주인공이자 여주인공인 올랜도는 버지니아 울프 친구의 경력과 배경을 축소시킨 상징적 인물이기 때문이다. 따라서 이 작품은 일종의 철학적 전기라고 하겠다. 그 주인공은 엘리자베스 시대부터 오늘날까지 수 세기에 걸쳐 살면서 작품 중간에 성(性)을 바꾸며, 이야기가 진행됨에 따라 그의 환경·거동문제 등도 빅토리아 색빌 웨스트에게 영향을 준 개인적·문학적 유전의 여러 면들과 합치시키며 변해 간다. 이야기에 풍기는 강렬한 흥취와 유머는 버지니아 울프의 작품들 가운데서 이 작품을 한 독립된 계층에 놓이게 한다.

《올랜도》는 개인과 역사의 흐름과 관계, 현재와 시간의 흐름과 관계에 대한 작자의 관심을 반영시켜 주는데, 이것은 《댈러웨이 부인》과 《등대로》의 특징으로 앞서 이미 주목했던 것이다. 버지니아 울프는 자기의 동료 작가의 인생과 작품으로부터 얻은 온갖 암시와 함께, 그 작가의 문학적·육체적 계보를 따서, 올랜도를 16세의 소년 시절로부터(16세기 말엽인 이때 그는 《에델버트, 5막의 비극 Ethelbert: A Tragedy in Five Acts》이라는 작품을 쓰고 있다) '1928년 10월 11일 목요일 자정'까지 이끌어 간다(이때 그녀는 성숙한 여인이 되어 그녀의 모든 과거를 한 시점으로 모으는 안식을 갖게 된다). 이 시점과 이 종점 사이에는 일련의 생생한 사건들이 가로놓여 있는 그대로 묘사되면서도 복잡한 상징적 의미를 가지는데, 그것이 합쳐져 나타나는 개인은 역사를 창조하고 역사에 의해 창조되며, 과거를 현재로 바꾸어 놓고,

발전시키며, 진전시키는 것이다.

작자의 서문은 시사하는 바가 크다. '많은 친구들이 이 책을 쓰는 동안 나를 도와주었다'고 그녀는 시작한다.

'그중 작고한 몇 분들은 또 내가 감히 이름을 대지 못할 정도로 저명한 인사들이다. 누구든지 책을 읽거나 쓰면서 항상 은혜를 느끼는 사람들이 있으니 우선 머리에 떠오르는 분들만 적어도 디포·토머스 브라운 경(Sir Thomas Browne)·스턴(Sterne)·월터 스콧 경(Sir Walter Scott)·머콜리 경(Lord Macaulay)·에밀리 브론테(Emily Brontë)·드 퀸시(De Quincey), 그리고 월터 피터와 같은 분들이다.'

이것은 현대문학의 현위치가 그 힘을 입고 있는 문학적 과거인 것이다(여기에서 다시 현재와 경험의 흐름, 일반과의 관계에 대한 관심을 엿볼 수 있다). 버지니아 울프가 현대문학이 의존하는 요인으로서 어떤 작가들을 '우선 머리에 떠오르는 분들'로 지명했는가를 보는 것도 흥미로운 일이다. 서문에선 계속하여 친구들, 학자들, 역사가들, 비평가들이 준 도움에 사의를 표하고 있는데, 이것은 버지니아 울프가 역사적 개축(改築)이라는 자기의 과업을 얼마나 진지하게 받아들였는가 실감하는 데 도움이 된다. 왜냐하면 비록 이 작품의 논조가 명쾌하고 구상은 괴이한 것이라 할지라도, 그것이 세심히 수집된 역사적 자료에 근거를 두고 있다는 것에는 변함이 없기 때문이다. 《올랜도》는 문학사에 대한 정묘한 표현들이나 영국 초기문명의 여러 면들에 대한 간접적인 표현들로 가득 차 있다. 그렇다고 산만한 인상주의적 작품은 아니다. 모든 것이 면밀히 구성되어 근본 주제를 발전시키고 완성시킨다. 남주인공 겸 여주인공이 여러 단계들을 거쳐 마침내는 현대적 감각을 가진 현대작가로 발전한다는 사실이 바로 그것이다. '마침내는'이라는 낱말은 이 경우에는 적절한 말이 아닐지도 모르겠다. 왜냐하면 현재는 과거가 지향해 나간 마침표로서가 아니라 끊임없이 발전하는 시간과 경험의 흐름을 내다볼 많은 요지들 중 하나로서 이해되기 때문이다.

관심 있는 독자라면 빅토리아 색빌 웨스트의 생애·가계·문학작품 등과 올랜도의 기담(奇談)과 활동 사이의 관계를 혼자 조사해 볼 수도 있을 것이다. 그런데 《올랜도》의 중요성은 이러한 관계에 있는 것이 아니라 이 작품의 전면에 흐르는 색조와 활력에 달려 있다. 관례적인 플롯 순열이나 제한된 시

울프의 생애와 작품 465

간 내에 일어나는 사건들의 단일군집에 얽매이는 데서 해방되어 버지니아 울프는 이제 자기 자신의 상상력에 대해서만 책임지지 현실세계에 대해서는 전혀 책임지지 않는다. 그 해방감은 독자에게 그대로 전달된다. 여기에서는 상상력이 풍부하게 작용하여 환상 뒤에 숨은 정확한 학식을 밝혀 준다. 이따금 작자는 여흥적인 논조나 빈정대는 어조로 또는 반은 심각한 논평을 섞어 자기 입을 통해 말하기도 한다. 그리고 앞으로 나아감에 따라 자기 고유의 관례를 만들어 낸다.

그러나 이 모든 것에도 불구하고 이 작품은 한 통합된 단위체로서 기억되는 것이 아니라(왜냐하면 통합의 원칙은 특수한 지식을 가지지 않는 독자에게는 난해한 것이기 때문이다) 개개의 구절 속 재기 넘치는 문장으로 기억되는 것이다. 1604년 대혹한의 묘사는 버지니아 울프의 가장 우수한 산문체의 일례이면서 동시에, 그녀가 단순히 사색적인 환상을 표현하는 그 이상의 능력이 있었음을 충분히 입증하는 것이다. 대혹한의 뒤를 이은 해동 장면의 묘사를 보면, 교묘하게도 주인공의 심란한 감정상태와 연결되어 있다.

어떤 맹목적인 충동이(그는 이성을 잃고 있었으니까) 그를 몰아서 바다 쪽으로 나가는 강변을 택하게 했음에 틀림없었다. 왜냐하면 동이 터(동은 유난히도 순식간에 텄다) 하늘이 연한 노란빛으로 물들며 비가 거의 멎고 보니, 위핑 앞 템즈 강변에 서 있는 자신을 발견했기 때문이다. 이제 그의 눈앞에는 놀랍기 짝이 없는 광경이 벌어졌다. 3개월 이상이나 너무 두껍게 얼어 암석같이 오래갈 것처럼 보이던 이곳, 온 환란의 도시 하나가 그 포장(鋪裝) 위에 세워졌던 이곳이 지금은 거칠고 누런 물결의 여울로 변한 것이었다. 강물은 밤 사이에 그 자유를 되찾은 듯했다. 마치 유황의 샘이 (많은 철학자들이 이 학설에 귀를 기울였지만) 지하의 화산층으로부터 솟아올라 얼음을 아주 맹렬히 산산이 부서뜨려서 그 샘이 거대하고 묵직한 얼음조각들을 여기저기 쓸어 내린다는 느낌이었다. 물결을 바라보는 것만 해도 현기증이 났다. 혼란과 혼돈의 도가니였다. 강물은 빙산들로 온통 덮여 있었다. 어떤 것은 볼링 경기장만큼 넓었고, 집만큼이나 높았다. 또 어떤 것은 남자의 모자만큼도 크지 않았지만 아주 괴상하게 비틀려 있었다. 혹은 얼음덩이들이 한 줄로 내려와 앞에서 걸리는 것을 모조리 가라앉히거나, 혹은 강물이 몸을 트는 뱀처럼 소용돌이치고 휘몰아치다가 얼음조각들 사이에서 제몸에 부딪치는 듯하더니, 조각들을 둑에서 둑으로 밀어던져 그것들이 부두와 기둥들에 가서 부서지는 소리가 들렸다.

그러나 무엇보다 몸서리나고 공포감을 일으키는 것은 밤중에 걸려들었다가 이제 와서는 그 비틀리고 불안한 섬들 위에서 고민하다 못해 천천히 거닐고 있는 인간들을 보는 것이었다. 그들이 물 속으로 뛰어들든, 얼음 위에 남아 있든 운명은 정해진 것이었다. 때로는 이런 가엾은 인간들이 한 떼를 지어 같이 내려왔는데 어떤 사람들은 무릎을 꿇고 있었고 또 어떤 사람들은 어린아이들에게 젖을 먹이고 있었다. 한 노인은 성서의 구절을 소리 높여 읽고 있는 듯했다. 또 어떤 때는 한 고독한 인간이 가엾게도 홀로 그가 가진 좁은 땅을 활보하고 있었는데, 그의 운명이 아마도 가장 몸서리나는 것인지도 몰랐다. 그들이 바다로 밀려 나가면 어떤 사람들은 아무 소용도 없이 구원해 달라 외치고 지나간 일을 들먹이며 개심하겠노라고 요란스럽게 약속하고, 그들의 죄를 고백하고, 하느님이 만약 그들의 기도를 들어 주신다면 제단을 지어드리고 부를 바치겠다고 맹세하는 것이었다. 또 다른 사람들은 공포감으로 멍해져서 꼼짝 않고 앉아 말없이 앞만 응시하고 있었다. 그들의 제복으로 판단하건대 한 무리의 선원들 아니면 우편집배원들로 마치 허세를 부리는 듯 으르렁대고 극도로 음탕한 술집 노래들을 소리 높여 부르다가 어떤 나무에 가서 부딪치더니 입에 욕설을 담은 채 가라앉아 버렸다. 한 늙은 귀족은—그의 모피 가운과 금시곗줄이 그의 신분을 말해 주었다—올랜도가 서 있는 곳에서 얼마 멀지 않은 데서 물속으로 들어가면서, 이런 무도한 장난을 꾸민 아일랜드 폭도들에게 원수를 갚고야 말겠다고 임종의 고함을 질렀다. 많은 사람들은 어떤 은항아리나 다른 보물을 가슴에 끌어안고 죽어 갔으며, 적어도 스무 명은 되는 가엾은 인간들이 자신들의 탐욕 때문에 빠져 죽었다. 그들은 금술잔을 놓치거나, 자기들 눈 앞에서 어떤 모피 가운이 사라지는 걸 볼 수 없다고 강변에서부터 물 속으로 몸을 던졌다. 그도 그럴 것이 가구나 귀중품, 온갖 종류의 소지품들이 빙산 위에 놓인 채로 떠내려갔던 것이다. 이밖에 진귀한 광경들로서는 어린 새끼에 젖을 먹이고 있는 고양이, 20명 분의 만찬을 위해 사치스럽게 차려놓은 식탁, 침대에 누워 있는 남녀 한 쌍, 여기에 덧붙여 엄청나게 많은 취사도구, 이런 것들이 있었다.

이 장의 결말에 가서 올랜도는 격렬한 홍수의 한복판에서 그의 러시아 인 정부(情婦)의 부정을 발견하게 되는데, 작품에서 가장 재기넘치게 꾸며진 에피소드의 클라이맥스를 이루는 부분이다.

이 작품에는 거의 과장된 산문의 구절들, 의욕이 지나쳐 오히려 낭패를 보고 혼란이나 허식에 빠지는 상징적 표현들, 기대한 높이까지 오르지 못하는 서정적 구절들이 있다. 모든 수법들이 다 성공하지는 못했고, 또 모든 사건들이 버지니아 울프가 그러리라고 생각했던 것만큼 일반 독자에게 의미를 갖는 것도 아니다. 바꾸어 말하자면 이 작품에는 몇 가지 꽤 중대한 결함들이 있으나 매우 인상 깊은 실험작품이다. 독자는 가벼운 마음으로 통독해야 하며, 읽을 때 너무 깊은 생각은 말되, 이 작품에 가득 차 있는 색조와 활력은 즐기고 작자가 사용한 관례와 수법들은 이론적으로 캐려 들지 말고 그대로 받아들여야 할 것이다. 이렇게 읽어 간다면 《올랜도》는 가장 흥미진진하고 재미있는 작품이다.

1931년에 나온 《파도 The Waves》는 이 직전의 두 소설들이 그녀의 초기의 두 소설들과 판이하듯 이 두 소설들과도 판이하다. 《댈러웨이 부인》과 《등대로》를 특징짓던 유동성, 객관적 사건과 인물들 생각의 흐름과의 조용하고 효과적인 조합, 전통적인 연대순적 설화의 한계를 벗어나기 위한 회상과 예상의 정묘한 교체, 이런 것들이 그 틈새를 벌리곤 한다. 인물들은 그들의 끊임없이 변화하는 성분들 속으로 융해되며, 그들의 본질적인 통일체는 그들의 특징 규준이 되는 잡다한 생각의 흐름과 인상들로부터 절연시키기가 힘들다. 이것은 특히 《제이콥의 방》주인공에게 더욱 그러하다. 그러나 댈러웨이 부인과 램지 부인도 역시 이런 불명료한 요소를 가지고 있다. 이 불명료함은 물론 그 세 소설들의 어느 것에서도 결점은 아니다. 왜냐하면 그것은 작자가 고의로 노린 효과의 일부일 뿐만 아니라 작자가 전달하려고 그토록 애쓴 그 유동감과 불가분의 관계가 있기 때문이다. 그런데도 버지니아 울프는 《등대로》를 내고 나서는 경험의 투명한 피막을 표현하려는 자기의 시도가 개개 인물들의 실재와 의의를 충분히 나타내지 못했었다고 느낀 모양이었다. 그 인물들의 인상들은 적절히 단위체로 구성되지 않았고 또 작자의 사색과정과 인물들의 사색과정 역시 충분히 구분되지 않았던 것이다. 그래서 그녀는 《파도》에서 작품 전체를 한정된 수의 인물들에 대해 면밀히 구성된 인상에 기초를 두어, 인물들 각자가 그러한 인상들을 양식에 맞는 일련의 독백을 통하여 표현하게끔 했다.

따라서 결과적으로 나타나는 것은 묘하게도 인위적인 작품이다. 버지니아 울프는 인물 여섯을 취하여—버나드·네빌·루이스·수잔·로다·지니—그들로 하여금 여실히 표현될 일련의 설화들을 통하여 그들 평생의 심리적 발전과 진척을 그리게 한다. 여기에서 그들은 자기들 발전의 여러가지 단계상에서 자의식과 객관적인 완성을 기한 어구를 가지고(이것들은 사실주의의 모든 환각을 배제하며 어떤 문학과도 나란히 서기 힘든 일종의 형식주의적 소설을 수립하는 것이지만) 성격을 드러낸다. 버지니아 울프는 같은 시기에 일어나는 독백들 사이에 짧은 중간 장(章)을 삽입해 해변 풍경의 묘사라는 형식을 취한다. 이러한 묘사들은 인물들이 유년에서부터 노년으로 발전하는 동안 일출에서 일몰로 발전한다. 독백들은 이리하여 한 고정된 묘사장면에 의해 인도되며, 그 묘사로 드러난 하루의 시간은 바로 뒤를 잇는 부분에서 나타나는 인물들의 시기와 일치한다.

독자는 우선 여섯 인물들을 만나게 된다. 이때 어린아이인 그들은 큰 정원이 해변까지 뻗어 있는 한 집에서 모두 같이 살고 있으며, 같은 가정교사로부터 교습을 받고 서로 같이 공부하고 노는데, 이러한 접촉의 결과로서 자기들의 성격을 인식하게 된다. 인생은 막 시작되고 있고, 서론적인 풍경묘사는 자못 상징적이다.

해는 아직도 떠오르지 않고 있었다. 바다는 하늘과 구별할 수가 없었다. 바다가 주름잡힌 천 모양으로 약간 구김이 갔다는 것 말고는. 서서히 하늘이 하얗게 밝아오자, 수평선에는 바다와 하늘을 구분짓는 검은 금이 가고 회색 천 같은 바다에는 굵은 줄무늬가 생겼다. 줄들은 하나씩 물 밑으로 들어갔다가 끊임없이 서로 쫓고 서로 따르고 하였다.

아침해의 첫 햇살이 비쳐오는 광경을 생생하게 세심히 그린 다음 이 서두 부분은 이렇게 끝맺는다.

햇빛은 정원의 나무들 위에 떨어져 잎사귀 하나를 투명하게 만들더니 그 다음 또 하나를 그렇게 만들었다. 새 한 마리가 저 높은 데서 지저귀었다. 그리고 사이를 두어 또 한 마리가 저 낮은 데서 지저귀었다. 집의 벽돌은 햇빛으로 예각(銳角)을 그렸고, 햇빛은 부채 끝 모양 하얀 차양에 가서 앉아 침실 창문 가 잎사귀 장식 밑에 푸른 지문의 같은 그림자를 던졌다. 차양이 살며시 움직였다. 그러나 방 안의 모든 것은 몽롱하고 공허했다. 새들은 바깥에서 속이 빈 노래를 불렀다.

전부 아홉 개나 되는 이러한 고정된 묘사 장면들은 화려하다고 할 정도로 풍성하고 고운 산문체로 되어 있다. 예를 들어 다음과 같은 문장은 버지니아 울프의 작품 어디에서도 찾아보지 못하는 것이다.

고개를 흔들어, 온 보석들—토파즈·아콰마린, 속에 불꽃이 든 물빛 보석들—을 춤추게 하였던 그 소녀는 이제 이마를 드러내고 눈을 크게 뜬 채 파도 위를 곧장 달려갔다. 파도 속에 떨고 있는 고등어는 번쩍이다가 검어졌다. 파도가 한데 뭉쳤다. 파도의 시퍼런 골짜기는 깊어지고 검어지고, 방랑하는 고기 떼들이 거기를 가로지르곤 하였다. 파도가 철썩 치고 돌아올 때마다 해변에는 나뭇가지와 코크 재(材)로 된 검은 테와 지푸라기와 나무 막대기들이 남겨졌다. 마치 어떤 작은 배가 버둥거리며 나아가다가 뱃전이 터져서 뱃사람은 육지까지 헤엄쳐 나와 절벽에 매달리고, 가냘픈 그의 짐은 해변에서 파도에 씻기는 채로 있다는 듯이.

여기에 나오는 상징의 화려한 색채는 어떻게 보면 《월요일 아니면 화요일》에 나오는 어떤 소품과 유사한 점도 있지만 고정된 묘사장면으로서 이 중간 장(章)들의 암시라든가, 다소 과도할 정도로 매끄러운 묘사용 산문 연구라든가, 가장 잘 표현하여 문장의 고체성(固體性)이라고 할 만한 것이라든가, 이런 것들은 그녀의 가장 특징적인 산문이 갖고 있는 좀더 희화(稀化)되고 섬세한 특질과는 좋은 대조를 이루는 것이다.

실로 이 작품에는 전체적으로 문장상에 그 어떤 불투명성이 흐르고 있어서, 이 작품을 《댈러웨이 부인》 및 《등대로》와 판이하게 구분짓는 것이다.

이전 소설들에서 본 다색적이며 신속히 변하는 의식의 흐름들 대신 고정된 독백을 보게 되는데, 버지니아 울프로서는 이것을 통하여 인물마다 그 인상이나 태도들을 꽤 딱딱한 산문체 속에 형성한 것이다. 예를 들어 다음 인용절에는 독자를 당혹케 하는 딱딱함이 있다.

"나는 동사변화를 안 하겠습니다." 루이스가 말했다. "버나드가 그걸 부를 때까지요. 우리 아버지는 브리즈번에서 은행을 경영하십니다. 그래서 나의 말에는 오스트레일리아 사투리가 섞여 있지요. 나는 기다리다 버나드가 부르는 걸 적겠습니다. 저 애는 영국인입니다. 저 애들은 모두 영국인입니다. 수잔의 아버지는 목사입니다. 로다는 아버지가 없어요. 버나드와 네빌은 귀족집 아들들입니다. 지니는 할머니하고 같이 런던에 살지요. 저 애들은 펜을 빱니다. 저 애들은 또 습자책을 비비꼬고, 허드슨 선생님을 곁눈질하면서 선생님 조끼의 자색 단추들을 셉니다. 버나드는 머리에 베인 자국이 하나 있습니다. 수잔은 눈이 충혈되어 있습니다. 그 애들은 둘 다 혈색이 좋습니다. 그런데 나는 얼굴이 창백합니다. 나는 몸매가 단정합니다. 그래서 느슨한 바지도 놋쇠 뱀고리가 달린 띠로 꼭 졸라맵니다. 나는 학과를 훤히 외우고 있습니다. 저 애들보다도 더 잘 압니다. 나는 격 (格) 변화와 성(性) 변화도 압니다. 마음만 먹으면 이 세상의 뭐든지 알 수 있을 겁니다. 그렇지만 나는 두각을 나타내어 내가 아는 학과를 발표하고 싶지는 않습니다. 나의 뿌리는 화분 속의 나무뿌리 모양으로 온 세계에 여기저기 뻗어 있습니다. 나는 두각을 나타내어 문자판이 노랗고 뚝딱뚝딱 치는 이 커다란 기둥시계가 보는 식으로 살고 싶진 않습니다. 지니와 수잔, 버나드와 네빌은 저희들끼리 뭉쳐서 한 가죽끈이 되어 나를 매질하려 합니다. 저 애들은 내가 단정하고, 오스트레일리아 사투리를 쓴다고 비웃었습니다. 나는 이제 버나드가 하는 대로 라틴 어를 혀를 꼬부려서 말해 보렵니다."

독자는 이런 형식의 인위적 독백을 이런 따위 글에서 보는 관례의 하나로 받아들이기도 하지만, 그런 관례의 필요성을 인정하는 것 자체가 힘이 드는 일이다. 자기 표현의 감성이 소심하고 개성적인 경우에도 독백은 여전히 고

울프의 생애와 작품 471

체적이고 딱딱하며 감성의 차이는 오직 상징들로서만 나타난다.

"나의 배들은 모두 하얗습니다." 로다가 말했다. "나는 접시꽃이나 제라늄의 빨간 꽃잎은 싫습니다. 내가 대야를 기웃거리면 뜨는 하얀 꽃잎들이 좋습니다. 나는 지금 해안에서 해안으로 달리는 일개 함대를 가지고 있습니다. 물에 빠진 수병이 잡을 뗏목으로 나뭇가지 하나를 던져 넣겠어요. 나는 또 돌멩이 하나를 던져 바다 밑바닥에서 거품들이 올라오는 걸 보겠어요. 네빌도 수잔도 가 버렸어요. 지니는 채소밭에서 까치밥을 따고 있습니다. 아마 루이스와 함께 허드슨 선생님이 우리 습자책들을 교실 책상 위에 펴놓으시는 동안 나는 혼자 잠깐 휴식을 갖습니다. 나는 잠깐 자유를 갖습니다. 나는 떨어진 꽃잎들을 죄다 주워서 물에 띄웠습니다. 어떤 꽃잎에는 빗방울을 올려놓았습니다. 나는 여기서 등대를 하나 세우겠습니다. 스위트 앨리스(Sweet Alice)의 머리를요. 그리고 나는 이제 갈색 대야를 이쪽 저쪽 흔들어서 나의 배들이 파도를 타게 하겠어요. 어떤 배는 버둥거리겠지요. 어떤 배는 절벽에 가서 부딪치겠지요. 배 한 척은 홀로 달리고 있습니다. 그게 나의 배입니다."

인물묘사에 있어 정묘가 없다는 말은 아니다. 독백 속에서 자신들을 그려내는 이 여섯 인물들은 복잡하고도 재미있는 인격들로 나타나며 아주 세심하게 구상되어 있다. 그러나 작자의 개념은 너무 지성적으로 일련의 명제들을 통하여 독자에게 전달되므로, 여기서 버지니아 울프가 이전 작품들에서 그토록 효과적으로 사용하던 어떤 감성적인 수법들에 대한 사용권한을 고의적으로 박탈하고 있다고 느끼게 된다. 《댈러웨이 부인》과 《등대로》가 플롯을 가지고 있다는 그런 의미에서 보면, 모든 것을 극히 복잡한 통합체 속에 한데 모을 수 있는 사상과 인상들의 세심한 형체화라는 의미에서 본다면 이 작품에는 '플롯'이 없다. 독자는 이 여섯 인물들을 그들의 생애 중의 여러 시기에서 본다. 즉, 그들이 같이 있는 유년 시절, 여러 학교와 대학에 가느라 헤어질 때, 대학 시절이 끝난 후 그들이 런던의 어느 식당에서 재회할 때, 후년에서의 그들의 서로 갈린 길과 태도들, 중년에 그들이 햄프턴 구왕실(Hampton Court)에서 마지막으로 재회하는 때 등이다. 독자는 또 제7의 인물 퍼시벌에 대한 그들의 반향들도 본다. 퍼시벌은 자기 말로 자기를 나타내는 일도 없고 오직 남들의 눈을 통하여 표현될 뿐이다. 그는 평범한 영국 사립중학교 출신으로, 지성적이지도 않고 특별히 지각이 예민하지도 못하다. 그러나 사회에 잘 적응하고 안락하게 살아서 남들에게는 영웅시되고 있다. 그는 젊어서 인도에 갔다가 낙마하여 죽는데, 그의 죽음에 대한 여섯 친구들의 반향은 그 자신뿐 아니라 친구들의 성격을 아는 데 도움이 된다.

이 작품의 통일성은 여섯 인물들이 유년기에 가졌다고 보여진 성격들을 발전시키고 완성시키는 방법에 있다. 인물마다 자기의 생김새대로 성장한다. 그래서 부적응, 시인적 기질, 자립심, 자신감 결여 등의 암시는 인물들이 유년에서 노년으로 이르는 동안 발전되고 예시된다. 여섯 명 중에서 가장 잘 적응하고 가장 수다스럽고 가장 사교적인 버나드가 끝에 가서 그 자신의 과거와 나머지 다섯 인물들의 과거를 회고하면서, 긴 독백을 통해 모든 것의 의의를 요약하고, 죽음이라는 적에 도전하면서 끝을 맺는다. 그러나 버나드의 요약이 완전한 요약은 아니다. 왜냐하면 그는 여섯 사람 중의 하나일 뿐, 나머지 다섯을 내포하게끔 구축된 인물은 아니기 때문이다. 그의 결론들은 그 자신의 것이지 작자의 것도 다른 인물들의 것도 아니다. 그러나 소심한 로다, 감각파인 지니, 가정적인 현세 찬미자 수잔, 중산계급의 지성인 루이스, 시적이며 의존심이 많은 네빌, 이들 모두 그들의 생애의 형체를 해석하거나 통합하지 못하고 사라지고 만다. 오직 버나드가 마지막 독백으로 결말 가까이에 가서 표현하는 '영원한 재생, 부단한 번영과 멸망, 멸망과 또 번영'이라는 암시만 남아서, 이 여섯 사람의 생애를 반복되는 바다의 상징과 작자의 마지막 표현에 연관시킨다. 그 마지막 표현은 작품의 끝부분에 가서 홀로 이렇게 자리잡고 있다.

파도는 해변에서 부서졌다.

《파도》에서 버지니아 울프는 인물들의 불명료한 의식을 소설에서 직접 재현시키려던 그녀의 시도—이 시기의 영국 및 유럽대륙 소설을 그토록 특징지었던 시도—를 포기하고 고도로 공식화된 의식의 재현으로 지향하고 있다. 어떤 의미에서 인물들은 상징적인 가면을 통해 말하고 있다. 표현양식은 인물들 자신의 것이 아니라 작자가 그들의 심경을 가장 잘 상징하는 것으로 그들에게 제시한 것이다. 한 인물의 여러 가지 풍모들이 작품이 진행되는 과정에서 한데 모여 작품의 끝에 가서야 비로소 그 성격의 의미가 뚜렷해지고 통합이 완성되는 것이 아니라, 버지니아 울프는 여기에서 각 인물들의 마음속에 한데 모으고 싶은 모든 사상·상징·기억들을 미리 선택하고 조직하여 그 인물로 하여금 이따금씩 무대의 중앙에 나가, 준비된 연설조로 이런 정선된 사상·상징·기억들을 한 묶음으로 토로케 하는 것이다. 따라서 《댈러웨이 부인》에서처럼 이야기가 진행됨에 따라, 또 인물의 발전하는 사색 내용들이 벌써 일어난 일들에 비추어 더 의의 깊어지고 더 의미 있게 연관되어 감에 따라 통합작용이 더욱 명백해지는 대신 이 작품에서는 매 연설마다 똑같은 식의 통합작용을 하는 것이다.

의미 있는 경험 내용에 대한 자기의 섬세한 감각을 가장 성공적으로 전달할 수 있을 테크닉을 모색하는 가운데 버지니아 울프는 W.B. 예이츠(Yeats)와 유진 오닐(Eugene O'Neill)이 모두 그들의 생애에서 각기 다른 시기와 다른 단계에 채택했던 이론을 실천에 옮기게 되었다. 이 가면(Mask) 이론에 관한 모순은 비록 가면이 좀더 자연주의적인 전달방식을 쓰기에는 너무 섬세한 암시내용들을 전달하는 수단으로 쓰일지라도 그 자체가 너무나도 딱딱하고 경직된 것이기 때문에, 가면의 의미를 사전에 파악하지 않는 한 가면을 보기만 해서는 결코 납득이 가지 않는 것이다. 가면은 똑같은 안식을 가진 사람들 사이에서 가장 효력을 보는 전달방식이다. 버지니아 울프는 소설들에서 독특한 안식들을 전달하려고 애썼다. 이것이 아마도 《파도》가 버지니아 울프 소설들 중에서 가장 정묘하면서도 가장 경직되고, 가장 웅변적이면서도 가장 전달력 약한 소설이라는 연유를 설명해 주는지도 모르겠다.

1937년에 출판된 《세월 The Years》과 더불어 버지니아 울프는 얼른 보기에 좀더 전통적인 테크닉과 주제로 보이는 것에 복귀하였다. 독자는 여기에서 1880년부터 《현금》까지 런던의 한 중산계급 가족의 흥망을 주시하고, 여러 세대의 자손들이 연달아 늙어가는 과정과 그 수십년의 끊임없는 행진이 개인들과 그들이 활동하는 사회의 운명을 다 같이 지고 간다는 것을 주목하게 된다. 그러나 《세월》과 《포사이트 집안 이야기 The Forsyte Saga》 같은 작품 사이에는 표면적인 유사성이 보일지도 모르지만 양자간의 차이는 그 이상으

474 댈러웨이 부인/등대로

로 뚜렷하다. 버지니아 울프의 관심이 한 계급의 쇠망을 기록하는 일이나 계속되는 세대들 간의 차이라는 것이 아니다. 그녀의 관심은 여전히 그녀의 오래된 주체 즉 경험의 유동, 회상과 예상의 유동적인 조합으로서의 인생이라는 것에 쏠리고 있다. 따라서 《세월》의 진정한 주제는 그 제목이 시사하는 그대로이니 즉, 그 수십 년 자체와 그 수십 년의 경과가 말하자면 태생적으로 투명한 피막을 이루어 그것이 각 개인의 의식의 성질과 한계를 결정하는 과정인 것이다. 1880년에 에이벌 대령이 그의 아내가 죽는 것을 기다리는 순간부터, 그의 자녀들이 1930년대에 늙어가는 그들의 자식들이 자신들의 과거를 요약하고 미래를 심문하는 때까지, 파지터 집안은 통일성을 구조로 한 흐름 속에 흘러들어가 거기서 과거와 현재가 서로 제약하고 실로 서로를 구성하는 것이나 마찬가지이다. 이리하여 기억은 인생을 실질적인 것으로 만드는 권능이다.

이 소설의 테크닉에는 놀라운 것이란 하나도 없다. 대화는 보통 방식으로 기록되는데, 물론 과정은 삼인칭을 써서 간접적으로 나타내고 생각의 방향은 흔히 쓰는 도표들과 설명적인 어구들에 의해서 밝혀진다. 이 작품에는 《등대로》의 서정적인 흐름이나 《댈러웨이 부인》에서 볼 수 있는 복잡한 의식의 혼합 같은 것이 분명히 나타나지 않는다. 여기에는 《파도》의 형식적인 독백 같은 것도 전혀 없다. 그런데도 《세월》은 전통양식에의 복귀를 의미하지 않는다. 성공이면서 실패였던 실험들은 헛되지 않았던 것이다. 버지니아 울프는 자기의 독특한 감성을 순수한 언어의 빛깔로 전달할 수 있는 그런 말에 대한 제어력을 이젠 성취했던 것이다. 그녀는 이제 《댈러웨이 부인》의 형체들이나 《등대로》의 상징적 구성에 의존할 필요가 없게 되었다. 그녀는 마침내 자유로이 한 단순한 연대순적 순열을 취하는데 그 가운데 가장 인상적인 점은 언어를 조형적으로 다룬다는 것이다.

1880년 런던의 봄을 묘사하는 서두 구절은 예문으로 하등 손색이 없다.

때는 바야흐로 변화무쌍한 봄이었다. 끊임없이 변하는 날씨는 푸른색 보라색의 구름들을 낳아 떠오르게 하였다. 시골에선 농민들이 밭을 바라보면서 걱정하였다. 런던에선 사람들이 하늘을 쳐다보면서 우산을 접었다 폈다 하였다. 그런데 4월에는 이런 날씨가 으레 예상되었다. 화이틀리 백

울프의 생애와 작품 475

화점과 육해군 전용 백화점에서는 수천 명의 점원들이 카운터 맞은편에 주름잡힌 옷을 입고 서 있는 귀부인들에게 깨끗한 꾸러미를 넘겨 주면서 이런 말을 하였다. 서구(西區)에는 장보는 사람들의 끊임없는 행렬이, 동구(東區)에서는 실업인들의 행렬이 마치 끊임없이 행진하는 대상(隊商)들 모양으로 보도마다 줄지어 갔다—어떤 이유로 걸음을 멈추었던 사람들, 가령 편지를 부친다거나, 피카딜리 거리의 어떤 클럽 창문 앞에서 머뭇거린다거나 하는 사람들에겐 그렇게 보이는 것이었다. 네 바퀴 마차들과 두 바퀴 마차들의 행렬도 끊일 새가 없었다. 제철이 시작되고 있었기 때문이다. 좀더 고요한 거리에서는 악사들이 가냘프고도 대부분 우울한 피리소리를 들려 주었는데, 그 소리는 하이드 공원의 나무들 사이에서, 혹은 옆에서 참새들이 지저귀고 티티새가 요염하게 이따금 소리를 갑작스레 터뜨려 놓는 성 제임스 공원 안에서 메아리쳤고, 우습게도 그 가락이 바뀌어 들렸다. 광장의 비둘기들은 나무 꼭대기에서 더디게 걸음을 옮기면서 나뭇가지를 하나둘 떨어뜨렸고, 자꾸 중단되는 자장가를 되풀이하여 나지막이 불렀다. 대리석 문과 앱슬리 하우스 앞은 오후가 되면 허리받이를 단 색색의 드레스를 입은 귀부인들과, 프록코트를 입고 지팡이를 들고 카네이션을 꽂은 신사들로 길이 막혔다. 여기에 바로 공주가 나왔다. 공주가 지나가자 신사들은 모자를 벗어들고 인사했다. 주택지구의 긴 가로를 따라 있는 지하실에서는 모자와 에이프런 차림의 하녀들이 차를 끓였다. 지하실로부터 꾸불꾸불 올라온 은 찻주전자는 식탁 위에 놓여졌고, 버먼지와 혹스튼의 상처들에서 출혈을 막았던 손으로 처녀와 총각들은 한 숟갈, 두 숟갈, 세 숟갈, 네 숟갈, 조심스레 차를 나누었다. 해가 넘어가자 공작의 눈알같이 생긴 수만 개의 조그만 가스등들은 모두 유리창 속에서 눈을 떴다. 그런데도 보도 위에는 어둠이 널리 퍼진 채로 있었다. 가스등불과 지는 해의 혼합된 빛이 둥근 연못과 구불거리는 수로의 고요한 수면에 골고루 반사되었다. 두 바퀴 마차로 런던 다리를 달려 외식하러 가는 이들은 잠시 동안 이 아름다운 전망을 바라보았다. 마침내 달이 떠오르고 그 광택나는 동전 같은 모습은 이따금 구름 조각들에 가려지기도 했으나, 고요하고 엄숙히, 아니 완전히 무관심하게 빛을 발하는 것이었다. 탐조등의 광선 모양으로 천천히 선회하면서 날(日)들과 주(週)들과 해(年)들은 연달아

하늘을 스쳐갔다.

어려움 없이 나가는 이 조형적인 산문체는 그 경쾌한 리듬과 원만한 흐름과 더불어 최대한의 개화성(開化性)을 띠고 있다. 여기에는 의식이 충만해 있으나 어디까지나 정묘하게 가득 차 있다. 의미심장한 감각밖에는 나타나는 것이 하나도 없다. 함축된 의미들이 조야하게 진술된 것이란 하나도 없다. 그 의미들은 상징과 리듬 뒤에 자리잡고 있다. 이 단계의 버지니아 울프의 산문에서부터 나오는 신념을 독자가 이해하리라는 것, 독자가 충분히 민감하고 개화되어서 제아무리 독특한 작자의 안식에도 쉽사리 적응할 수 있다는 것이다. 이런 독자와의 평등감을 (심미적인 평등이지 태도의 일치를 말하는 것은 아니다.) 19세기의 위대한 소설가들인, 스콧이나 디킨즈나 새커리(Thackeray)에게선 조금도 찾아볼 수 없다.

버지니아 울프의 산문을 추상적으로 고찰하여 이전의 작가들의 산문보다 '낫다'고 주장하는 것은 아니다. 다만 그녀의 산문에는 다른 작가들에게서 찾아볼 수 없는 어떤 특질이 있다는 것뿐이다. 이러한 특질로 그녀의 산문은 그것을 쓴 목적, 즉 '발광(發光)하는 후광'으로 여겨지는 경험에 대한 어떤 명멸하는 안식을 전달하는 일에 특히 합당하다는 것이다.

따라서 《세월》에서 작자는 파지터 가족과 그들의 동료들 생애에 일어난 에피소드를 통해 1880년부터 1891·1907·1908·1910·1911·1912·1913·1914·1917년, 그리고 '지금'까지의 수십 년을 보여 준다. 여기에는 전통적인 의미의 '플롯'은 없다. 중대한 시기란 현재 및 현재와 과거와의 관계를 강렬히 인식하는 시기요, 회상의 시기, 의식이 돌연 확대하여 과거를 현재의 본질로서 내포하는 시기인 것이다. 문장이 너무나 효과적이어서 작품의 총결산은 아무 구절이나 하나만 정독하여 보면 자명해진다. 이런 작품에서는 구성이 거의 필요 없다. 작품은 버지니아 울프 자신이 알던 여러 세대들을 망라하며 글을 쓰던 그 시기에 가서 끝을 맺는다. 시점과 종점은 이리하여 거의 인과적인 요인에 의하여 결정된다. 그러나 그것은 문제가 되지 않는다. 왜냐하면 이 발광적인 문장은 그것이 진전되는 대로 빛을 발하기 때문이다. 심지어는 런던의 반 빈민굴을 묘사한 글에도 그것을 디킨즈의 묘사문과 판이하게 구분짓는 의미심장한 그 정묘한 감각으로 충만해 있다. 그녀의 문장은 디킨즈 문장과 놀라울 정도로 흡사하다.

    길 건너에서 어떤 목소리가 우렁차게 들려 왔다. 음계(音階)를 노래하는 한 여인의 목소리였다. "아, 더러워라." 그는 잠시 차 안에 앉아 있는 동안 이렇게 말했다. 이때 한 여인이 항아리를 겨드랑이에 끼고 길을 가로질러 갔다. "추잡하군." 그는 덧붙여 말했다. "천하기 짝이 없는 거리군." 그는 엔진을 끄고 나와서 문 앞의 이름표들을 살폈다. 이름들이 차곡차곡 올라가며 적혀 있었다. 명함에 쓴 것, 녹쇠 문표에 쓴 것—포스터·에이브러햄슨·로버츠. S. 파지터란 이름이 꼭대기 가까운 곳의 알루미늄 판에 적혀 못박혀 있었다. 그는 여러 개의 초인종들 가운데 하나를 울렸다. 아무도 나오지 않았다. 그 여인은 음계를 계속 부르면서 서서히 목청을 올렸다. 감정이 생겼다가 다시 사라지는구나, 하고 그는 생각했다. 그는 시를 쓴 적이 있다. 그가 거기에 서서 기다리고 있는 동안 그 감정이 다시 찾아왔다. 그는 초인종을 두세 번 세게 눌렀다. 그런데도 아무 대답이 없었다. 그래서 그는 문을 한 번 밀어 보았다. 문이 열렸다. 현관에선 이상야릇한 냄새가 났다. 야채를 요리하는 냄새였다. 기름에 절은 갈색 벽지로 현관은 컴컴했다. 그는 한때 지주의 저택이었던 그 집의 층계를 걸어 올라갔다. 난간은 조각되어 있었지만, 싸구려 노란 바니시가 그 위에 발려 있었다. 그는 천천히 올라가 층계참에 서서 어느 문을 노크할지 망설였다. 그는 이제 낯선 집의 문 밖에 나와 있는 자기 자신을 발견하고, 자기가 특별한 어느 누구도 아니요, 어느 곳에 있지도 않다는 느낌이 들었다. 길 건너에서는 억지로 음계를 올리는 그 여인의 목소리가 들려 왔다. 마치 음계가 계단이라도 된다는 듯이. 그러다 그녀는 느리고 기운 없이 노래를 그치고는 맑은 소리밖에 안 되는 그 목소리를 내뱉는 것이었다. 이때 그는 안에서 누군가 웃는 소리를 들었다.

    이러한 작품에서는 구성이 거의 필요 없다고 말한 바 있다. 그런데 이는 아주 없다는 말이 아니다. 작품이 진전되는 대로 하나씩 발전되는 에피소드는 경험의 누진적인 성질을 나타내는 것으로서 필요할 뿐만 아니라 기억이 나중에 그 주변을 헤매는 당초의 사건들을 묘사하는 것으로서도 필요한 것이다. 파지터 집안 아이들의 유년기 에피소드는 작품의 시초에 묘사되는가 하면 그 아이들이 중년이나 노년에 접어들었을 때 그들의 의식의 조직 일부로서 다시 나타난다.

각 장을 인도하는 풍경과 날씨의 묘사들에서는 《파도》에 나오는 중간 장(章)들의 화려한 회화적(繪畵的) 특질을 거의 찾아볼 수 없는데, 그 때문에 그 묘사들이 더욱 효과적인지도 모른다. 《파도》에서처럼 묘사와 해석은 교체되지 않고 동시적으로 일어난다.

가을바람은 영국 전역에 불었다. 바람은 나뭇잎들을 나무에서 잡아당기다시피하여 떼어내, 빨갛고 노랗게 얼룩진 그들은 펄펄 날아갔다. 바람은 또 나뭇잎들이 땅에 닿기 전에 공중에 띄워 큰 곡선을 그리며 휘날리게 하였다. 도시에서는 모퉁이를 돌아 별안간 불어오는 바람이 행인의 모자를 벗겼고, 여인의 베일을 머리 위로 들어 올렸다. 돈은 활발히 유통되었다. 거리마다 혼잡을 이루었다. 성 폴 성당 부근 사무실들의 경사진 책상 위에서 사무원들은 메모지에 펜을 대고 머뭇거리고 있었다. 마게이트, 이스트번, 브라이튼 해수욕장들은 그들을 청동색·황갈색으로 태웠던 것이다. 성 마틴 성당 처마 둘레에서 귀아프게 재재거리던 참새들과 찌르레기들이 국회의사당 광장에 지팡이나 두루마리를 들고 선 맵시 있는 동상들의 머리를 하얗게 만들었다. 항구 가까운 곳의 열차 뒤에서 불던 바람은 영국 해협에 물결을 일으키고, 프랑스 프로방스 주의 포도들을 떨어뜨리고, 지중해의 배 안에 바로 누워 있던 게으른 고기잡이 소년으로 하여금 굴러가서 밧줄을 움켜쥐게 했다.

그러나 영국 북부에서는 날이 추웠다. 테라스에서 남편과 남편의 개와 같이 앉아 있던 키티 즉, 래스웨이드 부인은 외투를 어깨에 둘렀다. 그녀는 산꼭대기를 바라보고 있었다. 거기에는 늙은 백작이 세운 가위 모양의 기념탑이 항해하는 선박들의 길잡이가 되고 있었다. 숲에는 안개가 덮여 있었다. 가까이 테라스 위의 석고 부인들은 그들의 항아리에 주홍색 꽃을 담고 있었다. 강변까지 뻗어 내려간 긴 꽃밭에 불타는 듯이 빨갛게 핀 달리아꽃들 위에는 온통 연한 푸른색 연기가 떠다녔다. "불타는 잡초들이군." 그녀는 소리 높여 말했다. 이때 창문을 똑똑 두드리는 소리가 나서

울프의 생애와 작품 479

분홍색 프록코트를 입은 그녀의 어린 아들이 그의 점박힌 말을 안고 비틀 거리며 나섰다.

인물에서 인물로 전이되는 것이 《댈러웨이 부인》에서 우리가 보는 것보다 연계가 덜 면밀하다. 작자는 자기가 적당하다고 보는 대로 인물에서 인물로 옮겨 가며, 또 중간에 끊기지도 않고 활발한 어법에 의해 쉽사리 진행된다. 그리고 결론은 그녀의 대부분 이전 소설들에서처럼 명확하거나 상징적이지 못하다. 왜냐하면 작품의 고른 조직이 그것을 덜 필요로 하였기 때문이다. 이 작품의 결말에도 상징적인 논조는 흐르지만, 그것은 에피소드가 연달아 이미 암시했던 것의 조용한 재진술이다.

"이것들 이쁘지 않아?" 델리아는 꽃을 내들면서 말했다. 엘리노어는 움 찔하였다.
"장미? 그래……." 그녀는 대꾸했다. 그러나 실은 그녀는 택시를 지켜 보고 있었다. 한 젊은 남자가 나와 있었다. 그는 운전사에게 돈을 지불했 다. 그러자 모직 여행복 차림의 한 젊은 여인이 그 뒤를 따랐다. 남자가 문을 열고 둘이서 잠시 현관에 서 있는 동안, 엘리노어는 "저것 보게" 하 고 중얼거렸다. 문이 그들 뒤에서 약간 쾅하고 닫히자, 그녀는 다시 중얼 거렸다. "저것 보게!"
그리곤 그녀는 고개를 방 안으로 돌렸다. "그럼 이젠?" 그녀는 모리스 를 바라보며 말했다. 그는 포도주 잔의 마지막 술방울을 마시고 있었다. "그럼 이젠?" 그녀는 그에게 두 손을 내밀며 물었다.

해는 떠올라 있었고, 집들 위로 하늘은 유난히 아름답고, 순박하고 평화 로운 모습을 지니고 있었다.

작품이 끝나면서도 과거에서부터 미래로의 진행은 계속된다. 어떤 의미에 서는 《세월》은 반복이 많은 작품이다. 문장의 특질만으로도 그만한 길이를 불필요하게 한다. 소설이 끝을 보기 훨씬 전에 충분한 의미가 나타나 있다. 1917년은 반복되는 순환을 완성하는 데 있어서 1937년이나 다름없는 역할을 한다. 하루하루는 버지니아 울프가 《댈러웨이 부인》에서 그토록 훌륭히 입증하였듯이 인생 전체의 소우주인 것이다. 《댈러웨이 부인》이나 《등대로》를 나란히 놓고 비교하여 보면 《세월》은 불필요하게 팽창되었다는 느낌이다. 버지니아 울프의 중기(中期)에 나온 두 걸작들보다 덜 합당한 소설로 보이지만, 만약 이 작품을 끊임없는 즐거움을 가지고 통독한다면, 이러한 작품들을 읽으면서 가지는 즐거움의 종류들을 아마 구별할 수도 있을 것이다. 즉, 《세월》을 읽는 데서 얻는 즐거움은 독자가 한 통합된 예술작품으로서의 소설에 완전히 압도된다는 것보다 묘기의 인정에서 오는 것이다.

다른 어떤 소설에서도 버지니아 울프는 런던 사람으로서의 자기의 지위를 이토록 완전히 입증하지는 못했다. 《댈러웨이 부인》과 마찬가지로 이 소설은 본질적으로 런던 소설인데, 전자보다 더 런던 소설의 색채가 짙다. 왜냐하면 《세월》에서 독자는 런던의 모든 풍모와 50년이란 기간을 통한 런던을 보기 때문이다. 어느 다른 현대작가도 중산계급 지성인의 세련된 감성에 감명을 주는 런던의 분위기를 그토록 납득이 가게 재현하지는 못했다.

버지니아 울프의 다음이자 마지막 소설 《막간Between the Acts》은 1941년 이른 가을 작자의 사후에 발표되었다. 이 소설은 그녀가 자살했던 3월에 최종적인 수정은 못 봤어도 탈고는 이미 되어 있었다. 전운이 감도는 때 기고하여 전쟁이 한창인 때 탈고한 이 소설은 적어도 그것이 가지는 일면에서 보건대 역사를 통하여 현재까지 발전했던 영국인 생활의 온 과정을 해석하고 상징하려는 고의적인 시도인 듯 보인다. 시간 및 변화와 인격 및 경험과의 관계라는 그 낯익은 주제가 이번에는 특별히 영국적 장면에 적용되고 있다. 배경은 영국의 좀더 항구적인 촌락이다. 여기에선 역사를 좀더 집요하게 파고든다. "비행기에서 보면…… 브리튼인들·로마인들·엘리자베스 시대의 영주 저택, 나폴레옹 전쟁 때 밀을 재배하느라 산을 갈았던 쟁기, 이런 것들이 남긴 상흔들이 아직도 역력했다. 이야기의 줄거리는 연례적인 촌락 야외극을 둘러싸고 순환하면서 영국 문명의 발전을 표현하는 일면의 장면들이라는 형식을 취한다. 즉, 영국이

바다에서 획 솟아올라
갓난아기로 태어나고

> 파도가 거창한 폭풍에 불려
> 이 섬을
> 프랑스와 독일에서 떼어 놓았던

1937년 초창기부터 엘리자베스 시대·'이성의 시대'·빅토리아 시대를 거쳐 6월의 현재까지 이르는데, 마지막의 현재는 무대 위에 걸린 거울들로 재현됨으로써, 청중은 그들의 모습이 비치는 것을 볼 수가 있다. 이때 익명의 한 목소리가 메가폰을 통하여 고함을 지르면서 청중에게 그들이 "찌꺼기요, 동강이요, 조각들"이라고 알려 준다. 결말에 가서 현재의 단편들은 축음기에서 나오는 음악을 통하여 통합된다.

곡조가 시작되었다. 처음 곡조는 둘째 곡조를 뜻하였고, 둘째 것은 셋째 것을 뜻하였다. 그러자 저 밑바닥에 힘이 하나 대항하여 생겨났다. 그러곤 또 하나가, 여러 단계로, 그들은 갈라졌다. 우리도 여러 단계로 나아갔다. 표면에선 꽃에 몇이 모여들었고, 다른 이들은 의미와 씨름하러 내려갔다. 그러나 모두가 이해하고, 모두가 가담하였다. 지성의 헤아릴 수 없는 깊이의 온 인구가 모여들었다. 무방비 상태로부터, 치유되지 않은 상태로부터. 새벽빛이 떠올랐다. 그리고 담청색이. 혼돈과 불협화음으로부터. 그러나 표음(表音)의 선율만이 그것을 제어한 것은 아니었다. 두 갈래로 서서 잡아들이는 갑주 입은 적 무사들도 그리하였다. 분열하려고? 천만에 지평선 끝에서부터 밀려와서, 몸서리나는 균열의 끝에서부터 되돌아와서 그들은 충돌하고 융해되고 통합하였다.

이리하여 이질적인 단편들은 하나로 통일되고, 역사의 개별적인 순간들도 통일된다. 1939년의 이 6월의 하루에서부터 먼 과거로 소급하는 그 영국 촌락은 모든 실재가 변화에 의존하고, 모든 통일이 다양에 의존함을 예시한다. 영국의 현실이 비극적으로 표현되어 있다는 사실에 대해서는 이 작품을 정독하는 사람이라면 아무도 의심할 수가 없다. 현재로 흘러들어오는 역사는 영웅적인 약속을 행복하게 이행하는 이야기가 결코 아니다. 과거는 현재를 단편적인 것으로, 현재는 과거를 보잘것없는 존재로 만들었던 것이다.

이러한 주제는 여러 가지 다른 방법들을 통해 반복되고 있다. 소설이 시작될 때 인물들은 새 수채웅덩이를 논의하고 있는데, '그들이 수채웅덩이를 파기로 한 장소는…… 로마인들이 낸 도로 위였다.' 야외극의 목적은 옛날의 교회에 전기를 가설할 기금을 모집하는 데에 있다. 늙은 스위든 부인은 역사대계(歷史大系)를 읽다가, '세 시부터 다섯 시까지 사이에 지금의 피카딜리 거리에 있던 진달래과

지그문트 프로이트
버지니아는 일기에서 이렇게 묘사하고 있다. "나이를 정말로 많이 먹어 쭈그러든 사람. 눈은 침착성이 없는 원숭이 같고, 마비와 경련을 겪으며, 말은 불명료하지만 끊임없이 주의를 기울이며…… 일렁이고 있는 늙은 불꽃."

식물의 숲을 생각하고 있었다. 그때는 그녀가 알기에 전 대륙이 해협으로 분리되어 있지 않았고 모두 한 덩어리였다. 코끼리 같은 몸집과 물개 같은 목이 허덕거리고, 흔들거리고, 서서히 몸부림치는 동물이 그때 살았고, 또 추측건대 웡웡 짓는 괴물들과 이구아노돈과 맘모스와 마스토돈이 살았을 테고, 그들로부터 우리가 생겨 내려온 것일지도 모른다고, 그녀는 생각했다.' 소설의 끝에 가서 하루가 다 지나고 막 잠자리에 들려고 하다가 그녀는 다시 그 역사대계를 집어든다. '선사 시대 인간은 반은 사람이요, 반은 원숭이였는데, 반은 허리를 굽히는 자세로부터 몸을 일으켜 그는 큰 돌들을 들어 올렸다'고, 그녀는 읽는 것이다. 야외극 중간에 가서 비행기들이 불길하게 폭음을 내며 머리 위를 지나간다. 주역들의 마음속은 기억과 변화하는 환상들로 가득 차 있다.

《댈러웨이 부인》에서와 마찬가지로 이야기는 하루 사이에 일어난다. 중간 크기의 시골집 포인츠 홀과 바로 옆의 주위 환경이 배경이 된다. 이 집에는 올리버 가족—자일스 올리버와 그의 아내 아이자, 인도 민정청에 근무하다 은퇴한 그의 아버지 바솔로뮤 올리버, 바솔로뮤의 누이동생인 미망인 스위든 부인—이 산다. 자기가 지주농(地主農)이었기를 바라는 런던 주식 브로

커 자일스는 주말만 보내려고 시골로 내려온다. 올리버 가문은 거기에 산 지 '불과 120년 조금 넘을 정도'인데도 대계단의 꼭대기에는 '어떤 여조상 나부랭이'의 초상화가 하나 걸려 있다. 아이자의 머릿속에는 독창적인 시적 구절들이 넘쳐흐른다(그녀의 시적인 성격이 부분적으로는 이 소설의 서정적 무드의 가망성을 마련해 준다). 자일스는 오늘 골이 잔뜩 나서 기분이 썩 좋지 않다. 노경에 들어 감각이 흔들리기 시작한 그의 아버지는 시인들의 인용구들을 중얼거려 외우면서도 겉으로는 온전한 거동을 지킨다. 스위딘 부인은 역사와 자신의 과거를 생각하고 있다. 점심을 먹고 야외극을 보자고 들린 올리버 집안의 두 손님은, 화려한 차림에 남자를 잘 낚는 만레사 부인(그녀는 잠시 자일스의 색정을 일으킨다)과 그녀의 동행자 윌리엄 닷지인데, 시인 기질로 신경질적인 그는 환경에 잘 적응하지 못한다. 야외극을 쓰고 기획하는 불명료한 인물 라 트로브 여사는 품행이 별로 방정치 못한 온갖 과거를 가지고 있다는 평이 도는데, 배후에 남아서는 자기가 전달하려고 애썼던 안식을 대중이 보지 못한다 하여 예술가적 상심으로 고민하다가 촌락 술집에서 그날을 마친다. 대부분이 운문으로 된(라 트로브 여사의 글) 야외극이 끝나자, 관중은 해산하고 자일스 올리버 부부는 마침내 그날 처음으로 서로 얼굴을 본다. '그러자 막이 올랐다. 그들은 이야기를 하였다.' 이 모든 개별 인물들에게 야외극이 부과했던 통일성은 다시 산산이 부서지고 각자는 자기 자신의 역으로 돌아간다. 잠깐 각자는 영국 역사의 서정적인 비극에 참가하지만, 그러다가 다시 자기 자신의 조그만 극 속으로 되돌아간다.

《막간》은 버지니아 울프의 모든 작품 가운데 가장 순수하게 상징적인 작품이다. 인물들의 사색 내용들은 '역에 꼭 들어맞는다'기보다 상징적으로 합당하다. 대화는 한 점에서 다른 점으로 고의로 바뀌며, 거기서 나오는 상징적 형체에 주안점을 두지, 자연주의적 사실에 두지는 않는다.

"그래, 연극을 어떻게 생각하세요?" 그녀가 물었다.
바솔로뮤는 그의 아들을 바라보았다. 그의 아들은 여전히 침묵을 지켰다.
"그럼 여기 스위딘 부인은 어떻게?" 만레사 부인은 노파를 재촉했다.
루시는 입속에서 중얼거리면서 제비들을 바라보았다.
"당신은 말씀해 주실 것으로 기대하고 있었어요" 하고 만레사 부인은 말했다. "그게 옛날식 극입니까? 새로운 형식의 극입니까?"

아무도 대답하지 않았다.

"저것 봐요!" 루시가 소리를 질렀다.

"새들 말이에요?" 만레사 부인이 말하며 쳐다보았다.

주둥이에 지푸라기를 문 새 한 마리가 있었다. 그 지푸라기가 떨어졌다. 루시가 손뼉을 쳤다. 자일스는 고개를 돌려 버렸다. 그녀가 여느 때와 같이 웃으면서 그를 조롱하고 있는 것이었다.

"가는 건가?" 바솔로뮤가 말했다. "다음 막이 오를 시간인가?"

그러면서 그는 의자에서 씩씩거리며 몸을 일으켰다. 게다가 만레사 부인과 루시는 본체만체 어슬렁어슬렁 가 버렸다.

"제비야, 내 누이동생. 오, 누이동생 제비야." 이렇게 중얼거리던 그는 시가 케이스를 더듬으면서 그의 아들 뒤를 따라갔다.

여기에는 한 작품의 대화라기보다 상징적 서정시의 특질이 더 많이 깃들어 있다. 야외극 그 자체가 옛날의 문어체·회화체를 능숙하게 모방하여 여러 시대를 축소하고, 모든 종류의 시각적·언어적 상징을 자유로이 사용함으로써 이 소설 전체의 표현방식에 대한 열쇠가 되고 있다.

영국사를 자료로 삼는 대극(大劇)의 막간에서 소규모의 개인극들이 연출되고 있기는 하나, 만레사 부인(영국인이 아님)을 제외한 모든 인물은 여기 저기서 되는 대로 쓰이고 있다. 아이자 올리버는 소극(小劇)의 여주인공이라 부를 수 있을 것이다. 그녀에게는 댈러웨이 부인이나 램지 부인이 가진 심리적 현실성 같은 것이 있지 않으며 또 있게끔 만들어지지도 않았다. 그녀의 유창한 시적 환상은 암시적으로, 상징적으로, 서정적으로 소설을 일관하고 있다. 그것이 '의식의 흐름'은 아니다. 그렇다면 그것은 그럴듯 하지도 않고 수긍도 가지 않을 것이다. 그것은 《파도》의 독백과 중간장(中間章)이라는 수법의 중간 위치에 서는 것으로, 작자는 자기 인물들을 연기자로도 코러스로도 기용할 수 있다. 소설에 있어 설화적이라기보다 서정적인 새로운 종류의 가능성을 수립하는 이 수법은 《월요일 아니면 화요일》의 소품들에서 암시되고 《막간》에서 처음으로 완전히 활용되고 있다.

울프의 생애와 작품 485

아이자는 장미꽃 하나를 따면서 중얼거렸다. "이제 나는 내 단 하나의 꽃을 딸 수 있을까? 하얀색 아니면 분홍색? 그리고 그걸 엄지손가락과 다음 손가락 사이에서 찌그러뜨리고……."

그녀는 스쳐 지나가는 얼굴들 사이에서 회색 옷을 입은 남자의 얼굴을 찾았다. 저기 순식간에 그가 보이더니 사람들에 둘러싸여, 접근할 수가 없었다. 그리고 이젠 사라져 버렸다.

그녀는 그 꽃을 떨어뜨렸다. 그 어떤 독립된 잎사귀를 그녀가 찌그러뜨릴 수 있었던가? 아무것도 할 수 없었다. 홀로 꽃밭 옆에서 헤맬 수도 없었다. 자꾸 나아가야 한다. 그래서 그녀는 마구간 쪽으로 발길을 돌렸다.

"내가 어디를 헤매고 있을까?" 그녀는 명상에 잠겨 말했다. "바람이 통하는 굴속을? 눈 없는 바람이 부는 곳을? 그리고 여기엔 눈에 보이는 건 아무것도 자라질 않는다. 장미는 하나도 없다. 어디에 피려고? 저녁이 그 날개로 덮어 감싸지 않는 수확 없는 침침한 들에 피려고, 해도 솟아오르지 않는 들에 피려고. 거기엔 만물이 평등하다. 거기엔 장미들도 바람에 흩날리지 않고 자라지도 않는다. 평화가 없다. 무상한 것도 귀여워할 것도 없다. 환영의 말도 이별의 말도 없다. 손이 손을 구하고 눈이 눈에서 피난처를 구하는 그런 은밀한 발견들도 감정들도 없다."

그녀는 마구간 뜰에 와 있었다. 거기엔 개들이 묶여 있었고, 양동이들이 놓여 있었다. 거기엔 큰 배나무가 사다리 같은 가지들을 벽까지 뻗고 있었다. 뿌리가 포석(鋪石) 밑에 박힌 그 나무에는 단단한 푸른 배들이 묵직히 달려 있었다. 한 개를 손가락으로 만지작거리면서 그녀는 중얼거렸다.

"이들이 땅에서 끌어 낸 것 때문에 내 어깨가 얼마나 무거운가? 기억들, 재산들 때문에. 이것이 과거가 나에게 지운 짐이다. 사막을 건너가다가 여관에 마지막으로 남은 조그만 나귀 같은 나에게. '꿇어앉으라.' 과거가 말했다. '우리 나무에서 따서 그대 망태기를 채우라. 일어서라, 나귀여, 그대 뒤꿈치에 물집이 생기고 그대 발굽이 갈라질 때까지 그대의 길을 걸어가라.'"

배는 돌처럼 단단했다. 그녀는 잘린 포석들을 내려다보았다. 그 밑에는 나무뿌리들이 뻗어 있었다. "저것이 짐이었다." 그녀는 명상에 잠겨 말했다. "요람 속에서 나에게 지워진, 파도들이 중얼거린, 부단한 느릅나무가 입김을 던진, 여인들이 나직이 노래를 불러댄 짐이었다. 우리가 기억해야만 하는 것, 우리가 잊어버리게 될 것."

서정적이며 설화적인 수법들이 밀접히 병렬되어서 대담하게 쓰이고 있다. 이들은 서로 모순되지 않는다. 왜냐하면 화법 그 자체의 언어가 매우 섬세히 조직되고, 너무도 시적으로 정돈되어서, 독자로 하여금 이런 순수한 서정적 조직에 전이할 심적 준비를 갖추게 하기 때문이다. 소설의 서두에 나오는 구절은 순수하게 상징적이면서도 설화적인 발전을 다 같이 예비시키며, 이 '총괄적인' 산문의 기초는 (서정적이자 설화적인 가망성을 다같이 인정하는 기대를 일으키면서) 전이구절은 물론, 소설의 첫머리와 끝부분에 쓰이고 있다. 예를 들어 여기에 그 첫머리가 있다.

때는 어느 여름밤이었다. 그들은 창문들이 정원을 향해 열린 방 안에서 수채웅덩이를 논의하고 있었다. 주의회에서 이 부락에 수도를 놓겠다고 약속했는데, 그 약속을 지키지 않았던 것이다.
지주농(地主農)의 아내 헤인즈 부인은 도랑 속에 무슨 집어삼킬 거라도 본 듯이 눈이 튀어나와 얼간이같이 생긴 여인이었다. 그녀가 심술을 부려 말했다. "이런 날 밤에 좋은 제목으로 이야기를 하시는군!"·
그러자 침묵이 흘렀다. 암소 한 마리가 기침소리를 냈다. 그 소리가 난 김에, 그녀는 어렸을 때 자기가 소는 아예 무서워하지도 않았는데, 말만 무서워한 것이 이상하다고 했다. 그런데 유모차에 탔던 그 어린 시절에 큰 짐차 끄는 말이 그녀의 코 앞을 스치고 지나간 것이었다. 그녀의 집안은 리스커드 부근에 수백 년 동안 살았었다고, 그녀는 안락의자에 앉은 노인에게 말했다. 그걸 증명할 무덤들이 교회묘지에 있었다.
바깥에선 새 한 마리가 낄낄 웃었다. "밤꾀꼬린가요?" 헤인즈 부인이 물었다. 천만에. 밤꾀꼬리는 그렇게 북쪽까지 찾아오지 않았다. 그건 낮새였다. 그날의 알맹이와 액즙, 벌레들, 달팽이들, 모래알을 생각하여 잠결에도 낄낄 웃는 낮새였다.

· 그리고 여기에 그 끝부분이 있다.

만년의 울프

노인네들은 잠자리에 들어가 있었다. 자일스는 신문을 꾸겼고 불을 껐다. 그날 처음으로 함께이면서도 혼자 있게 된 그들은 말이 없었다. 혼자 있자니 적의가 드러났다. 사랑도. 자기 전에 그들은 싸워야 한다. 싸우고 나서 그들은 포옹할 것이다. 그 포옹에서 또 하나의 생명이 생겨날지도 모른다. 그러나 우선 그들은 싸워야 한다. 마치 수여우가 암여우와 싸우듯이 캄캄한 속에서, 밤의 들판에서.

아이자는 바느질감을 내려놓았다. 덮개 씌운 큰 의자들이 엄청나게 커 보였다. 그리고 자일스도, 그리고 창문에 가서 비친 아이자도, 창문은 온통 무색의 하늘이었다. 집은 그 피난처를 잃고 있었다. 때는 도로들을 만들고 집들을 짓기 전날 밤이었다. 때는 동굴 속에 사는 사람들이 바위들 틈 어떤 높은 곳에서 지켜보고 있던 그날 밤이었다.

그러자 막이 올라갔다. 그들은 말을 꺼냈다.

그런데도 이 테크닉은 전적으로 성공하지는 못하고 있다. 왜냐하면 의미들이 중첩되어 흘러나오며, 《댈러웨이 부인》이나 《등대로》에서처럼 안식이 복잡하면서 온전한 가운데 소설에 담겨져 있질 않다. 전쟁과 파괴의 위협이 (자일스의 사색내용들 속에 나타나는 이것을 배경에서 찾아내는 데 그리 민감한 눈이 필요치 않다) 그 안식을 표현 못할 정도로 착잡하게 한 것일까? 버지니아 울프는 이 소설을 완성하고 나서도 그게 불만이었다고 했다. 형체를 제어하지 못했다고 하여 그녀는 이 소설을 놓고 묵상에 잠겼던 것일까? 그녀의 다른 모든 소설들에서는 실질적인 해결이 있으니, 모든 별개의 안식들과 경

488 댈러웨이 부인/등대로

험의 단일 순간들을 단 하나의 유동적 형체로 통합시킨다. 셉티머스 워렌 스미스의 자살은 댈러웨이 부인의 경험 구도를 완성시켰으며, 릴리 브리스코가 안식을 얻어 그녀의 그림을 끝낸 순간에 등대에 상륙한 일행은 램지 부인의 생애를 회상적으로 해석함과 동시에, 이 모든 생애들을 단일하게 발전하는 의의로 통합시켰다. 그러나 이 최후작에서 독자는 그야말로 '막간'에서 끝을 보는 것이다. 소설은 막이 오르는 순간 끝난다. 인생은 한 편의 소설 속에 표현하기에는 너무나도 복잡한 것이다.

셰익스피어의 여동생

버지니아 울프의 수필과 논평들을 통독하는 사람으로 여성의 지위에 대한 그녀의 강력한 견해들을 의식하지 않는 사람은 없다. 그녀는, 여성이 지성면에서는 남성과 완전히 동등하며, 여성이 문화에 덜 기여하게 된 것은 오직 거의 모든 문명 사회에 있어 여성이 압제를 당했던 생활환경 때문이라고 확신했다. 그녀는 여성의 정치적 권리에는 크게 관여하지 않았지만 여성이 교육과 문화면에서 평등권을 확보하는 일에는 온 경력을 집중시켰다. 그녀의 작품 속에는 여성이 여러 시대를 통하여 그 재능을 좌절당했다는 논급이 빈번히 나타나는데, 이것은 그녀가 이 문제에 대하여 느끼는 바가 컸음을 말해 주는 것이다. 1928년 10월에 케임브리지 대학에서 낭독된 두 논문에서 (나중에 단행본 《자기만의 방 A Room of One's Own》으로 꾸며짐) 이 문제를 상당히 길게 전개시켜 논했다. 그녀의 주장에 대한 본질은 셰익스피어의 누이동생을 그린 그녀의 효과적인 우화 속에 담겨 있다.

사실을 알 수는 없으니 이렇게 상상을 해 봅시다. 셰익스피어에게 아주 재주 있는 누이동생이 있었더라면 (이름은 가령 주디스라고 하고) 어떻게 되었을까 하는 것을……. 그녀는 오빠와 다름없이 모험적이고, 상상력이 풍부하고 열정적으로 세상을 보았습니다. 그런데 학교에 보내 주지 않았습니다. 호러스(Horace)나 버질(Virgil)을 읽는 건 고사하고 문법이나 논리학을 배울 기회도 없었습니다. 이따금 여자는 책을 집어들고 (아마 오빠 책이었겠지만) 몇 페이지씩 읽었습니다. 그런데 그럴 때면 여자의 부모가 들어와서 여자는 양말이나 깁고 국이나 끓일 것이지, 책을 가지고 얼

울프의 생애와 작품 489

빠지게 돌아다니면 안 된다고 말하는 것이었습니다. 그 부모의 말은 날카
로웠겠지만 그래도 다정했을 것입니다……. 그 여자는 아마 다락방에서
몰래 글을 몇 장 휘갈겨 쓰고는 그걸 열심히 감추거나 불태워 버리거나 하
였을 것입니다. 그러나 머지않아 십대를 지나기도 전에 이웃 양모중매인
(羊毛仲買人)의 아들과 강제결혼을 당합니다. 여자는 그 결혼이 싫다고
울어댑니다만, 그 때문에 아버지께 매를 맞았습니다. 그러다가 아버지는
딸을 비난하는 일을 멈췄습니다. 이번엔 아버지가 딸에게 간청을 하면서
제발 자기를 상심시키지 말아 달라, 결혼문제에서 아버지 얼굴에 똥칠을
하지 말아 달라고 합니다. 구슬목걸이를 사 주든지, 예쁜 치마를 사 주겠
다고 하였습니다. 그리고 아버지의 눈에 눈물이 고였습니다. 아버지를 어
떻게 거역할 수 있겠습니까? 아버지를 어떻게 상심케 하겠습니까? 오직
여자 자신의 재질만이 그녀를 그렇게 몰아 세우는 것입니다. 그 여자는 조
그마한 소지품 보따리를 싸서 어느 여름밤 줄을 타고 내려가 런던으로 향
했습니다. 산울타리 속에서 우는 새들도 그 여자만큼 음악적이진 않았습
니다. 그녀는 재빠른 상상력을 가졌고, 오빠와 마찬가지로 말의 선율에 대
해 민감한 자질이 있었습니다. 오빠와 마찬가지로 그녀에게는 연극에 대
한 취미도 있었습니다. 여자는 무대 입구에 가서 연기를 하고 싶다고 말했
습니다. 남자들은 그 여자를 세워놓고 웃었습니다. 감독은—뚱뚱보에 언
청이었는데—껄껄 웃었습니다. 그는 춤추는 개와 연기하는 여자들에 대해
서 뭐라고 큰 소리를 치더니, 여자는 도저히 배우가 못 된다고 말했습니
다. 그는 암시를 하였습니다. 무슨 암시인지 여러분도 짐작이 갈 것입니
다. 여자는 연기에 관한 훈련을 받을 수 없다는 것이었습니다. 저녁도 주
막에 가서 먹어야 하고, 한밤중에 거리를 헤매고 다녀야 하니, 여자가 그
걸 할 수 있겠는가 하는 것이지요. 그래도 그녀의 재능은 상상문학에 있었
으므로, 남녀의 생애와 그들이 사는 법을 연구하며 살겠다는 열망은 여전
하였습니다. 마침내—그 여자는 아주 젊었고, 이상하게도 셰익스피어처럼
얼굴에는 시인의 상(相)이 떠돌았고, 똑같이 눈도 회색빛인데다 이마도
둥그랬습니다—감독 닉 그린이 그녀를 동정하게 되었습니다. 그에게서 여
자는 아이를 갖게 되었습니다. 그래서—여자의 몸속에 갇혀 얽힌 그 시적
감정의 열기와 맹렬함을 누가 측정하겠습니까만—어느 겨울밤 그녀는 자

490 댈러웨이 부인/등대로

살하여, 지금은 성 밖 비스
듬이 멎는 어느 교차로에
묻힌 채 고이 잠들어 있습
니다.

그녀는 청중들, 케임브리지
여학생들에게 다음과 같은 호
소로써 끝을 맺는다. 즉, 여
성에게 지금 주어진 교육 기
회를 이용하여 여성이 독자적
으로 용감히 움직여 기회가
오면, 셰익스피어의 누이동생
이었던 그 죽은 시인이 그렇
게도 번번히 굴복했던 몸을
일으켜 활동시키게끔 하라는
것이다.

이 두 강연 중에서 버지니
아 울프는 창작적 예술가로서
의 재능을 발휘할 기회를 못

Monk's House,
Rodmell,
near Lewes,   15th May 1940
Sussex.

Dear Mr Shaw,

      Your letter reduced me to two days
silence from sheer pleasure. You wont be
surprised to hear that I promptly lifted
some paragraphs and inserted them in my proofs.
You may take what action you like.
      As for the falling in love, it was not, let me
confess, one-sided. When I first met you at the
Webbs I was set against all great men, having been
liberally fed on them in my father's house.
I wanted only to meet business men-and 'say) racing
experts. But in a jiffy you made me re-consider all
that and had me at your feet. Indeed you have acted
a lover's part in my life for the past thirty years;
and though I daresay its not much to boast of, I should
have been a worser woman without Bernard Shaw.
That is the reason--I mean the multiplicity of
your lovers and what you must suffer from them--
why Leonard and Virginia have never liked to
impose themselves upon you. But we have an intermittent
perch--37 Mecklenburgh Square-- in London;
and if ever Mr Shaw dropped his handkerchief--
to recur to the love theme-- we should ask nothing
better than to come and see you.
      As for the Roger Fry picture, I should accept it
gratefully. For that offer, and for your letter,
and for everything else that you have given me,
I am always yours humbly and gratefully,

      Virginia Woolf

Heartbreak House, by the way, is my
favourite of all your works.

쇼에게 보낸 버지니아의 답장
로저 프라이와 작곡가 에드워드 엘가 경의 만남을 설명해
준 쇼의 편지에 대해 애정 넘치는 답장.

가진 사람은 여성만이 아니었다는 것을 밝히고 있다. 이것은 자기 앞으로 방
한 칸도 차지하지 못하고, 최소한의 수입을 갖는 노동계급의 모든 사람에게
도 적용된다는 것이다. 그녀는 아더 퀼러 쿠치 경(Arthur Quiller Couch)의
말을 다음과 같이 인용한다.

"거짓말 같은 정말인데—나는 십 년 가까운 세월을 320여 개의 초등학교
를 시찰하며 지냈지요—우리는 민주주의를 입이 닳도록 떠들지만, 실상 영
국의 가난한 집안 아동이 위대한 작품들이 탄생하는 그 지적인 자유분위기
에서 해방될 가망성은 아테네 노예의 아들이 가졌던 가망성보다 별로 크지
도 않습니다", "오늘날의 가난한 시인은 과거 200년 동안에도 그랬지만 개
보다도 일어설 가망이 없습니다."

여기에 버지니아 울프는 이렇게 부연한다.

"지적인 자유는 물질적인 조건에 달려 있습니다. 시는 지적인 자유에 달려 있습니다. 그런데 여성은 항상 가난했습니다. 비단 과거 200년 동안만이 아니라 태곳적부터 여성에게는 아테네 노예의 아들들보다 지적인 자유가 적었습니다. 따라서 여성은 시를 쓸 가망이 개보다도 없었던 것입니다. 내가 돈과 자기만의 방 한 칸을 강조하는 이유가 바로 거기에 있습니다."

그녀의 여권신장론은 더 광범위한 민주적 감정에 뿌리박고 있으며, 이 감정은 목적에 주로 관여하고 수단에 대한 논의는 무시하는 경향을 보인다. 이것은 지성적인 귀족으로 태어나 그렇게 자란 사람의 민주주의관인 것이다. 재질을 가진 사람은 누구나 그것을 발전시키고 이용할 기회를 가져야 하며, 수입으로 그들만의 독방을 가질 수 있어야 한다는 것이다. 그러나 수입도, 방도, 재질도 없는 사람들에 대해서는 전혀 언급이 없다. 사실 그런 사람들에 대해 무슨 말을 할 수 있겠는가?

여성의 지위에 관한 버지니아 울프의 도의의 대부분은 심각하면서도 논조가 사근사근하다. 따라서 그녀의 작품들 중에서 가장 정치적이라고 할 작품에서 남성의 정복과 그것이 문명에 미치는 영향을 공격할 때 나타나는 흉포함 정도의 논조를 보면 놀랄 지경이다.

다음은 1938년 3편의 수필들을 수집한 것이다. 그녀는 우선 한 명의 중년 변호사로서 편지 발송인과 여성의 일원으로서의 자기 자신과의 차이를 지적한다. 그녀가 속한 여성은 아주 최근까지 교육·자립·직업 등의 모든 기회들을 거부당했고, 아직도 그런 기회들의 한정된 일부는 여성에게 거부당하고 있다. 이 세계는 남자의 세계다. 단체·정부 시선들 모두가 남자들에 의해 운영되고 있다. 전쟁을 유발시키고 전쟁에서 싸우는 것도 남자들이다. 현대문명에서의 남성의 운명과 여성의 운명을 통렬하게 비교하고 나서, 그녀는 전쟁을 방지하는 첫 단계가 여성의 교육적 기회를 향상시키는 것이라고 단언함으로써 첫 수필을 끝마친다. 그래서 예비단계로 그녀는 여자대학을 재건하는 기금에 1기니를 기부한다.

두 번째 수필에서는 어느 협회 간사가 지식인들의 딸들이 전문직업에서 일자리를 구하며 도움을 청한 편지와 처음 편지를 나란히 놓고 비교함으로써 논의를 계속한다. 이러한 병렬(이 속에서 직업여성의 운명이 논의되고, 그 여성이 새로 번 근소한 수입금의 일부를 남성 단체에 기부해 달라고 남성

버지니아가 아바론웨이 부인에게 보낸 편지
런던에 있는 울프 부부의 집이 폭격당했다는
이야기를 전하고 있다.

쾌활한 편지로, 얄궂게도 "우리 언제 또 만날까
요?" 하고 묻고 있다. 자살하기 6개월 전이었다.

으로부터 청을 받는 모순이 지적되지만)이 갖는 함축성을 한참 논하고 나서
버지니아 울프는 전쟁을 방지하는 다음 단계는 이 여성협회에 1기니를 기부
하는 것이라고 단정한다. 단 거기에는 조건이 붙어 있다. 그 협회가 '성·계
급·인종을 불문하고 적절한 자격을 갖춘 사람은 누구든지 전문직업에 들어
가게 돕는다는 것과, 그 직업에 종사하는 동안 협회가 전통적인 여성의 미덕
들, 즉 청빈·정숙(고결)·우롱(자기선전의 회피), 비현실적인 충성(가령 낡
은 학교, 낡은 교회, 낡은 의식)에서의 해방, 이런 것과 떨어지기를 거부한
다'는 것이다. 처음 편지의 발송자에게 이런 문제에서 직업여성의 지위를 납
득시키고 나서, 버지니아 울프는 자기의 여권 신장을 좀더 큰 민주적인 기반
에 자유로이 내포시킨다. 즉 그녀는 여성을 압제했던 괴물이 이제 그의 영역
을 넓혀 '지금은 당신들의 자유를 간섭하고, 당신들이 사는 방식을 지령하
고, 이성 간뿐만 아니라 종족 간에도 차별을 만들고 있다'는 것을 시인한다.

그리하여 그녀는 마침내 그 처음 편지의 발송자에게 세 번째 1기니를 기
부한다. 왜냐하면 이제 '지식인들의 아들딸들은 손을 맞잡고서 옥스포드나
케임브리지에 있는, 화이트올 거리나 다우닝 거리에 있는 독재적인 부정을

상대로, 또 영국이나 독일, 이탈리아나 에스파냐에 있는 유대인들과 여성들을 상대로 투쟁하고 있기' 때문이라 한다. 여권을 위한 투쟁은 이제 자유를 위한 더 큰 투쟁의 일부가 된 느낌이다. 그러면서도 그녀는 '문화, 지식, 자유 수호로써 전쟁을 방지한다는 협회'에는 가입하지 않는다고 한다. 지식인들의 딸들은 새로운 한 협회를 조직함으로써 그런 목적에 가장 잘 부합할 수 있다는 것이다. 이를 '국외자협회(局外者協會 : an Outsiders' Society)'라고 하는데, 여성은 그들의 오빠나 아버지들이 속해 있는 전통과 모든 군부와는 거리가 멀기 때문이다. 그녀가 묘사하는 여성의 지위는 마르크스(Marx)가 그리는 노동계급의 그것과 다소 흡사하다. 그들에게는 상류계급의 남성 애국자가 갖는 의미의 '조국'은 없고, 평화와 진보가 불가결한 것이다. 이번에는 주로 19세기에 여성이 받은 부당한 대우들을 세밀히 부연하고 세 번째 수필을 끝마친다. 그녀는 세 사람의 재무간사(財務幹事)에게 3기니를 기부한 것인데 실은 모두 똑같은 대의명분을 위하여 그렇게 한 것이었다.

　버지니아 울프의 정치관 전반이, 남성이 여성을 대우한 방식에 대한 그녀의 증오심에 영향을 받았다는 사실은 그 환경에서는 당연한 일일지도 모른다. 그녀 자신은 보통 이상의 기회들을 누렸고, 그 기회들을 보통 이상으로 이용했던 것이다. 그러나 이로 인하여 그녀는 여성의 대부분을 신음하게 했던 구속들을 더한층 의식하게 됐을 따름이었다. 그녀의 생애 중에 소설은 거의 여성들이 떠맡게 되었는데―1920년대의 저명한 여류작가들은 이 당시의 민감하고 독창적인 소설가들 대부분이라 하여도 과언이 아니다―여성에게 기회가 절반이라도 주어지면 여성이 어떤 일을 할 수 있는가 하는 이 증거는 과거에 여성의 문학적 업적을 제한했던 것이 천성적인 열등함에 의한 것이 아니라, 부당한 대우 때문이었다는 그녀의 주장을 충분히 입증한다.

　그녀의 평론에는 그들의 성 때문에 작가로서의 재능을 발전시키지 못한 여인들의 이야기가 많이 나온다. 지나치게 남성적인 분위기에서 자라나서―서재와 가죽의자와 담배 연기만 들어찬 지적인 분위기에서―그녀는 여성의 대부분을 고심케 했던 자격상실이란 조건들을 의식하지 못하다가, 마침내 바깥 세계를 내다보고 자신의 경우가 얼마나 예외적인 것이었는지 알게 되었다. 그리고 그녀 자신의 경우마저도 여성의 자격상실을 충분히 입증하는 것이었다. 즉, 빅토리아 시대의 위인들에 둘러싸여 유년을 보낸 그녀는 이

대학교수들과 작가들의 세계가 얼마나 극단적인 남자의 세계였던가, 여자들은 우연이나 특혜가 아니고서는 그 세계에 들어가는 일이 얼마나 드물었는지를 의식했음에 틀림없었다. 따라서 청춘 시절에 그녀가 흡수했던 정치적 자유주의를 확장시켜 여성해방 문제를 거기에 내포시키는 데에는 큰 노력이 들지 않았던 것이다.

이런 문제에 있어서 강력한 태도에도 불구하고 버지니아 울프는 대체로 정치와는 거리를 두고, 창작작품을 통해 자

Monks House Rodmell Lewes   22/3/41   3

Dear John,

     I'd decided, before your letter came,
that I cant publish that novel as it stands--
its too silly and trivial.
     What I will do is to revise it, and see
if I can pull it together and so publish it in the au
tumn. If published as it is, it would certainly
mean a financial loss; which we dont want. I am sure
I am right about this.
     I ne dnt say how sorry I am to have
troubled you. The fact is it was written in the
intervals of doing Roger with my brain half asleep.
And I didnt realise how bad it was till I read it over

     Please forgive me, and believe I'm only doing
what is best.
     I'm sending back the Mss. with my notes.

     Again, I apologise profoundly.

Yours
Virginia Woolf

버지니아가 《막간》에 관하여 존 레만에게 써 보낸 편지

기의 입장을 암암리에 논박할 수 없게 정당화하는 데만 만족했다. 그녀는 '도피주의자'가 아니었다. 그녀는 당시의 정치적인 여러 문제를 충분히 의식했고 평생을 통하여 그런 문제들이 연속적으로 논의되는 환경 속에서 살았던 것이다. 그러나 대체로 그녀는 수단보다 목적에 관심이 더 컸다. 그래서 행동 세계의 존재와 중요성을 시인하면서도 자기에게 알맞은 일, 즉 자기의 개인적 안식을 전달하는 일에 주력했던 것이다. 그녀의 평론 대부분은 그 방법에 있어 전기적(傳記的)이며, 심지어 여성의 처지에 대한 그녀의 논의마저도 여성의 자격상실로 인하여 재능이 꺾였던 어떤 여류작가나 소질 있는 작가의 전기적 소묘를 통하여 가끔 제시됐다.

그녀의 장편 전기 두 가지를 논급해야겠다. 하나는 엘리자베스 배릿 브라우닝(Elizabeth Barrett Browning)의 애견 플러시를 그린, 반은 유머러스하면서도 명쾌한 전기 《플러시전(傳) Flush》(1933), 또 하나는 그녀의 생전에 마지막으로 발표된, 그녀의 친구인 미술평론가 로저 프라이의 생애를 세심히 동정적으로 그린 《로저 프라이전 Roger Fry》(1940)이다. 짧고 명랑한 《플러시전》에서는 《올랜도》의 특질들을 다소 엿볼 수 있는데, 구조는 그것보다 훨

울프의 생애와 작품 495

씬 간결하다. 개의 생애는 대부분 브라우닝 부인의 서한들로부터 재편된 것
이며, 전기가 진행되는 가운데 결혼 전후의 브라우닝 부부의 모습이 여러 번
엿보인다. 이것은 능숙하게 수행된 '기지의 장난'이라 할 수 있다. 이런 종
류의 작품으로는 완전하다고 하겠다.

1934년에 사망한 로저 프라이의 전기는 버지니아 울프로서는 쓰기 쉬운
책이 아니었다. 그들은 다정한 사이였고, 로저 프라이는 버지니아 울프가 생
애 대부분을 보냈던 그 문학적·예술적 사교계의 일원이었다. 따라서 그녀의
주제를 적절한 배합에 놓고 보기 위해 거기에서 충분히 떨어지기란 힘든 일
이었다. 그 때문에 이 책은 비록 간결하면서도 민감한 문체로 쓰여 있기는
하나, 독자가 그녀의 작품에서 바랄만한 예술적 기교의 마지막 솜씨는 빠져
있다. 버지니아 울프는 로저 프라이의 예술관에 매우 크게 공감했고, 그의
인품과 성격을 예민하게 알아챘던 것이다. 이 전기는 그 인물의 생애와 작품
과 사상을 동정적으로 꾸밈없이 기술한 것이다. 여기에는 관례적인 전기의
불통성(不通性)이란 하나도 없다. 아첨하는 글은 아니지만 그렇다고 '객관
적'이지도 않다. 이런 류의 작품에서는 산뜻하게 보이는 일종의 세심한 무심
함을 지니고 있다. 그러나 여기에는 버지니아 울프가 쓴 장편 전기가 마땅히
지니고 있어야 할 빛과 얼은 찾아볼 길이 없다. 개별적인 에피소드와 시기들
은 계명적(啓明的)인 전체로 융합되지 못한다. 버지니아 울프는 여기에서
상징적인 구성에 대한 자기 고유의 재능을 발휘하지 않아 작품은 산산이 흩
어지는 경향을 보인다. 꽤 조잡하게 열거된 사실들과 프라이의 서한들에서
뽑은 일렬의 인용구절들에 임기응변으로 가한 주석들과, 그의 철학에 대한
기술(記述) 등이 여기저기 산재해 있다. 아마도 자기 친구의 전기를 쓴다는
책임감 때문에 그녀는 이 책을 가공작품으로, 적절한 안식이 성취될 때까지
창조적 상상력을 그 위에 발휘시키는 그런 작품으로 보지 못하였던 것 같다.
이 전기에는 격찬할 만한 구절들이 몇 군데 있다. 그러나 그 조명은 계속적
인 것이 못될 뿐더러 풍부하고 아름답게 형체화되지도 않는다. 전기라는 각
도에서 보면 인상적이긴 하나, 그 작자의 충분한 재질을 드러내는 책은 아니
다. 그녀는 상상력을 통하는 것 말고는 전혀 알지 못했던 인물들을 그리는
데 있어서나 실재인물에게 주인공의 상징적 용량을 부여하는 데 있어서 (그
녀가 《등대로》 같은 작품에서 자기 아버지 레슬리 스티븐의 초상인 램지 씨

496 댈러웨이 부인/등대로

울프가 남편 레너드에게 남긴 유서

를 가지고 그러했듯이) 재능을 더 잘 발휘했다. 아마도 이것이 그녀의 예술 전반의 성격에 대한 논평이 될지도 모른다.

맺음말

그러면 버지니아 울프가 영문학에 기여한 바는 무엇일까? 그것은 한정적으로 여겨질지도 모르나 매우 실질적인 기여라 할 수 있다. 그녀는 경험에 대한 민감한 개인적 반응들을 지식으로는 흥미 있게, 심미적으로는 만족스럽게 객관화하고 형체화할 수 있는 그런 형태의 소설을 반전시킨 것이다. 그녀의 평론과 《올랜도》에서 느껴지는 강건성은 그녀의 특징적인 소설들에서는 찾아볼 수가 없다. 그 소설들의 직능은 한 개인적 감성에 의해 발견된 자료로부터 한 의미를 뽑아내고, 그 의미를 남들의 마음을 통하여 극적으로 투사함으로써 서정적 예술과 설화적 예술 사이에 어떤 불안정한 평형을 유지하는 데 있다. 그녀는 그것을 《댈러웨이 부인》과 《등대로》에서 성공적으로 성취시켰다. 이보다 먼저 나온 소설들에서는 설화 쪽에 치중하여 결과적으로 서정적인 요소가 적절하지 못했는데, 이와 반대로 《막간》에서는 서정적인 면에 치중하여 설화가 전적으로 적절히 처리되지 못했다. 《파도》는 서정적인

울프의 생애와 작품 497

독백을 통하여 설화를 진행시키는 데 있어 별로 성공적이지 못한 수법을 도입하는가 하면, 《세월》에서 독자는 소설의 요구조건을 초과하는 예술적 묘기를 감지한다. 오직 중간기의 두 소설에서만 불안정한 균형이 줄곧 유지되고 있다. 그녀는 오직 이 두 작품에서 인생을 순화하여 그것을 자기의 특징적인 처리에 완전히 적응시킬 수 있었던 것이다.

빅토리아 시대 소설가가 대체로 만들어 낸 설화예술은 형체가 일반인의 가치감에 의해 결정되었다. 이에 반하여 버지니아 울프는 자기가 사는 시대에 그 가치들이 쇠퇴해 가는 것을 예감하고, 자기의 개인적 안식을 기준삼아 사건들을 형체화하는 더욱 엄밀한 과업을 택했다. 이렇게 되면 독자가 독서하는 기간 중에라도 이러한 안식의 의의와 실재를 납득할 만한 수법을 발견하게 하기 위한 기술적인 일이, 작자인 그녀의 손에 더 부과됨을 의미하는 것이었다. 18, 19세기 영국 소설은 본질적으로 일반인들의 기구였다. 즉, 서정시와는 정반대되는 존재였다. 그 직능은 독자들의 편견을 이용하여 형체화된 일련의 사건들을 제시하는 일이었다(서정시는 대개 일반인의 편견을 무시하고 시인의 개인적인 의식을 열렬히 직접적으로 전달하려고 애쓴다). 이러한 두 형태 예술 간의 차별적 장벽이 빅토리아 시대 이후에 와서 고의적으로 파괴되어야 했다는 것은 너무나 당연한 일이었다. 왜냐하면 모든 분야에 있어서 공적 진리와 사적 진리 간의 차이가 모호해지고 있었기 때문이다. 이러한 사태에 반응하는 방법들은 허다했다. 버지니아 울프의 방법은 한 형태의 예술을 낳아 이상적인 상태에서 정묘하고 유약한 미를 가졌다. 그 때문에 그녀의 동시대 작가들 대부분이 만들어 낸 좀더 조잡한 작품들보다 오랜 수명을 갖게 되었다.

그녀의 작법에 미친 여러 가지 영향들을 우리가 논할 필요는 없다. 중요한 점은 프루스트나 조이스나 다른 어떤 작가가 그녀의 글에 영향을 주었다는 것이 아니라, 그녀가 자기 예술에 대한 어떤 견해를 발전시켜 그것이 그녀로 하여금 그런 영향을 받기 쉽게 했다는 것이다. 영향은 작가들이 피동적으로 받아들이는 것이 아니다. 그것은 능동적으로 포용되며 또 그 영향이 작가가 이미 가진 태도와 우연히 일치될 때에 한해서 그렇게 되는 것이다. 비평가로서 중요한 일은 그러한 태도와 그것이 작가의 예술에 대하여 갖는 의미를 이해하는 것이다.

버지니아 울프의 작품들이 과연 소설기법을 항구적으로 확대시켰는지는 의심스러운 일이다. 그녀의 테크닉은 쉽사리 분리되거나 모방되지 않는다. 그러나 한 작가의 위대함은 모방될 수 있는 한도로서 측정되는 게 아니다. 버지니아 울프의 소설들은 세계가 쉽사리 소멸되지 않을 세기의 소설가들 중 하나로 그녀를 언급하고 있음을 보여 준다. 그녀가 그녀의 시대에 가장 위대한 여류소설가였다는 데는 거의 의심의 여지가 없다.

버지니아 울프의 두상
장식판에 《파도》의 한 구절이 새겨져 있다.

1941년 3월, 그녀의 돌연하고도 비극적인 죽음은 충격을 주었다. 그 사후에야 남편은 그녀의 많은 친구들마저 감히 생각할 수 없었던 그녀의 생활의 여러 면을 공개했다. 그런 재능과 기품을 가지고도—아마 그것들 때문이었는지도 모르지만—그녀는 평생토록 어떤 공포감에 사로잡혀 자유롭지 못했던 것이다. 그녀는 급성적인 우울증의 주기적 발작을 느꼈는데, 제1차 세계대전이 한창일 때 중증으로 발전하여 완전한 신경쇠약으로 번지고 말았다. 과로할 때마다 신경쇠약 증세가 나타나서 정신이상에 대한 공포에 쫓겼다. 생애의 4분의 3을 명랑하게 사교적으로, 그리고 뛰어나게 말짱한 정신으로 지냈던 그녀가 암담하기 짝이 없는 시기를 겪게 된 것이었다. 그녀는 초기의 쇠약증이 재발되지 않도록 끊임없이 고심했다. 1941년 3월, 새 소설을 완성하고 나서 지칠 대로 지쳐 자기가 해놓은 일에 만족을 못했던(작품을 완성할 때면 그녀는 늘 그랬지만) 그녀는, 정신이상에 대한 공포가 더욱 커짐을 느꼈다. 전쟁이 주는 긴장도 가중됐다. 폭격으로 북부의 런던 집과 서재가 완전히 파괴되어 그들은 사우스 다운(South Downs) 지대의 동쪽 끝에 있는 어느 초옥으로 옮겨 갔

울프의 생애와 작품 499

다. 이 지방에도 독일 폭격기들이 영국 해협 건너에서 공습해 왔다. 소이탄이 빈번히 떨어졌다. 이웃 주민들은 구급치료가 필요하면서도 때로는 그것을 받을 길이 없었다. 버지니아 울프는 이 모든 것들을 겉보기에는 태연하게 견뎠다. 그러던 늦은 3월의 어느날 아침, 그녀는 전에도 가끔 그러던 것처럼 구릉지대 건너 우즈(Ouse) 강으로 걸어갔다. 사람들이 그녀의 산책용 지팡이를 강변에서 발견했다.

자살하던 날 아침, 그녀는 쪽지 두 장을 썼다. 하나는 남편 레너드 울프 앞으로, 또 하나는 언니 바네사 앞으로. 남편에게 쓴 쪽지에는 이렇게 적혀 있었다. "제가 또 미쳐 간다는 게 확실히 느껴져요. 그 무시무시한 때를 또다시 겪을 수는 없어요. 그리고 이번엔 회복될 수도 없을 거예요." 그녀는 더 이상 싸울 수 없었다. 그녀의 남편은 "그렇게도 더없이 잘 해" 주었으니, 그녀로서는 목숨을 이어 그의 인생을 망칠 수 없었던 것이다.

그것은 상징적인 종식이었다. 평생토록 그녀는 시간의 흐름과 경험과의 관계라는 문제에 매혹되었던 것이다. 그녀의 소설들에는 흐르는 물의 사상(寫像)들과 생명의 유동을 나타내는 다른 상징들이 충만해 있다. 그녀가 인식했던 인격이란 끊임없는 변화 속에서 일어나는 한 통일체였고, 의식이란 회상과 예상의 끊임없는 혼합이었다. 그녀가 영국의 강물 속으로 자취를 감춤으로서 시간의 흐름과 경험과 함께 하나가 되었을 때, 그녀의 작품을 읽고 감상한 사람은 누구나 충격과 더불어 자신이 상처를 입은 듯한 기분을 느꼈을 것이다. 하지만 독자는 그녀가 왜 그런 식으로 목숨을 끊었는지 잘 이해했을 것이라고 생각한다.

버지니아 울프 연보

1878년	3월 26일. 조지, 스텔라, 제럴드의 어머니 줄리아 덕워스와 로라의 아버지 레슬리 스티븐이 결혼했다.
1879년	3월 30일. 줄리아와 레슬리 사이에서 바네사 스티븐이 태어났다.
1880년	9월 8일. 줄리안 토비 스티븐이 태어났다.
1882년	1월 25일. 아델린 버지니아 스티븐이 하이드파크 게이트 22번지에서 태어났다. 이때부터 1894년까지 여름마다 온 가족이 콘월의 세인트 아이브스 별장에 갔다.
1883년(1세)	10월 27일. 에드리언 레슬리 스티븐이 태어났다.
1891년(9세)	스티븐 집안 아이들이 〈하이드파크 게이트 뉴스〉를 처음으로 발행했다. 이 신문은 1895년 4월까지 나왔다.
1895년(13세)	5월 5일. 어머니 줄리아 사망(49세). 버지니아가 처음으로 신경쇠약에 걸렸다.
1896년(14세)	11월 큰어머니를 따라 1주일간 프랑스 여행을 했다.
1897년(15세)	7월 19일. 결혼 3개월 만에 언니 스텔라 사망. 버지니아는 킹스 칼리지 런던에서 그리스어 및 역사를 공부하기 시작했다.
1898년(16세)	버지니아는 월터 피터의 누이에게서 그리스어를 배웠다.
1899년(17세)	토비 스티븐이 케임브리지 트리니티 칼리지에 입학해서 클라이브 벨, 색슨 시드니-터너, 리튼 스트래치, 레너드 울프와 만났다.
1900년(18세)	버지니아와 바네사가 트리니티 칼리지의 5월 무도회에 갔다.
1902년(20세)	버지니아는 자넷 케인스와의 수업을 시작했다. 버지니아의 아버지가 레슬리 스티븐 경(卿)이 되었다.
1904년(22세)	2월 22일. 아버지 레슬리가 암으로 사망(71세). 버지니아는

버지니아 울프 연보 501

4월에서 5월에 걸쳐 형제들과 함께 이탈리아에 갔다가 돌아오는 길에 파리에 들러 로댕의 아틀리에를 방문했다. 5월 9일 귀국한 버지니아는 이튿날 병으로 쓰러졌다. 신경쇠약에 걸린 그녀는 최초로 자살을 시도하여 창문에서 몸을 던지려 했다. 바이올렛 디킨슨이 그녀를 간호했다. 조지 덕워스 결혼. 10월에는 형제 넷이서 블룸즈버리 지구의 고든 스퀘어 46번지로 이사했다. 12월에 버지니아의 첫 서평이 〈가디언〉에 실렸다.

1905년(23세) 1월에 버지니아는 몰리 칼리지에서 노동자들에게 영국 역사와 영어 작문을 가르치기 시작했다. 이 수업은 1907년 말까지 계속됐다. 목요일 밤의 모임이 고든 스퀘어 46번지에서 시작됐다. 3월 〈타임스 문예 부록〉에 그녀의 기사가 실렸다. 3~4월에 에드리언과 함께 포르투갈과 에스파냐를 여행했다.

1906년(24세) 9~11월. 형제들끼리 그리스 여행. 중간에 토비는 귀국했다. 다른 사람들은 배로 콘스탄티노플에 갔다. 그들이 오리엔트 급행열차를 타고 귀국하던 도중, 11월 22일에 토비가 장티푸스로 사망했다. 한편 바네사는 클라이브 벨과의 결혼을 승낙했다.

1907년(25세) 2월. 바네사가 클라이브 벨과 결혼. 3월 하순에 버지니아와 에드리언은 피츠로이 스퀘어 29번지(버나드 쇼가 살던 곳)로 이사했다. 3월 버지니아는 에드리언, 벨 부부와 함께 파리를 방문했다.

1908년(26세) 9~10월. 언니 부부와 같이 이탈리아에 갔다. 그 뒤 파리에서 1주일간 머물렀다. 바네사의 장남 줄리언 벨이 고든 스퀘어 46번지에서 태어났다.

1909년(27세) 2월. 리튼 스트래치가 버지니아에게 구혼. 버지니아는 승낙했다가 곧 혼약을 취소했다. 4~5월에 언니 부부와 같이 피렌체를 여행했다. 8월 5일부터 9월 3일까지는 에드리언, 색슨과 함께 바이로이트 음악제에 갔다. 그리고 이 해에 오톨린 모렐과 만났다.

1910년(28세) 1월. 버지니아는 트라팔가 광장에 가서 자유당의 승리에 박
수갈채를 보냈다. 하지만 동시에 자신에게는 선거권이 없다
는 사실을 통감했다. 2월 10일 드레드노트 속임수 사건 발
생. 버지니아를 포함한 6명이 아비시니아 황제 일행으로 분
장하고, 사촌 윌리엄 피셔가 부장으로 근무하고 있는 전함을
방문했다. 〈익스프레스〉, 〈미러〉의 1면에 사진과 함께 실린
이 사건은 하원에서도 논란거리가 되었다. 한편 이 시기에
버지니아는 건강이 나빠졌다. 쿠엔틴 벨이 고든 스퀘어 46번
지에서 태어났다. 11~12월에 버지니아는 여성 참정권 운동
을 위해 활동하기 시작했다.

1911년(29세) 4월. 터키를 여행하던 바네사가 병에 걸리자, 버지니아는 언
니를 간호하기 위해 터키의 부르사로 떠났다. 언니가 회복된
뒤 함께 귀국했다. 11월 피츠로이 스퀘어 29번지의 임차 기
간이 끝나자 그들은 브런즈윅 스퀘어 38번지로 이사했다. 그
곳에서 남동생, 케인스, 덩컨 그랜트, 레너드(12월부터)와
같이 살게 되었다. 레너드는 그해 실론에서 귀국했으며 벨의
집에서 버지니아를 만났다.

1912년(30세) 1월. 레너드가 버지니아에게 구혼. 한편 버지니아는 안정요
법을 받고 정신분석 전문의에게 진단을 받았다. 8월 12일 버
지니아와 레너드 울프 결혼. 8월부터 10월까지 남부 프랑스,
에스파냐, 이탈리아로 신혼여행. 10월 하순에 클리퍼드 인
13번지로 이사했다.

1913년(31세) 9월. 버지니아는 정신적 고통 때문에 치사량의 수면제를 먹
고 자살을 꾀했다. 혼수상태에 빠졌던 그녀는 목숨을 건졌
고, 이후 한동안 간호사가 그녀를 돌보게 됐다.

1914년(32세) 버지니아의 건강이 회복되었다. 선전포고, 제1차 세계대전
발발. 10월에 울프 부부는 리치몬드로 이사했다.

1915년(33세) 버지니아가 일기를 쓰기 시작했다. 정신상태 악화. 3월에 울
프 부부는 리치몬드의 호가스 하우스로 이사했다. 3월 26일
《출항》을 덕워스에서 출판했다.

버지니아 울프 연보 503

1916년(34세)   10월. 버지니아는 여성협동조합 리치몬드 지부에서 강연을
              했고, 같은 달 바네사는 찰스턴으로 이사했다. 연말에 버지
              니아는 캐서린 맨스필드와 교우 관계를 맺었다.

1917년(35세)   울프 부부는 인쇄기를 사서 7월에 《벽 위의 자국》과 《세 명
              의 유대인》을 출판했다. 호가스 출판사의 첫 번째 책. 출판
              부수는 150부.

1918년(36세)   4월. 울프 부부는 제임스 조이스의 《율리시스》 출판을 거절
              했다. 호가스 출판사로선 힘에 부치는 일이었기 때문이다.
              제1차 세계대전 종전. 11월 15일 T.S. 엘리엇이 시 몇 편을
              들고 호가스 하우스에 찾아왔다. 바네사와 덩컨 그랜트의 딸
              안젤리카 벨이 크리스마스에 태어났다.

1919년(37세)   5월 12일. 〈큐 식물원〉, 미들턴 마리의 《비평가의 판단》, 엘
              리엇의 《시집》이 호가스 출판사에서 나왔다. 처음에는 49부
              밖에 팔리지 않았지만, 호의적인 비평이 나온 뒤부터 주문이
              쇄도했다. 7월 1일 울프 부부는 서식스 로드멜에 있는 몽크
              스 하우스를 경매를 통해 700파운드로 구입하고, 9월에 그곳
              으로 이사를 갔다. 10월 《밤과 낮》이 덕워스에서 출판됐다.

1920년(38세)   메모아르 클럽의 첫 모임. 버지니아와 캐서린 맨스필드의 마
              지막 만남.

1921년(39세)   3월. 《월요일 또는 화요일》 간행. 버지니아는 여름에 '질병의
              어두컴컴한 장(欌)에 쑤셔 넣어진 온갖 공포'를 경험했다.

1922년(40세)   6월. 버지니아는 '본드 거리의 댈러웨이 부인'을 구상하기 시
              작했으며, 10월에 프루스트의 책을 읽었다. 10월 27일 《제이
              콥의 방》을 호가스 출판사에서 냈다. 버지니아는 비타 색
              빌-웨스트와 만났다.

1923년(41세)   1월 9일. 캐서린 맨스필드 사망. 호가스 출판사에서 《황무
              지》 간행. 4월에 에스파냐의 마드리드로 갔다.

1924년(42세)   3월. 울프 부부는 런던의 타비스톡 스퀘어 52번지로 이사했
              다. 《베넷 씨와 브라운 부인》 출판.

1925년(43세)   3~4월. 프랑스 프로방스의 카시스를 여행했다. 4월 23일

《일반 독자》 간행. 5월 14일 《댈러웨이 부인》 간행. 둘 다 호평을 받았다. 포스터는 《댈러웨이 부인》을, 토머스 하디는 《일반 독자》를 평가했다. 그리고 버지니아와 비타는 롱반에서 함께 지냈다.

1926년(44세) 총파업. 울프 부부는 하디를 방문했다. 버지니아는 7월에 '완전한 신경쇠약의 축소판'에 걸렸다.

1927년(45세) 3～4월. 울프 부부는 프랑스 카시스에서 이탈리아의 팔레르모, 나폴리, 로마로 여행을 갔다. 5월 5일 《등대로》 간행. 여름에 울프 부부는 처음으로 자동차를 샀다.

1928년(46세) 3～4월. 울프 부부는 자가용을 타고 프랑스 카시스로 갔다. 4～6월 페미나상(賞) 수상. 10월 1일 《올랜도》를 출판했다. 10월 20일 케임브리지에서 2개 강연을 했다. 훗날 그 내용을 정리해서 출간한 것이 《자기만의 방》이다. 한편 이 해에 버지니아는 비타와 함께 프랑스를 여행했다.

1929년(47세) 1월. 울프 부부는 베를린에 갔다. 6월에 기차로 프랑스 카시스를 여행했다. 10월 24일 《자기만의 방》 출판.

1930년(48세) 에설 스미스와 친해졌다. 버지니아는 '죽음과 접촉'했다.

1931년(49세) 4월. 프랑스 서부 여행. 10월 8일 《파도》 출판. 버지니아는 어깨까지 나오는 조각상의 모델이 되었다.

1932년(50세) 1월 21일. 리튼 스트래치 사망. 3월 10일에 울프 부부는 리튼을 사랑했던 캐링턴을 위문했고, 이튿날 그녀는 자살했다. 4～5월에 울프 부부는 그리스 여행을 했다. 10월 13일 《일반 독자 : 제2집》 출판.

1933년(51세) 5월. 울프 부부는 자동차로 프랑스를 지나 이탈리아까지 여행했다. 10월 5일 《플러시전》 출판. 버지니아는 맨체스터 대학교 명예 학위를 거절했다.

1934년(52세) 4월 22일. 자동차로 솔즈베리를 지나 아일랜드에 갔다. 보엔스 코트의 엘리자베스 보엔을 방문했다. 그 뒤 골웨이, 더블린으로 갔다. 9월 9일 로저 프라이 사망. 버지니아는 그의 전기를 집필하기로 한다. 10월 25일 《월터 시커트》 간행.

버지니아 울프 연보 505

1935년(53세) 5월. 울프 부부는 하리지를 경유해 자동차로 유럽 여행을 했다. 네덜란드에 1주일간 머무른 다음 독일로 이동. 본 근처에서 나치스의 시위운동과 맞닥뜨리게 되었다. 그 뒤 브레너 터널을 지나 이탈리아로 갔다.

1936년(54세) 버지니아는 내내 몸이 안 좋아서 일기를 쓰지 않았다.

1937년(55세) 3월 15일. 《세월》 출판. 이 작품은 레너드의 낮은 평가에도 불구하고 인기를 얻었다. 5월 울프 부부는 자동차로 프랑스 남부를 여행했다. 줄리언 벨이 에스파냐에서 전사했다.

1938년(56세) 6월. 《3기니》 출판. 케인스의 비판을 받았다. 오톨린 모렐 사망.

1939년(57세) 버지니아는 리버풀 대학교 명예 학위를 거절했다. 6월 런던 타비스톡 스퀘어 52번지 집이 철거되는 바람에, 울프 부부는 메클렌버러 스퀘어로 이사했다. 같은 달 그들은 프랑스로 자동차 여행을 떠나 브르타뉴, 노르망디에 갔다. 독일에 선전 포고, 제2차 세계대전 발발.

1940년(58세) 나치스의 영국 상륙에 대비하여 남동생 에드리언이 울프 부부에게 치사량의 모르핀을 주었다. 7월 25일 《로저 프라이 전》 간행. 8월부터 런던에 매일 폭탄이 떨어졌다. 런던에 있던 울프 부부의 집이 폭격을 당했다. 호가스 출판사는 몽크스 하우스로 이전. 11월 23일 《막간》 탈고.

1941년(59세) 3월 28일. 버지니아는 우즈 강에 몸을 던졌다. 《막간》이 그 뒤 출판되었다.

옮긴이 박지은
충남 공주에서 태어나다.
세종대학교 영문학과 졸업. 중앙대학교 예술대학원 문학예술학과 졸업.
지은책 「날아다니는 얼룩이」 아동문예상 수상. 동화집 「사랑의 선물」
옮긴책 제인 오스틴 「오만과 편견」 조지 오웰 「1984년·동물농장」

World Book
125

Virginia Woolf
MRS DALLOWAY/TO THE LIGHTHOUSE
댈러웨이 부인/등대로
버지니아 울프/박지은 옮김
1판 1쇄 발행/2010. 5. 15
1판 2쇄 발행/2013. 7. 7
발행인 고정일
발행처 동서문화사
창업 1956. 12. 12. 등록 16-3799(윤)
서울 강남구 도산대로 163(신사동)
☎ 546-0331~6 (FAX) 545-0331
www.dongsuhbook.com

＊

잘못 만들어진 책은 바꾸어 드립니다.

＊

이 책의 출판권은 동서문화사가 소유합니다.
의장권 제호권 편집권은 저작권 법에 의해 보호를 받는 출판물이므로 무단전재와 무단복제를 금합니다.
사업자등록번호 211-87-75330
ISBN 978-89-497-0667-2 04080
ISBN 978-89-497-0382-4 (세트)